Beck-Rechtsberater

Vermieterleitfaden

D1729803

dtv

Beck-Rechtsberater

Vermieter-
leitfaden

Aktuelles Mietrecht · Mustertexte
Abrechnungsbeispiele · Checklisten

Von Dr. Günter Mersson,
Richter am Oberlandesgericht a.D.

6. Auflage

www.dtv.de
www.beck.de

Originalausgabe

dtv Verlagsgesellschaft GmbH & Co. KG,
Tumblingerstraße 21, 80337 München
© 2015. Redaktionelle Verantwortung: Verlag C.H. Beck oHG
Druck und Bindung: Druckerei C.H. Beck, Nördlingen
(Adresse der Druckerei: Wilhelmstraße 9, 80801 München)
Satz: ottomedien, Darmstadt
Umschlaggestaltung: Design Concept Krön, Puchheim,
unter Verwendung eines Fotos von © elxeneize-fotolia.com
ISBN 978-3-423-50791-2 (dtv)
ISBN 978-3-406-68072-4 (C. H. Beck)

Geleitwort

Ein Ratgeber zum Mietrecht für Vermieter – ungewöhnlich? Ja und nein: Nein, weil das Mietrecht natürlich für Mieter ebenso wie für Vermieter gilt. Ja, weil gerade in der Ratgeberliteratur der Vermieter häufig nur am Rande vorkommt. Tipps und oft genug auch Tricks richten sich in der Regel an den Mieter. So ist es gut und richtig, dass es in diesem Ratgeber anders ist.

Das Mietrecht ist durch die Rechtsprechung, die immer mehr Einzelfälle regelt und sich zwischendurch gerne auch einmal grundsätzlich ändert – wie etwa im Fall der Schönheitsreparaturen – einer ständigen Weiterentwicklung unterworfen. Zusätzlich ist der Gesetzgeber aktiv, ändert Gesetze oder führt sie ganz neu ein. Der Vermieter hat keine andere Wahl als sich regelmäßig zu informieren, um sich bei allen Eventualitäten des Vermieteralltags an geltendes Recht zu halten. Das ist nicht einfach. Denn neue oder geänderte Gesetze müssen ebenso im Zusammenhang mit dem geltenden Recht gesehen werden wie die (BGH-)Rechtsprechung, die sich stets an Einzelfällen orientiert. Doch den Zusammenhang zwischen den einzelnen Fragen kann der Vermieter so nicht herstellen.

Genau hier setzt der Ratgeber an. Systematisch orientiert er sich am Ablauf des Mietverhältnisses und erläutert ausführlich die auftretenden Fragen. Dabei bleibt er nicht an der Oberfläche, sondern löst die Fragen, die sich dem Praktiker häufig stellen und die auch nach der Lektüre vieler Fachbücher oft noch bleiben. Dazu greift Mersson diese speziellen Fragen in Beispielen auf und löst sie eindeutig und nachvollziehbar. Hier zeigt sich, dass der Autor aus seiner langjährigen Richtertätigkeit genau weiß, wo genau die Fragen und Probleme auftreten. Darin liegt auch der Unterschied zu den Ratgebern, die aus der Sicht der Mieter verfasst sind. Denn die Tipps und Erläuterungen sind aus der Sicht des Vermieters geschrieben, so dass der Vermieter auch wirklich die Antwort auf die Fragen findet, die in der täglichen Vermieterpraxis auftreten.

Der Ratgeber behandelt alle Stadien des Mietverhältnisses – von der Mietersuche bis zur Rückgabe des Mietobjekts. Der Vermieter findet auch Antwort auf Probleme, die sich aus den aktuellen Gesetzesänderungen ergeben, etwa aus dem neuen Bestellerprinzip oder der „Mietpreisbremse". Checklisten, Vertragsmuster und Formulare bieten zusätzliche praktische Hilfen, die den Vermieteralltag erleichtern.

Und doch: Immer wieder ergeben sich Probleme und Fragen, die der Vermieter besprechen möchte, bei denen er nicht weiß, ob der geschilderte Fall tatsächlich dem beschriebenen Beispiel entspricht. Genau für diese Fälle gibt es Verbände, die Immobilieneigentümer und Vermieter vertreten und beraten. Sie sind ganz in Ihrer Nähe: Haus & Grund Bayern ist der größte Landesverband der insgesamt 22 Landesverbände umfassenden Haus & Grund Organisation. Mit 105 Ortsvereinen sind wir bayernweit zu finden und vertreten die Interessen der über 127.000 bei uns organisierten Haus-, Wohnungs- und Grundeigentümer. Die Beratung unserer Mitglieder ist unsere Leidenschaft und steht im Mittelpunkt unserer Arbeit. Mindestens genauso wichtig wie die Beratung unserer Mitglieder ist für uns die Vertretung Ihrer Interessen in Politik, Wirtschaft und Gesellschaft. Und das schaffen wir durch unsere dreigliedrige Organisation: die Ortsvereine in den Städten und Gemeinden, die Landesverbände in den Bundesländern und der Bundesverband auf der Bundesebene. Haus & Grund Bayern ist dazu gut aufgestellt. Wir vertreten schlagkräftig Ihre Interessen im Freistaat Bayern. Und wenn nach der Lektüre des Ratgebers weitere Fragen auftreten oder Sie Ihre Probleme nicht alleine lösen wollen, finden Sie die notwendige Hilfe in einem unserer Ortsvereine auch in Ihrer Nähe.

Dr. Ulrike Kirchhoff
Vorstand Haus & Grund Bayern
Landesverband der privaten Haus-, Wohnungs- und
Grundeigentümer e.V.

Inhaltsübersicht

Inhaltsverzeichnis

Abkürzungsverzeichnis

1. Kapitel

Einführung

I. Mietrecht für Vermieter

1. Die Idee zum Buch

Mietrechtsratgeber gibt es viele. Ebenso oft fühlt sich der Vermieter **1** darin nicht genügend vertreten. Viele Mietrechtsratgeber sind Bücher, die überwiegend für Mieter geschrieben worden sind. Dies kommt auch in einigen Fällen unmittelbar im Titel zum Ausdruck. Das vorliegende Werk will dagegen dem Vermieter konkrete Hilfestellungen geben. Dazu dienen nicht nur die Darstellung des Mietrechts für Vermieter, sondern insbesondere auch Mustertexte für den Vermieteralltag, bestehend aus sofort einsetzbaren Briefen, Formularen, Checklisten, Abrechnungsbeispielen, Verträgen und Klagen.

2. Der Status quo

Das „soziale" Mietrecht in Deutschland ist durch ein gesetzlich un- **2** ausgewogenes Übergewicht der Mieterrechte und leider auch durch eine manchmal einseitige Betonung der Mieterrechte in der Rechtsprechung längst vom Mietrecht zu einem Recht der Mieter geworden. In der Presse fühlt sich der Vermieter mit seinen Belangen und Sorgen oft unverstanden oder unterrepräsentiert. Urteile, die die Rechte der Mieter „stärken", werden leider manchmal so verkürzt wiedergegeben, dass sie zu Missverständnissen und ggf. Streit und

Prozessen führen können. Tipps und Tricks in diversen Publikationen befassen sich damit, wie man die Miete mindert. Wie man die Miete erhöht, wird eher selten behandelt. Von den hohen Belastungen der Mieterhaushalte durch die Mieten ist oft die Rede. Von den vielen „kleinen" Vermietern, die oft unter Verzicht auf persönliche Lebensqualität stattdessen Geld, Zeit und Nerven in den Bau eines – von ihnen oft selbst mitbewohnten – Mehrfamilienhauses gesteckt haben, redet niemand. Es wird auch vielfach übersehen, dass die beklagten hohen „Mieten" zu einem nicht unerheblichen Teil auf Betriebskosten zurückzuführen sind, die ständig und gerade in den letzten Jahren viel schneller steigen als die Kaltmieten. Leider ist mit der Zeit ein Klima entstanden, in dem man die Tatsache, dass man Vermieter ist, oftmals nur noch ganz leise zu erwähnen wagt.

3. Einige Beispiele aus dem Vermieteralltag

3 Auswüchse dieses Klimas sind vielfältig. Dabei muss man sich auf jeden Fall vor Verallgemeinerungen hüten, denn die Durchsetzung berechtigter Interessen steht dem Mieter genauso zu wie dem Vermieter. In einigen Fällen allerdings erscheint die Ausgewogenheit fraglich. Vermieterseits ggf. als misslich empfundene Punkte sind z. B.:

a) Überzogene Mietminderungen

4 Oft erfährt der Vermieter erst durch einen Blick auf seinen Kontoauszug davon, dass ein Mieter der Ansicht ist, es läge ein Mangel der Wohnung vor. Auf Rückfrage tritt dann manchmal der Irrglaube zutage, dass der Mieter meint, zwischen Mietminderung und Zulassen der Reparatur wählen zu können (und sich lieber für die Mietminderung entscheidet). Wenn die vom Vermieter beauftragten Handwerker zur Mängelbeseitigung kommen, ist ggf. der Mieter dann trotz Terminankündigung nicht anzutreffen.

b) Überzogene Ansprüche

5 Der Vermieter erhält am Sonntag folgenden Anruf: „**Seit Montag** letzter Woche schon läuft die Toilettenspülung durch. So kann das nicht weitergehen. Das muss jetzt aber **sofort** repariert werden." Es

mag ja sein, dass der Mieter jetzt am Wochenende zu Hause ist und Zeit für die Handwerker hat, aber diese würden den Vermieter mit dem üblichen Stundensatzzuschlag für Notreparaturen außerhalb der üblichen Geschäftszeiten belasten.

c) Einseitiges Prozessrisiko

Wenn ein Vermieter wegen der Mietminderung auf Zahlung der 6 Miete klagt, geschieht dies meistens mit vollem Kostenrisiko. Die wenigsten Vermieter haben insoweit eine Rechtsschutzversicherung, da das Vermieterrisiko im Rechtsschutz teuer gesondert zu versichern ist. Ein Mieter dagegen hat in aller Regel eine Rechtsschutzversicherung, in der das Mieterrisiko enthalten ist.

d) Faktische Preisbindung

Durch die Bestimmungen zur Mieterhöhung bis zur ortsüblichen 7 Vergleichsmiete ist die Mietpreisfindung praktisch unter eine Mietpreisbindung gestellt worden. Während in anderen Wirtschaftszweigen der Investor marktwirtschaftlich seine Investitionskosten plus eine Gewinnmarge als Preis kalkulieren kann, ist das im Mietrecht weitestgehend unmöglich. Es gelten starre Werte, z. B. Mietspiegel, die über die Höhe der Investitionen überhaupt nichts aussagen.[1]

e) Mieterhöhungshemmnisse

Das Recht der Mieterhöhungen ist so kompliziert, dass mancher 8 Vermieter oft bereits in den Fallstricken aus Formalien und Fristen hängen bleibt.

f) Schönheitsreparaturen

Die Gerichte machen sich immer wieder Gedanken darüber, in wel- 9 chem Umfang dem Mieter Schönheitsreparaturen während des laufenden Mietverhältnisses sowie Renovierungspflichten bei Auszug vertraglich aufgegeben werden dürfen: Während es in der Sache selbst letztlich sinnvoll wäre, dass jeder Mieter bei Einzug nach seinem Geschmack renoviert und bei Auszug die Mietwohnung unrenoviert verlassen kann, sieht die Wirklichkeit ganz anders aus. Längst ist in Zeiten eines Mietermarktes eine Wohnung vielfach nur noch an den Mann, d. h. an den Mieter zu bringen, wenn der Vermieter sie frisch renoviert übergibt. Zum Schwur kommt es dann beim Auszug des Mieters, der dann – auch wenn vertragliche Bestimmungen das vorsehen – meist keine große Neigung verspürt, die Wohnung, die er verlässt und in der er nicht mehr wohnen möchte, tipptopp auf Vordermann zu bringen. Für den Vermieter ergibt sich, vertragliche Regelungen hin oder her, oft die tatsächliche Situation: Der Mieter übernimmt die Wohnung frisch renoviert, und er verlässt sie frisch ruiniert.

g) Ausbluten bei Räumung

10   Wenn ein Mieter seine Miete nicht mehr bezahlt, kann der Vermieter nicht etwa wie ein Lieferant seine Warenlieferungen einfach einstellen. Da der Mieter „drin" ist, erbringt der Vermieter seine Leistungen wohl oder übel weiter, ohne eine entsprechende Gegenleistung zu erhalten. Der Vermieter muss dann wegen des Mietrückstands auf Räumung klagen. Sodann muss die Klage zugestellt werden. Bis zum Termin vergehen Wochen, gar Monate. Wenn der Mieter Berufung gegen das Urteil einlegt, dauert es noch viel länger, bis ein Räumungsurteil vorliegt. Zudem erhält der Mieter oft vom Gericht zur Vermeidung von Obdachlosigkeit großzügige Räumungsfristen. Bis dann schließlich der Gerichtsvollzieher kommt, vergeht weitere Zeit. Anschließend muss dann die im besten Fall nur abgewohnte, oftmals aber leider regelrecht beschädigte Wohnung erst wieder in einen vermietbaren Zustand gebracht werden. Von dem Moment der Einstellung der Mietzahlungen durch den Mieter bis zur Weitervermietung vergehen auf diese Weise im Regelfall mindestens 6 bis 14 Monate. Wenn der Vermieter Pech hat, bekommt er also lange Zeit keine Miete. Dazu kommen die Kosten durch den hohen Streitwert einer Räumungsklage[2] und die Tatsache, dass der Vermieter für alles (Gericht, Anwälte, Gerichtsvollzieher usw.) Vorschüsse leisten muss, die er danach meist beim Mieter nicht mehr realisieren kann.

11   Die auf die Wohnung entfallenden anteiligen Betriebskosten, z. B. die Grundschuldbelastungen und Versicherungen, laufen während dieser Zeit natürlich weiter. Zusätzlich ist misslich, dass der Vermieter in diesem Fall auch das Inkassorisiko für die Versorgungsträger

übernimmt. Denn Vertragspartner des (z. B.) Wasserlieferanten ist in aller Regel der Vermieter, auch wenn das Wasser vom Mieter verbraucht und dem Vermieter nicht erstattet wird.

Auch der Gesetzgeber hat dieses Problem mittlerweile erkannt. Das am 1. Mai 2013 in Kraft getretene Mietrechtsänderungsgesetz enthält Regelungen, die den Räumungsprozess beschleunigen, die Zwangsräumung erleichtern und auch die Räumungskosten senken sollen.[3] Der vielversprechende Ansatz birgt jedoch einige Tücken im Detail, so dass abzuwarten bleibt, mit welchem Ergebnis die Umsetzung der Regelungen in der Praxis erfolgt. **12**

h) Mietnomaden

Ein teures Ärgernis sind Menschen, die unter dem ausgeprägten Mieterschutz von Wohnung zu Wohnung ziehen, ohne jemals Miete zu bezahlen, und jeweils so lange wohnen, bis die Zwangsräumung bevorsteht. Zwar besteht hier unter bestimmten Voraussetzungen für den Vermieter die Möglichkeit einer Strafanzeige wegen (Einmiete)-Betrugs gem. § 263 StGB, aber damit erlangt der Vermieter auch nicht die ihm zustehende Miete. Die Auswüchse dieser vielfach als „Mietnomadentum" bezeichneten Erscheinung gehen so weit, dass mancher Vermieter so froh ist, einen solchen Mieter loszuwerden, dass er ihm auch noch die Möbel in die neue Wohnung liefern lässt, nur damit die alte Wohnung leer und damit wieder vermietbar wird. **13**

4. Die Kenntnis des Rechts

Die oben genannten Beispiele ließen sich fortsetzen. Der Vermieter ist in diesen Fällen umso besser gewappnet, je mehr er seine Rechte kennt. Dabei soll dieser Vermieterleitfaden helfen. **14**

II. Die Teile des Buchs im Einzelnen

1. Die systematische Darstellung (2. Kapitel)

a) Der Inhalt

15 In diesem Teil finden Sie in systematischer, d. h. nach Themen geordneter Form eine Einführung in die Grundzüge des Mietrechts. Die Darstellung folgt dabei dem Verlauf des Mietverhältnisses vom Schalten der Zeitungsannonce mit dem Wohnungsangebot bis zur Beendigung des Mietverhältnisses. Besonderes Gewicht bei der Darstellung wurde auf die Rechte des Vermieters gelegt. Neben der Darstellung der Rechtslage finden Sie auch praktische Hinweise für den Vermieteralltag. Wenn Sie den systematischen Teil einmal durchgelesen haben, verfügen Sie über ein solides Mietrechtswissen, das Ihnen manchen Ärger von vornherein ersparen kann.

b) Dynamik des Rechts

16 Es gibt zum Mietrecht eine sehr große Anzahl von Gerichtsentscheidungen und eine Fülle von Büchern und Fachaufsätzen. Dazu kommt, dass das Mietrecht nicht in einem einzigen Gesetz geregelt ist, sondern in mehreren Gesetzen und Verordnungen behandelt wird. Eine der wesentlichen Aufgaben einer Darstellung des Mietrechts besteht darin, das Wesentliche aus dem weniger Wichtigen herauszufiltern und auch bei der Behandlung der einzelnen Themen zu gewichten. Unter der Nennung der soundsovielten Ausnahme zur Ausnahme zur Ausnahme zur – endlich! – Regel darf die schließlich am meisten angewandte Regel nicht untergehen. Auch sind die einzelnen Bestimmungen des Mietrechts in der Praxis von unterschiedlicher tatsächlicher Bedeutung. Daher nehmen manche Themen einen breiteren Raum ein, andere werden dagegen knapper oder durch Hinweis auf die gesetzlichen Bestimmungen behandelt.

17 Besonders im Mietrecht ist vieles im Fluss. Immer wieder z. B. entscheiden Gerichte über die Gültigkeit von Klauseln in Formularmietverträgen, und immer wieder greift der Gesetzgeber in das längst nicht mehr „freie" Mietvertragsrecht ein (siehe oben). Und

die Juristen schließlich sind sich in der Auslegung der Gesetze keineswegs immer einig. Dies kommt auch in einer kaum noch übersehbaren Fülle von gerichtlichen Entscheidungen zum Ausdruck, die bei vergleichbaren Sachverhalten durchaus schon mal zu unterschiedlichen Ergebnissen kommen können. Wundern Sie sich also nicht, wenn Sie gerade im Mietrecht von Juristen zu einer Frage mehr als **eine** Antwort bekommen. Auch hier kommt es bei der Darstellung eines mietrechtlichen Themas im Sinne einer Gewichtung darauf an, nicht unter der Vielzahl der – selbst für Juristen oft schwer überschaubaren – Einzelfallentscheidungen die Grundzüge zuzuschütten.

c) Keine Angst vor dem Gesetz

Es ist ein Anliegen des Autors, Ihnen die Angst vor dem Gesetz zu nehmen (das heißt hier vor seinen leider zu oft als kompliziert beurteilten Formulierungen). Daher finden Sie im systematischen Teil an einigen Stellen auch die jeweils einschlägigen gesetzlichen Bestimmungen zitiert. Dies soll Ihnen im Zusammenhang mit den Erläuterungen helfen, die Sprache des Gesetzes zu verstehen. Vieles erschließt sich leichter, wenn man einen Paragraphen nur langsam und Schritt für Schritt liest. Außerdem sei bereits an dieser Stelle auf die (auszugsweise) Wiedergabe von Gesetzestexten und Verordnungen im Anhang hingewiesen. 18

2. Die Mustertexte (3. Kapitel)

Die Mustertexte sollen dem Vermieter konkrete Hilfestellungen geben. Dabei sind Standardsituationen des Vermieteralltags (z. B. Mieterhöhungen oder die Konfrontation mit Mietminderungen) ebenso erfasst wie seltenere Vorkommnisse (Wunsch des Mieters zur Untervermietung, Tierhaltung usw.). 19

> **Wichtig ist:**
>
> Jeder Text ist ein Vorschlag. Sie müssen ihn also ggf. für den von Ihnen zu regelnden Fall ergänzen, abändern usw. Die vorformulierten Texte sollen Ihnen helfen, aber nicht das eigene Nachden-

ken ersparen. Einige Anregungen für mögliche Alternativen sind in den Texten durch das /-Zeichen gekennzeichnet. Sie brauchen dann nur noch den jeweiligen zutreffenden Text auszuwählen und den unzutreffenden wegzulassen. Einfaches Beispiel: Herr/ Frau.

a) Zu den Musterbriefen

20 Die Musterbriefe für Vermieter sind zum Teil als „Rohlinge" zum Ausfüllen, zum Teil als Beispiele formuliert. Diese können Sie dann ggf. für Ihren konkreten Fall abändern.

Vor den Briefen finden Sie ein Verzeichnis aller Briefe. Die Überschriften geben den zusammengefassten Inhalt des jeweiligen Briefes wieder.

b) Zu den Musterformularen

21 Die Formulare können Sie ggf. kopieren und ausfüllen. Vielleicht benutzen Sie ein Formular auch als Anregung zur Schaffung eines eigenen Formulars, das auf Ihre Immobilie(n) zugeschnitten ist.

Zu den Formulartexten finden Sie jeweils in Fußnoten eine kurze Beschreibung zum möglichen Einsatzzweck des jeweiligen Formulars.

c) Zu den Musterverträgen

22 Die Verträge befassen sich nicht nur mit der Vermietung einer Wohnung, sondern auch mit dem, was damit zusammenhängt und am besten in einem schriftlichen Vertrag geregelt werden sollte, so z. B. Hausordnung, Vermietung von Garagen. Den Musterverträgen ist neben einem Verzeichnis eine kurze inhaltliche Beschreibung der sodann abgedruckten Verträge vorangestellt. Soweit Verträge ab einem bestimmten Punkt inhaltsgleich fortgesetzt werden, sind sie nicht jedes Mal komplett abgedruckt, sondern mit einem entsprechenden Hinweis versehen.

d) Zu den Musterklagen

Die Musterklagen sollen Ihnen für einfach gelagerte Fälle den 23
schnellen Gang zum Gericht ermöglichen. Der Idealfall ist der, dass
Sie diese Muster niemals brauchen. Vor den Texten mit Beschreibung der Klagen und weiteren Hinweisen für die Abfassung in den
Fußnoten finden Sie ein Verzeichnis der Klagen.

e) Zu den Musterabrechnungen

Die Muster für Betriebskostenabrechnungen sollen Beispiele für die 24
Abrechnung nach unterschiedlichen Schlüsseln und von unterschiedlichen Kosten geben. Erläuterungen werden in den jeweiligen
Fußnoten gegeben. Den Abrechnungen ist ein kurzes Verzeichnis
vorangestellt.

3. Anhang

Der Anhang enthält für den Vermieter wichtige Gesetzestexte, u. a.: 25

- die §§ 535 bis 580a BGB (Miete)
- das Gesetz zur Regelung der Wohnungsvermittlung (WoVermittG)
- Anlage 3 zu § 27 II. Berechnungsverordnung
- die Betriebskostenverordnung
- die Wohnflächenverordnung;

Im Anhang finden Sie auch die Anmerkungen (Fußnoten) zu den
hochgestellten Anmerkungsziffern im Text. Die Anmerkungen enthalten z. B. Fundstellen (zumeist Gerichtsentscheidungen) oder ergänzende bzw. weiterführende Hinweise.

Das Sachverzeichnis am Ende des Vermieterleitfadens dient dem
schnellen Auffinden von Themen.

4. Hinweis zum Verweissystem innerhalb des Buchs

26 Der Vermieterleitfaden enthält zahlreiche, im laufenden Text in Klammern gestellte oder in Fußnoten enthaltene Querverweise auf andere, im jeweiligen Zusammenhang zu beachtende Textstellen, Musterbriefe, Musterverträge usw. Auf diese wird jeweils anhand einer Buchstaben-/Zahlenkombination verwiesen, die auf die Randnummern im jeweiligen Teil des Buchs Bezug nehmen. So verweist z. B. „Rn. 1. 7" auf die Textstelle mit der Randnummer 7 im Kapitel „Einführung" des Vermieterleitfadens, „Rn. 2. 73" auf die Textstelle mit der Randnummer 73 im „2. Kapitel. Systematischer Teil", „Rn. 3. 15" auf den Mustertext mit der Randnummer 15 im „3. Kapitel Muster".

2. Kapitel

Systematischer Teil

I. Der Beginn des Mietverhältnisses

1. Die Darstellung der Wohnung

a) Zeitungsinserate

Wie jeder Marktteilnehmer muss auch der Vermieter seine Wohnung zunächst einmal anbieten. Je knapper das Wohnungsangebot, desto unproblematischer ist dieser Teil des Vermietergeschäfts. Meist genügt dann schon eine kurze Anzeige in der Zeitung, z. B.: „DO-Kreuzv, 3 Zi KDB, ca. 80 qm, 520 + 60 BK, 2 MM Kaution, Tel… .". Übersetzt heißt das dann: „Dortmund-Kreuzviertel, 3 Zimmer, Küche, Diele, Bad, ca. 80 qm, 520,– EUR plus 60,– EUR Betriebskostenvorauszahlung, 2 Monatsmieten Kaution, Tel. … .".[1] Statt „BK" findet man auch oft die Abkürzung „NK" für Nebenkosten. Zu notwendigen Angaben bzgl. des Energieausweises vgl. Rn. 29. 1

In Zeiten eines Wohnungsüberhangs kann es allerdings erforderlich sein, dass sich das Angebot aus der Masse anderer Angebote abhebt. In der Praxis führt das dazu, dass manche Vermieter meinen, z. B. durch Fettdruck, Einrahmung oder Platzierung oben in der Spalte der Tageszeitung ihre Chancen verbessern zu können. Dies erscheint allerdings zweifelhaft. Wohnungssuchende lesen ohnehin die ganze Zeitungsseite mit allen Angeboten und kreuzen die in Betracht kommenden Wohnungen unabhängig davon an, ob sie – vom Vermieter teuer bezahlt – in Fettdruck oder – preiswerter – in Normaldruck gehalten sind. Das Geld für eine optische Hervorhebung der Anzeige sollte daher besser in zusätzliche inhaltliche Angaben über die Wohnung investiert werden, z. B. eine zentrumsnahe oder grüne Lage, eine gerade erfolgte Renovierung des Bades usw. In größeren Städten gibt es neben den Tageszeitungen auch oft Anzeigenblätter, die ggf. nur in einigen Stadtteilen erscheinen. Annoncen dort sind in der Regel preiswert, ggf. sogar kostenlos, aber die Wahrnehmung der Anzeige durch Mietinteressenten entsprechend örtlich begrenzt. Eine weitere Möglichkeit bieten überregionale Anzeigenblätter, in denen private Kleinanzeigen oftmals sogar kostenlos aufgegeben werden können.

b) Chiffre-Annoncen

2   Chiffre-Angebote bieten den Vorteil, dass man die Bewerbungen der Mieter in Ruhe prüfen und auswählen kann, ohne zunächst selbst in Erscheinung zu treten. Auch bieten Chiffre-Zuschriften eine gewisse Gewähr für ein wirklich ernsthaftes Interesse an dem Wohnungsangebot. Denn es ist eben aufwendiger, einen Brief an den zukünftigen Vermieter zu schreiben als mal eben zum Telefon zu greifen. Allerdings führen Chiffre-Angebote in Zeiten eines Wohnungsüberangebots möglicherweise dazu, dass die Zuschriften ausbleiben. Eine weitere Gefahr liegt bei Chiffre-Annoncen auch darin, dass ein Interessent, den man nach Sichtung der Zuschriften ausgewählt hat, längst über die telefonische Meldung bei einem anderen Vermieter eine Wohnung gefunden hat.[2]

c) Makler

3   Vielfach kommt ein Mietvertrag durch die Vermittlungstätigkeit eines Maklers zustande. Hier gilt gem. § 2 Abs. 1a, Abs. 5 Nr. 1 WoVermG[3] das Bestellerprinzip: **nur** derjenige, der den Makler beauftragt, muss ihn auch bezahlen. Der Zahlungsanspruch besteht gem. § 2 Abs. 1 WoVermG aber nur, wenn infolge der Tätigkeit des Maklers auch tatsächlich ein Mietvertrag zustande kommt. Üblich – und von § 3 Abs. 2 WoVermG bei Beauftragung durch den Mieter maximal erlaubt – sind zwei Monatsmieten Maklergebühr (= Provision oder Courtage) zzgl. MwSt, gerechnet von der Kaltmiete ohne Be-

triebskostenvorauszahlung. Für eine Beauftragung des Maklers durch den Vermieter gilt diese betragsmäßige Beschränkung nicht. Einschränkungen für einen Aufwendungsersatzanspruch des Maklers gibt es in § 3 Abs. 3 WoVermG. Der Wohnungsvermittlungsvertrag mit dem Makler bedarf gem. § 2 Abs. 1 S. 2 WoVermG der Textform (§ 126b BGB, vgl. dazu Rn. 119). Wegen weiterer Einzelheiten des Wohnungsvermittlungsvertrags wird auf den im Anhang[4] abgedruckten Gesetzestext verwiesen.

Für den Mieter wird die Wohnung durch die Einschaltung des Maklers teurer. Der mögliche Schluss des Vermieters, dass derjenige Mieter, der das Geld für einen Makler hat, auch sicher wird die Miete zahlen können, ist nicht zwingend. **4**

Manche Mieter verwechseln zudem die Courtage mit der – oft ebenfalls zwei Monatsmieten betragenden – Kaution. Als Vermieter sollte man diesen Punkt unbedingt beachten und klarstellen. Sonst beginnt das Mietverhältnis gleich mit einem Misston, wenn der überraschte Mieter nach Zahlung der Courtage von Ihnen an die Zahlung der Kaution erinnert wird. **5**

d) Internet

In zunehmendem Maße bietet auch das Internet eine Plattform für Wohnungsannoncen. Ein Wohnungsinserat im Internet empfiehlt sich besonders, wenn Sie bestimmte Zielgruppen ansprechen wollen, z. B. Studenten – hier gibt es auch kostenlose Annoncenplattformen –, die eher auf dieses Medium zurückgreifen als andere Bevölkerungsgruppen. Im Internet können Sie Wohnungen auch durch umfangreichere textliche Darstellung und ggf. auch durch die Beifügung von Fotos (wenn diese die möblierte und bewohnte Wohnung des gegenwärtigen Mieters zeigen, bedürfen Sie dessen Zustimmung, bevor Sie Fotos ins Internet stellen!) detaillierter beschreiben. Für die Frage, ob man die anzubietende Wohnung im Internet durch besondere (ggf. kostenpflichtige) optische Gestaltung der Anzeige hervorheben sollte, gelten die Ausführungen oben unter a) entsprechend. **6**

e) Besondere Präsentation

7   In Zeiten eines Überangebots an Wohnungen ist Einfallsreichtum gefragt. Verlassen Sie durchaus einmal die üblichen Wege der Präsentation Ihrer Wohnung am Markt und suchen Sie neue Ideen:

- Gibt es in der Nähe Ihrer Wohnung vielleicht eine große Fabrik, eine Klinik, ein Behördengebäude? Dort finden Sie fast immer (z. B. im Kantinenbereich) ein schwarzes Brett. Hängen Sie dort ein Wohnungsangebot auf, am besten mit kleinen Abschnitten zum Abreißen, die Ihre Telefonnummer tragen.

- Verfügt Ihre Wohnung über Besonderheiten, die Sie in Zeiten eines Wohnungsmangels bisher selber gar nicht so richtig beachtet haben? Etwa einen außergewöhnlich großen Kellerraum? Oder einen sonnigen Südbalkon? Einen wenn auch kleinen Garten in der grauen Innenstadt? Stellen Sie diese Besonderheiten heraus!

- Haben Sie (möglicherweise ohnehin schon seit geraumer Zeit) Renovierungen oder Umbauten vor? Hieraus lässt sich zum Teil ein Vermietungsargument ableiten. Z. B. könnten Sie bei einer ohnehin geplanten Renovierung des Bades anbieten, dass der zukünftige Mieter bis zu einem Betrag von X EUR pro Quadratmeter sich die Fliesen selber aussuchen darf, damit das Bad dann später seinen persönlichen Wünschen entspricht.

- Gibt es in der Nähe Ihrer Wohnung etwas, das gerade Ihre Wohnung interessant macht? Z. B. gute Parkmöglichkeiten in der Innenstadt, eine gute Verkehrsanbindung, gute Einkaufsmöglichkeiten, einen grünen Park „um die Ecke"?

8   Sie sollten sich auch nicht scheuen, den Mieter auf die Möglichkeit eines eventuellen Wohngeldanspruchs hinzuweisen.

Den müssen Sie nicht berechnen, aber der Mieter kann ihn beim zuständigen Amt für Wohnungswesen erfragen. Viele Mieter wissen davon tatsächlich nichts, halten sich fälschlicherweise aufgrund ihres Einkommens für nicht wohngeldberechtigt oder haben Hemmungen, „beim Amt um Hilfe zu bitten". Hier wird verkannt, dass Wohngeld ein Anspruch, kein Almosen ist. Der Anspruch ist abhängig von mehreren Kriterien (u. a. Einkommen, ggf. nach Abzug bestimmter Belastungen, Zahl der Familienmitglieder, Zugehörigkeit

der Gemeinde zu einer bestimmten Mietenstufe, Höhe der Miete).
Es gibt darüber ein eigenes Gesetz, eben das Wohngeldgesetz. Es ist
davon auszugehen, dass mehr Mieter einen Anspruch auf Wohngeld
haben, als Mieter diese Zahlungen tatsächlich in Anspruch nehmen.
Wohngeld wird als von den oben genannten Kriterien in der Höhe
abhängiger **Zuschuss** zur Miete gewährt. Es braucht nicht zurückgezahlt zu werden, ist also kein Darlehen der öffentlichen Hand.

f) Dumping-Preise?

Ob bei einem Wohnungsüberangebot ein stetes Herabsetzen der 9
Miete zum gewünschten Vermietungserfolg führt, erscheint dagegen
zweifelhaft: Wenn ein und dieselbe Wohnung jede Woche in der
Zeitung oder im Internet steht, und jede Woche etwas billiger als
vorher, dann könnte beim Leser der Annoncen der Eindruck entstehen, dass mit der Wohnung etwas nicht stimmen kann. Wenn man
über lange Zeit keinen Vermietungserfolg hat, sollte man besser eine
Woche „Pause" machen oder auf jeden Fall den Text der Anzeige
ändern.

Erfahrungsgemäß bestimmt man über den Preis auch in gewisser 10
Hinsicht den Kreis der Interessenten. Das heißt, wenn die Wohnung
7,– EUR pro Quadratmeter kostet, kommen Interessenten, die sich
7,– EUR leisten können und fragen nach dem Balkon, den die
Wohnung nun einmal leider nicht hat. Wenn die Wohnung dann
5,– EUR pro Quadratmeter kostet, kommen Interessenten, die sich
5,– EUR pro Quadratmeter leisten können und fragen auch nach
dem Balkon, den die Wohnung nun einmal leider nicht hat. Es ist
noch nicht einmal gesagt, dass sich bei einer niedrigeren Miete in
jedem Fall mehr Mietinteressenten melden als bei einer höheren.
Selbstverständlich ist über den Preis irgendwann einmal der Punkt
erreicht, an dem man eine Wohnung sicher vermietet. Aber das sollte, ohne dass es dazu näherer Begründung bedürfte, wohl wirklich
der Weisheit **letzter** Schluss sein.

2. Die Wahl des „richtigen" Mieters

11 Den richtigen Mieter zu finden, ist die schwierigste und wichtigste Aufgabe bei der Vermietung. Sie ist auch deswegen so bedeutsam, da der Vermieter wegen des geltenden ausgeprägten Mieterschutzes nach dem Vertragsschluss hinsichtlich seiner rechtlichen Möglichkeiten weitgehend abgedankt hat.

a) Das Gespräch mit dem Mieter

12 Unterhalten Sie sich vor Vertragsschluss mit dem Mieter ausführlich. Dabei ist zunächst wichtig, dass Sie nicht aufgrund unterschiedlich verstandener Begriffe aneinander vorbeireden. Dies gilt vor allen Dingen für die Begriffe Miete, Warmmiete, Kaltmiete, Nettomiete, Bruttomiete, Inklusivmiete usw. Diese Begriffe werden oft unterschiedlich interpretiert.[5] Stellen Sie also klar, wie Sie einen bestimmten Begriff verstehen. Sonst scheitert möglicherweise daran der spätere Vertragsschluss; jedenfalls ist späterer Ärger programmiert.

13 Achten Sie darauf, dass Sie nicht nur Ihre Wohnung anpreisen (und damit weitgehend allein reden), sondern dass Sie den Mieter reden lassen und ihm tatsächlich auch zuhören. Das klingt selbstverständlich, tatsächlich laufen aber viele Gespräche anders ab. Gerade die Fähigkeit, dem anderen Teil wirklich zuzuhören (und dabei wichtige Informationen für das zukünftige Vertragsverhältnis aufzunehmen) geht zunehmend verloren. Versuchen Sie dabei, das Gespräch auf den beruflichen und ggf. auch den persönlichen Werdegang des Mieters zu lenken. So erfahren Sie, ob er z. B. schon oft den Arbeitsplatz gewechselt hat, schon oft von einer Stadt in eine andere versetzt wurde, oder ob er sich demnächst beruflich verbessern möchte. Wenn Sie als Vermieter nicht an einem Hotelbetrieb, sondern an einem langfristigen Mietverhältnis interessiert sind, dann ist das der falsche Mieter für Sie.

14 Lenken Sie das Gespräch behutsam, aber vermeiden Sie dabei beim Mietinteressenten das Gefühl, dass er ausgefragt wird. Dabei muss man wissen, dass der Mieter manche Fragen nicht zu beantworten braucht. Grundsätzlich gilt: Sachbezogene, also im Zusammenhang

mit dem abzuschließenden Mietvertrag und dem zukünftigen Mietverhältnis stehende Fragen muss der Mieter ehrlich beantworten. Zu den insoweit zulässigen Fragen gehören insbesondere solche, die die Bonität des Mieters betreffen – insb. Fragen nach den Einkommens- und Vermögensverhältnissen –[6], denn es ist ein elementares Interesse des Vermieters, einen zahlungsfähigen Mieter zu bekommen. Fragen nach dem Arbeitgeber, der beruflichen Stellung und den Einkünften des Mieters sind daher zulässig.[7] Zulässig sind auch Fragen nach der Person und Anschrift des Vorvermieters, der Dauer des vorangegangenen Mietverhältnisses und nach der Erfüllung der dortigen mietvertraglichen Pflichten.[8] Hierbei hat der Vermieter ein berechtigtes Interesse, vor Abschluss des Mietverhältnisses zu erfahren, ob dem Mieter seine vorherige Wohnung gekündigt wurde und wenn ja, ob dies aus einem Grund erfolgte, der in der Sphäre des Mieters lag.[9] Gefragt werden darf auch, ob der Mieter schon einmal die eidesstattliche Versicherung abgelegt hat („Offenbarungseid"), ob sein Arbeitseinkommen gepfändet ist oder sonstige Zwangsvollstreckungsmaßnahmen gegen ihn geführt werden[10], ob bzgl. seiner Person ein Verbraucherinsolvenzverfahren läuft und ob er sich in geregelten finanziellen Verhältnissen befindet. Wenn der Mieter hier die Unwahrheit sagt (z. B. einen Arbeitsplatz und ein geregeltes Einkommen angibt, obwohl er in Wahrheit arbeitslos ist), kann er sich sogar strafbar machen (Einmietebetrug). Nach Ansicht des LG Bonn[11] muss der Mieter auf ein über sein Vermögen eröffnetes Insolvenzverfahren und andere, die Entscheidung des Vermieters zu beeinflussen geeignete negative Umstände seiner Bonität sogar **ungefragt** hinweisen:

> … „verbleibt es dabei, dass der Mietinteressent über ein gegen ihn eröffnetes und noch laufendes Insolvenzverfahren sowie die erheblichen Mietrückstände aus dem vorangegangenen Mietverhältnis und die dort erfolgte Verurteilung zur Räumung wegen Mietzinsrückständen ungefragt aufklären muss wegen der sich daraus ergebenden wesentlich erhöhten Gefahr für den Vermieter, seine Ansprüche im Falle der nicht freiwilligen Erfüllung endgültig nicht realisieren zu können… Es kommt auch nicht darauf an, ob und inwieweit der Vermieter sich vor Vertragsschluss anderweit Kenntnis verschaffen könnte; er muss darauf vertrauen können, dass der Mietinteressent über eine objektiv bestehende Gefährdungslage für Vermieteransprüche pflichtgemäß ungefragt aufklärt. Dabei geht

> es nicht etwa darum, ob diese Gefährdungslage die Kündigung eines bereits abgeschlossenen Mietvertrags rechtfertigen könnte, sondern darum, ob der Mietinteressent vor Abschluss eines solchen Vertrags verpflichtet ist, ungefragt hierüber aufzuklären, damit der potentielle Vermieter sich frei entscheiden kann, ob er gleichwohl den Vertrag abschließen will."

15 Diskriminierende oder unsachliche Fragen braucht der Mieter nicht zu beantworten (Beispiel: Gehören Sie dem Mieterverein an? Welche Partei wählen Sie?). Bei solchen Fragen darf der Mieter sogar eine falsche Antwort geben. Bei der Frage nach Vorstrafen ist zu differenzieren: Offenbaren muss der Mieter nur solche Vorstrafen, die Bezug zur Miete haben, also etwa eine Verurteilung wegen Einmietebetrugs. Eine Verurteilung etwa wegen Körperverletzung gehört nicht dazu; allerdings wird man bei mehreren solchen Verurteilungen darüber streiten können, ob man hier nicht dem Vermieter – auch im Interesse der übrigen Mieter – ein mietrechtlich berechtigtes Interesse an dieser Information zubilligen muss.

b) Selbstauskunft des Mieters

16 Die vorstehenden Grundsätze gelten auch für den Fall, dass der Vermieter ein vom Mietinteressenten auszufüllendes „Selbstauskunft"-Formular verwendet, in dem die Fragen schriftlich gestellt werden. Falsche Angaben lassen sich so später leichter nachweisen.

Der Vermieter kann (sollte!) darüber hinaus aber auch bestimmte Angaben des Mieters, die dem Vermieter für den Abschluss des Mietvertrags wichtig waren, in den Mietvertrag aufnehmen; z. B. „Der Mieter erklärt, dass er seit… Jahren in ungekündigter Stellung bei der Fa. … beschäftigt ist."

c) Vorsicht bei bestimmten Angaben

17 Bei der Auswahl des richtigen Mieters ist eine gehörige Portion Menschenkenntnis gefragt. Immerhin dürfte in einigen Fällen Vorsicht angebracht sein:

> – Der Mieter gibt im Gespräch eigentlich keine plausible Erklärung dafür, warum er umziehen möchte. Droht ihm in Wahrheit vielleicht

gerade in seinem alten Mietverhältnis wegen Mietrückständen oder Vertragsverstößen die Zwangsräumung?

- Der Mieter weicht im Gespräch bei der Frage aus, wie viel Personen mit ihm noch in die Wohnung einziehen möchten (oder er verstrickt sich insoweit in Widersprüche). Folgt dem Mietvertragsschluss eine Vielzahl von Personen nach, die dann nach Schlüsselübergabe tatsächlich einziehen? Oder ist der Mieter gar nur Strohmann für jemand anderen, der – aus welchen Gründen auch immer – selber keine Wohnung finden würde?

- Der Mieter drückt auf die Tränendrüse, z. B. weil er mit seiner großen Familie keinen Vermieter findet, der bereit wäre, ihn zu nehmen. Hier besteht die Gefahr, dass der Mieter aus schierer Verzweiflung alles nimmt. Er ist dann möglicherweise unzufriedener in der neuen Wohnung als jemand, der eine (Aus)Wahl hatte und sich für die schließlich angemietete Wohnung aus echter Überzeugung entschieden hat.

- Bitte seien Sie aber (besonders) in diesen Fällen sehr zurückhaltend mit Bemerkungen. Manche Menschen, die vermeintlich mit der „Mitleidsmasche" kommen, befinden sich in echter Not, und die Ablehnung des Vermieters trifft gerade diese Mietinteressenten besonders hart.

- Der Mieter erzählt bei der Wohnungsbesichtigung oder beim Vertragsgespräch,
  - dass er die Wohnung wegen einer Eigenbedarfskündigung seiner bisherigen Wohnung brauche,
  - dass er viel Ärger mit seinem bisherigen Vermieter gehabt habe,
  - dass er wegen seiner bisherigen Wohnung schon beim Anwalt war (usw.),
  - dass er gar mit seinem bisherigen Vermieter schon Rechtsstreitigkeiten vor Gericht geführt habe.

- Selbst wenn der Mieter hier berechtigterweise auf seinen bisherigen Vermieter zornig sein sollte, besteht doch die Gefahr, dass sich dabei ein generelles Misstrauen gegenüber Vermietern entwickelt hat, das das neue Mietverhältnis von vornherein belastet. Es fällt dem Mieter möglicherweise schwer, vorangegangene Negativerfahrungen zu trennen und ganz unbefangen den neuen Mietvertrag einzugehen.

- Der Mietinteressent teilt Ihnen bei der Wohnungsbesichtigung mit, dass er selber gar nicht an der Wohnung interessiert sei, sondern für seinen Sohn, seine Tochter usw. sich Wohnungen ansehe. Da mag als nachvollziehbarer Grund durchaus genannt werden, dass der eigentliche Interessent z. B. aufgrund von Berufstätigkeit keine Zeit für die Wohnungsbesichtigung hat und dem Vater usw. schon mal die Vorauswahl überlässt. Auch wenn diese Vorauswahl auf Ihre Wohnung fällt und der Vater versichert, die Wohnung sei so großartig, dass man sofort einen Vertrag schließen könne, sollten Sie unbedingt darauf bestehen, dass sich auch die wirklichen späteren Mieter die Wohnung vorher ansehen. Das dient nicht nur dem Zweck, die Seriosität der eigentlichen Mieter persönlich zu überprüfen, sondern auch der Vermeidung von Enttäuschungen (und damit Missklängen im späteren Mietverhältnis). Sonst müssen Sie als Vermieter die Frustration ausbaden, dass der Vater die falsche Wohnung ausgesucht hat (und Sie müssen ggf. ein paar Monate später schon wieder neu vermieten).

– Das soeben Gesagte gilt sinngemäß, wenn ein Teil eines (Ehe)paares sich die Wohnung ansieht und sagt, er könne die Auswahl schon für den anderen mittreffen. Auch hier sollten Sie darauf bestehen, dass auch der andere Teil sich die Wohnung vor Vertragsschluss selber ansieht.

– Der Mietinteressent möchte den Vertrag zunächst mitnehmen, um ihn von seinem Anwalt überprüfen zu lassen. Von diesem Anwalt werden Sie dann auch im Laufe des Mietverhältnisses mit einiger Wahrscheinlichkeit noch öfter hören.

– Der Mietinteressent möchte den Vertrag zunächst mitnehmen, um ihn in Ruhe zu lesen. Dahinter muss nicht gleich Misstrauen gegenüber dem Vermieter stecken. Viele Menschen sind mit dem Ansinnen, einen umfangreichen, juristisch formulierten Vertrag sofort zu lesen und sofort zu unterschreiben, einfach überfordert. In diesen Fällen kann es dem späteren Mietverhältnis durchaus förderlich sein, wenn die Mieter den Vertrag in Ruhe allein gelesen und danach „ruhigen Gewissens" unterschrieben haben. Vorsicht ist geboten, wenn man als Vermieter den Eindruck gewinnt, der Mietvertrag soll nur mitgegeben werden, weil die Mietinteressenten noch andere Wohnungen in Aussicht haben, sich diese eine aber schon mal warmhalten wollen. Auf keinen Fall sollte man als Vermieter einen bereits vermieterseits unterschriebenen Vertrag dem Mieter mitgeben. Dann ist man einseitig gebunden und es beginnt eine Zitterpartie, ob und wann der vom Mieter gegengezeichnete Vertrag zurückgelangt. Auch kann man eventuellen weiteren Interessenten kaum noch etwas anderes sagen, als dass die Wohnung nach derzeitigem Kenntnisstand voraussichtlich bereits vermietet ist. Die Komplikationen werden noch größer, wenn Mietinteressenten einen bereits vom Vermieter unterschriebenen Vertrag mitnehmen und sich dann schlicht überhaupt nicht mehr melden.

– Der Mietinteressent gibt an, ein Dritter werde die Miete bezahlen. Das Problem ist dabei regelmäßig, den Dritten auch zur Mietzahlung vertraglich direkt gegenüber dem Vermieter zu verpflichten.

– Recht häufig soll dieser Dritte nach Angaben des Mieters die ARGE oder das Sozialamt sein. In diesem Fall sollte man sich als Vermieter Namen und Telefonnummer des Sachbearbeiters geben lassen und mit diesem selber sprechen (soweit man bei diesem Versuch nicht an dem Hinweis des Sachbearbeiters auf den Datenschutz scheitert). Man mag dabei erfahren, dass der Sachbearbeiter noch gar nichts von dem Umzug weiß, oder dass seine mündliche Zusage gegenüber dem Mietinteressenten an bestimmte Voraussetzungen geknüpft war (bestimmte Wohnungsgröße, bestimmte Miethöhe). Eine schriftliche Mietübernahmeerklärung durch das Amt ist in der Praxis allerdings kaum zu bekommen. Auch bleibt der Vermieter auf seinem Schaden sitzen, wenn der Mieter z. B. wegen Vertragsverstößen herausgeklagt werden muss. Denn Vertragspartner des Vermieters ist immer der Mieter, nicht das Sozialamt.

– Der Mietinteressent ist sehr unsicher. Möglicherweise ist es seine erste eigene Wohnung, möglicherweise aber ist er sich noch gar nicht sicher, ob er überhaupt mit einer eigenen Wohnung zurechtkommt. Man sollte Unsicherheit aber auch nicht überbewerten. Immerhin ist die Auswahl einer Wohnung für die meisten Menschen eine überragend wichtige Sache. Der Mieter muss zudem eine Entscheidung treffen, in der er ungeübt ist, denn Mietverträge unterschreibt man regelmäßig (wenn überhaupt mehrmals, dann) nur wenige Male im Leben.

d) Auswahlkriterien

Die Frage, nach welchen Kriterien ein Mieter ausgewählt werden 18 soll, muss jeder Vermieter für sich selbst beantworten. Immerhin sollte auch hier nicht nur die Bonität des Mieters ausschlaggebend sein. Zwei reiche kinderlose Doppelverdiener wechseln vielleicht schneller und öfter die Wohnung als ein allein verdienender Familienvater, der die Familienwohnung als Zuhause empfindet, an dem er hängt. Vermietet man eine kleine Wohnung an zu viele Personen, besteht die Gefahr, dass diese Mieter sich bald eine größere Wohnung suchen. Auch muss ein Mieter ins Haus passen: Der fröhliche Student unter ruhigen Rentnern oder die allein stehende Dame in einem ansonsten ausschließlich von männlichen Singles bewohnten Haus bieten reichlich Stoff für Unfrieden im Haus, den der Vermieter dann in Form von Mieterbeschwerden mit zu verdauen hat.

e) Marktlage

19 Alle Ratschläge für die Auswahl des „richtigen" Mieters setzen natürlich voraus, dass der Vermieter überhaupt eine Wahl hat. In Zeiten eines Überangebots (Mietermarkt) an Wohnraum ist dies nicht der Fall. Bei Wohnungsmangel (Vermietermarkt) sieht das anders aus. Die Marktphasen ändern sich oft recht schnell. Nach dem Krieg gab es einen großen Wohnungsmangel. Später sprach man mehr oder weniger offen auch schon mal vom Rückbau (Abriss) von Wohnungsüberhang. Nach der Wiedervereinigung war der Wohnungsmangel beherrschendes Thema. Gegenwärtig besteht überwiegend ein Markt zugunsten der Mieter. Die Wohnungsangebote übersteigen die Wohnungsgesuche vielerorts bei weitem. Aber auch bei einem mieterfreundlichen Wohnungsmarkt kann es vorkommen, dass in einzelnen Bereichen trotz generell bestehenden ausreichenden Angebots oder sogar Überangebots eine Mangellage vorliegt. Hinzu kommt eine immer deutlicher zu Tage tretende regionale Differenzierung: Während in manchen Gebieten ein Über- oder doch zumindest ausreichendes Angebot an Wohnraum existiert, ist in besonders nachgefragten (Groß-)Städten eine Wohnraumverknappung, insbesondere im unteren Preissegment oder für bestimmte Nachfragegruppen, (z. B. Studenten) festzustellen.

3. Das Allgemeine Gleichbehandlungsgesetz

20 Bei Verhandlungen mit Mietinteressenten, beim Vertragsschluss, aber auch der Abwicklung und Beendigung von Mietverhältnissen ist vom Vermieter das Allgemeine Gleichbehandlungsgesetz (AGG), besser bekannt als „Antidiskriminierungsgesetz", zu beachten.[12] Hierzu können aus Platzgründen nur einige Hinweise gegeben werden:

Nach § 1 AGG ist Ziel des Gesetzes, „Benachteiligungen aus Grün-   21
den der Rasse oder wegen der ethnischen Herkunft, des Geschlechts, der Religion oder Weltanschauung, einer Behinderung,
des Alters oder der sexuellen Identität zu verhindern oder zu beseitigen." Damit spricht das Gesetz explizit Auswahlkriterien an, die jeder gutwillige Vermieter, der keineswegs diskriminieren will, regelmäßig etwa bei der Frage prüfen wird, ob der Mietinteressent in die
bestehende Hausgemeinschaft passt. Immerhin trägt das Gesetz diesem Grundanliegen jedes Vermieters insoweit Rechnung, als in § 19
Abs. 3 AGG bestimmt wird, dass bei der Vermietung von Wohnraum „eine unterschiedliche Behandlung im Hinblick auf die Schaffung und Erhaltung sozial stabiler Bewohnerstrukturen und ausgewogener Siedlungsstrukturen sowie ausgeglichener wirtschaftlicher,
sozialer und kultureller Verhältnisse zulässig" ist.

Erforderlich ist nach § 1 AGG eine Benachteiligung „aus Gründen"   22
– etwa – der Rasse. Das heißt, dass die Schlechterbehandlung auf
der Rasse beruhen muss, und nicht etwa auf einem anderen, im
AGG nicht genannten Grund. So ist eine Differenzierung aufgrund
des wirtschaftlichen Vermögens eines Mietinteressenten keine Diskriminierung im Sinne des AGG. Wenn sich also bei zwei Mietinteressenten unterschiedlicher Hautfarbe der Vermieter für denjenigen
mit der besseren Bonität entscheidet, beruht die Ablehnung des anderen Interessenten nicht auf dessen Rasse.

Liegt dagegen eine Diskriminierung nach dem AGG vor, kann der   23
Mietinteressent bzw. Mieter nach § 21 AGG unbeschadet weiterer
Ansprüche Beseitigung der Beeinträchtigung, bei Wiederholungsgefahr Unterlassung, und im Falle eines Verschuldens auf Vermieterseite, Schadensersatz und Schmerzensgeld verlangen. Dabei kommt
dem Anspruchsteller – dem Diskriminierten – auch prozessual eine
gesetzliche Beweislastregel zu Hilfe. Nach § 22 AGG muss der Anspruchsteller nur Indizien beweisen, die eine Benachteiligung wegen
eines in § 1 AGG genannten Grundes vermuten lassen. Der Vermieter muss dann den vollen Entlastungsbeweis führen, dass er **nicht**
diskriminiert hat.

Für die o. g. Ansprüche gilt gem. § 21 Abs. 5 AGG eine Ausschluss-   24
frist von 2 Monaten; d. h. innerhalb dieser Frist müssen Ansprüche

gegenüber dem Vermieter geltend gemacht werden. Eine längere Frist gilt nur, wenn der Benachteiligte (Anspruchsteller) ohne Verschulden an der Einhaltung der Frist verhindert war. Zu fordern ist aber, dass der Benachteiligte bei Überschreiten der Zweimonatsfrist unverzüglich nach Wegfall des unverschuldeten Hinderungsgrundes seine Ansprüche geltend macht.

25 Aus dem vorstehend umrissenen Inhalt des AGG ergeben sich auch für den redlichen Vermieter folgende Verhaltensempfehlungen: Schon bei der Wohnungsannonce sollte auf einen möglichst neutralen Text geachtet werden. Zusätze wie „ruhiger Pensionär bevorzugt" verbieten sich (denn das könnte als eine altersmäßige Diskriminierung eines jungen Menschen, der sich auf die Annonce meldet, verstanden werden). Auch beim Gespräch mit dem Mietinteressenten sollte sich der Vermieter bedeckt halten. Dies gilt nicht nur für spontane Äußerungen, sondern auch für Fragen an den Interessenten, die einen der Diskriminierungstatbestände erfüllen könnten. Wegen der oben geschilderten Beweislastverteilung des AGG sollte der Vermieter bei Wohnungsbesichtigungen oder Gesprächen mit Mietinteressenten einen Zeugen dabei haben. Alle Unterlagen über eine Wohnungsvermietung vom Annoncentext bis zu eventuellen Bewerbungen, schriftlichen Mieterselbstauskünften, Protokollen, Schriftverkehr usw. sollten aufbewahrt werden. Außerdem sollte der Vermieter nach Abschluss seines privaten Auswahlverfahrens seine ablehnende Entscheidung gegenüber einem Interessenten nicht begründen. Zu so einer Begründung ist der Vermieter nicht verpflichtet. Auch schon im Vorfeld sollte der Vermieter auf von Mietinteressenten bei der telefonischen Kontaktaufnahme gelegentlich gestellte Fragen des Inhalts „Und nach welchen Kriterien wählen Sie dann den Mieter aus?" nicht oder nur allgemein antworten, dass das von Fall zu Fall verschieden sei und/oder man sich eben erst mal bei der Besichtigung treffen und kennenlernen müsse, allgemeine Aussagen aber gar nicht möglich seien usw. Anzufügen ist, dass der Vermieter sich auch gegenüber demjenigen Interessenten, mit dem er schließlich den Mietvertrag abschließt, nicht zu den Gründen äußern sollte, warum er andere Interessenten nicht genommen hat.

Obwohl eher theoretischer Natur, sei der Vollständigkeit halber 26
noch darauf hingewiesen, dass das AGG kein spezielles Mieter-
schutzgesetz ist. Es schützt auch den Vermieter vor Diskriminierung.

4. Energieausweis

Angesichts ständig steigender Energiekosten legen Mietinteressen- 27
ten beim Besichtigungstermin oder den Vertragsverhandlungen oftmals Wert auf Informationen bzgl. der insoweit auf sie zukommenden Kosten. Eine probate Informationsquelle ist hier zunächst der
Vormieter, den man schlicht fragen kann, was er im letzten Jahr im
Monatsdurchschnitt bezahlt hat. Daneben sollte die Energieeinsparverordnung (EnEV) mit dem Energieausweis ein Instrument zur
objektiven Messbarkeit und Vergleichbarkeit des energetischen Zustands eines Gebäudes einführen. Der Eigentümer vermieteter Räume muss für das Objekt einen Energieausweis erstellen lassen, der
über die energetische Qualität des Gebäudes und der Wohnung informiert. Näheres zu diesem Energieausweis regelt die Energieeinsparverordnung. Der Energieausweis ist zehn Jahre gültig. Eine Verlängerung ist nicht möglich, so dass dann ein neuer Energieausweis
erstellt werden muss. Ein neuer Energieausweis muss auch erstellt
werden, wenn Baumaßnahmen mit veränderndem Einfluss auf den
energetischen Zustand des Gebäudes durchgeführt wurden.

Der Energieausweis wird nicht vom Vermieter erstellt, sondern von 28
bestimmten Berufsgruppen wie Architekten und Bauingenieuren,
aber auch dafür zertifizierten Handwerkern und Schornsteinfegern.

Der Vermieter hat den Ernergieausweis im Original oder in einer 29
Kopie dem Mietinteressenten spätestens bei der Besichtigung vorzulegen; auch ein deutlich sichtbarer Aushang oder ein deutlich sichtbares Auslegen während der Besichtigung reicht aus. Unverzüglich
nach Abschluss des Mietvertrags hat der Vermieter dem Mieter den
Energieausweis oder eine Kopie zu übergeben. Ausnahmen sind in
§ 16 Abs. 4 EnEV geregelt. Gibt der Vermieter vor der Vermietung
eine Immobilienanzeige in kommerziellen Medien auf und liegt zu
diesem Zeitpunkt ein Energieausweis vor, so muss er sicherstellen,
dass die Annonce bestimmte, in § 16a EnEV aufgezählte Pflichtan-

gaben enthält. Zu Übergangsvorschriften siehe § 29 EnEV. Der Energieausweis dient lediglich der Information des Mieters. Die darin
enthaltenen Angaben werden nicht Vertragsbestandteil, solange das
nicht vereinbart wird. Der Vermieter sollte daher alles vermeiden,
was später als eine solche Vereinbarung bzw. die Zusicherung eines
bestimmten energetischen Zustands der Wohnung ausgelegt werden
könnte. Der Energieausweis sollte daher auf keinen Fall fest mit dem
Mietvertrag verbunden werden. Auch eine Bezugnahme im Text des
Mietvertrags auf den Energieausweis sollte unterbleiben.

5. Die Vertragsgestaltung

a) Allgemeines

30   Wenn sich Vermieter und Mieter gefunden haben, ist es in aller Regel Aufgabe des Vermieters, den Mietvertrag zu formulieren. Ebenso
regelmäßig geschieht dies aus Gründen der Klarheit und der späteren Beweisbarkeit der Vertragsabreden schriftlich. Zwingend ist dies
aber nicht. Auch ein mündlicher Mietvertrag ist gültig. Gem. § 550
BGB gilt ein Mietvertrag, der für eine längere Zeit als ein Jahr und
nicht schriftlich abgeschlossen wird, für unbestimmte Zeit. Die
Kündigung ist in diesem Fall jedoch frühestens zum Ablauf eines
Jahres nach Überlassung des Wohnraums zulässig. Auf den Zeitpunkt des Vertragsschlusses kommt es bei der Jahresfrist dagegen
nicht an. „Schriftform" im Sinne des § 550 BGB bedeutet im
übrigen mehr als nur die Einhaltung der sogleich darzustellenden
Formalien. Sie liegt nur vor, wenn sich die für den Abschluss des
Vertrags notwendige Einigung der Parteien über alle wesentlichen
Vertragsbedingungen –insb. Mietgegenstand, Miete sowie Dauer
und Parteien des Mietverhältnisses – aus der Vertragsurkunde ergeben.[13] Wird jedoch „ein Kellerraum" mitvermietet, ohne dass dieser
nach seiner Lage oder einer Kellernummer im Keller genau bezeichnet wird, hindert das wegen der untergeordneten Bedeutung eines
solchen Nebenraums die Einhaltung der Schriftform nicht.[14]

31   Der Inhalt mündlicher Verträge ist regelmäßig schwer zu beweisen.
Im Zweifel gilt dann immer die gesetzliche Regelung des BGB.
Schriftform ist daher für den Vermieter in der Regel günstiger, vor

allem, wenn er im Mietvertrag bei den abdingbaren Bestimmungen des BGB zu seinen Gunsten von der gesetzlichen Regelung abweichen will. Schriftform erfordert gem. § 126 BGB – als die häufigste der dort genannten Alternative – die eigenhändige Unterschrift beider Vertragspartner unter der Vertragsurkunde. Für die Einhaltung der Schriftform ist es erforderlich, dass **alle** Vertragsparteien den Mietvertrag unterzeichnen. Sind z. B. in einem Mietvertrag als Vermieter die Eheleute Müller aufgeführt, müssen auch beide Eheleute, also Herr **und** Frau Müller unterschreiben. Unterzeichnet für eine Vertragspartei ein Vertreter den Mietvertrag, muss das in dem Mietvertrag durch einen das Vertretungsverhältnis anzeigenden Zusatz hinreichend deutlich zum Ausdruck kommen.[15] Im Beispiel der Eheleute Müller hätte also Herr Müller allein unterschreiben können mit dem Zusatz „zugleich als Vertreter für Frau (Vorname) Müller".

Die Unterschriftsleistung wird zwar regelmäßig, muss aber nicht   **32** gleichzeitig erfolgen. Es genügt, wenn eine Partei ein von der anderen Partei übersandtes Schreiben gegenzeichnet (etwa „Einverstanden, Müller"; oder ggf. auch nur mit dem Namen ohne einen ausdrücklichen, das Einverständnis erklärenden Zusatz).[16] Nicht ausreichend zur Wahrung der Schriftform ist ein bloßer Briefwechsel, etwa die Übersendung eines Angebots und die Rücksendung einer Annahmeerklärung, weil sich die Willensübereinstimmung der Parteien dann nicht aus einer, sondern erst aus der Zusammenfassung zweier Urkunden ergibt.[17] Die Vertragsurkunde selber kann durchaus aus mehreren Blättern bestehen. Die Schriftform erfordert auch keine körperliche Verbindung der einzelnen Blätter, wenn sich deren Einheit aus fortlaufender Paginierung, fortlaufender Nummerierung der einzelnen Bestimmungen, einheitlicher graphischer Gestaltung, inhaltlichem Zusammenhang des Textes oder vergleichbaren Merkmalen zweifelsfrei ergibt.[18] Sind Anlagen beigefügt, ist ebenfalls keine feste Verbindung mit der Haupturkunde erforderlich, wenn sich die Zusammengehörigkeit aus einer textlichen Verweisung in der Haupturkunde ergibt und die Anlagen gesondert unterschrieben sind.[19] Denn auch dann steht die Einheit der Vertragsurkunde außer Zweifel. Werden essentialia des Mietvertrags in

Anlagen ausgelagert, auf die im Mietvertrag Bezug genommen wird, muss zur Wahrung der Schriftform die Anlage im Mietvertrag so genau bezeichnet werden, dass eine zweifelsfreie Zuordnung möglich ist.[20] Ohne eigene Unterschriften auf den Anlagen und ohne textliche Verweisung in der Haupturkunde wird es schwieriger, das Schriftformerfordernis als gewahrt anzusehen. In solchen Fällen wird man eine feste Verbindung fordern müssen.

33   Dem Vermieter ist schon im Interesse der Beweisbarkeit des gesamten Vertragsinhalts jedenfalls anzuraten, Mietverträge so zu gestalten, dass sie auf der letzten Seite unterschrieben werden, Vertragszusätze oder Anlagen deutlich als Zusätze oder Anlagen zu dem Vertrag gekennzeichnet, in der Haupturkunde in Bezug genommen **und** gesondert unterschrieben **und** fest mit der Haupturkunde zusammengeheftet sind. Unschädlich ist, wenn von mehreren Vertragsexemplaren nur eines von beiden Parteien unterschrieben ist, selbst wenn die übrigen Vertragsexemplare überhaupt keine Unterschrift tragen.[21]

34   Bei der Ausformulierung eines Mietvertrags sind zunächst einige grundsätzliche Weichenstellungen (Wohnungsmietvertrag oder Gewerbemietvertrag, unbefristeter oder befristeter Mietvertrag usw.) erforderlich. Darüber hinaus steckt dann der Teufel im Detail. Denn im Mietrecht ist nicht alles frei vereinbar. Der sehr ausgeprägte gesetzliche Mieterschutz und eine mieterfreundliche Rechtsprechung führen dazu, dass man sich praktisch jede einzelne Vertragsbestimmung mehrmals überlegen muss. Der Einsatz von Formularen (die leider auch der Vermieter manchmal gar nicht vollständig gelesen hat!) bietet auch keine letzte Gewähr dafür, dass das dort Gedruckte dem neuesten Stand von Gesetz und Rechtsprechung entspricht. Nachstehend sollen zunächst einige Vertragstypen vorgestellt werden. Im Anschluss daran wird auf einige häufige Detailprobleme bei der Ausgestaltung eines Mietvertrags eingegangen.

b) Mietvertragstypen (Überblick)

35   Bevor im weiteren Verlauf auf Einzelheiten mietvertraglicher Regelungen eingegangen wird, soll hier eine schnelle Übersicht erfolgen. Die einzelnen Mietvertragstypen unterscheiden sich in erster Linie

hinsichtlich ihrer späteren Beendigung: Der **Wohnraummietvertrag auf unbestimmte Zeit**[22] ist der mit weitem Abstand häufigste Vertragstyp bei der Wohnraumvermietung. Dieser Mietvertrag mit unbestimmter Laufzeit (also kein Zeitmietvertrag) wird durch Kündigung beendet. In der Praxis kann der Mieter mit gesetzlicher Kündigungsfrist kündigen, der Vermieter nur aus besonderen Gründen, z. B. bei Zahlungsverzug des Mieters mit mehr als einer Miete oder z. B. bei Eigenbedarf.

Beim Mietvertrag über eine Einliegerwohnung liegt die Mietwohnung in einem vom Vermieter selbst bewohnten Gebäude mit nicht mehr als zwei Wohnungen.[23] In diesem Fall hat der Mieter nur einen sehr schwachen Kündigungsschutz, z. B. braucht der Vermieter keinen Eigenbedarf anzumelden (vgl. im Einzelnen § 573a BGB). Allerdings verlängert sich die ordentliche Kündigungsfrist um drei Monate. Der Vermieter braucht bei Vertragsschluss auch nicht auf diese spätere Möglichkeit einer erleichterten Kündigung hinzuweisen. Der Vermieter sollte aber der Fairness halber einen entsprechenden Hinweis in den Vertrag aufnehmen.[24]   36

Beim Wohnraummietvertrag mit zeitweiligem Kündigungsausschluss handelt es sich um einen unbefristeten Mietvertrag, in dem das ordentliche Kündigungsrecht einer Partei oder beider Parteien für einen bestimmten Zeitraum ausgeschlossen ist. Die außerordentliche Kündigung bleibt auch bei diesen Verträgen stets möglich. Endet die Zeit des vertraglich vereinbarten Kündigungsausschlusses, läuft der Vertrag weiter, endet also nicht automatisch. Er kann dann nach den gesetzlichen Bestimmungen gekündigt werden. Einzelheiten zum Kündigungsausschluss werden in einem eigenen Abschnitt behandelt.[25]   37

Beim Zeitmietvertrag kann regelmäßig keiner der Vertragspartner während der vereinbarten Mietzeit ordentlich, also mit gesetzlicher Frist kündigen. Das Mietverhältnis kann während dieser Zeit nur – bei Vorliegen entsprechender Voraussetzungen – durch außerordentliche Kündigung oder durch einen Aufhebungsvertrag beendet werden.[26] Der Zeitmietvertrag endet automatisch mit Ablauf der vereinbarten Vertragsdauer, ohne dass es einer Kündigung bedarf. Sinn dieser Regelung ist, Leerstand von Wohnraum zu verhindern,   38 weil mancher Vermieter, der zu einem späteren Zeitpunkt einen Umbau geplant oder die Wohnung für sich selbst oder Familienangehörige gebraucht hat, die Wohnung bis dahin gar nicht mehr vermietet hat; aus Angst, wegen des weitreichenden Mieterschutzes den Mieter zu dem späteren Zeitpunkt dann nicht mehr aus der Wohnung herauszubekommen.

39 Vom Zeitmietvertrag zu unterscheiden ist die **Vermietung** einer Wohnung – ob möbliert oder unmöbliert – **zu nur vorübergehendem Gebrauch** (§ 549 Abs. 2 Nr. 1 BGB). Aus dem Mietvertrag sollte der Grund der nur vorübergehenden Vermietung deutlich hervorgehen – etwa für die Zeit der auswärtigen Montagetätigkeit des Mieters, für die Dauer einer bestimmten (Sport-, Messe-, Vortrags- usw.) Veranstaltung. Auch die Vermietung von Ferienwohnungen fällt hierunter. Der Vertrag endet dann mit Ablauf der Mietzeit, die im Vertrag angegeben ist, ohne dass es einer Kündigung bedarf. § 575 BGB (Zeitmietvertrag) gilt in diesem Fall ebenfalls nicht (vgl. die Aufzählung in § 549 Abs. 2 BGB). Das Ende des vorübergehenden Gebrauchs braucht im Mietvertrag nicht datumsmäßig bestimmt zu werden (auch wenn die Angabe eines Enddatums der Regelfall sein wird), sondern kann auch inhaltlich bestimmt werden, etwa bei der Vermietung für die Dauer der Bauphase eines vom Mieter errichteten eigenen Hauses.

40 Beim Geschäftsraummietvertrag ist der Vermieter in seinen Gestaltungsmöglichkeiten am wenigsten beschränkt. Der gewerbliche Mieter wird vom Gesetz als nicht so schutzwürdig angesehen wie der Wohnungsmieter. Deshalb besteht hier in der Regel ein Interesse des gewerblichen Mieters, die ansonsten mögliche ordentliche Kündigung durch die Vereinbarung langer Vertragslaufzeiten, ggf. mit weiteren Verlängerungsoptionen auszuschließen. Weitere typische Besonderheiten eines gewerblichen Mietvertrags sind z. B. Wertsicherungsklauseln, mit denen die Miete an einen Preis- oder Lebenshaltungsindex gekoppelt wird, oder Konkurrenzklauseln, die sowohl Mieter oder Vermieter treffen können, damit nicht in ein und demselben Haus sich zwei Mieter gegenseitig die Kunden abjagen. Diese Konkurrenzklauseln können auch mit einer Vertragsstrafe bewehrt werden. Der Vermieter muss auch daran denken, ob und wie das

Verhältnis der gewerblichen zu den Wohnraummietern eines Hauses geregelt werden soll, z. B. hinsichtlich der Betriebskosten.

Daneben gibt es z. B. noch **Garagenmietverträge**[27], **Stellplatzmietverträge**[28] (und weitere Mietverträge, die hier nicht behandelt werden sollen, etwa über die Vermietung von beweglichen Sachen, z. B. von Autos). 41

Als Ergänzung zum Mietvertrag kann (sollte!) auch eine **Hausordnung** zum Vertragsbestandteil gemacht werden. 42

Das Zusammenleben von Menschen erfordert Regeln der gegenseitigen Rücksichtnahme. Hierzu gehört im Mietshaus auch die Hausordnung, die Sie am besten schon gleich bei Vertragsschluss als Bestandteil des Vertrags vereinbaren. Damit geht der Vermieter jedenfalls auf Nummer sicher. Es dürfte aber auch zulässig sein, wenn der Vermieter nach Vertragsschluss einseitig eine Hausordnung aufstellt, wenn sich dafür eine sachliche Notwendigkeit ergibt; z. B. wenn wegen des erstmaligen Anbaus von Balkonen Regelungen über das dortige Grillen erforderlich werden. Anregungen, was inhaltlich alles in einer Hausordnung geregelt werden kann, enthält ein entsprechender Mustertext.[29]

c) Begriff der Miete

Vor allen Dingen dann, wenn der Vermieter sich nicht eines Formulars bedient, sondern selber einen Mietvertrag entwirft (was selten sein dürfte) oder Zusätze zu einem Formularmietvertrag schreibt (was häufiger sein dürfte) ist es wichtig, auf die Begriffe zu achten. Dabei kommt es auch darauf an, dass in ein und demselben Vertrag auch dieselben Begriffe **durchgängig** Verwendung finden. Sonst kommt es später mit einiger Wahrscheinlichkeit zu Auslegungsproblemen. Gerade beim für das Mietrecht schließlich enorm wichtigen Begriff der Miete gehen die Definitionen oft durcheinander: 43

- Miete (im Gesetz bis 31.8.2001 Mietzins genannt) ist der Oberbegriff.

- Grundmiete (oft auch Kaltmiete, Rohmiete oder Nettomiete genannt) bezeichnet das reine Entgelt für die Überlassung des

(Wohn)raums, also ohne alle Betriebskosten (= Nebenkosten), das heißt, auch ohne Grundsteuer und Versicherung.

■ Warmmiete (oft auch Bruttomiete oder Inklusivmiete genannt) bezeichnet das Entgelt für die Überlassung des Wohnraums **und** die Betriebskosten.

Hierbei ist eine weitere Ungenauigkeit im Sprachgebrauch zu beachten: Oft wird als Warmmiete die Kaltmiete plus die **vertraglichen** Betriebskosten bezeichnet. Wenn z. B. im Vertrag geregelt ist, dass der Gasverbrauch vom Mieter direkt mit dem Versorgungsunternehmen abgerechnet werden soll, wäre hier also die „Warm"miete die Miete ohne Heizkosten (!). Daher sollte jeder Vermieter bei Vertragsverhandlungen durch gezielte Hinweise klarstellen, was er z. B. mit „Warmmiete" im Einzelnen meint. Eine weitere sprachliche Tücke liegt darin, dass „Miete" zum einen den vom Mieter geschuldeten Geldbetrag bezeichnet, zum anderen aber auch das Vertragsverhältnis selber charakterisiert, z. B. „Wohnraummiete".

d) Die Bezeichnung der Mietsache

44   Wichtig ist eine genaue Bezeichnung der Mietsache. Gehört die bei der Wohnungsbesichtigung vom Mieter gesehene Einbauküche, die Spüle usw. mit zur vermieteten Wohnung, oder soll sie vor Einzug des Mieters noch ausgebaut werden? Außerdem muss man bei Vermietung etwa von einer Wohnung mit Stellplatz, Wohnung mit Garage, Wohnung mit Garten usw. darauf achten, dass man auch über die „richtige" Miete redet, ob also z. B. der Stellplatz etwas extra kosten soll. Zur Frage, ob man in solchen Fällen einen einzigen oder zwei getrennte Verträge abschließen sollte, vgl. Rn. 2. 502. Schließlich begegnet man gelegentlich auch noch dem Missverständnis, dass zur „Miete" einer Wohnung auch ohne besondere Erwähnung im Mietvertrag ein Stellplatz oder eine Garage dazugehören **müsse**; besonders, wenn man z. B. eine Wohnung in einem Haus vermietet, in dem es eine Tiefgarage gibt. Die Ursache für diese Fehlvorstellung liegt oftmals darin, dass das öffentliche Recht, also das Baurecht, pro neu gebauter Wohnung regelmäßig den Nachweis eines zugehörigen Stell- oder Garagenplatzes verlangt. Mietrechtlich (zivilrechtlich) ist dies aber ohne Belang. Man kann also durchaus Wohnung

und Stellplatz getrennt an verschiedene Mieter vermieten. Die obigen Beispiele zeigen, dass es bei den Vertragsverhandlungen für den Vermieter außerordentlich wichtig ist, darauf zu achten, dass auch der Mieter unter verwendeten Begriffen dasselbe versteht wie der Vermieter.

e) Die Anfangsmiete (Mietüberhöhung, Mietwucher und Mietpreisbremse)

Die Frage, welche Miete in den Vertrag aufgenommen wird, ist im **45** Mietrecht nicht nur der Vereinbarung der Parteien überlassen. Anders als in anderen Wirtschaftszweigen, in denen z. B. jeder Bäcker den Preis für seine Brötchen selbst nach den Marktgesetzen von Angebot und Nachfrage bestimmen kann, mischt sich der Gesetzgeber bei der Miethöhe ebenso kräftig wie einseitig zugunsten der Mieter ein. Meistens stellt sich das Problem zwar erst bei einer anstehenden Mieterhöhung. Allerdings ist der Vermieter auch bei der Findung der Anfangsmiete bereits gesetzlichen Beschränkungen unterworfen, soweit eine Mietüberhöhung (Ordnungswidrigkeit i. S. d. § 5 WiStG) oder gar ein Mietwucher (Straftat i. S. d. § 291 StGB) vorliegt. Die praktische Bedeutung dieser Regelungen ist allerdings nur (noch) gering, so dass an dieser Stelle ausschließlich auf den im Anhang abgedruckten Gesetzestext verwiesen wird.[30]

Wichtiger ist die durch das Mietrechtsnovellierungsgesetz zum **45a** 1. Juni 2015 eingeführte „**Mietpreisbremse**" (§§ 556d bis 556g BGB), mit der der Gesetzgeber dem Mietanstieg in besonders nachgefragten Wohnlagen entgegenwirken will. Dazu können die Landesregierungen durch Rechtsverordnung für die Dauer von höchstens fünf Jahren Gebiete mit angespannten Wohnungsmärkten bestimmen. Die Rechtsverordnung hat zu begründen, aufgrund welcher Tatsachen ein Gebiet mit einem angespannten Wohnungsmarkt im Einzelfall vorliegt. Zur Begründung gehört auch die Angabe, welche Maßnahmen die Landesregierung in dem durch die Rechtsverordnung bestimmten Gebiet und Zeitraum ergreifen wird, um Abhilfe zu schaffen.

Nach der **gesetzlichen Definition** in § 556d Abs. 2 S. 2 BGB liegen **45b** Gebiete mit angespannten Wohnungsmärkten vor, „wenn die ausreichende Versorgung der Bevölkerung mit Mietwohnungen in einer Gemeinde oder einem Teil der Gemeinde zu angemessenen Bedingungen besonders gefährdet ist. Dies kann insbesondere dann der Fall sein, wenn

1. die Mieten deutlich stärker steigen als im bundesweiten Durchschnitt,

2. die durchschnittliche Mietbelastung der Haushalte den bundesweiten Durchschnitt deutlich übersteigt,

3. die Wohnbevölkerung wächst, ohne dass durch Neubautätigkeit insoweit erforderlicher Wohnraum geschaffen wird, oder

4. geringer Leerstand bei großer Nachfrage besteht."

Hierbei handelt es sich um sog. Tatbestandsvoraussetzungen, d. h. die Zivilgerichte müssen auf entsprechenden Vortrag einer Partei – etwa des Vermieters in einem Rückforderungsprozess des Mieters, vgl. Rn. 45g – ggf. überprüfen, ob diese Voraussetzungen bei Erlass der Rechtsverordnung auch tatsächlich vorgelegen haben bzw. ob die Rechtsverordnung ggf. ungültig ist.

45c Wird ein Mietvertrag über Wohnraum abgeschlossen, der in einem solchen durch Rechtsverordnung bestimmten Gebiet liegt, darf die Miete zu Beginn des Mietverhältnisses die ortsübliche Vergleichsmiete (§ 558 Abs. 2 BGB, vgl. dazu Rn. 161) höchstens um 10% übersteigen. Damit ist die Mietpreisbremse kein Mieterhöhungsverbot, sondern soll zu einer Abflachung des Mietanstiegs führen. Allerdings muss sich erst noch in der Praxis zeigen, ob nicht angesichts der bei der Bestimmung der ortsüblichen Vergleichsmiete regelmäßig auf den Mittelwert einer Mietspiegelspanne abstellenden Rechtsprechung[31] in tatsächlicher Hinsicht ein Abflachen erreicht wird, das einem Einfrieren gleichkommt.

45d Die Mietpreisbremse gilt **nicht**

– für eine Wohnung, die nach dem 1. Oktober 2014 erstmals genutzt und vermietet wird

– für die erste Vermietung einer Wohnung nach einer umfassenden Modernisierung

45e Die Mietpreisbremse gilt nur **eingeschränkt**

– soweit die letzte Miete des Vormieters (die „Vormiete") bereits höher war als die nach Mietpreisbremse zulässige Miete. Dabei gilt allerdings die Einschränkung, dass mit dem Vormieter innerhalb des letzten Jahres vor Beendigung des Mietverhältnisses frei **vereinbarte** Mieterhöhungen (vgl. dazu Rn. 144) außer Betracht bleiben, damit auf diese Weise das Ziel der Mietpreisbremse nicht umgangen werden kann. Auf der anderen Seite bleiben auch Mietminderungen bei der Bestimmung der Miete des Vormieters außer Betracht.

– soweit der Vermieter in den letzten drei Jahren vor Beginn des Mietverhältnisses Modernisierungsmaßnahmen im Sinne des § 555b BGB (vgl. dazu Rn. 220 ff.) durchgeführt (und dafür bisher noch keine Modernisierungsmieterhöhung vorgenommen) hat. In diesem Fall darf die nach Mietpreisbremse zulässige Miete um den Betrag überschritten werden, der sich bei einer Mieterhöhung nach § 559 BGB (Modernisierungsmieterhöhung, vgl. dazu Rn. 219 ff.) ergäbe. Bei der Berechnung ist von der ortsüblichen Vergleichsmiete (§ 558 Absatz 2 BGB, vgl. dazu Rn. 161) auszugehen, die bei Beginn des Mietverhältnisses ohne Berücksichtigung der Modernisierung anzusetzen wäre.

Eine zum Nachteil des Mieters von den Regelungen der Mietpreisbremse abweichende Vereinbarung ist gem. § 556g Abs. 1 BGB insoweit unwirksam, als die zulässige Miete überschritten wird. Das heißt, der Mieter schuldet dann nur die nach Mietpreisbremse errechnete Miete, auch wenn im Mietvertrag eine höhere Miete steht. **45f**

Schließlich hat der Gesetzgeber die Mietpreisbremse in § 556g BGB mit einem **Rückforderungsanspruch** des Mieters flankiert: **Grundsätzlich** hat der Vermieter dem Mieter gem. § 556g Abs. 1 S. 3 u. 4 BGB zuviel gezahlte Miete nach den Vorschriften über die Herausgabe einer ungerechtfertigten Bereicherung zurückzuzahlen, wobei §§ 814 und 817 S. 2 BGB nicht anzuwenden sind.[32] Dies gilt nach § 556g Abs. 2 BGB **aber** nur, wenn der Mieter zuvor einen Verstoß gegen die Vorschriften der Mietpreisbremse gerügt hat – wobei die Rüge die Tatsachen enthalten muss, auf denen die Beanstandung der vereinbarten Miete beruht – **und** die zurückverlangte Miete nach Zugang der Rüge beim Vermieter fällig geworden ist. Die vor **45g**

Zugang der Rüge geschuldeten Mieten darf der Vermieter also behalten, auch wenn deren Höhe gegen die Mietpreisbremse verstoßen hat.

45h Da der Mieter im Regelfall die Kalkulation (Mietpreisbildung) des Vermieters nicht kennt, ist der Vermieter gem. § 556g Abs. 3 BGB verpflichtet, auf Verlangen des Mieters Auskunft über diejenigen Tatsachen zu erteilen, die für die Zulässigkeit der vereinbarten Miete nach den Vorschriften der Mietpreisbremse (§§ 556d bis 556g BGB) maßgeblich sind, soweit diese Tatsachen nicht allgemein zugänglich sind **und** der Vermieter unschwer Auskunft geben kann. Betrifft die vom Mieter begehrte Auskunft Modernisierungsmaßnahmen (§ 556e Abs. 2 BGB), gilt § 559b Abs. 1 S. 2 u. 3 BGB entsprechend (vgl. dazu Rn. 251).

45i Schließlich ist noch anzufügen, dass alle in § 556g Abs. 2 u. 3 BGB genannten Erklärungen von Mieter und Vermieter gem. § 556g Abs. 4 der Textform (§ 126b BGB, vgl. dazu Rn. 119) bedürfen.

f) Die Wohnfläche

46 Üblicherweise wird in einem Mietvertrag die Wohnfläche in qm angegeben. **Auf keinen Fall** aber sollte der Vermieter eine **bestimmte** Wohnfläche **zusichern**, denn dann muss diese Wohnfläche exakt auch dem Mieter zur Verfügung stehen.

47 **aa) Die Berechnung der Wohnfläche:** Die „richtige" Berechnung der Wohnfläche ist auch unter Juristen umstritten. Eine allgemein verbindliche Rechtsgrundlage gibt es nicht. In Betracht kommen seit 1.1.2004 die Wohnflächenverordnung (WoFlV,[33] die genau genommen nur für den sozialen Wohnungsbau ausdrücklich gilt) oder die DIN 283 (die im Jahre 1983 zurückgezogen und nie durch eine neue ersetzt wurde). Danach sind Nebenräume wie Keller und Garagen nicht mit anzurechnen. Flächen unter (Dach-)Schrägen sind bis zu einer Höhe von 1 m nicht, bis zu 2 m mit $^1/_2$ der Grundfläche anzurechnen.[34] Dies kann als allgemeine Ansicht angesehen werden, obwohl man auch hierbei zu Recht fragen kann, wieso schräge Flächen unter 1 m **überhaupt keinen** Nutzwert für den Mieter haben sollen (solche Flächen sind z. B. für Einbauschränke oder als Platz für das

Bett nutzbar).[35] Beheizbare Wintergärten sind mit ihrer vollen Grundfläche anzurechnen, unbeheizbare mit der Hälfte. Große Probleme tauchen auf bei der Berechnung der anrechenbaren Grundfläche von Terrassen , Veranden, Balkonen, Dachgärten usw. Die alte DIN ging hier generell von $1/4$ der Grundfläche aus. Die bis zum 31.12.2003 gültige II. BV ließ einen Spielraum von bis zu $1/2$ der Grundfläche. Nach § 44 Abs. 2 der bis zum 31.12.2003 gültigen II. BV können die Grundflächen von ausschließlich zur Wohnung gehörenden Balkonen, Loggien, Dachgärten und gedeckten Freisitzen zur Ermittlung der Wohnfläche bis zur Hälfte angerechnet werden. Diesen Spielraum kann der Vermieter – soweit nichts anderes vereinbart ist und keine abweichende örtliche Verkehrssitte besteht – bei vor dem 1.1.2004 abgeschlossenen Mietverträgen auch voll ausnutzen.[36] Nach der seit 1.1.2004 geltenden WoFlV sind solche Flächen „in der Regel zu einem Viertel, höchstens jedoch zur Hälfte" anrechenbar. Diese Formulierung bringt zum Ausdruck, dass eine Anrechnung (bis) zur Hälfte den Ausnahmefall bilden soll. Kriterien sind hier u. a.: Lage (Sonnen- oder Schattenbalkon, Straßen- oder Hoflage, Blick auf die nächste Wand oder ins Grüne), Zuschnitt (4 qm sind in der Fläche 2 m × 2 m besser nutzbar als 4 m × 1 m), Ausstattung (ein z. B. überdachter Balkon ist vielseitiger nutzbar als ein nicht überdachter).

Nach Ansicht des BGH[37] ist grundsätzlich der Begriff der Wohnfläche auch bei frei finanziertem Wohnraum anhand der Bestimmungen der II. Berechnungsverordnung bzw. seit 1.1.2004 anhand der Wohnflächenverordnung zu berechnen. Der BGH schränkt allerdings ein: „Die angestellten Erwägungen schließen es allerdings nicht aus, dass die Parteien dem Begriff der Wohnfläche im Einzelfall eine … abweichende Bedeutung beimessen. Ebenso ist es möglich, dass ein anderer Berechnungsmodus örtlich üblich oder nach der Art der Wohnung naheliegender ist. Es erscheint bei einer Maisonette-Wohnung mit Dachschrägen im ausgebauten Spitzboden auch denkbar, als Wohnfläche die reine Grundfläche der Wohnung nach der DIN277 (DIN 277 – Grundflächen und Rauminhalte von Bauwerken im Hochbau, Ausgabe 1973/1987) anzusetzen, ohne dabei einen Abzug von Flächen mit einer lichten Höhe unter 2 Meter

48

vorzunehmen." Auch nach der DIN 283 ist die Wohnfläche lt. BGH nur dann zu berechnen, wenn die Parteien dies vereinbart haben oder sie als Berechnungsmethode ortsüblich oder nach der Art der Wohnung naheliegender ist.[38] Die Auslegung des Vertrags kann aber auch ergeben, dass die Parteien zur Ermittlung der Wohnfläche eine andere Berechnungsweise gewählt haben. Dies kann sich z. B. daraus ergeben, dass der Vermieter dem Mieter vor Vertragsschluss einen mit Quadratmeterangaben versehenen Grundriss der Wohnung und einer dazugehörigen großen Terrasse überreicht hat, aus der der Mieter unschwer ersehen konnte, dass die Grundfläche des reinen umbauten Raumes auf keinen Fall die im Vertrag genannte Quadratmetergröße erreichen konnte, sondern nur unter Hinzurechnung eines Großteils der Terrassenfläche.[39] Um einen späteren Streit um die „richtige" Berechnung der Fläche von Balkonen usw. zu vermeiden, sollte die Berechnung der Anrechnung der entsprechenden Grundfläche sogleich im Mietvertrag vereinbart werden, wobei eine Anrechnung zur Hälfte keinen Bedenken begegnen dürfte.

49 Noch problematischer wird die Bestimmung der „richtigen" Flächengröße, wenn im Mietvertrag nicht der Begriff Wohnfläche verwandt wird. Hier muss ggf. durch Auslegung ermittelt werden, was die Parteien vereinbart haben. Heißt es z. B., dass eine Wohnung „mit einer Fläche von 60 qm", bestehend aus Wohnzimmer, Schlafzimmer, Küche, Diele, Bad" vermietet ist, dürfen auch nur die Flächen dieser Räume herangezogen werden. Existiert für einen in einem Formularmietvertrag verwandten Begriff – etwa „Mietraumfläche" – kein allgemeiner und eindeutiger Sprachgebrauch, kann allerdings nicht ohne weiteres angenommen werden, ein durchschnittlicher Mieter verstehe unter dem Begriff die Grundfläche der vermieteten Wohnräume. Denn wenn Räume als Wohnräume vermietet werden, liegt es nahe, dass der Mieter davon ausgeht, dass die Flächenangabe eben diesem Charakter Rechnung trägt und entsprechende Maßangaben die Wohnfläche bezeichnen. Ist ein eindeutiges Verständnis des Begriffs „Mietraumfläche" nicht festzustellen, ist nach § 305 c Abs. 2 BGB die für den Mieter günstigste Auslegung vorzunehmen.[40]

bb) Auswirkungen fehlerhafter Wohnflächenangabe: (1) 10-%-Grenze: 50
Bei einer vom Mietvertrag abweichenden tatsächlichen Wohnfläche
greifen mehrere Fragen ineinander; etwa die Auswirkungen auf eine
Mietminderung oder eine Mieterhöhung. Der BGH[41] hat hier für
einzelne Fallgruppen nach und nach eine „10%-Rechtsprechung"
entwickelt, deren Kernaussage lautet:

> „Erst bei einer Differenz von mehr als 10% ist es dem davon jeweils nachteilig
> betroffenen Vertragspartner nicht mehr zumutbar, an der Vereinbarung festzu-
> halten, und ist infolge dessen die tatsächliche Wohnfläche maßgeblich".

Ist die 10%-Grenze überschritten, kommt es auch nicht darauf an, 51
ob die Wohnflächenangabe im Mietvertrag als „circa"-Angabe erfolgt ist.[42] Unerheblich soll auch sein, wenn die Parteien eine bestimmte Quadratmeterzahl vereinbaren. So sei eine Vereinbarung
„die Wohnfläche wird mit… Quadratmetern vereinbart" nicht verbindlich. Zwar könne eine solche Vereinbarung der Mietfläche den
Sinn haben, die wahre Größe dem Streit zu entziehen und die
Wohnfläche unabhängig von den tatsächlichen Umständen verbindlich festzulegen. Nach Ansicht des BGH müsse es dafür aber Anhaltspunkte geben, für die der Vermieter im Prozess einen konkreten Tatsachenvortrag bringen müsse, wie es zu einer solchen Abrede
gekommen sein soll.[43] Diese Auffassung ist abzulehnen. Wenn eine
bestimmte Quadratmeterzahl im Vertrag ausdrücklich als für diesen
Mietvertrag gültig vereinbart wird, kommt es auf tatsächliche Ab-
weichungen – nach unten zum Nachteil oder nach oben zum Vorteil
des Mieters – nicht mehr an. Der ausdrücklichen Vereinbarung einer bestimmten Quadratmeterzahl dürfte – wie der BGH zutreffend
erkennt – eben der Sinn zukommen, dass ein Streit um ihr tatsächliches Vorliegen und/oder die Frage, wie und nach welchen Bestimmungen die Quadratmeterzahl einer Wohnung im konkreten Fall
„richtig" zu berechnen ist, gerade ausgeschlossen werden sollte. Um
den vom BGH für die Beachtlichkeit einer Wohnflächenvereinba-
rung aufgestellten Anforderungen zu genügen, empfiehlt es sich jedenfalls, die Gründe, die im Einzelfall zur Vereinbarung einer höheren Wohnfläche führen, explizit in den Mietvertrag aufzunehmen.
Dies kann etwa der Fall sein, wenn in einer Dachgeschosswohnung

die Grundfläche größer ist als die anrechenbare Wohnfläche, dafür aber in den Schrägen auch unterhalb der Höhe von einem Meter Einbauschränke eingebaut sind, oder wenn diese Schrägen als Stellfläche für ein Bett genutzt werden, oder im Spitzgiebel ein Schlafboden eingezogen worden ist usw.

52 Etwas anderes kann gelten, wenn trotz Angabe einer Quadratmeterzahl im Mietvertrag durch einen Zusatz zum Ausdruck kommt, dass die Quadratmeterangabe gerade nicht zur Festlegung des Mietgegenstands dienen soll.[44]

53 Die 10%-Grenze gilt auch für möblierte Wohnungen[45] und vermietete Einfamilienhäuser; das Vorhandensein einer zum Haus gehörenden, mitvermieteten Gartenfläche führt nicht zu einer Anhebung dieser Grenze.[46]

54 **(2) Mietminderung:**[47] Da eine Quadratmeterangabe im Mietvertrag die Bedeutung einer Beschaffenheitsvereinbarung hat, ist ein Abweichen der tatsächlichen von der im Vertrag genannten Fläche grundsätzlich als zur Minderung berechtigender Mangel anzusehen.[48] Allerdings ist dem Vermieter eine Maßtoleranz von 10% zuzubilligen (s. o.), unterhalb derer eine Mietminderung nicht in Betracht kommt.[49] Wird die 10%-Grenze überschritten, ist die Minderung aber auf die gesamte Minderfläche zu berechnen, also nicht nur auf die Differenz zu den 10%.[50] Auch bedarf es keiner zusätzlichen Darlegung des Mieters, dass infolge der Flächendifferenz die Tauglichkeit der Wohnung zum vertragsgemäßen Gebrauch gemindert ist.[51]

55 Der Berechnung der geminderten Wohnraummiete sind auch nicht ggf. höhere Quadratmetermieten zu Grunde zu legen, die ein Mietspiegelfeld für entsprechend kleinere Wohnungen ausweist, in das die Wohnung aufgrund der Flächenabweichung einzuordnen wäre.[52] Dies gilt grundsätzlich auch für möblierte Wohnungen, wobei allerdings noch nicht entschieden ist, ob das auch der Fall ist, wenn die Möblierung durch einen gesonderten Möblierungszuschlag im Mietvertrag eigenständig ausgewiesen wird.[53]

56 **(3) Mieterhöhung:**[54] Für die Ermittlung der Flächenabweichung ist immer die tatsächliche mit der dem Mieterhöhungsverlangen zu Grunde gelegten Wohnfläche zu vergleichen, gleichgültig ob die un-

zutreffende Flächenangabe bereits im Mietvertrag enthalten ist und die fehlerhaften Daten unverändert in das Erhöhungsverlangen übernommen werden oder ob im Mietvertrag überhaupt keine Flächenangabe zu finden ist.[55]

Wenn die tatsächliche Fläche kleiner ist als die im Vertrag genannte, ist einem Mieterhöhungsverlangen des Vermieters die vertraglich vereinbarte Wohnfläche zugrunde zu legen, wenn darin die Flächenüberschreitung nicht mehr als 10% beträgt.[56] Ist die tatsächliche Wohnfläche größer als die im Vertrag genannte, ist einem Mieterhöhungsverlangen ebenfalls die vereinbarte Wohnfläche zugrunde zu legen, solange darin die Flächenunterschreitung nicht mehr als 10% beträgt.[57] Beträgt die Flächenüberschreitung mehr als 10%, ist von der tatsächlichen Größe auszugehen.[58]

57

Fraglich ist, was gilt, wenn sich die (nach BGH: um 10%) größere Wohnfläche erst nach Abgabe der Mieterhöhungserklärung bzw. im Mieterhöhungsprozess herausstellt. Da der Vermieter nur die Erhöhung um einen bestimmten Betrag geltend gemacht hat, kann nicht einfach die größere Fläche mit der neuen (begehrten) Quadratmetermiete multipliziert werden, denn dann würde der Vermieter mehr erhalten, als er überhaupt geltend gemacht hat. Die größere Wohnfläche wirkt sich daher in diesem Fall nur insoweit aus, als der Vermieter rechnerisch eine niedrigere Quadratmetermiete geltend macht, als in der Mieterhöhungserklärung angegeben, wodurch seine Chancen auf ein Obsiegen im Prozess steigen dürfte.[59] Bei der nächsten Mieterhöhung kann der Vermieter dann aber von der tatsächlichen (um mehr als 10% größeren) Wohnungsgröße ausgehen.

58

(4) Rückforderungsanspruch des Mieters und Nachforderungsanspruch des Vermieters: Übersteigt die in einem Mieterhöhungsverlangen angegebene und der Berechnung zugrunde gelegte Wohnfläche die tatsächliche Wohnfläche, so kann der Mieter unter dem Gesichtspunkt der ungerechtfertigten Bereicherung die Rückzahlung der in der Folgezeit aufgrund der fehlerhaften Berechnung überzahlten Miete verlangen, wenn die Abweichung der tatsächlichen von der angegebenen Wohnfläche mehr als 10% beträgt.[60] Die „richtige" Miete ist dabei anhand der tatsächlichen Wohnungsgröße zu berechnen, also ohne einen Zuschlag von 10%.[61] Ein paralleles

59

Problem taucht 'bei der Frage auf, ob der Vermieter bei späterer Feststellung einer gegenüber den Angaben im Mietvertrag größeren Wohnfläche einen Nachforderungsanspruch für die bislang „nicht bezahlten" Quadratmeter hat.[62]

60 **(5) Betriebskostenabrechnung:**[63] Weicht die im Mietvertrag vereinbarte Wohnfläche von der tatsächlichen Wohnfläche ab, so ist der Abrechnung von Betriebskosten die vereinbarte Wohnfläche zugrunde zu legen, wenn die Abweichung nicht mehr als 10% beträgt.[64]

g) Formularverträge und einige ausgesuchte Formularbestimmungen

61 Meist wird man sich als Vermieter nicht den gesamten Vertragstext selber ausdenken, sondern einen Formularmietvertrag verwenden (auch dieses Buch enthält entsprechende Formularvorschläge). Der Formularmietvertrag ist daher die heute am meisten genutzte Form des Abschlusses von Wohn- und Geschäftsraummietverträgen. In der Praxis weit verbreitet sind z. B. die von den Haus- und Grundeigentümervereinen herausgegebenen Formulare, die regelmäßig auch gleich eine Hausordnung beinhalten.

62 **aa) Unzulässige Formularbestimmungen:** Formularmietverträge unterliegen strengen Beschränkungen durch die §§ 305 bis 310 BGB. Eine der dort genannten Regeln lautet z. B., dass Unklarheiten im Formular immer zu Lasten des Verwenders (d. h. regelmäßig zu Lasten des Vermieters) gehen. Bestimmungen in allgemeinen Geschäftsbedingungen müssen klar und verständlich sein (sog. Transparenzgebot). Ein Formularmietvertrag im Sinne des Gesetzes ist nicht nur bei den schön gedruckten Verträgen gegeben, die Sie kaufen können. Es kommt vielmehr auf die Gleichmäßigkeit der Verwendung an. Wenn Sie also selber einen Mietvertrag entworfen haben und diesen für den mehrfachen Gebrauch kopieren oder immer wieder ausdrucken, liegt ebenfalls ein Formularvertrag vor. Allerdings gilt, dass maschinenschriftliche – erst recht handschriftliche – Zusatzvereinbarungen dem Formular vorgehen. Dies gilt auch dann, wenn im Formular etwas anderes steht (dass also der Formulartext vorrangig sei). Aber Vorsicht: wenn Sie immer wieder die gleichen Zusatzver-

einbarungen unverändert ausdrucken, ist auch dies wieder ein Formular. Unzulässige Formularbestimmungen werden im Streitfall auch nicht durch die Gerichte auf das noch zulässige Maß reduziert oder in eine noch zulässige Klausel umgedeutet, sondern sind ganz unwirksam, so dass stattdessen das Gesetz gilt. Immer wieder werden Klauseln in Formularmietverträgen von den Gerichten wegen Verstoßes gegen die §§ 305 bis 310 BGB „gekippt". Dies trifft dann oft gleich mehrere Vermieter gerade mit älteren Mietverträgen, die die ungültige, bis dahin aber noch nie beanstandete Klausel enthalten. Die an die jeweilige Stelle tretende gesetzliche Regelung wird für den Mieter im Regelfall günstiger sein. Ersetzt wird aber – wie gesagt – nur die jeweilige Klausel. Es ist nicht gleich der ganze Mietvertrag deswegen unwirksam.

> **BEISPIEL:** Im Vertrag erteilt der Mieter ein unwiderrufliches SEPA-Lastschriftenmandat zum Einzug der Miete. Die Erteilung ist nach der Rechtsprechung auch in einem Formularvertrag möglich, allerdings muss der Mieter die Möglichkeit des Widerrufs haben. Deshalb ist eine Formularklausel unzulässig, in der der Mieter dem Vermieter ein „unwiderrufliches" Mandat erteilt. Der Mieter kann seine Miete also trotz der Formularbestimmung nach seiner Wahl bar, durch Einzelüberweisung oder – die häufigste Form – durch Dauer(überweisungs)auftrag von seinem Konto begleichen. Außerdem kann er auch dem Vermieter ein SEPA-Lastschriftmandat erteilen. Auf den übrigen Inhalt des Vertrags hat die Unwirksamkeit dieser einen Klausel dagegen keinen Einfluss.

Auf einige in jedem Formularvertrag geregelte Themenbereiche, die immer wieder die Gerichte befassen, soll nachfolgend besonders eingegangen werden.

bb) Fälligkeit der Miete: Nach § 556b Abs. 1 BGB ist die Miete zu Beginn, spätestens bis zum dritten Werktag der einzelnen Zeitabschnitte zu entrichten, nach denen sie bestimmt ist. Dabei ist der Samstag nicht als Werktag anzusehen.[65] Ist im Vertrag also zur Fälligkeit der Miete nichts gesagt, gilt diese gesetzliche Fälligkeitsregelung. Wenn in einem (Formular)mietvertrag vereinbart wird, dass die Miete bis zum dritten Werktag eines jeden Monats zu entrichten ist, dann ist das lediglich eine Wiederholung des Gesetzes und – 63 schon deswegen – eine zulässige Klausel. Die gesetzliche Bestimmung, dass die Miete bis zum dritten Werktag zu entrichten ist, bedeutet nach hier vertretener Auffassung im Übrigen, dass das Geld bis dahin beim Vermieter angekommen sein muss, z. B. durch Zahlungseingang auf seinem Konto.[66] Da die Gerichte dies teilweise anders sehen – nur die Absendung oder Einzahlung der Miete muss rechtzeitig sein[67] – empfiehlt sich die Aufnahme einer „Rechtzeitigkeitsklausel" in den Mietvertrag; etwa „Für die Rechtzeitigkeit der Zahlung kommt es nicht auf die Absendung, sondern die Ankunft des Geldes an."[68]

64 Nach Art. 229 § 3 EGBGB gilt allerdings für Mietverhältnisse, die am „Stichtag" des 1.9.2001 bereits bestehen, für die Mietfälligkeit § 551 BGB a. F., wonach die Miete am Ende der Mietzeit bzw. vereinbarter Zeitabschnitte zu entrichten ist. Ist in vor dem 1.9.2001 abgeschlossenen Verträgen zur Fälligkeit der Miete nichts gesagt, ist die Miete auch nach dem 1.9.2001 weiterhin am Ende der Mietzeit oder des Zeitabschnitts zu entrichten. Da die gesetzliche Regelung aber abdingbar war, kommt es hier darauf an, ob im Mietvertrag eine abweichende Vereinbarung getroffen worden ist. Fällig ist die Miete nach der in den meisten Mietverträgen enthaltenen Regelung bis zum dritten Werktag eines Monats, wobei in Formularverträgen meist die Klausel enthalten ist, dass es insoweit auf den Geldeingang beim Vermieter ankommt, und nicht darauf, dass der Mieter das Geld (erst) am dritten Werktag abgesandt (überwiesen) hat. Eine solche „Rechtzeitigkeitsklausel" ist zulässig.[69] Wenn dies also in dem Altmietvertrag vereinbart worden ist, dann gilt de facto das Gleiche, was für nach dem 1.9.2001 abgeschlossene Mietverträge in § 556b Abs. 1 BGB geregelt worden ist.

65 **cc) Betriebskosten (Nebenkosten):** Betriebskosten (Nebenkosten) sind diejenigen Kosten, die neben der „reinen" Miete (Grundmiete, Kaltmiete, Rohmiete), also dem Entgelt für die Überlassung der Wohnung, anfallen. Der Mieter hat zumeist nach dem Mietvertrag die Betriebskosten anteilig zu bezahlen. Dies geschieht in der Regel durch eine vom Mieter neben der Grundmiete (Kaltmiete) gezahlte monatliche Betriebskostenvorauszahlung. Wenn nichts anderes vereinbart ist, sind die Betriebskostenvorauszahlungen im Zweifel zu-

sammen mit der Grundmiete fällig. Einmal im Jahr, in der Regel am Jahresanfang, rechnet der Vermieter die Betriebskosten des Vorjahres gegenüber den Mietern ab.[70]

(1) Abrechnungsschlüssel: Oft gibt es dabei Streit um den Abrechnungsschlüssel. Deshalb sollte auch der Abrechnungsschlüssel von vornherein im Mietvertrag vereinbart werden! Zwar können die Parteien auch vereinbaren, dass der Vermieter mit der Abrechnung über die Betriebskosten der ersten Abrechnungsperiode den „Umlageschlüssel nach billigem Ermessen" festlegen kann,[71] doch ist dies wegen der Streitträchtigkeit einer solchen Abrede nicht anzuraten. 66

Den absolut gerechten Schlüssel gibt es nicht. Die meisten gebräuchlichen Schlüssel sind zulässig.[72] Nur wenn ein Abrechnungsschlüssel absolut willkürlich und überhaupt nicht nachvollziehbar oder sachgerecht ist, dann hat der Mieter eine Chance, ihn bei Gericht zu „kippen". Wichtig ist, dass innerhalb eines Hauses alle Wohnungen nach demselben Schlüssel abgerechnet werden müssen. Soll der Abrechnungsschlüssel geändert werden, so müssen deshalb alle Mieter zustimmen (Ausnahme: § 556a Abs. 2 BGB, dazu weiter unten). Ein Vermieter, der auf lange Sicht eine bestimmte Änderung des Abrechnungsschlüssels vornehmen möchte, sollte vorsorglich bei jeder Neuvermietung bereits in den Mietvertrag aufnehmen, dass sich der Mieter auch damit einverstanden erklärt, dass die Betriebskosten zu einem späteren, vom Vermieter zu bestimmenden Zeitpunkt, nach diesem alternativen Schlüssel abgerechnet werden können. Zusätzlich bietet sich auch eine allgemein gehaltene Klausel an, wonach der Vermieter auch im übrigen berechtigt ist, bei Vorliegen sachlicher Gründe den Abrechnungsschlüssel zu ändern. Kontrollieren Sie nach Erstellung einer Abrechnung zur Sicherheit, ob auch immer unter dem Strich 100% herauskommt, also nicht zu viel oder zu wenig Kosten umgelegt worden sind. Denkbare Abrechnungsschlüssel sind z. B.:

- nach Quadratmetern Wohnfläche;

- nach Zimmern;

- nach Köpfen;[73]

- nach Wohneinheiten[74]

oder so genannte Mischschlüssel:

- pro Person ein Punkt, pro Zimmer (ohne Diele, Flure und Abstellkammern) ein Punkt, pro Badezimmer ein Punkt;

- die verbrauchsabhängigen Betriebskosten (Wasser, Abwasser, Müllabfuhr, Allgemeinstrom) nach Köpfen; die (eher) sachbezogenen Betriebskosten (Grundsteuer, Versicherung, Straßenreinigung, Schornsteinfegergebühren) nach Quadratmetern.

67 Wenn im Mietvertrag keine Vereinbarung über den Abrechnungsschlüssel getroffen worden ist, sind die Betriebskosten gem. § 556a Abs. 1 S. 1 BGB nach dem Anteil der Wohnfläche, also nach Quadratmetern umzulegen. Wichtig ist, dass Betriebskosten, die von einem erfassten Verbrauch oder einer erfassten Verursachung durch die Mieter abhängen, gem. § 556a Abs. 1 S. 2 BGB im Falle einer fehlenden Vereinbarung eines Abrechnungsmaßstabes nach einem Maßstab umgelegt werden müssen, der dem unterschiedlichen Verbrauch oder der unterschiedlichen Verursachung Rechnung trägt. Der Mieter hat allerdings keinen Anspruch auf Einbau von Erfassungsgeräten, z. B. separaten Wasserzählern.

68 Ein Umlegungsmaßstab kann auch durch jahrelange einvernehmliche Handhabung vereinbart werden.[75] Wenn also der Vermieter immer wieder nach demselben Abrechnungsschlüssel abrechnet und der Mieter diese Abrechnung, etwa durch widerspruchslose Zahlung, akzeptiert, wird dieser Abrechnungsschlüssel schließlich Vertragsbestandteil.

69 Auch das „direkte Durchreichen" durch Einstellung von wohnungsbezogenen Rechnungen in die Jahresbetriebskostenabrechnung ist zulässig. Insoweit bedarf es überhaupt keines Abrechnungsschlüssels; z. B. von der Gemeinde wohnungsbezogen erhobene Grundsteuer[76], Wartungskosten oder Kosten der Emissionsmessung des Schornsteinfegers für die in der jeweiligen Wohnung angebrachte Gastherme.

70 (2) **Berücksichtigung von Leerstand:** Inwieweit Wohnungsleerstand bei der Betriebskostenabrechnung zu berücksichtigen ist, hängt vom Einzelfall ab. Erfolgt die Umlage nach Quadratmetern, trägt grundsätzlich der Vermieter bei Leerstand die auf diese Zeit

entfallenden Betriebskosten.[77] Bei einer Abrechnung nach Personen geht es um die aufgrund der jeweiligen Umstände des Einzelfalls (insbesondere Umfang und Dauer des Leerstands und Höhe der streitigen Kosten) zu entscheidende Frage, inwieweit die Berücksichtigung des Leerstands aus Gründen der Billigkeit erforderlich ist. So kann es in Betracht kommen, auch für diese Zeit eine fiktive Person anzusetzen und auf diese Weise eine Beteiligung des Vermieters an den Leerstandskosten zu erreichen; dies dürfte sich insbesondere für Kosten anbieten, deren Höhe nicht von der Anzahl der im Abrechnungsobjekt wohnenden Personen abhängt (Entwässerung, Gemeinschaftsantenne, Müllgebühren nach Fixkosten). Bei Wasserkosten ist auch eine Aufteilung nach Grundkosten und Verbrauchskosten denkbar, so dass der Vermieter im Hinblick auf den Leerstand nur mit einem Teil der Grundkosten belastet wird. Ferner kann es – insbesondere bei geringfügigem Leerstand – im Einzelfall auch angemessen sein, von einer Berücksichtigung ganz abzusehen.[78]

(3) Definition der Betriebskosten: Was alles Betriebskosten zur   71
Miete sind, war bis zum 31.12.2003 in der Anlage 3 zu § 27 der zweiten Berechnungsverordnung aufgezählt. Soweit in Mietverträgen auf diese – nun nicht mehr gültige – Bestimmung noch Bezug genommen wird, dürfte sich an der Rechtslage nichts geändert haben, da § 27 der II. BV dann als vertragliche Vereinbarung weitergilt; jedenfalls dann, wenn die Bestimmung im Vertrag inhaltlich wörtlich oder sinngemäß wiederholt oder als Anlage zum Vertrag genommen worden ist. Seit dem 1.1.2004 hat die Betriebskostenverordnung (BetrKV) die Anlage 3 zu § 27 der zweiten Berechnungsverordnung ersetzt. Die BetrKV hat im Wesentlichen sprachliche Überarbeitungen gebracht. Inhaltlich unterscheidet sie sich nur in wenigen Details von der bisherigen Regelung.[79]

Die Lektüre des § 2 BetrKV ist empfehlenswert,[80] da dort neben den   72
sogleich bei Rn. 2.75 genannten Überschriften auch z.T. umfangreiche Erläuterungen stehen, was dazugehört. Z.B. heißt es in Nr. 10:

> Die Kosten der Gartenpflege, hierzu gehören die Kosten der Pflege gärtnerisch angelegter Flächen einschließlich der Erneuerung von Pflanzen und Gehölzen, der Pflege von Spielplätzen einschließlich der Erneuerung von Sand und der Pflege von Plätzen, Zugängen und Zufahrten, die dem nicht öffentlichen Verkehr dienen.

73 Im Vertrag dürfte es im Hinblick auf die Bestimmtheit der Formulierung (der Mieter muss als Voraussetzung der Gültigkeit wissen, was er neben der Miete bezahlen soll) genügen, wenn der Vermieter – im obigen Beispiel – „gemäß § 2 BetrKV die Kosten der Gartenpflege" umlegt. Die Erwähnung des Spielplatzes oder Sandkastens als gesonderter Betriebskostenpunkt dürfte entbehrlich sein. Das BayObLG hält sogar eine Formulierung für ausreichend, wonach alle in der Anlage 3 zu § 27 II. BVO (jetzt § 2 BetrKV) genannten Betriebskosten neben der Miete getragen werden sollen, wenn gleichzeitig auch ein Vorauszahlungsbetrag im Vertrag angegeben wird.[81] Auch das OLG Hamm folgt dieser Ansicht, sogar unabhängig davon, ob eine Vorauszahlung vereinbart ist.[82] Auch bedarf es nach dieser Entscheidung nicht der Beifügung eines Abdrucks der Anlage 3 (jetzt § 2 BetrKV).

> Das OLG Frankfurt/M.[83] schließt sich ebenfalls dieser Ansicht an und bestätigt dies sogar für den Fall, dass entgegen einer Formularklausel eine Anlage nicht beigefügt war.

Dies ist aber bedenklich, da der Mieter dann jedenfalls im Vertragstext selber auch nicht ansatzweise sieht, was **inhaltlich** an Kostenpositionen auf ihn zukommt. Der BGH[84] schränkt die o. g. Ansicht zumindest dahingehend ein, dass die Position „sonstige Betriebskosten" nicht aufgrund dieses allgemeinen Verweises vom Mieter zu tragen ist:

> „Denn während der allgemeine Verweis auf die Anlage 3 hinsichtlich der Nummern 1 bis 16 dem Mieter hinreichende Klarheit darüber gibt, welche Nebenkosten auf ihn zukommen können, weil diese dort im Einzelnen aufgeführt sind, ist dies bei der Position 17, sonstige Betriebskosten' nicht der Fall. Gerade im Hinblick darauf, dass nach § 546 BGB grundsätzlich der Vermieter verpflichtet ist,

> die auf dem Grundstück ruhenden Lasten zu tragen, muss dem Mieter deutlich gemacht werden, welche Betriebskosten auf ihn übergewälzt werden. Daher ist es erforderlich, die ‚sonstigen Betriebskosten' im Einzelnen zu benennen."

Als sonstige Betriebskosten könnten z. B. die Kosten der Dachrinnenreinigung, der Wartung von Feuerlöschern oder Lüftungsanlagen oder des Betriebs von Müllschluckern genannt werden.

Mit der Begründung mangelnder Bestimmtheit lehnt das LG Mannheim[85] eine Bestimmung als unwirksam ab, in der es lediglich heißt, dass „alle Betriebskosten" vom Mieter übernommen werden. Eine Aufzählung oder zumindest eine Beifügung des Textes des § 2 BetrKV zum Vertrag empfiehlt sich also. Nur damit geht der Vermieter auf Nummer sicher.

Wenn ein Mieter **mehrere Jahre** unwidersprochen auf eine nach dem Mietvertrag eigentlich nicht geschuldete Betriebskostenposition zahlt, kann das als stillschweigende Zustimmung zur dahingehenden Änderung des Mietvertrags angesehen werden.[86] Andererseits ist im Regelfall davon auszugehen, „dass eine **(stillschweigende) Änderung der mietvertraglichen Umlagevereinbarung** nicht schon dadurch zu Stande kommt, dass der Vermieter Betriebskosten abrechnet, zu deren Umlage er nach dem Mietvertrag nicht berechtigt ist, und der Mieter eine darauf beruhende Nachzahlung begleicht. Denn aus Sicht des Mieters ist der Übersendung einer Betriebskostenabrechnung, die vom Mietvertrag abweicht, … nur bei Vorliegen besonderer Umstände ein Angebot des Vermieters zu entnehmen, eine Änderung des Mietvertrags herbeiführen zu wollen".[87] Solche Umstände können z. B. vorliegen, wenn der Vermieter eine Änderung der abgerechneten Nebenkostenpositionen vor Übersendung der Abrechnung mitgeteilt hat. In diesem Fall kann in der Änderungsankündigung und der nachfolgenden Übersendung einer entsprechenden Abrechnung aus der Sicht des Mieters ein Angebot zur Änderung der Umlagevereinbarung liegen, das der Mieter durch Begleichung der Abrechnungsnachforderung und der Zahlung der daraufhin angepassten Vorauszahlungen annehmen kann.[88]

Schließlich kann im Einzelfall auch eine **ergänzende Vertragsauslegung** zu einer Änderung (Erweiterung) der umlagefähigen Positio-

74

nen führen, etwa wenn bei Abschluss des Mietvertrags der Mieter bestimmte Betriebskosten noch selbst getragen hat (im entschiedenen Fall die Müllgebühren durch eigene Behälter), diese dann später durch organisatorische Änderungen (Bereitstellung größerer Müllgefäße durch die Wohnungseigentümergemeinschaft) auf den Vermieter übergegangen sind.[89]

75 Die einzelnen, in § 2 BetrKV dann wie im obigen Beispiel der Gartenpflege weiter erläuterten Betriebskosten sind:

(1) Die laufenden öffentlichen Lasten des Grundstücks sowie die Kosten

(2) der Wasserversorgung

(3) der Entwässerung

(4 a) des Betriebs der zentralen Heizungsanlage einschließlich der Abgasanlage oder

(4 b) des Betriebs der zentralen Brennstoffversorgungsanlage oder

(4 c) der eigenständig gewerblichen Lieferung von Wärme, auch aus Anlagen im Sinne des Buchstabens a oder

(4 d) der Reinigung und Wartung von Etagenheizungen und Gaseinzelfeuerstätten

(5 a) des Betriebs der zentralen Warmwasserversorgungsanlage oder

(5 b) der eigenständig gewerblichen Lieferung von Warmwasser, auch aus Anlagen im Sinne des Buchstabens a oder

(5 c) der Reinigung und Wartung von Warmwassergeräten

(6) verbundener Heizungs- und Warmwasserversorgungsanlagen (beachten Sie zu den Punkten 4. a)–c) und 5. a) und b) und 6. auch die besonderen Abrechnungsvorschriften der Heizkostenverordnung[90])

(7) des Betriebs des maschinellen Personen- oder Lastenaufzugs

(8) der Straßenreinigung und Müllbeseitigung

(9) der Gebäudereinigung und Ungezieferbekämpfung

(10) der Gartenpflege

(11) der Beleuchtung

(12) der Schornsteinreinigung

(13) der Sach- und Haftpflichtversicherung

(14) für den Hauswart

(15 a) des Betriebs der Gemeinschafts-Antennenanlage

(15 b) des Betriebs der mit einem Breitbandkabelnetz verbundenen privaten Verteilanlage

(16) des Betriebs der Einrichtungen für die Wäschepflege

(17) sonstige Betriebskosten

Die Formulierung der Nr. 15b ist älter als der technische Fortschritt. Daher dürften die Betriebskosten einer Gemeinschafts-Satellitenanlage ebenfalls unter Nr. 15 fallen, wenn man sie nicht ohnehin als Unterfall einer Gemeinschafts-Antennenanlage i. S. der Nr. 15a ansieht. Dabei darf der Vermieter selbst dann auf eine Gemeinschaftssatellitenanlage umstellen, wenn im Mietvertrag bei den Betriebskosten ausdrücklich „Kabelanschluss" steht, da der Vertrag insoweit im Sinne der Zurverfügungstellung einer zum Empfang einer Vielzahl die Allgemeinheit interessierender Fernsehprogramme auslegungsfähig ist.[91] „Sonstige Betriebskosten" (Nr. 17) sind die in den Nummern 1 bis 16 nicht genannten Betriebskosten, namentlich die Betriebskosten von Nebengebäuden, Anlagen und Einrichtungen.[92]

Zu § 2 BetrKV trifft § 556c BGB ergänzende Bestimmungen für den Fall, dass der Mieter die Betriebskosten für Wärme oder Warmwasser zu tragen hat und der Vermieter die Versorgung von Eigenversorgung auf eigenständig gewerbliche Lieferung durch einen Wärmelieferanten (Wärmelieferung) umstellt (sog. Contracting).[93] **76**

Stets dürfen – selbstverständlich – nur die wirklich entstandenen Betriebskosten abgerechnet werden. Wenn es keinen Gärtner gibt, darf auch keine solche Position bei der Gartenpflege abgerechnet werden. **77**

Nicht umlagefähig, und zwar auch nicht bei einer entsprechenden vertraglichen Vereinbarung, sind die Verwaltungskosten des Vermieters, § 1 Abs. 1 Nr. 1 BetrKV. Das sind die Aufwendungen des Vermieters an Zeit und Geld für die Verwaltung (Bewirtschaftung) des Hauses. Dazu gehören z. B. das Erstellen der Betriebskostenabrechnung, das Verhandeln mit Handwerkern, das Terminieren der Arbeiten, die Rechnungskontrolle, kurz: alles, was der Vermieter so an „unbezahlter Arbeitszeit" hineinsteckt. Auch die damit verbundenen Sachkosten (Porto, Telefongebühren, Papier, Stifte usw.) zählen dazu. Diese Kosten sind mit der Kaltmiete (Grundmiete) bereits abgegolten. Auch eine Gebühr für die Zählerablesung durch den Vermieter oder eine Abrechnungsgebühr für die Erstellung der Betriebskostenabrechnung ist demgemäß unzulässig, da es sich dabei um verkappte Verwaltungskosten handelt. Einzige Ausnahme: Gemäß § 2 BetrKV (bzw. zuvor § 27 der 2. Berechnungsverordnung **78**

Anlage 3 Nr. 4 a) können die Kosten bzw. Gebühren für die Abrechnung der Heiz- und **Warm**wasserkosten als Betriebskosten umgelegt werden, auch per Formularmietvertrag.

79 **(4) Vorauszahlungsbetrag bei Vertragsschluss:** Immer wieder haben sich Gerichte mit der Frage befasst, ob der Mieter Nachzahlungen zu leisten hat, wenn diese den bei Vertragsschluss vereinbarten Vorauszahlungsbetrag erheblich überschreiten. Der BGH[94] hat zu dieser Streifrage wie folgt Stellung bezogen:

> Liegen keine besonderen Umstände vor, begeht der Vermieter keine Pflichtverletzung beim Vertragsschluss, wenn er mit dem Mieter Vorauszahlungen für Nebenkosten vereinbart, die die Höhe der später anfallenden tatsächlichen Kosten nicht nur geringfügig, sondern auch deutlich unterschreiten… steht es den Parteien frei, sich auf Vorauszahlungen auf die Nebenkosten zu einigen. Sie können von Vorauszahlungen auch gänzlich absehen… Ist es dem Vermieter aber unbenommen, dem Mieter die auf ihn umzulegenden Nebenkosten insgesamt zu kreditieren, kann es ihm nicht zum Nachteil gereichen, wenn er Vorauszahlungen verlangt, die in ihrer Höhe die tatsächlichen Kosten nicht nur geringfügig, sondern auch deutlich unterschreiten. Die Verwendung des Begriffs „Vorauszahlungen" drückt dabei nach allgemeinem Verständnis lediglich aus, dass dem Mieter bei der Abrechnung die vorausbezahlten Beträge gutzubringen sind. Dieser Begriff legt aber nicht die Annahme nahe, die Summe der Vorauszahlungen werde den voraussichtlichen Abrechnungsbetrag auch nur annähernd erreichen, und begründet für den Mieter keinen entsprechenden Vertrauenstatbestand… Der Vermieter ist demnach nicht grundsätzlich verpflichtet, Vorauszahlungen auf die umlegbaren Nebenkosten so zu kalkulieren, dass sie etwa kostendeckend sind. Dies erscheint auch deshalb sachgerecht, weil zu den… Nebenkosten regelmäßig… Kosten zählen, die in ihrer Höhe verbrauchsabhängig sind, wesentlichen Schwankungen unterliegen können und daher vom Vermieter weder vorherzusehen noch zu beeinflussen sind. Eine Pflichtverletzung des Vermieters im Zusammenhang mit der Vereinbarung von Vorauszahlungen bei Vertragsschluss ist deshalb nur dann zu bejahen, wenn besondere Umstände gegeben sind … etwa … wenn der Vermieter dem Mieter bei Vertragsschluss die Angemessenheit der Nebenkosten ausdrücklich zugesichert oder diese bewusst zu niedrig bemessen hat, um den Mieter über den Umfang der tatsächlichen Mietbelastung zu täuschen und ihn auf diese Weise zur Begründung eines Mietverhältnisses zu veranlassen.

Außerdem entsteht dem Mieter durch niedrige Vorauszahlungen 80
kein Schaden. Denn der Vermieter wäre noch nicht einmal verpflichtet, überhaupt eine Vorauszahlung zu nehmen. Nimmt der
Vermieter keine oder eine zu niedrige Vorauszahlung, erhält der
Mieter wirtschaftlich bis zur Nachzahlung einen zinslosen Kredit.
Ein Schaden ist auch deswegen zu verneinen, weil der Mieter für
seine Betriebskostenzahlungen eine Gegenleistung erhalten hat,
eben die durch die Zahlungen abgedeckten Leistungen.[95]

dd) Mieterhöhungen: Bestimmungen, die sich in Formularverträgen 81
mit bereits bei Vertragsschluss festgelegten Mieterhöhungen befassen (Indexmieten, Staffelmieten) werden wegen des Sachzusam-
menhangs bei den Mieterhöhungen im laufenden Mietverhältnis
behandelt.[96]

ee) Kaution: Eine Kaution dient als Sicherheit des Vermieters für 82
Ansprüche aus dem Mietverhältnis. Bei der Geschäftsraummiete
(und bei jeder anderen Miete, die nicht Wohnraum betrifft, also
z. B. bei einer Garagenmiete) ist die Kaution frei vereinbar, also insbesondere hinsichtlich Höhe und Art (z. B. Barkaution, Bankbürgschaft). Ebenfalls ist in Verträgen über Geschäftsräume und Garagen
eine Klausel üblich und auch rechtlich zulässig, wonach die **Kaution
nicht verzinst** wird, also die Kautionszinsen dem Vermieter zustehen. Anders bei Wohnraum. Hier werden durch § 551 BGB dem
Vermieter eine Reihe von Beschränkungen auferlegt, die allesamt
zwingend sind; diese Beschränkungen gelten selbst dann, wenn im
Mietvertrag etwas anderes vereinbart wurde.

Zunächst darf die Kaution maximal die dreifache Monatsmiete be- 83
tragen. Gerechnet wird auf die reine Grundmiete (Kaltmiete) „ohne
die als Pauschale oder als Vorauszahlung ausgewiesenen Betriebskosten". Das heißt, dass eine Kaution auch in Höhe einer oder zwei
Warmmiete(n) (Grundmiete **plus** Betriebskosten) zulässig ist, solange zwei Warmmieten weniger sind als die im Gesetz genannte
Grenze von drei Grundmieten. Bei Mietverträgen, die lediglich eine
Inklusivmiete beinhalten, also eine Miete, die die Betriebskosten
enthält, ohne dass diese als Pauschale oder Vorauszahlung gesondert
berechnet sind, wird man aus der gesetzlichen Formulierung, dass
„ausgewiesene" Betriebskostenpauschalen oder Betriebskostenvor-

auszahlungen bei der Berechnung der dreifachen Monatsmiete unberücksichtigt bleiben müssen, folgern müssen, dass bei Inklusivmieten die Vereinbarung der dreifachen Inklusivmiete als Kautionsbetrag zulässig ist. Nach Ansicht des BGHs ist eine Kautionsvereinbarung auch dann wirksam, wenn die „Dreimonatsgrenze" (geringfügig) überschritten wird. Im vom BGH entschiedenen Fall stand im Mietvertrag „drei Monatsmieten = 2100,– DM", rechnerisch ergaben drei Monatsmieten aber nur 2040,– DM. In einem solchen Fall sei anzunehmen, dass die Vertragsparteien eine gesetzeskonforme Regelung gewollt hätten, so dass der Mieter eine Kaution in Höhe der (richtig berechneten) drei Monatsmieten = 2040,– DM schuldete.[97] Noch weiter geht der BGH in einem Fall, in dem im Mietvertrag neben der maximal möglichen Barkaution von drei Monatsmieten die Beibringung einer Bankbürgschaft vereinbart war. In diesem Fall ist die Kautionsvereinbarung nicht insgesamt, sondern nur hinsichtlich der Vereinbarung zur Beibringung der Bankbürgschaft nichtig. Die Urteilsbegründung verallgemeinert den Fall sogar dahin gehend, dass die Vereinbarung über die Sicherheitsleistung nur insoweit unwirksam ist, als sie das nach § 551 Abs. 1 BGB höchstzulässige Maß überscheitet.[98]

84   Bei Mieterhöhungen darf der Vermieter keine anteilige Erhöhung der Kaution verlangen. Auch Doppelsicherungen, die im Ergebnis über drei Monatsmieten hinausgehen, darf der Vermieter **nicht verlangen**.[99]

> **BEISPIEL:** Drei Monatsmieten Barkaution und Mietbürgschaft eines Dritten.

85   Etwas anderes gilt allerdings, wenn der Bürge dem Vermieter **unaufgefordert** eine Bürgschaft gibt unter der Bedingung, dass ein Wohnraummietvertrag mit dem Mieter geschlossen werde und der Mieter dadurch nicht erkennbar belastet wird. Wird der Mietvertrag geschlossen, tritt die Bedingung ein und die Bürgschaft ist wirksam.[100] Zulässig sind danach z. B. Bürgschaften auch über drei Monatsmieten hinaus (und auch neben einer vom Mieter geleisteten Barkaution) in den praktisch bedeutsamen Fällen, in denen die Eltern des Mietinteressenten dem Vermieter von sich aus eine Mietbürgschaft

für den Fall anbieten, dass mit dem Mietinteressenten ein Mietvertrag geschlossen wird. Gleiches gilt auch für eine Sicherheit, die dem Vermieter zur Abwendung einer Kündigung wegen Zahlungsverzugs gewährt wird; sogar unabhängig davon, ob der Bürge diese Sicherheit unaufgefordert beigebracht oder der Vermieter eine zusätzliche Sicherheit verlangt hat.[101]

Will sich der Vermieter – etwa bei einem einkommenslosen Studenten – der dauerhaften Mietzahlung durch die Eltern versichern, kann es sich ggf. auch anbieten, neben dem Studenten auch die Eltern als Mieter in den Mietvertrag mit aufzunehmen. **86**

Zulässig ist bei der Kaution auch eine Mischung der Sicherheiten, wenn diese insgesamt nicht mehr als drei Monatsmieten betragen. **87**

> **BEISPIEL:** Barkaution in Höhe einer Monatsmiete und Bürgschaft eines Dritten in Höhe weiterer zwei Monatsmieten.

§ 551 Abs. 2 BGB bestimmt weiter, dass der Mieter zu drei gleichen monatlichen Teilzahlungen berechtigt ist, wobei die erste Teilzahlung zu Beginn des Mietverhältnisses fällig ist und die weiteren zusammen mit den unmittelbar folgenden Mietzahlungen fällig werden. Hierbei handelt es sich um eine echte Fehlleistung des Gesetzgebers, da es dem Sinn einer Kaution widerspricht, wenn sie erst in Raten gezahlt werden soll, nachdem der Mieter schon eingezogen ist. In der Praxis läuft es – dem Gesetz zuwider, aber dem Sicherungszweck einer Kaution entsprechend – zumeist so, dass der Vermieter Mietvertrag und Schlüssel erst nach Erhalt der gesamten Kaution herausgibt. Außerdem: Der Vermieter könnte auch nach dem Gesetz die Schlüssel (und damit die Wohnung) zurückbehalten, wenn die erste Kautionsrate nicht gezahlt wird. Der BGH hat sich zudem in drei „vermieterfreundlichen" Entscheidungen auf den Standpunkt gestellt, dass eine Kautionsabrede, die die Zahlung der gesamten Kaution schon bei Abschluss des Mietvertrags vorsieht, nicht insgesamt unwirksam ist, sondern nur bzgl. der Fälligkeit der Kaution. Das heißt, der Mieter behält trotz der entgegenstehenden vertraglichen Bestimmung das Recht, die Kaution in drei gleichen monatlichen Teilbeträgen zu zahlen. Die Verpflichtung zur **88**

Kautionszahlung aber bleibt bestehen. Mit dieser Begründung wies der BGH die Klagen von Mietern zurück, die die Kaution aufgrund einer der gesetzlichen Regelung widersprechenden Vertragsklausel auf einmal bezahlt hatten und sie nach ihrem Einzug vom Vermieter zurückverlangten.[102]

89 Im übrigen ist die Regelung in einem Wohnungsmietvertrag, wonach die Wohnungsübergabe (Schlüsselübergabe) nur erfolgt, wenn die erste Miete und die erste Rate der Kaution gezahlt sind, auch als AGB-Klausel wirksam.[103]

90 Der Vermieter muss eine Barkaution von seinem Vermögen getrennt bei einem Kreditinstitut zu dem für Spareinlagen mit dreimonatiger Kündigungsfrist üblichen Zinssatz anlegen. Der Mieter kann die Zahlung der Kaution sogar von der vorherigen Benennung eines insolvenzfesten[104] Kautionskontos abhängig machen.[105] Vermieter und Mieter können auch eine andere, vom Vermögen des Vermieters getrennte Anlageform für die Barkaution vereinbaren. Im Falle der Anlage auf einem Sparbuch muss die Anlage der Kaution bei **einem** Kreditinstitut zu dem für Spareinlagen mit dreimonatiger Kündigungsfrist üblichen Zinssatz erfolgen. Der Vermieter ist also nicht verpflichtet, das Kreditinstitut zu ermitteln, das die höchsten Zinsen anbietet.

91 Im Fall der vereinbarten Anlageform tragen Vermieter und Mieter gleichermaßen das Risiko der Realisierung der erwarteten Erträge. Bei einer spekulativen Anlage, also z. B. in einem Aktienfonds, kann darüber hinaus auch der angelegte Kautionsbetrag selber verloren gehen. Der Vermieter verliert dann seine Sicherheit, ohne dass er gegen den Mieter einen Anspruch auf Wiederauffüllung des Kautionsbetrags hätte. Der Mieter verliert die von ihm zur Verfügung gestellte Kaution, ohne dass er gegen den Vermieter einen Kautionsrückzahlungsanspruch oder einen Anspruch auf eine Mindestverzinsung hätte, wie er bei Anlage der Kaution auf einem Sparbuch bestünde (siehe oben).

92 Die Verzinsung der Kaution muss ab dem Zeitpunkt der Kautionszahlung erfolgen, nicht erst ab der tatsächlichen Anlage durch den Vermieter. Die Kautionserträge (in der Regel Kautionszinsen) stehen

dem Mieter zu. Sie werden allerdings nicht jährlich an den Mieter ausgezahlt, sondern erhöhen den Kautionsbetrag (d. h. in der Praxis, sie bleiben einfach auf dem Anlagekonto stehen). Eine – wenig einleuchtende – Ausnahme von der Verzinsungspflicht (nicht: von der Anlagepflicht) besteht gem. § 551 Abs. 3 S. 5 BGB für Vermieter von Wohnraum in einem Studenten- oder Jugendwohnheim[106].

In der Praxis hat der Vermieter drei Möglichkeiten, seiner gesetzlichen Pflicht zur Anlage der Kaution zu genügen, wenn – was der Regelfall sein dürfte – keine besondere Vereinbarung erfolgt und die Geldanlage bei einem Kreditinstitut zu dem für Spareinlagen mit dreimonatiger Kündigungsfrist üblichen Zinssatz erfolgt: 93

- Der Mieter legt ein Kautionssparbuch auf seinen Namen an, verpfändet es an den Vermieter und hinterlegt es bei diesem. Diese Möglichkeit ist relativ umständlich, auch dürfte es manchem Vermieter unwohl sein, wenn die Sicherheit auf den Namen des Mieters angelegt ist. Diese Alternative kommt selten vor.

- Der Vermieter legt die Kautionen mehrerer Mieter auf einem Konto an. Der Vermieter kann in diesem Fall einen größeren Geldbetrag zusammenziehen und dadurch höhere Zinsen bei der Bank aushandeln. Diese muss er aber in voller Höhe dem Mieter gutbringen, da in § 551 Abs. 3 S. 2 BGB ohne Unterscheidung bestimmt ist, dass die Erträge aus der Anlage der Kaution dem Mieter zustehen. In jedem Fall muss der Vermieter bei dieser Anlageart ein erhebliches Rechenwerk vollziehen, zumal die Zinsen jährlich der Kaution zugeschlagen werden müssen und den jeweiligen Kautionsbetrag erhöhen, also dann mitverzinst werden. Außerdem ändert sich der Zinssatz für Spareinlagen mit dreimonatiger Kündigungsfrist ggf. mehrmals im Jahr. Auch diese Alternative kommt daher seltener vor.

- Der Vermieter eröffnet für jeden Mieter ein eigenes Sparbuch, das auf den Namen des Vermieters lautet, jedoch den Vermerk „Kaution, Name des Mieters" trägt. Der Vermieter sollte darüber hinaus tunlichst gegenüber der Bank das Kautionskonto als solches, d. h. als Treuhandkonto bezeichnen. So wird das Konto vor dem Zugriff von Gläubigern des Vermieters geschützt, wenn der

Vermieter in die Insolvenz fällt. Die Banken haben dafür entsprechende Formulare. Bei Beendigung des Mietverhältnisses löst der Vermieter dann das Kautionsbuch auf, legt es dem Mieter zum Beleg der von der Bank ordnungsgemäß jährlich aufgebuchten Zinsen vor und rechnet über die Kaution ab. Dies ist die sicherste, einfachste und am meisten praktizierte Alternative.

94 Es taucht immer wieder die Frage auf, was bzgl. der Verzinsung von „Altkautionen" gilt. Dies betrifft einmal ältere Mietverträge, in denen zur Verzinsung der Kaution gar nichts gesagt ist, und zum anderen ältere Mietverträge, in denen die Verzinsung von Kautionen explizit ausgeschlossen ist. Hier trifft Art. 229 § 3 Abs. 8 EGBGB folgende Regelung: Eine Kaution braucht nicht verzinst zu werden, wenn die Verzinsung vor dem 1.1.1983 durch Vertrag ausgeschlossen worden ist. Das heißt im Umkehrschluss, dass eine Kaution auch dann verzinst werden muss, wenn die Verzinsung in einem Vertrag **nach dem 1.1.1983** ausgeschlossen worden ist. Außerdem ist eine Kaution zu verzinsen, wenn in einem Vertrag **vor** und **nach dem 1.1.1983** zur Verzinsungspflicht gar nichts gesagt ist. Da § 551 BGB aber im Gesetz unter der Überschrift „Mietverhältnisse über Wohnraum" steht, dürfte auf der anderen Seite daraus folgen, dass bei Mietverhältnissen über Nicht-Wohnräume, also über Geschäftsräume oder Garagen, eine Verzinsungspflicht der Kaution nur besteht, wenn dies ausdrücklich im Vertrag vereinbart ist. Der BGH sieht dies allerdings anders. Danach ist eine aufgrund eines Mietvertrags über gewerbliche Räume geleistete Mietkaution vom Vermieter regelmäßig auch dann vom Empfang an zu dem für Spareinlagen mit dreimonatiger Kündigungsfrist üblichen Zinssatz zu verzinsen, wenn der Vertrag keine ausdrückliche Bestimmung über eine Verzinsung enthält.[107] Nur wenn die Verzinsungspflicht also im gewerblichen Mietvertrag explizit ausgeschlossen ist, braucht nach Ansicht des BGH eine Verzinsung der Kaution nicht zu erfolgen. Daher ist jedem Vermieter von Geschäftsräumen, Garagen usw. dringend zu empfehlen, zur Sicherheit eine Formulierung wie „Die Kaution wird nicht verzinst" explizit in den Vertrag aufzunehmen.

95 **ff) Erhaltungspflicht und Bagatellschäden:** (1) **Die abdingbare gesetzliche Regelung:** Oft befassen sich die Gerichte mit Klauseln zu der

Frage, wer die Wohnung erhalten muss. Nach der Regelung des Gesetzes (§ 535 Abs. 1 S. 2 BGB) ist es grundsätzlich Aufgabe des Vermieters, die Mietsache „in einem zum vertragsgemäßen Gebrauch geeigneten Zustand zu überlassen und sie während der Mietzeit in diesem Zustand zu erhalten". Korrespondierend dazu bestimmt § 538 BGB, dass der Mieter Veränderungen oder Verschlechterungen der Mietsache, die durch den vertragsgemäßen Gebrauch herbeigeführt werden, nicht zu vertreten hat. Dabei ist Mietsache weit zu verstehen: also bei Wohnraummiete nicht nur die vermietete Wohnung als solche, sondern z. B. auch der Hausflur, eine gemeinsame Waschküche usw. Diese gesetzliche Grundregel kann allerdings im Vertrag abbedungen werden, wobei Inhalt und Umfang, insbesondere, wenn in einem Formularvertrag geregelt, seit jeher und immer wieder von neuem streitig sind. Dies gilt besonders bei Wohnraummiete. Unter dem Vorbehalt, dass diese Rechtsfragen ständig im Fluss sind, kann Folgendes festgehalten werden:

(2) Schönheitsreparaturen: Zu den Schönheitsreparaturen zählen   96
z. B. Tapezieren, Anstreichen (Decken, Wände, ggf. Böden, Heizkörper und -rohre, Zimmertüren; Außentüren und -fenster nur von innen).

Schönheitsreparaturen können im Formularvertrag vom Mieter nur verlangt werden, wenn er – bei Übernahme einer unrenovierten Wohnung, was der Mieter zu beweisen hat[108] – dafür vom Vermieter einen angemessen Ausgleich erhält, oder wenn dem Mieter eine renovierte Wohnung übergeben worden ist.[109] Dabei kommt es für die Abgrenzung renoviert/unrenoviert letztlich darauf an, ob etwa vorhandene Gebrauchsspuren so unerheblich sind, dass die Mieträume im Zeitpunkt der Überlassung den Gesamteindruck einer renovierten Wohnung vermitteln; dies hat der Tatrichter unter umfassender Würdigung der Umstände des Einzelfalls zu entscheiden.[110]

Selbst wenn diese Voraussetzungen vorliegen, kann der Vermieter, wie im folgenden dargestellt, bei der Formulierung einer Schönheitsreparaturklausel über viele Fallstricke stolpern:

Schönheitsreparaturklauseln gibt es mit und ohne Fristenplan.   97

Wenn der Mietvertrag zu den Ausführungsfristen der Schönheitsreparaturen schweigt, kann nach Ansicht des BGH[111] die ergänzende Vertragsauslegung ergeben, dass die Mietvertragsparteien die Fälligkeit der Renovierungsverpflichtung an den Eintritt eines Renovierungsbedarfs knüpfen wollten. Hat der Mieter im Mietvertrag die Verpflichtung zur Durchführung von Schönheitsreparaturen übernommen, ohne dass ein Fristenplan vereinbart worden ist, hat er eine Schönheitsreparatur durchzuführen, sobald aus der Sicht eines objektiven Betrachters Renovierungsbedarf besteht; und zwar unabhängig davon, ob bereits die Substanz der Wohnung gefährdet ist.[112]

98 Nach Ansicht des BGH ist auch eine Klausel, nach der der Mieter die Kosten der Schönheitsreparaturen trägt (wobei die Klausel dann nicht ausdrücklich dem Mieter auch die Ausführung der Schönheitsreparaturen auferlegt), nicht als bloße Kostenübernahmeregelung zu verstehen, sondern dahin gehend auszulegen, dass der Mieter zur Ausführung der Schönheitsreparaturen verpflichtet ist, die Arbeiten aber auch selbst erbringen darf.[113]

99 Die meisten Schönheitsreparaturklauseln enthalten einen – ggf. nach Räumen unterschiedlichen – Fristenplan für die Durchführung der Arbeiten. So wird z. B. eine Küche schneller einen neuen Anstrich benötigen als ein Schlafzimmer. Eine solche Klausel ist aber unzulässig, wenn der Fristenplan starr ist und dem Mieter Renovierungspflichten ohne Rücksicht auf den tatsächlichen Zustand der Mieträume vorschreibt.[114] Danach ist eine Klausel gültig, die etwa „im Allgemeinen" bzw. „nach Erforderlichkeit", „in der Regel spätestens"[115], „regelmäßig"[116] oder „grundsätzlich"[117] etwa einen dreijährigen Badanstrich vorschreibt, nicht aber eine solche, die das „mindestens" oder schlicht ohne Zusätze etwa „alle drei Jahre"[118] verlangt. Zulässig ist dagegen eine Klausel, die zwar starre Fristen enthält, aber „in besonderen Ausnahmefällen auf Antrag des Mieters der Vermieter nach freiem Ermessen" die Fristen verlängern kann.[119] Der Vermieter darf dieses Ermessen aber nicht willkürlich ausüben, sondern der Mieter hat bei fehlendem Renovierungsbedarf einen Anspruch auf die Fristverlängerung.[120] Unzulässig dagegen soll die Formulierung sein: „Der Mieter ist verpflichtet, die während der Dauer des Mietverhältnisses notwendig werdenden Schönheits-

reparaturen ordnungsgemäß auszuführen. Auf die üblichen Fristen wird insoweit Bezug genommen (z. B. Küchen/Bäder: 3 Jahre, Wohn- und Schlafräume: 4–5 Jahre, Fenster/Türen/Heizkörper: 6 Jahre).", da sie bei verständiger Betrachtung nur als starre Verpflichtung innerhalb der dort genannten üblichen Fristen (miss)verstanden werden könne[121]); dies gilt auch für Klauseln, die zwar einerseits nur von „erforderlichen" Schönheitsreparaturen sprechen und auch auf den „Grad der Abnutzung und Beschädigung" abstellen, andererseits dann aber das Renovierungsintervall mit der Formulierung „Als angemessene Zeitabstände der Schönheitsreparaturen gelten …" aus Sicht eines durchschnittlichen Mieters verbindlich festlegen[122].

(3) Endrenovierungen: Es ist noch offen, aber mit einer gewissen Wahrscheinlichkeit zu erwarten, dass die bei Rn. 96 dargestellte Rechtsprechung des BGH, wonach die formularmäßige Überbürdung der Schönheitsreparaturen auf den Mieter nur bei angemessenem Ausgleich durch den Vermieter oder renoviert übernommener Wohnung zulässig ist, auch auf formularvertragliche Endrenovierungsklauseln durchschlagen wird; zumal die Rechtsprechung solchen Klauseln auch bisher schon kritisch begegnet ist: So ist eine Klausel, die den Mieter verpflichtet, die Mieträume unabhängig vom Zeitpunkt der Vornahme der letzten Schönheitsreparaturen renoviert zu übergeben, selbst dann unwirksam, wenn der Mieter zu laufenden Schönheitsreparaturen während der Dauer des Mietverhältnisses nicht verpflichtet ist.[123] Unwirksam ist auch eine nicht am tatsächlichen Dekorationsbedarf orientierte Endrenovierungsklausel.[124]

100

(4) Summierungseffekt: Schönheitsreparaturklauseln können auch aufgrund eines „Summierungseffekts" unwirksam sein; etwa dann, wenn eine Endrenovierungsklausel dem Mieter eine Renovierung bei Beendigung des Mietverhältnisses vorschreibt und dies mit den in der Schönheitsreparaturklausel genannten Renovierungsfristen kollidiert, da diese Fristen bei Beendigung des Mietverhältnisses möglicherweise noch nicht abgelaufen sind.[125] Dies gilt auch, wenn eine der beiden Klauseln schon für sich unwirksam ist.[126] Ein zur Unwirksamkeit einer Formularklausel führender Summierungs-

101

effekt aufgrund des Zusammentreffens zweier – jeweils für sich genommen – unbedenklicher Klauseln kann auch dann vorliegen,
wenn nur eine der beiden Klauseln formularmäßig, die andere dagegen individuell vereinbart worden ist.[127]

102   Anders ist zu entscheiden, wenn unwirksame Formularklauseln zur
Vornahme der laufenden Schönheitsreparaturen und der Endrenovierung mit einer später bei Einzug individuell – etwa in einem
Übergabeprotokoll – vereinbarten Endrenovierung durch den Mieter zusammentreffen.[128] Auch wenn nicht eine Fristen- und eine
Endrenovierungsklausel zusammentreffen, sondern nur die Quoten-
abgeltungsklausel[129] unwirksam ist, die auf Überbürdung der
Schönheitsreparaturpflicht auf den Mieter gerichtete Vornahme-
klausel dagegen nicht, erfasst die Unwirksamkeit der einen Klausel
die andere nicht.[130]

103   **(5) Farbwahlklauseln:** Daneben gibt es schließlich noch Schön-
heitsreparatur- oder Endrenovierungsklauseln, die von den Gerichten wegen dem, was sie **inhaltlich**, insb. „farblich" regeln, als unwirksam angesehen werden. Dabei kann generell gesagt werden,
dass die Rechtsprechung bei Farbwahlklauseln, die sich auf das laufende Mietverhältnis beziehen, streng ist, während sie bei Farbwahlklauseln, die sich auf die Rückgabe der Mietsache beziehen, dem
Vermieter ein größeres Verständnis entgegenbringt.

103a So ist eine den Mieter in seiner Farbwahl **während des laufenden
Mietverhältnisses** unangemessen einengende Schönheitsreparaturklausel unwirksam,[131] etwa die Beschränkung, Fenster und Türen
„nur weiß" zu streichen,[132] oder wenn „der Anstrich an Decken und
Wänden in weiß" zu erfolgen hat, selbst wenn der Mieter die Wohnung bei Mietbeginn mit einen neuen weißen Anstrich übernommen hat.[133] Auch eine formularvertragliche Klausel, die den Mieter
dazu verpflichtet, die auf ihn abgewälzten Schönheitsreparaturen in
„neutralen, hellen, deckenden Farben und Tapeten auszuführen", ist
unwirksam, wenn sie nicht auf den Zustand der Wohnung im Zeitpunkt der Rückgabe der Mietsache beschränkt ist, sondern auch für
Schönheitsreparaturen gilt, die der Mieter im Laufe des Mietverhältnisses vorzunehmen hat.[134] Unwirksam ist auch die formularmäßige
Verpflichtung des Mieters, Decken und Oberwände auch während

der Mietzeit zu „weißen",[135]; ebenso eine formularvertragliche Verpflichtung des Mieters, bei der Ausführung von Schönheitsreparaturen Türblätter, Türrahmen, Fensterflügel und Fensterrahmen nur weiß zu lackieren;[136] schließlich auch eine Klausel, nach der der Mieter nur mit Zustimmung des Vermieters von der „bisherigen Ausführungsart" abweichen darf.[137]

Inhaltliche Vorgaben für die **Endrenovierung** dürfen in gewissem Umfang allerdings auch formularvertraglich erfolgen. So hält die Klausel „Demgemäß sind die Mieträume zum Ende des Mietverhältnisses in dem Umfang zurückzugeben, der bestehen würde, wenn der Mieter die ihm nach … obliegenden Schönheitsreparaturen durchgeführt hätte. Lackierte Holzteile sind in dem Farbton zurückzugeben, wie er bei Vertragsbeginn vorgegeben war, farbig gestrichene Holzteile können auch in Weiß oder hellen Farbtönen gestrichen werden." der Inhaltskontrolle nach § 307 BGB stand.[138] Überhaupt muss der Mieter im Hinblick auf das berechtigte Interesse des Vermieters an einer Weitervermietung in einer Rückgabeklausel ggf. weitere Einschränkungen hinsichtlich der Farbwahl hinnehmen als bei einer Schönheitsreparaturklausel während des laufenden Mietverhältnisses.[139] Der Vermieter hat ein berechtigtes Interesse daran, die Wohnung am Ende der Mietzeit in einer Dekoration zurückzuerhalten, die von möglichst vielen Interessenten akzeptiert wird und somit einer baldigen Weitervermietung nicht entgegensteht.[140] Allerdings schränkt nach Ansicht des BGH die Einengung der Farbwahl auf nur eine einzige Farbe („weiß") im Zeitpunkt der Rückgabe die Gestaltungsfreiheit des Mieters unzulässig ein.[141] Eine Farbwahlklausel benachteiligt den Mieter (nur) dann nicht unangemessen, wenn sie ausschließlich für den Zeitpunkt der Rückgabe Geltung beansprucht und dem Mieter noch einen gewissen Spielraum lässt.[142] Unwirksam ist auch eine in einem Formularmietvertrag enthaltene Klausel, nach der der Mieter verpflichtet ist, bei seinem Auszug alle von ihm angebrachten oder vom Vormieter übernommenen Tapeten zu beseitigen.[143]

(6) Keine geltungserhaltende Reduktion: Ist eine Schönheitsreparaturklausel unwirksam, dann ist sie es insgesamt. Die Klausel kann nicht durch Reduzierung, Umdeutung oder Vertragsauslegung (we-

103b

104

nigstens) so weit weitergelten, dass die Renovierungspflicht grundsätzlich beim Mieter bleibt und nun nach der Rechtsprechung des BGH die allgemein üblichen und am tatsächlichen Bedarf orientierten Fristen gelten. Vielmehr gilt statt der unwirksamen Formularbestimmung die gesetzliche Regelung des § 535 Abs. 1 S. 2 BGB, wonach der Vermieter die Wohnung in einem zum vertragsgemäßen Gebrauch geeigneten Zustand zu erhalten hat.[144] Zu weiteren Folgen der Unwirksamkeit der Klausel vgl. Rn. 2. 110.

105 **(7) Vorschussanspruch:** Ist die Übernahme von Schönheitsreparaturen durch den Mieter wirksam vereinbart worden, und gerät der Mieter während eines bestehenden Mietverhältnisses mit der Durchführung von Schönheitsreparaturen in Verzug, kann der Vermieter von ihm einen Vorschuss in Höhe der voraussichtlichen Renovierungskosten verlangen.[145]

106 **(8) Quotenabgeltungsklauseln:** Viele Mietverträge enthalten auch zeitanteilige Abgeltungsklauseln (Geldausgleich) für den Fall, dass der Mieter bei Auszug Schönheitsreparaturen nicht durchgeführt hat.

107 Diese Klauseln sind gem. § 307 Abs. 1 S. 1, 2 BGB unwirksam, weil der Mieter den auf ihn entfallende Kostenanteil nicht verlässlich ermitteln kann und für ihn bei Abschluss des Mietvertrags nicht klar und verständlich ist, welche Belastung gegebenenfalls auf ihn zukommt. Dies gilt auch unabhängig davon, ob dem Mieter die Wohnung renoviert oder unrenoviert überlassen wurde.[146]

108 *(Randnummer einstweilen frei)*

109 **(9) Verlust an Rechtssicherheit:** Beim Lesen der unzähligen Entscheidungen zu Schönheitsreparatur-, Endrenovierungs- und Abgeltungsklauseln, die meist mit dem Verdikt der Unwirksamkeit enden, kann einem beinahe schwindelig werden. Die Treibjagd der Gerichte auf diese z. T. seit Jahrzehnten üblichen Klauseln führt bei Mietern und Vermietern gleichermaßen zu einer großen Verunsicherung. Auch hat die Rechtsprechung z. B. mit der Ablehnung starrer Fristen keineswegs Prozessvermeidung betrieben, sondern eher das Streitpotential erhöht.

(10) Ausgleichsanspruch des Mieters: Ein Mieter, der in Unkennt- 110
nis der Unwirksamkeit der Klausel Schönheitsreparaturen oder
Endrenovierungen ausführt, oder dem Vermieter einen Abgeltungs-
betrag zahlt, hat gegen den Vermieter ggf. einen Anspruch aus ungerechtfertigter Bereicherung (§ 812 Abs. 1 BGB). Der Wert der Leistung richtet sich nach dem Betrag der üblichen, hilfsweise der angemessenen Vergütung für die ausgeführten Renovierungsarbeiten.
Dabei ist zu berücksichtigen, dass Mieter bei Ausführung von
Schönheitsreparaturen regelmäßig von der Möglichkeit Gebrauch
machen, die Arbeiten in Eigenleistung zu erbringen oder durch Verwandte und Bekannte erbringen lassen. Dann richtet sich der Wert
nach dem, was der Mieter billigerweise neben einem Einsatz an
freier Zeit als Kosten für das notwendige Material sowie als Vergütung für die Arbeitsleistung seiner Helfer aufgewendet hat oder hätte aufwenden müssen. Ein höherer Wert kann anzusetzen sein,
wenn die Ausführung der Schönheitsreparaturen zugleich Gegenstand eines vom Mieter in selbständiger beruflicher Tätigkeit ge-
führten Gewerbes war.[147] Der Anspruch des Mieters verjährt gem.
§ 548 Abs. 2 BGB sechs Monate nach Beendigung des Mietverhältnisses.[148]

(11) Schadensersatzanspruch des Vermieters: Wenn die Schön- 111
heitsreparatur-, die Endrenovierungs- oder die Quotenabgeltungs-
klausel unwirksam ist, heißt das aber nicht zwangsläufig, dass der
Vermieter leer ausgeht. Denn es stellt unabhängig davon, ob der
Mieter wirksam zur Ausführung von Schönheitsreparaturen verpflichtet worden ist, eine Vertragsverletzung dar, wenn er das Mietobjekt in einem farblichen Zustand zurückgibt, welcher die Grenzen
des normalen Geschmacks überschreitet, so dass eine Neuvermietung der Räume in dem geschaffenen Zustand praktisch unmöglich
ist.[149] Ein Schadensersatzanspruch des Vermieters besteht demnach,
wenn der Mieter eine bei Einzug frisch in neutralen Farben gestrichene Wohnung bei Auszug mit einem von ihm angebrachten kräftigen Farbanstrich (im entschiedenen Fall rot, gelb und blau) zurückgibt. Der Schaden des Vermieters besteht darin, dass er die für
breite Mieterkreise nicht akzeptable Art der Dekoration beseitigen
muss, um die Wohnung weitervermieten zu können.[150]

112   Auch wenn der Mieter, der aufgrund fehlender oder unwirksamer Klausel eigentlich nicht zur Durchführung von Schönheitsreparaturen verpflichtet ist, diese dennoch durchführt, kann dem Vermieter ein Schadensersatzanspruch zustehen, wenn der Mieter durch die von ihm durchgeführten Schönheitsreparaturen den Zustand der Mietsache verschlechtert hat. Wer Arbeiten außerhalb seines Pflichtenkreises vornimmt, hat sie als Nebenpflicht so zu erledigen, dass der Vertragspartner keinen Schaden erleidet (§ 241 Abs. 2 BGB). Gegen diese Nebenpflicht verstößt der Mieter, wenn seine Arbeiten zu einer „Verschlimmbesserung" geführt haben. Handelt er schuldhaft, steht dem Vermieter ein Schadensersatzanspruch aus § 280 Abs. 1 BGB zu.[151] Das Gericht hat ggf. Feststellungen zu der Frage zu treffen, ob die von ihm als renovierungsbedürftig angesehenen Zustände im Einzelfall Verschlechterungen der zurückgegebenen Mieträume darstellen, etwa weil sie auf einem den vertragsgemäßen Gebrauch überschreitenden Mietgebrauch, auf einer unsachgemäßen Ausführung von Renovierungsarbeiten oder darauf beruhen, dass der Mieter – was z. B. die Farbwahl bei der Dekoration einzelner Räume anbelangt – gemäß § 242 BGB gehalten war, eine von ihm angebrachte ungewöhnliche Dekoration bei Rückgabe der Wohnung wieder zu beseitigen.[152] Der Mieter hat aber nicht für Abnutzungserscheinungen, die auf einem vertragsgemäßen Mietgebrauch beruhen, aufzukommen, sondern nur für darüber hinausgehende Schäden oder Mehrkosten, ggf. unter Berücksichtigung eines Abzugs „neu für alt".[153]

113   Dem Forderungsausfall entgeht der Vermieter schließlich auch, wenn der Mieter sich in einem als Individualvereinbarung zu wertenden Übergabeprotokoll zu Renovierungsarbeiten verpflichtet.[154]

114   **(12) Bagatellreparaturen:** Eine weitere übliche Mietvertragsklausel befasst sich mit der Frage, wer Kleinreparaturen (Bagatellreparaturen) durchzuführen hat. Eine generelle formularmäßige vertragliche Überbürdung aller Reparaturkosten in unbegrenzter Höhe auf den Mieter ist jedenfalls bei der Wohnraummiete unzulässig. Gegenwärtig dürfte Folgendes gelten: Kleinreparaturen können je Reparatur bis zu einem Betrag von 75,– EUR auf den Mieter übertragen werden, jedoch innerhalb eines Jahres für alle Bagatellreparaturen nicht

mehr als insgesamt 150,– EUR oder – wenn dies der niedrigere Betrag ist – 8% der Jahreskaltmiete (ohne alle Betriebskosten). Im Jahre 1989 hat der BGH[155] hinsichtlich 50,– EUR ausgeführt: „Der Höchstbetrag entspricht **unter den gegenwärtigen wirtschaftlichen Verhältnissen** einer Kleinreparatur." Im Jahre 1992 hat der BGH eine Klausel, die als Höchstgrenze der einzelnen Bagatellreparatur 75,– EUR und als Jahreshöchstbetrag 6% der Jahresbruttokaltmiete ansah, jedenfalls insoweit nicht beanstandet.[156] Heute dürfte ein höherer Betrag angemessen sein.[157] Der gleiche Gesichtspunkt könnte auch für eine Anhebung des Jahreshöchstbetrags von 150,– EUR sprechen. Die formularmäßige Überwälzung der Kostentragungspflicht zwar mit einzelner, aber ohne zeitraumbestimmter (i. d. R. jährlicher) Höchstbegrenzung ist unwirksam.[158]

Die oben beschriebene Möglichkeit der Kostenüberwälzung gilt aber nur für die **Bagatellreparaturen**. Das heißt, dem Mieter darf nicht eine generelle **Kostenbeteiligung** an jeder, also auch an teureren Reparaturen auferlegt werden. Auch darf dem Mieter im Formularvertrag keine generelle Kostenbeteiligung an Neuanschaffungen auferlegt werden.[159]   **115**

Darüber hinaus dürfen sich die Bagatellreparaturen nur auf solche Dinge beziehen, die dem häufigen Zugriff des Mieters ausgesetzt sind, z. B. Armaturen, Türgriffe, Fenstergriffe, Rollläden, Kühlschränke bei möblierter Vermietung.[160] Nicht darunter fallen z. B. Installationen unter dem Putz (Kabel, Rohre usw.). Nach der Rechtsprechung des BGHs[161] ist eine weitere wichtige Einschränkung zu beachten: Die formularmäßige Überbürdung der Bagatellreparaturen auf den Mieter darf nur in Form einer Kostentragungs- bzw. Kostenerstattungspflicht, **nicht aber** in Form einer Vornahmepflicht erfolgen. Eine Klausel, nach der der Mieter Reparaturen bis 75,– EUR selbst vorzunehmen bzw. selbst einen Handwerker zu beauftragen hat, ist also unwirksam. Dieses Urteil hat manchmal zu Missverständnissen geführt: Soweit der Mietvertrag eine nach den oben genannten Kriterien zulässige **Kostenerstattungsklausel** enthält, hat der Mieter selbstverständlich das **Recht**, z. B. die Dichtung eines tropfenden Wasserhahns selber auszuwechseln (weil dies in der Regel preiswerter ist, als wenn der Vermieter dafür einen Installateur   **116** ruft und sich dann die Kosten vom Mieter erstatten lässt). Eine dahin gehende formularvertragliche **Verpflichtung** ist jedoch unwirksam.

117 **gg) Aufrechnung:** Die Aufrechnung bewirkt die Verrechnung zweier gleichartiger, fälliger Forderungen, z. B. zweier Geldforderungen. Die Aufrechnung muss ausdrücklich erklärt werden. Im Einzelnen steht das Recht der Aufrechnung in §§ 387–396 BGB. Wenn man eine verjährte Forderung hat, kann man sie eventuell noch im Wege der Aufrechnung nutzbar machen: Die Verjährung einer Forderung schließt die Aufrechnung mit dieser Forderung nicht aus, wenn die verjährte Forderung zu der Zeit, zu welcher sie gegen die andere Forderung aufgerechnet werden konnte, noch nicht verjährt war (§ 390 S. 2 BGB).

> **BEISPIEL:** Der Vermieter kann mit einer bereits verjährten Schadensersatzforderung wegen Verschlechterung (Beschädigung) der Wohnung gegen den Kautionsrückzahlungsanspruch des Mieters aufrechnen. Der Mieter bekommt also – in Höhe des Schadensersatzanspruches des Vermieters – seine Kaution nicht zurück, obwohl der Anspruch des Vermieters im Beispiel verjährt ist. Denn der Schadensersatzanspruch für die Beschädigung der Wohnung und der Rückforderungsanspruch bzgl. der Kaution standen sich in der Vergangenheit zeitgleich gegenüber.

118 Grundsätzlich kann das Aufrechnungsrecht vertraglich ausgeschlossen werden. In allgemeinen Geschäftsbedingungen (dazu zählen auch Formularmietverträge) ist jedoch der Ausschluss der Aufrechnung mit unstreitigen oder rechtskräftig festgestellten Forderungen verboten (§ 309 Nr. 3 BGB). Für die Wohnraummiete schreibt darüber hinaus § 556b Abs. 2 BGB vor, dass der Mieter – und zwar auch entgegen einer anders lautenden Bestimmung im Mietvertrag – gegen eine Mietforderung

- mit einer Schadensersatz- bzw. Aufwendungsersatzforderung gem. § 536a BGB

- oder mit einer Forderung aufgrund des § 539 BGB

- oder mit einem Anspruch aus ungerechtfertigter Bereicherung (§ 812 BGB) wegen zu viel gezahlter Miete aufrechnen oder wegen dieser Forderungen ein Zurückbehaltungsrecht geltend machen kann, wenn er diese seine Absicht dem Vermieter mindestens einen Monat vor Fälligkeit der Miete in „Textform" angezeigt hat. Eine verspätete Anzeige macht diese aber nicht etwa unwirksam. Sie gilt dann für die nächste Mietfälligkeit, für die die Anzeigefrist gewahrt wäre.

„Textform" bedeutet nach § 126b BGB, dass die Erklärung in einer Urkunde oder auf andere zur dauerhaften Wiedergabe in Schriftzeichen geeignete Weise abgegeben, die Person des Erklärenden genannt und der Abschluss der Erklärung durch Nachbildung der Namensunterschrift oder anders erkennbar gemacht werden muss. **119**

In Urteilen oder Publikationen, die die bis zum 31.8.2001 geltende Mietrechtslage betreffen, werden Sie möglicherweise Ausführungen zu dem Verhältnis von Formularvertragsklauseln finden, die sich mit der Fälligkeit der Miete bis zum dritten Werktag eines Monats einerseits und vertraglich vereinbarten Aufrechnungsausschlüssen andererseits befassen und dabei zu dem Ergebnis kommen, dass bestimmte Klauselkombinationen aufgrund einer verbotenen Benachteiligung des Mieters dazu führen, dass die Miete wegen Unwirksamkeit der Vorauszahlungsklausel für bis zum 31.8.2001 abgeschlossene Mietverträge trotz anderslautender vertraglicher Vereinbarung erst am Ende des Monats fällig ist.[162] Der BGH hat jedoch klargestellt, dass eine Formularklausel in Altverträgen, die abweichend von § 551 BGB a. F. bestimmt, dass die Miete für den jeweiligen Monat im Voraus zu zahlen ist, auch in Kombination mit einer Aufrechnungsklausel, der zufolge die Aufrechnung einen Monat zuvor anzukündigen ist, keine unangemessene Benachteiligung des Mieters darstellt und daher wirksam ist.[163] **120**

hh) Kündigungsausschlüsse: Der Kündigungsausschluss bei der **Staffelmiete**[164] kann auch in einem Formularmietvertrag vereinbart werden.[165] § 557a Abs. 3 S. 1 BGB regelt, dass das Kündigungsrecht des Mieters für höchstens vier Jahre seit Abschluss der Staffelmietvereinbarung ausgeschlossen werden kann. Übersteigt der formularmäßige Kündigungsausschluss allerdings vier Jahre, ist er insgesamt unwirksam.[166] Übersteigt die Dauer des in einem Staffelmietvertrag individualvertraglich vereinbarten Kündigungsverzichts des Mieters **121**

den zulässigen Zeitraum von vier Jahren, so ist der Kündigungsverzicht nicht insgesamt, sondern nur insoweit unwirksam, als seine Dauer den genannten Zeitraum überschreitet.[167]

122 Mit der Formulierung „seit Abschluss der Staffelmietvereinbarung" soll klargestellt werden, dass Beginnzeitpunkt für den Kündigungsausschluss die jeweilige Vereinbarung einer Staffelmiete sein muss, unabhängig davon, ob das Mietverhältnis möglicherweise nach dem Mietvertragsabschluss erst später beginnt. Bei Vereinbarung des Kündigungsausschlusses muss taggenau gerechnet werden. Wurde die Staffelmiete z. B. in einem Mietvertrag vom 6.9.2010 vereinbart, darf die Kündigungsmöglichkeit längstens bis zum 5.9.2014 ausgeschlossen werden. Wird diese Frist in einem Formularvertrag überschritten, ist die Klausel über den Kündigungsausschluss insgesamt unwirksam. Problematisch ist dabei, dass nach § 573c Abs. 1 S. 1 BGB die ordentliche Kündigung des Mieters nur zum Ablauf eines Monats zulässig ist. Danach wäre eine Klausel der Art, dass – im Beispiel – die Kündigung des Mietvertrags frühestens zum 5.9.2014 möglich ist, nicht wirksam. Beginnt die Vierjahresfrist des § 557a Abs. 3 S. 1 BGB nicht am letzten Tag, sondern im Laufe eines Kalendermonats, dann kann der Vermieter der – für ihn zwingenden (§ 557a Abs. 4 BGB) – Bestimmung nur dadurch Rechnung tragen, dass er die gesetzliche Höchstfrist nicht voll ausschöpft, sondern in der entsprechenden Klausel des Mietvertrags mit dem Mieter vereinbart, dass die Frist mit dem letzten Tag des vorhergehenden Monats endet.[168]

123 Der Beginnzeitpunkt des Kündigungsausschlusses wird in den meisten Fällen identisch mit dem Abschluss des Mietvertrags insgesamt sein, kann jedoch auch später liegen, da eine Staffelmietvereinbarung auch während des Laufs eines Mietvertrags geschlossen werden kann. Erfolgt eine solche Vereinbarung eines Kündigungsausschlusses im Sinne des § 557a Abs. 3 S. 1 BGB, ist eine Kündigung des Mieters gem. § 557a Abs. 3 S. 2 BGB frühestens zum Ablauf dieses Zeitraums zulässig. § 557a Abs. 3 BGB gilt im übrigen nur für das ordentliche Kündigungsrecht des Mieters. Das außerordentliche Kündigungsrecht des Mieters kann mit einer solchen Vereinbarung nicht eingeschränkt werden.

Die Möglichkeit eines den Mieter benachteiligenden einseitigen **124**
Kündigungsausschlusses wird durch die Gewährung von Vorteilen
ausgeglichen, die eine Staffelmietvereinbarung (auch) für den Mieter bietet und in denen der Gesetzgeber die sachliche Rechtfertigung
für einen zeitlich begrenzten Ausschluss des Kündigungsrechts des
Mieters gesehen hat. An dieser Ausgeglichenheit fehlt es aber bei
einem formularmäßigen und einseitig den Mieter belastenden befristeten Ausschluss des Kündigungsrechts in einem Mietvertrag ohne Staffelvereinbarung. Eine solche Vereinbarung benachteiligt daher den Mieter unangemessen im Sinne des § 307 Abs. 1 S. 1 BGB
jedenfalls dann, wenn es auch sonst an der Gewährung eines aus-
gleichenden Vorteils für den Mieter fehlt.[169]

Ein beiderseitiger Ausschluss des Rechts zur ordentlichen Kündi- **125**
gung ist auch **außerhalb einer Staffelmietvereinbarung** zulässig,
solange er nicht über vier Jahre hinausgeht.[170] Umfasst er einen längeren Zeitraum, ist der Kündigungsausschluss insgesamt unwirksam.[171] Bei einer entsprechenden Formularklausel muss die Kündigung im Übrigen bereits zum Ablauf des Vierjahreszeitraums möglich sein, da dieser sonst durch die Addition der Zeiten des Kündigungsverzichts und der Kündigungsfrist überschritten würde.[172] Die
vier Jahre sind zu berechnen vom Zeitpunkt des Vertragsschlusses
(nicht: des vertraglich vorgesehenen oder tatsächlichen Mietbe-
ginns) bis zu dem Zeitpunkt, zu dem der Mieter den Vertrag erstmals beenden kann.[173]

Überhaupt nicht zulässig ist ein formularmäßiger Kündigungsaus- **126**
schluss bei einem Mietvertrag über eine „Studentenbude".[174]

Durch eine **Individualvereinbarung** schließlich kann – außerhalb **127**
der Staffelmiete – ein Kündigungsausschluss sowohl als einseitiger
Kündigungsverzicht des Wohnraummieters auf sein gesetzliches
Kündigungsrecht[175] als auch als beiderseitiger Verzicht[176]

Sobald der Kündigungsausschluss für längere Zeit als ein Jahr ver- **128**
einbart werden soll, ist zu seiner Wirksamkeit – und für den gesamten Mietvertrag – Schriftform erforderlich, denn nach § 550 S. 1
BGB gilt ein Mietvertrag (sonst doch wieder) für unbestimmte Zeit,

wenn er für längere Zeit als ein Jahr nicht in schriftlicher Form ge-schlossen wird.[177]

129   Eine **Formularklausel**, die einen befristeten **Kündigungsausschluss** regelt, könnte z. B. lauten:

> Beide Vertragspartner verzichten für zwei Jahre, beginnend mit dem…, auf das Recht zur ordentlichen Kündigung des Mietvertrags. Die ordentliche Kündigung kann erstmals zum Ablauf dieses Zeitraums erklärt werden.

130   **ii) Tierhaltung:** Die Tierhaltung ist meistens im Mietvertrag oder der Hausordnung geregelt. Ein formularvertragliches **Verbot jeder Tier-haltung** ist nach § 307 BGB **insgesamt** unwirksam. Zulässig sind Klauseln, die etwa Kleintierhaltung vom Verbot ausnehmen;[178] wo-bei die Klausel sich dann aber nicht auf bestimmte Kleintiere be-schränken darf.[179] Ein formularmäßiges Verbot jeglicher Hunde- und Katzenhaltung ist unwirksam.[180]

131   Unproblematisch sind vertragliche Regelungen, die einen **Erlaub-nisvorbehalt** des Vermieters statuieren, da sie nach hier vertretener Ansicht dem Mieter einen **Anspruch auf eine ermessensfehlerfreie Entscheidung** geben, der Vermieter die Erlaubnis also nicht willkür-lich, sondern nur nach Abwägung aller im Einzelfall für und gegen die Erlaubnis sprechenden Gründe verweigern darf.[181] Denkbar sind auch Fälle, in denen der Vermieter zwar grundsätzlich zur Er-teilung der Erlaubnis verpflichtet ist, diese aber (etwa im Interesse der übrigen Hausbewohner) mit Auflagen versehen kann[182]

132   Trifft der Mietvertrag **keine** oder eine **unwirksame** Regelung über die Tierhaltung, ist sie grundsätzlich soweit zulässig, als sie als noch vertragsgemäßer Gebrauch der Wohnung angesehen werden kann. Zu berücksichtigen sind insbesondere Art, Größe, Verhalten und Anzahl der Tiere, Art, Größe, Zustand und Lage der Wohnung so-wie des Hauses, in dem sich die Wohnung befindet, Anzahl, persön-liche Verhältnisse, namentlich Alter, und berechtigte Interessen der Mitbewohner und Nachbarn, Anzahl und Art anderer Tiere im Haus, bisherige Handhabung durch den Vermieter sowie besondere Bedürfnisse des Mieters.[183] Danach ist die Haltung von Kleintieren (Hamster, Vögel, Zierfische usw.) in üblichem Umfang stets gestat-

tet. Hier entscheidet also in erster Linie die Anzahl der Tiere über das Recht zur Tierhaltung in der Wohnung. Auch bei einem oder wenigen Kleintieren sind aber Fälle denkbar, in denen der Vermieter Unterlassung der Tierhaltung verlangen kann (wenige Fische werden in einem kubikmeterfassenden Großaquarium gehalten – statische Probleme, Auslaufgefahr, der von morgens bis abends zeternde Vogel – Belästigung der Mitmieter usw.). Die Unwirksamkeit einer Verbotsklausel bzgl. Hunden und Katzen führt jedenfalls nicht dazu, dass der Mieter Hunde oder Katzen ohne jegliche Rücksicht auf andere halten kann. Sie hat vielmehr zur Folge, dass eine umfassende Abwägung der im Einzelfall konkret betroffenen Belange und Interessen der Mietvertragsparteien, der anderen Hausbewohner und der Nachbarn erfolgen muss.[184] Man wird die Frage auf jeden Fall dann zu bejahen haben, wenn es für die Hundehaltung einen wichtigen Grund gibt (Blindenhund). Vom vertragsgemäßen Gebrauch nicht gedeckt ist das Halten gefährlicher Tiere.[185] Ist die Tierhaltung unter arten- oder tierschutzrechtlichen Gesichtspunkten verboten, ist sie dies auch mietrechtlich. Abzulehnen ist daher die Ansicht des BGH, dass für die „allein maßgebliche mietrechtliche Betrachtung der Haltung des Hundes" auf die Frage, ob der Hund in der Mietwohnung artgerecht gehalten werden kann, nicht ankommt.[186]

Aus wichtigem Grund (z. B. bissiger Hund)[187] kann der Vermieter eine einmal erteilte Erlaubnis widerrufen. Dies gilt unabhängig davon, ob ein solcher Widerrufsvorbehalt bereits im Mietvertrag enthalten ist oder ob sich der Vermieter zumindest bei Erlaubniserteilung einen evtl. Widerruf vorbehalten hat.[188] Im übrigen gilt für den Widerruf, ähnlich wie für die Erlaubnis: Ist der Widerrufsvorbehalt im Mietvertrag enthalten, hat der Mieter Anspruch auf eine ermessensfehlerfreie Ausübung der Widerrufsentscheidung des Vermieters; das gilt dann erst recht, wenn eine solche mietvertragliche Regelung fehlt.   **133**

jj) Musizieren: Singen, Musizieren oder Musikhören (auch Fernsehen), aber auch andere geräuschträchtige Tätigkeiten sollten in der Hausordnung geregelt werden. Meistens steht dort: Während einer Kernzeit (Nachtruhe meist von 22.00 bis 6.00 Uhr) ist Musizieren verboten, Radio und Fernseher sind auf Zimmerlautstärke zu dros-   **134**

seln (was eigentlich auch außerhalb dieser Zeiten selbstverständlich sein sollte). Ähnliche Regelungen gelten oft auch für die Zeit von 13.00 bis 15.00 Uhr (Mittagsruhe).[189]

135 **kk) Vertragsstrafe:** Eine Vertragsstrafe (Konventionalstrafe) soll Verstöße des Mieters oder Vermieters gegen den Mietvertrag ahnden. Sie muss ausdrücklich im Vertrag vereinbart werden und kann auf bestimmte Fälle der Vertragsverletzung beschränkt werden. Eine Vereinbarung, durch die sich der Vermieter **von Wohnraum** eine Vertragsstrafe versprechen lässt, ist gem. § 555 BGB unwirksam. Dies gilt auch für verkappte Vertragsstrafen, z. B. eine unangemessen hohe Mahn- oder Bearbeitungsgebühr.

136 **ll) Vertragsgebühr:** Grundsätzlich darf der Vermieter für das Vermieten der ihm gehörenden Wohnung keine Vermittlungsgebühr (Provision, Courtage) verlangen. Eine Klausel im Formularmietvertrag ist unwirksam, wenn sie eine Vertragsausfertigungsgebühr in einer solchen Höhe festlegt, dass es sich letztlich um eine versteckte Courtage handelt.[190]

137 Erlaubt ist dagegen im freifinanzierten Wohnungsbau eine so genannte Vertragsgebühr oder Abschlussgebühr.[191] Damit lässt sich der Vermieter seine anlässlich des Vertragsschlusses entstandenen Kosten (Vertragsformulare, Telefonkosten, Fahrtkosten usw.) bezahlen. Dies gilt vor allen Dingen bei Wohnraum – z. B. Appartements –, bei dem die Mieter häufig wechseln und der Vermieter daher für die Vertragsschlüsse einen höheren Aufwand hat als andere Vermieter. Konkret in welcher Höhe eine solche Abschlussgebühr verlangt werden kann, ob ggf. eine Pauschale zulässig ist, und – wenn ja – wie hoch, ist auch unter Juristen streitig. Eine andere Frage ist, ob man als Vermieter trotz der rechtlichen Zulässigkeit nicht besser auf die Erhebung einer Vertragsgebühr verzichten sollte. Es macht einen etwas knauserigen Eindruck, wenn man sich zu Beginn des Mietverhältnisses gleich die paar Euro für das Vertragsformular vom Mieter bezahlen lässt.

138 **mm) Aufwandsentschädigung bei kurzer Mietzeit:**[192] Der Vermieter ist regelmäßig an längerfristigen Mietverhältnissen interessiert, da er schließlich keinen Hotelbetrieb unterhält. Es bedeutet einen hohen

Vermietungsaufwand, wenn ein Mieter nach wenigen Monaten schon wieder auszieht und die Wohnung erneut vermietet werden muss. Die juristischen Ansichten darüber, ob für den damit verbundenen Aufwand des Vermieters im Mietvertrag eine Ausgleichszahlung zulässigerweise vereinbart werden kann, gehen auseinander. Eine entsprechende Klausel sollte auf jeden Fall nicht (z. B. durch einen übermäßig hohen Betrag) den Eindruck einer verkappten Vertragsstrafe erwecken[193]. Auch sollte die Klausel durch Fettdruck und/oder farbige Markierung im Mietvertrag hervorgehoben werden, am besten vom Mieter gesondert unterschrieben werden, damit sie nicht als überraschende Klausel im Sinne des § 305c Abs. 1 BGB unwirksam ist. Und schließlich sollte die Klausel (wegen §§ 307, 309 Nr. 5 b) BGB) dem Mieter nicht den Nachweis abschneiden, dass dem Vermieter im konkreten Fall nur ein geringerer Aufwand entstanden ist.[194] Es sollte auch berücksichtigt werden, ob ein Mieter ein befristetes Mietverhältnis vorzeitig beenden möchte, ob er bei einem unbefristeten Mietverhältnis ohne Einhaltung der gesetzlichen Kündigungsfrist ausziehen möchte oder ob er lediglich nach kurzer Mietdauer von seinem gesetzlichen Kündigungsrecht Gebrauch macht. In den ersten beiden Fällen stellt die Zustimmung des Vermieters zur vorzeitigen Beendigung des befristeten Mietverhältnisses oder zur Entlassung des Mieters aus dem Mietvertrag ohne Einhaltung der Kündigungsfrist ein Entgegenkommen des Vermieters dar, zu dem er nicht verpflichtet ist. Die Frage, ob und was dies den Mieter kosten darf (bzw.: was ihm die vorzeitige Beendigung des Mietvertrags wert ist), erscheint hier ohne weiteres legitim. Problematischer ist der Fall, dass der Mieter bei einem unbefristeten Mietverhältnis lediglich nach kurzer Mietdauer mit gesetzlicher Frist kündigt. Das mag für den Vermieter ärgerlich sein, da er dann – im Nachhinein betrachtet – lieber gleich an einen anderen Mieter vermietet hätte. Auch hat der Vermieter hier in kurzer Folge schon wieder den Neuvermietungsaufwand zu tragen. Auf der anderen Seite macht der Mieter lediglich von seinem gesetzlichen Kündigungsrecht Gebrauch, das Mietverhältnis endet faktisch nach kurzer Zeit, aber juristisch – anders als in den beiden erstgenannten Fällen – nicht vorzeitig. Der Vermieter muss auch nicht zustimmen, erbringt also auch keine für den Mieter **geldwerte Gegenleistung** wie bei einer vorzeitigen Entlassung aus dem Mietvertrag. Im Fall der Kündigung eines unbefristeten Mietverhältnisses mit gesetzlicher Frist nach nur kurzer Mietdauer stellt sich also die Frage, ob und in welchem Umfang der Vermieter sich den Neuvermietungs**aufwand** bezahlen lassen darf.

139 Eine Klausel, die unter diesen Gesichtspunkten vereinbart werden könnte, könnte etwa wie folgt lauten:

> (1) Endet ein befristetes Mietverhältnis auf Wunsch des Mieters mit Zustimmung des Vermieters -zu der der Vermieter nicht verpflichtet ist- vor Ablauf der letzten drei Monate seiner Laufzeit, zahlt der Mieter für den dadurch bedingten Aufwand des Vermieters (z. B. Insertion, Maklercourtage, Wohnungsabnahme, Besichtigungstermine pauschal eine Monatskaltmiete. Endet es auf Wunsch des Mieters vorzeitig innerhalb der letzten drei Monate seiner Laufzeit oder endet ein unbefristetes Mietverhältnis vorzeitig durch einvernehmliche Abkürzung der Kündigungsfrist, so beträgt die Aufwandspauschale eine halbe Monatskaltmiete. Maßgeblich ist diejenige Monatskaltmiete, die zum Zeitpunkt der vorzeitigen Beendigung des Mietverhältnisses vereinbart ist. Dem Mieter bleibt der Nachweis gestattet, dass dem Vermieter ein geringerer Aufwand als in S. 1 genannt oder gar kein Aufwand entstanden ist.
>
> (2) Der Vermieter weist den Mieter darauf hin, dass er in seiner wirtschaftlichen, auch in die Bestimmung der Miethöhe eingeflossenen Kalkulation auch bei unbefristeten Mietverhältnissen von einer gewissen Dauer des Mietverhältnisses ausgeht, um die bei Vermietungen entstehenden Kosten niedrig zu halten. Vor diesem Hintergrund verpflichtet sich der Mieter für den Fall, dass ein unbefristetes Mietverhältnis durch ordentliche Kündigung des Mieters vor Ablauf eines Zeitraums von einem halben Jahr endet, dem Vermieter für den Aufwand der Neuvermietung einen Pauschalbetrag von 25% einer Monatskaltmiete zu zahlen. Dem Mieter bleibt der Nachweis gestattet, dass dem Vermieter ein geringerer Aufwand als vorstehend genannt oder gar kein Aufwand entstanden ist.

6. Formulare und eigenes Nachdenken

140 Bitte bedenken Sie beim Einsatz von Formularen immer, dass diese sich ähnlich wie das statistische Hemd aus dem Durchschnitt aller Hemdenträger verhalten: Es hat eine Größe, die niemandem passt. Das heißt, kein Formular ist in der Lage, die Besonderheiten jeder Wohnung vollständig zu erfassen. Zunächst stehen im Formular möglicherweise Bestimmungen, die auf die konkret zur Vermietung

anstehende Wohnung gar nicht zutreffen (z. B. Regelungen über eine Zentralheizung, wenn die Wohnung eine eigene Gasthermenheizung hat). Andererseits kann es Ihnen wichtig erscheinen, auf bestimmte Punkte hinzuweisen, die nur diese eine Wohnung betreffen (z. B. Regelungen über Art und Umfang einer Gartennutzung). Oder Sie möchten ggf. einen Punkt besonders hervorheben, der im Formulartext untergeht. Hierfür bietet sich ein Zusatzblatt „ergänzende Bestimmungen zum Mietvertrag vom…" an, das am besten beide Vertragspartner auch gesondert unterschreiben. Außerordentlich wichtig für den Vermieter: Mängel oder Beschädigungen, die vom Vermieter vor Bezug (und danach) nicht behoben werden sollen, sollten mit in den Vertrag aufgenommen werden. Dazu sollte klargestellt werden, dass dieser Zustand der Wohnung und des Hauses dem Mieter bei Vertragsschluss bekannt ist und der Mieter diesen Zustand als vertragsgemäß akzeptiert. Um Missverständnisse auszuschließen, sollte außerdem ausdrücklich klargestellt werden, dass der Mieter während seiner Mietzeit insoweit auch kein Recht auf Mangelbeseitigung bzw. Veränderung des von ihm als vertragsgemäß akzeptierten Zustands geltend machen wird. An dieser Stelle nochmal der Hinweis: Wenn Sie ein solches Zusatzblatt mehrmals verwenden, wird auch dies – rechtlich – zu einem Formular.[195]

II. Der Verlauf des Mietverhältnisses

1. Mieterhöhungen

a) Überblick

Mieterhöhungen sind in Deutschland nicht (nur) nach den Gesetzen des freien Marktes möglich. Neben Angebot und Nachfrage bestimmt ein kompliziertes Regelwerk über Zulässigkeit und Begründetheit einer Mieterhöhung. Der Vermieter kann bei einer Mieterhöhung den von ihm gewünschten Erhöhungsbetrag nicht allein nach kaufmännischen Regeln kalkulieren, sondern ist an die gesetzlichen Vorgaben der §§ 557 bis 561 BGB gebunden, allen voran im weitaus häufigsten Fall einer Mieterhöhung nach §§ 558 ff. BGB auf die Begrenzung der Mieterhöhung durch die ortsübliche Vergleichs-

141

miete. Auf der anderen Seite aber wirkt das Regelwerk auch zugunsten des Vermieters; im Fall der Erhöhung bis zur ortsüblichen Vergleichsmiete z. B. durch einen Anspruch des Vermieters auf Zustimmung zur Mieterhöhung. Auch für den Mieter haben die strengen gesetzlichen Regeln über Mieterhöhungen zwei Seiten: Sie schützen ihn vor zu häufigen oder zu weitgehenden Mieterhöhungen; auf der anderen Seite hat der Mieter kaum eine Möglichkeit, sich einer nach den §§ 558 ff. BGB berechtigten Mieterhöhung zu entziehen, wenn er nicht in letzter Konsequenz – § 561 BGB – ausziehen will.

142 Neben inhaltlichen Regelungen, die sich mit Art und Umfang (Begründetheit) einer Mieterhöhung befassen, schreibt der Gesetzgeber auch eine Reihe von Formalien vor, die bei einer Mieterhöhung zu beachten sind (Zulässigkeit). Immer wieder kommt es vor, dass eine Mieterhöhung schon aus formalen Gründen unzulässig ist, mit der Folge, dass sich ein etwa mit dem Mieterhöhungsverlangen befasstes Gericht gar nicht mit der – inhaltlichen – Frage beschäftigt, wie viel Miete der Mieter aufgrund der Mieterhöhung bezahlen muss, sondern die Mieterhöhungsklage des Vermieters bereits aus formalen Gründen (oder genauer: wegen Nichteinhaltung der Formalien) als unzulässig abweist. Es ist eine eher rechtspolitische Frage, ob Regelungen nicht – gerade, soweit sie formale Anforderungen aufstellen – so leicht und verständlich gefasst sein müssen, dass die Vertragsparteien, also Vermieter und Mieter, sie auch als juristische Laien anwenden können.

143 § 557 BGB als Eingangsvorschrift des gesetzlichen Unterabschnitts „Regelungen über die Miethöhe" bestimmt:

(1) Während des Mietverhältnisses können die Parteien eine Erhöhung der Miete vereinbaren.

(2) Künftige Änderungen der Miethöhe können die Vertragsparteien als Staffelmiete nach § 557a oder als Indexmiete nach § 557b vereinbaren.

(3) Im Übrigen kann der Vermieter Mieterhöhungen nur nach Maßgabe der §§ 558 bis 560 verlangen, soweit nicht eine Erhöhung durch Vereinbarung ausgeschlossen ist oder sich der Ausschluss aus den Umständen ergibt.

(4) Eine zum Nachteil des Mieters abweichende Vereinbarung ist unwirksam.

§ 557 BGB stellt also einleitend klar, welche ausschließlichen Möglichkeiten für den Vermieter bestehen, wenn er die Miete erhöhen möchte. Im Überblick:

Die Vertragsparteien können gem. § 557 Abs. 1 BGB eine Mieterhöhungsvereinbarung abschließen.

§ 557 Abs. 2 BGB verweist für künftige Mieterhöhungen auf § 557a BGB (Staffelmiete) oder § 557 b BGB (Indexmiete). Das Gesetz spricht hier nur davon, dass die Parteien „künftige Änderungen der Miethöhe" vereinbaren können, ohne dass der Zeitpunkt für eine solche Vereinbarung genannt würde. Daraus folgt, dass die Vereinbarung einer Staffel- oder Indexmiete auch nach Vertragsschluss noch erfolgen kann.

§ 557 Abs. 2 BGB darf nicht dahin gehend missverstanden werden, dass nach Mietvertragsschluss keine Mieterhöhung mehr vereinbart werden darf, es sei denn dieses würde im Wege der Staffel- oder Indexmiete geschehen. Vielmehr bleibt die freie Mieterhöhungsvereinbarung nach § 557 Abs. 1 BGB stets möglich. § 557 Abs. 2 BGB bedeutet lediglich, dass **zum Zeitpunkt** einer Vereinbarung **künftiger** Mietänderungen (das werden regelmäßig Mieterhöhungen sein) **diese** künftigen Mieterhöhungen nur im Wege der Staffel oder Indexmiete vereinbart werden können.

§ 557 Abs. 3, 1. Halbs. BGB bestimmt, dass der Vermieter im Übrigen Mieterhöhungen nur nach Maßgabe des § 558 BGB (Mieterhöhungen bis zur ortsüblichen Vergleichsmiete), des § 559 BGB (Mieterhöhung bei Modernisierung) und des § 560 BGB (Veränderungen von Betriebskosten) verlangen kann.

§ 557 Abs. 3, 2. Halbs. BGB stellt die Selbstverständlichkeit klar, dass auch eine der in § 557 Abs. 3, 1. Halbs. BGB genannten Mieterhöhungen ausgeschlossen ist, wenn dies zwischen den Vertragsparteien so vereinbart ist oder sich der Ausschluss aus den Umständen ergibt. Als Beispiel für einen sich aus den Umständen ergebenden Ausschluss einer Mieterhöhung kann etwa die Vereinbarung eines Mietverhältnisses auf bestimmte Zeit mit fester Miete genannt werden. Allerdings kommt es auch hier auf die Umstände des Einzelfalls, also auf die gesamte vertragliche Regelung an. Aus den Umständen kann sich die Vereinbarung eines Mieterhöhungsausschlusses z. B. auch ergeben, wenn die Vertragspartner vereinbart haben, dass der Mieter einen Baukostenzuschuss leistet, den er binnen fünf Jahren abwohnen soll. Eine solche Vereinbarung spricht dafür, dass während dieser Zeit die Miete nicht erhöht werden darf, sonst zahlt der Mieter letztlich trotz des Zuschusses die „normale" Miete. Besser ist es in jedem Fall, die Vereinbarung des Ausschlusses einer Mieterhöhung, ggf. für welchen Zeitraum, **ausdrücklich** gleich in den Mietvertrag hineinzuschreiben.

§ 557 Abs. 4 BGB bestimmt schließlich, dass eine zum Nachteil des Mieters abweichende Vereinbarung unwirksam ist.

b) Mieterhöhungsvereinbarung

144 Nach § 557 Abs. 1 BGB können die Vertragsparteien während des Mietverhältnisses eine Erhöhung der Miete vereinbaren. Die Formulierung stellt auf die Vertragsfreiheit und Privatautonomie der Parteien ab, in die der Gesetzgeber bewusst nicht eingreifen wollte. D. h., eine einvernehmliche vertragliche Mieterhöhungsvereinbarung ist z. B. auch dann gültig, wenn der Vermieter sich nicht auf einen Mietspiegel berufen hat oder die vereinbarte Miete über der ortsüblichen Vergleichsmiete liegt. Denn anders als bei der nach den §§ 558 bis 558e BGB **einseitig** vom Vermieter erklärten (und deshalb vom Gesetzgeber mit vielen Formvorschriften und Sicherheiten, insbesondere dem Erfordernis der Mieterzustimmung, zugunsten des Mieters ausgestatteten) Mieterhöhung bis zur ortsüblichen Vergleichsmiete kann der Mieter bei der **beiderseitigen Mieterhöhungsvereinbarung vorher mitreden**. Daraus folgt auch, dass kein Mieter zur Unterschrift unter eine solche Vereinbarung verpflichtet ist. Er kann ablehnen und den Vermieter auf den formalen Weg der §§ 558 ff. BGB verweisen. Auch wenn § 557 Abs. 1 BGB als Inhalt der freien Vereinbarung explizit lediglich eine „Erhöhung der Miete" nennt, bietet eine solche Vereinbarung ein ungleich breiteres Feld für vertragliche Regelungen im beiderseitigen Interesse.

> **BEISPIEL:** Mieter und Vermieter schließen eine Mieterhöhungsvereinbarung, nach der der Mieter ab dem nächsten Ersten einen bestimmten Mehrbetrag zahlt, der Vermieter binnen eines Monats eine neue Wohnungstür einbauen lässt, dem Mieter einen zweiten Kellerraum mitvermietet und bis zu einem bestimmten Datum auf weitere Erhöhungen der Kaltmiete verzichtet.

In diesem Beispiel sind über die in § 557 Abs. 1 BGB allein genannte Mieterhöhung hinaus gleich mehrere vielleicht vorher im Streit befindliche Punkte einvernehmlich geregelt worden.

In einer Mieterhöhung, die zwar nach § 558 BGB beabsichtigt, aber wegen formaler Mängel bereits unwirksam ist, kann dennoch ein Angebot auf Abschluss einer Mieterhöhungsvereinbarung gesehen werden.[196] Aber auch wenn ein unwirksames Mieterhöhungsverlangen in ein wirksames Angebot auf Abschluss einer Mieterhöhungsvereinbarung umgedeutet werden kann, bedarf es für die Annahme einer Handlung des Mieters, die überhaupt einen Erklärungswert hat. Das ist z. B. nicht der Fall, wenn der Vermieter die erhöhte Miete per Lastschrift einzieht. Die bloße Hinnahme des Lastschrifteinzugs durch den Mieter ist keine konkludente Äußerung eines Annahmewillens. Für Mieterhöhungsvereinbarungen gelten auch im übrigen die allgemeinen Regeln über Willenserklärungen und Verträge, so dass sie auch konkludent getroffen werden können; etwa durch längere vorbehaltlose Zahlung auf eine schriftliche Mietmehrforderung des Vermieters.[197] **145**

c) Staffelmiete

Eine wesentliche Erleichterung für Mieterhöhungen ist für den Vermieter die in § 557a BGB vorgesehene Möglichkeit, bereits bei Vertragsschluss eine Staffelmiete zu vereinbaren. § 557a BGB lautet: **146**

> (1) Die Miete kann für bestimmte Zeiträume in unterschiedlicher Höhe schriftlich vereinbart werden; in der Vereinbarung ist die jeweilige Miete oder die jeweilige Erhöhung in einem Geldbetrag auszuweisen (Staffelmiete).

(2) Die Miete muss jeweils mindestens ein Jahr unverändert bleiben. Während der Laufzeit einer Staffelmiete ist eine Erhöhung nach den §§ 558 bis 559b ausgeschlossen.

(3) Das Kündigungsrecht des Mieters kann für höchstens vier Jahre seit Abschluss der Staffelmietvereinbarung ausgeschlossen werden. Die Kündigung ist frühestens zum Ablauf dieses Zeitraumes zulässig.

(4) Eine zum Nachteil des Mieters abweichende Vereinbarung ist unwirksam.

§ 557a Abs. 1 BGB definiert also den Begriff der Staffelmiete wie folgt: Die Miete kann für bestimmte Zeiträume in unterschiedlicher Höhe vereinbart werden. Die Wirksamkeitsvoraussetzungen einer Staffelmiete sind:

- Die Vereinbarung muss schriftlich getroffen werden (§ 557a Abs. 1, 1. Halbs. BGB).

- Die für jede einzelne Staffel geltende Miete oder die jeweilige Erhöhung ist in einem Geldbetrag schriftlich auszuweisen (§ 557a Abs. 1, 2. Halbs. BGB). Die Angabe eines Erhöhungsprozentsatzes reicht also nicht aus. Wenn eine Staffelmietvereinbarung aber in der Form getroffen wird, dass für die ersten zehn Jahre eine Staffelmiete mit dem jeweiligen Geldbetrag und für den Fall der Fortsetzung des Mietverhältnisses für die nachfolgenden Jahre mit jährlich 3% Steigerung vereinbart wird, dann tritt eine Teilunwirksamkeit nur für den Zeitraum der prozentual vorgesehenen Staffelmietsteigerungen ein.[198]

- Jede Mietstaffel muss mindestens ein Jahr betragen (§ 557a Abs. 2 S. 1 BGB). Das heißt: Ist auch nur eine einzige Staffel kürzer als ein Jahr, ist die gesamte Staffelvereinbarung unwirksam. Es fällt also nicht etwa nur die zu kurze Mietstaffel heraus. Eine Ausnahme gilt allerdings, wenn die erste Staffel nur deswegen kürzer als ein Jahr ist, weil sich der Beginn des Mietverhältnisses in Abweichung vom im Vertrag genannten Datum nur ganz geringfügig verschoben hat.[199] Die Regelung, dass jede Staffel mindestens ein Jahr betragen muss, darf allerdings nicht dahin missverstanden werden, dass die Staffeln nur in Jahresschritten fortschreiten dürfen oder jede Staffel durch volle Jahre teilbar sein muss. Auch können die Staffeln unterschiedlich lang sein, solange nur keine kürzer als ein Jahr ist.

§ 557a Abs. 2 S. 2 BGB regelt, dass während der Laufzeit einer Staffelmiete eine Erhöhung nach §§ 558 bis 559b BGB – Mieterhöhung bis zur ortsüblichen Vergleichsmiete oder Mieterhöhung bei Modernisierung – ausgeschlossen ist. Eine Erhöhung wegen gestiegener Betriebskosten gem. § 560 BGB ist dagegen auch während des Laufs einer Staffelmietvereinbarung möglich. **147**

Die jeweilige Mieterhöhung aufgrund einer wirksamen (s. o. Anm. 2.2) Staffelmietvereinbarung tritt automatisch ein (anders als bei der Indexmiete, vgl. § 557b Anm. 3 und 4 BGB). Es bedarf also keiner entsprechenden Erhöhungserklärung. Der Mieter gerät bei Nichtzahlung auch „automatisch" gemäß § 286 Abs. 2 BGB in Verzug **148**

§ 557a Abs. 3 BGB regelt die Vereinbarung eines Kündigungsausschlusses während der Staffelmiete.[200] Nach § 557a Abs. 4 BGB ist eine zum Nachteil des Mieters abweichende Vereinbarung unwirksam. **149**

Nach Ablauf der Staffelmietvereinbarung gilt die in der letzten Staffel vereinbarte Miete weiter. Mieterhöhungen richten sich dann (wieder) nach den allgemeinen Vorschriften des BGB, insbesondere §§ 558 ff. BGB. Den Vertragsparteien steht es auch frei, eine freie Mietvereinbarung nach § 557 Abs. 1 BGB oder eine neue Staffelmietvereinbarung abzuschließen. **150**

Zulässig ist es, wenn die Vertragspartner bei preisgebundenem Wohnraum (d. h. bei Wohnraum, der zusammengefasst unter dem Begriff sozialer Wohnungsbau bekannt ist) schon vor Ablauf der Preisbindung eine Staffelmiete für die Zeit danach vereinbaren. Die erste Staffel kann auch sogleich nach dem Ende der Mietpreisbindung einsetzen. **151**

Bei Abschluss der Staffelmietvereinbarung wird es regelmäßig schwerfallen, auf Jahre im Voraus die Mietentwicklung zu prognostizieren. Probleme tauchen dann in der Praxis manchmal auf, wenn die Staffelmiete im Laufe der Zeit die ortsübliche Vergleichsmiete immer weiter **überholt**, oder wenn die ortsübliche Vergleichsmiete **152** sogar sinkt. In beiden Fällen wird die Schere zwischen der jeweils gültigen Staffelmiete und der jeweils gültigen ortsüblichen Vergleichsmiete größer. Die hiermit im Zusammenhang stehende Frage, ob und in welcher Höhe hier der Vermieter zu Rückzahlungen verpflichtet ist, wurde in der Vergangenheit im Zusammenhang mit § 5 WiStG diskutiert, hat jedoch nur noch geringe praktische Bedeutung.

Allerdings gilt gem. § 557a Abs. 4 BGB für jede Staffel die „Mietpreisbremse" (§§ 556d bis 556g BGB; vgl. dazu Rn. 45a ff.). Maßgeblich für die Berechnung der zulässigen Höhe der ersten Staffel ist der Beginn des Mietverhältnisses, der zweiten und aller weiteren Staffeln der Zeitpunkt, zu dem die erste Miete der jeweiligen Mietstaffel fällig wird. Die in einer vorangegangenen Mietstaffel wirksam begründete Miethöhe bleibt erhalten. Es wird also jede Staffel für sich betrachtet.

153 Im Fall nachträglichen – für den Mieter oder auch für beide Seiten erwartungswidrigen – Sinkens des Mietpreisniveaus kann der Mieter keine Anpassung der Staffelmietvereinbarung nach § 313 BGB – Störung der Geschäftsgrundlage – verlangen.[201]

d) Indexmiete

154 Der Lebenshaltungsindex, ein Preisindex, jede andere veränderliche Größe kann im Rahmen der Vertragsfreiheit zur Wertsicherung der Miethöhe bei Geschäftsraummiete vereinbart werden. Bei Wohnraummietverträgen hat der Gesetzgeber solche so genannten Wertsicherungsklauseln unter eingeschränkten, in § 557b BGB genannten Voraussetzungen zugelassen. Das heißt, „die Vertragsparteien können schriftlich vereinbaren, dass die Miete durch den vom Statistischen Bundesamt ermittelten Preisindex für die Lebenshaltung aller privaten Haushalte in Deutschland bestimmt wird (Indexmiete)". Dies ist also bei Wohnraummietverhältnissen der einzig zulässige Index für eine Indexmiete. Die Vereinbarung einer Indexmiete bedarf der Schriftform. Nach § 557b Abs. 2 BGB muss die Miete während der Geltung einer Indexmiete mindestens ein Jahr unverändert bleiben; ausgenommen sind Mieterhöhungen nach § 559 BGB (Mieterhöhung bei Modernisierung) und § 560 BGB (Verän-

derungen von Betriebskosten). Dabei sind die Voraussetzungen unterschiedlich:

- Eine Erhöhung gem. § 560 BGB (Veränderungen von Betriebskosten) ist auch während der Geltung einer Indexmiete stets möglich.

- Eine Erhöhung gem. § 559 BGB (Mieterhöhung bei Modernisierung) kann dagegen nur verlangt werden, soweit der Vermieter bauliche Maßnahmen aufgrund von Umständen durchgeführt hat, die er nicht zu vertreten hat.

- Ganz ausgeschlossen ist dagegen während der Geltung einer Indexmiete eine Erhöhung nach § 558 BGB (Mieterhöhung bis zur ortsüblichen Vergleichsmiete).

§ 557b Abs. 3 BGB regelt das Verfahren der Mieterhöhung bei einer Indexmiete wie folgt: **155**

- Die Mietänderung muss durch Erklärung in Textform geltend gemacht werden.

- Dabei sind sowohl die eingetretene Änderung des Preisindexes als auch die jeweilige Miete oder die Erhöhung in einem Geldbetrag anzugeben. Die gesetzliche Formulierung „sowie" und „oder" ist hier etwas missverständlich. Gemeint ist, dass in jedem Fall die Änderung des Preisindexes anzugeben ist, und zusätzlich in jedem Fall entweder die jeweilige Miete oder die Erhöhung. Miete oder Erhöhung müssen zudem sofort und leicht erkennbar sein, daher muss die Angabe in einem Geldbetrag erfolgen.

Erstmalig fällig wird die geänderte Miete gem. § 557 Abs. 3 S. 3 BGB **156** mit Beginn des übernächsten Monats nach Zugang der Erklärung. Beispiel: Zugang der Erklärung 15.3., erste Fälligkeit 1.5. Nur der Vollständigkeit halber sei darauf hingewiesen, dass § 557b BGB nicht nur für Steigerungen, sondern auch für den (eher unwahrscheinlichen) Fall einer Senkung des Preisindexes gilt. Nach § 557b Abs. 4 BGB ist eine zum Nachteil des Mieters abweichende Vereinbarung unwirksam. Im übrigen gilt gem. § 557b Abs. 4 BGB die „Mietpreisbremse" (§§ 556d bis 556g BGB; vgl. dazu Rn. 45a ff.) auch (aber auch nur) für die **Ausgangsmiete** einer Indexmietvereinbarung.

e) Mieterhöhung bis zur ortsüblichen Vergleichsmiete (§§ 558 bis 558e BGB)

157   **aa) Allgemeine Voraussetzungen:** Gegenüber den oben dargestellten Möglichkeiten einer Mieterhöhungsvereinbarung bereits bei Vertragsschluss dürfte es auch heute noch der Regelfall sein, dass im Vertrag zunächst nur die Anfangsmiete festgelegt wird. Dann stellt sich im Laufe des Mietverhältnisses die Frage nach der Zulässigkeit einer Mieterhöhung, die der Vermieter ausdrücklich zu erklären hat. Der in der Praxis wohl wichtigste Fall einer Mieterhöhung, die Mieterhöhung bis zur ortsüblichen Vergleichsmiete, ist im BGB in einem recht komplizierten Verfahren und mit ebenfalls recht komplizierten inhaltlichen Voraussetzungen in den §§ 558 bis 558e BGB wie folgt geregelt:[202]

- § 558 Mieterhöhung bis zur ortsüblichen Vergleichsmiete
- § 558a Form und Begründung der Mieterhöhung
- § 558b Zustimmung zur Mieterhöhung
- § 558c Mietspiegel
- § 558d Qualifizierter Mietspiegel
- § 558e Mietdatenbank.

Nach diesen Bestimmungen müssen eine Reihe von **Voraussetzungen zusammen** („kumulativ") vorliegen, damit der Vermieter die Zustimmung des Mieters zu einer Mieterhöhung verlangen kann:

158   **(1) zeitliche Voraussetzungen:** § 558 Abs. 1 BGB bestimmt, dass der Vermieter die Zustimmung zu einer Erhöhung der Miete bis zur ortsüblichen Vergleichsmiete verlangen kann, und nennt dabei folgende zeitliche Voraussetzungen:

- das Mieterhöhungsverlangen kann frühestens ein Jahr nach dem Eintritt der letzten Mieterhöhung geltend gemacht werden. Damit sollen kurz aufeinander folgende Mieterhöhungen ausgeschlossen werden,
- und die Miete muss in dem Zeitpunkt, in dem die jetzige Erhöhung eintreten soll, seit mindestens 15 Monaten unverändert sein.

Unberücksichtigt bleiben nach § 558 Abs. 1 S. 3 BGB Erhöhungen nach § 559 BGB (Mieterhöhung bei Modernisierung) und nach

§ 560 BGB (Veränderung von Betriebskosten). Diese Erhöhungen werden also in die genannten Fristen nicht eingerechnet. Das gilt auch dann, wenn die Mieterhöhung wegen Modernisierungsmaßnahmen nach § 559 BGB nicht in dem dort genannten formalen Erhöhungsverfahren, sondern in einer Vereinbarung zwischen Vermieter und Mieter erfolgt ist, solange es sich nur inhaltlich um Maßnahmen handelt, für die eine Erhöhung nach § 559 BGB hätte durchgeführt werden können.[203]

> **BEISPIEL:** Die letzte Mieterhöhung trat am 1. Mai 2011 in Kraft. Dann darf die neue Mieterhöhung erst nach dem 30. April 2012 erfolgen („geltend gemacht werden"), geht damit dem Mieter frühestens an einem Tag im Mai 2012 zu und wird frühestens also zum 1. August 2012 (= mindestens 15 Monate nach dem 1. Mai 2011) wirksam.

Wenn der Vermieter das Mieterhöhungsverlangen vor Jahresfrist 159 stellt, also zu früh, ist es unwirksam; es wird auch nicht zu dem dann nach dem Gesetz frühestmöglichen Termin wirksam. Das folgt schon aus der Formulierung des § 558 Abs. 1 S. 2 BGB, wonach ein Mieterhöhungsverlangen „frühestens ein Jahr nach der letzten Mieterhöhung geltend gemacht werden" kann.

Ein Untermietzuschlag nach § 553 Abs. 2 BGB ist keine Mieterhö- 160 hung und löst die Jahressperrfrist daher nicht aus.[204] Bei einer Nutzungserweiterung ist zu unterscheiden, ob aus deren Anlass die ursprüngliche Miete insgesamt erhöht wird (dann Mieterhöhung i. S. d. § 558 Abs. 1 S. 3) oder ob – etwa für einen weiteren Keller, einen Stellplatz – eine separate Miete vereinbart wird.

(2) Parameter der ortsüblichen Vergleichsmiete: § 558 Abs. 2 BGB 161 definiert den Begriff der ortsüblichen Vergleichsmiete. Sie „wird gebildet aus den üblichen Entgelten, die in der Gemeinde oder einer vergleichbaren Gemeinde für Wohnraum vergleichbarer Art, Größe, Ausstattung, Beschaffenheit und Lage einschließlich der energetischen Ausstattung und Beschaffenheit in den letzten vier Jahren vereinbart oder, von Erhöhungen nach § 560 abgesehen, geändert worden sind. Ausgenommen ist Wohnraum, bei dem die Miethöhe durch Gesetz oder im Zusammenhang mit einer Förderzusage festgelegt worden ist." Mit der weiten Formulierung „im Zusammenhang mit einer Förderzusage festgelegt" sollen sämtliche Fördertatbestände, die zu einer Festlegung der Miethöhe führen, erfasst werden.

162   (3) **Abzugsbeträge:** § 558 Abs. 5 BGB stellt ergänzend klar, dass von dem Jahresbetrag, der sich bei einer Erhöhung auf die ortsübliche Vergleichsmiete ergäbe, Drittmittel im Sinne des § 559a BGB abzuziehen sind, im Fall des § 559a Abs. 1 BGB mit 11% des Zuschusses.[205] Aus dem Verweis auf § 559a BGB ergibt sich, dass nur die dort genannten Drittmittel abgezogen werden müssen; kurz gesagt: Drittmittel für Modernisierungsaufwendungen müssen abgezogen werden, Drittmittel für Instandhaltungsaufwendungen nicht. Die Unterscheidung kann im Einzelfall durchaus schwierig sein. Maßgebend ist in jedem Fall der Fördermittelvertrag.[206]

163   (4) **Kappungsgrenze:** § 558 Abs. 3 BGB befasst sich mit der „Kappungsgrenze". Diese besagt, dass sich die Miete innerhalb von drei Jahren nicht um mehr als 20% erhöhen darf. Zusätzlich gilt, dass die Kappungsgrenze nur 15% beträgt, wenn die ausreichende Versorgung der Bevölkerung mit Mietwohnungen zu angemessenen Bedingungen in einer Gemeinde oder einem Teil einer Gemeinde besonders gefährdet ist. Die Bestimmung entsprechender Gebiete können die Landesregierungen durch Rechtsverordnung für die Dauer von jeweils höchstens fünf Jahren vornehmen.

164   Die Höhe der Kappungsgrenze ist seit jeher ein Dauerthema der rechtspolitischen Diskussion. Das MHG ging in § 2 Abs. 1 Nr. 3 zunächst von einer Kappungsgrenze von 30% aus. Durch das Vierte Mietrechtsreformgesetz wurde dann ab 1.9.1993 eine modifizierte Regelung mit einer gespaltenen Kappungsgrenze von 20 oder 30% eingeführt. Mit Auslauf dieser Regelung galt ab 1.9.1998 dann wieder eine Kappungsgrenze von 30%. Die mit dem Mietrechtsreformgesetz ab 1.9.2001 durchgeführte Absenkung der Kappungsgrenze auf einheitlich 20% ließ sich bereits rational nicht begründen. Dies gilt ebenso für die Einführung einer weiteren Kappungsgrenze von 15% in Länderverantwortung ab 1.5.2013. Absenkungen der Kappungsgrenze stellen letztlich ein Wahlgeschenk des Gesetzgebers an die Mieter dar. Bestraft werden dadurch im Grunde nur diejenigen Vermieter, die sich, aus welchen Gründen auch immer, bisher mit einer vergleichsweise niedrigen Miete begnügt haben, weil ihnen die

Kappungsgrenze, je niedriger sie angesetzt wird, für immer längere Zeitspannen eine Anpassung der Miete an die ortsübliche Vergleichsmiete unmöglich macht.

Gerechnet wird bei der Bestimmung der Kappungsgrenze immer vom Tag der Wirksamkeit der verlangten Mieterhöhung an drei Jahre zurück. Beispiel: Die Mieterhöhung soll zum 1. Mai 2008 wirksam werden. **Frage:** Wie hoch war die Miete am 1. Mai 2005?

Ganz wichtig!

Die „ortsübliche Vergleichsmiete" und die „Kappungsgrenze" sind jeweils für sich allein bereits wirksame Schranken für das Mieterhöhungsverlangen des Vermieters.

165

D. h., es gilt zugunsten des Mieters immer der jeweils niedrigere Wert. Dies soll an drei Beispielen verdeutlicht werden:

BEISPIEL 1: Ein Mieter, dessen Miete seit drei Jahren nicht erhöht worden ist, zahlt 3,– EUR pro Quadratmeter. Die ortsübliche Vergleichsmiete, im Beispiel der Einfachheit halber aus dem Mietspiegel bestimmt, sieht für seine Wohnung maximal 4,50 EUR vor. Dann kann der Vermieter nur auf 3,60 EUR erhöhen, da dies der für den Mieter günstigere Wert ist (3,– EUR plus 20% = 3,60 EUR).

BEISPIEL 2: Die im Beispiel durch den Mietspiegel bestimmte ortsübliche Vergleichsmiete sieht maximal 3,50 EUR vor. Dann kann der Vermieter auch nur bis 3,50 EUR erhöhen, obwohl er damit die 20% nicht ausschöpft. (Möglichweise kann der Vermieter aber auch hier auf maximal 3,60 EUR erhöhen, wenn er sein Erhöhungsverlangen auf mindestens drei entsprechende Vergleichsmieten oder ein entsprechendes Sachverständigengutachten stützen kann; siehe dazu unten.)

BEISPIEL 3: Die im Beispiel durch den Mietspiegel bestimmte ortsübliche Vergleichsmiete sieht 4,50 EUR vor, der Vermieter hat jedoch bereits einmal innerhalb der drei Jahre die Miete erhöht, und zwar von 3,– auf 3,50 EUR. Dann kann der Vermieter jetzt nur noch um 0,10 EUR erhöhen, da er dann an die 20%-Grenze stößt.

166   Nach § 558 Abs. 3 BGB werden bei der Kappungsgrenze Erhöhungen nach den §§ 559 (Mieterhöhung bei Modernisierung) bis 560 BGB (Veränderung von Betriebskosten) nicht berücksichtigt. Das gilt auch dann, wenn die Mieterhöhung wegen Modernisierungsmaßnahmen nach § 559 BGB nicht in dem dort genannten formalen Erhöhungsverfahren, sondern in einer Vereinbarung zwischen Vermieter und Mieter erfolgt ist, solange es sich nur inhaltlich um Maßnahmen handelt, für die eine Erhöhung nach § 559 BGB hätte durchgeführt werden können.[207]

> **BEISPIEL:** Ein Mieter zahlt bei Einzug 350,00 EUR und später aufgrund einer 15%igen Mieterhöhung 402,50 EUR Grundmiete. Im Folgejahr lässt der Vermieter wärmeisolierende neue Fenster einbauen. Die Kosten, die im Beispiel zu einer Mieterhöhung von 30,00 EUR führen sollen, macht er zunächst als Mieterhöhung wegen Modernisierungsmaßnahmen nach § 559 BGB geltend. Die Parteien streiten dann umfangreich über die Berechnung der Mieterhöhung und einigen sich schließlich in einem Vergleich auf eine Mieterhöhung von 20,00 EUR, so dass der Mieter nun 422,50 EUR Grundmiete bezahlt. Im dritten Jahr des Beispielfalls kommt ein neuer Mietspiegel heraus, nach dem der Vermieter für die Wohnung des Mieters 450,00 EUR fordern könnte. Gerechnet auf die Ursprungsmiete von 350,00 EUR wäre dem Vermieter eine Mieterhöhung in dieser Situation nicht möglich, weil der Mieter bereits 2,50 EUR mehr als (350,00 EUR + 20% (70,00 EUR) =) 420,00 EUR (Kappungsgrenze) bezahlt. Trotzdem kann der Vermieter aufgrund des neuen Mietspiegels eine Mieterhöhung nach § 558 BGB in Höhe der ihm „verbliebenen" 5% durchführen. Möglich ist das, weil die vereinbarungsgemäße Mieterhöhung um 20,00 EUR wegen der Modernisierung (ebenso wie eine Erhöhung nach § 559 BGB wegen der Modernisierung) hier nicht mitgerechnet wird. Der Vermieter kann also die Miete, gestützt auf den neuen Mietspiegel, nach § 558 BGB auf 420,00 EUR erhöhen; sodann werden die 20,00 EUR wieder hinzugerechnet, so dass die neue Grundmiete 440,00 EUR beträgt.

Allerdings sind nur solche Modernisierungszuschläge herausrechenbar, die auf Mieterhöhungen nach § 559 BGB beruhen, die innerhalb der Dreijahresfrist der Kappungsgrenze erfolgt sind. Länger zurückliegende Mieterhöhungen nach §§ 559 ff. sind nicht mehr aus der Ausgangsmiete herauszurechnen, sondern gehen voll in dieser auf.[208] Eine Berücksichtigung solcher länger zurückliegenden Modernisierungen kann nur noch in der Weise erfolgen, dass durch den dadurch erreichten höheren Standard der Wohnung eine höhere ortsübliche Vergleichsmiete erreicht wird, z. B. durch Einordnung in eine höhere Ausstattungsklasse des Mietspiegels.

§ 558 Abs. 4 BGB regelt einen Fall der Nichtgeltung der Kappungs-   168
grenze. Bei Mietverhältnissen, die unter den zusammenfassenden Begriff des sozialen Wohnungsbaus fallen, erfüllen mittlerweile viele ehemalige Sozialmieter aufgrund gestiegener Einkommensverhältnisse nicht mehr die Voraussetzungen für die Berechtigung zur Anmietung des öffentlich geförderten (und deshalb für den Mieter verbilligten) Wohnraums. Als Ausgleich haben sie eine so genannte Fehlbelegerabgabe zu zahlen. Ist diese höher als 20% der jetzigen Miete, würde die Anwendung der Kappungsgrenze bei auslaufender Sozialbindung und Übergang der Wohnung in den freien Wohnungsmarkt zu einem widersinnigen Ergebnis führen: Da die Fehlbelegerabgabe nun entfällt, der Vermieter aber aufgrund der Kappungsgrenze um lediglich 20% erhöhen dürfte, müsste der Mieter unter dem Strich weniger Miete zahlen als vorher. Um dies zu verhindern, bestimmt § 558 Abs. 4 BGB, dass die Kappungsgrenze nicht gilt, wenn eine Verpflichtung des Mieters zur Ausgleichszahlung nach den Vorschriften über den Abbau der Fehlsubventionierung im Wohnungswesen wegen des Wegfalls der öffentlichen Bindung erloschen ist **und** soweit die Erhöhung den Betrag der zuletzt zu entrichtenden Ausgleichszahlung nicht übersteigt. Liegen diese Voraussetzungen vor, gilt überhaupt keine Kappungsgrenze. Der Vermieter kann in diesem Fall die Miete also bis zur ortsüblichen Vergleichsmiete anheben, jedoch maximal um den Betrag der bisherigen Fehlbelegerabgabe („… soweit die Erhöhung den Betrag der zuletzt zu entrichtenden Ausgleichszahlung nicht übersteigt"). Damit der Vermieter in einem solchen Fall das Erhöhungsverlangen richtig berechnen kann, kann er vom Mieter gem. § 558 Abs. 4 S. 2 BGB frühestens vier Monate vor dem Wegfall der öffentlichen Bindung verlangen, dass dieser ihm innerhalb eines Monats über die Verpflichtung zur Ausgleichszahlung und über deren Höhe Auskunft erteilt. Beim Wegfall der Preisbindung (also beim Übergang

der Sozialwohnung in den freien Wohnungsmarkt) kann die Miete nach überwiegender Ansicht unter Beachtung der in § 558 BGB genannten Fristen schon vor Ablauf der Preisbindung so erhöht werden, dass die Mieterhöhung am ersten Tag des Wegfalls der Preisbindung in Kraft tritt. Der Vermieter muss also nicht erst den Wegfall der Preisbindung abwarten, um dann erhöhen zu können.

169   **(5) Form und (formale) Begründung:** § 558a BGB regelt Form und (formale) Begründung einer Mieterhöhung bis zur ortsüblichen Vergleichsmiete. Ob die Begründung einer Mieterhöhung inhaltlich zutreffend ist, ist davon unabhängig zu prüfen. § 558a Abs. 1 BGB schreibt für ein Mieterhöhungsverlangen nach § 558 BGB Textform[209] vor. Außerdem muss der Vermieter die ortsübliche Vergleichsmiete im Sinne des § 558 Abs. 2 BGB (vgl. oben) in seinem Mieterhöhungsverlangen begründen. Hierfür kann er nach § 558a Abs. 2 BGB Bezug nehmen insbesondere

- § 558a Abs. 2 Nr. 1 BGB: auf einen einfachen Mietspiegel (§ 558 c BGB),

- § 558a Abs. 2 Nr. 1 BGB: auf einen qualifizierten Mietspiegel (§ 558d BGB),

- § 558a Abs. 2 Nr. 2 BGB: eine Auskunft aus einer Mietdatenbank (§ 558e BGB),

- § 558a Abs. 2 Nr. 3 BGB: ein mit Gründen versehenes Gutachten eines öffentlich bestellten oder vereidigten Sachverständigen,

- § 558a Abs. 2 Nr. 4 BGB: entsprechende Entgelte für einzelne vergleichbare Wohnungen; hierbei genügt die Benennung von drei Wohnungen.

170   Für alle der in § 558a Abs. 2 BGB genannten Begründungsalternativen gilt, dass es sowohl für die Beurteilung der formellen Wirksamkeit als auch der materiellen Begründetheit des Zustimmungsbegehrens auf den Zeitpunkt des Zugangs der Erklärung beim Mieter ankommt.[210]

171   **bb) Bezugnahme auf einen Mietspiegel.** § 558a Abs. 2 Nr. 1 BGB (s. o.) nennt als Begründungsmöglichkeit für eine Mieterhöhung bis zur ortsüblichen Vergleichsmiete die „Bezugnahme" auf einen Mietspie-

gel. Der Mietspiegel braucht dem Mieterhöhungsbegehren jedenfalls dann nicht als Anlage beigefügt zu werden, wenn er allgemein zugänglich ist,[211] oder wenn der Vermieter dem Mieter die Einsichtnahme in den Mietspiegel im Kundencenter des Vermieters am Wohnort des Mieters anbietet,[212] wenn der Mietspiegel und eine Online-Berechnungshilfe im Internet veröffentlicht ist und der Vermieter die Internetadresse benennt und dem Mieterhöhungsverlangen einen Ausdruck der einzelnen Schritte der von ihm durchgeführten Online-Berechnung beifügt,[213] oder wenn der Mietspiegel gegen eine geringe Gebühr bei den Interessenverbänden der Mieter und Vermieter erhältlich und im Internet veröffentlicht ist;[214] ebenso, wenn er nur gegen eine geringe Gebühr bei den Interessenverbänden erworben werden kann.[215] Eine Gebühr bis zu 5,00 EUR dürfte insoweit noch als gering und vom Mieter tragbar anzusehen sein. Grundsätzlich bedarf es im Mieterhöhungsverlangen auch keines Hinweises auf die Stellen, bei denen der Mietspiegel erhältlich ist. Es ist dem Mieter regelmäßig zumutbar, die Adresse und die Öffnungszeiten der Geschäftsstellen etwa von Mieter- oder Vermietervereinigungen zu ermitteln, bei denen der Mietspiegel erhältlich ist.[216] Dies kann im Einzelfall anders zu sehen sein, wenn in der Person des Mieters liegende Gründe wie etwa Alter oder Krankheit verhindern, dass dieser sich die erforderlichen Informationen zum Erhalt des Mietspiegels verschafft.[217]

Die Berufung auf den Mietspiegel ist die in der Praxis häufigste Form der Feststellung der ortsüblichen Vergleichsmiete. Dabei kann es sich sowohl um einen **einfachen** Mietspiegel (§ 558c BGB) als auch um einen **qualifizierten** Mietspiegel handeln (§ 558d BGB).   172

(1) Einfacher Mietspiegel: § 558c BGB definiert einen einfachen Mietspiegel als eine Übersicht über die ortsübliche Vergleichsmiete, die von der Gemeinde oder von Interessenvertretern der Vermieter und der Mieter gemeinsam erstellt oder anerkannt worden ist. Das heißt, ein Mietspiegel kann also   173

- entweder von einer Gemeinde erstellt

- oder von Interessenvertretern der Vermieter und der Mieter gemeinsam erstellt

■ oder von Interessenvertretern der Vermieter und der Mieter anerkannt sein.

Gibt es in einer Stadt mehrere Mietervereine, reicht die Anerkennung durch einen Mieterverein aus.[218]

174 Der Einzugsbereich eines Mietspiegels ist in § 558c Abs. 2 BGB wie folgt geregelt: Ein Mietspiegel kann nur für Teile einer Gemeinde, für eine Gemeinde insgesamt oder für mehrere Gemeinden erstellt werden. Die Aufstellung eines Mietspiegels nur für Gemeindeteile ist z. B. sinnvoll bei Flächengemeinden, die sowohl über Ortslagen als auch über landwirtschaftlich geprägte Gemeindeteile verfügen. Auch besteht die Möglichkeit, z. B. eine Gemeinde und einen Gemeindeteil einer Nachbargemeinde in einen Mietspiegel aufzunehmen.

175 Im Interesse einer fortlaufenden Aktualisierung bestimmt § 558c Abs. 3 BGB, dass Mietspiegel im Abstand von zwei Jahren der Marktentwicklung angepasst werden sollen. Die Ausgestaltung als „Soll"-Vorschrift besagt allerdings, dass dies nicht zwingend ist. Damit korrespondiert die Regelung des § 558a Abs. 4 S. 2 BGB, wonach der Vermieter bei Fehlen eines aktuellen Mietspiegels für sein Mieterhöhungsverlangen auch auf einen veralteten Mietspiegel zurückgreifen kann. Die Art und Weise der Anpassung des Mietspiegels ist in § 558c Abs. 3 BGB nicht weiter konkretisiert und bleibt damit dem oder den Ersteller(n) des Mietspiegels überlassen. Das unterscheidet den einfachen Mietspiegel des § 558c BGB von dem qualifizierten Mietspiegel des § 558d BGB (dazu sogleich unten).

176 Die Gemeinden sollen nach § 558c Abs. 4 S. 1 BGB Mietspiegel erstellen, wenn hierfür ein Bedürfnis besteht und dies mit einem vertretbaren Aufwand möglich ist. Nach § 558 c Abs. 4 S. 2 BGB schließlich sollen Mietspiegel und ihre Änderungen veröffentlicht werden.

177 **(2) Qualifizierter Mietspiegel:** Demgegenüber definiert § 558d Abs. 1 BGB den **qualifizierten** Mietspiegel in Erweiterung der Definition des einfachen Mietspiels nach § 558c Abs. 1 BGB als einen solchen Mietspiegel, der

■ nach anerkannten wissenschaftlichen Grundsätzen erstellt

- und von der Gemeinde oder von Interessenvertreten der Vermieter und der Mieter anerkannt worden ist.

Was in diesem Sinne als „anerkannte wissenschaftliche Grundsätze" anzusehen ist, wird im Gesetz nicht definiert. Die Juristen streiten auch darüber, ob es für die Anerkennung eines qualifizierten Mietspiegels durch die Gemeinde eines Ratsbeschlusses bedarf. Dies dürfte zu bejahen sein, da ein Mietspiegel erhebliche Bedeutung für das Mietpreisniveau in einer Gemeinde hat und aufgrund der Rechtsfolgen, die einer Qualifizierung zukommen (vgl. § 558d Abs. 3 BGB und § 558a Abs. 3 BGB, dazu weiter unten) der Anerkennungsakt durchaus so etwas wie Rechtssetzungscharakter hat.[219] Beim Erfordernis einer Anerkennung durch Gemeinde oder Interessenvertreter der Mieter und Vermieter ist ein hohes Verantwortungs- und Gerechtigkeitsbewusstsein aller Parteien gefordert. So hätte zum Beispiel eine Gemeinde theoretisch die Möglichkeit, über allein ihre Anerkennung des qualifizierten Mietspiegels das Mietpreisniveau auf ihrem Gemeindegebiet – etwa in Richtung auf preisgünstige Mieten – zu steuern. Denn nach dem Gesetzeswortlaut liegt ein qualifizierter Mietspiegel schon vor, wenn er **nur** von der Gemeinde anerkannt wird; selbst dann, wenn die Interessenvertreter der Vermieter und Mieter ausdrücklich dagegen sein sollten. Auch erscheint fraglich, ob die bisherige Rechtsprechung, nach der ein (einfacher) Mietspiegel auch dann wirksam ist, wenn von mehreren Mieter- bzw. Vermietervereinen nur einer zugestimmt hat,[220] ohne weiteres auf den qualifizierten Mietspiegel übertragen werden kann. Dies erscheint wegen der an einen qualifizierten Mietspiegel geknüpften besonderen Rechtsfolgen zumindest zweifelhaft.

§ 558d Abs. 2 BGB schreibt in Abweichung zum einfachen Mietspiegel (nach § 558c Abs. 2 BGB) vor, dass ein qualifizierter Mietspiegel im Abstand von **zwei Jahren** der Marktentwicklung **angepasst werden muss**. Für die Anpassung kann eine Stichprobe oder die Entwicklung des vom Statistischen Bundesamt ermittelten Preisindexes für die Lebenshaltung aller privaten Haushalte in Deutschland zugrunde gelegt werden. Das klingt zwar gut, kann aber in der Praxis bei über den Index steigenden Mieten dazu führen, dass im qualifizierten Mietspiegel gemessen am Marktniveau zu niedrige Mieten

178

festgeschrieben werden; letztlich für einen Zeitraum von bis zu vier Jahren. Dies erscheint gerade vor dem Hintergrund der mit einem qualifizierten Mietspiegel verknüpften gesetzlichen Vermutungswirkung (§ 558d Abs. 3 BGB, dazu sogleich unten) bedenklich. Nach **vier** Jahren muss der qualifizierte Mietspiegel neu erstellt werden. Erfolgen die vorgeschriebenen Aktualisierungen nicht fristgemäß, dürfte mit Ablauf der für die Aktualisierung vorgeschriebenen Frist aus dem qualifizierten automatisch ein einfacher Mietspiegel werden.

179   Die in § 558d Abs. 2 BGB aufgestellten Qualifizierungsanforderungen rechtfertigen es nach Ansicht des Gesetzgebers, an den qualifizierten Mietspiegel die Rechtsfolge einer – allerdings widerleglichen – gesetzlichen Vermutung zu knüpfen: § 558d Abs. 3 BGB bestimmt, dass bei einem qualifizierten Mietspiegel vermutet wird, dass die in ihm bezeichneten Entgelte die ortsübliche Vergleichsmiete wiedergeben. Diese Vermutung wirkt im Prozess für beide Parteien. Gleichgültig, ob Mieter oder Vermieter sich auf einen qualifizierten Mietspiegel berufen, streitet für sie die Vermutung. Für den Vermieter bedeutet das im Mieterhöhungsverfahren : Beruft er sich auf einen qualifizierten Mietspiegel, spricht für ihn die gesetzliche, allerdings widerlegliche Vermutung des § 558d Abs. 3 BGB, dass die in dem qualifizierten Mietspiegel bezeichneten Entgelte die ortsübliche Vergleichsmiete wiedergeben. Im Mieterhöhungsprozess muss dann der Mieter gem. § 292 ZPO das Gegenteil beweisen.

180   Damit erschöpft sich aber auch die Vermutung. Es gibt insbesondere keine Vermutung dafür, dass ein qualifizierter Mietspiegel auch wirklich ein qualifizierter Mietspiegel ist. Für das Vorliegen der in § 558d Abs. 1 und 2 BGB genannten Voraussetzungen eines „qualifizierten" Mietspiegels gibt es keine Vermutung. Keinesfalls kann auf substantiiertes Bestreiten einer Partei vom Gericht auf die Prüfung, ob ein Mietspiegel die Anforderungen des § 558d Abs. 1 BGB erfüllt, allein deswegen verzichtet werden, weil der Mietspiegel von seinem Ersteller als qualifizierter Mietspiegel bezeichnet oder von der Gemeinde und/oder von den Interessenvertretern der Vermieter und der Mieter als solcher anerkannt und veröffentlicht worden ist. Vielmehr ist in einem solchen Fall zur Frage der Qualifizierung des

Mietspiegels eine Beweisaufnahme durchzuführen. Dabei darf sich die Partei, die die Erstellung des Mietspiegels nach anerkannten wissenschaftlichen Grundsätzen in Frage stellen will, nicht auf ein pauschales Bestreiten beschränken. Andererseits dürfen – gerade weil es hier um ggf. nicht jedermann geläufige wissenschaftliche Fragen geht – an das Bestreiten auch keine übertriebenen Anforderungen gestellt werden.[221]

Will sich der Vermieter nicht auf einen qualifizierten Mietspiegel berufen, sondern z.B. auf mindestens drei Vergleichsmieten oder ein Sachverständigengutachten, obwohl ein qualifizierter Mietspiegel existiert, der Angaben für die Wohnung enthält, muss der Vermieter gem. § 558a Abs. 3 BGB in seinem Mieterhöhungsverlangen diese Angaben zusätzlich mitteilen. Damit soll dem Vermieter auch vorprozessual ermöglicht werden, sein Mieterhöhungsverlangen auf andere Gründe als den qualifizierten Mietspiegel zu stützen, wenn er die darin genannten Spannen für zu niedrig hält. Andererseits soll dem Mieter deutlich gemacht werden, dass es einen qualifizierten Mietspiegel gibt, so dass er dieses Wissen in seine Entscheidung einbeziehen kann, ob bzw. in welcher Höhe er dem Mieterhöhungsverlangen zustimmt.   **181**

Auch bei Vorliegen eines qualifizierten Mietspiegels ist das Gericht in einem Mieterhöhungsprozess in der Beweiswürdigung frei, kann also insbesondere ein Sachverständigengutachten einholen und dieses auch im Ergebnis dem qualifizierten Mietspiegel vorziehen.[222]   **182**

Anzumerken ist, dass die Einführung des qualifizierten Mietspiegels nach Auffassung des BGH[223] auch zu einer Aufwertung des einfachen Mietspiegels geführt hat. Während dem qualifizierten Mietspiegel gem. § 558b Abs. 3 BGB eine gesetzliche Vermutungswirkung zukommt, „dass die im qualifizierten Mietspiegel bezeichneten Entgelte die ortsübliche Vergleichsmiete wiedergeben", stellt lt. BGH der einfache Mietspiegel ein Indiz dafür dar, „dass die dort angegebenen Entgelte die ortsübliche Vergleichsmiete zutreffend wiedergeben". Schon die Gleichheit der Formulierungen zeigt, dass hier keine Unterscheidung mehr gemacht wird. Und: die Vermutung des qualifizierten Mietspiegels ist nach § 292 ZPO widerlegbar, die Indizwirkung des einfachen Mietspiegels ist es, wie der BGH weiter   **183** ausführt, ebenfalls. Damit ist der einfache Mietspiegel im Ergebnis vom BGH dem qualifizierten Mietspiegel weitestgehend gleichgestellt.

184   **(3) Die Einordnung der Wohnung in den Mietspiegel:** Ein Mietspiegel unterscheidet in der Regel für die Einordnung der Wohnung nach verschiedenen Kriterien, z. B. Alter des Hauses (Baujahr), Lage, Ausstattungsklasse, ob renoviert oder nicht usw. Manchmal gibt es auch Abschläge und Zuschläge auf die angegebenen Quadratmeterpreise, z. B. für Iso-Fenster oder für Wohnungen, die größer oder kleiner als eine bestimmte im Mietspiegel angegebene Größe sind. Denkbar ist auch ein Punktesystem. Außerdem nennt ein Mietspiegel auch seine Laufzeit.

185   Wenn man im Mietspiegel die „richtige" Spalte gefunden hat, steht dort oft nicht ein bestimmter Wert, sondern eine **Preisspanne**. I. d. R. finden sich dann aber in den Erläuterungen zum Mietspiegel die Maßstäbe für die Einordnung innerhalb der Spanne.

> **BEISPIEL:** Alter der Renovierungen – wenn der Vermieter also gerade eine neue Therme eingebaut hat, oberer Rand der Spanne, usw. Für den oberen Bereich der Spanne kann es auch sprechen, wenn in Zeiten steigender Mieten sich der Mietspiegel dem Ende seiner Laufzeit nähert.

186   Für eine formell ordnungsgemäße Mieterhöhung ist es ausreichend, wenn der Vermieter in dem Erhöhungsverlangen das für die Wohnung einschlägige Mietspiegelfeld angibt. Hat der Vermieter die Wohnung dabei in ein falsches Feld des Mietspiegels eingeordnet, beeinträchtigt das die formelle Wirksamkeit des Mieterhöhungsbegehrens nicht. Erforderlich ist in diesem Stadium nur, dass der Vermieter das nach seiner Auffassung für die Wohnung einschlägige Mietspiegelfeld benennt.[224] Die Angabe der in dem Mietspiegelfeld genannten Preispanne ist ebenfalls nicht erforderlich. Bereits aufgrund der Mitteilung des Mietspiegelfeldes, das die Spanne enthält, kann der Mieter das betreffende Feld im Mietspiegel finden und überprüfen, ob die vom Vermieter vorgenommene Einordnung der Wohnung in dieses Mietspiegelfeld zutrifft und ob die für die Wohnung geforderte Miete innerhalb der Spanne liegt.[225] Ob die vom Vermieter in der Mieterhöhungserklärung vorgenommene Einord-

nung in ein bestimmtes Feld des Mietspiegels richtig oder falsch gewesen ist, ist ebenso Frage der materiellen Begründetheit wie die Bestimmung der exakten Miethöhe innerhalb der – richtigen – Spanne;[226] wie überhaupt die Frage, ob und in welcher Höhe die konkret vom Vermieter geltend gemachte Mieterhöhung tatsächlich berechtigt ist.[227] Das heißt, in all diesen Fällen darf ein Gericht die Klage eines Vermieters nicht ohne nähere Prüfung bereits aus formellen Gründen abweisen, sondern muss sich mit der Frage auseinandersetzen, ob und in welcher Höhe der Anspruch des Vermieters inhaltlich begründet ist.

Bei einem Mietspiegel, der Preisspannen angibt, reicht es nach dem Wortlaut des § 558 Abs. 4 S. 1 BGB aus, wenn die verlangte Miete innerhalb der Spanne liegt. Dabei kann eine vom Vermieter in der Mieterhöhungserklärung gegebene Begründung der von ihm vorgenommen Einordnung der Wohnung innerhalb der Spanne zu einer größeren Akzeptanz des Mieters für die Mieterhöhung führen. Fraglich ist, ob der Vermieter eine solche Begründung abgeben **muss**. Nach einer weit verbreiteten Ansicht konnte der Vermieter ohne weiteres die Spanne nach oben voll ausnutzen, also den Höchstwert annehmen.[228] Der BGH hat dazu allerdings im Jahr 2005 entschieden, dass das Gericht die in § 558 Abs. 2 BGB definierte ortsübliche Vergleichsmiete für die betreffende Wohnung festzustellen und die Wohnung innerhalb der Spanne einzustufen habe.[229] Die Vorgabe des BGH für diese Einstufung lautet:

187

> „Die Auffassung..., für die materielle Berechtigung der Mieterhöhung reiche bereits aus, dass sich das Erhöhungsverlangen überhaupt im Rahmen des Mietspiegels halte, greift nicht durch. Es mag zwar richtig sein, dass die ortsübliche Vergleichsmiete kein punktgenauer Wert ist, sondern sich innerhalb einer Spanne bewegt. Die Feststellung, ob die verlangte Miete die ortsübliche Vergleichsmiete übersteigt, erfordert indes im Prozess eine konkrete Feststellung der ortsüblichen Vergleichsmiete im Sinne einer Einzelvergleichsmiete. Diese kann schon deshalb nicht in jedem Fall mit dem höchsten Wert der Mietspiegelspanne übereinstimmen, weil die Ausweisung von Mietzinsspannen im Mietspiegel sonst jegliche Funktion verlieren würde."

188   Daraus ist zu folgern, dass der Vermieter seine Einordnung in die Spanne begründen sollte. Spätestens in einem etwaigen Mieterhöhungsprozess braucht das Gericht – dies ist die Konsequenz der o. g. BGH-Entscheidung – einen entsprechenden Vortrag des Vermieters. Denn das Gericht benötigt für die Einordnung genaue Angaben über die konkrete Wohnung.[230] Auch dann ist das Gericht in der Würdigung dieser vom Vermieter gegebenen Begründung aber frei und kann – auch zur Vermeidung unverhältnismäßig teurer Sachverständigengutachten[231] – ggf. auch eine Schätzung nach § 287 ZPO vornehmen[232] Dabei kann das Gericht auch sich etwa aus dem Mietspiegel ergebende Einordnungshilfen als Schätzgrundlage verwerten, wie etwa eine einheitliche Orientierungshilfe[233] oder einen im Mietspiegel als Orientierungshilfe genannten Median , bei dem es sich nicht um den arithmetischen Mittelwert der Spanne, sondern um einen Mittelwert innerhalb der Spanne entsprechend der größten Anzahl der Mieten handelt.[234]

189   Auch wenn man an dieser BGH-Entscheidung nicht vorbeikommen kann, war die früher in Rechtsprechung und Literatur weit verbreitete Meinung vorzugswürdiger. Sie hatte nicht nur den Charme größerer Praktikabilität, sondern vermochte auch einer Entwicklung vorzubeugen, die zu einer durch die Rechtsprechung begleiteten generellen Entwicklung der Mieten nach unten, zumindest zu einer nicht vom Marktgeschehen abgedeckten weiteren Verlangsamung des Mietanstiegs, führen könnte, da bei einer „Einordnung" durch das Gericht eher selten von einer solchen im oberen Bereich auszugehen ist. Eine viel größere Versuchung geht – seit jeher – vom Mittelwert aus,[235] so dass de facto zu den bereits vom Gesetz genannten Begrenzungen einer Mieterhöhung (zeitliche Vorgaben, Kappungsgrenze usw.), eine weitere im Gesetz nicht genannte Grenze „Mittelwert des Mietspiegels" etabliert werden könnte.

190   Dabei ist bereits der Ausgangspunkt der BGH-Entscheidung mehr als zweifelhaft: Die Überlegung, dass nicht jeder in einer Spanne enthaltene Wert automatisch allein wegen seiner Zugehörigkeit zu der Spanne „richtig" ist, sondern der konkrete Wert im Einzelnen zu begründen ist, setzt gedanklich voraus, dass die qualitativ einfachsten Wohnungen (nach Lage, Ausstattung usw.) sich am unters-

ten Ende der Spanne befinden und die qualitativ hochwertigsten Wohnungen am oberen Rand der Spanne anzutreffen sind. Diese Prämisse ist indes nicht richtig. Während ein objektiver Betrachter vermutlich in der Lage wäre, etwa in einem Mietspiegelfeld, das auf einer Erhebung über 200 Wohnungen beruht, eine an der Qualität der Wohnungen orientierte Rangordnung von 1 bis 200 zu bilden, werden die erfassten Werte in Wirklichkeit einigermaßen durcheinander in das Rasterfeld eingeflossen sein. Die Mietpreisfindung hängt – immer noch – auch vom Verhandlungsgeschick der Parteien ab. Darüber hinaus wird sie ggf. auch von subjektiven Faktoren bestimmt, die jenseits einer objektivierbaren Bewertung der Wohnung selbst liegen. So mag ein Mieter eine Wohnung, die im genannten Sinne einer Rangordnung von einfach bis hochwertig eher im Bereich einfach und damit am unteren Rand der Spanne anzusiedeln wäre, für eine im oberen Bereich der Spanne befindliche Miete akzeptieren, weil die Wohnung besonders nah zu seinem Arbeitsplatz gelegen ist. Ein Vermieter mag eine Wohnung in diesem Sinne zu preiswert vermieten, weil er eine niedrigere Miete für eine hochwertige Wohnung gar keiner Miete durch Leerstand vorzieht.

Wenn der Vermieter in seinem Mieterhöhungsverlangen die Wohnung des Mieters zutreffend in die entsprechende Kategorie des Mietspiegels einordnet und die dort vorgesehene Mietspanne richtig nennt, dann aber eine noch höhere Miete fordert als den Höchstwert der Spanne, ist sein Mieterhöhungsverlangen deswegen trotzdem nicht insgesamt unwirksam. Das Gericht darf eine auf ein solches Mieterhöhungsverlangen gestützte Klage des Vermieters deshalb nicht insgesamt abweisen, sondern muss inhaltlich prüfen, bis zu welcher Höhe die Mieterhöhung erfolgen durfte (das wird im vorliegenden Fall also maximal der Höchstwert der zutreffenden Spanne sein).[236] **191**

Bei der Einordnung in den Mietspiegel darf nur der vom Vermieter geschaffene Wohnungszustand berücksichtigt werden. Hat der Mieter selbst und auf seine Kosten Einrichtungen in seiner Wohnung angebracht (etwa ein Bad oder eine Gasheizung eingebaut), so sind diese nicht zu berücksichtigen.[237] Dies gilt unabhängig davon, ob der Mieter die Einrichtungen freiwillig aufgrund eines vom Mieter **192** nachgefragten Einverständnisses des Vermieters selbst eingebaut hat, oder ob er sich vertraglich dazu verpflichtet hat. Maßgeblich ist allein, dass der Mieter die Kosten getragen hat.[238] Die Nichtberücksichtigung derartiger vom Mieter selbst geschaffenen Einrichtungen bei Mieterhöhungen gilt auch auf Dauer. Eine „Abwohnzeit" gibt es in dieser Hinsicht nicht.[239] Hat der Mieter vom Vormieter die von diesem eingebrachten Einrichtungen übernommen (etwa gegen Abstandszahlung), so sind diese Einrichtungen ebenso zu behandeln, als wenn sie vom Mieter selbst angebracht worden wären, müssen also bei einer Mieterhöhung außer Betracht bleiben.[240] Berücksichtigt werden vom Mieter angebrachte Einrichtungen bei der Ermittlung der ortsüblichen Vergleichsmiete dann, wenn Vermieter und Mieter dies vereinbart haben oder der Vermieter dem Mieter die Kosten erstattet hat oder der Vermieter die vom Vormieter verauslagten Kosten erstattet hat.[241] Auch wenn der Vermieter dem Mieter die von diesem selbst finanzierten Einrichtungen nachträglich „abkauft", sind sie ab diesem Zeitpunkt bei einer Mieterhöhung zugunsten des Vermieters zu berücksichtigen.[242]

193   **(4) Veralteter Mietspiegel:** § 558a Abs. 4 S. 2 BGB regelt den Fall, dass es im Zeitpunkt der Erhöhungserklärung des Vermieters keinen gültigen Mietspiegel (mehr) gibt. In diesem Fall kann auch ein anderer, insbesondere ein veralteter Mietspiegel oder ein Mietspiegel einer vergleichbaren Gemeinde verwendet werden. Das muss nicht unbedingt eine „Nachbar"gemeinde sein, maßgeblich ist allein die Vergleichbarkeit der Gemeinden.

194   **(5) Bedeutung von Mietspiegeln:** Mietspiegel haben als Begründung einer Mieterhöhung und für die Entscheidungsfindung der Gerichte in Miethöhestreitigkeiten eine überragende Bedeutung, die durch die Einführung des „qualifizierten" Mietspiegels mit seiner gesetzlichen Vermutungswirkung nochmals gestiegen ist. Trotzdem sollte gerade ihre Quasi-Gesetzeskraft vor einem allzu leichtfertigen Umgang mit Mietspiegeln warnen, auch wenn die Versuchung groß sein mag, einen Rechtsstreit durch einen kurzen Blick in eine Tabelle entscheiden zu können. Konkurriert in einem Mieterhöhungsprozess z. B. ein (niedriger) Mietspiegel mit (höheren) Vergleichsmieten oder einem Sachverständigengutachten, auf die bzw. das der

Vermieter sich beruft, gibt es gute Gründe, **nicht schematisch** dem Mietspiegel zu folgen. Ein über eine bestimmte Wohnung erstelltes Sachverständigengutachten kann die Besonderheiten ebendieser einen Wohnung viel umfassender, individueller und damit genauer taxieren als eine statistische Aussage in einer Tabelle dies kann. Und der Vermieter, der aus einem bestimmten Straßenzug, Stadtgebiet usw. drei oder gar mehr über dem Mietspiegel liegende Vergleichsmieten beibringt, belegt damit möglicherweise, dass der breit angelegte Mietspiegel für ebendieses Gebiet nicht stimmt, mindestens dass sich dort die Mieten weiterentwickelt haben. Dies leuchtet umso mehr ein, wenn man hinterfragt, wie viel Mieten in Wahrheit hinter dem Feld stehen, das im Mietspiegel ausgewiesen wird. Möglicherweise lagen der Erhebung dort gerade mal drei oder vier Mieten zugrunde, denen der Vermieter dann eine größere Zahl aktueller Vergleichsmieten entgegensetzten kann. Dass der Mietspiegel dann die bessere Erkenntnis über die ortsübliche Vergleichsmiete bieten sollte, ist geradezu absurd.

(6) Überprüfbarkeit von Mietspiegeln: Wie soeben dargestellt, hat   195
der Vermieter im Mieterhöhungsprozess durchaus die Möglichkeit, sich gegen Mietspiegel zu wehren. Dabei findet allerdings keine allgemeine Kontrolle von Mietspiegeln vor den Verwaltungsgerichten statt[243], sondern die Anwendbarkeit eines Mietspiegels ist im Rahmen des konkreten Mieterhöhungsrechtsstreits vor dem Zivilgericht zu prüfen.[244]

cc) Bezugnahme auf die Auskunft aus einer Mietdatenbank § 558a Abs.   196
2 Nr. 2 BGB nennt als weitere Begründungsmöglichkeit für eine Mieterhöhung bis zur ortsüblichen Vergleichsmiete die Bezugnahme auf eine Mietdatenbank. Voraussetzung für eine als Begründung für eine Mieterhöhung nach § 558a Abs. 2 Nr. 2 BGB taugliche Mietdatenbank ist gem. § 558e BGB,

- dass sie von der Gemeinde oder von Interessenvertretern der Vermieter und der Mieter gemeinsam geführt oder anerkannt wird

- und dass aus ihr Auskünfte gegeben werden, die für einzelne Wohnungen einen Schluss auf die ortsübliche Vergleichsmiete zulassen.

197 Die gesetzgeberische Idee, Mieterhöhungen auf das „Wissen" von Datenbanken zu stützen, verdient im Zeitalter der EDV grundsätzliche Zustimmung. Datenbanken können durch größere Datenmengen und stetige Aktualisierung einem Mietspiegel durchaus ebenbürtig, wenn nicht gar überlegen sein. Das seit Einfügung dieser Mieterhöhungsmöglichkeit ins BGB – im Jahr 2001 – unveränderte Problem liegt allerdings darin, dass es solche Datenbanken nicht gibt und aufgrund vieler ungeklärter Fragen vermutlich auf absehbare Zeit auch nicht geben wird. Bislang muss man von einem gescheiterten gesetzgeberischen Experiment ausgehen.

198 **dd) Bezugnahme auf ein mit Gründen versehenes Gutachten:** § 558a Abs. 2 Nr. 3 BGB nennt als weitere Begründungsmöglichkeit für eine Mieterhöhung bis zur ortsüblichen Vergleichsmiete die Bezugnahme auf ein mit Gründen versehenes Gutachten eines öffentlich bestellten oder vereidigten Sachverständigen. Das – mit Gründen versehene! – Gutachten muss der Mieterhöhungserklärung vollständig beigefügt sein, eine Kopie des Gutachtens genügt. Streitig ist, ob sich der Gutachter in seiner Begründung auch mit einem evtl. in der Gemeinde bestehenden Mietspiegel auseinandersetzen muss. Der Sachverständige muss eine Aussage über die tatsächliche ortsübliche Vergleichsmiete treffen und die zu beurteilende Wohnung in das örtliche Preisgefüge einordnen.[245] Der Begründungspflicht ist Genüge getan, wenn im Sachverständigengutachten in einer für den Mieter nachvollziehbaren und überprüfbaren Weise dargelegt wird, warum die nunmehr begehrte Miete der ortsüblichen Miete entspricht. Die Aufgabe des Sachverständigen „besteht nicht etwa darin, den Mietzins nach billigem Ermessen festzusetzen. Es kommt gerade nicht darauf an, welchen Mietzins der Sachverständige für angemessen erachtet; vielmehr muss das Gutachten erkennen lassen, dass in ihm die ortsübliche Vergleichsmiete zugrunde gelegt ist, weil nur diese den Maßstab für die mietpreisrechtliche Bewertung einer Wohnung bildet".[246]

199 Diese Möglichkeit zur Begründung einer Mieterhöhung kommt in der Praxis selten vor. Denn nicht immer lässt der Mieter, der natürlich weiß, dass auf den Besuch des Gutachters eine Mieterhöhung folgen wird, den Gutachter „kampflos" in die Wohnung. Der Ver-

mieter muss dann notfalls erst um die Gestattung des Zutritts für den Gutachter mit dem Mieter einen Prozess führen. Außerdem kostet das Gutachten den Vermieter Geld, das er auch dann nicht vom Mieter zurückverlangen kann, wenn der Mieter die im Gutachten genannte Miete akzeptiert. Und außerdem – hier gibt es aufgrund der gesetzlichen Formulierung „öffentlich bestellter oder vereidigter Sachverständiger" oft falsche Vorstellungen! – ist das privat in Auftrag gegebene Gutachten in einem etwaigen Mieterhöhungsprozess nur Parteivortrag des Vermieters, d. h. kein Beweismittel. Der Richter ist nicht an die Feststellungen des privat beauftragten Gutachters gebunden! Der Richter kann also auch ein weiteres Gutachten eines vom Gericht beauftragten Sachverständigen einholen oder sich auch auf den Mietspiegel stützen.

Wirtschaftlich interessanter als Einzelgutachten sind vor allem für Vermieter mit großem, homogenen Wohnungsbestand sog. Typgutachten. Dabei handelt es sich nicht um ein Gutachten über die konkrete Wohnung des Mieters, sondern um ein Gutachten über andere, nach Größe, Lage, Ausstattung usw. vergleichbare Wohnungen. Auch ein Typgutachten versetzt den Mieter in die Lage, der Berechtigung des Erhöhungsverlangens nachzugehen und diese zumindest ansatzweise überprüfen zu können, so dass es zur formellen Begründung eines Mieterhöhungsverlangens ausreichend ist; wobei Einwendungen gegen das Typgutachten im Prozess eine Frage der materiellen Begründetheit der Mieterhöhung sind.[247] **200**

ee) Bezugnahme auf Vergleichswohnungen: § 558a Abs. 2 Nr. 4 BGB **201** nennt als weitere Begründungsmöglichkeit für eine Mieterhöhung bis zur ortsüblichen Vergleichsmiete die Bezugnahme auf entsprechende Entgelte für einzelne vergleichbare Wohnungen; hierbei genügt die Benennung von drei Wohnungen. Diese Mieterhöhungsmöglichkeit stützt sich auf die Benennung von Vergleichsmieten. Der Vermieter muss also Wohnungen finden, die nach Alter, Ausstattung, Lage, Größe usw. mit der Wohnung, für die er die Miete erhöhen will, vergleichbar sind. Hier dürfen aber keine zu hohen Anforderungen gestellt werden. Vielmehr ist hier ein großzügiger Maßstab anzulegen,[248] denn das Gesetz fordert nur Vergleichbarkeit, keine Identität. Die Wohnungen dürfen auch in anderen Häusern desselben Vermieters liegen, ja sogar in demselben Haus, in dem er die Miete für eine andere Wohnung erhöhen will. Es muss sich also nicht um mindestens drei Vergleichsmieten anderer Vermieter handeln. Insbesondere in den neuen Bundesländern können aufgrund der dort vielerorts anzutreffenden Monostruktur kommunale Wohnungsunternehmen häufig keine Wohnungen anderer Vermieter benennen. Um überhaupt Vergleichsmieten präsentieren zu können, müssen sie daher auf den eigenen Bestand zurückgreifen.

202 Problematisch ist die Benennung einer Wohnung, die gerade erst vermietet worden ist, da man in diesem Fall davon ausgehen kann, dass die Miete deswegen höher liegt als bei anderen vergleichbaren Wohnungen (sog. „Neuvermietungseinwand"). Wenn aber auch der Mieter, der vorher in der neu vermieteten Wohnung gewohnt hat, eine Miete gezahlt hat, die als Vergleichsmiete hätte herangezogen werden können, dann kann der Neuvermietungseinwand nicht erhoben werden. Darauf sollte der Vermieter zweckmäßigerweise gleich hinweisen.

203 Die Wohnungen müssen so benannt werden, dass der Mieter sie identifizieren und ohne nennenswerte Schwierigkeiten auffinden kann. Befinden sich z. B. in einem Geschoss mehrere Wohnungen, sind über die Angabe der Adresse und des Geschosses hinaus weitere Angaben erforderlich. Solche Angaben können die Beschreibung der genauen Lage der Wohnung im Geschoss, die Bezeichnung einer nach außen erkennbaren Wohnungsnummer oder der Name des Mieters sein.[249] Es empfiehlt sich, so genau wie möglich zu benennen.

BEISPIEL:

(1) X-str 24, I. Obergeschoss links, Wohnung Meier, 65 qm, Kaltmiete ohne alle Betriebskosten 5,80 EUR pro Quadratmeter. Das Haus X-str. 24 hat das Baujahr 1962, liegt wie das Haus mit Ihrer Wohnung im „Malerviertel", die Wohnung hat wie Ihre Wohnung zwei Zimmer, Küche, Diele, Bad, Gasthermenheizung, Holztüren, Thermopanefenster und Teppichboden, Vergleichbarkeit ist daher gegeben.

(2) V-str. 45, II. Obergeschoss rechts, Wohnung Müller, 60 qm, Kaltmiete ohne alle Betriebskosten 5,60 EUR pro Quadratmeter. Die Wohnung liegt im selben Haus wie Ihre Wohnung direkt über Ihnen und

ist zu Ihrer Wohnung grundriss- und ausstattungsgleich, so dass sich weitere Ausführungen zur Vergleichbarkeit erübrigen.

(3) V-str. 45, III. Obergeschoss rechts, Wohnung Fritz, 60 qm, Kaltmiete ohne alle Betriebskosten 5,55 EUR pro Quadratmeter. Die Wohnung liegt im selben Haus wie Ihre Wohnung und ist zu Ihrer Wohnung grundriss- und ausstattungsgleich, hat aber im Gegensatz zu Ihrer Wohnung nicht den zusätzlichen Vorteil eines Balkons. Da die Miete dort trotz des fehlenden Balkons sogar über der derzeit von Ihnen gezahlten Miete liegt, ist Vergleichbarkeit mindestens gegeben.

Obwohl das Gesetz nur drei Vergleichsmieten verlangt, sollte der Vermieter, wenn er noch mehr Vergleichsmieten benennen kann, dies vorsorglich auch bereits im Mieterhöhungsschreiben tun. Denn zum einen kann dann eine der weiterhin benannten Vergleichswohnungen „aufrücken", wenn eine der drei erstgenannten aus irgendwelchen Gründen vom Gericht nicht als vergleichbar angesehen wird. Zum anderen ist auch hier der Richter in einem Rechtsstreit um die Berechtigung der Mieterhöhung aufgrund der Vergleichsmieten frei darin, z.B. dem Mietspiegel mit niedrigeren Werten mehr Beachtung zu schenken als den Vergleichswohnungen mit höheren Werten.[250] Je mehr Vergleichswohnungen der Vermieter dann benannt hat, desto eher spricht ein Anschein dafür, dass der Mietspiegel z.B. veraltet ist oder für gerade dieses Viertel nicht (mehr) zutrifft usw.; zumal es auch keineswegs ausgeschlossen ist, dass manchem Mietspiegelfeld möglicherweise sogar weniger konkrete Mieten zugrunde gelegen haben, als der Vermieter nun in seinem auf Vergleichswohnungen gestützten Mieterhöhungsverlangen benennt.[251]

Übrigens: Es ist nicht erforderlich, also keine Wirksamkeitsvoraussetzung für die Mieterhöhung, dass die Mieter der Vergleichswohnungen den anderen Mietern eine Besichtigung ihrer Wohnung gestatten. Vor diesem Hintergrund mag man über die Sinnhaftigkeit der von der Rechtsprechung aufgestellten strengen Anforderungen an die Auffindbarkeit der Vergleichswohnungen (s. o.) nachdenken. Der Mieter, der die Angaben im Mieterhöhungsverlangen überprüfen will, wird dadurch letztlich nur in die Lage versetzt, zu wissen, dass er z.B. im richtigen Haus auf der richtigen Etage vor der richtigen, aber trotzdem verschlossenen Tür steht.

206 **ff) Fristen:** Der Vermieter muss in dem Mieterhöhungsverlangen den Zeitpunkt nicht angeben, von dem an die erhöhte Miete verlangt wird, da der Zeitpunkt in § 558b Abs. 1 BGB gesetzlich festgelegt ist.[252] Im Interesse der Klarheit sollte der Zeitpunkt aber im Erhöhungsschreiben mitgenannt werden. Hat der Vermieter einen zu frühen Zeitpunkt angegeben, führt dies nicht zur formellen Unwirksamkeit des Mieterhöhungsverlangens. Die Berechnung der „richtigen" Frist nach § 558b Abs. 1 BGB ist anschließend Frage der materiellen Begründetheit. Außerdem: Wenn der Vermieter überhaupt keinen Zeitpunkt anzugeben braucht, ab dem die erhöhte Miete geschuldet ist, kann nichts anderes gelten, wenn er einen falschen Zeitpunkt angibt. Davon zu unterscheiden ist der Fall, dass das Mieterhöhungsverlangen selber bereits zu früh – also noch innerhalb der Jahressperrfrist – gestellt wird.

207 Gem. § 558b BGB gelten bei einer Mieterhöhung nach § 558 BGB folgende Fristen:

- **bei Zustimmung des Mieters zur Mieterhöhung:** Erteilt der Mieter die Zustimmung zur Mieterhöhung, so schuldet er gem. § 558b Abs. 1 BGB die erhöhte Miete von dem Beginn des dritten Kalendermonats an, der auf den Zugang des Erhöhungsverlangens folgt.

  BEISPIEL: Zugang der Mieterhöhung an einem Tag im Januar, anschließende Zustimmung des Mieters in der Zeit zwischen Zugang der Mieterhöhung und 31. März, erhöhte Miete geschuldet ab April.

- **bei Nichtzustimmung des Mieters zur Mieterhöhung:** „Soweit der Mieter der Mieterhöhung nicht bis zum Ablauf des zweiten Kalendermonats nach dem Zugang des Verlangens zustimmt, kann der Vermieter bis zum Ablauf von weiteren drei Monaten auf Erteilung der Zustimmung klagen" (§ 558b Abs. 2 BGB).

  BEISPIEL: Das Mieterhöhungsschreiben geht dem Mieter am 14. Januar zu. D. h. der Monat des Zugangs ist der Januar. Der Vermieter muss dann bis zum Ablauf des zweiten Monats, der auf den Monat des Zugangs folgt, warten, ob der Mieter zustimmt: Das ist im Beispiel der 31. März. Wenn der Mieter nicht zustimmt, kann der Vermieter nun auf

Erteilung der Zustimmung vor Gericht klagen, jedoch muss er sich jetzt beeilen: nur bis zum Ablauf von weiteren drei Monaten, also im Beispiel bis zum 30. Juni. Lässt er die Sache länger liegen, kann er keine Klage mehr erheben und damit dieses Mieterhöhungsverlangen nicht mehr durchsetzen. Er muss ggf. mit dem soeben beschriebenen Mieterhöhungsverfahren von neuem beginnen.

gg) Zustimmungsklage: Entscheidet sich der Vermieter für eine Klage **208** auf Erteilung der Zustimmung zur Mieterhöhung, muss er folgendes beachten:

Örtlich ist für Streitigkeiten in Miet- und Pachtsachen – also auch für Mieterhöhungsklagen – über Räume – also sowohl Wohn- als auch Gewerberäume – ist gemäß § 29a Abs. 1 ZPO das Gericht ausschließlich zuständig, in dessen Bezirk sich die Räume befinden. Eine Ausnahme gilt gemäß § 29a Abs. 2 ZPO nur für Wohnräume der in § 549 Abs. 2 Nr. 1 bis 3 BGB genannten Art.

Sachlich ist für Streitigkeiten über „Ansprüche aus einem Mietverhältnis über Wohnraum oder über den Bestand eines solchen Mietverhältnisses" ist gemäß § 23 Nr. 2a GVG ausschließlich das Amtsgericht zuständig. Für andere Mietstreitigkeiten bestimmt sich die sachliche Zuständigkeit nach der allgemeinen Streitwertgrenze von 5000,00 Euro, § 23 Nr. 1 GVG.

Es gelten die allgemeinen Voraussetzungen für den Anwaltszwang, abhängig von der sachlichen Zuständigkeit. Das heißt, bei Streitigkeiten aus Wohnraummietverhältnissen besteht auch über 5000,00 EUR Streitwert **kein Anwaltszwang**, da diese Streitigkeiten in die ausschließliche Zuständigkeit des Amtsgerichts fallen.

Der **Streitwert** ist der zwölffache monatliche, sich aus dem Klageantrag ergebende Erhöhungsbetrag. Das muss nicht notwendigerweise der Erhöhungsbetrag des ursprünglichen Mieterhöhungsverlangens sein; etwa falls der Mieter bereits eine Teilzustimmung abgegeben hat. Beträgt die Restlaufzeit des Mietverhältnisses weniger als noch zwölf Monate, entspricht der Multiplikator statt des Zwölffachen der Anzahl der noch verbleibenden Monate.

Hat der Vermieter Klage auf Zustimmung zur Mieterhöhung erho- **209** ben, obwohl der Klage ein unwirksames Erhöhungsverlangen vorausgegangen ist (weil das Erhöhungsverlangen nicht den Anforderungen des § 558a BGB (s. o.) entsprach), kann der Vermieter gem. § 558b Abs. 3 S. 1 BGB ein wirksames Erhöhungsverlangen im Rechtsstreit nachholen oder den Mangel des ursprünglichen Erhöhungsverlangens im Rechtsstreit beheben. Mit der Formulierung des § 558b Abs. 3 S. 1 BGB ist klargestellt, dass die Möglichkeit der Nachholung oder Nachbesserung des Erhöhungsverlangens im Prozess nur dann besteht, wenn dem Rechtsstreit überhaupt ein – wenn auch unwirksames – Mieterhöhungsverlangen vorausgegangen ist. Ist das der Fall, kann der Vermieter im Rechtsstreit nicht nur ein komplett neues Erhöhungsverlangen stellen, sondern auch das unwirksame Erhöhungsverlangen nachbessern, z. B. durch Nachholung einer vergessenen Unterschrift oder Ergänzung der Begründung. Die Nachholung oder Nachbesserung des Erhöhungsverlangens im Verlauf des Rechtsstreits führt gem. § 558b Abs. 3 S. 2 BGB allerdings dazu, dass dem Mieter ab dann die Zustimmungsfrist des § 558b Abs. 2 S. 2 BGB zusteht, er also diesem im Rechtsstreit erst wirksam gestellten oder durch Mangelbehebung erst wirksam gemachten Mieterhöhungsverlangen bis zum Ablauf des zweiten Kalendermonats nach Zugang noch zustimmen kann. Erfolgt eine solche Zustimmung innerhalb der Frist dann während des Rechtsstreits und erklären die Parteien anschließend den Rechtsstreit in der Hauptsache für erledig t, so können die Kosten des Rechtsstreits ggf. gem. § 91a ZPO dem Vermieter auferlegt werden. Die gleiche Kostenfolge kann den Vermieter ggf. gem. § 93 ZPO treffen, wenn der Mieter nach der Nachholung oder Nachbesserung des Erhöhungsverlangens den Klageanspruch sofort anerkennt.

210 **hh) Form der Zustimmung:** Die Zustimmung muss nicht schriftlich erteilt werden. Sie kann z. B. auch einfach durch vorbehaltlose Überweisung der neuen Miete erfolgen. Der Vermieter, der im Beispiel vom 1. April bis 30. Juni Zeit hat, Klage zu erheben, kann deshalb auch die April- und ggf. auch noch die Maimiete erst einmal abwarten, ggf. nochmals eine Frist mit dem Hinweis setzen, dass er nach Fristablauf Klage erheben werde.[253] Wenn der Mieter gar nicht reagiert, dann gilt das als Ablehnung. Auch wenn der Vermieter an den Mieter schreibt: „Wenn ich nichts Gegenteiliges von Ihnen hö-

re, gehe ich von Ihrer Zustimmung aus", so ist das unwirksam, denn der Vermieter darf dem Schweigen des Mieters nicht einseitig einen von ihm bestimmten Erklärungswert zumessen. Wenn ein Gericht den Mieter zur Zustimmung verurteilt, dann rückwirkend. Das heißt, wenn der Prozess z. B. ein Jahr gedauert hat, muss der Mieter mit einem Schlag die Mieterhöhung für ein Jahr nachzahlen. Ganz streng genommen muss der Vermieter darauf ein zweites Mal klagen. Denn die erste Klage war auf Zustimmung gerichtet; die zweite wäre dann die Klage auf Zahlung. Allerdings würde sich der Mieter hier selber auf Kosten treiben. Wenn er vom Gericht im ersten Prozess zur Zustimmung verurteilt worden ist, wird er im zweiten Prozess voraussichtlich auch zur Zahlung verurteilt werden.

Bedeutsam wird diese Unterscheidung aber für einen eventuellen **211** Zinsanspruch des Vermieters, der die monatlichen Erhöhungsbeträge – bei einem verständigen bzw. auf sein Kosteninteresse bedachten Mieter in der Regel auch ohne zusätzliche Zahlungsklage – zwar auf einen Schlag, aber jeden für sich verspätet erhält. Der Vermieter hat aber nur einen auf Zustimmung, also Abgabe einer Willenserklärung gerichteten Prozess gewonnen, nicht einen auf Zahlung gerichteten. Wird der Mieter also verurteilt, einem Mieterhöhungsverlangen des Vermieters zuzustimmen, wird seine Verpflichtung zur Zahlung der erhöhten Miete für die Zeit ab dem Beginn des dritten Kalendermonats nach dem Zugang des Erhöhungsverlangens erst **mit Rechtskraft des Zustimmungsurteils fällig**. Verzug mit den Erhöhungsbeträgen kann daher nicht rückwirkend eintreten, sondern erst nach Rechtskraft des Zustimmungsurteils – etwa durch Mahnung des Vermieters – begründet werden. Für die Zinsen besagt das, dass der Vermieter für die jeweiligen monatlich (noch) nicht gezahlten Erhöhungsbeträge nicht die gesetzlichen Verzugszinsen nach § 288 Abs. 1 BGB (5 Prozentpunkte über dem Basiszinssatz auf den jeweiligen Betrag) verlangen kann. Allerdings kann der Vermieter trotzdem einen Zinsschaden geltend machen, weil der Vermieter den Mieter nach Ablauf der Überlegungsfrist des § 558b Abs. 2 S. 1 BGB jedenfalls mit der Erfüllung der Pflicht, dem Mieterhöhungsverlangen zuzustimmen, in Verzug setzen und einen etwaigen Verzögerungsschaden nach § 280 Abs. 1 und 2, § 286 BGB ersetzt verlangen kann. Der Unterschied zu § 288 Abs. 1 BGB besteht aber darin, dass er diesen Zinsschaden **konkret** darlegen (berechnen) und beweisen muss.[254]

212 Das Gericht ist bzgl. des Umfangs der Zustimmung in seiner Beweiswürdigung frei, muss also keine Alles-oder-Nichts-Entscheidung treffen.

> **BEISPIEL:** Der Vermieter klagt auf Zustimmung zu einer Mieterhöhung um 50,– EUR, das Gericht urteilt auf Zustimmung zu einer Mieterhöhung um 28,50 EUR und weist die Klage bzgl. des darüber hinausgehenden Betrags ab.

Auch der Vermieter kann nur auf einen – verbleibenden – Teil seiner Mieterhöhung klagen, wenn nur noch ein Teilbetrag (Spitzenbetrag) im Streit ist.

> **BEISPIEL:** Der Mieter hat von den 50,– EUR eine Mieterhöhung von 20,– EUR akzeptiert. Dann kann der Vermieter darauf klagen, den Mieter „über anerkannte 20,– EUR hinaus zur Zustimmung zu einer Mieterhöhung von weiteren 30,– EUR auf insgesamt … EUR ab dem … zu verurteilen".

213 **ii) Mieterhöhung und Wohnungsmängel:** Kann der Vermieter eine Mieterhöhung trotz Mängeln der Wohnung vornehmen? Klare Antwort: Ja. Aber das Recht zur Mietminderung bleibt dem Mieter erhalten. In der Praxis erhält ein Vermieter ggf. im Anschluss an ein Mieterhöhungsverlangen plötzlich ein langes Mängelschreiben mit dem Hinweis, dass wegen der Mängel die Mieterhöhung nicht akzeptiert wird. Auch wenn es sich dabei nicht um ein „Manöver" des Mieters handelt, sondern die Mängel tatsächlich vorliegen sollten (und der Mieter sie z. B. bei der niedrigen Miete in Kauf genommen hat, bei einer höheren Miete aber nicht mehr tolerieren will), können Mängel im Sinne des § 536 BGB einer Mieterhöhung **nicht entgegengehalten** werden. Wenn die Mieterhöhung also – die Mängel einmal außer Betracht gelassen – ansonsten nach den in §§ 558 ff. BGB genannten Kriterien wirksam ist, muss der Mieter zustimmen. Er kann **dann** aber gem. § 536 BGB wegen der Mängel eine prozentuale Mietminderung vornehmen, gerechnet auf die neue, höhere Miete.

BEISPIEL: Der Mieter schreibt an den Vermieter, dass er die Mieterhöhung von 400,– EUR um 50,– auf 450,– EUR akzeptiert, jedoch aufgrund der Mängel x,y,z bis zu deren Beseitigung 10% von 450,– EUR mindert, also 405,– EUR überweist. Voraussetzung ist natürlich, dass auch wirklich Mängel vorliegen und diese im Beispiel den Gebrauchswert der Wohnung um 10% herabsetzen.

f) Mieterhöhungen bei (Teil-)Inklusivmieten

Mieten, die ohne Aufspaltung in Kaltmiete und Betriebskostenvorauszahlung oder Kaltmiete und Betriebskostenpauschale sämtliche oder einen Teil der Betriebskosten (etwa Grundsteuer und Versicherung) enthalten, werden „(Teil)Inklusivmieten" oder „Gesamtmieten" genannt, oder auch „Pauschalmieten", obwohl dieser Begriff besser den Mieten vorbehalten bleiben sollte, die die Betriebskosten nicht beinhalten, sondern in einer Pauschale neben der Kaltmiete ausweisen. Auch bei diesen Mieten sind Mieterhöhungen nach §§ 558 ff. BGB möglich, bereiten in der Praxis aber oftmals Schwierigkeiten. 214

Der Vermieter kann zunächst für solche „Kalt"mieten, die in Wahrheit einen Teil der Betriebskosten enthalten, selber die ortsübliche Vergleichsmiete festzustellen versuchen, indem er z. B. drei Vergleichswohnungen benennt, die ebenfalls die Miete inklusive Grundsteuer und Versicherung haben. 215

Eine andere Möglichkeit besteht darin, schlicht einen Rechenweg zu wählen, bei dem die jeweils aktuell auf die Wohnung entfallenden Betriebskosten im Rahmen einer Mieterhöhung nach § 558 BGB voll berücksichtigt werden.[255] Um beim Mietspiegel eine Vergleichbarkeit der Nettowerte zu der konkreten (Teil)Inklusivmiete herzustellen, muss eine Umrechnung erfolgen. Die Vergleichbarkeit kann dadurch hergestellt werden, dass ein Zuschlag in Höhe der derzeit auf die Wohnung entfallenden Betriebskosten zu der im Mietspiegel ausgewiesenen ortsüblichen Nettokaltmiete hinzugerechnet wird, sofern die Betriebskosten den Rahmen des Üblichen nicht überschreiten. Dazu muss zunächst der Betriebskostenanteil aus der vereinbarten Bruttomiete herausgerechnet werden, um den in der 216

Miete enthaltenen Nettomietanteil zu ermitteln. Sodann ist dieser Nettomietanteil bis zur ortsüblichen (Netto-)Vergleichsmiete gemäß Mietspiegel zu erhöhen, und im letzten Schritt ist zu der neuen (erhöhten) Nettomiete der eingangs errechnete Betriebskostenanteil in unveränderter Höhe wieder hinzuzuaddieren.[256]

217   Herauszurechnen und dann wieder hinzuzuaddieren ist nicht ein statistischer Durchschnittswert für Betriebskosten, und zwar selbst dann nicht, wenn dessen Angaben aus einem Mietspiegel entnommen worden sind,[257] sondern der tatsächlich auf die Wohnung entfallende Anteil der in der Miete enthaltenen Betriebskosten, der im Einzelfall konkret zu ermitteln ist;[258] und zwar aus der Betriebskostenabrechnung für den dem Mieterhöhungsverlangen vorangegangenen Abrechnungszeitraum, soweit diese bereits vorliegt.[259] Nach anderer Ansicht kann der Vermieter auf die jeweils letzte Betriebskostenabrechnung zurückgreifen. Das muss nicht die Betriebskostenabrechnung für das letzte Wirtschaftsjahr vor der Mieterhöhungserklärung sein, etwa wenn diese Abrechnung – wie im entschiedenen Fall bei einer Mieterhöhungserklärung im Januar – noch nicht erstellt worden ist.[260] Es bleibt dem Vermieter aber unbenommen, den Betriebskostenanteil auch in anderer Weise als durch Vorlage einer Betriebskostenabrechnung darzulegen.[261] Er kann den Betriebskostenanteil z. B. durch eine aktuelle Aufstellung bestimmen.[262] Der Betriebskostenanteil kann auch einer Rechnung entnommen werden, die nur einen Teil der Gesamtwirtschaftseinheit betrifft. Er kann anhand von Rechnungen dargelegt werden, oder ggf. auch anhand der Betriebskostenabrechnung für eine andere Wohnung im gleichen Haus.[263] Die Darlegung kann auch noch im Rechtsstreit erfolgen.[264]

g) (Mieterhöhungs)Vereinbarung über Erhaltungs- oder Modernisierungsmaßnahmen

218   Sowohl für Erhaltungs- als auch für Modernisierungsmaßnahmen ist eine Mieterhöhung aufgrund einer freien Vereinbarung zwischen Mieter und Vermieter möglich. Dies ist in § 555 f Nr. 3 BGB ausdrücklich wie folgt geregelt:

§ 555 f Vereinbarungen über Erhaltungs- oder Modernisierungsmaßnahmen
Die Vertragsparteien können nach Abschluss des Mietvertrags aus Anlass von Erhaltungs- oder Modernisierungsmaßnahmen Vereinbarungen treffen, insbesondere über die
1. zeitliche und technische Durchführung der Maßnahmen,
2. Gewährleistungsrechte und Aufwendungsersatzansprüche des Mieters,
3. künftige Höhe der Miete.

h) Mieterhöhung bei Modernisierung (§§ 559 bis 559b BGB)

§ 559 BGB sieht vor, dass der Vermieter die Mieter in bestimmten Fällen an den Kosten bestimmter Modernisierungsmaßnahmen beteiligen kann.   219

aa) Voraussetzungen: Bei den Modernisierungsmaßnahmen i. S. d. § 559 Abs. 1 BGB muss es sich um solche handeln,   220

- durch die in Bezug auf die Mietsache Endenergie nachhaltig eingespart wird (energetische Modernisierung) (§ 555b Nr. 1 BGB) oder

- durch die der Wasserverbrauch nachhaltig reduziert wird (§ 555b Nr. 3 BGB) oder

- durch die der Gebrauchswert der Mietsache nachhaltig erhöht wird (§ 555b Nr. 4 BGB) oder

- durch die die allgemeinen Wohnverhältnisse auf Dauer verbessert werden (§ 555b Nr. 5 BGB) oder

- die auf Grund von Umständen durchgeführt werden, die der Vermieter nicht zu vertreten hat, und die keine Erhaltungsmaßnahmen nach § 555a sind (§ 555b Nr. 6 BGB).

Andere als die genannten Maßnahmen können nicht zu einer Mieterhöhung nach § 559 BGB führen. Damit will der Gesetzgeber z. B. Luxusmodernisierungen vermeiden, die dem Mieter letztlich nichts bringen.

Maßnahmen zur nachhaltigen Einsparung von Energie und Wasser kommt angesichts knapper werdender Ressourcen, einem verstärkten Umweltbewusstsein und der immer besseren technischen   221

Möglichkeiten zur Energie- und Wassereinsparung eine ständig wachsende Bedeutung zu. Energie kann sowohl in der Wohnung eingespart werden (Einsparung von Endenergie; vgl. § 555b Nr. 1 BGB) als auch bei ihrer Erzeugung (Einsparung von Primärenergie; vgl. § 555b Nr. 2 BGB). Energieeinsparende Maßnahmen berechtigen gem. § 555b Nr. 1 BGB nur dann zu einer Mieterhöhung nach § 559 BGB, wenn durch sie Endenergie „in Bezug auf die Mietsache" eingespart wird. Der Mieter wird bei Energieeinsparmaßnahmen in Bezug auf seine Wohnung (§ 555b Nr. 1 BGB) ganz selbstverständlich eine Reduzierung der auf seine Wohnung entfallenden Betriebskosten, hier in erster Linie der Heizkosten erwarten. Das kann, muss aber nicht miteinander einhergehen. Die Frage der Einsparung von Endenergie ist von einem objektiven Standpunkt zu betrachten. In Folge der Maßnahme zu erwartende Änderungen des Heizverhaltens des Mieters – ggf. heizt er wegen des mit einer Heizungsumstellung (statt Nachtspeicheröfen in nur jedem zweiten Raum jetzt eine Gasetagenheizung mit Heizkörpern in jedem Zimmer) geschaffenen größeren Komforts, eines nun einheitlichen behaglichen Wohngefühls in allen Räumen sogar mehr als vorher- sind dagegen nicht zu berücksichtigen.

222   Überhaupt trifft § 555b Nr. 1 BGB über die den Mieter durch die Maßnahme treffenden Kosten keine Aussage. Auf dieser Stufe der Prüfung einer Mieterhöhung nach § 559 BGB kommt es nur auf die Energieeinsparung, nicht auf eine (Betriebs)Kostenersparnis für den Mieter an. Dies wird zwar in den meisten Fällen einhergehen, zwingend ist dies aber nicht.

223   Die Zulässigkeit einer Mieterhöhung wegen energiesparender Modernisierungsmaßnahmen wird grundsätzlich auch nicht durch das Verhältnis zu der hierdurch bewirkten Kostenersparnis begrenzt.[265] Das bedeutet allerdings nicht, dass der Saldo aus Mieterhöhung und Betriebskosteneinsparung für eine Mieterhöhung nach § 559 BGB überhaupt keine Bedeutung hat; nur eben nicht in Form einer starren, prozentualen Grenze. Die finanziellen Auswirkungen für den Mieter sind vielmehr in die nach § 559 Abs. 4 BGB vorzunehmende Härtefallabwägung einzustellen.[266]

Als weitere Alternative werden in §§ 559 Abs. 1, 555b Nr. 3 BGB so- 224
dann **Maßnahmen zur Reduzierung des Wasserverbrauchs** genannt. Hierher gehören z. B. der Einbau von wassersparenden Spül-
kästen und Durchflussverminderern an Wasserhähnen, Duschköp-
fen und sonstigen Armaturen.

Maßnahmen, die den Gebrauchswert der Mietsache erhöhen, 225
sind solche, die die Mietsache selber betreffen. Ein erhöhter Gebrauchswert der Mietsache kann dann angenommen werden,
wenn der dem Mieter zustehende Mietgebrauch durch die Maßnahmen erleichtert, verbessert oder vermehrt wird; die Nutzung
der Wohnung muss bequemer, sicherer, gesünder, angenehmer
oder weniger arbeitsintensiv werden[267] bzw. durch eine Verbesserung des Wohnkomforts, Steigerung der Wohnbequemlichkeit
oder der Hygiene.[268]

Eine gebrauchswerterhöhende Maßnahme ist dagegen nicht gege- 226
ben, wenn vorhandene funktionsfähige Ausstattungen der Wohnung erneuert werden, ohne dass dadurch der Gebrauchswert der
Wohnung verbessert wird.[269] So stellt die nunmehr eingebaute
Zentralheizung gegenüber einer bereits vorhandenen Gasetagenheizung keine Gebrauchswertverbesserung dar, denn in der Regel sei
eine Gasetagenheizung, deren Einstellung der Mieter allein regeln
kann, zumindest ebenso komfortabel wie eine Zentralheizung.[270]
Unberücksichtigt bleiben dagegen bei der Beurteilung, ob die Maßnahme den bereits bestehenden Gebrauchswert der Wohnung erhöht, vom Mieter vertragswidrig vorgenommene bauliche Veränderungen.[271]

Der vierte Mieterhöhungstatbestand betrifft **Modernisierungsmaß-** 227
nahmen, die die allgemeinen Wohnverhältnisse auf Dauer verbes-
sern.[272] Auch Einrichtungen, die die Sicherheit der Bewohner erhöhen, gehören hierher.[273]

Da es nur erforderlich ist, dass die allgemeinen Wohnverhältnisse
verbessert werden, muss der Mieter eine Mieterhöhung sogar dann
hinnehmen, wenn er selber ggf. von der Maßnahme überhaupt keinen Vorteil hat.

> **BEISPIEL:** Anlage eines Fahrradkellers, auch wenn einige der Mieter kein Fahrrad besitzen; Einbau eines Fahrstuhls ohne Vorteil für den Erdgeschossmieter.

228   Die Erfolge der Modernisierungsmaßnahmen müssen nach dem Gesetzeswortlaut „nachhaltig" bzw. „auf Dauer" angelegt sein; wobei mit den beiden Begriffen keine inhaltliche Unterscheidung verbunden ist. Es muss sich um Maßnahmen handeln, die zu einer deutlichen, spürbaren und auf Dauer angelegten Verbesserung führen.

229   Zu den zur Mieterhöhung nach § 559 BGB berechtigenden Modernisierungsmaßnahmen gehören auch solche, die zumeist, nicht aber zwingend in jedem Fall nach dem Sprachgebrauch als „Modernisierung" angesehen werden können, aber auf **Umständen** beruhen, **die der Vermieter nicht zu vertreten hat**, soweit es sich nicht um eine Erhaltungsmaßnahme handelt. Es muss sich um Maßnahmen handeln, denen der Vermieter nicht ausweichen kann, sondern die ihm aufgezwungen werden. Nach gängiger Definition sind das alle Maßnahmen, die auf gesetzlichen Geboten[274] oder behördlichen Anordnungen beruhen und die auch ein sorgfältiger Vermieter weder vorhersehen noch vermeiden konnte. Streitig ist, ob auch Maßnahmen der Gemeinde zur Erschließung oder zur Verbesserung oder Erweiterung der Erschließungsanlagen dann, wenn und soweit der Vermieter als Anlieger zu Beiträgen herangezogen wird (§§ 127 ff. BauGB, Kommunalabgabengesetze), als Maßnahmen aufgrund von Umständen anzusehen sind, die der Vermieter nicht zu vertreten hat. Allerdings hat der BGH (wenn auch in anderem Zusammenhang[275]) mittlerweile entschieden hat, dass es nicht darauf ankommt, ob der Vermieter als „Bauherr" der Arbeiten anzusehen ist; entscheidend ist vielmehr, dass der Vermieter den Aufwand im Rahmen einer baulichen Modernisierungsmaßnahme getragen hat.[276]

230   **bb) Erhaltungsmaßnahmen:** Von den Modernisierungsmaßnahmen sind Erhaltungsmaßnahmen i. S. d. § 555a Abs. 1 BGB, d. h. Instandhaltungs- oder Instandsetzungsmaßnahmen abzugrenzen. Instandhaltungen, Instandsetzungen, Reparaturen, also die Aufrechterhaltung oder Wiederherstellung des Status quo, können nicht

nach § 559 BGB anteilig auf den Mieter umgelegt werden; z. B. wenn der Vermieter einen defekten Durchlauferhitzer gegen einen neuen austauschen lässt. Denn der Mieter muss letztlich ein „Mehr" gegenüber dem vorherigen Zustand bekommen.

cc) Modernisierungsmaßnahmen durch den Mieter: Auch bei vom Mieter durchgeführten Modernisierungsmaßnahmen ist ggf. eine Mieterhöhung nach § 559 BGB möglich. Abzustellen ist darauf, wer zur Herstellung der den Wohnraum verbessernden Maßnahmen durch eigene Kosten beigetragen hat.[277] Nur in dem Umfang eigener Leistungen des Mieters soll dem Vermieter die Verbesserung des Wohnraums in Form einer Mieterhöhung nicht zugute kommen.[278] Hat der Vermieter aber dem Mieter die Kosten erstattet, kann er darauf eine Mieterhöhung nach § 559 BGB stützen.[279]   231

Im Einzelfall ist jedoch zu prüfen, ob hier eine anderweitige vertragliche Vereinbarung vorliegt. Eine Abrede etwa, nach der der Mieter – ggf. für eine vom ihm selbst gewünschte Badmodernisierung – die Arbeitsleistung erbringt und der Vermieter die Materialkosten erstattet, wobei in der Abrede klargestellt wird, dass die neuen Badeinbauten bei Auszug des Mieters ohne weiteren Kostenausgleich des Vermieters in der Wohnung verbleiben sollen, wird, wenn nicht sogar explizit vereinbart, so doch dahingehend auszulegen sein, dass eine anschließende Mieterhöhung nach § 559 BGB vertraglich ausgeschlossen ist.   232

dd) Ansetzbare Kosten: § 559 BGB hat nicht den Zweck, dem Vermieter die Umlage von völlig unsinnigen, in keiner vernünftigen Relation zu der durchgeführten Modernisierungsmaßnahme mehr stehenden Kosten auf den Mieter zu ermöglichen. Nach – abzulehnender – Ansicht des BGH bleibt dem Vermieter aber noch nicht einmal „ein gewisser Spielraum" bei der Durchführung der für die Modernisierung erforderlichen Maßnahmen: 233

> „Von den tatsächlich aufgewendeten Kosten sind nur diejenigen ansatzfähig im Rahmen der Mieterhöhung, die notwendig sind... Es wäre daher unbillig, dem Mieter statt dem Vermieter das Risiko aufzuerlegen, auch solche Kosten im Rahmen der Modernisierungsmaßnahme zu tragen, die unnötig, unzweckmäßig oder ansonsten überhöht sind."[280]

234   Die Ansicht des BGH ist schon unter dem Gesichtspunkt bedenklich, dass bei einer Bauausführung möglicherweise verschiedene Wege zum Ziel führen. Auf keinen Fall sollte die Entscheidung des BGH dahingehend verallgemeinert werden, dass der Vermieter bei mehreren Ausführungsmöglichkeiten immer die preiswerteste wählen muss. Der Vermieter kann sich vielmehr auch für eine kostenaufwendigere Maßnahme entscheiden, wenn sie wirtschaftlich sinnvoll ist[281]. Der Vermieter muss auch nicht die kostengünstigsten Materialien einbauen. Er kann sich bei der Modernisierungsmaßnahme auch für eine höherwertige Ausstattung als vorher vorhanden entscheiden.[282] Der Vermieter muss auch keine Ausschreibung der Arbeiten durchführen;[283] und es gibt oftmals auch gute Gründe, nicht den preiswertesten Handwerker zu nehmen.

235   Auf jeden Fall sind auch nicht erforderliche Aufwendungen in die umlagefähigen Kosten mit einzubeziehen, wenn der Mieter selber für die von ihm selbst durchgeführte Beseitigung durch die Bauarbeiten verursachter Schäden (im entschiedenen Fall: Notwendigkeit einer Neutapezierung) vom Vermieter einen Vorschuss nach §§ 555d Abs. 6, 555a Abs. 3 S. 2 BGB gefordert und erhalten hat. In diesem Fall ist es dem Mieter unter dem Gesichtspunkt der unzulässigen Rechtsausübung gem. § 242 BGB verwehrt, sich darauf zu berufen, dass die von ihm geltend gemachten und vom Vermieter vollständig erstatteten Aufwendungen nicht entstanden oder nicht erforderlich gewesen seien.[284]

236   Die Berechnung der Mieterhöhung erfolgt mit 11% der „aufgewendeten Kosten", so dass Skonti, Mengenrabatte oder sonstige Preisnachlässe zu berücksichtigen sind. Auch ein Erlös aus einem etwaigen Verkauf von Altbauteilen, die im Zuge der Modernisierungsarbeiten ausgebaut worden sind, ist – nach Abzug der mit dem Verkauf verbundenen Kosten – von den aufgewendeten Kosten abzuziehen. (Fiktive) Kosteneinsparungen sind ebenfalls abzuziehen:[285] Z. B. sind die – gedachten – Kosten für eine ohnehin anstehende Renovierung alter einfachverglaster Holzfenster von den Kosten für neue isolierverglaste Kunststofffenster abzuziehen. Nach § 559 Abs. 2 BGB sind diese Kosten, soweit erforderlich, durch Schätzung zu ermitteln.[286]

Außerdem muss sich der Vermieter gem. § 559a BGB Drittmittel   237
auf seinen Aufwand anrechnen lassen. Das heißt, er muss u. a. vom
Mieter oder für diesen von Dritten übernommene oder mit Zuschüssen öffentlicher Haushalte gedeckte Kosten (auch Zinsver-
günstigungen) herausrechnen. Die „Berechnungsanweisung" ergibt
sich im Einzelnen aus § 559a BGB; so sind z. B. nach § 559a Abs. 4
BGB Zuschüsse oder Darlehen nach dem Verhältnis der für die einzelnen Wohnungen aufgewendeten Kosten aufzuteilen, wenn nicht
festgestellt werden kann, in welcher Höhe sie für die einzelnen
Wohnungen gewährt worden sind. Nicht abzuziehen sind Steuer-
vorteile des Vermieters daraus, dass er die Kosten der Maßnahme
als Werbungskosten geltend machen kann.

Die vollständige Bezahlung aller Handwerkerrechnungen durch den   238
Vermieter ist keine Voraussetzung einer Mieterhöhung nach § 559
BGB. Die Kosten „entstehen" -in Form einer fälligen Verbindlichkeit gegenüber dem Bauunternehmer- bereits mit der Ausstellung
der Rechnung über die durchgeführten Arbeiten.[287] Außerdem ist
sonst ein Vermieter, der möglicherweise bereits einen Großteil der
Kosten aufgewandt hat, wegen noch ausstehender Mängelbeseiti-
gungen durch den Unternehmer, Streit um einzelne Rechnungspo-
sitionen oder Sicherheitseinbehalte ggf. über Jahre gehindert, die
Mieterhöhungserklärung nach § 559b BGB abzugeben.

Finanzierungskosten des Vermieters für die Maßnahme können   239
nicht angesetzt werden. Dazu zählen auch die Kapitalbeschaffungs-
kosten[288], die Kosten für einen Grundbuchauszug und die Eintra-
gung der Hypothek[289]. Mietausfall infolge einer für die Bauzeit erfolgten vorübergehenden Räumung der Wohnung durch den Mieter
gehört ebenso wie eine etwaige Mietminderung zu den kalkulatori-
schen Risiken des Vermieters, der eine Modernisierungsmaßnahme
durchführt. Auch diese Positionen sind daher nicht berücksichti-
gungsfähig.

ee) Minderungsausschluss: Das Recht des Mieters zur Mietminderung   240
ist für den Vermieter jedenfalls dann ein schwer verständliches
Ärgernis, wenn er gar nicht beabsichtigt, aufgrund der Modernisierungsmaßnahme eine Mieterhöhung durchzuführen. Als „Gegenleistung" für die dem Mieter in diesem Fall kostenlos zu Gute kom-

mende Modernisierung mag der Vermieter erwarten, dass der Mieter wenigstens nicht auch noch für die Dauer der Bauarbeiten die Miete mindert. Immerhin hat der Gesetzgeber hier mit § 536 Abs. 1a BGB, wonach – nur – bei einer energetischen Modernisierung nach § 555b Nr. 1 BGB das Minderungsrecht für die Dauer von – genau – drei Monaten ausgeschlossen ist, einen Interessenausgleich herbeiführen wollen. Der Vermieter, gerade wenn er mit der Maßnahme keine Mieterhöhung plant, kann sich ggf. vor infolge der Maßnahme durch den Mieter ausgebrachten Mietminderungen auch durch Abschluss einer Modernisierungsvereinbarung schützen, die nach § 555 f Nr. 2 BGB explizit auch Vereinbarungen über Gewährleistungsrechte und Aufwendungsersatzansprüche des Mieters enthalten kann.[290]

241 **ff) Berechnung und Aufteilung:** Gerechnet wird nach (streitiger, aber) zutreffender Ansicht: Letzte monatliche Miete vor Durchführung der Modernisierung mal 12, plus 11% der Modernisierungskosten, dann wieder geteilt durch 12. Das entspricht einer monatlichen Mieterhöhung von (11% / 12 Monate =) 0,917%. Sind die baulichen Maßnahmen für mehrere Wohnungen durchgeführt worden, muss der Vermieter die Kosten angemessen auf die einzelnen Wohnungen aufteilen. Dies kann z. B. bei einzeln zuzuordnenden Maßnahmen (wie dem Einbau von Fenstern) durch Zuordnung entsprechend der Rechnung geschehen. Bei jedem Mieter unabhängig von der Wohnungsgröße gleichermaßen zugute kommenden Maßnahmen (z. B. Anschluss an das Breitbandkabelnetz oder Installation einer Haussatellitenanlage) kann die Aufteilung auch nach Anzahl der Wohnungen erfolgen. Schließlich ist noch eine verhältnismäßige Aufteilung (z. B. bei einer Fassadenwärmedämmung Aufteilung der Kosten nach qm Wohnfläche) denkbar. Bei umfangreichen Modernisierungsmaßnahmen kann die Kostenverteilung durchaus auch nach unterschiedlichen Schlüsseln erfolgen.

242 Das Ergebnis der Berechnung – die Mieterhöhung – kann durchaus über der ortsüblichen Vergleichsmiete liegen. Die Beschränkungen einer Mieterhöhung nach § 558 BGB gelten bei einer Mieterhöhung nach § 559 BGB nicht. So kann die Mieterhöhung nach § 559 BGB unabhängig von den in § 558 BGB genannten Fristen und unabhän-

gig von der dortigen Kappungsgrenze[291]; sogar gleichzeitig neben einer Mieterhöhung nach § 558 BGB erfolgen, jedoch bietet sich letzteres wegen der Kompliziertheit eines solchen Vorgehens nicht an.

gg) Härtefallregelung: Nach § 559 Abs. 4 S. 1 BGB ist eine Mieterhöhung nach § 559 BGB ausgeschlossen, „soweit sie auch unter Berücksichtigung der voraussichtlichen künftigen Betriebskosten für den Mieter eine Härte bedeuten würde, die auch unter Würdigung der berechtigten Interessen des Vermieters nicht zu rechtfertigen ist". Im Rechtsstreit hat das Gericht bei der Beurteilung, ob eine Modernisierungsmaßnahme für den Mieter eine nicht zu rechtfertigende Härte bedeuten würde, aufgrund einer umfassenden Würdigung aller Umstände des Einzelfalls die Interessen der Beteiligten gegeneinander abzuwägen.[292] Generalisierende Aussagen – etwa dazu, welche finanziellen Belastungen einem Mieter mit mittlerem Einkommen noch zuzumuten sind – verbieten sich.[293] **243**

Bei der in die umfassende Würdigung – u. a. – einzustellenden Abwägung der finanziellen Mehrbelastung durch die Mieterhöhung und die Betriebskosten ist in jedem Fall eine Gesamtbetrachtung erforderlich. Gerade bei Maßnahmen zur Einsparung von Energie oder Wasser ist aber eher davon auszugehen, dass es zu einer Verringerung bei den Betriebskostenarten Heizung, Wasser und Abwasser kommt. Dies ist dann ggf. mit der Erhöhung der Grundmiete zu saldieren. Nichts anderes kann gelten, wenn zwar eine neue Betriebskostenart geschaffen wird (Einbau einer Zentralheizung), gleichzeitig aber die entsprechenden „Betriebskosten" aufgrund mit Dritten geschlossener Verträge beim Mieter wegfallen (z. B. bei bisheriger Beheizung mit über den eigenen Stromzähler des Mieters erfassten Elektroheizkörpern). **244**

§ 559 Abs. 4 BGB darf nicht losgelöst gesehen werden von § 555d Abs. 2 BGB, der eine Härtefallregelung für die Frage trifft, ob der Mieter die vom Vermieter beabsichtigte Maßnahme dulden muss. Dabei ist die Regelung in § 555d Abs. 2 S. 1 BGB vermieterfreundlicher als die Regelung in § 559 Abs. 4 S. 1 BGB. Nach dem Gesetzeswortlaut fallen bei der Frage der Duldung auf Vermieterseite bei der Härtefallprüfung mehr Abwägungskriterien in die Waagschale („als auch anderer Mieter in dem Gebäude sowie von Belangen der Ener- **245** gieeinsparung und des Klimaschutzes") als bei der Prüfung, ob die nachfolgende Mieterhöhung nach § 559 BGB für den Mieter eine Härte bedeutet. Im Gesetzentwurf[294] hieß es dazu:

„Abs. 4 regelt den zweiten Teil der Härtefallabwägung (siehe auch § 555d BGB): Anders als nach bisherigem Recht wird erst nach Durchführung der Maßnahme gesondert überprüft, ob die Mieterhöhung in wirtschaftlicher Hinsicht auch unter Einbeziehung der voraussichtlichen künftigen Betriebskosten eine Härte für den Mieter bedeuten würde. In diesem Fall ist der Vermieter zwar zur Modernisierung berechtigt, eine Mieterhöhung ist jedoch ausgeschlossen."

D. h.: Führt der Vermieter die vom Mieter zu duldenden Maßnahmen durch, kann die Situation entstehen, dass der Vermieter zwar die Ausgaben tätigt, auf der Einnahmeseite aber leer ausgeht, wenn dort – bei der Frage der Mieterhöhung nach § 559 BGB – die – erst jetzt – zu berücksichtigende Mieterhöhung zur Bejahung der Härte führt. In diesem Fall kann der Mieter die durch die Investition des Vermieters bewirkten Vorteile gleichsam „umsonst" nutzen. Dieses Ergebnis ist schief.

246   Gem. § 559 Abs. 4 S. 2 Nr. 1 BGB findet eine Härtefallabwägung allerdings nicht statt, wenn die Mietsache lediglich in einen Zustand versetzt wird, der allgemein üblich ist. Dies ist der Fall, wenn dieser Zustand bei der überwiegenden Mehrzahl von Mieträumen – mindestens zwei Drittel – in Gebäuden gleichen Alters innerhalb der Region (Bundesland) angetroffen wird. Es kommt also – ggf. unter Berücksichtigung regionaler Besonderheiten- auf einen Vergleich mit den **tatsächlichen** Gegebenheiten im Wohnungsbestand an, nicht auf einen anhand bestimmter Normen (etwa den Bestimmungen über den sozialen Wohnungsbau) oder Vorgaben zu ermittelnden Sollzustand an; ebenso wenig darauf, was wohnungswirtschaftlich objektiv notwendig und wirtschaftlich vernünftig ist.[295]

Entspricht die Wohnung durch **vom Mieter durchgeführte** Maßnahmen bereits einem allgemein üblichen Zustand, kommt es darauf an, ob der Mieter diesen Zustand rechtmäßig herbeigeführt hat. Vom Mieter **vertragswidrig** vorgenommene Veränderungen bleiben dagegen außer Betracht.[296]

Gem. § 559 Abs. 4 S. 2 Nr. 2 BGB findet eine Härtefallabwägung außerdem nicht statt, wenn die Modernisierungsmaßnahme auf Grund von Umständen durchgeführt wurde, die der Vermieter nicht zu vertreten hat. 247

Für die Härtefallprüfung gelten bestimmte Mitteilungspflichten und -fristen. Die Regelung ist einigermaßen kompliziert: § 555d Abs. 3 S. 1 BGB bestimmt, dass der Mieter dem Vermieter Umstände, die eine Härte im Hinblick (auf die Duldung oder) die Mieterhöhung begründen, bis zum Ablauf des Monats, der auf den Zugang der Modernisierungsankündigung folgt, mitteilen muss, wobei der Lauf der Frist nach § 559d Abs. 3 S. 2 BGB allerdings nur beginnt, wenn die Modernisierungsankündigung des Vermieters den Vorschriften des § 555c entsprach. Unterlässt der Mieter diese Mitteilung, ist er nach § 559 Abs. 5 S. 1 BGB mit diesen (wie auch allen anderen von ihm nicht rechtzeitig nach § 555d Abs. 3 bis 5 BGB mitgeteilten Härtegründen) ausgeschlossen. Allerdings sind nach § 555d Abs. 4 S. 1 BGB Umstände, die eine Härte im Hinblick auf (die Duldung oder) die Mieterhöhung begründen, auch nach Ablauf der in § 555d Abs. 3 S. 1 BGB genannten Monatsfrist noch zu berücksichtigen, wenn der Mieter ohne Verschulden an der Einhaltung der Frist gehindert war und er dem Vermieter die Umstände sowie die Gründe der Verzögerung unverzüglich in Textform mitteilt. Nach § 555d Abs. 4 S. 2 BGB sind Umstände, die eine Härte im Hinblick auf die Mieterhöhung begründen, nur zu berücksichtigen, wenn sie spätestens bis zum Beginn der Modernisierungsmaßnahme mitgeteilt werden. Schließlich kann die Ausschlusswirkung aus §§ 559 Abs. 5 S. 1, 555d Abs. 4 S. 2 gem. §§ 559 Abs. 5 S. 1, 555d Abs. 3 S. 2 BGB nicht eintreten, „wenn die Modernisierungsankündigung nicht den Vorschriften des § 555c entspricht"; und erst recht nicht, wenn der Vermieter die Modernisierungsankündigung nach § 555c BGB ganz unterlassen hat. Hat der Vermieter in der Modernisierungsankündigung nicht nach § 555c Abs. 2 BGB auf die Form und die Frist des Härteeinwands hingewiesen, bedarf nach § 555d Abs. 5 BGB die Mitteilung des Mieters nach § 555d Abs. 3 S. 1 BGB nicht der dort bestimmten Form und Frist. Allerdings sind auch in diesem Fall Umstände, die eine Härte im Hinblick auf die Mieterhöhung be- 248 gründen, nur zu berücksichtigen, wenn sie spätestens bis zum Beginn der Modernisierungsmaßnahme mitgeteilt werden (§ 555d Abs. 4 S. 2 i. V. m. Abs. 4 S. 2 BGB). Die Bestimmungen über die Ausschlussfrist nach § 559 Abs. 5 S. 1 BGB sind gem. § 559 Abs. 5 S. 2 BGB schließlich **nicht** anzuwenden, wenn die tatsächliche Mieterhöhung die angekündigte um mehr als 10 Prozent übersteigt.

249   Erhöht der Vermieter die Miete nach § 559 BGB, wird der Erhöhungsbetrag – oft als „Modernisierungszuschlag" bezeichnet – Bestandteil der (Grund)miete. Daher darf er etwa bei einer späteren Mieterhöhung nach § 558 BGB nicht mehr gesondert neben der „alten" Miete bzw. Quadratmetermiete ausgewiesen werden.[297]

250   **hh) Begründung, Erläuterung und Fristen:** Gem. § 555c Abs. 1 und 3 bis 5 BGB muss der Vermieter dem Mieter spätestens drei Monate vor Beginn der Modernisierungsmaßnahme diese ankündigen:

- in Textform (§§ 555c Abs. 1 S. 1, 126b BGB)

und mit inhaltlichen Angaben über:

- die Art und den voraussichtlichen Umfang der Modernisierungsmaßnahme in wesentlichen Zügen (§ 555c Abs. 1 S. 2 Nr. 1 BGB), wobei er bei energetischen Modernisierungen nach § 555b Nr. 1 BGB insbesondere hinsichtlich der energetischen Qualität von Bauteilen auf allgemein anerkannte Pauschalwerte Bezug nehmen kann (§ 555b Abs. 3 BGB),

- den voraussichtlichen Beginn und die voraussichtliche Dauer der Modernisierungsmaßnahme (§ 555c Abs. 1 S. 2 Nr. 2 BGB) und

- den Betrag (muss also in EUR, nicht in Prozent erfolgen!) der zu erwartenden Mieterhöhung sowie die voraussichtlichen künftigen Betriebskosten (§ 555c Abs. 1 S. 2 Nr. 3 BGB),

soweit nicht eine der in § 555c Abs. 4 BGB genannten Ausnahmen von der Ankündigungspflicht vorliegen.

251   In einem weiteren Schritt teilt er dem Mieter gem. § 559b Abs. 1 BGB in Textform die Mieterhöhung mit, sobald ihm die genauen Kosten bekannt sind.[298] Der Vermieter muss dem Mieter den Erhöhungsbetrag aufgrund der entstandenen Kosten vorrechnen und entsprechend den Voraussetzungen der §§ 559 und 559a BGB (s. o.) erläutern. Das Vorliegen einer Berechnung und Erläuterung ist da-

mit zunächst einmal als formale Voraussetzung der Mieterhöhungserklärung zu prüfen. Davon zu trennen ist – wenn die formalen Voraussetzungen erfüllt sind – die in einem zweiten Schritt erfolgende
inhaltliche Prüfung, ob die Erläuterung und Berechnung richtig
sind. Das heißt, wenn z. B. die Berechnung fehlt oder eine Aufschlüsselung der Kosten fehlt, wenn der Berechnungsschlüssel nicht
erläutert wird, dann führt das bereits zur Unzulässigkeit der Mieterhöhung mit dem Ergebnis, dass keine weitere Prüfung erfolgt und
eine Mieterhöhungsklage insgesamt abzuweisen ist. Wenn in der
Mieterhöhungserklärung aber lediglich die Berechnung falsch ist
und einen niedrigeren Mieterhöhungsbetrag ergibt als geltend gemacht, dann ist das eine materiell-rechtliche Frage mit der Folge,
dass die Klage teilweise Erfolg hat.

Der Mieter muss den Grund der Mieterhöhung anhand der Erläute- **252**
rung als plausibel nachvollziehen können. Dazu reicht es nicht aus,
lediglich den Gesetzeswortlaut ganz oder teilweise zu wiederholen.
Bei Baumaßnahmen, für deren Beurteilung es umfangreicher tech-
nischer Darlegungen bedürfte, ist es ausreichend, wenn der Vermieter die durchgeführte bauliche Maßnahme so genau beschreibt, dass
der Mieter allein anhand dessen, wenn auch unter Umständen unter
Zuhilfenahme einer bautechnisch oder juristisch sachkundigen Person, beurteilen kann, ob es sich um eine Baumaßnahme nach § 559
BGB handelt. Für – dies dürfte der in der Praxis häufigste Fall einer
Mieterhöhung nach § 559 BGB sein – Maßnahmen zur Einsparung
von Heizenergie heißt das, dass der Vermieter in der Mieterhöhungserklärung neben einer schlagwortartigen Bezeichnung der
Maßnahme und einer Zuordnung zu den Positionen der Berechnung diejenigen Tatsachen darlegen muss, anhand derer überschlägig beurteilt werden kann, ob die bauliche Änderung eine nachhaltige Einsparung von Heizenergie bewirkt. Der Vermieter braucht also
nicht ein bestimmtes Maß der voraussichtlich einzusparenden Heizenergie (etwa in Form der Beifügung einer Wärmebedarfsberechnung), sondern lediglich Tatsachen darzulegen, aus denen sich als
Folge der durchgeführten Baumaßnahmen eine dauerhafte Energieeinsparung ergibt.[299] Beim Einbau neuer Fenster liefert die alleinige
Angabe des Wärmedämmwertes allerdings dem Mieter keine ausrei-

chende Basis für eine überschlägige Einschätzung, ob die bauliche Maßnahme zu einer Energieeinsparung führen kann, wenn die vorhandenen Fenster bereits mit Isolierglas versehen waren und der Mieter darüber hinaus keine weiteren Erkenntnisse besitzt. In diesem Fall muss der Vermieter nicht nur die Beschaffenheit der neuen Fenster (etwa durch Angabe des Wärmedurchgangskoeffizienten), sondern auch den Zustand der alten Fenster so genau angeben, dass der Mieter einen entsprechenden Vergleich anstellen und den vom Vermieter in der Mieterhöhungserklärung aufgezeigten Einspareffekt beurteilen kann.[300] Wird das beachtet, ist die Mieterhöhungserklärung formell wirksam. Ein Gericht kann eine auf eine solche Mieterhöhungserklärung gestützte Klage nicht von vornherein insgesamt abweisen, sondern muss in eine inhaltliche Überprüfung einsteigen, bis zu welcher Höhe die Mieterhöhungserklärung berechtigt ist. Wenn der Mieter die vom Vermieter behaupteten Einspareffekte im Einzelnen bestreitet, muss diese Frage ggf. mittels eines Sachverständigengutachtens geklärt werden.

253 Zudem ist zu beachten, dass ab 1.5.2013 für die Erläuterung gesetzliche Erleichterungen vorgesehen sind. § 555c Abs. 1 S. 2 Nr. 1 BGB bestimmt für die Modernisierungsankündigung, dass diese Art und voraussichtlichen Umfang der Modernisierungsmaßnahme (nur) „in wesentlichen Zügen" beschreiben muss. Für die nachfolgende Mieterhöhungserklärung kann dann kein anderer – strengerer – Maßstab gelten. Außerdem regeln §§ 559b Abs. 1 S. 3, 555c Abs. 3 BGB, dass der Vermieter bei energetischen Modernisierungen nach § 555b Nr. 1 BGB bei der Erläuterung „insbesondere" – also nicht nur – hinsichtlich der energetischen Qualität von Bauteilen auf allgemein anerkannte Pauschalwerte Bezug nehmen kann.[301] In der Praxis ist auch dies allerdings möglicherweise aufwendiger und komplizierter als die vom BGH[302] alternativ genannte Beschreibung der alten und der neuen Bauteile. Eine weitere Erleichterung für den Vermieter folgt aus § 559 Abs. 2 BGB: Kosten, die für Erhaltungsmaßnahmen erforderlich gewesen wären, … sind, soweit erforderlich, durch Schätzung zu ermitteln." Dies gilt gleichermaßen, wenn gleichzeitig bzw. nebeneinander sowohl Erhaltungs- als auch Modernisierungsmaßnahmen durchgeführt worden sind.[303]

ii) Eintritt der Mieterhöhung: § 559b Abs. 2 BGB trifft inhaltlich drei Regelungen über den Zeitpunkt des Wirksamwerdens der Mieterhöhung: 254

(1) § 559b Abs. 2 S. 1 BGB betrifft den Fall, dass der Mieterhöhungserklärung gem. § 559b Abs. 1 BGB eine in allen Punkten ordnungsgemäße Ankündigung nach § 555c Abs. 1 und 3 bis 5 BGB vorausgegangen ist.[304] Sind diese Voraussetzung erfüllt, schuldet der Mieter die erhöhte Miete mit Beginn des dritten Monats nach dem Zugang der Erklärung.

> **BEISPIEL:** Zugang der Erhöhungserklärung am 10. März, erhöhte Miete erstmalig geschuldet zum 1. Juni. Fällig ist die Miete dann (wenn nichts anderes vereinbart ist) gem. § 556b Abs. 1 BGB spätestens bis zum dritten Werktag des Monats Juni.

Der Zustimmung des Mieters bedarf es – anders als bei einer Mieterhöhung bis zur ortsüblichen Vergleichsmiete nach § 558 BGB – nicht. Den Zeitpunkt, zu dem erstmalig die erhöhte Miete zu bezahlen ist, braucht der Vermieter nach dem Wortlaut des § 559b BGB zwar in der Erhöhungserklärung nicht mitzuteilen, zweckmäßig ist dies aber in jedem Fall. 255

(2) § 559b Abs. 2 S. 2 Nr. 1 BGB in der ab 1.5.2013 geltenden Fassung regelt, dass **ausnahmslos jeder** Mangel der Modernisierungsankündigung nach § 555c Abs. 1 und 3 bis 5 BGB zu einer Fristverlängerung um sechs Monate führt. Dabei umfasst die Formulierung „wenn der Vermieter dem Mieter die Modernisierungsmaßnahme nicht nach den Vorschriften des … angekündigt hat" die fehlende wie die fehlerhafte Ankündigung gleichermaßen. 256

Da § 559b Abs. 2 S. 2 Nr. 1 BGB bzgl. der Modernisierungsankündigung auch auf § 555c Abs. 4 BGB verweist, ist eine Mieterhöhung nach § 559 BGB mit der in § 559b Abs. 2 S. 1 BGB genannten Frist auch ohne die in § 555c BGB vorgesehene vorausgegangene Ankündigung möglich bei Maßnahmen, die nur mit einer unerheblichen Einwirkung auf die Mietsache verbunden sind **und** nur zu einer unerheblichen Mieterhöhung führen, § 555c Abs. 1 und 3 bis 5 BGB, sog. „Bagatellmaßnahmen".[305] Da in solchen Fällen die Ankündi- 257 gung ganz unterbleiben kann, gilt das erst recht bei einer zwar erfolgten, aber mit Fehlern behafteten Ankündigung.

258 **(3)** § 559b Abs. 2 S. 2 Nr. 2 BGB betrifft den Fall, dass die tatsächliche Mieterhöhung mehr als 10% höher ist als die angekündigte. Die Folge ist auch hier, dass sich die in § 559b Abs. 2 S. 1 BGB genannte Frist um sechs Monate verlängert. Der Mieter schuldet die erhöhte Miete dann nicht mit Beginn des dritten Monats, sondern mit Beginn des neunten Monats nach Zugang der Erklärung. Die Fristberechnung erfolgt nach § 188 Abs. 2 BGB.

i) Beweisbarkeit des Mieterhöhungsverlangens

259 Es ist ratsam, wichtige Schreiben per Einschreiben mit Rückschein zu senden, damit Sie den Zugang des Schreibens notfalls auch beweisen können. Per Einschreiben allein genügt nicht, denn damit beweisen Sie nur die Absendung, nicht aber den Zugang des Schreibens (und nur der zählt). Auch bei einem Einschreiben mit Rückschein können Sie Pech haben: Wenn der Empfänger vom Postboten nicht angetroffen wird, bleibt der Einschreibebrief zwar einige Tage auf der Post liegen. Wenn der Empfänger ihn aber während dieser Zeit nicht dort abholt, geht er unzugestellt an den Absender zurück! Möglicherweise gilt in einem solchen Fall die „Fiktion" des Zugangs (es wird dann so getan, als ob der Zugang erfolgt wäre), wenn der Empfänger im konkreten Fall mit Ihrem Schreiben rechnen musste und den Zugang verhindert hat. Dies in einem Prozess darzulegen und zu beweisen, fällt aber regelmäßig schwer. Auch eine Zustellung durch den Gerichtsvollzieher ist möglich. Dazu rufen Sie beim Amtsgericht an und lassen sich mit der Gerichtsvollzieherverteilerstelle verbinden. Dort erhalten Sie nähere Auskünfte bzgl. des zuständigen Gerichtsvollziehers, der Kosten usw. Eine weitere Möglichkeit besteht in der Zustellung durch einen Boten, der dann notfalls bezeugen kann, dass er den Brief beim Mieter oder Vermieter abgegeben oder in den Briefkasten geworfen hat. Der Bote sollte den Brief vorher gelesen haben und auf einer Kopie mit seiner Unterschrift bestätigen, dass er das Original dieses Briefes am … in den Briefkasten des … geworfen hat. Das ist eigentlich die einfachste, preiswerteste und sicherste Möglichkeit der Zustellung. Und schließlich können Sie ein

wichtiges Schreiben auch persönlich übergeben und sich den Empfang des Schreibens auf einem Durchschlag quittieren lassen.

j) Nichteintritt der Mieterhöhung

Der Vermieter muss noch wissen, dass der Mieter auch bei einer 260 nach den oben genannten Voraussetzungen berechtigten Mieterhöhung deren Eintritt durch Kündigung des Mietverhältnisses verhindern kann. Der **Mieter** hat insoweit gemäß § 561 BGB ein Sonderkündigungsrecht. Die Mieterhöhung tritt dann nicht ein. Daneben hat der Mieter weiterhin das Recht zur fristgemäßen ordentlichen Kündigung ohne Grund, sowie zur außerordentlichen Kündigung (bei Vorliegen eines entsprechenden Kündigungsgrunds). § 561 BGB bestimmt:

> (1) Macht der Vermieter eine Mieterhöhung nach § 558 oder § 559 geltend, so kann der Mieter bis zum Ablauf des zweiten Monats nach dem Zugang der Erklärung des Vermieters das Mietverhältnis außerordentlich zum Ablauf des übernächsten Monats kündigen. Kündigt der Mieter, so tritt die Mieterhöhung nicht ein.
> (2) Eine zum Nachteil des Mieters abweichende Vereinbarung ist unwirksam.

Aus der Formulierung „Macht der Vermieter eine Mieterhöhung … geltend" kann gefolgert werden, dass es nur auf die Geltendmachung, nicht aber auf die Wirksamkeit der Mieterhöhungserklärung ankommt. Das außerordentliche Kündigungsrecht steht dem Mieter also auch für den Fall einer wegen Nichtbeachtung der §§ 558 ff. bzw. 559 ff. BGB unwirksamen Mieterhöhungserklärung zu. Kündigt der Mieter, endet das Mietverhältnis mit Ablauf des übernächsten Monats nach Ablauf der Frist, bis zu der die Kündigung spätestens erklärt werden konnte; und nicht mit Ablauf des übernächsten Monats nach Zugang der Kündigungserklärung.

> **BEISPIEL:** Zugang der Mieterhöhungserklärung am 10.3. Kündigungsmöglichkeit des Mieters bis zum 31.5. Gleichgültig, ob der Mieter innerhalb dieser Zeit zum Beispiel am 16.3., 30.3., 10.4., 5.5. oder 12.5. kündigt (jeweils Zugang der Kündigungserklärung), endet das Mietverhältnis zum 31.7.

2. Betriebskosten

a) Betriebskostenerhöhung

261 **aa) Gesetzliche Regelung:** Unter Rn. 2. 65 ff. wurde bereits darauf hingewiesen, wie wichtig eine genaue vertragliche Festlegung der vom Mieter geschuldeten Betriebskosten ist. Die in § 560 BGB geregelte Erhöhung der Betriebskosten ist für den Vermieter einfacher als die Erhöhung der Kaltmiete.

§ 560 BGB enthält zwei inhaltlich voneinander **unabhängige Regelungen:**

- Die Abs. 1 bis 3 betreffen Mietverträge, in denen neben der Kaltmiete im Mietvertrag eine Betriebskostenpauschale vereinbart ist.

- Der Abs. 4 betrifft Mietverträge, in denen neben der Kaltmiete eine Betriebskostenvorauszahlung vereinbart ist.

- Nicht geregelt ist die Erhöhung von Betriebskosten bei Inklusiv- oder Teilinklusivmieten, bei denen neben der Kaltmiete weder eine Betriebskostenpauschale noch eine Betriebskostenvorauszahlung vereinbart wurde.

bb) Betriebskostenerhöhung bei vertraglich vereinbarter Betriebskos-
262 **tenvorauszahlung:** Der mit weitem Abstand häufigste – und glücklicherweise der unkomplizierteste – Fall **vertraglicher Gestaltung** der Bezahlung von Betriebskosten entspricht dem § 560 Abs. 4 BGB. Dabei hat der Mieter (monatliche) Vorauszahlungen zu erbringen, über die (jährlich) abgerechnet wird. Aus § 560 Abs. 4 BGB selbst lässt sich also kein Recht zur Forderung von Vorauszahlungen herleiten. § 560 Abs. 4 BGB **setzt vielmehr eine entsprechende vertragliche Abrede voraus** und regelt dann Einzelheiten, von denen wegen § 560 Abs. 6 BGB nicht zum Nachteil des Mieters abgewichen werden darf. Vorauszahlungen können also nur dann verlangt werden, wenn dies vereinbart ist. Sind Vorauszahlungen vereinbart worden, braucht die Möglichkeit einer Erhöhung der Vorauszahlungen nicht ausdrücklich vertraglich vereinbart zu werden, etwa in Form eines Erhöhungsvorbehalts, denn dieses Recht ergibt sich unmittel-

bar aus § 560 Abs. 4 BGB. Etwas anderes gilt nur dann, wenn eine Vertragsauslegung ergibt, dass eine Erhöhung der **laufenden Vorauszahlungen ausgeschlossen** sein sollte. Die Erhöhung ist nach jeder formell **und** inhaltlich korrekten Abrechnung möglich.[306] Es ist nicht erforderlich, dass die zur Anpassung berechtigende Abrechnung innerhalb der Jahresfrist des § 556 Abs. 3 S. 2 BGB erfolgt ist.[307] Es muss auch nicht die letzt**mögliche** Abrechnung sein.[308] Die Anpassung muss immer an die letzte **tatsächlich erfolgte** Betriebskostenabrechnung erfolgen; nicht an eine beliebige davor.[309]

Nach dem Gesetzeswortlaut wird sie durch Erklärung in Textform[310] auf eine angemessene Höhe „vorgenommen". Es bedarf also keiner Zustimmung des Mieters. Allerdings darf auch der Mieter nach einer Abrechnung durch Erklärung in Textform eine Anpassung auf eine „angemessene Höhe" vornehmen; das heißt sodann ohne Zustimmung des Vermieters eine (höhere oder) niedrigere Vorauszahlung überweisen. Das gilt sogar dann, wenn der Mieter inhaltliche Fehler der Betriebskostenabrechnung beanstandet und das seiner Meinung nach zutreffende Abrechnungsergebnis selbst errechnet.[311] Da beide Vertragspartner dadurch in Zukunft die Möglichkeit haben, durch einseitige Erklärung in Textform die Höhe der Betriebskosten nach jeder Abrechnung neu festzusetzen, wird es hier möglicherweise zu Streit kommen. Denkbar ist sogar, dass aufgrund unterschiedlicher Interpretation der Abrechnung und zukünftiger Entwicklung der Betriebskosten widerstreitende Erklärungen abgegeben werden. Das Nachsehen hat hier zunächst der Vermieter, der weniger Vorauszahlungen erhält. **263**

Die Anpassung hat gem. § 560 Abs. 4 BGB auf eine „angemessene Höhe" zu erfolgen. Mit der Anpassung soll erreicht werden, dass die vom Mieter zu leistenden Abschläge den tatsächlichen Kosten möglichst nahe kommen, so dass weder der Mieter dem Vermieter – durch zu hohe Vorauszahlungen – ein zinsloses Darlehen gewährt noch der Vermieter – angesichts zu niedriger Vorauszahlungen – die Nebenkosten teilweise vorfinanzieren muss.[312] Deshalb ist das Ergebnis der erteilten Abrechnung nicht die einzig mögliche Begründung für eine Anpassung der Vorauszahlungen. So kann bei der Anpassung auch die Berücksichtigung anderer – bereits eingetretener **264** oder noch eintretender – Umstände erfolgen, von denen die im laufenden Jahr entstehenden Kosten voraussichtlich beeinflusst werden.[313]

265 Nach Ansicht des BGH darf allerdings nur auf konkret zu erwartende Preissteigerungen abgestellt werden; für einen allgemeinen Teuerungszuschlag – etwa von 10% – sei daneben oder stattdessen kein Raum.[314] Ein solcher pauschaler Zuschlag hat indes den Charme größerer Praktikabilität und dürfte angesichts der stetig nach oben zeigenden Kostenentwicklung bei den Nebenkosten den Mieter auch wirtschaftlich nicht unangemessen benachteiligen. Im übrigen ist zu bedenken, dass durch die Berechnung einer (nur) am Abrechnungsergebnis orientierten Anpassung der Vermieter de facto noch nicht einmal und nie zu einer Gesamtvorauszahlung gelangt, die auch nur den Abrechnungssaldo des Vorjahres erreichen würde. Auch hier kann ein pauschaler Aufschlag zumindest teilweise Abhilfe verschaffen. Ein prozentualer „Teuerungsaufschlag" dürfte – entgegen BGH – jedenfalls dann zu bejahen sein, wenn er sich an den Erfahrungswerten der Betriebskostensteigerungen der vergangenen Jahre orientiert oder wenn er sich im Rahmen der allgemeinen Teuerungsrate hält.

266 Im Ergebnis kann damit die „angemessene Höhe" der neuen Betriebskostenvorauszahlung grundsätzlich auf zweierlei Weise begründet werden:[315]

Die einfachste ist, man teilt den Jahresüberschuss oder -fehlbetrag durch zwölf und subtrahiert bzw. addiert das Ergebnis zu der bisherigen Betriebskostenvorauszahlung. Bei dieser Variante hinkt der Vermieter der Betriebskostensteigerung allerdings immer ein Jahr hinterher, da er nur die Steigerung des abgelaufenen Jahres (Fehlbetrag) auf die Zukunft umlegt, das bei Erstellung der Abrechnung bereits angelaufene Jahr aber so nicht erfassen kann.

267 Mühsamer ist es, auf Grund einzeln angekündigter Kostenerhöhungen von z. B. Versorgungsunternehmen, Versicherungen usw. bzgl. einzelner Betriebskostenpositionen die voraussichtliche Kostensteigerung zu berechnen. Zu beachten ist allerdings, dass eine Anpassung in diesem Fall nur möglich ist, wenn und soweit die Steigerung

einzelner Betriebskosten nicht durch eine Verminderung anderer Betriebskosten kompensiert wird.

Denkbar ist schließlich auch eine Kombination der beiden Varianten; also eine Anpassung um ein Zwölftel des Abrechnungssaldos verbunden mit der konkreten Berechnung weiterer Anpassungsbeträge aufgrund der bereits bekannten Steigerung oder Verminderung bei einzelnen Betriebskostenpositionen.[316]

cc) Betriebskostenerhöhung und -ermäßigung bei vertraglich vereinbarter Betriebskostenpauschale: Nach den soeben genannten Verträgen   **268** dürfte die nächstgrößere Gruppe diejenige sein, in denen bzgl. der Betriebskosten explizit eine Pauschale vereinbart worden ist. Diese Verträge unterfallen § 560 Abs. 1 bis 3 BGB. Nicht gemeint sind dort also solche Verträge, in denen ohne Aufspaltung in Kaltmiete und Betriebskostenpauschale eine einheitliche „Warmmiete" vereinbart ist. § 560 Abs. 1 BGB bestimmt zunächst, dass der Vermieter zu einer Erhöhung der Betriebskostenpauschale nur und nur insoweit berechtigt ist, wie dies im Mietvertrag vereinbart ist. Das heißt, die Möglichkeit einer Erhöhung der Betriebskostenpauschale muss im Mietvertrag ausdrücklich vorbehalten sein. Die Erklärung muss der Vermieter in Textform[317] abgeben, außerdem muss er den Grund für die Umlage bezeichnen und erläutern. Sodann schuldet der Mieter gem. § 560 Abs. 2 BGB den auf ihn entfallenden Teil der Umlage (= die Betriebskostenerhöhung) mit Beginn des auf die Erklärung folgenden übernächsten Monats. Soweit die Erklärung darauf beruht, dass sich Betriebskosten rückwirkend erhöht haben, wirkt sie auf den Zeitpunkt der Erhöhung, höchstens jedoch auf den Beginn des der Erklärung vorausgehenden Kalenderjahres zurück, sofern der Vermieter die Erklärung innerhalb von drei Monaten nach Kenntnis von der Erhöhung abgibt. Die Dreimonatsfrist beginnt also erst mit positiver Kenntnis des Vermieters, die er z. B. durch den Erhalt eines Gebührenbescheides erlangt. Es ist unschädlich und setzt die Frist nicht in Gang, wenn der Vermieter, z. B. durch entsprechende Ankündigungen in der Tagespresse, auch noch so fest mit der Erhöhung rechnen konnte bzw. musste.

Bei einer Betriebskostenermäßigung ist eine Betriebskostenpauscha-   **269** le vom Zeitpunkt der Ermäßigung an entsprechend herabzusetzen

(§ 560 Abs. 3 S. 1 BGB). Die Ermäßigung ist dem Mieter unverzüglich mitzuteilen (§ 560 Abs. 3 S. 2 BGB). § 560 Abs. 3 BGB gilt nicht für bei Vertragsschluss von vornherein zu hoch angesetzte Pauschalen, da es dem Mieter im Rahmen der Vertragsautonomie frei stand, den Vertrag zu unterschreiben oder nicht.[318]

270 **dd) Betriebskostenerhöhung bei Inklusiv- und Teilinklusivmieten:** Damit (mit § 560 BGB) sind die wirklich problematischen Fälle notwendiger Betriebskostenerhöhungen vom Gesetz nicht ausdrücklich geregelt. Dies betrifft zum einen diejenigen Mietverträge, in denen überhaupt keine Differenzierung nach Kaltmiete und Betriebskosten erfolgt ist (Warmmiete, Bruttomiete, Inklusivmiete). Bei diesen Mieten ist fraglich, ob im Rahmen einer Mieterhöhung nach § 558 BGB nur deren Nettomietanteil (Kaltmietanteil , Grundmietanteil) oder auch der Betriebskostenanteil erhöht werden kann. Allerdings kann aus der Vereinbarung einer Inklusivmiete nicht geschlossen werden, dass die in der einheitlichen Miete enthaltenen Betriebskosten bei einer Mieterhöhung ausgeschlossen und letztlich aus dem Vermögen des Vermieters bestritten werden sollen[319] Da vor allem bei langdauernden Mietverhältnissen durch den steigenden Betriebskostenanteil der Nettomietanteil ständig geringer wird, ist abzusehen, dass der Mieter eines Tages zur Nettomiete „Null" wohnt. Davon kann aber ein vernünftiger Mieter bei Abschluss des Vertrags nicht ausgehen.[320] Die Erhöhung einer Inklusivmiete kann daher auf eine rechnerisch angepasste Nettomiete und gleichzeitig auf einen in der Inklusivmiete enthaltenen, erhöhten Betriebskostenanteil gestützt werden.[321] Der Problematik geht man von vornherein aus dem Weg, wenn man – wie der BGH –[322] schlicht einen Rechenweg wählt, bei dem die jeweils aktuell auf die Wohnung entfallenden Betriebskosten im Rahmen einer Mieterhöhung nach § 558 BGB voll berücksichtigt werden.

271 Auf die vorstehend beschriebene Weise kann im Rahmen einer Mieterhöhung nach § 558 BGB auch der Betriebskostenanteil einer Teilinklusivmiete erhöht werden (also diejenigen Betriebskosten, die in der Miete enthalten sind).

Für den nicht in der Teilinklusivmiete enthaltenen Betriebskostenanteil gilt:

Ist hierfür eine Vorauszahlung vereinbart, ist insoweit § 560 Abs. 4 BGB anzuwenden.

Sind diese Betriebskosten nach dem Mietvertrag in einer Pauschale **mit** Erhöhungsvorbehalt vereinbart, kann eine Erhöhung nach § 560 Abs. 1 S. 1 BGB vorgenommen werden.

Sind diese Betriebskosten nach dem Mietvertrag in einer Pauschale **ohne** Erhöhungsvorbehalt vereinbart, ist eine Erhöhung nicht möglich.

Zu beachten ist schließlich noch, dass gem. Art. 229 § 3 Abs. 4 EGBGB auf ein am 1.9.2001 bereits bestehendes Mietverhältnis, bei dem die Betriebskosten ganz oder teilweise in der Miete enthalten sind, wegen Erhöhungen der Betriebskosten § 560 Abs. 1, 2, 5 und 6 BGB entsprechend anzuwenden sind, soweit im Mietvertrag vereinbart ist, dass der Mieter Erhöhungen der Betriebskosten zu tragen hat; bei Ermäßigungen der Betriebskosten gilt § 560 Abs. 3 BGB entsprechend. **272**

b) Änderung des Abrechnungsschlüssels

Nach § 556 Abs. 2 BGB kann der Vermieter auch im Fall einer anders lautenden vertraglichen Vereinbarung durch Erklärung in Textform, die nicht der Zustimmung des Mieters bedarf, bestimmen, dass die Betriebskosten zukünftig abweichend von der getroffenen Vereinbarung ganz oder teilweise nach einem Maßstab umgelegt werden, der dem erfassten unterschiedlichen Verbrauch oder der erfassten unterschiedlichen Verursachung Rechnung trägt.[323] Die Erklärung kann für künftige Abrechnungszeiträume abgegeben werden und ist nur vor Beginn eines Abrechnungszeitraums zulässig. Sind die Kosten bislang in der Miete enthalten, so ist diese entsprechend herabzusetzen. Ziel dieser Regelung ist es, dem Mieter einen Anreiz zur Energieeinsparung, Wassereinsparung, Müllvermeidung usw. zu bieten. **273**

Zur Klarstellung sei darauf hingewiesen, dass § 556a Abs. 2 BGB eine „Kann"-Bestimmung ist. Das heißt, dass der Vermieter bei Vorhandensein eines anders lautenden vertraglichen Abrechnungsmaßstabes bei diesem belassen darf, auch wenn Einrichtungen zur getrennten Verbrauchserfassung im Haus vorhanden sind. Er muss **274** dann nicht zu einer verbrauchsabhängigen Abrechnung übergehen, allerdings ist dies aus Gründen einer besseren Akzeptanz der Abrechnung durch die Mieter (und aus Gründen der Ökologie) ratsam. Keinesfalls kann aus § 556a Abs. 2 BGB eine Verpflichtung des Vermieters hergeleitet werden, solche wohnungsbezogenen Abrechnungseinrichtungen zu installieren. § 556a Abs. 2 BGB gilt auch für solche Betriebskostenkomponenten, die in Pauschalen oder in einer Inklusiv- oder Teilinklusivmiete enthalten sind. Die Pauschale, die Inklusiv- oder Teilinklusivmiete ist dann entsprechend um die ausgegliederte Betriebskostenposition herabzusetzen, die Betriebskostenposition wird dann in Zukunft nach dem jeweiligen Verbrauch abgerechnet.

275   Die oben genannte ausdrückliche Regelung in § 556a Abs. 2 BGB besagt gleichzeitig, dass in anderen als den dort genannten Fällen eine einseitige Änderung des Abrechnungsschlüssels durch den Vermieter nicht zulässig ist. Möglicherweise bedarf der Vermieter in diesem Fall sogar der Zustimmung **aller** Mieter des Hauses, da unterschiedliche Abrechnungsschlüssel bzgl. derselben Betriebskostenposition zu einem Ergebnis ungleich 100% führen würden. Der Vermieter muss also insoweit ein Einvernehmen herstellen und jeden einzelnen Mieter zur einvernehmlichen Änderung seines Mietvertrags bewegen. Zu den Möglichkeiten der Änderung des Abrechnungsschlüssels durch jahrelange einvernehmliche Handhabung und zu vertraglichen Änderungsvorbehalten siehe oben Rn. 2. 68.

276   Ebenfalls im Wege der Vereinbarung besteht auch die Möglichkeit, dass der Mieter bei Vorhandensein entsprechender Messeinrichtungen direkt z. B. mit dem Versorgungsunternehmen einen Vertrag abschließt. Dies dürfte auch im Interesse des Vermieters sein, da er die entsprechende Betriebskostenposition nicht mehr abrechnen muss und insoweit auch nicht mehr das Inkassorisiko zu tragen braucht. Für das Versorgungsunternehmen ist es aber in der Regel viel praktischer und weniger verwaltungsintensiv, z. B. in einem Zehn-Parteien-Mietshaus statt zehn – möglicherweise zum Teil finanziell unsicheren – Vertragspartnern nur einen finanziell sicheren Vertragspartner zu haben – eben den Vermieter. Daran werden entsprechende Vereinbarungen in der Praxis vermutlich zumeist scheitern.

c) Änderung der umlagefähigen Positionen

Enthält der Vertrag eine **abschließende** Aufzählung der umlagefähi-   277
gen Betriebskosten, so können andere Betriebskosten nur dann mi-
tumgelegt bzw. abgerechnet werden, wenn der Mieter insoweit einer
Vertragsänderung zustimmt.

> **BEISPIEL:** In vielen älteren Mietverträgen sind als Betriebskosten die
> Grundsteuer und die Versicherung nicht genannt. Dann darf der Ver-
> mieter sie vom Mieter auch nicht gesondert verlangen.

Dies ist ohne weiteres einsichtig bei Betriebskostenarten, die bereits   278
bei Vertragsschluss vorhanden waren und nach dem Willen der Parteien bei Vertragsschluss in der Miete enthalten sein sollten. Problematisch ist der Fall, dass Betriebskosten **neu** geschaffen werden,
z. B. wenn eine Gemeinde eine neue Gebühr einführt. Eine Klausel,
wonach der Vermieter berechtigt ist, **ohne** sein **Dafürkönnen** neu
entstandene Betriebskostenarten ebenfalls umzulegen, ist daher zulässig. Dabei muss es sich aber, worauf die Klausel hinweisen sollte,
um Betriebskosten handeln, die in § 2 BetrKV genannt sind. Nach
Ansicht des BGH können sogar solche nachträglich entstandenen
Betriebskosten umgelegt werden, die erst **durch Handeln des Vermieters** entstehen, wenn im Mietvertrag diese Kosten als umlagefähige Betriebskosten bezeichnet sind **und** dem Vermieter das Recht
eingeräumt ist, auch neu (vom BGH als: „neu gegenüber dem Zeitpunkt der vertraglichen Einigung" verstanden) entstehende Betriebskosten auf die Mieter umzulegen.[324] Im vom BGH entschiedenen Fall waren die Kosten einer Sach- und Haftpflichtversicherung
zwar im Mietvertrag als umlagefähig genannt, tatsächlich aber wurde diese Versicherung vom Vermieter erst viele Jahre später abgeschlossen. Glücklicherweise war im Mietvertrag vereinbart: „Werden öffentliche Abgaben neu eingeführt oder entstehen Betriebskosten neu, so können diese vom Vermieter im Rahmen der gesetzlichen Vorschriften umgelegt und angemessene Vorauszahlungen
festgesetzt werden." Zur Möglichkeit der Hinzunahme nach dem
Vertrag nicht abrechnungsfähiger Positionen aufgrund jahrelanger
widerspruchsloser Zahlung durch den Mieter siehe Rn. 2. 74.

279 Jedenfalls bei der Vereinbarung einer Betriebskostenpauschale folgt das Recht zur Erhöhung der Pauschale im Fall des Neuentstehens einer Betriebskostenposition auch unmittelbar aus § 560 Abs. 1 BGB,[325] denn dort ist nur allgemein von einer „Erhöhung der Betriebskosten" die Rede. Voraussetzung ist allerdings ein entsprechender Erhöhungsvorbehalt im Mietvertrag.[326]

d) Betriebskostenabrechnung

280 Die Betriebskostenabrechnung ist ein Thema für sich.[327] Viele Vermieter erstellen sie wohl immer noch per Hand, andere benutzen Computerprogramme, wobei auch nicht immer gesagt ist, dass das wirklich schneller geht.

281 Bei einem Eigentumswechsel während einer Abrechnungsperiode trifft die Abrechnungspflicht immer denjenigen Vermieter, der nach Ablauf des Abrechnungszeitraums Vermieter ist. Er muss abrechnen, Guthaben auszahlen und kann Nachzahlungen fordern unabhängig davon, ob er es war, der während des laufenden Jahres die Vorauszahlungen erhalten hat.[328] Untereinander sind Veräußerer und Erwerber zum Zusammenwirken verpflichtet.[329] Bei einem Eigentumswechsel nach Ablauf des Abrechnungsjahrs hat die Abrechnung demgemäß der frühere Eigentümer zu erstellen, weil er am Ende des Abrechnungsjahrs noch der Vermieter war.[330]

282 Eine Betriebskostenabrechnung muss aus sich heraus verständlich sein. Abzustellen ist dabei auf das durchschnittliche Verständnisvermögen eines juristisch und betriebswirtschaftlich nicht geschulten Mieters. Soweit keine besonderen Abreden getroffen sind, sind in die Abrechnung bei Gebäuden mit mehreren Wohneinheiten regelmäßig folgende Mindestangaben in eine Betriebskostenabrechnung aufzunehmen: eine Zusammenstellung der Gesamtkosten, die Angabe und – soweit erforderlich – die Erläuterung der zugrunde gelegten Verteilerschlüssel, die Berechnung des Anteils des Mieters und der Abzug der geleisteten Vorauszahlungen.[331] Der Vermieter muss aber nicht jeden einzelnen Zwischenschritt (Rechenschritt) seiner Abrechnung darlegen.[332] Eine formell ordnungsgemäße Betriebskostenabrechnung erfordert außerdem die Mitteilung der Gesamtkosten einer berechneten Kostenart. Dies gilt auch dann, wenn

diese nicht umlagefähige Kostenteile enthält. Es genügt nicht, nur die insoweit schon bereinigten Kosten mitzuteilen.[333] Auf der sicheren Seite ist der Vermieter also in diesen Fällen, wenn er zunächst den Gesamtbetrag der betroffenen Betriebskostenposition nennt, dann darauf hinweist, in welcher Höhe und warum er davon einen Vorwegabzug vorgenommen hat, und dann den Restbetrag nennt, den er schließlich nach dem vereinbarten Abrechnungsschlüssel umlegt.

Der Vermieter muss bei der Betriebskostenabrechnung das Prinzip der Wirtschaftlichkeit beachten; d. h. er ist im Interesse der Mieter zur Sparsamkeit verpflichtet und darf nur solche Kosten in Ansatz bringen, die sich aus einer ordentlichen Bewirtschaftung des Grundstücks und Gebäudes ergeben. Maßgeblich ist der Standpunkt eines „vernünftigen Wohnungsvermieters". Der Vermieter ist aber nicht verpflichtet, vor der Vergabe von Leistungen – etwa der Flurreinigung – verschiedene Angebote einzuholen und dann den jeweils preiswertesten Anbieter zu wählen. Die billigste Firma ist nicht immer die beste. Dem Vermieter steht ein Entscheidungsspielraum zu. Er darf neben dem Preis auch andere für eine ordnungsgemäße Bewirtschaftung relevante Kriterien, wie z. B. die Zuverlässigkeit des Vertragspartners, mit in seine Entscheidungsfindung einbeziehen.[334] Auch steht es in seinem Ermessen, ob er mit den Reinigungsarbeiten eine Privatperson, etwa einen von ihm beschäftigen Hausmeister oder eine professionelle Firma beauftragt. Ferner ist die Abrechnung der mit eigenen Arbeitskräften des Vermieters erbrachten Gartenpflege- und Hausmeisterdienste nach den fiktiven Kosten eines Drittunternehmers (ohne Umsatzsteuer) zulässig. Voraussetzung ist, dass die Kostenansätze realistisch sind.[335] Das gilt auch für den privaten Vermieter, der seine eigene Arbeitskraft einsetzt.[336] Eine schuldhafte Pflichtverletzung des Vermieters liegt allerdings vor, wenn er erkennen kann, dass die Kosten der von ihm beauftragten Person oder Firma unverhältnismäßig hoch sind.[337]

Aus dem vom Vermieter zu beachtenden Grundsatz der Wirtschaftlichkeit lässt sich keine Verpflichtung zu einer betriebskostenverringernden Modernisierung herleiten.[338] Außerdem folgen aus der beiderseitigen Vertragsförderungspflicht auch zum Erreichen einer

283

284

wirtschaftlichen Betriebskostenbelastung ggf. Mitwirkungshandlungen des Mieters.[339] Im Gegensatz zum bei jeder Abrechnungsposition zu beachtenden Wirtschaftlichkeitsgebot gibt es **betragsmäßige** Obergrenzen nicht. Der Mieter hat die Betriebskosten in der jeweils angefallenen Höhe zu tragen.[340]

285 Wenn der Mieter im Abrechnungsjahr nur Teilzahlungen auf die jeweiligen Mieten erbracht hat, so sind diese – soweit der Mieter mit den Zahlungen keine ausdrückliche Tilgungsbestimmung getroffen hat – zunächst auf die Betriebskostenvorauszahlungen zu verrechnen, und der dann noch verbleibende Rest auf die Grundmiete. Das beruht auf der Erwägung, dass rückständige Nebenkostenvorauszahlungen nach Ablauf der Abrechnungsreife[341] nicht mehr verlangt werden können, diese dem Vermieter mithin i. S. d. § 366 Abs. 2 BGB eine geringere Sicherheit bieten. Dem Mieter entsteht hierdurch kein Nachteil, weil sich die Betriebskostennachforderung entsprechend verringert.[342]

286 In steuerlicher Hinsicht kann der Mieter in der Betriebskostenabrechnung enthaltene haushaltsnahe Dienst- und Handwerkleistungen i. S. d. § 35a EStG in seiner Steuererklärung geltend machen, z. B. die Kosten für Wartungen und Schornsteinfeger . Hierzu wird vertreten, dass der Vermieter diese Kosten in der Betriebskostenabrechnung gesondert auszuweisen bzw. aufzuschlüsseln habe. Kosten für diese Dienstleistung dürfe der Vermieter nicht verlangen, da er die Betriebskostenabrechnung als Teil seiner Verwaltungstätigkeit kostenlos schulde.[343] Richtig ist daran, dass das Finanzamt auf diese Weise nachgewiesene Kosten aufgrund eines Anwendungsschreibens des BMF vom 26.10.2007 anerkennt. Bei diesem Schreiben handelt es sich allerdings nur um eine interne Dienstanweisung der Verwaltung, die keinerlei Gestaltungswirkung auf das privatrechtliche Mietverhältnis hat. Es ist auch nicht Aufgabe des Vermieters, zu prüfen, welche Positionen der Betriebskostenabrechnung in welcher Höhe vom Mieter steuerlich wie auch immer geltend gemacht werden können; ganz abgesehen davon, dass der Vermieter sich einem Haftungsrisiko aussetzt, wenn er diese steuerrechtliche Frage dann auch noch falsch beantwortet. Die Gegenmeinung übersieht, dass der Mieter nur einen Auskunftsanspruch gegenüber dem Vermieter

hat, wofür welche Betriebskosten entstanden sind; aber nicht eine Auskunft darüber begehren kann, welche dieser Kosten steuerrechtlich wie auch immer zu bewerten sind. Der Vermieter ist daher weder verpflichtet, den Anteil haushaltsnaher Dienstleistungen in der Betriebskostenabrechnung als Summe auszuweisen, noch die diesem Tatbestand unterfallenden Einzelpositionen der Abrechnung als solche kenntlich zu machen. Insbesondere muss er nicht für jeden Mieter den Anteil der auf ihn entfallenden haushaltsnahen Dienstleistungen aus der Abrechnung, die ein externer Dienstleister gem. Heizkostenverordnung für das Mietobjekt erstellt, herausrechnen. Die Beurteilung, welche Positionen in welcher Höhe aus der Abrechnung als haushaltsnahe Dienstleistungen geltend gemacht werden können, obliegt allein dem Mieter.

Der Vermieter muss der Abrechnung von sich aus keine Kopien der Rechnungen der Versorgungsträger, der Grundsteuerbescheide usw. beilegen. Der Mieter hat das Recht, die Abrechnungsunterlagen nach vorheriger Terminvereinbarung beim Vermieter einzusehen.[344] Vorlageort für die der Betriebskostenabrechnung zugrunde liegenden Belege ist gem. 269 Abs. 1 BGB der Wohnsitz des Vermieters; dort muss der Mieter sich also hinbegeben.[345] Der Mieter darf sich Notizen machen, die Belege komplett abschreiben oder auch mit technischen Hilfsmitteln wie Fotoapparat oder Handscanner ablichten.[346] Ein Recht zur Mitnahme der Originalunterlagen hat der Mieter nicht. Der Mieter hat grundsätzlich auch kein Recht, Kopien zu fordern. Vielmehr kann der Vermieter ein berechtigtes Interesse daran haben, den Mieter auf die Einsichtnahme in die Rechnungsbelege zu verweisen, um den durch die Anfertigung von Fotokopien entstehenden zusätzlichen Aufwand zu vermeiden und dem Mieter mögliche Unklarheiten im Gespräch sofort zu erläutern.[347] Einen Anspruch auf Übersendung von Kopien hat der Mieter nur dann, wenn ihm z. B. wegen weiter Entfernung zum Vermieter eine Einsichtnahme bei diesem nicht zuzumuten ist.[348] Der Mieter kann Kopien auch nur fordern, wenn er die Kosten übernimmt, wobei die Gerichte dem Vermieter hier Beträge zwischen 0,05 und 0,50 EUR pro Kopie zubilligen.[349] Der Vermieter ist nicht verpflichtet, dem Mieter vorab die durch Kopien und Versendung anfallenden Kosten mitzuteilen.[350] Zulässig dürfte auch eine vertragliche Vereinbarung sein, wonach der Vermieter im Fall vom Mieter gewünschter Kopien diese in entsprechender Anwendung der Bestimmungen des Gerichtskostengesetzes in seiner jeweils gültigen Fassung berechnen darf. Verweigert der Vermieter dem Mieter die Belegeinsicht, braucht der Mieter die Betriebskostennachforderung nicht zu bezahlen.[351] In einem Abrechnungsprozess ist das Bestreiten des Kostenansatzes durch den Mieter nur dann zu berücksichtigen, wenn der Mieter vorher die Berechnungsunterlagen eingesehen hat. Hat der Mieter von dieser – im entschiedenen Fall vom Vermieter ausdrücklich angebotenen – Möglichkeit keinen Gebrauch gemacht, so ist sein Bestreiten unsubstantiiert und damit unerheblich.

e) Abrechnungsfristen

288   Wenn es vertraglich vereinbart ist, ist der Vermieter zur Erstellung einer Betriebskostenabrechnung verpflichtet. Dies ist also der Fall bei vereinbarten Betriebskostenvorauszahlungen, nicht dagegen bei vereinbarten Betriebskostenpauschalen.

289   § 556 Abs. 3 BGB schreibt eine jährliche Abrechnung vor. Das wird regelmäßig – muss aber nicht – das Kalenderjahr sein. Kürzere Abrechnungsperioden können vereinbart werden, längere sind wegen § 556 Abs. 4 BGB unwirksam. Ausnahmen aus sachlichen Gründen sind denkbar.[352]

290   Nach § 556 Abs. 3 BGB ist die Abrechnung dem Mieter spätestens bis zum Ablauf des zwölften Monats nach Ende des Abrechnungszeitraumes mitzuteilen, wobei es auf den rechtzeitigen Zugang der Abrechnung beim Mieter ankommt.[353] Nach Ablauf der Jahresfrist ist die Geltendmachung einer Nachforderung durch den Vermieter ausgeschlossen, es sei denn, der Vermieter hat die verspätete Geltendmachung nicht zu vertreten. Der Vermieter kann sich auch die Nachberechnung (nur) einzelner, von ihm unverschuldet noch nicht berechenbarer Abrechnungspositionen in der Abrechnung vorbehalten und im übrigen abrechnen.[354] Kein Verschulden liegt auch vor, wenn der Vermieter die Betriebskostenabrechnung nicht rechtzeitig zustellen kann, weil der Mieter bei Auszug eine falsche neue oder überhaupt keine neue Anschrift angegeben hat.[355] Der

Vermieter, der die Jahresfrist des § 556 Abs. 3 S. 2 BGB für die Abrechnung von Betriebskosten zunächst unverschuldet nicht einhalten kann, hat die verspätete Geltendmachung einer Nachforderung dennoch zu vertreten, wenn er sich damit auch dann noch unnötig viel Zeit lässt, nachdem ihm die notwendigen Unterlagen für die Abrechnung vorliegen. Im Regelfall ist er gehalten, die Nachforderung innerhalb von drei Monaten nach Wegfall des Abrechnungshindernisses zu erheben.[356]

Ausreichend zur Wahrung der Jahresfrist ist eine **formell** ordnungsgemäße Abrechnung. Dem genügt die Abrechnung, wenn sie den allgemeinen Anforderungen des § 259 BGB entspricht, also eine geordnete Zusammenstellung der Einnahmen und Ausgaben enthält. Die Mindestanforderungen, soweit keine besonderen Abreden getroffen sind, sind in Rn. 2. 282 genannt. **Inhaltliche** Fehler sind unschädlich und können vom Vermieter auch noch nach Jahresfrist korrigiert werden.[357] Allerdings darf der Vermieter aufgrund der Korrektur dann nicht mehr fordern, als sich aus der formell ausreichenden, aber inhaltlich falschen Abrechnung ergeben hat, denn dieser Mehrbetrag wäre eine außerhalb der Jahresfrist des § 556 Abs. 3 BGB liegende Nachforderung.[358] Außerdem muss der Vermieter nach Ablauf der Jahresfrist ein sich aus der (falschen) Abrechnung ergebendes Guthaben auszahlen[359] und kann ein bereits ausgezahltes Abrechnungsguthaben nicht mehr zurückfordern[360] 291

Allerdings kann es dem Mieter im Einzelfall unter dem Gesichtspunkt von Treu und Glauben nach § 242 BGB verwehrt sein, sich auf den Ablauf der Abrechnungsfrist zu berufen; namentlich dann, wenn der dem Vermieter in der Abrechnung unterlaufene Fehler für den Mieter auf den ersten Blick erkennbar und offensichtlich ist und der Vermieter sein Versehen kurz nach Ablauf der Abrechnungsfrist korrigiert.[361] 292

Im Fall eines Abrechnungsguthabens des Mieters gilt die oben genannte Ausschlussfrist allerdings nicht, d. h. der Mieter kann auch im Fall einer verspäteten Abrechnung des Vermieters sein Guthaben einfordern. Rechnet der Vermieter nicht fristgemäß ab, kann der Mieter ggf. auf Rechnungslegung klagen. Aber auch bei einem erwarteten Nachzahlungsbetrag kann der Mieter ein Interesse an einer 293

Abrechnung haben (und demgemäß Klage auf Erteilung einer Abrechnung erheben), etwa um die Kostenentwicklung über die Jahre seiner Mietzeit kontinuierlich nachvollziehen zu können. Auch hat der Mieter im Fall der Nichterteilung einer Betriebskostenabrechnung seitens des Vermieters gem. § 273 BGB das Recht zur Zurückbehaltung der weiterlaufenden Betriebskostenvorauszahlungen.[362] Insoweit ist das Zurückbehaltungsrecht des Mieters aber auf den Betrag begrenzt, der den Vorauszahlungen der noch nicht abgerechneten Abrechnungsperiode entspricht. Die Rückzahlung der geleisteten Abschlagszahlungen kann er dagegen nicht verlangen.[363]

294 Ist das Mietverhältnis dagegen beendet, kann der Mieter – ohne zuvor auf Erteilung einer Abrechnung klagen zu müssen – sofort die vollständige Rückzahlung aller Vorauszahlungen des Jahres verlangen, über das der Vermieter nicht binnen der Frist des § 556 Abs. 3 BGB abgerechnet hat.[364] Der Vermieter kann sich in einem solchen Rückzahlungsprozess aber durch Erteilung der Abrechnung wehren. Auch kann der Vermieter zu einem späteren Zeitpunkt abrechnen und ggf. – falls er die vollständigen Vorauszahlungen wieder an den Mieter zurückgezahlt hat – dann vom Mieter den vollen Abrechnungsbetrag verlangen, allerdings begrenzt auf die Summe aller Vorauszahlungen. Die Formulierung in § 556 Abs. 3 S. 3 BGB, wonach nach Ablauf dieser Frist „die Geltendmachung einer Nachforderung durch den Vermieter ausgeschlossen" ist, begrenzt lediglich das, was der Vermieter insgesamt fordern kann, auf die Summe aller Vorauszahlungen. Nur darüber hinaus läge eine „Nachforderung" vor.[365]

295 Hat der Mieter auf eine gem. § 556 Abs. 3 BGB verspätete Abrechnung hin in Unkenntnis der für den Vermieter geltenden Abrechnungsfrist die Nachforderung bezahlt, kann er sie gem. § 812 Abs. 1 S. 1, 1. Alternative BGB zurückfordern. Denn die Zahlung ist ohne Rechtsgrund erfolgt, weil § 556 Abs. 3 BGB eine Ausschlussfrist ist, nach deren Ablauf der Anspruch des Vermieters auf die Nachforderung erlischt.[366]

296 § 556 Abs. 3 BGB bestimmt weiter, dass der Vermieter zur Teilabrechnung nicht verpflichtet ist. Das heißt z. B., dass er nicht für einen ausgezogenen Mieter eigens eine (Zwischen-)Betriebskostenabrechnung erstellen muss, sondern ihn darauf verweisen kann, bis

zur regulären Jahresbetriebskostenabrechnung zuzuwarten. Auch muss der Vermieter keine Teilabrechnung einzelner Betriebskosten vornehmen, wenn erst einige Bescheide und Rechnungen innerhalb der Zwölfmonatsfrist vorliegen, aber andere noch nicht, z. B. weil ein Versorgungsunternehmen seine Abrechnung noch nicht erstellt hat.

Auch für den Mieter gilt gem. § 556 Abs. 3 BGB eine zwölfmonatige Ausschlussfrist. So muss er dem Vermieter Einwendungen gegen die Abrechnung spätestens bis zum Ablauf des zwölften Monats nach Zugang einer formell ordnungsgemäßen Abrechnung mitteilen. Danach kann er Einwendungen nur noch geltend machen, wenn er die verspätete Geltendmachung nicht zu vertreten hat.   297

f) Nachforderung von Vorauszahlungen

Neben den oben beschriebenen Folgen einer verspäteten Abrechnung auf den Nachzahlungsanspruch des Vermieters stellt sich auch die Frage, bis wann der Vermieter nicht geleistete Vorauszahlungen nachfordern kann. Nach einer Meinung kann das Recht auf Erteilung prüffähiger Betriebskostenabrechnungen nicht dem Anspruch des Vermieters auf Zahlung in der Vergangenheit nicht entrichteter Betriebskostenvorauszahlungen entgegengehalten werden.[367] Überwiegend wird hierzu jedoch die Meinung vertreten, dass nach Ablauf des Jahres, über das abgerechnet werden muss, eine in diesem Jahr nicht gezahlte Vorauszahlung nicht mehr nachgefordert werden könne. Da Abrechnungsreife vorliege, müsse der Vermieter abrechnen, wobei er in die Abrechnung die niedrigere Vorauszahlung einzustellen habe, um dann auf den Abrechnungssaldo klagen zu können.[368] Diese Ansicht übersieht aber, dass der Vermieter nach § 556 Abs. 3 S. 3 BGB für die Abrechnung 12 Monate Zeit hat und erst danach mit Nachforderungen ausgeschlossen ist. Bis dahin muss er also auch die Möglichkeit haben, im Jahr, über das abgerechnet werden soll, nicht gezahlte Vorauszahlungen nachzufordern. Außerdem dürfte auch eine „Abrechnungsreife" jedenfalls so lange nicht gegeben sein, bis der Vermieter selber alle Abrechnungsunterlagen über das abgelaufene Jahr vorliegen hat.   298

g) Heizkostenabrechnung

299 Anders als bei den übrigen Betriebskosten ist der Vermieter bei der Wahl des Abrechnungsschlüssels von Heizkosten nicht immer frei: Beim Betrieb einer **zentralen Heizungs-** und ggf. **Warmwasserversorgung** muss der Vermieter bei der Abrechnung nach der „Verordnung über die verbrauchsabhängige Abrechnung der Heiz- und Warmwasserkosten", kurz Heizkostenverordnung genannt, vorgehen. Dies gilt gem. § 2 HeizkVO nur dann nicht, wenn es sich um ein Haus mit lediglich zwei Wohnungen handelt, von denen eine vom Vermieter selbst bewohnt wird und wenn der Vermieter sich mit dem Mieter der zweiten Wohnung über eine anderweitige Abrechnung geeinigt hat. Weitere Ausnahmen (nur) für die Versorgung mit Wärme sind in § 11 HeizkVO geregelt, z. B. für Räume, bei denen das Anbringen der Ausstattung zur Verbrauchserfassung, die Erfassung des Wärmeverbrauchs oder die Verteilung der Kosten des Wärmeverbrauchs nicht oder nur mit unverhältnismäßig hohen Kosten möglich ist. Verbrauchsabhängig abrechnen heißt zunächst einmal, den unterschiedlichen Verbrauch zu erfassen. Dies geschieht in der Regel mit Hilfe von Wärmemengenzählern, Heizkostenverteilern usw. Was dann zu den umlagefähigen „Kosten des Betriebs der zentralen Heizungsanlage einschließlich der Abgasanlage" gehört, ist in § 7 Abs. 2 HeizkVO aufgelistet. Ähnliches gilt gem. § 8 Abs. 2 HeizkVO für eine zentrale Warmwasserversorgung.

300 Gem. §§ 7 Abs. 1, 8 Abs. 1 HeizkVO sind in der Regel mindestens 50% und höchstens 70% sind nach dem erfassten Verbrauch zu verteilen, der Rest nach dem Verhältnis der Wohn- bzw. Nutzflächen oder des umbauten Raumes, ggf. nur der beheizten Räume. Nach § 10 HeizkVO bleiben jedoch rechtsgeschäftliche Bestimmungen, die **höhere** Höchstsätze als 70% vorsehen, unberührt.

Werden die Heiz- und Warmwasserkosten nicht nach der Heizkostenverordnung verbrauchsabhängig abgerechnet, kann der Mieter den nach einem anderen Abrechnungsschlüssel auf ihn entfallenden Betrag in der Betriebskostenabrechnung nach § 12 Abs. 1 S. 1 HeizkVO um pauschal 15% kürzen. Werden nur die Heiz- oder nur die Warmwasserkosten verbrauchsabhängig abgerechnet, bezieht sich der „Strafabzug" von 15% aber nur auf die jeweils andere Position.[369] Für die Einzelheiten der Abrechnung und des Maßstabes muss an dieser Stelle auf die Lektüre der Heizkostenverordnung verwiesen werden.

Die meisten Vermieter werden sich für die Heizkostenabrechnung Ablese- und Abrechnungsfirmen bedienen, deren Kosten ebenfalls als Betriebskosten umgelegt werden können. Deren Abrechnungen sind regelmäßig nur schwer verständlich, was dann als Unmut des Mieters beim Vermieter ankommt. Der Vermieter „haftet" aber nicht für unverständliche bzw. komplizierte gesetzliche Formulierungen; er schuldet hier in der Abrechnung keine dem Mieter verständliche „Übersetzung". Dass die Ermittlung der Wärmekosten ohne Kenntnis der Heizkostenverordnung kaum verständlich ist und deren Vorschriften dem durchschnittlichen, juristisch nicht vorgebildeten Mieter regelmäßig nicht bekannt sind, kann nicht dem Vermieter angelastet werden. Der Vermieter hat eine Heizkostenabrechnung zu erstellen, die den Anforderungen der Heizkostenverordnung entspricht. Eine Pflicht, diese Vorschriften mitzuteilen oder zu erläutern, trifft ihn hingegen nicht.[370] **302**

3. Die Behandlung der Kaution im Verlauf des Mietverhältnisses

Die Kaution dient während des gesamten Mietverhältnisses ihrer Zweckbestimmung als Sicherheit. Wegen des Zwecks der Sicherheitsleistung, mögliche Ansprüche des Vermieters gegen den Mieter aus dem Mietverhältnis abzusichern, ist eine Aufrechnung des Mieters gegen den Kautionsanspruch ausgeschlossen.[371] Der Mieter kann den Vermieter für die Bezahlung rückständiger Mieten, Nachforderungen aus einer Betriebskostenabrechnung, Schadensersatzansprüchen usw. während des Laufs des Mietverhältnisses nicht darauf verweisen, sich aus der Kaution zu befriedigen. Wegen Mängeln der Mietsache kann der Mieter kein Zurückbehaltungsrecht an der Kaution ausüben.[372] Der Mieter darf nach seiner Kündigung des Mietvertrags den Vermieter auch nicht bzgl. der restlichen Mietzahlungen auf die Kaution verweisen, er darf die Kaution also nicht „abwohnen". Der Sicherungszweck der – ungeschmälerten! – Kau- **303** tion besteht bis zum Ende des Mietvertrags und auch noch darüber hinaus.[373]

303a   Andererseits hat der Vermieter bei aus dem Mietverhältnis entstandenen Schulden des Mieters das Recht, sich aus der Kaution zu befriedigen. Er muss damit nicht bis zur Beendigung des Mietverhältnisses warten. Der Vermieter hat dann gegen den Mieter einen Anspruch auf Wiederauffüllen der Kaution. Dies gilt aber nur, wenn die Schulden unstreitig sind – etwa unstreitige oder gar bereits rechtskräftig festgestellte Mietrückstände.[374] Wegen eines streitigen Betrags – etwa wenn Grund und/oder Höhe einer Mietminderung zwischen den Parteien im Streit sind – darf der Vermieter dagegen nicht kurzerhand in Höhe des Minderungsbetrags auf die Kaution zugreifen.[375]

4. Vermieterseitige Baumaßnahmen während der Mietzeit

a) Erhaltungsmaßnahmen

304   Gem. § 555a Abs. 1 BGB hat der Mieter Maßnahmen zu dulden, die zur Instandhaltung oder Instandsetzung der Mietsache erforderlich sind. Zu diesen Erhaltungsmaßnahmen zählen z. B. Renovierung des Treppenhauses, Sanierung schadhafter Balkone, Ausbessern von Rissen, Fassadenanstrich, Neueindeckung des Daches, Reparaturen. Nach § 555a Abs. 2 BGB sind Erhaltungsmaßnahmen dem Mieter rechtzeitig anzukündigen, es sei denn, sie sind nur mit einer unerheblichen Einwirkung auf die Mietsache verbunden oder ihre sofortige Durchführung ist zwingend erforderlich. Und schließlich hat der Vermieter gem. § 555a Abs. 3 BGB Aufwendungen, die der Mieter infolge einer Erhaltungsmaßnahme machen muss, in angemessenem Umfang zu ersetzen. Auf Verlangen hat er Vorschuss zu leisten.

Der Vermieter hat auch auf die Belange des Mieters Rücksicht zu nehmen und unnötige Beeinträchtigungen zu vermeiden. Über die reine Duldung der Erhaltungsmaßnahmen hinaus muss der Mieter sie natürlich auch ermöglichen, das heißt, bei Arbeiten in seiner Wohnung muss er seine Sachen insoweit beiseite räumen.

Der Vermieter kann sich leider kaum dagegen schützen, dass einige **305** Mieter die mit solchen Maßnahmen verbundenen Belästigungen durch Staub, Lärm, beschwerlichere Zugänge zur Wohnung usw. als Grund für eine Mietminderung nutzen. Es bleibt dann beim Vermieter ein schaler Geschmack. Natürlich dient die Investition auch dem Substanzerhalt und damit den eigenen Interessen des Vermieters. Allerdings hat der Vermieter damit immerhin auch etwas zur Verbesserung des Wohnwertes des Hauses und der Wohnqualität des Mieters geleistet, was er dann auch noch mit einer Mietminderung honoriert bekommt. Daher ist es im Vorfeld solcher Maßnahmen sinnvoll, die Mieter rechtzeitig zu informieren und dabei die Notwendigkeit und vor allem den mieterseitigen Nutzen darzustellen.[376]

b) Modernisierungsmaßnahmen

Anders als Erhaltungsmaßnahmen haben Modernisierungsmaßnah- **306** men eine Veränderung des Status quo zum Ziel.

> **BEISPIELE:** Einbau einer Zentralheizung anstelle einer Ofenheizung, Einbau wärme- und schallgedämmter Kunststoff-Iso-Fenster anstelle alter einfachverglaster Holzfenster, Installation von Kabel-[377] oder Satellitenfernsehen usw.

Im Gegensatz zu den Erhaltungsmaßnahmen definiert § 555b BGB **307** Modernisierungsmaßnahmen als bauliche Veränderungen,

1. durch die in Bezug auf die Mietsache Endenergie nachhaltig eingespart wird (energetische Modernisierung),

2. durch die nicht erneuerbare Primärenergie nachhaltig eingespart oder das Klima nachhaltig geschützt wird, sofern nicht bereits eine energetische Modernisierung nach Nummer 1 vorliegt,

3. durch die der Wasserverbrauch nachhaltig reduziert wird,

4. durch die der Gebrauchswert der Mietsache nachhaltig erhöht wird,

5. durch die die allgemeinen Wohnverhältnisse auf Dauer verbessert werden,

6. die auf Grund von Umständen durchgeführt werden, die der Vermieter nicht zu vertreten hat, und die keine Erhaltungsmaßnahmen nach § 555a BGB sind, oder

7. durch die neuer Wohnraum geschaffen wird.

308 Nur die Nrn. 1., 3.-6. berechtigen den Vermieter zu einer Mieterhöhung nach § 559 BGB. Der Mieter hat Modernisierungsmaßnahmen gem. § 555d grundsätzlich zu dulden, wenn keine Härte vorliegt. In § 555c BGB und 555d BGB sind für die Ankündigung von Modernisierungsmaßnahmen und der Mieterhöhung sowie für den Härteeinwand des Mieters in schwer verständlicher, mit Verweisungen überfrachteter Gesetzessprache Einzelheiten geregelt, die im Sachzusammenhang mit der Mieterhöhung nach § 559 BGB bei Rn. 2. 245 dargestellt worden sind.

309 Nach § 555e BGB hat der Mieter bei Modernisierungsmaßnahmen ein Sonderkündigungsrecht. Er kann das Mietverhältnis nach Zugang der Modernisierungsankündigung außerordentlich zum Ablauf des übernächsten Monats kündigen. Die Kündigung muss bis zum Ablauf des Monats erfolgen, der auf den Zugang der Modernisierungsankündigung folgt. Eine Ausnahme von dem Sonderkündigungsrecht besteht für Modernisierungsmaßnahmen, die nur mit einer unerheblichen Einwirkung auf die Mietsache verbunden sind und nur zu einer unerheblichen Mieterhöhung führen. Auch dann kann der Mieter aber nach den allgemeinen Kündigungsvorschriften jederzeit ordentlich oder bei Vorliegen entsprechender Gründe außerordentlich kündigen.

5. Mögliche Störungen des Mietverhältnisses

a) Unterschiedliches Gewicht der Vertragsstörungen

310 Der angenehmste Verlauf des Mietverhältnisses ist sicherlich das Zusammentreffen pünktlicher Mietzahlungen mit einem reparaturunanfälligen Haus. Leider ist dieser Idealfall selten. Der Vermieteralltag stellt sich vielmehr als durchaus problembelastet dar. Dabei gilt, dass trotz aller im Laufe der Zeit gesammelten Erfahrung immer wieder etwas Neues auf den Vermieter zukommt, das er bisher

noch nicht hatte. Leider gibt es auch immer wieder Menschen, die ihre – vermeintlichen – Rechte bis zur Neige auszukosten versuchen und dem Vermieter damit das Leben schwer machen. Viele Störungen des Mietverhältnisses sind dabei allerdings nicht von einer solchen Intensität, dass der Vermieter deswegen eine fristlose Kündigung ernsthaft in Betracht ziehen würde (bzw. diese erfolglos wäre, wenn er es dennoch täte). Auf der anderen Seite sind Störungen des Mietverhältnisses für den Vermieter sehr arbeitsaufwendig, zumal wenn andere Mieter im Haus sich beschweren und den Vermieter um Eingreifen bitten. Der Vermieter sollte in diesem Fall zunächst mit dem verursachenden Mieter ein freundlich-sachliches Gespräch führen. Nützt dies nichts, sollte der Vermieter eine **Abmahnung** schreiben. Schriftliche Abmahnungen (und der Beweis ihres Zugangs) sind vor allen Dingen wichtig, falls sich die Vertragsverstöße häufen und in ihrer Wiederholung oder Gesamtheit doch solch ein Gewicht erreichen, dass der Vermieter deswegen die (fristlose) Kündigung ausspricht.[378] Der Vermieter hat einen umso besseren Stand, je klarer und eindeutiger im Mietvertrag bestimmte Verhaltenspflichten geregelt sind, gegen die der Mieter verstößt.[379] Auf häufige und wichtige Problembereiche aus dem Vermieteralltag soll nachstehend eingegangen werden.

b) Problem: Nachträgliche Aufnahme weiterer Personen in die Wohnung

Es gibt Fälle, in denen der Vermieter gegen die Aufnahme von Personen, die im Mietvertrag nicht genannt sind, nichts machen kann (so liest man üblicherweise) und meist auch gar nichts machen will (das wird kaum erwähnt). Das Standardbeispiel ist die Heirat des Mieters. Der Ehegatte, auch der Lebenspartner i. S. d. § 1 Abs. 1 LPartG, darf mitwohnen. Das Gleiche gilt für Kinder der Mieter. Hier gilt nur die Grenze der Überbelegung. Wann diese erreicht ist, ist Frage des Einzelfalls. Ansonsten gilt, dass der Mieter für die Aufnahme Dritter gem. § 540 Abs. 1 S. 1 BGB der Erlaubnis des Vermieters bedarf. Dritter ist jede Person, die nicht Partei des Mietvertrags ist. Dies gilt entgegen einer in dieser Frage zugunsten des Mieters oft großzügigen Rechtsprechungspraxis der Instanzgerichte auch dann, wenn der „Dritte" der Lebensgefährte oder die Lebensgefähr-

311

tin des Mieters ist.[380] Allerdings hat der Mieter nach § 553 Abs. 1 S. 1 BGB in der Regel einen Anspruch auf Erteilung der Erlaubnis. § 553 Abs. 1 BGB besagt, dass der Wohnraummieter vom Vermieter die Erlaubnis zur Aufnahme eines Dritten in die Wohnung verlangen kann, wenn für den Mieter nach Abschluss des Mietvertrags ein berechtigtes Interesse entsteht, einen Teil des Wohnraums einem Dritten zu überlassen. Für die Geltendmachung eines solchen berechtigten Interesses genügt die nachvollziehbare Darlegung vernünftiger Gründe für die Bildung einer Wohngemeinschaft oder einer ähnlichen Form des Zusammenlebens. Dazu führt der BGH aus[381]:

> „Vor dem Hintergrund der gerade in der jüngsten Vergangenheit gewandelten sozialen Anschauungen über hetero- oder homosexuelle Lebensgemeinschaften und der darauf beruhenden Wertentscheidungen des Mietrechtsreformgesetzes ist der – nicht näher zu begründende, weil auf höchstpersönlichen Motiven beruhende – Wunsch des Mieters, eine solche Gemeinschaft zu bilden oder fortzusetzen, in aller Regel für die Darlegung eines berechtigten Interesses für die Aufnahme des Dritten in die Wohnung ausreichend."

312   Der Vermieter darf gem. § 553 Abs. 1 S. 2 BGB allerdings die Erlaubnis verweigern, wenn in der Person des Dritten ein wichtiger Grund vorliegt, die Wohnung übermäßig belegt würde oder dem Vermieter die Überlassung der Wohnung (auch) an den Dritten aus sonstigen Gründen nicht zugemutet werden kann. Ob der Mieter für die Aufnahme von Lebensgefährten, Freunden, Eltern, Geschwistern oder weiter entfernten Verwandten die Zustimmung des Vermieters benötigt, bzw. ob eine Aufnahme ggf. sogar gegen den erklärten Willen des Vermieters zulässig ist, ist also Frage des Einzelfalls. Die Zulässigkeit dürfte jedenfalls dann zu bejahen sein, wenn es für die Aufnahme des Dritten einen wichtigen Grund gibt, z. B. Pflegebedürftigkeit. Auch Pflege- oder Haushaltspersonal darf der Mieter zu sich in die Wohnung nehmen.

313   Zu beachten ist daneben auch der Zeitpunkt des Entstehens der Gründe z. B. für die Aufnahme der Familienangehörigen: Hinzunehmen ist die Aufnahme regelmäßig dann, wenn die Gründe erst nach Abschluss des Mietvertrags entstanden sind.

BEISPIEL: Eltern müssen ihren durch eine Scheidung wohnungslos gewordenen Sohn wieder aufnehmen.

Anders ist es z. B. dann, wenn eine Großfamilie ein Familienmitglied bei den Vertragsverhandlungen und der Unterschrift unter den Mietvertrag vorgeschoben hat, um dann gleich von Anfang an mit „20 Mann hoch" einzuziehen. Auch ein zeitliches Kriterium ist zu beachten: So bedarf die Daueraufnahme von Freunden, Bekannten usw. regelmäßig der Zustimmung des Vermieters. Gegen einen gelegentlichen, zeitlich befristeten Besuch ist jedoch nichts einzuwenden.

In der Praxis stellt sich das Problem nicht in voller Schärfe. Wenn   **314** der **Vermieter vorher gefragt** und nicht vor vollendete Tatsachen gestellt wird, wird er wahrscheinlich meistens ohnehin einwilligen. Schließlich ist auch zu beachten, dass der Vermieter gem. § 553 Abs. 2 BGB die Erlaubnis von einer angemessenen Erhöhung der Miete abhängig machen kann, wenn ihm die Überlassung der Wohnung (auch) an den Dritten nur dann zuzumuten ist. Bei der Aufnahme eines Lebensgefährten wird der Vermieter aber – anders als möglicherweise bei der Untervermietung durch den Mieter, vgl. dazu sogleich c) – zu einer solchen Mieterhöhung nicht berechtigt sein. Sowohl bei einer Daueraufnahme als auch einem längeren, sinnvollerweise mit dem Vermieter abgesprochenen Besuch (z. B. die amerikanischen Verwandten kommen für ein halbes Jahr) ist der Vermieter aber berechtigt, dies bei den nach Personen abgerechneten Betriebskosten zu berücksichtigen, ggf. auch schon eine höhere Vorauszahlung zu verlangen. Dies muss er schon im Interesse der anderen Mieter des Hauses, die sonst den Mehrverbrauch durch die neu in die Wohnung aufgenommenen Familienmitglieder mitbezahlen bzw. die Betriebskostenabrechnung – zu Recht – beanstanden würden.

Hinzuweisen ist darauf, dass das oben zur Aufnahme von Dritten in   **315** die Wohnung Gesagte zu unterscheiden ist von den Fällen, in denen der Mieter ohne Rücksprache mit dem Vermieter die Mietwohnung einfach einem anderen **überlässt**.[382] Sonderregelungen gelten bei Tod des Mieters.[383]

316   Nach Ansicht des BGH[384] kann ein Ehepartner unter bestimmten Voraussetzungen auch ohne ausdrückliche Vertragsänderung konkludent **Vertragspartner** des Mietvertrags werden:

> „Die Bekl. zu 2 hat gegenüber der von den Klägern beauftragten Hausverwaltung Erklärungen abgegeben, die nach ihrem objektiven Erklärungswert vom Empfängerhorizont aus dahin zu verstehen sind, dass die Beklagte eigene Rechte und Pflichten aus dem Mietverhältnis begründen wollte. ... Nach der Trennung von ihrem (damaligen) Ehemann ... ist die Beklagte gegenüber der ... Hausverwaltung jahrelang wie eine Mieterin aufgetreten. Zu keinem Zeitpunkt hat sie dabei – ausdrücklich oder stillschweigend – zu erkennen gegeben, dass sie lediglich im Namen des Bekl. zu 1 und nicht in Wahrnehmung eigener vertraglicher Rechte und Pflichten handele. Die Beklagte nutzte die Wohnung seit Mai 1995 allein. Schriftverkehr mit der Hausverwaltung führte sie in eigenem Namen. ... Die Kläger haben, vertreten durch ihre Hausverwaltung, konkludent die Annahme des Beitritts der Bekl. zu 2 in das Mietverhältnis erklärt. ... Die Hausverwaltung hat die Bekl. zu 2 ... erkennbar als Mieterin angesehen. ... Der Bekl. zu 1 hat dem Eintritt der Bekl. zu 2 in das Mietverhältnis stillschweigend zugestimmt, indem er – was zumindest der Bekl. zu 2 bekannt war – aus der Wohnung ausgezogen ist und der ... Bekl. zu 2 die Erfüllung der gegenüber den Vermietern bestehenden mietvertraglichen Verpflichtungen überlassen hat."

Ein solcher (stillschweigender) Vertragsbeitritt (§§ 145 ff. BGB) kann zwischen dem Vermieter und dem in das Vertragsverhältnis eintretenden Mieter unter Zustimmung des bisherigen Mieters vereinbart werden. Der Ehepartner hat dann selber alle Rechte und Pflichten aus dem Mietvertrag und ist mehr als nur „Dritter" im oben genannten Sinne.

c) Problem: Untervermietung

317   Der Vermieter hat im Regelfall ein großes Interesse daran, die Menschen, die in seinem Haus wohnen, selbst auszusuchen. Dies gilt vor allen Dingen für diejenigen Vermieter, die selber eine Wohnung in ihrem Mietshaus bewohnen. Vermietet dann ein Mieter seine Wohnung (ganz oder) teilweise an einen Untermieter, kann dies zu Spannungen führen. Das Gesetz regelt die Untermiete als einen Unterfall der bereits soeben unter b) angesprochenen Gebrauchsüberlassung an Dritte in §§ 540, 553 BGB. Zunächst heißt es in § 540 Abs. 1 BGB,

dass der Mieter nicht berechtigt ist, den Gebrauch der Mietsache einem Dritten zu überlassen, insbesondere die Sache weiterzuvermieten. D. h. also zunächst, dass der Mieter den Vermieter immer fragen muss, wenn er den Gebrauch einem Dritten (zum Begriff des „Dritten" s. o. b) einräumen will, insbesondere wenn er untervermieten will. Das gilt auch, wenn der Gebrauch nur teilweise einem Dritten eingeräumt werden soll, also z. B. bei Untervermietung eines Zimmers in der ansonsten vom Mieter weiterbenutzten Wohnung.

Wenn der Vermieter die Erlaubnis verweigert, so kann der Mieter **318** das Mietverhältnis unter Einhaltung der gesetzlichen Frist kündigen, es sei denn, in der Person des Dritten (= Untermieters) lag ein wichtiger Grund für den Vermieter, die Erlaubnis zu verweigern. Der Mieter kann auch dann nicht kündigen, wenn ihm bekannt war, dass der von ihm benannte Untermieter in Wahrheit gar kein Mietinteresse hatte.[385]

Die gesetzliche Kündigungsfrist richtet sich bei unbefristeten Wohnraummietverhältnissen nach § 573d Abs. 2 BGB, bei befristeten Wohnraummietverhältnissen nach § 575a Abs. 3 BGB und bei Mietverhältnissen über andere Sachen nach § 580a Abs. 4 BGB. Grundsätzlich ist der Vermieter in der Erteilung oder Verweigerung der Erlaubnis zur Untervermietung frei. Beachten muss er natürlich, ob und inwieweit die Untervermietung möglicherweise bereits im Mietvertrag geregelt worden ist.

Nun kann es aber sein, dass der Mieter z. B. aus einer Notlage heraus **319** untervermieten **muss**. Hier ist der Vermieter **von Wohnraum** unter bestimmten Voraussetzungen zur Erteilung der Erlaubnis verpflichtet. § 553 Abs. 1 BGB besagt:

> (1) Entsteht für den Mieter nach Abschluss des Mietvertrags ein berechtigtes Interesse, einen Teil des Wohnraums einem Dritten zum Gebrauch zu überlassen, so kann er von dem Vermieter die Erlaubnis hierzu verlangen. Dies gilt nicht, wenn in der Person des Dritten ein wichtiger Grund vorliegt, der Wohnraum übermäßig belegt würde oder dem Vermieter die Überlassung aus sonstigen Gründen nicht zugemutet werden kann.

D. h. also, zunächst ist auf die Interessen des Mieters abzustellen und zu fragen, ob bei diesem **nach Abschluss des Mietvertrags** ein

„berechtigtes Interesse" an der Untervermietung **eines Teils** der Wohnung entstanden ist. Wenn diese Frage bejaht wird, muss der Vermieter die Erlaubnis erteilen, es sei denn, dies wiederum würde für ihn unzumutbar sein, wobei das Gesetz hierfür Beispiele nennt.

> **BEISPIEL:** Der Untermieter ist ein stadtbekannter Säufer und Schläger (= wichtiger Grund in der Person des Dritten); Untervermietung jedes Zimmers einer Wohnung an fünf Personen (= übermäßige Belegung).

320 Damit der Vermieter seine Entscheidung treffen kann, muss der Mieter dem Vermieter den Untermieter namentlich benennen. Gegebenenfalls kann der Vermieter die Erlaubnis von einem so genannten Untermietzuschlag (im Gesetz „angemessene Mieterhöhung" genannt) abhängig machen. Wie hoch der Betrag ist, hängt vom Einzelfall ab. § 553 Abs. 2 BGB besagt:

> (2) Ist dem Vermieter die Überlassung nur bei einer angemessenen Erhöhung der Miete zuzumuten, so kann er die Erlaubnis davon abhängig machen, dass der Mieter sich mit einer solchen Erhöhung einverstanden erklärt.

321 Schließlich regelt das Gesetz in § 540 Abs. 2 BGB noch die Haftung:

> Überlässt der Mieter den Gebrauch einem Dritten, so hat er ein dem Dritten bei dem Gebrauch zur Last fallendes Verschulden zu vertreten, auch wenn der Vermieter die Erlaubnis zur Überlassung erteilt hat.

> **BEISPIEL:** Der Untermieter zerschlägt betrunken eine Fensterscheibe. Hier ist nicht nur der Untermieter, sondern auch der Mieter dem Vermieter gegenüber zum Ersatz verpflichtet.

Achtung:

Wenn der Mieter den Gebrauch dazu auch noch **unerlaubt** dem Dritten überlassen hat, haftet der Mieter dem Vermieter selbst dann, wenn den Dritten **kein Verschulden** trifft! Selbstverständlich können Vermieter und Mieter die vom Mieter beabsichtigte Untervermietung auch einvernehmlich vertraglich regeln.[386]

d) Problem: Verstöße gegen die Hausordnung

Hier ist eine ganze Reihe von Fallgestaltungen denkbar, die das 322 Mietverhältnis stören können, z. B.

- der Hausflur wird nicht geputzt
- der Hund des Mieters schlägt ständig laut an
- Baden zur späten Nachtzeit
- Nichtverschließen der Haustür
- Streitigkeiten der Mieter untereinander
- Abstellen von Gegenständen im Hausflur: Meist sind es im Eingangsbereich geparkte Fahrräder, über die die anderen Mieter dann bepackt mit Einkaufstüten und sperrigen Sprudelkisten hinüberbalancieren müssen. Wenn im Vertrag hierzu nichts anderes geregelt ist, gilt für Fahrräder Folgendes: Fahrräder dürfen nicht im Flur abgestellt werden, auch nicht im Kellerflur und auch nicht in dafür nicht vorgesehenen Gemeinschaftsräumen, z. B. auf dem Trockenboden oder in der Waschküche. Der Mieter muss sein Fahrrad in seine Wohnung oder in seinen Keller bringen. Wenn es einen Fahrradkeller oder sonstigen -stellplatz gibt, kann der Mieter dort sein Fahrrad abstellen, auch wenn dies nicht ausdrücklich im Mietvertrag erwähnt ist. Der Vermieter ist allerdings weder verpflichtet, überhaupt einen Fahrradkeller bereitzustellen, noch einen vorhandenen Fahrradkeller zu erweitern, wenn die steigende Anzahl an Fahrrädern im Haus den vorhandenen Stellplatz nicht mehr ausreichen lässt. Etwas anderes gilt nur, wenn der Vermieter im Mietvertrag einen Fahrradstellplatz explizit mitvermietet hat. Der Mieter muss das Rad im Haus vorsichtig transportieren, damit Schäden am Eigentum des Vermieters (z. B. Hausflur) oder anderer Mieter (z. B. an deren Fahrrädern im Fahrradkeller) vermieden werden. Das Gesagte gilt für Kinderwagen, Einkaufskarren usw. sinngemäß. In allen Fällen dürfte jedoch gegen ein ganz kurzfristiges Abstellen im Hausflur nichts einzuwenden sein. Keinesfalls ist es zulässig, den Hausflur zur dauernden Abstellkammer zu machen. Auch ein ständig neben der Wohnungseingangstür auf dem Treppenhauspodest aufgestellter Schuhschrank verstößt daher gegen den Mietvertrag.

- Musizieren zur Unzeit: Die Gerichte werden immer wieder mit Fällen befasst, in denen ein Mieter zur Qual der übrigen Bewohner seine Rechte bis zur Neige auskostet (stellen Sie sich vor, neben Ihnen übt jemand in den von der Hausordnung erlaubten Zeiten von 6.00 bis 13.00 und von 15.00 bis 22.00 Uhr durchgehend Trompete). Hier entscheiden die Gerichte dann immer den **Einzelfall**; vorsichtig kann man aber sagen: Ein völliges Verbot gegenüber dem Mieter ist nicht durchzusetzen,[387]

- aber eine Beschränkung auf ca. 2 Stunden Musizieren pro Tag ist erreichbar.[388]

e) Problem: Nichtgewährung des Zutritts, Behinderung der Weitervermietung

323 Die Nichtgewährung des Zutritts zur Mietwohnung durch den Mieter kann in einer ganzen Reihe von Spielarten vorkommen.

Handwerker werden nicht hereingelassen. Hier besteht eine Verpflichtung des Mieters auf jeden Fall, soweit es sich um Erhaltungsmaßnahmen handelt.[389] Schwieriger ist die Frage bei Modernisierungsmaßnahmen zu beantworten.[390] Falls der Mieter rechtzeitig angekündigte Handwerker nicht hereinlässt, macht er sich ggf. schadensersatzpflichtig, z. B. wenn die Handwerker den Zeitaufwand für den sinnlosen Weg berechnen oder sich der Schaden, den die Handwerker hätten reparieren sollen, immer weiter vergrößert. Es ist sinnvoll, bereits im Mietvertrag darauf hinzuweisen, dass in bestimmten bereits bei Vertragsschluss absehbaren Fällen Handwerker die Wohnung des Mieters betreten müssen und eine Regelung aufzunehmen, dass der Mieter dies – entschädigungslos – gestattet.[391]

> **BEISPIEL:** Die Parabolantenne (Schüssel) für die Haussatellitenanlage hängt vor dem Erker des Mieters My-home-is-my-castle. Sie kann nur von der Wohnung dieses Mieters aus repariert werden; ansonsten müsste der Vermieter nur deswegen ein Gerüst am Haus aufstellen.

324 Der **Schornsteinfeger** wird nicht hereingelassen. Falls das Dach z. B. zum Kaminfegen nur durch die Dachgeschosswohnung betreten werden kann, gilt das soeben Gesagte sinngemäß. Der Schornstein-

feger kommt aber z. B. auch einmal im Jahr zur Immissionsmessung bei in den Mieterwohnungen angebrachten Gasthermen. Diese Messungen sind bei Mietern nicht sehr beliebt, da sich die Kosten dafür – soweit dies im Mietvertrag vereinbart wurde – auf der Betriebskostenabrechnung wiederfinden; aber eben nur, wenn die Messung auch wirklich durchgeführt wurde. Der Vermieter befindet sich dabei in einem Dilemma: **Er** ist dem Schornsteinfeger gegenüber dafür verantwortlich, dass die Messung durchgeführt werden kann, **der Mieter** aber muss den Schornsteinfeger tatsächlich hereinlassen. Wenn der Schornsteinfeger ggf. höhere Gebühren (zusätzliche Wegegebühren) berechnet, wenn er mehrmals kommen muss, weil er beim ersten Mal vor verschlossenen Türen stand, sind diese vom Mieter zu tragen (d. h., sie können vom Vermieter, als Kosten der Immissionsmessung in die Betriebskostenabrechnung zu Lasten dieses Mieters miteingestellt werden).[392]

Der **Vermieter** wird nicht hereingelassen. Hier kommt es zunächst auf die Regelungen im Mietvertrag an. Auch ohne ausdrückliche Bestimmungen wird man aus der allgemeinen Vertragsförderungspflicht, die beide Parteien eines Mietvertrags trifft, in bestimmten Fällen ein Betretensrecht des Vermieters folgern können. Dies gilt

325

- allgemein gesagt für jedes Betreten, für das es einen konkreten sachlichen Grund gibt, der sich zum Beispiel aus der ordnungsgemäßen Bewirtschaftung des Objekts ergeben kann[393]
- so z. B. Planung durchzuführender Arbeiten, Abnahme von Arbeiten, die Handwerker ausgeführt haben und/oder die der Vermieter bezahlen soll
- für Weitervermietung oder -verkauf der Wohnung
- für Notfälle (Brand, Wasserrohrbruch).

Natürlich muss der Vermieter dabei auf die berechtigten Belange des Mieters Rücksicht nehmen. Besichtigungstermine sind (außer in „absoluten Notfällen") vorher abzusprechen bzw. anzukündigen. Eine Wohnungsbesichtigung etwa zur Nachtzeit dürfte im Allgemeinen kaum zu begründen sein. Der Vermieter muss sich auch bemühen, ggf. verschiedene Anlässe für ein Betreten der Mietwohnung in möglichst einem Termin zu bündeln.[394]

Aus dem Erfordernis eines konkreten sachlichen Anlasses für die Wohnungsbesichtigung folgt auch, dass dem Vermieter kein periodisches – etwa alle ein bis zwei Jahre – Recht zusteht, ohne besonderen Anlass den Zustand der Wohnung zu kontrollieren. Auch eine dahingehende Formularklausel im Mietvertrag ist unwirksam.[395]

326 Dass der Vermieter ein entsprechendes Recht hat, heißt aber noch nicht, dass er auch in die Wohnung hineinkommt. Dies ist besonders ärgerlich, wenn der Mieter die Weitervermietung der Wohnung behindert, sei es aus Gleichgültigkeit, sei es – auch das soll vorkommen – absichtlich, um den Vermieter zu ärgern. Hier ist es besonders wichtig, dass der Vermieter Beweise sammelt, z. B.:

■ Zeugen, die bekunden können, dass der Vermieter x-mal versucht hat, beim Mieter anzurufen, um Besichtigungstermine für sich und Interessenten zu vereinbaren. Wenigstens sollte der Vermieter eine Liste dieser erfolglosen Telefonate führen mit Angabe des Grunds, warum keine Verbindung zustande kam (besetzt, niemand nimmt ab usw.). Wie gesagt: Zeugen sind besser, denn falls der Inhalt der Liste in einem späteren Prozess bestritten wird, trifft den Vermieter die Beweislast.

■ Schreiben, mit denen der Vermieter Besichtigungstermin(e) rechtzeitig vorher angekündigt hat. Wichtig ist, dass der Zugang dieser Schreiben beweisbar ist (per Boten in den Briefkasten geworfen, per Einschreiben mit Rückschein).

■ Zeugen, die bestätigen können, dass die Tür zum Besichtigungstermin nicht geöffnet wurde (z. B. andere Hausbewohner, die vergebens gekommenen Mietinteressenten)

Selbst wenn der Vermieter dann endlich einmal hereingelassen wird, können die Behinderungen der Vermietung weitergehen. Dafür braucht man dann Zeugen, die ggf. bestätigen können, dass der Mieter die Wohnung und/oder den Vermieter schlechtgemacht hat.

327 Dies alles ist für den Vermieter erforderlich, um eine spätere Schadensersatzforderung erfolgreich durchsetzen zu können. Denn wenn der Vermieter bis zum Auszug keine Möglichkeit hatte, die Wohnung Interessenten zu zeigen, muss der Mieter auch nach seinem Auszug für die leer stehende Wohnung weiterzahlen. Allerdings

gilt dies nicht uneingeschränkt. Voraussetzung ist, dass sich der Vermieter aufgrund der jeden Geschädigten treffenden Schadensminderungspflicht des § 254 BGB sobald es ihm möglich wird (d. h. im Beispielsfall mit Erlangung der Schlüssel bei Auszug des Mieters), sofort und intensiv um eine Weitervermietung bemüht und diese auch zu dem frühestmöglichen Zeitpunkt durchführt. Daraus folgt aber nicht die Verpflichtung, sofort um jeden Preis zu vermieten.[396] Im Prozess muss auch nicht der Vermieter darlegen und beweisen, dass er alles ihm Zumutbare unternommen hat, um schnellstmöglich einen neuen Mieter zu finden. Vielmehr trifft den Mieter, der sich auf die Mitverschuldensvorschrift des § 254 BGB beruft, die Darlegungs- und Beweislast hinsichtlich der tatsächlichen Voraussetzungen für eine Verletzung der Schadensminderungspflicht durch den Vermieter.[397]

f) Problem: Anbringung von Empfangseinrichtungen durch den Mieter

aa) Fernsehantenne: Der Mieter darf nur dann eine eigene Antenne   328
anbringen, solange kein Gemeinschaftsanschluss (Hausantenne) des Hauses vorhanden ist. Das Recht des Mieters folgt aus der grundrechtlich gewährleisteten Informationsfreiheit des Mieters.

bb) Satellitenantenne: Ungleich bedeutender als die Anbringung   329
einer einfachen Fernsehantenne ist heute die Frage, ob und unter welchen Voraussetzungen der Mieter eine eigene Parabolantenne (Satellitenschüssel) anbringen darf. Hier kollidiert der Wunsch des Mieters nach Programmvielfalt oftmals mit einer Verschandelung des Hauses. Die Beantwortung der Frage, ob sich ein Mieter auch gegen den ausdrücklichen Willen des Vermieters eine Satellitenschüssel an die Hauswand hängen darf, ist vom konkreten Einzelfall abhängig. Abzuwägen ist das Interesse des Vermieters an der Unversehrtheit seiner Fassade (und wohl auch der anderen Mieter und der Öffentlichkeit an einem ästhetischen Stadtbild. Dies würde durchaus leiden, wenn z. B. bei einem Appartementhaus mit 20 Appartements sich jeder Mieter seine nach Größe, Art und Farbe unterschiedliche eigene Schüssel vor das Fenster hängen würde) auf der einen Seite gegen das Recht auf Informationsfreiheit des Mieters

auf der anderen Seite (Art. 5 Grundgesetz, der über § 242 BGB auch Auswirkungen auf den Mietvertrag hat). Diese Abwägung führt regelmäßig zu folgendem Ergebnis: Wenn es im Haus bereits einen Kabel- oder Gemeinschaftssatellitenanschluss gibt (oder der Vermieter eine solche Maßnahme demnächst beabsichtigt), wenn also der Vermieter dies – ggf. auch gegen Entgelt – zur Verfügung stellt, dann hat der Mieter kein Recht auf Anbringung einer „eigenen" Schüssel. Denn dann kann der Mieter sein Informationsbedürfnis auch durch Anschluss an die bestehende Anlage befriedigen. Wenn es eine solche Möglichkeit aber nicht gibt und auch ungewiss ist, ob sie geschaffen wird, überwiegt das Informationsrecht des Mieters mit der Folge, dass der Vermieter das Anbringen einer eigenen Schüssel des Mieters nicht verbieten kann.[398] Ausnahmen sind auch hier denkbar, etwa eine sehr große Schüssel an einer Jugendstilvilla.[399] Das ist aber immer Frage des Einzelfalls.

330   Auch wenn der Mieter zur Anbringung einer Parabolantenne berechtigt ist, kann der Vermieter

- vom Mieter die Ausführung durch einen Fachmann verlangen

- wobei sämtliche Kosten und Gebühren der Mieter trägt

- die Beachtung etwa vorhandener baurechtlicher Vorschriften verlangen

- die Stelle am Haus bestimmen, an der die Schüssel – guter Empfang muss dort natürlich möglich sein – montiert werden soll[400]

- verlangen, dass der Mieter den Vermieter von Schäden freistellt, die durch von der Schüssel ausgehende Gefahren verursacht werden können. Für die Freistellung von Gefahren und Schädigungen wird der Vermieter den Nachweis einer entsprechenden Versicherung verlangen dürfen.

- verlangen, dass der Mieter sich für den Fall des Auszugs zur Wiederherstellung des ursprünglichen Zustands verpflichtet.[401]

- im Hinblick auf die Rückbau- bzw. Abbauverpflichtung bei Auszug und die Verpflichtung zur Wiederherstellung des vorherigen Zustands vom Mieter eine entsprechende Kaution verlangen; und zwar **zusätzlich zur allgemeinen Kaution** (§ 551 BGB) des

Mietverhältnisses; bzw. verlangen, dass der Mieter auf sonstige Weise die Rückbaukosten sicherstellt.[402]

Das heißt also insbesondere, dass der Mieter nicht nach seinem Gutdünken irgendwo am Haus die Schüssel aufhängen darf. Die vorgenannten Grundsätze gelten allerdings nicht oder nicht in vollem Umfang, wenn der zum Betrieb einer Parabolantenne berechtigte Mieter diese ohne Substanzverletzung und ohne nennenswerte ästhetische Beeinträchtigung etwa als mobile Anlage im hinteren Bereich des zur Mietwohnungen gehörenden, ggf. durch Vorder- und Seitenwände sichtgeschützten Balkons aufstellt.[403]   331

Wenn der Vermieter Kabelanschluss oder eine Schüssel anbringen lässt, mit der alle gängigen Programme empfangen werden können, wird der Mieter nicht mit der Begründung eine eigene – möglicherweise größere – Schüssel anbringen dürfen, dass er nur so ein ganz bestimmtes weit entferntes Programm empfangen kann. Hier dürfte die Abwägung zwischen den Interessen des Mieters und des Vermieters zu Lasten des Mieters ausfallen. Im Gegenteil muss der Mieter bei Anschluss des Hauses an das Breitbandkabelnetz oder Errichtung einer Gemeinschaftssatellitenanlage möglicherweise – auch dies ist Frage der Umstände des konkreten Falls – eine zuvor von ihm angebrachte eigene Schüssel wieder entfernen.[404]   332

Im Einzelfall kann es allerdings geboten sein, besondere Eigentümer- oder Mieterinteressen, die bei einer typisierenden Betrachtungsweise nicht miterfasst werden, in die Güter- und Interessenabwägung einzubeziehen und zu gewichten. Das kann z. B. eine ausländische Staatsangehörigkeit des Mieters und sein Wunsch sein, deshalb mit einer eigenen Parabolantenne auch ein ausländisches Programm empfangen zu können.[405] Der Wunsch des ausländischen Mieters ist allerdings nicht unbegrenzt zu berücksichtigen; kann er z. B. bereits sechs Programme seines Heimatlandes über den Kabelanschluss der Wohnung erreichen, so ist seinem berechtigten Informationsinteresse bereits durch andere Empfangsmöglichkeiten in ausreichendem Maße Rechnung getragen; kann der Hauseigentümer die Beseitigung einer auf dem Balkon installierten, den optischen Gesamteindruck der Hausfassade erheblich beeinträchtigenden Parabolantenne verlangen.[406] Der ausländische Mie-   333 ter hat auch dann keinen Anspruch auf Zustimmung des Vermieters zur Anbringung einer eigenen Satellitenschüssel, wenn er mit einem vom ihm auf seine Kosten erwerbbaren Dekoder über den Kabelanschluss des Hauses fünf[407] bzw. sechs[408] oder sieben[409] Heimatprogramme empfangen könnte.

334   Letztlich kommt es ohnehin nicht auf die Quantität, sondern auf die inhaltliche Ausrichtung der über den Kabelanschluss zu empfangenden Sender an. Die qualitative Bandbreite des muttersprachlichen Informationsangebots hängt nicht von der Anzahl der betreffenden Sender ab, sondern kann auch von nur wenigen Sendern gewährleistet sein.[410] Dem steht nicht entgegen, dass dem Mieter für den Bezug von zusätzlichen Programmpaketen ggf. Zusatzkosten entstehen. Die Informationsfreiheit gewährleistet den Zugang zu Informationsquellen im Rahmen der allgemeinen Gesetze, aber nicht dessen Kostenlosigkeit.[411] Gleiches gilt, wenn der ausländische Mieter sein Informationsbedürfnis durch – ggf. auch kostenpflichtiges – Internetfernsehen befriedigen kann.[412] Die Zusatzkosten dürfen allerdings nicht so hoch sein, dass sie den Mieter typischerweise von der Inanspruchnahme solcher Möglichkeiten abhalten.[413] Geht es dem ausländischen Mieter hauptsächlich darum, dass seine Kinder Kontakt mit der Heimatsprache haben und diese nicht verlernen, genügt es, wenn ein ausländisches Fernsehprogramm über Dekoder zu empfangen ist.[414] Einer besonderen Abwägung zwischen dem Eigentumsrecht des Vermieters (Art. 14 GG) und dem über § 242 BGB in das Mietverhältnis einfließenden Recht des Mieters auf Informationsfreiheit (Art 5 GG) bedarf es auch bei deutschen Staatsbürgern ausländischer Herkunft. Der BGH[415] betont, dass auch bei einem deutschen Staatsangehörigen polnischer Herkunft im Einzelfall zu prüfen ist, ob bereits der vorhandene Kabelanschluss geeignet ist, das geltend gemachte Informationsinteresse des Mieters hinreichend zu befriedigen. Vgl. aber auch BayObLG:[416]

„Von besonderer Bedeutung ist..., dass es sich bei dem Antragsgegner und seiner Familie zwar um geborene Türken handelt, sie aber die türkische Staatsangehörigkeit aus freien Stücken aufgegeben und die deutsche Staatsangehörigkeit angenommen haben,... Gleichwohl ist der Senat der Auffassung, dass dem Antragsgegner weiterhin ein beachtenswertes Interesse an Informationen aus einem früheren Heimatland zuzubilligen ist, das jedenfalls über das eines geborenen Deutschen an Informationen aus dem Ausland im typischen Durchschnittsfall hinausgeht. Andererseits ist dieses Interesse aber weniger schwer zu gewichten als das eines auf Dauer in Deutschland lebenden Türken, der seine ausländische Staatsangehörigkeit beibehält. Denn durch die Aufgabe der türkischen und die Annahme der deutschen Staatsangehörigkeit hat der Antragsgegner die Bindung an sein früheres Heimatland entscheidend gelockert und sieht nunmehr Deutschland als seine Heimat an. Damit tritt sein Interesse, die kulturellen und sprachlichen Verbindungen mit seinem früheren Heimatland aufrechtzuerhalten, deutlich in den Hintergrund."

Allerdings kann der Vermieter zur Vermeidung einer Verschandelung seines Hauses mehrere Mieter, die ggf. jeder für sich aufgrund ihrer ausländischen Staatsangehörigkeit die Zustimmung des Vermieters zur Anbringung einer Satellitenschüssel verlangen können, ggf. im Rahmen der technischen Möglichkeiten auf die Nutzung einer von ihnen gemeinsam anzubringenden und von ihnen gemeinsam zu finanzierenden Parabolantennenanlage verweisen.[417]   **335**

cc) Kabelfernsehen: Für Kabelfernsehen gilt das oben Gesagte sinngemäß: Wenn es keinen Kabel- und keinen Satellitenanschluss im Haus gibt, kann der Mieter auch gegen den Willen des Vermieters sich einen Kabelanschluss legen lassen. Wie oben bei der Installation einer eigenen Satellitenschüssel muss der Mieter dann aber alle Kosten tragen. Auch kann der Vermieter eine besondere Sicherheitsleistung verlangen, da für die Verlegung des Kabelanschlusses Eingriffe in die Substanz des Hauses erforderlich sind und eine spätere Demontage bei Auszug des Mieters Spuren hinterlassen kann.   **336**

g) Problem: Verhinderung der vermieterseitigen Anbringung einer Satellitenschüssel oder eines Kabelanschlusses

Auch die umgekehrte Situation ist denkbar: Der Vermieter will für das ganze Haus einheitlich eine Kabel- oder Satellitenanlage installieren lassen, einige Mieter sind aber wegen der auf sie zukommenden Kosten oder weil sie einfach kein Interesse haben dagegen. Da es sich hier um eine Modernisierungsmaßnahme nach § 555 Nr. 4 BGB handelt, sind die Mieter gem. §§ 555c, 555d BGB unter den   **337** dort genannten Voraussetzungen zur Duldung verpflichtet. Auch können die Installationskosten nach § 559 BGB als Modernisierungsmaßnahme zu einer Mieterhöhung führen und nach zutreffender Ansicht die laufenden Kosten für den Betrieb der Anlage als Betriebskosten auch dann umgelegt werden, wenn diese Betriebskostenart im ursprünglichen Mietvertrag nicht aufgeführt war.

h) Problem: Mängel der Mietsache (Mietminderung)

338 **aa) Obhutspflichten des Mieters:** Dieses Kapitel befasst sich zwar in erster Linie mit den Rechten des Mieters. Der Vermieter muss diese Mieterrechte allerdings kennen, um darauf reagieren zu können. Mängel der Mietsache können immer einmal vorkommen. Im Idealfall ruft der Mieter dann den Vermieter (oder Verwalter) an, dieser schickt einen Handwerker oder repariert selber, und die Sache ist erledigt. Leider tritt dieser Idealfall nicht immer ein.

339 Zunächst kann es vorkommen, dass der Mieter die **rechtzeitige Meldung** des Mangels beim Vermieter unterlässt.

> **BEISPIEL:** Der Mieter der Dachgeschosswohnung stellt einen kleinen Wasserfleck an der Decke fest und kümmert sich nicht darum, sondern fährt erst mal für zwei Wochen in Urlaub. Als er wiederkommt, ist die halbe Decke durchgeweicht. Der anfangs noch mit einfachen Mitteln zu behebende Schaden hat sich vervielfacht.

Hier ist der Mieter dem Vermieter gegenüber für die Mehrkosten, die durch die nicht rechtzeitige Mitteilung des Schadens entstanden sind, haftbar. Das Gesetz (§ 536c BGB) stellt hier eine Obhutspflicht des Mieters auf, die ihn zur „unverzüglichen" Mängelanzeige an den Vermieter verpflichtet. Das Gleiche gilt, wenn kein eigentlicher Mangel auftritt,

- sondern „eine Maßnahme zum Schutz der Mietsache gegen eine nicht vorhergesehene Gefahr" erforderlich wird

> **BEISPIEL:** Ein Mieter sieht, dass in der Waschküche der Schlauch zur gemeinsamen Waschmaschine brüchig wird. Es droht die Gefahr einer Überschwemmung.

- oder „wenn ein Dritter sich ein Recht an der Sache anmaßt"

BEISPIEL: Jemand gibt sich als neuer Vermieter aus.

Verletzt der Mieter diese unverzügliche Mitteilungspflicht, macht er 340
sich gem. § 536c Abs. 2 BGB gegenüber dem Vermieter schadensersatzpflichtig. Außerdem verliert der Mieter auch seine Rechte auf
Mietminderung und Schadensersatz, wenn der Vermieter wegen der
nicht erfolgten Mitteilung keine Abhilfe schaffen konnte. Die Anzei-
gepflicht entfällt allerdings, wenn der Vermieter bereits auf andere
Weise Kenntnis erlangt hatte.[418] **Zur Klarstellung:** Wenn der Mieter
dem Vermieter den Mangel anzeigt, der Vermieter reparieren lässt,
und das dann nicht zum Erfolg führt bzw. der Mangel erneut auftritt, muss der Mieter dieses dem Vermieter dann auch erneut anzeigen. Der Mieter kann sich nicht auf den Standpunkt stellen, er
hätte den Mangel doch schon (beim ersten Mal) angezeigt. Etwas
anderes gilt auch hier, wenn der Vermieter wusste, dass die Reparatur erfolglos war;[419] oder wenn die von ihm eingeleiteten Maßnahmen von vornherein nur auf das Abstellen eines Teils der von ihm
zu verantwortenden Ursachen, z. B. von Feuchtigkeitsschäden, gerichtet waren[420].

bb) Mietminderung wegen Sachmängeln:[421] Wenn der Vermieter trotz 341
Mitteilung des Mieters den Mangel nicht beseitigt, kann der Mieter
in dem Umfang, in dem die Tauglichkeit zu dem vertragsgemäßen
Gebrauch gemindert ist, die Miete anteilig mindern (§ 536 BGB).
Voraussetzung für eine Mietminderung ist, dass überhaupt ein
Mangel vorliegt, und dass dieser dem Vermieter zuzuordnen ist. Der
Mangel muss außerdem zu einer Beeinträchtigung des **vertragsgemäßen** Gebrauchs führen, und er muss bei **vertragsgemäßer** Nutzung bestehen. Der vertragsgemäße Gebrauch muss anhand des
Mietvertrags bestimmt werden. Das Problem, was der Mieter als
vertragsgemäß ansehen darf, und was als Minus davon ein Mangel
im Sinne des Mietrechts ist, taucht vor allem bei Altbauten auf, die
schon bei Anmietung nicht dem Standard eines Neubaus entsprechen, oder bei denen im Laufe des Mietverhältnisses die bautechnische, wärmetechnische und sonstige Entwicklung des Wohnstan-

dards – ggf. trotz den sich ändernden Standards nacheilender Investitionen des Vermieters – fortgeschritten ist.

342   Ist in diesen Fällen im Mietvertrag keine ausdrückliche Regelung zum Soll-Zustand getroffen, muss anhand von Auslegungsregeln (§§ 133, 157, 242 BGB) geprüft werden, welchen Standard der Mieter aufgrund seines Vertrags unter Berücksichtigung des vereinbarten Nutzungszwecks vom Vermieter verlangen kann. Dabei ist die Verkehrsanschauung als Auslegungshilfe heranzuziehen.[422] In der Regel ist auf den Standard zum Zeitpunkt des Vertragsschlusses abzustellen, wobei Veränderungen der Anschauungen über den vertragsgemäßen Standard oder neue wissenschaftliche Erkenntnisse im Einzelfall zu einer Vertragsanpassung führen können.[423] Auch wenn der Vermieter danach keine Instandsetzung zur Erreichung des heutigen Stands der Technik schuldet, muss er jedenfalls einen **Mindeststandard** bereitstellen.[424] Auf eine unterhalb dieses Mindeststandards liegende Beschaffenheit kann der Mieter nur bei eindeutiger Vereinbarung verwiesen werden. Dem genügt eine Formularklausel, nach der der Mieter in der Wohnung Haushaltsmaschinen nur im Rahmen der Kapazität der vorhandenen Installationen aufstellen darf, nicht.[425] Ohne eine dahingehende vertragliche Vereinbarung hat ein Wohnraummieter aber regelmäßig keinen Anspruch auf einen gegenüber den Grenzwerten der **zur Zeit der Errichtung des Gebäudes** geltenden DIN-Norm erhöhten (Schall)Schutz.[426] oder das Beseitigen von altbautypischen Gegebenheiten.[427] Treffend formuliert das LG Dresden, einen Minderungsanspruch wegen Kellerfeuchtigkeit verneinend: „Altbauwohnungen haben erwünschte Vorzüge aber auch hinzunehmende Nachteile."[428]

343   Auch bei objektiv vorliegendem Mangel ist eine Minderung aber nur solange zulässig[429] und nur soweit dadurch auch eine **Gebrauchsbeeinträchtigung** bewirkt wird.[430]

344   Regelmäßig wird der Grund für eine Mietminderung in Mängeln der Wohnung liegen; notwendig ist dies aber nicht. Auch Mängel im Treppenhaus (etwa Fäkalgerüche,[431] Ausfall der Beleuchtung oder auf dem Trockenboden (es regnet herein) usw. berechtigen zur Mietminderung. Allerdings ist hier bei der Höhe zu beachten, dass die Wohnung selber eben nicht unmittelbar betroffen ist.

Die Höhe der Mietminderung richtet sich nach den Umständen des 345
Einzelfalls. Vorsicht ist geboten vor pauschalen Angaben in Minder-
ungstabellen oder kurzen Zeitungsnotizen, z. B. „nasser Fleck **so-
undsoviel** Prozent". In einer 100 qm-Vierzimmerwohnung berechtigt ein nasser Fleck von 1 qm Durchmesser zu einer geringeren
prozentualen Minderung als in einem Einzimmerappartement von
25 qm; 1 qm in einer selten genutzten Abstellkammer ist weniger
gravierend als im Schlafzimmer usw. Die Verlockung, mit einer
Mietminderung Miete zu „sparen", ist nicht von der Hand zu weisen. Daher stellt sich die Höhe der Mietminderung in späteren
Prozessen manchmal als recht überzogen heraus. In diesem Fall
muss der Mieter die Miete in der Höhe, in der die Mietminderung
unberechtigt war, mit einem Schlag nachzahlen, ggf. mit Zinsen.
Auf der anderen Seite sind durchaus Fälle denkbar, bei denen die
Mietminderung „auf null" geht, also bis zur Mängelbeseitigung gar
keine Miete mehr bezahlt zu werden braucht.

> **BEISPIEL:** Totalausfall von Heizung und Warmwasserversorgung im
> Winter bei Minustemperaturen.

Zu beachten ist noch, dass nach § 536 Abs. 1 S. 3 BGB „eine uner- 346
hebliche Minderung der Tauglichkeit" nicht ausreicht (Faustregel: 3
bis 5%). Außerdem bleibt nach § 536 Abs. 1a BGB eine Minderung
der Tauglichkeit für drei Monate vollkommen außer Betracht, soweit diese auf Grund einer Maßnahme eintritt, die einer energetischen Modernisierung nach § 555b Nr. 1 BGB dient.[432]

Bemessungsgrundlage für die Mietminderung nach § 536 BGB ist 347
die Bruttomiete (Miete einschließlich aller Nebenkosten). Dabei ist
es auch unerheblich, ob die Nebenkosten als Pauschale oder Vorauszahlung geschuldet werden.[433] Dabei wird zunächst die laufende
Miete **prozentual** gemindert. Der **endgültige** Minderungs**betrag** ergibt sich im Fall von Betriebskostenvorauszahlungen letztlich erst
bei der Betriebskostenabrechnung. Insoweit ist es nicht zulässig, nur
die geminderten Vorauszahlungsbeträge dem ungeminderten Abrechnungsbetrag gegenüberzustellen, denn dann würde der Vermieter über die Abrechnung zumindest einen Teil der Mietminderung
zurückerhalten[434].

348   Bei der Jahresabrechnung wird der Abrechnungsbetrag unter Berücksichtigung der berechtigten Mietminderung ermittelt; ggf. zeitanteilig für die Dauer, für die der Mieter zur Minderung berechtigt war. Dazu wird der Abrechnungsbetrag um den anhand des Minderungsprozentsatzes ermittelten Betrag gekürzt. Bezog sich das Minderungsrecht nur auf einige Monate oder bestand es während einzelner Monate in unterschiedlicher Höhe, wird der Abrechnungsbetrag zunächst durch zwölf geteilt; anschließend werden die für jeden Monat unter Berücksichtigung der Minderung geschuldeten Betriebskosten ermittelt und addiert. Das so gefundene Ergebnis (d. h. der Betriebskostenbetrag, den der Mieter für das abgelaufene Jahr unter Berücksichtigung der Minderung schuldet) wird im letzten Schritt den tatsächlichen Betriebskostenvorauszahlungen gegenübergestellt (also der Addition sämtlicher ungeminderten und geminderten Betriebskostenvorauszahlungen des Mieters).[435] Dabei dürfte davon auszugehen sein, dass sich der monatliche Betrag einer geminderten Betriebskostenvorauszahlung so errechnen lässt, dass sich die vom Mieter ausgebrachte Mietminderung prozentual gleichmäßig auf die Kaltmiete und auf die Betriebskostenvorauszahlung bezieht.

> **BEISPIEL:** Die Mietzahlung des Mieters beträgt 440 EUR, bestehend aus 400 EUR Kaltmiete und 40 EUR Betriebskostenvorauszahlung. Der Mieter mindert um 20% und überweist 352 EUR. Der Minderungsbetrag von 88 EUR verteilt sich dann zu 80 EUR auf die Kaltmiete und zu 8 EUR auf die Betriebskostenvorauszahlung, so dass für diesen Monat in die Jahresabrechnung eine Betriebskostenvorauszahlung von 32 EUR einzustellen ist.

349   Bei Wohnraummiete darf das Recht zur Mietminderung gem. § 536 Abs. 4 BGB auch nicht vertraglich ausgeschlossen werden.

350   Wichtig ist, dass der Mietminderungsanspruch nicht einem Mieterhöhungsanspruch gem. §§ 558 ff. BGB entgegengehalten werden kann.[436] In der Praxis heißt das, dass die Berechtigung der Mieterhöhung unabhängig von dem Mangel der Mietsache zu prüfen ist. Wenn die Mieterhöhung rechtens ist, kann dann allerdings die erhöhte Miete wegen des Mangels wiederum prozentual gemindert werden.

cc) Mietminderung wegen Rechtsmängeln: § 536 Abs. 3 BGB stellt 351
auch so genannte Rechtsmängel den Sachmängeln der Mietsache
gleich. Ein Rechtsmangel liegt vor, wenn dem Mieter der vertragsgemäße Gebrauch der Mietsache durch das Recht eines Dritten ganz
oder zum Teil entzogen wird. Dabei braucht der Vermieter nicht der
Eigentümer zu sein.

> **BEISPIEL:**[437] Der Eigentümer (Vermieter) hat dem Mieter eine Woh-
> nung vermietet, der Mieter an den Untermieter ein Zimmer der Woh-
> nung. Der Vermieter kündigt dem Mieter wegen Zahlungsrückstands
> mit mehr als einer Monatsmiete fristlos. Der Untermieter verliert da-
> durch letztlich ebenfalls sein Zimmer, vgl. § 546 Abs. 2 BGB. Hier kann
> der Untermieter gegen den Mieter die Rechte aus § 536 BGB geltend
> machen, im konkreten Fall wird er wahrscheinlich in Verbindung mit
> § 536a BGB Schadensersatz fordern.

dd) Selbstabhilfe durch den Mieter: Neben dem Recht auf Mietminde- 352
rung hat der Mieter gemäß § 536a Abs. 1 BGB unter Umständen
Anspruch auf „Schadensersatz wegen Nichterfüllung" (siehe weiter
unten) und – das viel wichtiger – der Mieter kann gem. § 536a
Abs. 2 BGB ggf.

> den Mangel selbst beseitigen und Ersatz der erforderlichen Aufwendungen ver-
> langen, wenn
> 1. der Vermieter mit der Beseitigung des Mangels in Verzug ist oder
> 2. die umgehende Beseitigung des Mangels zur Erhaltung oder Wieder-
>   herstellung des Bestands der Mietsache notwendig ist.

Ersetzen muss der Vermieter also nur „erforderliche" Aufwendungen.

Weitere Voraussetzung ist sodann im ersten Fall Verzug (erfordert 353
Verschulden, § 286 Abs. 4 BGB) **des Vermieters.** Dazu ist eine auf
die Beseitigung des Mangels gerichtete Mahnung erforderlich. Das
heißt, es genügt nicht, wenn der Mieter dem Vermieter nur den
Mangel mitteilt. Der Mieter muss vielmehr zum Ausdruck bringen,
dass er den Mangel selber beseitigen lässt und die Kosten dem Vermieter in Rechnung stellen wird, wenn der Vermieter nicht bis zu
einem bestimmten Termin den Mangel beseitigt. Auch wenn der

Mieter den Mangel dann selbst beseitigt (und nicht durch einen Handwerker beseitigen lässt), kann er Ersatz für seine Aufwendungen verlangen.

354   Der Mieter hat nach Fristablauf sogar einen Anspruch auf einen Vorschuss gegen den Vermieter. Dieser umfasst allerdings nur Kosten für Maßnahmen, die nach vernünftiger wirtschaftlicher Betrachtungsweise nötig und zweckmäßig und zur nachhaltigen Mängelbeseitigung geeignet sind. Unter diesem Gesichtspunkt ist der Vorschussanspruch z. B. zu verneinen, wenn der Mieter während einer noch nicht abgeschlossenen Rissbildung im Mauerwerk bereits die Verpressung der Risse verlangt.[438]

355   Im zweiten Fall muss es sich um Notreparaturen handeln, die von einer solchen Wichtigkeit sind, dass sie keinerlei Aufschub dulden; und die wirklich so eilig sind, dass keine Zeit mehr für eine Benachrichtigung und Einschaltung des Vermieters bleibt; oder die nach Benachrichtigung des Vermieters so eilig werden, dass keine Zeit mehr für eine Mahnung des Vermieters bleibt. Außerdem dürfen sie nur den „**Bestand**" der Mietsache erhalten oder wiederherstellen, und sie müssen hierfür auch wirklich „notwendig" sein, so dass sich der Mieter keine Verbesserungen in die Mietsache hineinreparieren lassen darf. Aufwendungen lediglich zur Wiederherstellung des vertragsgemäßen Gebrauchs bzw. zur bloßen Mängelbeseitigung gehören nicht zu den zulässigen Notmaßnahmen des Mieters, ebenfalls nicht bauliche Veränderungen.[439]

356   Trotz dieser Einschränkungen ist die Bestimmung in höchstem Maße problematisch. Über Wichtigkeit und Eiligkeit einer vom Mieter in Auftrag gegebenen Notreparatur wird ebenso häufig Streit entstehen wie über den Umfang der dann dem Vermieter dafür präsentierten Rechnung. Das große Problem für den Vermieter besteht darin, dass er regelmäßig erst nach der Durchführung der Arbeiten von diesen erfährt und so die Frage, ob sie wirklich äußerst wichtig und äußerst eilig zur Erhaltung oder Wiederherstellung des Bestands der Mietsache notwendig waren, aus eigener Anschauung gar nicht mehr beurteilen kann. Auch wird dem Vermieter auf diese Art der Einsatz seiner „eigenen" Handwerker genommen. Jeder Vermieter hat regelmäßig Handwerker, mit denen er seit langer Zeit zusam-

menarbeitet und um deren Qualität, Zuverlässigkeit und Preiswürdigkeit er weiß. Der Mieter wählt möglicherweise ganz andere, im schlimmsten Fall sowohl schlechtere als auch teurere Handwerker aus. Und schließlich muss der Vermieter in diesen Fällen nach der gesetzlichen Bestimmung selbst dann dem Mieter Aufwendungen ersetzen, wenn er, der Vermieter, zur Mangelbeseitigung aufgrund eigener Fähigkeiten selbst in der Lage gewesen wäre. Die Position des Vermieters wird darüber hinaus noch dadurch geschwächt, dass der Mieter die Möglichkeit hat, seine Aufwendungsersatzforderung mit der nächsten Mietzahlung zu verrechnen, also von der Miete abzuziehen. Nicht der Mieter muss also die Erlangung seines Aufwendungsersatzes aktiv betreiben, sondern der Vermieter, der die Eiligkeit, Notwendigkeit, Höhe der Rechnung usw. bezweifelt, muss dann ggf. gegen den Mieter Zahlungsklage erheben.

Daraus ergibt sich auch schon, wie es **nicht geht**. 357

> **BEISPIEL:**[440] Mieter Schnellentschlossen ist das Benachrichtigen des Vermieters zu umständlich oder zu lästig. Er entdeckt einen Mangel, dessen Behebung eigentlich nicht sonderlich eilig ist und meint, das müsse der Vermieter richten. Kurzerhand beauftragt er einen Handwerker und sagt diesem dann, die Rechnung gehe an den Vermieter. Das ist nur in Ordnung, wenn der Mieter diese Vorgehensweise so mit dem Vermieter **vorher besprochen** hat. Wenn nicht, braucht der Vermieter in diesem Fall die Rechnung nicht zu bezahlen. Nur der Mieter, der dem Handwerker den Auftrag erteilt hat, ist als Auftraggeber des Handwerkers diesem gegenüber zur Zahlung verpflichtet.

Nicht auszuschließen ist, dass der Mieter auch nach eigener bzw. 358 von ihm veranlasster Mangelbeseitigung die Miete noch weiter mindert. Das ist allerdings nicht mehr möglich. Wenn der Mieter den Mangel beseitigt hat, liegt nur noch ein Aufwendungsersatz- oder Schadensersatzanspruch vor. Der Grund für die Mietminderung ist entfallen, da die Wohnung wieder in Ordnung ist. Insoweit kommt es also nicht darauf an, wer die Wohnung wieder in Ordnung gebracht hat.

ee) Schadensersatz Außerdem kann der Vermieter sich in einigen 359 Fällen dem Mieter gegenüber schadensersatzpflichtig machen.

§ 536a Abs. 1 BGB lautet:

> (1) Ist ein Mangel im Sinne des § 536 bei Vertragsschluss vorhanden oder entsteht ein solcher Mangel später wegen eines Umstands, den der Vermieter zu vertreten hat, oder kommt der Vermieter mit der Beseitigung eines Mangels in Verzug, so kann der Mieter unbeschadet der Rechte aus § 536 Schadensersatz wegen Nichterfüllung verlangen.

BEISPIELE: Der Mieter meldet dem Vermieter einen Wasserschaden (Sachmangel), mahnt ihn schließlich auch, aber der Vermieter unternimmt nichts. Daraus entstehenden dem Mieter trotz Abdeckmaßnahmen Feuchtigkeitsschäden an seinen Möbeln. Hierfür kann er vom Vermieter Schadensersatz verlangen.

Doppelvermietung (der wohl krasseste Fall eines **Rechtsmangels**): Der erste Mieter hat einen Mietvertrag und wohnt zu Recht, der Vermieter vermietet noch mal. Der zweite Mieter kann den Besitz an der Mietsache nicht mehr erlangen, jedoch nach § 536a Abs. 1 BGB Schadensersatz geltend machen.

360 Dabei trifft den Mieter aber gem. § 254 BGB eine Schadensminderungspflicht, der er im obigen ersten Beispielsfall durch die von ihm vorgenommenen Abdeckmaßnahmen nachgekommen ist. Der Umfang der Schadensminderungspflicht lässt sich nur im Einzelfall bestimmen; im Beispiel wäre ggf. auch daran zu denken, dass der Mieter jedenfalls kleine und leicht zu transportierende Möbel in einen trockenen Raum der Wohnung oder einen trockenen Keller umlagert.

361 Wichtig ist, dass der Schadensersatzanspruch bzgl. bei Vertragsschluss vorhandener und dem Mieter **bekannter Mängel** nicht besteht (s. u.). Wichtig ist weiterhin, dass der Schadensersatzanspruch bei **nachträglich entstandenen Mängeln** vom Verschulden oder Verzug des Vermieters abhängt.

BEISPIEL: Beim Mieter regnet es an mehreren Stellen durch. Gemäß § 536 c BGB muss der Mieter den Mangel dem Vermieter anzeigen. Um den Vermieter gem. § 536a Abs. 1 BGB in Verzug zu setzen, muss der

Mieter dem Vermieter darüber hinaus eine Mahnung mit Aufforderung zur Mangelbeseitigung schicken. Wenn der Vermieter dann immer noch nichts unternimmt, kommt er in Verzug und ist dem Mieter ggf. zum Schadensersatz verpflichtet, z. B. für die Kosten eines Hotelzimmers während der Zeit, in der die Wohnung nicht bewohnbar ist. Verzug erfordert allerdings Verschulden. Daran kann es z. B. fehlen, wenn der Vermieter den Mangel wegen unzumutbar hohen Kosten nicht beseitigen kann, sog. „Opfergrenze". Solche Fälle sind aber selten.

Die Voraussetzungen für einen vom Mieter geltend gemachten Schadensersatzanspruch nach § 536a Abs. 1 BGB einschließlich des Schadensumfangs[441] und des Verschuldens des Vermieters sind vom Mieter darzulegen und zu beweisen. Insoweit gilt nur dann etwas anderes, wenn feststeht, dass die Schadensursache im Herrschafts- und Einflussbereich des Vermieters gesetzt worden ist. In diesem Fall muss sich der Vermieter hinsichtlich des Verschuldens entlasten.[442] Macht der Mieter Schadensersatzansprüche wegen eines ursprünglichen Mangels geltend, muss er zusätzlich beweisen, dass die Mangelursache bereits bei Vertragsschluss vorhanden war.[443] **362**

Das Recht des Mieters auf Schadensersatz besteht neben dem Recht auf Aufwendungsersatz und auch neben dem Recht auf Mietminderung (wenn auch bei der Höhe des Schadens Mietminderungsvorteile berücksichtigt werden). **363**

ff) Zurückbehaltungsrecht: Um seinen auf Mangelbeseitigung gerichteten Erfüllungsanspruch durchzusetzen, steht dem Mieter außerdem ein Zurückbehaltungsrecht nach § 320 BGB zu. Dieses ist i. d. R. mit dem drei- bis fünffachen Minderungsbetrag anzusetzen,[444] da durch die Zurückbehaltung Druck auf den Vermieter ausgeübt werden soll, den Mangel schnellstmöglich zu beseitigen. Das Zurückbehaltungsrecht setzt allerdings voraus, dass der Mangel dem Vermieter angezeigt worden ist oder sonstwie bekannt war.[445] Außerdem ist der zurückbehaltene Betrag, anders als der Mietminderungsbetrag, an den Vermieter auszuzahlen, sobald der Mangel beseitigt ist.[446] Da das Zurückbehaltungsrecht ein Druckmittel ist, um den Vermieter im laufenden Mietverhältnis zur Mangelbeseitigung zu bewegen, kann der Mieter gegenüber dem Mietzahlungsanspruch des Vermieters ein Zurückbehaltungsrecht wegen Mängelbeseiti- **364**

gungsansprüchen nach Auszug aus der Mietsache nicht mehr geltend machen.[447]

365 **gg) Schmerzensgeld:** Ein vertraglich begründeter Schmerzensgeldanspruch aus § 536a Abs. 1 BGB i. V. m. § 253 Abs. 2 BGB kann z. B. in Betracht kommen, wenn der Mieter aufgrund der Beschaffenheit der Wohnung erkrankt. Die häufigsten Fälle dürften hier gesundheitliche Folgen von Feuchtigkeitserscheinungen in der Wohnung sein. Dabei scheiden allerdings Erkrankungen aus, die der Mieter durch vertragswidrigen Gebrauch der Wohnung, insbesondere unzureichender Beheizung und Belüftung, selbst verschuldet hat.[448] Außerdem trifft den Mieter auch hier nach § 254 BGB eine Schadensminderungspflicht, die bis zum völligen Anspruchsausschluss führen kann. So muss er etwa bei den ersten Anzeichen einer gesundheitlichen Reaktion den Vermieter informieren, notfalls auf Beseitigung des Schimmelpilzes klagen, ggf. die Wohnung auch wegen erheblicher Gesundheitsgefährdung nach § 569 Abs. 1 BGB kündigen.[449]

366 **hh) Ausnahmen von den Gewährleistungsansprüchen des Mieters bei Mängeln der Mietsache:** Selbstverständlich hat der Mieter kein Recht zur Mietminderung, auf Aufwendungs- oder Schadensersatz, wenn er den Mangel selbst verschuldet oder die Mangelbeseitigung – etwa durch Verweigerung des Zutritts zu seiner Wohnung[450] – verhindert oder wesentlich und mutwillig erschwert hat.[451] Dabei ist der Mieter nicht nur verpflichtet, Mangelbeseitigungsmaßnahmen des Vermieters zu dulden, sondern als Ausfluss der beiderseitigen Vertragsförderungspflicht in gewissem Rahmen auch gehalten, an der Mangelbeseitigung konstruktiv mitzuwirken,[452] insbesondere wenn ihm selbst das Abstellen des Mangels mit einfachen Maßnahmen möglich und zumutbar ist.[453]

367 Wichtig für den Vermieter ist auch die in § 536b BGB getroffene abgestufte Regelung im Fall einer Kenntnis des Mieters vom Mangel (gilt also für Sach- und für Rechtsmängel gleichermaßen): Der Mieter hat **kein Recht zur Mietminderung**, auf Aufwendungs- oder Schadensersatz, wenn er den Mangel bei Abschluss des Vertrags schon gekannt hat (wenn er also den Vertrag in Kenntnis des Man-

gels trotzdem unterschrieben hat), § 536b S. 1 BGB.[454] Ist dem Mieter der Mangel infolge grober Fahrlässigkeit unbekannt geblieben, so hat der Mieter ebenfalls **kein Recht zur Mietminderung**, auf Aufwendungs- oder Schadensersatz, es sei denn, der Vermieter hat den Mangel arglistig verschwiegen.[455] Die Rechte des Mieters bei arglistigem Verschweigen durch den Vermieter kann man auch nicht vertraglich ausschließen. § 536d BGB bestimmt insoweit: „Auf eine Vereinbarung, durch die die Rechte des Mieters wegen eines Mangels der Mietsache ausgeschlossen oder beschränkt werden, kann sich der Vermieter nicht berufen, wenn er den Mangel arglistig verschwiegen hat." – Umso wichtiger ist der Rat, offen und ehrlich auf mögliche Mängel vor Vertragsschluss hinzuweisen, am besten auch schriftlich im Mietvertrag.[456] Auch wenn der Mieter den Mangel bei Vertragsschluss noch nicht kannte, dann aber die mangelhafte Mietsache annimmt, obwohl er den Mangel (dann) kennt, hat er **grundsätzlich kein Recht zur Mietminderung**, auf Aufwendungs- oder Schadensersatz. Diese Rechte kann er vielmehr in diesen Fällen nur dann geltend machen, wenn er sie sich bei der Annahme der Mietsache vorbehält.

Wenn der Mieter nach Kenntniserlangung von einem Mangel seine Miete vorbehaltlos weiterzahlt, kann auch dies Auswirkungen auf seine Rechtsposition haben:

368

Das Mietminderungsrecht besteht nach § 536c Abs. 2 BGB erst ab Mängelanzeige. Wenn der Mieter dann trotzdem zunächst die ungeminderte Miete weiterzahlt, kann er den darin enthaltenen Minderungsbetrag nur zurückfordern, wenn er sich das bei der Mängelanzeige oder Zahlung vorbehalten hat. Grundsätzlich kann der Mieter also **nicht rückwirkend** mindern. Der Mieter kann allerdings dann auch rückwirkend mindern, wenn er nur deswegen weitergezahlt hat, weil der Vermieter ihn immer wieder mit Versprechungen der Mangelbeseitigung vertröstet, dann aber seine Versprechungen nicht gehalten hat.

In älterer mietrechtlicher Literatur, in Urteilen, selbst in Urteilen des BGHs werden Sie vielfach Ausführungen dazu finden, dass der Mieter das Recht zur Mietminderung bzgl. eines bestimmten Mangels verlieren kann, wenn er in Kenntnis dieses Mangels über einen

369

längeren Zeitraum die volle Miete vorbehaltlos gezahlt hat.[457] Von dieser jahrzehntelangen Rechtsprechung, die sich auf eine entsprechende Anwendung des § 539 BGB a. F. stützte, ist der BGH im Juli 2003 abgerückt.[458] Nunmehr gilt: Für nach dem 1.9.2001 fällig gewordene Mieten scheidet, auch wenn der Mietvertrag vor diesem Datum geschlossen worden ist, eine analoge Anwendung des § 536b BGB, der an die Stelle des § 539 BGB a. F. getreten ist, aus.

370   Es bleibt jedoch zu prüfen, ob der Mieter sein Minderungsrecht ggf. unter den strengeren Voraussetzungen der Verwirkung oder des stillschweigenden Verzichts verloren hat. Das bedeutet, dass man in der Regel auch bei längerer vorbehaltloser Mietzahlung nicht mehr zu einem Verlust des Mieters bzgl. seines Minderungsrechts kommen wird. Die Zahlung allein lässt kaum jemals den Rückschluss zu, dass der Mieter auf seine Rechte (stillschweigend) verzichten will. Auch die Verwirkung verlangt mehr als bloße Zahlung über einen längeren Zeitraum. Hier müssen besondere Umstände hinzukommen, die bei dem Vermieter das Vertrauen begründen können, dass der Mieter bzgl. eines bestimmten Mangels von seinem Minderungsrecht keinen Gebrauch mehr machen will.[459] Denn ein Recht ist nur dann verwirkt, wenn der Berechtigte es längere Zeit hindurch nicht geltend gemacht und der Verpflichtete sich darauf eingerichtet hat und nach dem gesamten Verhalten des Berechtigten auch darauf einrichten durfte, dass dieser das Recht auch in Zukunft nicht geltend machen werde. Die Annahme einer Verwirkung setzt somit neben dem Zeitablauf (sog. Zeitmoment) das Vorliegen besonderer, ein Vertrauen des Verpflichteten begründender Umstände voraus (sog. Umstandsmoment).[460]

371   **ii) Kein Verlust von Mietnachforderungsansprüchen des Vermieters:** Auch der Ansicht, dass der Vermieter eventuelle Nachzahlungsansprüche nach längerer widerspruchsloser Hinnahme einer Mietminderung oder schlichten Nichtzahlung verlieren kann, hat der BGH eine Absage erteilt.[461] Das Gesetz enthält mit der Verjährungsvorschrift des § 197 BGB eine Regelung für den Fall, dass der Vermieter seine Ansprüche auf Miete längere Zeit nicht geltend macht. Die Fälle, in denen ausnahmsweise bereits vor Ablauf der Verjährungsfrist die Nachforderung von Miete infolge längeren Zeitablaufs **und**

weiterer vertrauensbildender Umstände nach Treu und Glauben ausgeschlossen ist, werden von dem aus § 242 BGB entwickelten Rechtsinstitut der Verwirkung erfasst.[462]

i) Problem: Mietzahlung bei Nichtnutzung durch den Mieter

In § 537 Abs. 1 BGB sind unter der Überschrift „Entrichtung der Miete bei persönlicher Verhinderung des Mieters" eine Reihe von Selbstverständlichkeiten geregelt: Wenn der Mieter an der Nutzung der Mietsache („Ausübung des Gebrauchsrechts") durch einen in seiner Person liegenden Grund gehindert ist, muss er die Miete trotzdem zahlen. Wenn der Mieter im Krankenhaus oder im Urlaub ist, befreit ihn das nicht von der Pflicht zur Mietzahlung, zumal die Wohnung z. B. durch die darin befindlichen Möbel weiter durch den Mieter genutzt wird. Diese Bestimmung ist daher für die Wohnraummiete von eher untergeordneter Bedeutung. Dies gilt auch für die weitere Regelung des § 537 BGB, wonach der Vermieter sich den Wert der ersparten Aufwendungen sowie derjenigen Vorteile anrechnen lassen muss, die er aus einer anderweitigen Verwertung des Gebrauchs erlangt. 372

> **BEISPIEL:** Der Mieter einer Ferienwohnung von Samstag auf Samstag erscheint nicht, sondern teilt mit, dass er krank geworden ist. Dem Vermieter gelingt es, die Wohnung von Donnerstag bis Samstag anderweitig zu vermieten, und auch das nur, weil er für diese Tage mit dem Preis heruntergegangen ist. Der Mieter muss nur die Differenz bezahlen, also die Tage von Samstag bis Mittwoch voll, von Donnerstag bis Samstag „seine" Tagesmiete abzüglich der vom Vermieter für diese Tage durch anderweitige Vermietung erlangten Miete, ggf. zuzüglich der zusätzlichen Aufwendungen des Vermieters für die kurzfristige Weitervermietung.

Auch § 537 Abs. 2 BGB regelt eine Selbstverständlichkeit: Solange der Vermieter infolge der Überlassung des Gebrauchs an einen Dritten außerstande ist, dem Mieter den Gebrauch zu gewähren, braucht der Mieter auch keine Miete zu bezahlen. 373

j) Problem: Aufwendungsersatz

374   Eine wenig bekannte Bestimmung ist § 539 Abs. 1 BGB. Danach kann der Mieter vom Vermieter Aufwendungen auf die Mietsache, die der Vermieter ihm nicht nach § 536a Abs. 2 BGB ersetzen muss,[463] nach den Vorschriften über die Geschäftsführung ohne Auftrag ersetzt verlangen. Diesen Aufwendungsersatz kann der Mieter also nur nach den Vorschriften der Geschäftsführung ohne Auftrag (GoA) verlangen, die in §§ 677 bis 687 BGB geregelt ist. Einzelheiten der GoA können im Rahmen des vorliegenden mietrechtlichen Werkes jedoch nicht erörtert werden. Wichtig ist, dass ein entsprechender Anspruch des Mieters meistens daran scheitern dürfte, dass der für eine Geschäftsführung ohne Auftrag erforderliche so genannte „Fremdgeschäftsführungswille" nicht vorhanden ist. Der Mieter wird bei Aufwendungen für die Mietwohnung, z. B. dem Einbau von Jalousien oder der Anbringung von Lampen, regelmäßig im eigenen Interesse handeln (und damit gerade kein „fremdes" Geschäft, hier also kein Geschäft des Vermieters ausführen wollen). Auch kann eine Auslegung des Mietvertrags ergeben, dass ein Aufwendungsersatzanspruch des Mieters ausgeschlossen sein soll; so etwa, wenn die Parteien vereinbaren, dass der Mieter an der Mietsache Veränderungen vornehmen darf, die ausschließlich in seinem eigenen Interesse liegen.[464]

6. Unterlassungsklage des Vermieters

375   Liegen Vertragsverstöße des Mieters vor, kann der Vermieter gem. § 541 BGB auf Unterlassung des vertragswidrigen Gebrauchs klagen.

Voraussetzung ist, dass der Vermieter den Mieter vor Klageerhebung erfolglos abgemahnt hat. Die Unterlassungsklage ist das mildere Mittel gegenüber einer Kündigung wegen der Vertragsverletzung, und das einzige Mittel, wenn eine Kündigung wegen der Vertragsverletzung nicht möglich ist. Wenn man die aus sich heraus gut verständlichen Texte § 541 BGB (Unterlassungsklage) und § 543 Abs. 1 BGB (fristlose Kündigung[465]) vergleicht, stellt man fest, dass die Voraussetzungen für eine Unterlassungsklage wegen vertragswidrigen Gebrauchs schwächer sind als für eine Kündigung wegen vertragswidrigen Gebrauchs. Da die Kündigung das schwerere Geschütz ist, hat der Gesetzgeber hier die Anforderungen höher gestellt. Die Unterlassungsklage sollte der Vermieter demgemäß wählen, wenn es sich um nicht allzu schwerwiegende Vertragsverstöße handelt.

> **BEISPIEL:** Der Vermieter klagt gegen den Mieter auf Unterlassung der vertragswidrigen Haltung von fünf Katzen.

Bei schwerwiegenden Vertragsverstößen muss der Vermieter entscheiden, ob er nur auf Unterlassung klagen und das Mietverhältnis danach fortsetzen oder lieber gleich kündigen (und ggf. einen Räumungsrechtsstreit führen) will.[466]

7. Vermieterpfandrecht

Der Vermieter hat kraft Gesetzes (§§ 562 bis 562d BGB) ein Pfandrecht an den vom Mieter eingebrachten Sachen, z. B. Möbeln. Gleich zu Beginn dieses Kapitels sei jedoch darauf hingewiesen, dass das Vermieterpfandrecht bei der Wohnungsvermietung heute kaum noch praktische Bedeutung erlangt. An das Vermieterpfandrecht denkt man regelmäßig erst, wenn die Mietzahlungen ausbleiben. Die Einstellung der Mietzahlung ist aber meist auch ein Hinweis darauf, dass in der Wohnung nicht mehr viel Wertvolles zu finden sein wird. Das Vermieterpfandrecht sichert alle Forderungen aus dem Mietverhältnis, also neben der Miete z. B. auch Betriebskosten- oder Schadensersatzforderungen sowie die Nutzungsentschädigung gem. §§ 546a, 571 BGB. Gem. §§ 1257, 1209, 562 BGB entsteht das Pfandrecht bereits mit der Einbringung der Sachen, unabhängig davon, wann die Forderung des Vermieters gegen den Mieter entstanden ist oder entsteht. 376

Nur Sachen (nicht: Forderungen) können mit einem Vermieterpfandrecht belastet sein. Voraussetzung für ein Vermieterpfandrecht ist, dass die Sachen im Eigentum des Mieters stehen. Kein Vermieterpfandrecht besteht also z. B. an Sachen, die der Mieter sich nur geliehen hat; ebensowenig an den Sachen eines Untermieters. An diesen erlangt nur der Hauptmieter ein Vermieterpfandrecht. Hat 377 der Mieter nur Miteigentum an einer Sache, unterliegt (nur) dieses dem Vermieterpfandrecht.

378 Bei der Sicherungsübereignung ist zu differenzieren: Wird die zunächst dem Mieter gehörende und in die Mieträume bereits eingebrachte Sache anschließend sicherungsübereignet, berührt dies das bereits entstandene Vermieterpfandrecht nicht mehr. Hat der Mieter dagegen die Sache vor der Einbringung in die Mieträume sicherungsübereignet, kann ein Vermieterpfandrecht nicht entstehen.

379 Das Vermieterpfandrecht entsteht mit der Einbringung, d. h. mit dem gewollten Hineinschaffen der Sache in die Mieträume. Der Mieter braucht dabei nicht das Bewusstsein zu haben, dass dadurch ein Vermieterpfandrecht begründet wird, da es nach dem Gesetzeswortlaut nur auf die Einbringungshandlung als solche ankommt. „Einbringen" darf dabei nicht zu wörtlich verstanden werden. Auch das Abstellen eines Kfz auf einem offenen, aber mit der Wohnung mitvermieteten Stellplatz gehört dazu. Auch Sachen, die der Mieter erst innerhalb der Mieträume herstellt, sind umfasst.

380 Unter Juristen ist streitig, ob ein Vermieterpfandrecht auch an Sachen entstehen kann, die von vornherein nur vorübergehend in die Mieträume eingebracht werden. Das Gesetz sieht hier allerdings keine Ausnahme vor. Streitig ist auch, ob ein Vermieterpfandrecht bei nur vorübergehender Entfernung aus der Mietsache erlischt und bei der Wiedereinbringung wieder entsteht, oder ob es in diesen Fällen auch außerhalb der Mietsache fortbesteht. Dies kann praktisch bedeutsam sein: z. B. beim Wagen des Garagenmieters, der tagsüber regelmäßig, aber trotzdem immer nur vorübergehend, aus der Mietsache entfernt wird. Auch für das Werkunternehmerpfandrecht (§ 647 BGB) ist die Frage wichtig: Je nach Auffassung geht das Pfandrecht des Reparaturbetriebes, der Reinigung usw. entweder dem aufgrund nur vorübergehender Entfernung unverändert fortbestehenden Vermieterpfandrecht im Range nach, oder es entsteht erstrangig an der nach der vorübergehenden Entfernung nicht mehr mit dem Vermieterpfandrecht belasteten Sache.

381 Vom Vermieterpfandrecht ausgenommen sind nach dem – vertraglich nicht abdingbaren – § 562 Abs. 1 S. 2 BGB die gem. §§ 811 bis

812 ZPO unpfändbaren Sachen. Auch kann die Entstehung des Pfandrechts vertraglich ausgeschlossen oder auf bestimmte Gegenstände beschränkt werden. Gem. § 562 Abs. 2 BGB kann das Vermieterpfandrecht für künftige Entschädigungsforderungen und für die Miete für eine spätere Zeit als das laufende und das folgende Mietjahr (nicht: Kalenderjahr) nicht geltend gemacht werden.

Das Vermieterpfandrecht erlischt zunächst aus den gleichen Gründen, die auch zum Erlöschen eines rechtsgeschäftlichen Pfandrechts führen können (§ 1257 BGB). Das Vermieterpfandrecht erlischt ferner gem. § 562 S. 1 BGB mit der Entfernung der Sachen von dem Grundstück, es sei denn, dass die Entfernung ohne Wissen oder unter Widerspruch des Vermieters erfolgt. **382**

Kein Widerspruch ist möglich, wenn der Mieter gem. § 562c BGB für die entfernten Sachen Sicherheit leistet (vgl. §§ 232 ff. BGB). Der Vermieter darf der Wegschaffung auch nicht widersprechen, wenn die Sachen entsprechend den gewöhnlichen Lebensverhältnissen entfernt werden, oder wenn der voraussichtliche Erlös einer Pfandverwertung der zurückbleibenden Sachen zu seiner Sicherheit offenbar ausreicht, § 562a S. 2 BGB. Der Vermieter muss dafür aber keine komplizierten Berechnungen anstellen, sondern „offenbar ausreicht" bedeutet nach einem ersten Eindruck, ohne unzumutbare und zeitaufwendige Untersuchungen. **383**

Gem. § 562b Abs. 1 BGB darf der Vermieter die Entfernung der seinem Pfandrecht unterliegenden Sachen, soweit er ihr zu widersprechen berechtigt ist, auch ohne Anrufen des Gerichts verhindern und, wenn der Mieter auszieht, die Sachen in seinen Besitz nehmen. § 562b Abs. 2 S. 1 BGB unterscheidet für den Fall, dass die Sachen ohne Wissen oder unter Widerspruch des Vermieters entfernt worden sind, zwei Alternativen: Ist der Mieter **bereits ausgezogen**, kann der Vermieter Herausgabe der Sachen an sich verlangen. Ist der Mieter **noch nicht ausgezogen**, kann der Vermieter nur Wiederherstellung dcs vorherigen Zustands, also Herausgabe zum Zweck der Zurückschaffung der Sachen in die Mieträume („auf das Grundstück") verlangen. Der Vermieter muss gem. § 562b Abs. 2 S. 2 BGB seine Rechte aus § 562b Abs. 2 BGB binnen einem Monat, nachdem er von der Entfernung der Sachen Kenntnis erlangt hat, gerichtlich gel- **384** tend machen. Die Frist ist eine Ausschlussfrist, nach der das Pfandrecht erlischt.

385   Gem. § 242 BGB besteht ein Auskunftsanspruch gegen den Dritten, welche Sachen er aus den Mieträumen entfernt hat. Der Dritte kann sich auch nicht darauf berufen, dass der Vermieter den Auskunftsanspruch zunächst gegen den Mieter geltend machen müsse.[467]

386   Das Vermieterpfandrecht kann nicht verhindern, dass auch andere Gläubiger, die Forderungen gegen den Mieter halten, die Sachen des Mieters pfänden. Es entstehen dann Rangverhältnisse unter den Pfandrechten, siehe dazu §§ 1208 ff. BGB. Eine Darstellung in Einzelheiten würde den Rahmen dieses Buches allerdings sprengen. Zu beachten ist beim Vermieterpfandrecht außerdem § 562d BGB, wonach Mietforderungen für eine frühere Zeit als das letzte Jahr vor der Pfändung gegenüber dem Pfändungspfandrecht nicht geltend gemacht werden können. Für andere als Mietforderungen, z.B. Schadensersatzforderungen, gilt diese Einschränkung nicht. Selbstverständlich kann der Vermieter die seinem Vermieterpfandrecht unterliegenden Sachen wegen einer eigenen Forderung auch pfänden. Das Vermieter- und das Pfändungspfandrecht bestehen dann nebeneinander. Die Pfändung bietet sich z.B. an, wenn dem Vermieterpfandrecht die zeitliche Beschränkung des § 562d BGB entgegenstünde.

8. Verkauf des Mietobjekts

387   Der Verkauf des Mietobjekts bietet für den alten und den neuen Vermieter einige Tücken. Kurz gesagt: „Kauf bricht nicht Miete". Das heißt, der Käufer tritt anstelle des Verkäufers und bisherigen Vermieters als neuer Vermieter in die bestehenden Mietverträge ein, und zwar zu unveränderten Bedingungen, insbesondere hinsichtlich der Höhe der Miete. Darüber hinaus regelt § 566 Abs. 2 BGB sogar, dass der Verkäufer und frühere Vermieter dem Mieter gegenüber wie ein selbstschuldnerischer Bürge für Schäden des Mieters einzustehen hat, falls der Käufer und neue Vermieter seine Pflichten aus dem Mietvertrag nicht erfüllt. („Selbstschuldnerisch" bedeutet, dass der Mieter sich sofort bei seinem alten Vermieter schadlos halten

kann, ohne es zuvor erst vergeblich bei seinem neuen Vermieter versucht haben zu müssen.) Der Verkäufer kann sich von dieser schneidigen Mithaftung allerdings befreien, falls er dem Mieter von dem Eigentumsübergang Kenntnis verschafft. Trotzdem haftet der Verkäufer auch dann weiter, wenn der Mieter daraufhin zum ersten Termin kündigt, zu dem die Kündigung zulässig ist.

In den §§ 566a bis 567b BGB regelt das Gesetz sehr detailliert unter Mieterschutzgesichtspunkten Einzelheiten des Veräußerungsfalls: **388**

- § 566a BGB soll den Mieter vor dem Verlust seiner Kaution schützen. Wenn der Mieter dem Veräußerer eine Kaution geleistet hatte, tritt der Erwerber in die dadurch begründeten Rechte und Pflichten ein. Mehr noch: Kann bei Beendigung des Mietverhältnisses der Mieter die Sicherheit vom Erwerber, also vom neuen Vermieter, nicht erlangen, so ist der Veräußerer, also der alte Vermieter, weiterhin zur Rückgewähr verpflichtet; und zwar selbst dann, wenn er anlässlich der Veräußerung die Kaution an den neuen Vermieter weitergereicht hatte. Bevor der alte Vermieter eintreten muss, muss der Mieter aber versuchen, die Kaution vom neuen Vermieter zurückzuerlangen, es sei denn, dies erscheint von vornherein aussichtslos, z. B. weil der neue Vermieter bereits die eidesstattliche Versicherung („Offenbarungseid") geleistet hat.

- § 566b BGB soll den Mieter vor dem Verlust vorausgezahlter Miete schützen,

- § 566c BGB vor einer Doppelzahlung von Miete an den alten und an den neuen Eigentümer des Hauses.

- § 566d BGB gibt dem Mieter unter bestimmten Voraussetzungen ein Aufrechnungsrecht gegen den neuen Vermieter, z. B. mit einer an den alten Vermieter gezahlten Miete.

- § 566e BGB schützt den Mieter vor den Folgen einer falschen Mitteilung des bisherigen Vermieters über den Verkauf des Hauses. Denn der Mieter muss sich darauf verlassen können, dass die Mitteilung des bisherigen Vermieters richtig war, wenn der Mieter daraufhin an den mitgeteilten neuen Vermieter zahlt.

- § 567 BGB soll verhindern, dass der bei Verkauf des Mietobjekts geltende Mieterschutz dadurch umgangen wird, dass das Haus nicht verkauft, sondern mit Rechten Dritter belastet wird (z. B. mit einem dinglichen, d. h. im Grundbuch eingetragenes Dauerwohnrecht).

- § 567b BGB sagt aus, dass all diese Bestimmungen auch bei mehrfacher Veräußerung immer wieder gelten.

- § 578 BGB erklärt diese nach ihrem Wortlaut auf Wohnraummietverhältnisse beschränkten Vorschriften auch auf andere Räume und auf Grundstücke für anwendbar.

389   Die o. g. gesetzlichen Bestimmungen im Einzelnen sind im Anhang unter Rn. Anh. 1 c) abgedruckt. Zur Gesetzessprache: „Vermieter" meint in diesen Paragraphen den alten, bisherigen Vermieter, also den Veräußerer. „Erwerber" ist der neue Vermieter, der Käufer. Zur Frage, wer im Fall eines Verkaufs des Mietobjekts die Jahresbetriebskostenabrechnung zu erstellen hat, vgl. Rn. 2. 281.

390   Eine **Ausnahme** von den oben beschriebenen **Mieterschutzbestimmungen** sieht § 567a BGB für den Fall der Veräußerung des vermieteten Wohnraums noch vor Überlassung an den Mieter vor. Hier kommt es darauf an, ob der neue Vermieter dem alten gegenüber die Erfüllung der sich aus dem Mietverhältnis ergebenden Pflichten übernommen hat. Wenn nicht, bleibt der alte Vermieter dem Mieter gegenüber zur Erfüllung des Mietvertrags verpflichtet. Auch ein solcher Mietvertrag wird also keineswegs unwirksam. Wenn der alte Vermieter dann den Vertrag nicht erfüllen kann, macht er sich ggf. gegenüber dem Mieter schadensersatzpflichtig.

391   Verkäufer einer vermieteten Eigentumswohnung (und deren Käufer) müssen darüber hinaus noch eine sehr schneidige gesetzliche Regelung beachten: Das Gesetz räumt den Mietern von Eigentumswohnungen – über die unter Rn. 2. 465 beschriebenen Kündigungs(sperr)fristen hinaus – unter bestimmten Voraussetzungen auch ein **Vorkaufsrechtan der Mietwohnung** ein. Das heißt, der Mieter kann – schriftlich – erklären, dass er als Käufer in den zwischen Verkäufer (regelmäßig = Vermieter; allerdings müssen Vermieter und Verkäufer nicht immer ein und dieselbe Person sein) und Käufer

der Eigentumswohnung abgeschlossenen Kaufvertrag eintreten will. Der Mieter tritt dann an die Stelle des Käufers. Das heißt, der Mieter hat dann die Rechte aus dem Kaufvertrag (in erster Linie auf Übertragung des Wohnungseigentums), muss aber auch die Pflichten aus dem Kaufvertrag erfüllen (d. h. in erster Linie den im Kaufvertrag genannten Kaufpreis bezahlen). Der Verkäufer muss den Mieter auf das Bestehen des Vorkaufsrechts hinweisen. § 577 BGB:

(1) Werden vermietete Wohnräume, an denen nach der Überlassung an den Mieter Wohnungseigentum begründet worden ist oder begründet werden soll, an einen Dritten verkauft, so ist der Mieter zum Vorkauf berechtigt. Dies gilt nicht, wenn der Vermieter die Wohnräume an einen Familienangehörigen oder an einen Angehörigen seines Haushalts verkauft. Soweit sich nicht aus den nachfolgenden Absätzen etwas anderes ergibt, finden auf das Vorkaufsrecht die Vorschriften über den Vorkauf Anwendung.

(2) Die Mitteilung des Verkäufers oder des Dritten über den Inhalt des Kaufvertrags ist mit einer Unterrichtung des Mieters über sein Vorkaufsrecht zu verbinden.

(3) Die Ausübung des Vorkaufsrechts erfolgt durch schriftliche Erklärung des Mieters gegenüber dem Verkäufer.

(4) Stirbt der Mieter, so geht das Vorkaufsrecht auf diejenigen über, die in das Mietverhältnis nach § 563 Abs. 1 oder 2 eintreten.

(5) Eine zum Nachteil des Mieters abweichende Vereinbarung ist unwirksam.

Das Recht des Vorkaufs ist im BGB in den §§ 463 bis 473 BGB geregelt. Wichtig ist insbesondere, dass die in § 577 Abs. 3 BGB für die Vorkaufserklärung des Mieters angeordnete Schriftform als speziellere Regelung der allgemeinen Regelung des § 464 Abs. 1 BGB vorgeht. Das Vorkaufsrecht des Mieters auch § 577 Abs. 1 S. 1 BGB besteht nur bei dem **ersten** Verkauf der Wohnung nach Umwandlung in Wohnungseigentum.[468] Eine weitergehende Darstellung des Rechts des Vorkaufs würde den Rahmen dieses mietrechtlichen Leitfadens sprengen.

392

III. Die Beendigung des Mietverhältnisses

1. Möglichkeiten der Vertragsbeendigung

393   Mietverhältnisse enden i. d. R. durch Kündigung, Zeitablauf oder durch einvernehmliche Vertragsaufhebung. Die meisten Mietverhältnisse werden durch Kündigung seitens des Mieters beendet. Im Regelfall kann man für Wohnraummietverhältnisse sagen: **Außerordentlich** (fristlos) können sowohl Vermieter als auch Mieter kündigen, wenn ein dafür ausreichender Grund vorliegt. **Ordentlich** (fristgemäß) kann der Vermieter **nur** dann kündigen, wenn er ein berechtigtes Interesse hat, bzw. wenn – dies ist ein Unterfall des berechtigten Interesses – sich der Mieter etwas hat zuschulden kommen lassen. Der Mieter kann in der Regel **jederzeit** mit gesetzlicher Kündigungsfrist kündigen (Ausnahme: wenn im unbefristeten Mietvertrag das Recht zur ordentlichen Kündigung für einen bestimmten Zeitraum ausgeschlossen worden ist[469] und bei Zeitmietverträgen[470]).

394   Da der Mieter jederzeit kündigen kann, kann er die Kündigung auch schon vor dem Zeitpunkt des vereinbarten Vollzugs des Mietverhältnisses aussprechen.[471]

> **BEISPIEL 1:** Die Parteien schließen am 16.1. einen Mietvertrag. Als Einzugstermin und Beginn der Mietzahlungsverpflichtung wird der 1.7. vereinbart. Der Mieter kündigt am 2.5. mit ordentlicher, d. h. dreimonatiger Kündigungsfrist. D. h., die Kündigung wird zum Ende des Monats Juli wirksam, der Mieter schuldet nur eine Monatsmiete.

> **BEISPIEL 2:** Wie Beispiel 1, aber diesmal kündigt der Mieter bereits am 1.3. Die Kündigung wird zum Ende des Monats Juni wirksam, der Vertrag wird gar nicht erst vollzogen, der Mieter schuldet nichts.

Wenn der Vermieter dieses unglückliche Ergebnis vermeiden möchte, muss im Vertrag entweder ein zeitweiliger Kündigungsausschluss vereinbart werden[472] oder; etwa wenn das nicht gewollt oder nicht durchsetzbar ist, zumindest geregelt werden, dass der Lauf der Kündigungsfrist frühestens mit dem vereinbarten Einzugstermin beginnt.[473]

2. Kündigung

a) Arten der Kündigung

Im Mietrecht des BGB, d. h. in den §§ 535 bis 580 BGB finden sich drei unterschiedliche Arten der Kündigung, und zwar

- die ordentliche, fristgemäße Kündigung
- die außerordentliche fristgemäße Kündigung
- die außerordentliche fristlose Kündigung.

Die außerordentliche Kündigung ist stets nur in bestimmten, vom Gesetz genannten Fällen bzw. bei Vorliegen eines besonderen Grunds möglich. Je nach Art und Gewicht des Grunds ist dann eine außerordentliche fristgemäße oder eine außerordentliche fristlose Kündigung möglich. Die – leider trotz aller bisherigen Reformversuche immer noch – komplizierten Regelungen zur Beendigung des Mietverhältnisses sind über das Mietrecht des BGB verstreut. Sie finden sich zunächst im Abschnitt „I. Allgemeine Vorschriften für Mietverhältnisse" und werden dann im Abschnitt „II. Mietverhältnisse über Wohnraum" speziell für Wohnraummietverhältnisse modifiziert und ergänzt. In den weiteren Abschnitten finden sich dann Spezialregelungen für andere Mietverhältnisse. Dies betrifft z. B. die Kündigung von Werkwohnungen und die Kündigung von anderen als Wohnräumen, von Schiffen, Grundstücken und beweglichen Sachen.[474]

b) Formerfordernisse

aa) Schriftform: Wohnraummietverhältnisse können nur **schriftlich gekündigt** werden (§ 568 Abs. 1 BGB). Das Wort „Kündigung" ist nicht erforderlich. Es muss nur unmissverständlich zum Ausdruck kommen, dass das Mietverhältnis beendet werden soll.

bb) Angabe des Kündigungstermins: Die Angabe eines genauen Kündigungstermins ist im Kündigungsschreiben nicht erforderlich. Da-

395

396

397

her ist eine Kündigung „zum nächstmöglichen" Termin möglich. Der Vermieter jedenfalls sollte aber schon aus eigenem Interesse den Termin so genau wie möglich bezeichnen.

398 **cc) Angabe des Kündigungsgrunds:** Im Kündigungsschreiben sollten die Kündigungsgründe angegeben werden. Bei einer außerordentlichen fristlosen Kündigung eines Wohnraummietverhältnisses **muss** der zur Kündigung führende wichtige Grund im Kündigungsschreiben angegeben werden. Diese Angabe sollte so genau wie möglich erfolgen, allerdings dürfen die formalen Anforderungen auch nicht überspannt werden. Geht es um Zahlungsverzug, genügt es jedenfalls bei einfacher Sachlage, dass der Vermieter diesen Umstand als Kündigungsgrund angibt und den Gesamtbetrag der rückständigen Miete beziffert. Die Angabe weiterer Einzelheiten wie Datum des Verzugseintritts oder Aufgliederung des Mietrückstands für einzelne Monate ist in einem solchen Fall entbehrlich.[475] Entspricht die Kündigung diesen Voraussetzungen, ist es unschädlich, wenn ihr – zusätzlich – ein nicht weiter erläuterter Auszug aus dem Mieterkonto beigefügt wird, selbst wenn dessen Saldo nicht mit dem im Kündigungsschreiben genannten Rückstandsbetrag übereinstimmt, sich die Abweichung aber ohne weiteres aus zwei Posten des Kontoauszugs erklärt.[476] Andererseits führt die bloße Bezugnahme auf eine unübersichtliche, verwirrende Mietkonto- oder Rückstandsaufstellung, zumal wenn diese teilweise auch andere als Mietforderungen enthält, zur Unwirksamkeit der Kündigung.[477] Auf der anderen Seite kann auch bei einer komplizierten Sachlage eine nachvollziehbare Auflistung der Rückstände dem Begründungserfordernis des § 569 Abs. 4 BGB genügen.[478] Unschädlich ist, wenn der Vermieter bei der fristlosen Kündigung wegen Zahlungsverzugs einen falschen Paragrafen zitiert, einen Zahlungsverzugsmonat falsch bezeichnet[479] oder den zur fristlosen Kündigung berechtigen Mietrückstand falsch berechnet, solange nur auch bei richtiger Berechnung der Kündigungstatbestand gegeben ist.[480]

399 Soweit die Rechtsprechung in der Vergangenheit auf dem Standpunkt stand, dass die Angabe von Kündigungsgründen jedenfalls für eine **fristlose Kündigung** nicht Wirksamkeitsvoraussetzung ist und es daher ausreicht, wenn im Zeitpunkt der Kündigung ein Kün-

digungsgrund vorlag,[481] kann dies aufgrund der zwingenden gesetzlichen Anordnung der Angaben der Kündigungsgründe im Kündigungsschreiben bei einer fristlosen Kündigung eines Wohnraummietverhältnisses (§ 569 Abs. 4 BGB) nur noch für die fristlose Kündigung von Geschäftsraummietverhältnissen weitergelten. Auch hier sollten dennoch alle Kündigungsgründe angegeben werden. Besser ist besser.

Kündigt der Vermieter nach § 573 BGB wegen eines berechtigten **400** Interesses – praktisch seine einzige Möglichkeit zu einer ordentlichen, fristgemäßen Kündigung – so muss er die Gründe für das berechtigte Interesse im Kündigungsschreiben angeben. Andere Gründe werden nur berücksichtigt, soweit sie nachträglich entstanden sind. Widerspricht der Mieter sodann aufgrund der Sozialklausel des § 574 BGB, so werden gem. § 574 Abs. 3 BGB zugunsten des Vermieters ebenfalls nur diejenigen Gründe berücksichtigt, die in dem Kündigungsschreiben angegeben waren (soweit nicht die Gründe nachträglich entstanden sind).

Der Vermieter kann zur Begründung der Kündigung auf die in einem früheren, dem Mieter zugegangenen Schreiben dargelegten Kündigungsgründe Bezug nehmen; erst recht, wenn er dieses vorherige Schreiben dem jetzigen Kündigungsschreiben nochmals beifügt.[482]

Die Angabe der Kündigungsgründe ist auch dort, wo sie nicht zwin- **401** gend vorgeschrieben ist, vor allem für den Vermieter wichtig, der hier alle Gründe vollständig und gewissenhaft aufführen sollte, da in einem späteren Räumungsprozesses regelmäßig auf die Gründe ankommt, die der Vermieter im Kündigungsschreiben genannt hat.

dd) Hinweis auf Widerspruchsrecht: Kündigt der Vermieter von **402** Wohnraum, so **soll** er gem. § 568 Abs. 2 BGB den Mieter auf die Möglichkeit des Widerspruchs nach §§ 574 bis 574b BGB („Sozialklausel") sowie auf Form und Frist des Widerspruchs hinweisen. Der Vermieter muss das also nicht tun, sieht sich aber bei Unterlassung einer verlängerten Widerspruchsfrist des Mieters ausgesetzt (§ 574b Abs. 2 S. 2 BGB).[483]

ee) Widerspruch gegen stillschweigende Verlängerung des Mietverhältnisses: Der Vermieter sollte in seinem Kündigungsschreiben aus **403**

Gründen der Vorsicht ausdrücklich einer Verlängerung des Mietverhältnisses gem. § 545 BGB widersprechen.[484]

404 **ff) Zugang des Kündigungsschreibens:** Es empfiehlt sich, aus Gründen der Beweisbarkeit Kündigungen per Einschreiben mit Rückschein oder noch besser durch Boten zustellen zu lassen. Der Bote kann dann auf einem Durchschlag des Kündigungsschreibens vermerken: „Original dieses Schreibens habe ich heute bei Frau/Herrn … in den Briefkasten eingeworfen. (**Datum, Unterschrift**).“ In einem späteren Räumungsprozess ist der Bote dann Zeuge für den Zugang der Kündigung.

405 Wer ganz sichergehen will, kündigt in der Klageschrift einer Räumungsklage **ausdrücklich** nochmals aus den in der Räumungsklage genannten Gründen. Alle bei Gericht eingereichten Exemplare der Klageschrift sollten in diesem Fall unterschrieben sein, damit das Exemplar, das letztlich dem Mieter zugestellt wird, die Schriftform der Kündigung wahrt.[485]

c) Kündigungsfristen

406 Kündigungsfristen gelten – wie der Name schon sagt – zunächst für die fristgemäße Kündigung, die auch „ordentliche“ Kündigung genannt wird. Daneben gibt es noch die außerordentliche (fristgemäße oder fristlose) Kündigung. Die Kündigungsfristen sind je nach Art des Mietverhältnisses unterschiedlich. In diesem Kapitel werden die Kündigungsfristen für Wohnraummietverhältnisse behandelt. Die Spezialregelungen für andere Mietverhältnisse werden unter Rn. 2. 590 erwähnt.

407 **aa) Mietvertrag über mehr als 30 Jahre:** Zunächst bestimmt § 544 BGB, dass ein Mietvertrag, der für eine längere Zeit als 30 Jahre geschlossen worden ist, von jeder Vertragspartei nach Ablauf von 30 Jahren nach Überlassung der Mietsache außerordentlich mit der gesetzlichen Frist gekündigt werden kann. Die Kündigung ist allerdings unzulässig, wenn der Vertrag für die Lebenszeit des Vermieters oder des Mieters geschlossen worden ist. § 544 BGB betrifft allerdings nicht den Fall, dass ein auf unbestimmte Zeit geschlossener Mietvertrag dann im weiteren Verlauf länger als 30 Jahre andauert (hier gelten die allgemeinen Regeln für die Kündigung[486]). Auch bei einem –

auf den ersten Blick – auf unbestimmte Zeit geschlossenen Mietvertrag gilt § 544 BGB allerdings dann, wenn im Vertrag das Kündigungsrecht einer Vertragspartei für mehr als 30 Jahre ausgeschlossen oder wenn die Kündigung zwar formal möglich ist, aber durch die Vertragsgestaltung insgesamt unzumutbar erschwert wird.

bb) Ordentliche Kündigung: Für Wohnraum beträgt die Kündigungsfrist gem. § 573c Abs. 1 BGB für den Mieter einheitlich drei Monate, gleichgültig, wie lange das Mietverhältnis besteht. Für den Vermieter gilt zunächst auch diese dreimonatige Kündigungsfrist, jedoch verlängert sich die Kündigungsfrist nach Ablauf bestimmter Zeiten um jeweils drei weitere Monate: Nach fünf Jahren seit der Überlassung des Wohnraums beträgt sie sechs, nach acht Jahren neun Monate.[487]   **408**

Die Kündigung mit dreimonatiger Kündigungsfrist muss spätestens am dritten Werktag des ersten Monats für den Ablauf des übernächsten (= dritten) Monats erfolgen.[488,489] Die Kündigung muss **bis zum dritten Werktag zugehen**. Wenn die Kündigung z. B. am dritten Werktag abgeschickt wird und erst am fünften Werktag zugeht, heißt das aber nicht, dass die Kündigung damit ganz unwirksam ist. Sie wirkt vielmehr dann automatisch für den **nächstmöglichen Termin**[490], also im Beispiel einen Monat später. Für die nur für den Vermieter geltenden sechs- und neunmonatigen Kündigungsfristen gilt das entsprechende.   **409**

In Abweichung von den oben genannten Fristen ist gem. § 573c Abs. 3 BGB für beide Vertragsparteien eine Kündigung spätestens am Fünfzehnten eines Monats zum Ablauf dieses Monats zulässig bei Wohnraum, der Teil der vom Vermieter selbst bewohnten Wohnung ist und den der Vermieter überwiegend mit Einrichtungsgegenständen auszustatten hat, sofern der Wohnraum dem Mieter nicht zum dauernden Gebrauch mit seiner Familie oder mit Personen überlassen ist, mit denen er einen auf Dauer angelegten gemeinsamen Haushalt führt. In diesem Fall kann der Vermieter also mit der dort genannten kurzen Frist fristgemäß kündigen, ohne dass es eines besonderen Kündigungsgrunds bedarf. Beispiel für eine insoweit zulässige Kündigung: Vermietung eines möblierten Zimmers in der vom Vermieter selbstgenutzten Wohnung an eine Einzelperson. Von diesen Fristen (§ 573c Abs. 1 und 3 BGB) kann auch nicht   **410** durch Vereinbarung zum Nachteil des Mieters abgewichen werden, § 573c Abs. 4 BGB. Eine abweichende Vereinbarung zu Gunsten des Mieters ist dagegen gültig. Lediglich bei Wohnraum, der nur zum vorübergehenden Gebrauch vermietet ist, kann gem. § 573c Abs. 2 BGB eine kürzere Kündigungsfrist für beide Seiten wirksam vereinbart werden.

411   **cc) Außerordentliche fristgemäße Kündigung:** § 573d BGB befasst sich mit der außerordentlichen Kündigung mit gesetzlicher Frist bei unbefristeten Mietverhältnissen. Eine wortgleiche Regelung trifft § 575a Abs. 1 BGB auch für den Fall, dass ein befristetes Mietverhältnis (Zeitmietvertrag nach § 575 BGB) außerordentlich mit der gesetzlichen Frist gekündigt wird. Dies gilt für die Fälle, in denen im Gesetz bei dem jeweiligen Kündigungsrecht ausdrücklich bestimmt ist, dass die Kündigung „außerordentlich mit der gesetzlichen Frist" erfolgen kann. Dies ist z. B. der Fall in

- § 540 Abs. 1 S. 2 BGB (Verweigerung der Erlaubnis zur Untermiete)

- § 544 BGB (Vertrag über mehr als 30 Jahre)

- § 563 Abs. 4 BGB (Nichteintritt Eintrittsberechtigter bei Tod des Mieters)

- § 563a Abs. 2 BGB (Kündigung des Mietverhältnisses durch die überlebenden Mieter).

412   Nach § 573d BGB gelten für diese Kündigungsart die §§ 573 und 573a BGB entsprechend. Das heißt, auch bei den außerordentlichen Kündigungen mit gesetzlicher Frist braucht der Vermieter einen wichtigen Grund im Sinne des § 573 BGB, kann aber leichter kündigen, wenn es sich um eine Wohnung in einem vom Vermieter selbstbewohnten Gebäude mit nur zwei Wohnungen handelt.[491] Da bei einer Kündigung des Vermieters gegenüber den nicht in der Wohnung lebenden Erben des verstorbenen Mieters kein Grund für einen Kündigungsschutz der Erben besteht, gelten die §§ 573 und 573a BGB gem. § 573d BGB insoweit nicht, obwohl das Gesetz auch bei dieser Kündigung in § 564 BGB von einer außerordentlichen Kündigung mit gesetzlicher Frist spricht.

Die Kündigungsfristen für Kündigungen, in denen das Gesetz aus- **413**
drücklich eine „außerordentliche Kündigung mit gesetzlicher Frist"
zulässt, sind in § 573d Abs. 2 BGB geregelt. Diese Fristen gelten auch
in dem Fall, dass ein **befristetes** Mietverhältnis (Zeitmietvertrag
gem. § 575 BGB) außerordentlich mit der gesetzlichen Frist gekündigt wird, § 575a Abs. 3 BGB. Danach ist eine Kündigung spätestens
am dritten Werktag eines Kalendermonats zum Ablauf des übernächsten Monats zulässig. Wie immer gilt auch hier, dass es keine
Regel ohne Ausnahmen gibt: Bei Wohnraum, der Teil der vom Vermieter selbstbewohnten Wohnung ist und den der Vermieter überwiegend mit Einrichtungsgegenständen auszustatten hat, sofern der
Wohnraum dem Mieter nicht zum dauernden Gebrauch mit seiner
Familie oder mit Personen überlassen ist, mit denen er einen auf
Dauer angelegten gemeinsamen Haushalt führt, ist die Kündigung
bis spätestens am 15. eines Monats zum Ablauf dieses Monats zulässig. Gem. § 573d Abs. 2 S. 2 BGB gilt für außerordentliche Kündigungen mit gesetzlicher Frist die in § 573a Abs. 1 S. 2 BGB angeordnete Verlängerung der Kündigungsfrist nicht.

Wird ein Mietverhältnis über eine Wohnung in einem vom Vermie- **414**
ter selbstbewohnten Gebäude mit nicht mehr als zwei Wohnungen
nicht gem. § 573a BGB mit eben der Begründung gekündigt, dass es
sich um eine solche Wohnung handelt, sondern aus einem (anderen) Grund, für den das Gesetz eine „außerordentliche Kündigung
mit gesetzlicher Frist" zulässt, so gilt gem. § 573d Abs. 2 S. 2 BGB
die in § 573a Abs. 2 BGB angeordnete Verlängerung der Kündigungsfrist nicht, sondern ausschließlich die in § 573d BGB für außerordentliche Kündigungen mit gesetzlicher Frist bestimmte Frist.
Denn in diesen Fällen besteht für die in § 573a Abs. 2 BGB angeordnete Verlängerung der Kündigungsfrist keine Veranlassung, weil die
Kündigung gerade nicht wegen der speziellen Eigenschaft der Wohnung in einem vom Vermieter bewohnten Gebäude mit nicht mehr
als zwei Wohnungen und damit auch nicht unter den in § 573a BGB
genannten erleichterten Voraussetzungen erfolgt.

d) Kündigungsgründe

415 **aa) Außerordentliche fristlose Kündigungen:** Für eine außerordentliche fristlose Kündigung muss stets ein wichtiger Grund vorliegen. Willkürliche, grundlose fristlose Kündigungen können weder vom Mieter noch vom Vermieter vorgenommen werden. Fristlose Kündigungen werden meist vom Vermieter ausgesprochen, wenn der Mieter seine vertraglichen Pflichten schwerwiegend nicht mehr erfüllt. Die außerordentliche fristlose Kündigung aus wichtigem Grund ist in § 543 BGB geregelt. Diese Bestimmung betrifft alle Mietverhältnisse. § 569 BGB enthält speziell für Wohnraummietverhältnisse Ergänzungen dazu.

416 **(1) Fristlose Kündigung aus wichtigem Grund:** § 543 Abs. 1 BGB bestimmt:

> Jede Vertragspartei kann das Mietverhältnis aus wichtigem Grund außerordentlich fristlos kündigen. Ein wichtiger Grund liegt vor, wenn dem Kündigenden unter Berücksichtigung aller Umstände des Einzelfalls, insbesondere eines Verschuldens der Vertragsparteien, und unter Abwägung der beiderseitigen Interessen die Fortsetzung des Mietverhältnisses bis zum Ablauf der Kündigungsfrist oder bis zur sonstigen Beendigung des Mietverhältnisses nicht zugemutet werden kann.

§ 543 Abs. 1 BGB gibt also bei sehr schwerwiegenden Vertragsverstößen das Recht zur fristlosen Kündigung. Wichtig ist, dass § 543 Abs. 1 BGB eine umfassende Interessenabwägung fordert, in die alle Umstände des Einzelfalls und die beiderseitigen Interessen von Vermieter und Mieter einzustellen sind. Wichtig ist auch, dass eine „schuldhafte" Pflichtverletzung nicht erforderlich ist.

BEISPIEL: Der geisteskranke Mieter steckt das Haus an. Zwar handelt der Mieter schuldlos, aber der Grund ist auch ohne Verschulden so schwerwiegend, dass das Mietverhältnis fristlos gekündigt werden kann. Ein Problem könnte in diesen Fällen allerdings daraus entstehen, dass Geisteskranke nach § 104 Abs. 2 BGB geschäftsunfähig sind. Die Kündigung sollte daher gem. § 131 Abs. 1 BGB auch gegenüber einem ggf. bestellten Pfleger des Mieters erfolgen.

Liegt jedoch sogar ein Verschulden vor, ist die fristlose Kündigung   **417**
aus wichtigem Grund entsprechend eher bzw. leichter zu bejahen.[492]

BEISPIEL: Der Mieter einer Wohnung macht ein Büro oder eine Praxis oder – auch das kommt schon mal vor – ein Bordell daraus. Oder der Mieter einer Wohnung vermietet – ohne Zustimmung des Vermieters – die Wohnung zimmerweise an Dritte, um so einen kräftigen „Schnitt" zu machen.

GEGENBEISPIEL: Kein Grund von der in § 543 Abs. 1 BGB geforderten Gewichtigkeit dürfte heutzutage das Zusammenleben in „wilder Ehe" sein.

(2) Fristlose Kündigung wegen Zerrüttung: Ein weiterer wichtiger   **418**
Grund im o. g. Sinne liegt auch vor, wenn das Vertrauensverhältnis zwischen Vermieter und Mieter endgültig zerstört (zerrüttet) ist.[493] Wenn der Vermieter seine Kündigung nur auf diesen Kündigungsgrund stützen will oder kann, ist eine besonders sorgfältige Begründung erforderlich. In der Regel wird die Zerstörung des Vertrauensverhältnisses sich nicht an einem einzigen Ereignis festmachen lassen, sondern aus einer Vielzahl von Begebenheiten resultieren, möglicherweise teilweise verschuldet und teilweise unverschuldet, die erst in ihrer Gesamtheit die Fortsetzung des Mietverhältnisses für den Vermieter unzumutbar machen. Gerade bei dem hier behandelten Fall besteht die Möglichkeit, dass das Gericht in einem eventuellen Räumungsrechtsstreit zu der Überzeugung gelangt, dass das Mietverhältnis **letztlich** beendet werden muss, dass die Gründe aber – zumal wenn nur ein geringes Verschulden des Mieters vorliegt – nicht **so** schwerwiegend sind, dass sie für eine frist**lose** Kündigung ausreichen. Ein Vermieter, der fristlos kündigen will, aber nicht weiß, ob seine Gründe insoweit ausreichen (oder vom Gericht als solche anerkannt werden), sollte vorsichtshalber so formulieren:[494]

Hiermit kündige ich das Mietverhältnis betr. die Wohnung in der …straße, 2. Obergeschoss, fristlos mit sofortiger Wirkung, weil … (Gründe nennen!).
Hilfsweise kündige ich gleichzeitig aus den oben genannten Gründen fristgemäß zum ….

419   **(3) Abmahnung und Kündigungszeitpunkt:** Auch bei einem wichtigen Grund, der zu einer außerordentlichen fristlosen Kündigung berechtigt, kann diese aber in vielen Fällen nicht sofort ausgesprochen werden. Besteht der wichtige Grund in der Verletzung einer Pflicht aus dem Mietvertrag, so ist gem. § 543 Abs. 3 BGB die Kündigung erst nach Ablauf einer zur Abhilfe bestimmten angemessenen Frist oder nach erfolgloser Abmahnung zulässig. Die Abmahnung ist sozusagen ein „Schuss vor den Bug". Die Abmahnung muss der Vermieter immer an den Mieter richten. Wenn also der Mieter z. B. unbefugt den Gebrauch der Mietsache einem Dritten überlässt, muss der Vermieter den Mieter abmahnen, nicht den Dritten. Einer Fristbestimmung oder Abmahnung bedarf es allerdings gem. § 543 Abs. 3 BGB nicht, wenn

- eine Frist oder Abmahnung offensichtlich keinen Erfolg verspricht (dann wäre das nur noch sinnlose Förmelei),

- oder die sofortige fristlose Kündigung aus besonderen Gründen unter Abwägung der beiderseitigen Interessen gerechtfertigt ist. (Diese gesetzliche Formulierung ist wenig hilfreich, da nun zu dem „wichtigen Grund" weitere „besondere Gründe" hinzukommen müssen, und eine Abwägung der beiderseitigen Interessen ohnehin stattzufinden hat (s. o. (1)),

- oder bei bestimmten Mietrückständen, dazu siehe sogleich unten.

420   So ist bei der „Zerrüttungskündigung"[495] wegen Zerstörung der das Schuldverhältnis tragenden Vertrauensgrundlage eine vorherige Abmahnung ausnahmsweise entbehrlich, weil die Vertrauensgrundlage auch durch eine Abmahnung nicht wiederhergestellt werden könnte.[496] Die sofortige fristlose Kündigung dürfte auch z. B. in Fällen berechtigt sein, bei denen ein Handeln vorliegt, dem eine Abmahnung gar nicht vorausgehen konnte, und das bereits so – ggf. schuldhaft – schwerwiegend war, dass es nicht mehr darauf ankommt, ob es sich in der Zukunft fortsetzt oder wiederholt.

BEISPIELE:
- Ein Mieter steckt betrunken die Wohnung in Brand.
- Ein Mieter schlägt andere Mieter oder den Vermieter.

In all diesen Fällen kommt es aber auf die Umstände des Einzelfalls an!

Wichtig ist bei einer außerordentlichen Kündigung, dass die Reaktion (also die Abmahnung bzw. auch die außerordentliche Kündigung selber) auf den von einem Vertragsteil gesetzten wichtigen Grund zur außerordentlichen Kündigung möglichst zeitnah erfolgt. Zwar darf ein gewisses Zuwarten, das letztlich den Belangen des anderen Vertragspartners entgegen kommt, dem zur fristlosen Kündigung Berechtigten nicht zum Nachteil gereichen.[497] Durch eine verspätete Reaktion bringt der Kündigende aber letztlich zum Ausdruck, dass er den Grund selber als in Wahrheit gar nicht so wichtig und schwerwiegend ansieht.

§ 543 Abs. 2 BGB nennt sodann Gründe, die zur außerordentlichen fristlosen Kündigung berechtigen. Aus der Formulierung „Ein wichtiger Grund liegt **insbesondere** vor" folgt, dass es sich hierbei nicht um eine abschließende Aufzählung handelt, sondern nur um Beispiele.

(4) Fristlose Kündigung wegen Gebrauchsentzugs: § 543 Abs. 2 Nr. 1 BGB gibt (nur) dem Mieter ein außerordentliches Kündigungsrecht, wenn ihm der vertragsgemäße Gebrauch der Mietsache ganz oder zum Teil nicht rechtzeitig gewährt oder wieder entzogen wird. Ist streitig, ob der Vermieter den Gebrauch der Mietsache rechtzeitig gewährt oder Abhilfe vor Ablauf einer ihm hierzu vom Mieter bestimmten Frist bewirkt hat, trifft den Vermieter die Beweislast, § 543 Abs. 4 BGB. Liegen die in § 543 Abs. 2 Nr. 1 BGB genannten Voraussetzungen vor, reicht das allein für das Vorliegen des wichtigen Grundes zur fristlosen Kündigung aus; der in § 543 Abs. 1 BGB genannten Interessenabwägung bedarf es in diesem Fall nicht.[498]

(5) Fristlose Kündigung wegen Vernachlässigung und unbefugter Gebrauchsüberlassung: § 543 Abs. 2 Nr. 2 BGB gibt (nur) dem Vermieter ein außerordentliches Kündigungsrecht, wenn der Mieter die Rechte des Vermieters dadurch in erheblichem Maße verletzt, dass er die Mietsache durch Vernachlässigung der ihm obliegenden Sorgfalt erheblich gefährdet oder sie unbefugt einem Dritten überlässt.

421

422

423

Erfasst sind hier also **zwei** ganz unterschiedliche Fälle eines wichtigen Grunds.

> **BEISPIELE:** Der Mieter lässt die Wohnung völlig verwahrlosen, Ratten und Ungeziefer gehen dort ein und aus, und aus der Wohnung riecht es unerträglich nach Müll.
> Das LG Frankfurt/M.[499] sah die vollständige Überlassung einer Mietwohnung durch die bisherige Mieterin, die in ein Altersheim ging, an ihre Enkelin und deren Lebensgefährten als einen zur fristlosen Kündigung gem. § 543 Abs. 2 Nr. 2 BGB berechtigenden vertragswidrigen Gebrauch an.

Liegen die in § 543 Abs. 2 Nr. 2 BGB genannten Voraussetzungen vor, reicht das allein für das Vorliegen des wichtigen Grundes zur fristlosen Kündigung aus; der in § 543 Abs. 1 BGB genannten Interessenabwägung bedarf es in diesem Fall nicht.[500]

424 **(6) Fristlose Kündigung wegen Zahlungsverzugs:** Der wichtigste „wichtige Grund" für eine außerordentliche fristlose Kündigung dürfte aus Sicht des Vermieters die Nichtzahlung der Miete sein.[501] Hierzu trifft § 543 Abs. 2 Nr. 3 BGB spezielle Regelungen. Dabei wird penibel bestimmt, unter welchen Voraussetzungen der Mietrückstand so schwerwiegend ist, dass er den Vermieter zu einer fristlosen Kündigung berechtigt: Der Mieter muss

- **entweder für zwei aufeinander folgende Termine** mit der Entrichtung der Miete oder eines nicht unerheblichen Teils der Miete **in Verzug** sein, wobei ergänzend gem. § 569 Abs. 3 Nr. 1 BGB bei Wohnraum (der nicht lediglich nur zu vorübergehendem Gebrauch vermietet ist) der rückständige Teil der Miete nur dann „nicht unerheblich" ist, wenn er die Miete für einen Monat übersteigt

- **oder in einem Zeitraum, der sich über mehr als zwei Termine erstreckt**, mit der Entrichtung der Miete in Höhe eines Betrags in Verzug sein, der die Miete für zwei Monate erreicht.

Mit „Miete" ist hier die Miete inkl. Betriebskostenvorauszahlung oder -pauschale gemeint.

Auch hier gilt: Liegen die in § 543 Abs. 2 Nr. 3 BGB genannten Voraussetzungen vor, reicht das allein für das Vorliegen des wichtigen

Grundes zur fristlosen Kündigung aus; der in § 543 Abs. 1 BGB genannten Interessenabwägung bedarf es in diesem Fall nicht.[502]

In Ausnahmefällen ist eine fristlose Kündigung wegen Zahlungsverzugs auch schon vor Erreichen der in § 543 Abs. 2 Nr. 3 BGB genannten Rückstandshöhe möglich. Erklärt der Mieter von vornherein, er sei zur Zahlung der Miete künftig und auf unbestimmte Zeit nicht bereit, so verweigert er für die Zukunft die Erfüllung seiner primären Leistungspflicht. Unter diesen Umständen ist dem Vermieter die Fortsetzung des Vertragsverhältnisses, und sei es auch nur bis zum Auflaufen eines für eine Kündigung nach § 543 Abs. 2 Nr. 3 BGB ausreichenden Betrags, nicht zumutbar.[503] Das gilt auch, wenn der Mieter neben dem Rückstand mit (erst nur) einer Miete erklärt, er könne nicht mehr zahlen.[504] **425**

Dabei ist wichtig, dass der Mieter auch ohne Mahnung des Vermieters bei Überschreiten des Fälligkeitstermins für die Mietzahlung in Verzug kommt, da die Fälligkeit der Miete dem Datum nach bestimmt ist und es in solchen Fällen keiner Mahnung bedarf, um Verzug auszulösen (§ 286 Abs. 2 Nr. 1 BGB).[505] Allerdings kann ausnahmsweise vor einer fristlosen Kündigung eine Mahnung dann erforderlich sein, wenn sich dem Vermieter der Schluss aufdrängen muss, dass die Nichtzahlung der Miete nicht auf Zahlungsunfähigkeit oder -unwilligkeit beruht, sondern etwa auf einem bloßen Versehen.[506] **426**

„In Verzug" erfordert Verschulden (§ 286 Abs. 4 BGB). Allerdings hat Jedermann beim reinen Zahlungsverzug für seine finanzielle Leistungsfähigkeit einzustehen und kann sich deswegen nicht auf § 286 Abs. 4 BGB berufen.[507] D. h., wenn die Nichtzahlung der Miete auf Zahlungsunfähigkeit beruht, entlastet es den Mieter bei der fristlosen Kündigung nach § 569 Abs. 3 Nr. 1 BGB nicht, wenn er – etwa aufgrund unerwarteter Arbeitslosigkeit – unverschuldet in eine finanzielle Notlage geraten ist. **427**

Problematisch sind dagegen die Fälle, in denen sich der Mieter – ggf. nach Einholung rechtlichen Rats[508] – zu einer Mietminderung berechtigt glaubt und deshalb die Miete bewusst nicht zahlt, obwohl er es eigentlich könnte. Wenn dann der Vermieter nach Erreichen der im Gesetz genannten Rückstandshöhe kündigt und sich im Räumungsprozess herausstellt, dass die Mietminderung tatsächlich überhöht war, kommt die Frage zum Tragen, ob dies auf einem Verschulden des Mieters beruhte. Das ist immer Frage des Einzelfalls. Je komplizierter die Beurteilung der „richtigen" Höhe der Mietminderung, oder je geringer die Überhöhung der Mietminderung gegenüber der tatsächlich zutreffenden Mietminderung, desto eher liegt kein Verschulden vor.[509] Andersherum können z. B. hoffnungslos überzogene Mietminderungen, die auf einer völlig unsinnigen Bewertung eines in Wahrheit viel geringeren Mangels beruhen, schuldhaft sein.

428 In diesem Zusammenhang hat der BGH klargestellt, dass es bei der Beurteilung der Berechtigung und Höhe einer Mietminderung durch den Mieter keinen (milderen) Sonderverschuldensmaßstab gibt, denn das würde im Ergebnis bedeuten, dass der Mieter entgegen § 276 BGB bei Fehleinschätzungen nur Vorsatz und grobe Fahrlässigkeit zu vertreten hätte. Der eine fristlose Kündigung begründende Zahlungsverzug entfällt deshalb nicht wegen fehlenden Verschuldens des Mieters, wenn dieser bei Anwendung verkehrsüblicher Sorgfalt hätte erkennen können, dass die **tatsächlichen Voraussetzungen** (im entschiedenen Fall die Ursachen von Schimmelpilzbildung) des von ihm in Anspruch genommenen Minderungsrechts nicht bestehen.[510] Auch an das Vorliegen eines unverschuldeten **Rechtsirrtums** sind strenge Anforderungen zu stellen; es besteht kein Grund, im Rahmen des § 543 Abs. 3 BGB zugunsten des Mieters einen milderen Sorgfaltsmaßstab anzulegen.[511]

429 Zur Klarstellung: Der Vermieter ist bei Erreichen des in § 543 Abs. 1 Nr. 3 BGB genannten Mietrückstands zur Kündigung berechtigt, er ist aber nicht verpflichtet, alsbald nach Erreichen dieses Rückstands zu kündigen.[512]

430 Die Kündigung nach § 543 Abs. 2 S. 1 Nr. 3 BGB ist gem. § 543 Abs. 2 S. 2 BGB ausgeschlossen, wenn der Vermieter vorher (also vor der Kündigung) befriedigt wird. Die Befriedigung muss aber vollständig eintreten; Teilleistungen reichen nicht aus. Die Kündigung wird nachträglich unwirksam, wenn sich der Mieter von seiner Schuld durch Aufrechnung befreien konnte und die Aufrechnung unverzüglich nach der Kündigung erklärt.

Bei Wohnraum gilt gem. § 569 Abs. 3 Nr. 2 BGB ergänzend, dass die Kündigung auch dann unwirksam wird, „wenn der Vermieter spätestens bis zum Ablauf von zwei Monaten nach Eintritt der Rechtshängigkeit des Räumungsanspruchs hinsichtlich der fälligen Miete und der fälligen Entschädigung nach § 546a Abs. 1 BGB befriedigt wird oder sich eine öffentliche Stelle zur Befriedigung verpflichtet". **431**

Inhaltlich enthält die Regelung, mit der man eine zunächst wirksame Kündigung nachträglich zu Fall bringen kann, eine sehr weitgehende Mieterschutzbestimmung. Gemeint ist der Fall, dass der Mieter seine Miete nicht mehr bezahlt hat, der Vermieter unter den oben genannten Voraussetzungen fristlos gekündigt hat, der Mieter aber nicht freiwillig ausgezogen und der Vermieter deshalb dann vor Gericht gezogen ist und auf Räumung geklagt hat. Selbst dann kann der Wohnraummieter bis zum Ablauf von zwei Monaten nach Eintritt der Rechtshängigkeit dieses Prozesses die Kündigung immer noch durch Zahlung des Rückstands unwirksam machen. (Das Gesetz spricht hier von Miete (= bis zur Kündigung) und Entschädigung nach § 546a Abs. 1 BGB (= nach der Kündigung).)[513] Dabei kommt es nach zutreffender Meinung für die Einhaltung der Frist darauf an, dass das Geld innerhalb der Schonfrist dem Konto des Vermieters gutgeschrieben wird.[514] **432**

Alternativ reicht es aus, dass sich eine öffentliche Stelle bis zwei Monate nach Rechtshängigkeit zur Übernahme des Rückstands verpflichtet. Es genügt bereits die Verpflichtung der öffentlichen Stelle, sein Geld hat der Vermieter also immer noch nicht. Die tatsächliche Zahlung kann später erfolgen.

Prozessual wird in so einem Fall dann – auf entsprechende Anträge der Parteien, die das Gericht meist anregt – der Rechtsstreit für erledigt erklärt, wobei die Kosten allerdings dem Mieter auferlegt (und ggf. auch von der öffentlichen Stelle mitübernommen) werden, da die Räumungsklage im Zeitpunkt ihrer Einreichung begründet war und erst nachträglich unbegründet geworden ist. Eine andere prozessuale Möglichkeit besteht für den Vermieter in einer Klagerücknahme. Allerdings muss er dann zunächst die Verfahrenskosten tragen und kann sie dann dem Mieter in Rechnung stellen bzw. muss **433** in einem neuen Prozess gegen den Mieter auf Erstattung der Kosten klagen.

434 Auch wenn die Kündigung z. B. durch eine entsprechende Erklärung einer öffentlichen Stelle unwirksam wird, so behält der Vermieter selbstverständlich seinen Anspruch auf die rückständige Miete. Darüber hinaus hat er einen Anspruch auf Ersatz seines Verzugsschadens (z. B. Verzugszinsen).

435 Für den Vermieter ist das eine ziemliche Prozedur: Er muss kündigen, eine Klage einreichen, erhält zwar am Ende auf einen Schlag sein Geld, während dieser ganzen Zeit aber keine Miete und muss im schlimmsten Fall hohe Hypotheken monatlich pünktlich bezahlen. Der Mieter kann seine Wohnung deshalb auf die oben beschriebene Art und Weise nicht immer wieder erneut retten: Gemäß § 569 Abs. 3 Nr. 2 S. 2 BGB ist das nicht mehr möglich, wenn der neuerlichen Kündigung vor nicht länger als zwei Jahren eine wie oben beschrieben unwirksam gewordene Kündigung vorausgegangen ist. Dazu zählen auch Kündigungen, die durch Befriedigung des Vermieters unwirksam geworden sind, bevor der Vermieter vor Gericht gezogen ist. Voraussetzung ist also nur, dass der Vermieter bereits einmal wegen Zahlungsverzugs wirksam gekündigt hatte, diese Kündigung dann aber durch nachträgliche Zahlung unwirksam geworden war. Damit hat der Mieter für zwei Jahre, gerechnet ab der ersten, unwirksam gewordenen Kündigung, diesen Rettungsanker verbraucht.

436 § 569 Abs. 3 Nr. 2 BGB gilt allerdings nur für die fristlose Kündigung nach § 569 Abs. 3 Nr. 1 BGB. Nicht anwendbar ist die Bestimmung, wenn der Vermieter auch gleichzeitig hilfsweise fristgemäß gem. § 573 Abs. 2 Nr. 1 BGB[515] gekündigt hat.[516] Allerdings ist dann im Rahmen der hilfsweisen fristgemäßen Kündigung, anders als bei der fristlosen Kündigung, ein Verschulden des Mieters an der Nichtzahlung der Miete zu prüfen. Im Rahmen des Verschuldens kann dann auch eine nachträgliche Zahlung des Rückstands durch den Mieter zu seinen Gunsten berücksichtigt werden, weil sie ein etwaiges Fehlverhalten in einem milderen Licht erscheinen lässt.[517]

437 Dabei muss nicht in jedem Fall ein eigenes Verschulden des Mieters vorliegen, da er nach § 278 BGB auch für das Verschulden seiner

Erfüllungsgehilfen – etwa eines Mietervereins[518] oder Anwalts[519] – haftet.

Schließlich trifft § 569 Abs. 3 Nr. 3 BGB eine Sonderregelung für **438** den Fall des mieterseitigen Zahlungsverzugs nach rechtskräftiger Verurteilung zu einer Mieterhöhung:

> Ist der Mieter rechtskräftig zur Zahlung einer erhöhten Miete nach den §§ 558 bis 560 verurteilt worden, so kann der Vermieter das Mietverhältnis wegen Zahlungsverzugs des Mieters nicht vor Ablauf von zwei Monaten nach rechtskräftiger Verurteilung kündigen, wenn nicht die Voraussetzungen der außerordentlichen fristlosen Kündigung schon wegen der bisher geschuldeten Miete erfüllt sind.

Besonders bei langer Prozessdauer um die Berechtigung einer Miet- **439** erhöhung können sich im Laufe des Verfahrens die Erhöhungsbeträge bis zum – rechtskräftigen! – Urteil über deren Rechtmäßigkeit zu einem rückständigen Betrag addieren, der an sich eine fristlose Kündigung nach § 543 Abs. 2 S. 1 Nr. 3 b) BGB[520] rechtfertigen würde. Der Mieter hat dann zwei Monate Zeit, die Rückstände zu begleichen. Diese Einschränkung gilt allerdings nicht, wenn die Voraussetzungen der außerordentlichen fristlosen Kündigung schon wegen der bisher geschuldeten Miete (also der Miete ohne den Erhöhungsbetrag) erfüllt sind. Schließlich gilt auch hier, dass eine zum Nachteil des Wohnraummieters abweichende vertragliche Vereinbarung unwirksam ist.

(7) Fristlose Kündigung wegen ständig schleppender Mietzahlun- **440** **gen:** Wenn man das Gesetz im oben beschriebenen Fall des Zahlungsverzugs wörtlich nimmt, dann bräuchte der Wohnraummieter seine Miete niemals pünktlich zu zahlen und hätte immer mindestens einen Monat Kredit (da der Vermieter frühestens nach zwei aufeinander folgenden Terminen **und** einem Mietrückstand von **mehr als einer vollen Miete** kündigen kann). Dieses Ergebnis aber lässt sich auch unter Mieterschutzgesichtspunkten nicht begründen und war vom Gesetzgeber auch so nicht gewollt. Deshalb ist allgemein anerkannt, dass eine fortschreitend schleppende Mietzahlung ebenfalls ein wichtiger Grund für eine fristlose Kündigung ist.[521] Hier muss sich die schleppende Zahlungsweise aber über mehrere

Fälligkeitstermine hingezogen haben. Außerdem ist die Kündigung erst nach erfolglosem Ablauf einer vom Vermieter zur Abhilfe gesetzten Frist oder nach erfolgloser Abmahnung zulässig.[522] Wenn der Mieter nach der Abmahnung auch die nächste Miete unpünktlich zahlt, kann der Vermieter sofort fristlos kündigen; nach der Abmahnung müssen nicht erneut mehrere Fälligkeitstermine schleppend bedient worden sein.[523] Etwas anderes kann gelten, wenn der Mieter jahre- oder gar jahrzehntelang seine Miete unpünktlich gezahlt und der Vermieter das bis zur ersten Abmahnung hingenommen hat. Zahlt der Mieter dann die erste auf die Abmahnung folgende Miete nur wenige (im entschiedenen Fall: sechs) Tage verspätet, ist vor einer fristlosen Kündigung eine erneute Abmahnung erforderlich.[524] Findet ein Vermieterwechsel statt, kann der Mieter auch bei vom bisherigen Vermieter jahrelang hingenommener unpünktlicher Mietzahlung nicht darauf vertrauen, dass auch der neue Vermieter dieses Verhalten sanktionslos dulden wird.[525]

441 In der Abmahnung sollte der Vermieter den Mieter deutlich darauf hinweisen, dass die ständigen unpünktlichen Mietzahlungen ein Grund für eine fristlose Kündigung sein können, die der Vermieter auch auszuüben gedenkt, wenn nicht ab dem nächsten Fälligkeitstermin die Zahlungen pünktlich erfolgen. Der Vermieter muss seine Drohung dann aber auch wahrmachen und alsbald kündigen! Denn wenn er die unpünktlichen Mietzahlungen zu lange hinnimmt, kann das unter Umständen zu einem Verlust dieser Kündigungsmöglichkeit führen.[526]

442 **(8) Weitere Gründe für eine fristlose Kündigung:** Ergänzend für Wohnraummietverhältnisse nennt § 569 BGB weitere Beispiele für das Vorliegen eines zur außerordentlichen fristlosen Kündigung berechtigenden wichtigen Grunds:

443 Nach § 569 Abs. 2a BGB liegt ein wichtiger Grund (nur) für den Vermieter auch vor, wenn der Mieter mit einer Sicherheitsleistung nach § 551 BGB in Höhe eines Betrages im Verzug ist, der der zweifachen Monatsmiete entspricht. Die als Pauschale oder als Vorauszahlung ausgewiesenen Betriebskosten sind bei der Berechnung der Monatsmiete nicht zu berücksichtigen. Einer Abhilfefrist oder einer Abmahnung nach § 543 Absatz 3 S. 1 BGB bedarf es in diesem Fall

nicht. Die Kündigung ist ausgeschlossen, wenn der Vermieter vor ihrem Ausspruch den rückständigen Kautionsbetrag erhalten hat. Sie wird nachträglich unwirksam, wenn der Vermieter spätestens bis zum Ablauf von zwei Monaten nach Eintritt der Rechtshängigkeit des Räumungsanspruchs hinsichtlich der fälligen Kaution befriedigt wird oder sich eine öffentliche Stelle zur Befriedigung verpflichtet.

Nach § 569 Abs. 1 BGB liegt ein wichtiger Grund (nur) für den Mieter auch vor, wenn der gemietete Wohnraum so beschaffen ist, dass seine Benutzung mit einer erheblichen Gefährdung der Gesundheit verbunden ist; sogar dann, wenn der Mieter die Gefahr bringende Beschaffenheit bei Vertragsschluss gekannt oder darauf verzichtet hat, die ihm wegen dieser Beschaffenheit zustehenden Rechte geltend zu machen. Die Kündigung des Mieters wegen erheblicher Gesundheitsgefährdung ist aber grundsätzlich erst zulässig, wenn der Mieter dem Vermieter zuvor gem. § 543 Abs. 3 S. 1 BGB eine angemessene Abhilfefrist gesetzt oder eine Abmahnung erteilt hat.[527] Die Kündigung ist nicht möglich, wenn der Mieter den gesundheitsgefährdenden Zustand selbst herbeigeführt hat.[528]   **444**

Nach § 569 Abs. 2 BGB liegt (für jede Vertragspartei) ein wichtiger Grund vor, wenn eine Vertragspartei den Hausfrieden nachhaltig stört, so dass dem Kündigenden unter Berücksichtigung aller Umstände des Einzelfalls, insbesondere eines Verschuldens der Vertragsparteien, und unter Abwägung der beiderseitigen Interessen die Fortsetzung des Mietverhältnisses bis zum Ablauf der Kündigungsfrist oder bis zur sonstigen Beendigung des Mietverhältnisses nicht zugemutet werden kann. Die Formulierung ist zu derjenigen in § 543 Abs. 1 BGB, die für alle Mietverhältnisse gilt, also fast identisch; lediglich wird bei Wohnraummietverhältnissen als Beispiel hier eine nachhaltige Störung des Hausfriedens genannt.   **445**

(9) Kündigungsvereinbarung über fristlose Kündigung: Eine Vereinbarung über fristlose Kündigung ist **außerhalb** der Wohnraummiete grundsätzlich möglich. D. h., die Parteien eines Vertrags können im Vertrag Gründe vereinbaren (benennen), die nach ihrer Wertschätzung der Parteien so gewichtig sind, dass sie zu einer fristlosen Kündigung berechtigen.   **446**

> **BEISPIEL:** Wenn man so eine Vereinbarung trifft, empfiehlt sich ein klarstellender Hinweis darauf, dass diese ausdrücklich genannten Gründe für eine fristlose Kündigung nicht abschließend sein sollen, also daneben das Recht zur fristlosen Kündigung aus wichtigem Grund bestehen bleibt. Denn manch „wichtiger Grund" präsentiert sich den Vertragspartnern nicht im Planspiel des Vertragsschlusses, sondern ganz plötzlich im Tagesgeschäft.

447 Bei Wohnraummietverhältnissen hat der Gesetzgeber eine wichtige Einschränkung des Rechts auf freie Vereinbarung über fristlose Kündigungen bestimmt. Nach § 569 Abs. 5 S. 2 BGB „… ist eine Vereinbarung unwirksam, nach der der Vermieter berechtigt sein soll, aus anderen als den im Gesetz zugelassenen Gründen außerordentlich fristlos zu kündigen". Eine entsprechende Vereinbarung ist also nur insoweit nichtig, als darin dem Vermieter über das Gesetz hinausgehende Kündigungsgründe für eine fristlose Kündigung zugestanden werden. Soweit der Mieter begünstigt wird, ist eine solche Vereinbarung dagegen wirksam.

448 **(10) Hilfsweise ordentliche Kündigung:** Hinzuweisen ist noch darauf, dass immer dann, wenn sogar eine außerordentliche (fristlose) Kündigung gerechtfertigt ist, stets auch eine ordentliche Kündigung ausgesprochen werden könnte. Möglich ist aber auch der Fall, dass die vom Vermieter für eine außerordentliche Kündigung angeführten Gründe diese nicht tragen, möglicherweise aber die (mildere) ordentliche Kündigung. Einem Vermieter ist daher bei Ausspruch einer außerordentlichen Kündigung zu raten, hilfsweise auch eine ordentliche Kündigung auszusprechen. Die Anforderungen an eine ordentliche Kündigung sind regelmäßig geringer. So ist eine ordentliche Kündigung wegen Zahlungsverzugs auch unterhalb der für die fristlose Kündigung geltenden betragsmäßigen Grenze des § 543 Abs. 2 Nr. 3 BGB[529] möglich, wenn ein Rückstand von mehr als einer Monatsmiete und ein Verzug von mehr als einem Monat vorliegt.[530] Auch die Sperrwirkung des § 569 Abs. 3 Nr. 3 BGB[531] gilt bei der ordentlichen Kündigung wegen Zahlungsverzugs ebenso wenig wie die Schonfristregelung des § 569 Abs. 3 Nr. 2 BGB.[532]

bb) Ordentliche fristgemäße Kündigung: Das Gesetz legt in § 573 BGB   449
für Wohnraummietverhältnisse detailliert fest, wann eine ordentliche fristgemäße **Kündigung durch den Vermieter** erfolgen darf.
Der Mieter dagegen kann jederzeit ordentlich fristgemäß kündigen.

(1) Fristgemäße Kündigung bei berechtigtem Interesse des Ver-   450
mieters: Der Vermieter darf nach § 573 Abs. 1 BGB nur dann fristgemäß kündigen, wenn er ein berechtigtes Interesse an der Kündigung hat (was er vor Gericht notfalls **beweisen** muss). In diesem
Zusammenhang stellt das Gesetz klar, dass die Absicht einer Mieterhöhung kein berechtigtes Interesse darstellt, eine Kündigung zum
Zweck einer Mieterhöhung also ausgeschlossen ist. Wichtig ist, dass
gem. § 573 Abs. 3 BGB als berechtigtes Interesse des Vermieters nur
diejenigen Gründe berücksichtigt werden, die **in dem Kündigungs-**
schreiben angegeben sind, soweit sie nicht erst nachträglich entstanden sind und deshalb noch gar nicht angegeben werden konnten. Solche nachträglich entstandenen Gründe können aber nur als
zusätzliche Stütze einer berechtigten Kündigung herangezogen werden, **nicht** einen unberechtigten Kündigungsgrund komplett aus-
wechseln, da dies zu einer Verkürzung der Kündigungsfrist führen
würde. Deshalb muss in einem solchen Fall mit dem neuen Grund
neu mit gesetzlicher Frist gekündigt werden. Dies kann notfalls
noch im Räumungsprozess geschehen, indem man den neuen
Grund in den Rechtsstreit einführt. In § 573 Abs. 2 BGB nennt das
Gesetz Beispiele für ein berechtigtes Interesse des Vermieters an einer fristgemäßen Kündigung. Die im Gesetz enthaltene Aufzählung
ist also nicht abschließend, dies folgt aus der Formulierung „… insbesondere …" im Gesetzestext.

(2) Schuldhafte Vertragsverletzungen durch den Mieter: Das erste   451
Beispiel für eine berechtigtes Interesse ist erfüllt, wenn „der Mieter
seine vertraglichen Pflichten schuldhaft nicht unerheblich verletzt
hat." Der Mieter muss also **schuldhaft** eine seiner Pflichten verletzt
haben. Hierzu gehört jede Form der Fahrlässigkeit und – selbstverständlich – vorsätzliches Handeln, aber auch schuldhaftes Unterlassen. Die Vertragsverletzung muss darüber hinaus **erheblich** sein.

BEISPIELE: Erheblicher vertragswidriger Gebrauch, z. B. wenn ein Mieter aus seiner Wohnung einen Privatzoo oder eine Werkstatt oder ein

„Hotel" mit Zimmervermietung macht, Prostitutionsausübung in der Wohnung, wenn der Mieter die Wohnung verkommen lässt, schwerwiegende Verstöße gegen die Hausordnung (dauernder Lärm, Schmutz, Gestank), Beleidigungen, Gewalt gegen andere Mieter oder den Vermieter.

Achtung:

Dies ist Frage des Einzelfalls. Viele einzelne, für sich betrachtet unerhebliche Vertragsverletzungen können in ihrer Addition und/oder aufgrund ständiger Wiederholung Erheblichkeit erlangen (Beispiel: ständig schleppende, verspätete Miet(teil)zahlung). Umgekehrt kann ein einzelner kräftiger „Ausrutscher", bei dem keinerlei Wiederholungsgefahr besteht, aus der Erheblichkeit herausfallen. Ggf. kann man auch darüber nachdenken, ob die Vertragsverletzungen nicht sogar ein solches Gewicht haben, dass sie zu einer außerordentlichen fristlosen Kündigung berechtigen würden. Ein vorsichtiger Vermieter wird in solchen Fällen in erster Linie fristlos und hilfsweise fristgemäß kündigen.[533]

452　Wenn mehrere Personen eine Wohnung gemietet haben, ist bereits die schuldhafte und nicht unerhebliche Verletzung des Mietvertrags durch einen der Mieter ein Kündigungsgrund gegenüber allen Mietern.[534] Denn das mit mehreren Mietern begründete Mietverhältnis kann diesen gegenüber nur einheitlich gekündigt werden. Allerdings kann es nach Ansicht des LG Darmstadt streng begrenzte, seltene Ausnahmefälle geben, in denen dem oder den vertrags**treuen** Mieter(n) nach Treu und Glauben gleichzeitig ein neuer Mietvertragsabschluss zu den bis dahin geltenden Bedingungen anzubieten ist.[535] Außerdem muss sich der Mieter auch das Verschulden seiner Erfüllungsgehilfen zurechnen lassen.[536]

453　(3) **Eigenbedarf:** Das zweite Beispiel eines berechtigten Interesses des Vermieters an einer fristgemäßen Kündigung beschäftigt immer wieder die Gerichte. Es liegt vor, wenn „der Vermieter die Räume als Wohnung für sich, seine Familienangehörigen oder Angehörige seines Haushalts benötigt." Hier geht es um die sog. Eigenbedarfskündigung. Grundsätzlich ist der Entschluss des Vermieters, eine ihm gehörende Wohnung selbst (oder für die in § 573 Abs. 2 Nr. 2

BGB genannten sonstigen Personen) zu nutzen, zu akzeptieren.[537] Im Einzelfall kann auch Eigenbedarf an einer **Zweit**wohnung bestehen.[538]

Der Vermieter ist auch frei in der **Auswahl der Wohnung**, in die er einziehen möchte und demgemäß auch in der Auswahl des Mieters, dem er kündigt.[539] Der Vermieter muss auch nicht etwa einem gewerblichen Mieter kündigen (z. B. einem Praxismieter), um einem Wohnraummieter die Kündigung zu ersparen.[540] Eine Kündigung wegen Eigenbedarfs ist aber rechtsmissbräuchlich, **wenn bis zum Ablauf der Kündigungsfrist** dem Vermieter eine andere Wohnung im selben Anwesen (wieder) zur Vermietung zur Verfügung steht (frei wird) und er diese dem Mieter nicht anbietet, obwohl er sie wieder vermieten will.[541] Der Vermieter muss also nicht selber in die weitere frei werdende Wohnung einziehen, muss sie aber dem wegen Eigenbedarfs gekündigten Mieter anbieten. Zur Klarstellung: Die Pflicht des wegen Eigenbedarfs kündigenden Vermieters, dem Mieter bis zum Ablauf der Kündigungsfrist eine vergleichbare, im selben Haus oder in derselben Wohnanlage liegende Wohnung, die vermietet werden soll, anzubieten, beschränkt sich aber auf Wohnungen, die dem Vermieter **zu diesem Zeitpunkt zur Verfügung stehen**; eine Wohnung, die zwar vor Ablauf der Kündigungsfrist für die wegen Eigenbedarfs gekündigte Wohnung gekündigt worden ist, aber erst zu einem späteren Zeitpunkt frei werden soll, wird von dieser Anbietpflicht dagegen nicht erfasst.[542]

454

Die Eigenbedarfskündigung darf auch nicht aus anderen Gründen rechtsmissbräuchlich sein, z. B. durch die Geltendmachung weit **überhöhten Wohnbedarfs**.[543] Dabei ist aber zu berücksichtigen, dass die Gerichte die Entscheidung des Eigentümers über seinen Wohnbedarf grundsätzlich achten müssen. Es unterliegt zunächst einmal der alleinigen Befugnis des Vermieters zu bestimmen, welchen Wohnbedarf er für sich und seine Angehörigen als angemessen ansieht. Keinesfalls darf das Gericht ihm seine (des Gerichts) Vorstellungen über angemessenes Wohnen aufdrängen.[544]

455

Die geplante Selbstnutzung der gekündigten Wohnung muss sich nicht zwingend auf eine Wohnraumnutzung des Vermieters beziehen. Eigenbedarf kann auch dann vorliegen, wenn der Vermieter die

456

Wohnung nur teilweise zu Wohn- und ansonsten – ggf. sogar über-wiegend[545] oder gar vollständig[546] – für eigene **berufliche Zwecke** nutzen möchte;[547] sogar, wenn er die Wohnung für gewerbliche Zwecke des gem. § 573 Abs. 2 Nr. 2 BGB begünstigten Personenkrei-ses benötigt.[548] Das berechtigte Interesse an der Beendigung des Mietverhältnisses durch ordentliche Kündigung folgt dann aller-dings unmittelbar aus § 573 **Abs. 1 S 1** BGB.[549]

457   Der Vermieter muss die Gründe für seinen Eigenbedarf im Kündi-gungsschreiben detailliert angeben. Allerdings dürfen keine weiteren Angaben verlangt werden, die in keinem Zusammenhang mit dem konkreten Kündigungsgrund stehen. Dazu hat das BverfG ausge-führt, dass die Gerichte die formellen Anforderungen an die Be-gründung einer Eigenbedarfskündigung überspannen, wenn der Vermieter mit der Begründung kündigt, er wolle nicht länger zur Miete, sondern im eigenen Haus wohnen, und die Gerichte verlan-gen, der Vermieter hätte im Kündigungsschreiben auch die Wohn-verhältnisse der Lebensgefährtin und sonstigen Personen darlegen müssen, die mit dem Vermieter in die gekündigten Räume einzie-hen sollen.[550] Wird die Wohnung für ein von einem Auslandsauf-enthalt zurückkehrendes Kind benötigt, brauchen in dem Kündi-gungsschreiben keine Ausführungen zu der Wohnsituation des Kin-des vor dem Auslandsaufenthalt zu erfolgen.[551] Wird die gekündigte Wohnung benötigt, weil die namentlich im Kündigungsschreiben benannte Tochter mit ihrem Lebensgefährten dort einen eigenen Hausstand begründen möchte, braucht der Name des Lebensgefähr-ten nicht angegeben zu werden.[552] Der Vermieter ist im Hinblick auf sein allgemeines Persönlichkeitsrecht auch nicht verpflichtet, solche Daten seines persönlichen Lebensbereichs im Kündigungs-schreiben mitzuteilen, die für den Entschluss des Mieters, der Kün-digung zu widersprechen oder diese hinzunehmen, nicht von Be-deutung sein können.[553]

458   Die Gründe müssen **nach Abschluss des Mietvertrags** entstanden und bei Abschluss auch noch nicht vorhersehbar gewesen sein.[554] Die Abgrenzung kann im Einzelfall schwierig sein:

Auf jeden Fall verhält sich ein Vermieter rechtsmissbräuchlich, wenn er anlässlich des Vertragsabschlusses einen Eigenbedarf, zu dessen Geltendmachung er bereits entschlossen ist oder den er zumindest erwägt, bei Vertragsabschluss nicht offenbart, oder wenn er vorsätzlich **unrichtige Angaben** über die für den späteren Eigenbedarf bedeutsamen Tatsachen macht; sei es, dass er von sich aus oder dass er auf konkrete Fragen des Mieters vorsätzlich unrichtige Angaben über den derzeitigen Stand ihm bekannter, für die Beurteilung einer Eigenbedarfssituation maßgebender Tatsachen macht.[555]

Auf der anderen Seite liegt kein Rechtsmissbrauch vor, wenn das künftige Entstehen des Eigenbedarfs zwar im Rahmen einer „**Bedarfsvorschau**" zum Zeitpunkt des Vertragsabschlusses erkennbar gewesen wäre, der Vermieter aber zu diesem Zeitpunkt weder entschlossen war, alsbald Eigenbedarf geltend zu machen, noch ein solches Vorgehen erwogen, also ernsthaft in Betracht gezogen hat. Vom Vermieter kann auch nicht verlangt werden, dass er bei dem gem. § 573 Abs. 2 Nr. 2 BGB privilegierten Personenkreis Erkundigungen darüber einzieht, wie deren Lebensplanung in den nächsten Jahren voraussichtlich aussehen wird und sich darüber schlüssig wird, wie sich sein eigenes Leben in den nächsten Jahren voraussichtlich entwickeln wird. Durch den Abschluss eines unbefristeten Mietvertrags wird auch kein schutzwürdiges Vertrauen des Mieters dahin begründet, dass eine spätere Eigenbedarfskündigung nicht auf solche Umstände gestützt wird, deren Eintritt für den Vermieter im Rahmen einer vorausschauenden Lebensplanung allgemein oder jedenfalls auf Grund konkreter Anhaltspunkte vorhersehbar gewesen wäre, von ihm aber nicht erwogen worden ist.[556]

Die Eigenbedarfsgründe müssen auch nach der Kündigung fortbestehen, aber nur bis zum Ablauf der Kündigungsfrist. Fallen die Gründe vor Ablauf der Kündigungsfrist weg, muss der Vermieter das dem Mieter mitteilen. Der Mieter kann dann das Mietverhältnis fortsetzen.[557] Ein Wegfall des Eigenbedarfs erst nach Ablauf der Kündigungsfrist ändert an der Wirksamkeit der Eigenbedarfskündigung dagegen nichts.[558]

§ 573 Abs. 2 Nr. 2 BGB nennt **abschließend** den Personenkreis, für 459
den wegen Eigenbedarfs gekündigt werden darf. „Familienangehörige" erfordert ein Verwandtschaftsverhältnis. Dazu gehören auch Nichten und Neffen[559] oder Schwäger, letztere aber nur, wenn zu

ihnen ein besonders enger Kontakt besteht.[560] Die Familienangehörigen, wegen denen Eigenbedarf geltend gemacht wird, brauchen bisher nicht im Haushalt des Vermieters gelebt zu haben. „Angehörige seines Haushalts" meint Personen, die der Vermieter schon bisher in seine Wohnung aufgenommen hatte, z. B. Lebenspartner oder Pflegepersonal.

460 Der Vermieter muss die Wohnung (für sich oder die oben genannten Personen) aus vernünftigen, nachvollziehbaren Gründen[561] **benötigen.**[562]

> **BEISPIELE:** Der Vermieter hat es von der gekündigten Wohnung aus näher zum Arbeitsplatz, die jetzige Wohnung des Vermieters ist (oder wird z. B. durch Nachwuchs, Heirat, auch nichteheliche Lebensgemeinschaft) zu klein, ist teurer, ist weniger geeignet. Deshalb wird der auf eine bestimmte Wohnung gerichtete Eigenbedarf auch nicht dadurch ausgeschlossen, dass eine andere Wohnung, die ebenfalls dem Vermieter gehört, frei wird. Eigenbedarf besteht auch dann, wenn ein Kind, das „eigentlich" bei den Eltern (Eigentümern) gut wohnt, nun eine „eigene" Wohnung bekommen soll[563] oder wenn das Kind von einem Auslandsstudium zurückkehrt.[564] Ebenfalls möglich ist eine Eigenbedarfskündigung vor dem Hintergrund, sich vom Ehegatten trennen zu wollen.[565] Eigenbedarf besteht auch bei Aufnahme einer Pflegeperson.

461 Als Vermieter muss man für den Fall einer beabsichtigten Eigenbedarfskündigung außerdem noch beachten: Der Mieter, der sich einer berechtigten Eigenbedarfskündigung gegenübersieht, kann noch unter Berufung auf die „Sozialklausel" des § 574 BGB der Kündigung widersprechen und die Fortsetzung des Mietverhältnisses verlangen.[566]

Viele Vermieter wählen deshalb den sanften Weg und zahlen dem Mieter einen bestimmten Betrag, wenn er auszieht; d. h., wenn er eine einvernehmliche Vertragsaufhebung des Mietvertrags zu einem bestimmten Termin unterschreibt. Dieses Herauskaufen wird dann „Abstandszahlung" oder „Umzugsbeihilfe für den Mieter" genannt.

Falls der Mieter auf eine unberechtigte (Eigenbedarfs)kündigung hin die Wohnung geräumt hat, bestehen ggf. Schadensersatzansprüche gegen den Vermieter. Anspruchsgrundlage ist § 280 Abs. 1 S. 1

BGB.[567] Voraussetzung ist gem. § 280 Abs. 1 S. 2 BGB, dass der Vermieter schuldhaft handelt. Der Anspruch kann z. B. auf Erstattung der Umzugskosten oder auf Ausgleich der Differenz zur neuen, höheren Miete gerichtet sein. Auch bei einer unberechtigten Kündigung können solche Ansprüche aber – möglicherweise – ausgeschlossen sein, wenn Vermieter und Mieter sich danach vertraglich über eine Mietaufhebung geeinigt haben.[568] Danach scheidet eine Schadensersatzpflicht aus, wenn durch einen Räumungsvergleich gerade der Streit beigelegt worden ist, ob der vom Vermieter behauptete Eigenbedarf auch wirklich gegeben war. Denn mit dem Vergleich haben die Parteien unabhängig von der bis dahin bestehenden Rechtslage im Wege gegenseitigen Nachgebens festgelegt, was fortan zwischen ihnen rechtens ist.

Im Prozess trifft den Anspruchsteller grundsätzlich die Beweislast für die den von ihm geltend gemachten Anspruch stützenden Tatsachen. Klagt daher der Vermieter gegen den Mieter wegen einer Eigenbedarfskündigung auf Räumung, muss der Vermieter das Vorliegen des von ihm behaupteten Eigenbedarfs und damit seine Kündigungsberechtigung als Voraussetzung für seinen Räumungsanspruch beweisen. Klagt der Mieter auf Schadensersatz, muss er beweisen, dass der Eigenbedarf vorgeschoben und die Kündigung deshalb unberechtigt war. Da allerdings der Mieter in die für den Eigenbedarf geltend gemachten Tatsachen regelmäßig keinen Einblick hat und ohne nähere Darlegung seitens des Vermieters nicht beurteilen kann, ob dessen Kündigung wegen Eigenbedarfs, die den Mieter zum Auszug veranlasst hat, berechtigt war -vor allem wenn der Vermieter den behaupteten Selbstnutzungswillen nach dem Auszug des Mieters nicht in die Tat umsetzt und deswegen der Verdacht naheliegt, dass der Eigenbedarf nur vorgeschoben gewesen ist-, ist es dem Vermieter zuzumuten, substantiiert und plausibel („stimmig") darzulegen, aus welchem Grund der mit der Kündigung vorgebrachte Eigenbedarf nachträglich entfallen sein soll.[569] Dabei ist es nicht zu beanstanden, im Fall des nicht verwirklichten Eigenbedarfs dem Vermieter die Darlegungslast für die in seinem Kenntnisbereich liegenden Umstände, die den Sinneswandel bewirkt haben sollen, aufzuerlegen und insoweit strenge Anforderun-

463

gen zu stellen.[570] Erst wenn der Vortrag des Vermieters dem genügt, obliegt dem Mieter der Beweis für seine Behauptung, dass ein Selbstnutzungswille des Vermieters schon vorher nicht bestanden hatte.[571]

464   **(4) Hinderung der Verwertung:** Das dritte im Gesetz genannte Beispiel für ein berechtigtes Interesse des Vermieters an einer fristgemäßen Kündigung liegt vor, wenn

> der Vermieter durch die Fortsetzung des Mietverhältnisses an einer angemessenen wirtschaftlichen Verwertung des Grundstücks gehindert und dadurch erhebliche Nachteile erleiden würde; die Möglichkeit, durch eine anderweitige Vermietung als Wohnraum eine höhere Miete zu erzielen, bleibt außer Betracht; der Vermieter kann sich auch nicht darauf berufen, dass er die Mieträume im Zusammenhang mit einer beabsichtigten oder nach Überlassung an den Mieter erfolgten Begründung von Wohnungseigentum veräußern will.

Der erste Satz der Nr. 3 klingt zunächst recht vermieterfreundlich, aber die sofort folgenden Einschränkungen machen diese Kündigungsmöglichkeit in der Praxis relativ bedeutungslos. Erfolgreiche Gründe können z. B. sein der geplante Verkauf des (Miets)hauses, insbesondere, wenn der Verkäufer sich damit Geld für seinen eigenen (oder den der Familie) Unterhalt verschaffen will oder der Abriss eines nicht mehr sanierungsfähigen Altbaus zum Zweck des Neubaus. Das ist aber immer Frage des konkreten Einzelfalls. Nicht als Grund anerkannt ist die Möglichkeit, die Wohnung teurer **als Wohnraum** zu vermieten. Das heißt, die Möglichkeit einer teureren gewerblichen oder freiberuflichen Vermietung ist ein Grund. Allerdings bedarf die Umwandlung von Wohnraum in gewerblich genutzten Raum („Zweckentfremdung von Wohnraum") ggf. der behördlichen Genehmigung.

465   **(5) Besonderheiten bei der Kündigung von Eigentumswohnungen:** Falls ein Mieter eine Wohnung mietet, die zu diesem Zeitpunkt bereits eine Eigentumswohnung ist, gelten für das Mietverhältnis, auch für den Kündigungsschutz, keine Besonderheiten. Das gilt auch, wenn nach der Überlassung der Wohnung zwar eine Umwandlung in eine Eigentumswohnung erfolgt, die Wohnung aber (noch) nicht verkauft worden ist.

Für Wohnungen, die erst nach Überlassung an den Mieter in Eigen- 466
tumswohnungen umgewandelt **und** sodann verkauft worden sind,
ist die Kündigung wegen Eigenbedarfs (§ 573 Abs. 2 Nr. 2 BGB)
oder die so genannte Verwertungskündigung (§ 573 Abs. 2 Nr. 3
BGB) ggf. erschwert. § 577a BGB sieht bei Kündigungen durch den
Erwerber der Eigentumswohnung zunächst eine bundeseinheitliche
Kündigungssperrfrist von drei Jahren vor. Diese Kündigungsbeschränkung gilt gem. § 577a Abs. 1 a) BGB entsprechend, wenn vermieteter Wohnraum nach der Überlassung an den Mieter

1. an eine Personengesellschaft oder an mehrere Erwerber veräußert worden ist oder

2. zu Gunsten einer Personengesellschaft oder mehrerer Erwerber
   mit einem Recht belastet worden ist, durch dessen Ausübung
   dem Mieter der vertragsgemäße Gebrauch entzogen wird.

1. und 2 gelten aber nicht, wenn die Gesellschafter oder Erwerber
derselben Familie oder demselben Haushalt angehören oder vor
Überlassung des Wohnraums an den Mieter Wohnungseigentum
begründet worden ist. Wird nach einer Veräußerung oder Belastung
im Sinne des § 577a Abs. 1 a) BGB Wohnungseigentum begründet,
so beginnt die Frist für den Kündigungsausschluss mit der Veräußerung oder Belastung.

Darüber hinaus können die Landesregierungen gem. § 577a Abs. 2 467
BGB für bestimmte Gebiete mit nicht ausreichender Wohnungsver-
sorgung die Frist durch Rechtsverordnung auf bis zu zehn Jahre verlängern. Die verlängerten Fristen für den Kündigungsausschluss gelten auch zu Gunsten eines Angehörigen des Mieters, der zur Zeit
der Begründung des Wohnungseigentums bereits in der Wohnung
lebte und beim Tod des Mieters kraft Gesetzes in das Mietverhältnis
eingetreten ist.[572]

Der Erwerber der Wohnung kann erst nach Ablauf der Sperrfrist 468
wegen Eigenbedarfs oder zum Zwecke der anderweitigen wirtschaftlichen Verwertung (§ 573 Abs. 2 Nr. 2 oder 3 BGB) kündigen, und
zwar mit den gesetzlichen Kündigungsfristen (§ 573c BGB). Das
heißt, dass auf die Sperrfrist nochmals drei, sechs oder neun Monate
draufgerechnet werden. Zur Klarstellung: Diese Einschränkung gilt

nur für die ordentliche Kündigung des Vermieters nach § 573 Abs. 2 Nr. 2 oder 3 BGB. Sie gilt nicht für die ordentliche Kündigung nach § 573 Abs. 2 Nr. 1 BGB, die auch der Erwerber einer Eigentumswohnung gegenüber dem Mieter aussprechen kann, der seine vertraglichen Pflichten schuldhaft nicht unerheblich verletzt; und sie gilt auch nicht für den Fall, dass der Erwerber einer Eigentumswohnung dem Mieter außerordentlich kündigen kann.

469 **(6) Fristgemäße Kündigung einer Einliegerwohnung:** Nach § 573a BGB kann der Vermieter ein Mietverhältnis über eine Wohnung in einem **vom Vermieter selbst mitbewohnten Gebäude** mit nicht mehr als zwei Wohnungen (dazu zählt nicht nur ein Gebäude mit zwei gleich großen Wohnungen, sondern auch das Einfamilienhaus mit Einliegerwohnung, und auch ein Geschäftshaus, in dem außerdem noch zwei Wohnungen sind, von denen eine der Vermieter selbst bewohnt) kündigen, auch wenn ein berechtigtes Interesse in der oben (§ 573 BGB) beschriebenen Weise **nicht** vorliegt. Praktisch heißt das, dass der Vermieter in diesen Fällen wie der Mieter auch ohne Angabe von besonderen Gründen kündigen kann. Der Vermieter muss gem. § 573a Abs. 3 BGB in dem Kündigungsschreiben lediglich angeben, dass die Kündigung – ohne dass ein berechtigtes Interesse vorliegt – auf die Tatsache gestützt wird, dass es sich bei der Mietwohnung um eine Wohnung in einem Haus mit zwei Wohnungen handelt, von denen der Vermieter die andere selbst bewohnt. Grund für diese gesetzgeberische Entscheidung ist das enge Zusammenleben der beiden Vertragsparteien. Im Fall der Kündigung verlängert sich allerdings die Kündigungsfrist um drei Monate (§ 573a Abs. 1 S. 2 BGB).

470 Der Vermieter einer Mietwohnung im von ihm selbstgenutzten Zweifamilienhaus hat also für den Fall, dass er zusätzlich auch ein berechtigtes Interesse an der Kündigung hat, ein Wahlrecht: Er kann nach § 573 Abs. 1 BGB wegen des berechtigten Interesses mit der gesetzlichen Kündigungsfrist kündigen; oder er kann unter Hinweis darauf, dass ein berechtigtes Interesse wegen der Zweifamilienhaussituation nicht vorzuliegen braucht, nach § 573a Abs. 1 BGB kündigen, dann aber mit einer um drei Monate verlängerten Frist.

Ein vorsichtiger Vermieter wird in dieser Situation z. B. wie folgt 471
kündigen: In erster Linie, weil die Wohnung in einem von ihm
selbst mitbewohnten Zweifamilienhaus liegt und ein berechtigtes
Interesse nicht erforderlich ist, vorsorglich **hilfsweise** zusätzlich wegen berechtigten Interesses, z. B. weil das erwachsen gewordene
Kind aus der elterlichen in eine eigene Wohnung ziehen möchte (Eigenbedarf gem. § 573 Abs. 2 Nr. 2 BGB). Auch andersherum wären
eine hauptsächliche und eine hilfsweise Kündigung denkbar. Damit
vermeidet der Vermieter einen Ausschluss seiner Kündigungsgründe, wenn der Mieter unter Berufung auf die „Sozialklausel" des
§ 574 BGB der Kündigung widerspricht. Wichtig ist noch, dass die
vom Vermieter – ggf. hilfsweise – im Kündigungsschreiben vorge-
tragenen Gründe nicht das Gewicht der Gründe für ein „berechtigtes Interesse" (s. o.) wie in § 573 Abs. 1 BGB zu erreichen brauchen,
da die vom Gesetzgeber für das selbstgenutzte Zweifamilienhaus
grundsätzlich vorgesehene Erleichterung der Kündigung auch insoweit Wirkung zeigt.

Die soeben beschriebene Ausnahmeregelung (§ 573a Abs. 1 BGB) 472
vom Kündigungsschutz gilt nach § 573a Abs. 2 BGB entsprechend
für ein Mietverhältnis über Wohnraum **innerhalb** der vom Vermieter selbstbewohnten Wohnung. Diese Wohnung kann dann auch in
einem Mehrfamilienhaus liegen. Möglicherweise ist aber innerhalb
der vom Vermieter selbstbewohnten Wohnung gelegener, vermieteter Wohnraum noch leichter zu kündigen, wenn er unter die Aus-
nahmebestimmung des § 549 Abs. 2 Nr. 2 BGB fällt, also Wohnraum betrifft, für den der Mieterschutz nicht gilt.[573]

(7) Neuschaffung von Mietwohnraum: Außerdem braucht der Ver- 473
mieter kein berechtigtes Interesse bei Teilkündigungen zum Zweck
der Neuschaffung von Mietwohnraum. § 573b BGB bestimmt insoweit:

> (1) Der Vermieter kann nicht zum Wohnen bestimmte Nebenräume oder
> Teile eines Grundstücks ohne ein berechtigtes Interesse im Sinne des
> § 573 kündigen, wenn er die Kündigung auf diese Räume oder
> Grundstücksteile beschränkt und sie dazu verwenden will,
> 1. Wohnraum zum Zwecke der Vermietung zu schaffen oder

> 2. den neu zu schaffenden und den vorhandenen Wohnraum mit Nebenräumen oder Grundstücksteilen auszustatten.
>
> (2) Die Kündigung ist spätestens am dritten Werktag eines Kalendermonats zum Ablauf des übernächsten Monats zulässig.
>
> (3) Verzögert sich der Beginn der Bauarbeiten, so kann der Mieter eine Verlängerung des Mietverhältnisses um einen entsprechenden Zeitraum verlangen.
>
> (4) Der Mieter kann eine angemessene Senkung der Miete verlangen.
>
> (5) Eine zum Nachteil des Mieters abweichende Vereinbarung ist unwirksam.

474 Diese Bestimmung macht viel Sinn. Früher wurde der Mieterschutz so weit (und damit ad absurdum) getrieben, dass z. B. der Mieter, dem zu seiner Wohnung auf einem 100 qm großen Trockenboden ein 5 qm großer Bodenverschlag als Abstellkammer für Gerümpel mitvermietet war, wegen des Kündigungsschutzes den Ausbau des gesamten Dachbodens zu einer neuen Mietwohnung verhindern konnte. Dadurch ging der Mieterschutz letztlich zu Lasten anderer, wohnungssuchender Mieter. Daher kann nun für nicht zum Wohnen bestimmte Nebenräume oder Grundstücksteile eine Teilkündigung ausgesprochen werden. Neben dem oben genannten Beispiel eines Dachbodenverschlags kommt hier insbesondere auch die Kündigung von Kellerräumen in Betracht, sofern sich aus dem Keller eine Souterrainwohnung machen lässt.

475 Der Mieter kann angemessene Herabsetzung der Miete verlangen, wobei allerdings zu beachten ist, dass solche Nebenräume mit einem niedrigeren Quadratmeterpreis als die Wohnräume anzusetzen sind. Die Kündigungsfrist berechnet sich für diese Teilkündigungen nach dem oben zitierten § 573b Abs. 2 BGB. Obwohl es sich schon aus dem Gesetzestext klar ergibt, sei hier noch mal darauf hingewiesen, dass diese Möglichkeit einer Teilkündigung sich nur auf nicht zum Wohnen bestimmte Nebenräume bezieht. Es ist also nicht möglich, einem Mieter z. B. eines von zwei Kinderzimmern zu kündigen, weil dieses Zimmer mit einem Anbau zu einer neuen Wohnung zusammengefasst werden soll.

476 Wichtig ist auch, dass diese Teilkündigungen nur für die Schaffung von Wohnraum möglich sind, der vermietet werden soll. Wenn also

der Eigentümer seine eigene Wohnung vergrößern will, sind die genannten Teilkündigungen nicht zulässig.[574] Außerdem – dies ergibt sich aus der Anordnung des § 573b BGB in der Paragraphenabfolge des BGB – ist eine Teilkündigung bei befristeten Mietverhältnissen nicht möglich. Hier muss der Vermieter vielmehr bis zum Ablauf des Mietverhältnisses mit der Verwirklichung seiner Pläne warten.

e) Einheitlichkeit der Kündigung

Wenn auf einer Seite des Mietvertrags mehrere Personen Vertragspartner sind, kann die Kündigung auch nur einheitlich von allen für alle erfolgen.[575] D. h. insbesondere, dass auf Mieterseite nicht ein Mieter sich durch einseitige Kündigung aus dem Vertrag „verabschieden" kann. Dies hätte sonst zur Folge, dass der Vermieter einen von mehreren Schuldnern – möglicherweise gerade den zahlungskräftigsten – verlieren würde. Das heißt z. B., der Student einer Wohngemeinschaft, der diese verlassen möchte, kann nicht einseitig nur für sich kündigen. Auch wenn z. B. bei einer nichtehelichen Lebensgemeinschaft die Beziehung endet und ein Partner aus der Wohnung auszieht, bleibt er dennoch gegenüber dem Vermieter zur gesamtschuldnerischen Mietzahlung verpflichtet.

477

Nach zutreffender Ansicht muss es in Ausnahmefällen nach Treu und Glauben zulässig sein, wenn der Vermieter (auch ohne wechselseitige Bevollmächtigung der Mieter zur Empfangnahme von Erklärungen) nur einem Mieter kündigt; etwa wenn ein Mieter schon vor Jahren aus der Mietwohnung ausgezogen ist, ohne dem Vermieter eine neue Anschrift zu hinterlassen.[576]

478

Natürlich bleibt es den Vertragspartnern – dazu zählt der Vermieter, der ausscheidende Mieter **und** der oder die verbleibenden Mieter – unbenommen, eine vertragliche Vereinbarung zu treffen, nach der einer von mehreren Mietern zu einem bestimmten Zeitpunkt aus dem Mietvertrag ausscheidet und das Mietverhältnis ab diesem Zeitpunkt nur noch mit dem oder den verbleibenden Mieter(n) fortgesetzt wird. Der Vermieter sollte in einem solchen Fall daran denken, dass die Vereinbarung auch eine Regelung dahingehend enthalten sollte, dass der ausscheidende Mieter auf etwaige Kautionsrückzahlungsansprüche verzichtet, damit die bereits von allen

479

Mietern gemeinschaftlich gezahlte Kaution dem Vermieter in voller Höhe zur Sicherung seiner Forderungen aus dem Mietverhältnis mit den übrig gebliebenen Mietern verbleibt.

3. Sonderregelung für Zeitmietverträge

480 Eine Sonderregelung enthält § 575 BGB für Zeitmietverträge. Bei diesen Verträgen ist regelmäßig während der Vertragslaufzeit das Recht zur ordentlichen, d. h. fristgemäßen Kündigung für beide Parteien ausgeschlossen.[577] Zur Sicherheit empfiehlt sich die Aufnahme einer klarstellenden Klausel in den Zeitmietvertrag, wonach das Recht zur ordentlichen Kündigung während des Laufs des Zeitmietvertrags für beide Parteien ausgeschlossen ist. Dagegen kann dem Mieter, falls das gewünscht ist, das Recht zur ordentlichen Kündigung auch beim Zeitmietvertrag vertraglich ausdrücklich eingeräumt werden. Eine entsprechende Klausel zugunsten des Vermieters wäre allerdings nach § 575 Abs. 4 BGB unwirksam. Das Recht zur außerordentlichen Kündigung wird dadurch allerdings nicht berührt; auch ein Zeitmietvertrag kann daher (bei Vorliegen entsprechender Kündigungsgründe) außerordentlich fristlos oder außerordentlich fristgemäß (§ 575a BGB) gekündigt werden.

481 Mietverträge auf bestimmte Zeit dürfen nach § 575 Abs. 1 BGB nur geschlossen werden, wenn der Vermieter nach Ablauf der bestimmten, bei Vertragsschluss festgelegten Mietzeit

(1) die Räume als Wohnung für sich, seine Familienangehörigen oder Angehörige seines Haushalts nutzen will,

(2) in zulässiger Weise die Räume beseitigen oder so wesentlich verändern oder instand setzen will, dass die Maßnahmen durch eine Fortsetzung des Mietverhältnisses erheblich erschwert würden, oder

(3) die Räume an einen zur Dienstleistung Verpflichteten vermieten will,

und er dem Mieter den Grund der Befristung bei Vertragsschluss schriftlich mitteilt. Dabei genügt es nicht, wenn der Vermieter lediglich den Gesetzeswortlaut formelhaft wiederholt, sondern er muss den **konkreten Grund** darstellen, damit dies ggf. (später) auch überprüft werden kann. Der Gesetzgeber stellt also strenge Anforderungen an die Zulässigkeit eines Zeitmietvertrags. Insbesondere bei der Nr. 2 ist sehr genau zu prüfen, ob die Beseitigung oder Veränderung der Wohnräume zulässig ist, und ob die Fortsetzung des Mietverhältnisses diese Maßnahmen „erheblich" erschweren würde. Angesichts der Bedeutung für den Mieter – Verlust der Wohnung – hängt die Messlatte hier hoch. Außerdem ist die Aufzählung in § 575 Abs. 1 BGB abschließend. D. h. aus anderen als den dort genannten Gründen kann ein Zeitmietvertrag nicht vereinbart werden.

Lagen die in § 575 Abs. 1 BGB genannten **Gründe von Anfang an** in Wahrheit gar **nicht vor**, oder hat der Vermieter versäumt, dem Mieter die Gründe der Befristung des Mietvertrags bei Vertragsschluss schriftlich mitzuteilen, so durfte ein Zeitmietvertrag nicht abgeschlossen werden. Das führt aber nach § 575 Abs. 1 S. 2 BGB nicht zur Unwirksamkeit des Mietvertrags insgesamt, sondern nur zur Unwirksamkeit der zeitlichen Befristung. Das heißt, das Mietverhältnis gilt dann als auf unbestimmte Zeit geschlossen. **482**

Problematisch ist der Fall eines Wechsels des Befristungsgrunds. Hier ist zu unterscheiden: Ein Wechseln zwischen den Befristungsgründen der Nummern 1 bis 3 ist nicht möglich. Wenn sich also während des Laufs des Zeitmietvertrags herausstellt, dass der Sohn des Vermieters nach dem Studium nicht in die Wohnung einziehen wird, kann der Vermieter nun nicht den Befristungsgrund dahin gehend austauschen, dass er dann eben die Wohnung komplett umbauen will. Möglich ist allerdings ein Wechsel des Befristungsgrunds innerhalb der jeweiligen Nummer 1 **oder** 2 **oder** 3. Unschädlich ist es also, wenn zum Ende des Zeitmietvertrags dann nicht mehr der Sohn, sondern die Tochter des Vermieters in die Wohnung einziehen soll, oder wenn sich an den konkreten Umbauplänen lediglich inhaltlich (planerisch) etwas ändert. **483**

Damit der Mieter vor dem Zeitablauf und dem damit bevorstehenden Ende des Mietverhältnisses überprüfen kann, ob die Befristungsgründe auch wirklich „pünktlich" eintreten werden, kann er gem. § 575 Abs. 2 BGB frühestens vier Monate vor Ablauf der Befristung verlangen, dass der Vermieter ihm binnen eines Monats mitteilt, ob der Befristungsgrund noch besteht. Erfolgt die Antwort **484** des Vermieters später als binnen dieser Monatsfrist, so kann der Mieter eine Verlängerung des Mietverhältnisses um den Zeitraum der Verspätung verlangen. Tritt der **Grund der Befristung später** als bei Abschluss des Mietvertrags vorgesehen ein, so kann der Mieter gem. § 575 Abs. 3 S. 2 BGB eine Verlängerung des Mietverhältnisses um einen entsprechenden Zeitraum verlangen. Tritt der Grund der Befristung schließlich gar nicht (mehr) ein, so kann der Mieter eine Verlängerung auf unbestimmte Zeit verlangen.

485 Diese Rechte stehen dem Mieter nach dem Gesetzeswortlaut aber **nur auf Verlangen** zu. Wenn der Mieter sich nicht rührt, endet das Mietverhältnis mit Zeitablauf. Wenn der Mieter also erfährt, dass der Grund der Befristung erst später eintritt oder ganz wegfällt, so kann er Verlängerung des Mietvertrags um einen entsprechenden Zeitraum oder auf unbestimmte Zeit verlangen, muss es aber nicht. Er hat dann ein Wahlrecht und kann sich auch dafür entscheiden, dass der Vertrag mit Zeitablauf so wie ursprünglich vorgesehen enden soll. Der Vermieter hat dagegen kein solches Wahlrecht.

> **BEISPIEL:** Grund des Zeitmietvertrags war die – auch im Mietvertrag so dem Mieter schriftlich mitgeteilte – Erwartung des Vermieters, dass der Sohn des Vermieters nach Abschluss seines Studiums an den Wohnort der Eltern zurückkehren und dann dort eine Wohnung im Mietshaus benötigen würde. Nun hat der Sohn aber nach Abschluss des Studiums eine lukrative Anstellung in einer anderen Stadt gefunden.

486 Dem Vermieter wäre es bei einem solventen Mieter angesichts des Aufwands für eine Neuvermietung und ggf. sogar eines Leerstandsrisikos in dieser Situation möglicherweise lieber, der Mieter würde **nicht** mit Zeitablauf **ausziehen**. Da sich selbst bei einem entsprechenden Wunsch des Vermieters das Mietverhältnis allerdings mit Wegfall des Befristungsgrunds nicht automatisch auf unbestimmte Zeit verlängert, muss er die Entscheidung des Mieters, bei Zeitablauf auszuziehen, akzeptieren. Hier bleibt dann nur die Möglichkeit, den Mieter durch Zugeständnisse bei den vertraglichen Konditionen zum Bleiben zu bewegen.

487 Im obigen Beispiel hätte es übrigens nicht ausgereicht, im Mietvertrag als Befristung „Abschluss des Studiums" zu schreiben. Die Be-

fristung muss vielmehr zeitmäßig bestimmt sein, so dass der Mieter sich auch darauf einstellen kann. Eine unbestimmte Befristung wäre unbeachtlich, so dass der Mietvertrag gem. § 575 Abs. 1 S. 2 BGB als auf unbestimmte Zeit abgeschlossen gelten würde. Von den Regelungen des § 575 BGB darf auch nicht zum Nachteil des Mieters abgewichen werden, § 575 Abs. 4 BGB.

Wichtig ist noch, dass der Mieter bei einem Zeitmietvertrag nur einen sehr eingeschränkten Vollstreckungsschutz in der Zwangsvollstreckung hat.[578]   **488**

§ 575a BGB stellt klar, dass auch befristete Mietverhältnisse außerordentlich mit der gesetzlichen Frist gekündigt werden können (d.h. wenn die Voraussetzungen der jeweiligen Kündigungsvorschrift vorliegen, die eine außerordentliche Kündigung mit gesetzlicher Frist zulässt). Wie unter Rn. 2. 480 ff. dargestellt, gelten in diesen Fällen bis auf die Ausnahme der Kündigung gegenüber Erben des Mieters (§ 564 BGB) die §§ 573 und 573a BGB entsprechend. Eingeschränkt ist beim befristeten Mietvertrag allerdings dann das Recht des Mieters, der Kündigung nach §§ 574 bis 574c BGB zu widersprechen.[579] Auch im Fall eines erfolgreichen Widerspruchs kann der Mieter die Fortsetzung des Mietverhältnisses gem. § 575a Abs. 2 BGB höchstens bis zum vertraglich bestimmten Zeitpunkt der Beendigung verlangen.   **489**

4. Sozialer Kündigungsschutz

Selbst wenn der Vermieter eine nach den oben beschriebenen Voraussetzungen begründete ordentliche fristgemäße oder eine außerordentliche fristgemäße Kündigung ausgesprochen hat, kann der Mieter unter Umständen noch aufgrund der „Sozialklausel" des § 574 BGB der Kündigung widersprechen. Dies gilt, was leicht übersehen wird, auch für die Kündigungen nach § 573a BGB (Einliegerwohnung) und § 573b BGB (Teilkündigung). § 574 BGB lautet: **490**

(1) Der Mieter kann der Kündigung des Vermieters widersprechen und von ihm die Fortsetzung des Mietverhältnisses verlangen, wenn die Beendigung des Mietverhältnisses für den Mieter, seine Familie oder einen anderen Angehörigen seines Hauhalts eine Härte bedeuten

> würde, die auch unter Würdigung der berechtigten Interessen des Vermieters nicht zu rechtfertigen ist. Dies gilt nicht, wenn ein Grund vorliegt, der den Vermieter zur außerordentlichen fristlosen Kündigung berechtigt.
>
> (2) Eine Härte liegt auch vor, wenn angemessener Ersatzwohnraum zu zumutbaren Bedingungen nicht beschafft werden kann.
>
> (3) Bei der Würdigung der berechtigten Interessen des Vermieters werden nur die in dem Kündigungsschreiben nach § 573 Abs. 3 angegebenen Gründe berücksichtigt, außer wenn die Gründe nachträglich entstanden sind.
>
> (4) Eine zum Nachteil des Mieters abweichende Vereinbarung ist unwirksam.

491 Der Mieter kann also eine Fortsetzung des Mietverhältnisses unter Berufung auf die Sozialklausel nicht verlangen, wenn der Vermieter zu einer außerordentlichen fristlosen Kündigung berechtigt ist (§§ 543, 569 BGB). Hierbei kommt es nur darauf an, dass objektiv ein Grund für eine fristlose Kündigung vorliegt, auch wenn der Vermieter (trotz dieses Grunds nur) **fristgemäß** gekündigt hat.[580]

492 Lag kein Grund für eine außerordentliche fristlose Kündigung vor, findet eine Interessenabwägung statt zwischen der für den Mieter, seine Familie oder einen anderen Angehörigen seines Haushalts vorliegenden Härte durch den Verlust der Wohnung einerseits und den berechtigten Interessen des Vermieters andererseits. Ein Beispiel für eine Härte ist im Gesetz genannt: Wenn angemessener Ersatzwohnraum zu zumutbaren Bedingungen nicht beschafft werden kann (Kriterien u. a.: ähnlicher Wohnraum, Miethöhe im Rahmen der ortsüblichen Vergleichsmiete, vom Familieneinkommen her tragbare Belastung). Der Mieter darf allerdings die Hände nicht in den Schoß legen, sondern muss sich ab Kündigung um angemessenen Ersatzwohnraum bemühen. Andere Härtefälle können z.B. sein: hohes Alter des Mieters, Schwangerschaft in fortgeschrittenem Stadium, kurz bevorstehendes Examen, Doppelumzug in kurzer Folge (wenn der Mieter z.B. einen Monat später eine neue Wohnung „fest" hat).

493 Gleichzeitig beschränkt der Gesetzgeber die Argumentationsmöglichkeiten des Vermieters: In die Abwägung auf Seiten des Vermie-

ters fließen nur die im Kündigungsschreiben genannten Gründe (z. B.: Eigenbedarf, wiederholte Unpünktlichkeit bei der Mietzahlung, ggf. auch Hinderlichkeit des Mietvertrags beim Verkauf des Hauses) ein; es sei denn, die Gründe sind später entstanden, was der Vermieter beweisen muss. Der Mieter dagegen kann **alle ihm günstigen Gründe** noch bis zum Schluss der mündlichen Verhandlung bei Gericht vorbringen. Notfalls muss der Vermieter erneut kündigen, um auf diese Art von ihm im ersten Kündigungsschreiben „vergessene" Gründe nachzuschieben. Der Mieter kann dann erneut widersprechen und Fortsetzung des Mietverhältnisses verlangen.

Hat der Mieter gem. § 574 BGB einen Anspruch auf Fortsetzung des Mietverhältnisses, findet bzgl. der Dauer der Fortsetzung erneut eine Interessenabwägung statt. Im Einzelnen bestimmt § 574a BGB hierzu:

494

(1) Im Fall des § 574 kann der Mieter verlangen, dass das Mietverhältnis so lange fortgesetzt wird, wie dies unter Berücksichtigung aller Umstände angemessen ist. Ist dem Vermieter nicht zuzumuten, das Mietverhältnis zu den bisherigen geltenden Vertragsbedingungen fortzusetzen, so kann der Mieter nur verlangen, dass es unter einer angemessenen Änderung der Bedingungen fortgesetzt wird.

(2) Kommt keine Einigung zustande, so werden die Fortsetzung des Mietverhältnisses, deren Dauer sowie Bedingungen, zu denen es fortgesetzt wird, durch Urteil bestimmt. Ist ungewiss, wann voraussichtlich die Umstände wegfallen, auf Grund deren die Beendigung des Mietverhältnisses eine Härte bedeutet, so kann bestimmt werden, dass das Mietverhältnis auf unbestimmte Zeit fortgesetzt wird.

(3) Eine zum Nachteil des Mieters abweichende Vereinbarung ist unwirksam.

Die Fortsetzung des Mietverhältnisses findet also in der Regel auf bestimmte Zeit statt; so lange, bis die Härte für den Mieter entfallen ist.

Wenn sich Mieter und Vermieter über das in § 574 und § 574a Abs. 1 BGB Genannte nicht einigen können, wird dies gem. § 574a Abs. 2 BGB durch Urteil entschieden. Im äußersten Fall kann das Gericht anordnen, dass das Mietverhältnis auf unbestimmte Zeit fortgesetzt wird.

495

496 Der Mieter muss gem. § 574 b BGB bei seinem Widerspruch einige Formalien beachten:

(1) Bedarf die Erklärung des Mieters, mit der er der Kündigung widerspricht und die Fortsetzung des Mietverhältnisses verlangt, der Schriftform.

(2) Soll der Mieter **auf Verlangen** des Vermieters über die Gründe des Widerspruchs **unverzüglich** Auskunft erteilen.

(3) Muss der Mieter den Widerspruch spätestens zwei Monate vor der Beendigung des Mietverhältnisses dem Vermieter gegenüber erklären, sonst kann der Vermieter die Fortsetzung des Mietverhältnisses ablehnen. Die Frist verlängert sich aber, wenn der Vermieter den Mieter nicht rechtzeitig vor Ablauf der Widerspruchsfrist auf sein Widerspruchsrecht sowie auf dessen Form und Frist hingewiesen hat (rechtzeitig bedeutet, dass der Mieter noch Zeit haben muss, innerhalb der Frist zu überlegen und das Widerspruchsschreiben abzufassen und dem Vermieter zugehen zu lassen).

Dazu bestimmt § 568 Abs. 2 BGB, dass der Vermieter den Mieter rechtzeitig auf die Möglichkeit, die Form und die Frist des Widerspruchs nach §§ 574 bis 574b hinweisen **soll**. Der Vermieter muss das also nicht tun. Allerdings kann dann der Mieter den Widerspruch gem. § 574 Abs. 2 S. 2 BGB noch bis einschließlich des ersten Termins des Räumungsrechtsstreits erklären.

497 Der Vermieter muss in diesem Zusammenhang in einem eventuellen Räumungsrechtsstreit beachten: Versäumt der Mieter die eingangs genannte Zweimonatsfrist, so wird das Gericht dies in einem eventuellen Prozess nicht von Amts wegen berücksichtigen, sondern nur, wenn der Vermieter sich darauf beruft (die Juristen sprechen in so einem Fall von einer „Einrede", die der Vermieter ausdrücklich erheben muss). Vertragliche Vereinbarungen, die zu Lasten des Mieters den Vorschriften über das Widerspruchsrecht des Mieters entgegenstehen, sind gem. §§ 574 Abs. 4, 574a Abs. 3, 574b Abs. 3 BGB unwirksam.

498 Wenn der Mieter Erfolg hatte und das Mietverhältnis aufgrund eines Widerspruchs entweder durch **Einigung** zwischen Mieter und Vermieter oder **Urteil des Gerichts** auf bestimmte Zeit fortgesetzt worden ist, so kann der Mieter auch noch mal (ggf. noch mehrmals) die weitere Fortsetzung des Mietverhältnisses vom Vermieter verlangen. Dabei hat der Mieter aber immer weniger Argumente, denn das geht nur noch, wenn dies durch eine **wesentliche Änderung der Umstände** gerechtfertigt ist, oder wenn – sozusagen andersherum – Umstände nicht eingetreten sind, deren vorgesehener Eintritt für die Zeitdauer der Fortsetzung bestimmend gewesen waren (§ 574c Abs. 1 BGB).

Wie oben bereits beschrieben, kann im äußersten Fall das Gericht durch Urteil anordnen, dass das Mietverhältnis auf **un**bestimmte Zeit fortgesetzt wird. Das heißt aber nicht, dass der Mieter ab dem Urteil nun in und mit der Wohnung machen kann, was er will. Der Vermieter kann (erneut) kündigen, der Mieter dann aber auch (erneut) widersprechen und (erneut) Fortsetzung des Mietverhältnisses auf unbestimmte Zeit verlangen. Zwei Fälle sind hier zu unterscheiden: 499

- Haben sich die Umstände seit der ersten Kündigung nicht verändert, genügt der Hinweis des Mieters auf das Fortbestehen der unveränderten Umstände.

- Haben sich Umstände, die beim Urteil für die Fortsetzung des Mietverhältnisses bestimmend gewesen waren, danach verändert, kann der Mieter eine Fortsetzung des Mietverhältnisses nur nach § 574 BGB (siehe oben) verlangen. Es findet also eine komplett neue Interessenabwägung statt. Unerhebliche Veränderungen bleiben aber außer Betracht (§ 574c Abs. 2 BGB).

5. Kündigung bei gewerblicher Zwischenvermietung

§ 565 BGB regelt den Fall, dass der Vermieter an einen gewerblichen Zwischenmieter vermietet, der dann seinerseits die Wohnung an den eigentlichen Mieter (im Gesetz „Dritter" genannt) vermietet. § 565 BGB bestimmt u. a., dass bei Beendigung des Mietverhältnisses zwischen Vermieter und Zwischenmieter der Vermieter in den zwischen Zwischenmieter und Mieter abgeschlossenen Mietvertrag eintritt. Für den Mieter ändert sich daher letztlich nur der Name des Vermieters. Alle Rechte und Pflichten aus dem Mietvertrag bleiben unverändert bestehen. 500

6. Kündigung bei Mischmietverhältnissen

501   Mischmietverhältnisse beinhalten verschiedene Mietsachen, z. B.

- Miete einer Wohnung mit einer Garage
- Miete einer Wohnung mit einem Garten
- Miete einer Wohnung mit einer Werkstatt im Hof
- Miete eines Ladens mit darüber liegender Wohnung
- Miete einer Wohnung mit Praxisräumen usw.

Da für Wohnraum und gewerblichen Raum (auch Garagen) und für Grundstücke unterschiedliche Bestimmungen gelten, insbesondere im Hinblick auf den Kündigungsschutz, können Probleme hinsichtlich des anwendbaren Rechts auftreten, wenn solche Mischmietverhältnisse in einem einzigen Vertrag geregelt sind. Was hier letztlich gilt, hängt immer von der konkreten Vertragsgestaltung ab, das heißt vom Einzelfall. Dabei ist darauf abzustellen, wo das Schwergewicht der Vermietung liegt (auf der Wohnnutzung oder auf der gewerblichen Nutzung?). Hilfestellung können hier u. a. leisten: das Verhältnis der Grundflächen von Wohn- und gewerblicher Nutzung zueinander, die Höhe der auf die einzelnen Teile entfallenden Miete.[581] Lässt sich bei der Einzelfallprüfung ein Überwiegen der gewerblichen Nutzung nicht feststellen – also auch bei einer Gleichwertigkeit beider Nutzungen –, ist von der Geltung der Vorschriften der Wohnraummiete auszugehen.[582] Überhaupt wird ein Gericht voraussichtlich bei der Beantwortung der Frage des anwendbaren Rechts bei Mischmietverhältnissen hinsichtlich des Wohnraumteils eher stärker als schwächer gewichten (z. B. bei gleichen Flächenanteilen), um dem gesetzlich sehr ausgeprägten Mieterschutz (Kündigungsschutz) Rechnung zu tragen.

502   Neben der Frage, ob der **gesamte Vertrag** gekündigt werden kann, stellt sich die weitere Frage, ob wenigstens ein Teil – z. B. die Garage – separat gekündigt werden kann. Auch hier kommt es auf den Einzelfall an, ob nach dem Vertrag von einem abtrennbaren Teil ausgegangen werden kann. Dies ist ggf. durch Vertragsauslegung zu ermitteln. Die Meinungen hierzu sind nicht einheitlich. So kann man

die Garage, die im Wohnungsmietvertrag mitvermietet ist, nicht separat kündigen[583], sondern nur, wenn in einem eigenen Vertrag vermietet. Denn bei zwei getrennten Verträgen spricht eine Vermutung für die rechtliche Selbständigkeit der jeweiligen Vereinbarung;[584] vor allem, wenn der Garagenmietvertrag zu einem späteren Zeitpunkt abgeschlossen und darin eine vom Wohnraummietvertrag abweichende Kündigungsfrist vereinbart wurde.[585] Und selbst dann ist auch die Meinung vertretbar, dass eine Kündigung nicht möglich ist, wenn trotz formeller Aufspaltung in zwei Verträge die Wohnung und die Garage praktisch als Einheit vermietet worden sind (z.B. wenn Wohnung und Garage auf demselben Grundstück liegen,[586] oder wenn beide Verträge nach einheitlichen Vertragsverhandlungen zur selben Zeit unterzeichnet worden sind). Wie gesagt: hier kommt es immer auf den Einzelfall an. Auf jeden Fall empfiehlt es sich für den Vermieter, sich im Vertrag das Recht zur Kündigung der Nicht-Wohnräume bzw. der Garage usw. ausdrücklich vorzubehalten.

7. Vereinbartes Rücktrittsrecht

Theoretisch wäre es möglich, die Bestimmungen des Mieterschutzes bei Kündigung von Wohnraum dadurch zu umgehen, dass man ein so genanntes Rücktrittsrecht im Vertrag vereinbart. Wenn der Vermieter dann aufgrund eines ihm vorbehaltenen Rücktrittsrechts vom Vertrag zurücktreten würde, wäre der Vertrag „weg", und damit das Recht des Mieters zum Wohnen ebenfalls. Deshalb bestimmt § 572 Abs. 1 BGB: 503

> Auf eine Vereinbarung, nach der der Vermieter berechtigt sein soll, nach Überlassung des Wohnraums an den Mieter vom Vertrag zurückzutreten, kann der Vermieter sich nicht berufen.

Voraussetzung ist also die Überlassung des Wohnraums an den Mieter. Das heißt, wenn sich die Vertragsparteien im Vertrag für die Zeit bis zur Überlassung (regelmäßig wird das die Schlüsselübergabe sein) ein Rücktrittsrecht vorbehalten, ist dies wirksam. Ergänzend bestimmt § 572 Abs. 2 BGB:

> Ferner kann der Vermieter sich nicht auf eine Vereinbarung berufen, nach der das Mietverhältnis zum Nachteil des Mieters auflösend bedingt ist.

Aus § 572 Abs. 2 BGB folgt, dass eine auflösende Bedingung **zugunsten** des Mieters zulässig ist. Bei Mietverträgen über Nicht-Wohnraum können die Parteien ein Rücktrittsrecht oder eine auflösende Bedingung vertraglich frei vereinbaren.

8. Mietaufhebungsvertrag und Nachmieter

504   Ein Vermieter, der – aus welchen Gründen auch immer – eine Wohnung zurückhaben möchte, ohne dass er ausreichende Gründe für eine fristlose oder fristgemäße Kündigung hat, kann noch versuchen, den Mieter „herauszukaufen", also gegen Zahlung einer Geldsumme oder Erlass der restlichen Mieten bis zum Auszug zur einvernehmlichen Aufhebung des Mietvertrags zu bewegen. Es kann aber auch Situationen geben, in denen der sehr ausgeprägte gesetzliche Kündigungsschutz **beiden** Vertragsparteien, also insbesondere auch dem Mieter, hinderlich ist.

> **BEISPIEL:** Ein Mieter findet von heute auf morgen eine lukrative Arbeitsstelle in einer anderen Stadt. Voraussetzung ist jedoch, dass er dort sofort anfängt. Er sucht sich dort eine neue Wohnung und will dann so schnell wie möglich umziehen, keinesfalls aber bis zu drei Monate (gesetzliche Kündigungsfrist) die Miete für seine neue und gleichzeitig für seine leer stehende alte Wohnung, also „doppelt" zahlen.

505   Vermieter und Mieter können jederzeit einen **Mietaufhebungsvertrag** schließen. Dabei kommt es auf die Kündigungsfristen nicht an. Denn ein Mietaufhebungsvertrag setzt eine beiderseitige Einigung voraus, im Gegensatz zu der einseitigen Kündigung, bei der der andere Vertragspartner nicht vorher mitreden und etwas aushandeln kann. Im Beispielsfall kann ein solcher Mietaufhebungsvertrag auch den Interessen des Vermieters dienen, da dieser – gerade bei einem langen Altmietverhältnis – möglicherweise durch die Neuvermietung eine höhere Miete erzielen kann.

Auch die Einigung, den alten Mieter gegen Stellung eines **Nachmie- 506 ters** vorzeitig aus dem Mietvertrag zu entlassen, ist ein Mietaufhebungsvertrag. Der Mieter kann zwar versuchen, durch Stellung eines Nachmieters (Ersatzmieters) aus dem Vertrag herauszukommen. Hier existieren allerdings viele schlagwortartige und falsche Vorstellungen, z. B., dass der Mieter nur drei Nachmieter stellen muss. Dann brauchte er bloß drei im Stundenlohn bezahlte x-beliebige, mit Schmuddellook und Alkoholfahne präparierte Personen vorzuschicken, die der Vermieter nicht nehmen kann, und der Mieter wäre schon aus dem Vertrag heraus. So einfach geht es nicht. Rechtlich ist die Stellung eines Nachmieters das Angebot des Mieters zum Abschluss eines Mietaufhebungsvertrags. Der Vermieter muss dieses Angebot nicht annehmen, er **kann** es. Nur ganz selten sagen die Gerichte, der Vermieter **muss**. Dabei muss es sich aber auf Seiten des Mieters um eine echte Notlage, eine unzumutbare Härte handeln, z. B. im obigen Beispiel die Stelle in der anderen Stadt verbunden mit ansonsten eintretender Arbeitslosigkeit, vorzeitige Aufgabe der Wohnung wegen schwerer Krankheit und Heimaufenthalt usw. Das ist aber immer Frage des Einzelfalls.

Stärker ist die Rechtsposition des Mieters, wenn ihm bereits im 507 Mietvertrag oder später, ggf. nach der Kündigung des Mieters, durch den Vermieter das Recht zur Entlassung aus dem Mietvertrag bei Stellung eines geeigneten Nachmieters ausdrücklich zugestanden worden ist. Dann kann der Vermieter nicht mehr jeden Nachmieter ablehnen, sondern muss einen geeigneten (zumutbaren) Nachmieter akzeptieren.[587] Daraus folgt aber auch, dass der Vermieter nicht **automatisch jeden Nachmieter** nehmen muss. Über die Geeignetheit des Nachmieters entscheidet nicht der Mieter, sondern der Vermieter. Dabei kann der Vermieter durchaus andere Kriterien zugrunde legen als der Mieter auf den ersten Blick für wesentlich hält.

BEISPIEL: Der Mieter bringt einen Nachmieter, der ohne weiteres die geforderte Miete bezahlen kann. Trotzdem akzeptiert ihn der Vermieter nicht, z. B. weil der Nachmieter in der Wohnung einen Kampfhund halten möchte. Der Vermieter darf dabei aber nicht diskriminieren, z. B. „weil Ausländer" usw.[588]

508 Allgemein gilt: Wenn in der Person des vom Mieter gestellten Nachmieters ein wichtiger Grund für eine Ablehnung liegt, dann muss
der Vermieter den Nachmieter nicht akzeptieren. Der wichtigste
Grund ist die mangelnde Zahlungsfähigkeit.

509 Wenn der Vermieter gleichzeitig einen selbstgesuchten Nachmieter
für die Wohnung hat, dann steht es dem Vermieter frei, mit diesem
den neuen Mietvertrag abzuschließen. Der Mieter kann ihm in diesem Fall also nicht seinen eigenen Nachmieter aufzwingen.[589]

9. Tod des Mieters

510 Eine gesetzliche Bestimmung, wonach das Mietverhältnis automatisch mit dem Tod des Mieters endet, gibt es nicht. Auch gilt die
erbrechtliche Regelung der Gesamtrechtsnachfolge (§ 1922 BGB),
nach der das Mietverhältnis beim Tod des Erblassers auf den Erben
übergeht, nur eingeschränkt. Vorrangig sollen vielmehr diejenigen
Personen das Mietverhältnis fortsetzen, die auch bisher mit dem
Mieter (Erblasser) in der Wohnung gewohnt haben. Das Gesetz unterscheidet drei Fälle:

- den Tod eines von mehreren Mietern,
- den Tod des Mieters, mit dem noch andere Personen in der
  Wohnung gelebt haben,
- den Tod des allein stehenden Mieters.

Neben diesen Spezialregelungen zu der Frage, wer nach dem Tod
des Mieters weiterhin oder neuer Mieter der Wohnung sein soll
(§§ 563, 563a und 564 BGB), regelt das Gesetz in einer weiteren Bestimmung (§ 563b BGB), wer in den drei genannten Fällen jeweils
für die vom verstorbenen Mieter **vor** seinem Tod gegenüber dem
Vermieter begründeten Verbindlichkeiten einstehen soll.

a) Tod eines von mehreren Mietern

511 Der Tod eines von mehreren Mietern ist – mietrechtlich jedenfalls –
der am wenigsten problematische Fall. „Mieter" meint dabei nur
solche Personen, die Vertragspartner des Vermieters sind, also selbst
den Mietvertrag mitunterschrieben und daher ein eigenes, vertrag-

liches Recht auf Nutzung der Wohnung haben. § 563a BGB bestimmt, dass bei mehreren Mietern einer Wohnung das Mietverhältnis bei Tod eines Mieters mit den überlebenden Mietern fortgesetzt wird. Der oder die Erbe(n) des verstorbenen Mieters haben dann kein Recht an der Wohnung, können sie auch nicht beziehen, haben aber ab dem Todeszeitpunkt auch keine Verpflichtungen aus dem Mietvertrag „geerbt". Der gesamte Mietvertrag geht also unter Ausschluss der Erben im Todeszeitpunkt mit allen Rechten und Pflichten auf den oder die überlebenden Mieter über.

> **BEISPIEL:** Herr Liebenswert und Frau Traurig haben gemeinsam den Mietvertrag unterschrieben. Herr Liebenswert hat als gesetzliche Erben zwei Kinder. Wenn Herr Liebenswert stirbt, wird das Mietverhältnis nur zwischen Frau Traurig und dem Vermieter fortgeführt, die beiden Kinder des Herrn Liebenswert haben bzgl. der Mietwohnung keine Ansprüche.

Das Gleiche würde auch gelten, wenn Herr Liebenswert testamentarisch Erben bestimmt hätte, und zwar selbst dann, wenn er in dem Testament ausdrücklich den Wunsch geäußert hätte, dass diese testamentarischen Erben nach seinem Tod in die Wohnung einziehen sollen.

Falls in dem ursprünglichen Mietvertrag keine Kaution vereinbart 512 war, oder wenn sie zwar vereinbart war, aber dann nicht geleistet wurde (etwa weil der Vermieter dies mit Rücksicht auf die Bonität des nun verstorbenen Mieters für entbehrlich hielt), kann der Vermieter von den das Mietverhältnis fortsetzenden überlebenden Mietern eine Sicherheitsleistung nach § 551 BGB verlangen (etwa weil der Vermieter die Bonität der überlebenden Mieter anders beurteilt).

Falls der oder die überlebenden Mieter das Mietverhältnis **nicht** 513 **fortsetzen** wollen, können sie das Mietverhältnis innerhalb eines Monats, nachdem sie vom Tod des Mieters Kenntnis erlangt haben, gem. § 563a Abs. 2 BGB außerordentlich mit der gesetzlichen Frist (des § 573d Abs. 2 BGB) kündigen. Die Kündigung kann nur von allen überlebenden Mietern gemeinsam erklärt werden. Das führt dann mit Wirksamwerden der Kündigung zum Ausscheiden der überlebenden Mieter aus dem Mietvertrag. Dieser wird dann gem.

§ 564 BGB mit den Erben des Mieters fortgesetzt.[590] Versäumen die überlebenden Mieter die spezielle Frist des § 563a Abs. 2 BGB, gelten dann für das Mietverhältnis die allgemeinen Regelungen über die Beendigung von Wohnraummietverhältnissen.

514 Neben dieser speziellen Regelung zu der Frage, wer nach dem Tod eines Mieters weiterhin Mieter der Wohnung ist, trifft das Gesetz für die vor dem Tod des Mieters von diesem gegenüber dem Vermieter begründeten Verbindlichkeiten eine vermieterfreundliche Haftungsregelung. Nach § 563b Abs. 1 BGB haften die das Mietverhältnis fortsetzenden überlebenden Mieter neben dem Erben für die bis zum Tod des Mieters entstandenen Verbindlichkeiten als Gesamtschuldner. Das bedeutet, der Vermieter kann sich den zahlungskräftigsten Erben oder den zahlungskräftigsten Mieter aussuchen und von ihm die gesamten bis zum Tod des Mieters begründeten Verbindlichkeiten fordern. Die Gesamtschuldner müssen dann zusehen, wie sie das untereinander ausgleichen. Dazu bestimmt § 563b Abs. 1 S. 2 BGB, dass im Innenverhältnis des Erben zu den das Mietverhältnis fortsetzenden überlebenden Mietern der Erbe allein haftet, soweit nichts anderes bestimmt ist, z. B. durch eine Vereinbarung zwischen Erben und Mietern. Eine anderweitige Bestimmung kann auch vorliegen, wenn der verstorbene Mieter mit den Personen, die bzgl. des Mietvertrags fortsetzungsberechtigt sind, eine vom Gesetz abweichende Vereinbarung getroffen hat. Im Gegenzug sind die das Mietverhältnis fortsetzenden Mieter gem. § 563b Abs. 2 BGB verpflichtet, dem Erben dasjenige herauszugeben, was sie ersparen oder erlangen, wenn der verstorbene Mieter die Miete bereits für einen nach seinem Tod liegenden Zeitraum im Voraus bezahlt hatte. Denn durch diese Mietvorauszahlungen des verstorbenen Mieters, von denen nun die überlebenden Mieter im Verhältnis zum Vermieter profitieren, wird der Nachlass zu Lasten des Erben geschmälert.

b) Tod des Mieters, mit dem noch andere Personen in der Wohnung gelebt haben

515 Vielfach ist es so, dass nur eine der in der Wohnung lebenden Personen seinerzeit den Mietvertrag unterschrieben hat und daher formal

alleiniger Mieter ist. Im Laufe der Zeit hat der Mieter dann vielleicht geheiratet, es sind Kinder dazugekommen, oder auch Verwandte oder ein Lebenspartner oder Lebensgefährte. Diese Personen sollen bei Tod des Mieters nicht Gefahr laufen, „ihre" Wohnung zu verlieren und die angestammte Umgebung verlassen zu müssen. Nach § 563 Abs. 1 BGB treten der Ehegatte oder der Lebenspartner nach dem Tod des Mieters in das Mietverhältnis ein, **wenn** er mit dem verstorbenen Mieter einen gemeinsamen Haushalt geführt hat. Diese Einschränkung ist wichtig, da z. B. ein Lebenspartner, der seine eigene Wohnung als Lebensmittelpunkt beibehalten und den verstorbenen Mieter lediglich regelmäßig besucht hat, kein schutzwürdiges Recht auf Eintritt in den Mietvertrag des verstorbenen Mieters mit dem Vermieter hat. Gleichgültig ist dagegen, ob es sich um eine heterosexuelle oder um eine homosexuelle Lebenspartnerschaft gehandelt hat. Es kommt nur darauf an, dass eine besonders enge Lebensgemeinschaft bestand, nicht bloß eine Haushaltsgemeinschaft. Im Übrigen ist mit Lebenspartner in § 563 Abs. 1 BGB ein eingetragener Lebenspartner im Sinne des Lebenspartnerschaftsgesetzes gemeint. Andere Lebensgefährten werden durch § 563 Abs. 2 S. 4 BGB erfasst. § 563 Abs. 2 BGB erweitert das Eintrittsrecht bis schließlich auf Personen, die mit dem verstorbenen Mieter einen auf Dauer angelegten gemeinsamen Haushalt geführt haben. Das Eintrittsrecht ist wie folgt abgestuft:

> Leben in dem gemeinsamen Haushalt Kinder des Mieters, treten diese mit dem Tod des Mieters in das Mietverhältnis ein, wenn nicht der Ehegatte eintritt. Der Eintritt des Lebenspartners bleibt vom Eintritt der Kinder des Mieters unberührt. Andere Familienangehörige, die mit dem Mieter einen gemeinsamen Haushalt führen, treten mit dem Tod des Mieters in das Mietverhältnis ein, wenn nicht der Ehegatte oder der Lebenspartner eintritt. Dasselbe gilt für Personen, die mit dem Mieter einen auf Dauer angelegten gemeinsamen Haushalt führen.

Wenn in dem Haushalt des verstorbenen Mieters also Kinder und der Ehegatte leben, wird das Mietverhältnis im Fall des Eintritts des Ehegatten nur mit diesem als Mietvertragspartei fortgesetzt. Das heißt natürlich nicht, dass die Kinder nun ausziehen müssen, aber sie werden eben nicht Vertragspartner des Vermieters, sondern woh-

516

nen wie bisher mit dem Mieter (der jetzt der Ehegatte ist) in der Wohnung. Kinder und Lebenspartner treten nebeneinander in den Mietvertrag ein. Andere Familienangehörige oder sonstige Personen treten nur dann in den Mietvertrag ein, wenn nicht der Ehegatte eintritt. Auch hier gibt es noch mal eine Abstufung: Andere Familienangehörige brauchen mit dem Mieter (nur) einen gemeinsamen Haushalt geführt zu haben, andere Personen müssen mit dem Mieter einen **auf Dauer angelegten** gemeinsamen Haushalt geführt haben. Auch der Eintritt (nur) einer der oben genannten Personen führt zum Ausschluss der (gesetzlichen oder testamentarischen) Erben wie oben unter Rn. 2. 511 ff. beschrieben.

517   Nach der gesetzlichen Formulierung erfolgt der Eintritt der o. g. Personen automatisch bei Tod des Mieters. Es bedarf also keiner Gestaltungserklärung gegenüber dem Vermieter. Vielmehr bedarf es einer ausdrücklichen Erklärung gegenüber dem Vermieter, wenn eine eintrittsberechtigte Person **nicht** eintreten will. Sie muss dann innerhalb eines Monats, nachdem sie vom Tod des Mieters Kenntnis erlangt hat, dem Vermieter erklären, dass sie das Mietverhältnis nicht fortsetzen will. Dann gilt der Eintritt als nicht erfolgt, § 563 Abs. 3 BGB. Sind mehrere Personen in das Mietverhältnis eingetreten, so kann jeder die Erklärung für sich abgeben und ist dann „raus". Diejenigen, mit denen das Mietverhältnis fortgesetzt wird, haften für die Verpflichtungen aus dem Mietverhältnis als Gesamtschuldner. Erklären alle Eintrittsberechtigten fristgemäß gegenüber dem Vermieter, dass sie das Mietverhältnis nicht fortsetzen wollen, so wird das Mietverhältnis mit dem (gesetzlichen oder testamentarischen) Erben fortgesetzt.[591]

518   Anders als im Fall oben a)[592], bei dem der Vermieter seinerzeit bei Vertragsschluss die Entscheidung hatte, ob er an mehrere Mieter vermieten möchte, hatte er im Fall des Eintritts der unter b)[593] genannten Personen regelmäßig nicht die Möglichkeit einer solchen Auswahlentscheidung. Daher kann der Vermieter gem. § 563 Abs. 4 BGB innerhalb eines Monats, nachdem er von dem endgültigen Eintritt in das Mietverhältnis Kenntnis erlangt hat (das wird regelmäßig mit Verstreichen der einmonatigen Erklärungsfrist der Eintrittsberechtigten der Fall sein, wenn der Eintrittsberechtigte seinen

Eintritt nicht schon vorher erklärt hat), das Mietverhältnis außerordentlich mit der gesetzlichen Frist kündigen, wenn in der Person des Eingetretenen ein wichtiger Grund vorliegt.

> **BEISPIEL:** Der Vermieter hat an eine liebe alte Dame vermietet. Nach deren Tod will Enkel Willibald Nichtsnutz, stadtbekannter Säufer und Schläger, bisher im Haushalt der alten Dame unter dem Pantoffel gewesen, hocherfreut in das Mietverhältnis eintreten und endlich seine Vorstellung von einem lebendigen Mietshaus ausleben. Hier kann der Vermieter einen Riegel vorschieben, muss sich aber beeilen (Monatsfrist, s. o.).

Falls der Vermieter gegen den oder die Eintretenden nichts einzuwenden hat, kann er trotzdem nach § 551 BGB von diesen eine Sicherheitsleistung verlangen, wenn der verstorbene Mieter noch keine Sicherheit geleistet hatte, § 563b Abs. 3 BGB. Das ist aber schon die einzige Vertragsänderung, die der Vermieter aus Anlass des Eintritts verlangen kann. Wenn es zu einer vom Gesetz vorgesehenen Fortsetzung des Mietverhältnisses kommt, dann muss dies im Übrigen zu den Bestimmungen des Mietvertrags zwischen Vermieter und verstorbenem Mieter erfolgen. Der Vermieter darf also z. B. nicht mehr Grundmiete als bisher verlangen. Die oben Rn. 2. 514 beschriebene gesamtschuldnerische Haftung gem. § 563b BGB gilt auch für das Verhältnis von Erben und in das Mietverhältnis gem. § 563 BGB eintretenden Personen. **519**

c) Tod des allein stehenden Mieters

Wird beim Tod des Mieters das Mietverhältnis nicht mit Mitmietern fortgesetzt[594], und tritt auch niemand in das Mietverhältnis ein[595], so wird das Mietverhältnis gem. § 564 BGB mit dem oder den Erben fortgesetzt. Nur dann gilt die erbrechtliche Regelung, dass der Erbe, der vorher nicht zusammen mit dem Mieter in einem Haushalt gelebt hat, die Rechte und Pflichten aus dem Mietvertrag „erbt". Meist wird es aber so sein, dass die Erben die Wohnung gar nicht haben wollen, oder dass der Vermieter zwar gerne an den verstorbenen Mieter vermietet hat, aber die Erben, die er möglicherweise vorher gar nicht gekannt hat, auf keinen Fall in seinem Haus haben will. **520**

Deshalb räumt § 564 S. 2 BGB sowohl den Erben als auch dem Vermieter für den Fall des Todes des Mieters ein Kündigungsrecht ein: „In diesem Fall ist sowohl der Erbe als auch der Vermieter berechtigt, das Mietverhältnis innerhalb eines Monats außerordentlich mit der gesetzlichen Frist zu kündigen, nachdem sie vom Tod des Mieters und davon Kenntnis erlangt haben, dass ein Eintritt in das Mietverhältnis oder dessen Fortsetzung nicht erfolgt sind." Die Kündigung gem. § 564 BGB muss gegenüber **sämtlichen** Erben des verstorbenen Mieters erfolgen.[596]

521 Wird das Mietverhältnis zwischen Vermieter und Erben fortgesetzt, gelten dann für den weiteren Verlauf die allgemeinen Regelungen über die Beendigung von Wohnraummietverhältnissen. D. h., **dann** braucht der Vermieter – im Gegensatz zum Mieter – für eine fristgemäße Kündigung einen wichtigen Grund.[597]

522 Falls ein allein stehender Mieter stirbt und die Erben nicht in das Mietverhältnis eintreten wollen und deshalb gekündigt haben, können sich Vermieter und Erben auch auf die einvernehmliche vertragliche Aufhebung des Mietverhältnisses zu einem noch vor dem Ablauf der Kündigungsfrist liegenden Termin einigen. Der Vermieter wird einer solchen Regelung z. B. dann zustimmen, wenn die Miete des verstorbenen Mieters, wie es oft bei langjährigen Mietern der Fall ist, unterhalb der ortsüblichen Vergleichsmiete lag. Der Vermieter kann dann die Wohnung noch vor dem Kündigungstermin weitervermieten, um bei der Neuvermietung ggf. eine höhere Miete erzielen zu können.

523 Vermieter von Eigentumswohnungen müssen zusätzlich wissen, dass Mieter von Eigentumswohnungen unter den in § 577 BGB genannten Voraussetzungen ein Vorkaufsrecht an der Wohnung haben.[598] Speziell für den Tod des Mieters bestimmt § 577 Abs. 4 BGB, dass in diesem Fall das Vorkaufsrecht auf diejenigen übergeht, die in das Mietverhältnis nach § 563 Abs. 1 oder 2 eintreten.

IV. Die Rückgabe des Mietobjekts

1. Stillschweigende Verlängerung des Mietverhältnisses vermeiden

Manchmal kommt es vor, dass ein Vermieter wirksam gekündigt **524** hat, der Mieter aber nicht auszieht, und der Vermieter zunächst nichts unternimmt. Auch der umgekehrte Fall ist denkbar, d. h., dass der Mieter gekündigt hat, dann aber den Auszugstermin „überzieht", z. B. weil seine neue Wohnung noch nicht bezugsfertig ist. Es entsteht ein Zustand der Rechtsunsicherheit. In § 545 BGB heißt es dazu:

> Setzt der Mieter nach Ablauf der Mietzeit den Gebrauch der Mietsache fort, so verlängert sich das Mietverhältnis auf unbestimmte Zeit, sofern nicht eine Vertragspartei ihren entgegenstehenden Willen innerhalb von zwei Wochen dem anderen Teil erklärt. Die Frist beginnt
> 1. für den Mieter mit der Fortsetzung des Gebrauchs,
> 2. für den Vermieter mit dem Zeitpunkt, in dem er von der Fortsetzung Kenntnis erhält.

Wichtig ist also hier für den Vermieter: Wenn er schweigt, so lebt das Mietverhältnis trotz der von ihm ausgesprochenen Kündigung zu den alten Vertragsbedingungen wieder auf! Daher sollte der Vermieter vorsichtshalber widersprechen, wenn der Mieter zum Auszugstermin die Wohnung nicht räumt.[599]

Der Widerspruch kann sich aber auch aus den Umständen („kon- **525** kludent") ergeben. Wenn z. B. der Vermieter innerhalb der Frist des § 545 BGB den Mieter zur Räumung der Wohnung auffordert oder dem Mieter sogar schon die Räumungsklage des Vermieters zugeht, liegt darin auch gleichzeitig der Widerspruch des Vermieters gegen die stillschweigende Verlängerung des Mietverhältnisses. „Eindeutiger als durch die Einreichung einer Räumungsklage kann der Vermieter seinen Widerspruch gegen die Verlängerung des Mietverhältnisses nach § 545 BGB nicht zum Ausdruck bringen".[600]

526 Auch kann der Vermieter bereits im Kündigungsschreiben darauf hinweisen, dass er einer stillschweigenden Fortsetzung des Mietverhältnisses gem. § 545 BGB widerspricht.[601] Abhängig von den konkreten Umständen des Einzelfalls, insbesondere den vom Vermieter im Kündigungsschreiben abgegebenen Erklärungen, kann die Widerspruchserklärung im Hinblick auf § 545 BGB auch schlüssig im Kündigungsschreiben enthalten sein, ohne dass sie ausdrücklich erklärt wird,[602] wenn z. B. dem Kündigungsschreiben unmissverständlich entnommen werden kann, dass der Räumungsanspruch notfalls gerichtlich durchgesetzt werde.[603] Es kommt entscheidend darauf an, ob nach den Gesamtumständen für den Mieter aus der früheren Erklärung des Vermieters dessen eindeutiger Wille erkennbar wird, das Mietverhältnis nach dem Ablauf der Mietzeit nicht fortsetzen zu wollen.[604]

527 § 545 BGB ist vertraglich abdingbar, auch in Formularverträgen.[605] Das heißt, Vermieter und Mieter können – auch formularmäßig – vereinbaren, dass sich beide Parteien nach Ablauf des Mietverhältnisses nicht auf § 545 BGB berufen können. Erforderlich ist aber, dass der Sinn des Ausschlusses inhaltlich erkennbar ist.[606] Unwirksam wäre also eine Klausel: „§ 545 BGB wird ausgeschlossen." Wirksam wäre dagegen z. B.: „Die Anwendung des § 545 BGB – stillschweigende Verlängerung des Mietverhältnisses durch Gebrauchsfortsetzung über den Ablauf des Mietverhältnisses hinaus – wird ausgeschlossen." Die Aufnahme einer solchen Formularklausel in den Mietvertrag kann jedem Vermieter nur dringend geraten werden.[607]

2. Rückgabe der Mietsache

528 Die Rückgabe der Mietsache ist in § 546 BGB wie folgt geregelt:

> (1) Der Mieter ist verpflichtet, die Mietsache nach Beendigung des Mietverhältnisses zurückzugeben.
>
> (2) Hat der Mieter den Gebrauch der Mietsache einem Dritten überlassen, so kann der Vermieter die Sache nach Beendigung des Mietverhältnisses auch von dem Dritten zurückfordern.

Abs. 1 regelt eine Selbstverständlichkeit. Die Rückgabepflicht hinsichtlich der Mietsache umfasst auch die Rückgabe etwaigen Zubehörs. Dazu gehört insbesondere die Übergabe sämtlicher Schlüssel;[608] auch solcher, die der Mieter sich selber hat zusätzlich anfertigen lassen. Für Wohnraummietverhältnisse (und über die Verweisung in § 578 BGB auch für Mietverhältnisse über andere Räume und Grundstücke) bestimmt § 570 BGB ergänzend, dass dem Mieter auch kein Zurückbehaltungsrecht gegen den Rückgabeanspruch des Vermieters zusteht. Wird die Sache ordnungsgemäß zurückgegeben, hat der Mieter einen Anspruch auf Rückzahlung einer evtl. geleisteten Kaution.[609] Wichtig ist § 546 Abs. 2 BGB, wonach der Vermieter z. B. von dem Untermieter Rückgabe verlangen kann, wenn der Mieter seinerseits untervermietet hatte und das Mietverhältnis Vermieter – Mieter endet.[610]

3. Ansprüche des Vermieters bei verspäteter Rückgabe

Wenn das Mietverhältnis beendet ist (z. B. durch Kündigung, Aufhebungsvertrag oder Zeitablauf), so schuldet der Mieter keine Miete mehr, weil Mietzahlungen nur aufgrund des bestehenden Vertragsverhältnisses verlangt werden können. Wenn der Mieter dann trotzdem nicht auszieht (oder zwar auszieht, die Mietsache aber trotzdem nicht zurückgibt), schuldet er eine Nutzungsentschädigung anstelle der Miete. Bei verspäteter Rückgabe kann für die Dauer der Vorenthaltung gem. § 546a BGB diejenige Miete als Nutzungsentschädigung weiterverlangt werden, die für das Mietverhältnis vereinbart war. Alternativ kann der Vermieter diejenige Miete verlangen, die für vergleichbare Sachen ortsüblich ist. Diese Nutzungsentschädigung für die unbefugte Weiterbenutzung der Mietsache kann im Einzelfall durchaus höher sein als die bisherige Miete. | 529

Wird die Mietsache nicht zurückgegeben, stehen dem Vermieter außerdem ggf. Schadensersatzansprüche zu.[611] § 546a Abs. 2 BGB bestimmt ausdrücklich, dass die Geltendmachung eines weiteren Schadens nicht ausgeschlossen ist, bei Wohnraummietverhältnissen jedoch nur in dem durch das Gesetz (§ 571 BGB) eingeschränkten Umfang: | 530

> (1) Gibt der Mieter den gemieteten Wohnraum nach Beendigung des Mietverhältnisses nicht zurück, so kann der Vermieter einen weiteren Schaden im Sinne des § 546a Abs. 2 nur geltend machen, wenn die Rückgabe infolge von Umständen unterblieben ist, die der Mieter zu vertreten hat. Der Schaden ist nur insoweit zu ersetzen, als die Billigkeit eine Schadloshaltung erfordert. Dies gilt nicht, wenn der Mieter gekündigt hat.
>
> (2) Wird dem Mieter nach § 721 oder § 794a der Zivilprozessordnung eine Räumungsfrist gewährt, so ist er für die Zeit von der Beendigung des Mietverhältnisses bis zum Ablauf der Räumungsfrist zum Ersatz eines weiteren Schadens nicht verpflichtet.
>
> (3) Eine zum Nachteil des Mieters abweichende Vereinbarung ist unwirksam.

531 „Zu vertreten" in Abs. 1 bedeutet, dass der Mieter die Nichtrückgabe verschuldet haben muss. Kein Verschulden liegt z. B. vor, wenn der Mieter so krank ist, dass er nicht umziehen kann, oder wenn er trotz ausreichender Bemühungen keinen Ersatzwohnraum zu zumutbaren Bedingungen bekommen kann. Wenn der Mieter selbst gekündigt hat, dann gelten die Einschränkungen des Absatzes 1 aber nicht! „Weiterer Schaden" ist z. B. der Mietausfall für Leerstand der Wohnung, wenn der Vermieter durch die verspätete Rückgabe nicht gleich einen neuen Mieter findet. Aus der allgemeinen Schadensminderungspflicht (§ 254 BGB) folgt allerdings, dass der Vermieter sich nach Rückerhalt der Wohnung auch sogleich und intensiv um einen Nachmieter bemüht. Teilweise wird der Mietausfallschaden auch auf den Zeitraum begrenzt, in dem der Mieter sich selbst vom Vertrag hätte lösen können; d. h. auf die Kündigungsfrist.[612] Auch diese Frist ist allerdings nicht ab Ausspruch der Kündigung, sondern ab Rückerhalt der Wohnung zu berechnen, also ab dem Zeitpunkt, ab dem es dem Vermieter auch tatsächlich möglich ist, sich um einen Nachmieter zu bemühen. Die vorgenannten Ansprüche verjähren gem. § 195 BGB in drei Jahren.

4. Schadensersatzanspruch des Vermieters

Wird die Wohnung bei Ablauf des Mietverhältnisses nicht ord-   532
nungsgemäß zurückgegeben, hat der Vermieter gegen den Mieter
einen Schadensersatzanspruch. Dies kann nicht nur bei Beschädigungen der Mietsache der Fall sein, sondern auch, wenn der Mieter
durch Renovierungen bzw. Schönheitsreparaturen die Wohnung in
einen unvermietbaren Zustand versetzt hat.[613]

Im Einzelfall kann es schwierig sein, die durch vertragsgerechten   533
Gebrauch bewirkte Abnutzung der Wohnung – die der Vermieter
hinnehmen muss – von einem vom Mieter darüber hinaus ange-
richteten Schaden zu unterscheiden.

Dies gilt z. B. für die Folgen starken Rauchens. Der BGH[614] zeigt
sich hier raucherfreundlich: Das Rauchen in einer Mietwohnung ist
nur dann nicht vertragsgemäß und verpflichtet zu Schadensersatz,
wenn dadurch Verschlechterungen der Wohnung verursacht werden, die sich nicht mehr durch Schönheitsreparaturen i. S. d. § 28
Abs. 4 Nr. 3 der II. BerechnungsVO beseitigen lassen, sondern
darüber hinausgehende Instandsetzungsarbeiten erfordern. Konkret
heißt das: Muss der Vermieter (nur) Wände und Decken neu tapezieren und streichen, die Türen (nur) neu lackieren, haftet der Mieter dafür nicht. Allerdings haftet er dennoch, wenn ihm diese
Schönheitsreparaturen wirksam übertragen worden waren und er
sie nicht ausgeführt hat.

Ein weiterer Streitpunkt sind oftmals die in Küche und Bad ange-
bohrten Fliesen. Auch hier gilt, dass ein Schadensersatzanspruch
des Vermieters nur besteht, wenn die Kacheln über das erforderliche
und angemessene Maß hinaus mit Dübellöchern versehen sind. Dabei gilt, dass der Mieter zu einer schonenden Ausübung des Mietge-
brauchs verpflichtet ist, wozu auch gehört. dass er auch bei Anbringen von Wandspiegeln, Wandschränken oder dergleichen die Bohr-
löcher ausschließlich in den Fliesenfugen anbringt, ohne dass die
Fliesen selbst durchbohrt werden.[615] Kann der Vermieter keine Ersatzfliesen mehr beschaffen und war ihm die vorsorgliche Aufbewahrung von Ersatzfliesen in größeren Mengen nicht zumutbar, so

kann er die Kosten einer Neuverfliesung abzüglich eines gedachten Wertverlustes für die übliche Abnutzung der alten Fliesen verlangen;[616] nach a. A. nur die Neuverfliesung des betroffenen Bereichs mit ähnlichen Fliesen zzgl. eines finanziellen Ausgleichs für die Wertminderung des Badezimmers, weil der Verkehrswert des Bades auf Grund der unterschiedlichen Verfliesung sinkt.[617]

534 Da Anspruchsgrundlage für den Schadensersatzanspruch in den vorgenannten Fällen § 280 Abs. 1 BGB ist, muss der Vermieter dem Mieter zuvor erfolglos eine angemessene Nachfrist zur Schadensbeseitigung setzen. Zur Verjährung der Schadensersatzansprüche des Vermieters wegen Veränderung oder Verschlechterung der Mietsache vgl. Rn. 2. 568.

5. Wegnahmerecht des Mieters

535 Oft hat der Mieter, vor allen Dingen bei länger dauernden Mietverhältnissen, die Wohnung mit „Einrichtungen" versehen. Das Gesetz versteht darunter keine Möbel, sondern bewegliche Sachen, die mit der Mietsache zusätzlich verbunden werden, um deren wirtschaftlichem Zweck zu dienen, jedenfalls dann, wenn sie nur zu einem vorübergehenden Zweck eingefügt werden und nicht in das Eigentum des Vermieters übergehen. Die Verbindung mit der Mietsache muss später wieder trennbar sein.[618]

> **BEISPIEL:** Ein Mieter bringt im Badezimmer einen Badezimmerschrank und einen Toilettentopf an. Der Schrank ist keine, aber der Toilettentopf ist eine „Einrichtung" im Sinne des Gesetzes. Auch Holzvertäfelungen fallen z. B. darunter.

536 Wenn der Mieter dann auszieht, stellt sich die Frage, was mit diesen „Einrichtungen" geschieht. Oftmals hat der Mieter kein Interesse an der Mitnahme in die neue Wohnung, andererseits aber will er die Einrichtungen auch nicht umsonst zurücklassen. Das Gesetz sieht dazu eine abgestufte Regelung vor: Zunächst ist der Mieter gem. § 539 Abs. 2 BGB berechtigt, eine Einrichtung wegzunehmen (= mitzunehmen), mit der er die Mietsache versehen hat. Diese Bestimmung gilt zunächst einmal für alle Mietverhältnisse, also auch

für Wohnraummietverhältnisse, und auch für den Fall, dass der Mieter während der Mietzeit eine Einrichtung wieder wegnehmen möchte, mit der er die Mietsache ausgestattet hat. Dann muss er die Mietsache aber auf seine Kosten in den früheren Zustand versetzen. Der Vermieter von Wohnraum kann die Ausübung des Wegnahmerechts jedoch gem. § 552 Abs. 1 BGB durch Zahlung einer angemessenen Entschädigung abwenden. Er kann sie nicht abwenden, wenn der Mieter ein berechtigtes Interesse an der Wegnahme hat (das kann auch ein Liebhaberinteresse sein). Und schließlich ist eine vertragliche Vereinbarung, durch die das Wegnahmerecht des Mieters von Wohnraum ausgeschlossen wird, gem. § 552 Abs. 2 BGB nur wirksam, wenn ein angemessener Ausgleich vorgesehen ist.

Eine Pflicht zur Übernahme der Einrichtungen besteht für den Vermieter allerdings nicht; d. h., wenn der Vermieter sie nicht haben will, muss der Mieter sie ausbauen und den ursprünglichen Zustand wiederherstellen. Unter Rn. 3. 92, Einbautenübernahmevertrag, finden Sie einen Vertrag zwischen Vermieter und Mieter über die Übernahme der Einrichtungen durch den Vermieter gegen Zahlung einer bestimmten Geldsumme an den Mieter. Ein Wegnahmerecht des Mieters besteht – natürlich – dann nicht, wenn der Vermieter für die Einrichtungen schon vorher gezahlt hat. Ein Beispiel hierfür bietet der Vertrag Rn. 3. 90. **537**

Schwieriger wird es, wenn der Mieter keine neuen Einrichtungen hinzugefügt, sondern eine bestehende Einrichtung durch eine nach seinen Vorstellungen „schönere" ersetzt hat. **538**

> **BEISPIEL:** Der Mieter baut den weißen Spülstein, den weißen Toilettentopf aus und ersetzt das alles durch qualitativ hochwertige, farbige Objekte, die entsprechend teuer sind.

Hier kann der Vermieter auf Wiederherstellung des alten Zustands bestehen. Wenn er die Einrichtungen aber übernehmen möchte, dann braucht er allenfalls die Differenz zu den weißen Objekten zu bezahlen.

Zur Besicherung seines aus § 258 S. 1 BGB folgenden Anspruchs auf Wiederherstellung des ursprünglichen Zustands kann der Vermie- **539** ter, sobald er den Besitz an der Wohnung zurückerlangt hat, gem. § 258 S. 2 BGB die Gestattung der Wegnahme verweigern, „bis ihm für den mit der Wegnahme verbundenen Schaden Sicherheit geleistet wird". Auch die Geltendmachung des Vermieterpfandrechts nach § 562 BGB steht dem Wegnahmerecht des Mieters aus § 539 Abs. 2 BGB entgegen.

540   In § 539 BGB ist eine feinsinnige Unterscheidung zwischen einer angemessenen „Entschädigung" (Abs. 1) und einem angemessenen „Ausgleich" enthalten (Abs. 2). Die angemessene Entschädigung bezeichnet den Betrag, mit dem der Vermieter das Wegnahmerecht des Mieters – ggf. sogar gegen dessen Willen – einseitig abwenden kann; sie ist – dies ergibt sich aus dem Wort „Zahlung" in Abs. 1 – immer auf eine Geldleistung gerichtet. Abs. 2, der sich mit einer beiderseitigen Vereinbarung der Parteien befasst, bezeichnet mit dem angemessenen Ausgleich jede denkbare Gegenleistung, also z. B. auch eine mit Rücksicht auf die vom Mieter einzubauenden Einrichtungen von vornherein unter der ortsüblichen Vergleichsmiete vereinbarte Miete, einen zeitweiligen Mietverzicht, die Zurverfügungstellung eines zusätzlichen Kellerraums oder auch eine vorzeitige Vertragsentlassung; allerdings wird auch hier der Ausgleich in Geld der Regelfall sein.

541   Die „angemessene Entschädigung" muss nicht dem Zeit- oder Verkehrswert der Einrichtung entsprechen. So kann z. B. auch berücksichtigt werden, dass Ausbau und Wiederherstellung des ursprünglichen Zustands den Mieter Geld kosten würden; oder auch dass der Vermieter eigentlich kein Interesse an der Übernahme hat, insoweit aber dem Mieter entgegenkommt (etwa im Beispiel der farbigen Sanitärobjekte). Auf der anderen Seite darf nicht übersehen werden, dass der Vermieter ähnlich einem einseitigen Gestaltungsrecht durch Zahlung der angemessenen Entschädigung die Einrichtung selbst gegen den Willen des Mieters erlangen kann (wenn der Mieter kein berechtigtes Interesse an der Wegnahme vorweisen kann). Würde man in Fällen, in denen der Vermieter auf diese Art eine Einrichtung übernehmen will, nur den „Restwert" der Einrichtung, diesen zudem noch minus gedachter Kosten für Ausbau, Abtransport und Wiederherstellung des ursprünglichen Zustands rechnen,

würde regelmäßig ein grobes Missverhältnis zu dem Wert der Einrichtung wie sie tatsächlich steht und liegt entstehen, zumal der Vermieter – spiegelbildlich argumentiert – die Kosten für ihre Anlieferung und ihren Einbau erspart.

6. Rückerstattung im Voraus bezahlter Miete

Es sind Fälle denkbar, in denen der Mieter Miete im Voraus bezahlt 542
hat, das Mietverhältnis dann aber endet, bevor der vorausgezahlte
Betrag verbraucht bzw. abgewohnt ist. Dazu bestimmt § 547 BGB:

> (1) Ist die Miete für eine Zeit nach Beendigung des Mietverhältnisses im
> Voraus entrichtet, so hat der Vermieter sie zurückzuerstatten und ab
> Empfang zu verzinsen. Hat der Vermieter die Beendigung des Mietverhältnisses nicht zu vertreten, so hat er das Erlangte nach den Vorschriften über die Herausgabe einer ungerechtfertigten Bereicherung
> zurückzuerstatten.
> (2) Bei einem Mietverhältnis über Wohnraum ist eine zum Nachteil des
> Mieters abweichende Vereinbarung unwirksam.

Im Ergebnis bedeutet das, dass der Vermieter die überzahlten Beträge dem Mieter – grundsätzlich – zurückerstatten muss, und zwar zuzüglich Zinsen ab Erhalt des überzahlten Betrags. Lediglich wenn er die Beendigung des Mietverhältnisses nicht zu vertreten hatte, haftet er für die Rückerstattung ggf. eingeschränkt. Einzelheiten des Rechts der Herausgabe bei ungerechtfertigter Bereicherung, auf die § 547 Abs. 1 S. 2 BGB verweist, würden allerdings zu weit aus dem Thema Mietrecht herausführen und den Rahmen dieses Buchs sprengen.

7. Kautionsabrechnung

Nach Beendigung des Mietverhältnisses muss der Vermieter die 543
Kaution zurückgeben, ggf. abzüglich seiner Gegenforderungen.
Allerdings muss man dem Vermieter einen gewissen Zeitraum zubilligen, die Ordnungsmäßigkeit der Rückgabe des Mietobjekts und
seine eigenen Ansprüche (z. B. noch nachzufordernde Betriebskos-

ten) zu prüfen. Ein Zeitraum von maximal sechs Monaten dürfte insoweit als Überlegungs- und Abrechnungsfrist angemessen sein, wenn nicht besondere Umstände einer Abrechnung innerhalb dieses Zeitraums entgegenstehen. Dies kann etwa beim nicht ordnungsgemäßen Zustand der Wohnung bei deren Räumung der Fall sein, wenn Handwerker oder Gutachter geraume Zeit zur Ermittlung des Schadensumfangs brauchen.[619]

544   Problematisch sind Ansprüche des Vermieters, die sich erst nach Ablauf dieser Zeit exakt beziffern lassen, z. B. wenn das Mietverhältnis Ende Januar endet und der Vermieter die Betriebskostenabrechnung für jedes Jahr regelmäßig zu Beginn des Folgejahres erstellt, oder sich die Erstellung der Betriebskostenabrechnung ohne Verschulden des Vermieters verzögert. In diesem Fall darf der Vermieter einen angemessenen Teil der Kaution bis zum Ablauf der ihm zustehenden Abrechnungsfrist einbehalten, wenn eine Nachforderung zu erwarten ist.[620] Der Vermieter ist also verpflichtet, nach Ablauf einer angemessenen Überlegungsfrist einen Abschlag auf die noch zu erstellende Kautions- und Betriebskostenabrechnung zu leisten. Dieser Abschlag entspricht der Differenz zwischen dem Kautionsguthaben und einer voraussichtlichen Betriebskostennachzahlung, wobei man allerdings hier dem Vermieter eine überschlägig-großzügige Berechnung des bis zur Betriebskostenabrechnung zurückzuhaltenden Kautionsteilbetrags zubilligen sollte.[621]

8. (Räumungs-)Klage und Zwangsräumung der Wohnung

a) Allgemeines

545   Der Autor dieses Ratgebers wünscht weder Vermieter noch Mieter, dass es im Mietverhältnis einmal soweit kommen muss. Am Ende des nachstehend beschriebenen Verfahrens haben beide Seiten verloren. Der Mieter ist seine Wohnung los, der Vermieter, dem möglicherweise die Hypothekenbank im Nacken sitzt, muss in aller Regel einen mindestens vierstelligen Verlust wegstecken. Der häufigste Fall, der schließlich zur Zwangsräumung der Wohnung führt, ist gegeben, wenn der Mieter seine Miete nicht mehr bezahlt.

Zwar kann der Vermieter hier auch lediglich versuchen, die rückständige Miete per Mahnbescheid oder im Klagewege geltend zu machen.[622] Meist wird der Vermieter aber (zumindest gleichzeitig) fristlos kündigen, damit der Mietausfall nicht immer weiter anwächst. In diesem Fall kann der Vermieter allerdings (u. a.) erst dann fristlos kündigen, wenn der Mietrückstand zwei (bzw. fast zwei) Monatsmieten beträgt, §§ 543 Abs. 2 Nr. 3 a), 569 Abs. 3 Nr. 1 BGB.[623] Wenn der Mieter dann nicht freiwillig auszieht (Wo soll er auch hin? Wenn er kein Geld für diese Wohnung hat, dann auch nicht für eine andere), muss der Vermieter Räumungsklage einreichen.[624]

In der Vergangenheit wurde häufig – zu Recht – bemängelt, dass gerichtliche Räumungsverfahren, vor allem bei besonders überlasteten Amtsgerichten, zu lange dauerten. Bis zum Gerichtstermin konnten im schlimmsten Fall mehrere Monate vergehen. Legte der Mieter gegen das erstinstanzliche Urteil Berufung ein, vergingen bis zu einer rechtskräftigen Entscheidung nochmals mehrere Monate. Während all dieser langen Zeit bekommt der Vermieter keine Miete und muss im schlimmsten Fall auch noch für die weiterlaufenden Betriebskosten (etwa den Wasserverbrauch des Mieters) einstehen. Seit dem 1.5.2013 bestimmt § 272 Abs. 4 ZPO, dass Räumungssachen **vorrangig** und **beschleunigt** durchzuführen sind.

Darüber hinaus hat das Gericht gem. § 283a ZPO die Möglichkeit, zugunsten des Vermieters eine Sicherheitsleistung wegen der Geldforderungen anzuordnen, die nach Rechtshängigkeit der Klage fällig geworden sind. Damit soll der Vermieter vor einem stetig ansteigenden Mietausfall während der Dauer des gerichtlichen Verfahrens geschützt werden. Die Sicherungsanordnung ergeht nur auf Antrag des Vermieters. Sie erfasst alle Geldbeträge, die nach Rechtshängigkeit der Klage und vor Erlass der Sicherungsanordnung fällig geworden sind. Die Sicherungsanordnung kann sich auch auf einen Teil der Geldforderung beschränken, etwa wenn dieser unstreitig ist oder der Vortrag des Mieters nach der Überzeugung des Gerichts auch bei unterstellter Richtigkeit bzw. Beweisbarkeit nicht ausreichen würde, die gesamte Forderung des Vermieters zu Fall zu bringen. Neben einer Prognose über die (hohe) Erfolgsaussicht muss

546

547

das Gericht auch eine Abwägung der beiderseitigen Interessen vornehmen.[625] § 283a ZPO bestimmt im einzelnen:

(1) [1]Wird eine Räumungsklage mit einer Zahlungsklage aus demselben Rechtsverhältnis verbunden, ordnet das Prozessgericht auf Antrag des Klägers an, dass der Beklagte wegen der Geldforderungen, die nach Rechtshängigkeit der Klage fällig geworden sind, Sicherheit zu leisten hat, soweit
   1. die Klage auf diese Forderungen hohe Aussicht auf Erfolg hat und
   2. die Anordnung nach Abwägung der beiderseitigen Interessen zur Abwendung besonderer Nachteile für den Kläger gerechtfertigt ist. Hinsichtlich der abzuwägenden Interessen genügt deren Glaubhaftmachung.
(2) [2]Streiten die Parteien um das Recht des Klägers, die Geldforderung zu erhöhen, erfasst die Sicherungsanordnung den Erhöhungsbetrag nicht. [3]Gegen die Entscheidung über die Sicherungsanordnung findet die sofortige Beschwerde statt.
(3) Der Beklagte hat die Sicherheitsleistung binnen einer vom Gericht zu bestimmenden Frist nachzuweisen.
(4) Soweit der Kläger obsiegt, ist in einem Endurteil oder einer anderweitigen den Rechtsstreit beendenden Regelung auszusprechen, dass er berechtigt ist, sich aus der Sicherheit zu befriedigen.
(5) [1]Soweit dem Kläger nach dem Endurteil oder nach der anderweitigen Regelung ein Anspruch in Höhe der Sicherheitsleistung nicht zusteht, hat er den Schaden zu ersetzen, der dem Beklagten durch die Sicherheitsleistung entstanden ist. [2]§ 717 Absatz 2 Satz 2 gilt entsprechend.

548   Und schließlich darf das Gericht gem. § 940a Abs. 3 ZPO die Räumung der Wohnung durch einstweilige Verfügung anordnen, wenn der Mieter der Sicherheitsanordnung keine Folge leistet. § 940a ZPO besagt:

(1) Die Räumung von Wohnraum darf durch einstweilige Verfügung nur wegen verbotener Eigenmacht oder bei einer konkreten Gefahr für Leib oder Leben angeordnet werden.
(2) Die Räumung von Wohnraum darf durch einstweilige Verfügung auch gegen einen Dritten angeordnet werden, der im Besitz der Mietsache ist, wenn gegen den Mieter ein vollstreckbarer Räumungstitel vorliegt und der Vermieter vom Besitzerwerb des Dritten

erst nach dem Schluss der mündlichen Verhandlung Kenntnis erlangt hat.

(3) Ist Räumungsklage wegen Zahlungsverzugs erhoben, darf die Räumung von Wohnraum durch einstweilige Verfügung auch angeordnet werden, wenn der Beklagte einer Sicherungsanordnung (§ 283a)
im Hauptsacheverfahren nicht Folge leistet.

(4) In den Fällen der Absätze 2 und 3 hat das Gericht den Gegner vor
Erlass einer Räumungsverfügung anzuhören.

b) Klagemöglichkeiten

Auch ein Nichtjurist kann einfache Klagen durchaus selber formu-
lieren. Geben Sie an | 549

- **wer** klagt (Sie selber also);

- **wen** Sie verklagen (mit vollständiger Anschrift);

- **wie hoch** ihr wirtschaftliches Interesse an der Sache ist (Streitwert). Das ist am einfachsten bei Zahlungsklagen. Dort geben Sie
  an, um wie viel Geld es geht. Der Streitwert, also der Wert des
  Verfahrens, nach dem Gericht und ggf. Anwälte ihre Gebühren
  berechnen, bemisst sich bei Räumungsprozessen nach dem Jahresbetrag der Miete (§ 41 Abs. 2 GKG). Zugrunde zu legen ist
  grundsätzlich die Nettomiete. Nebenkosten werden nur dann
  hinzugezählt, wenn diese als Pauschalen vereinbart sind, über die
  nicht gesondert abgerechnet wird (§ 41 Abs. 1 S. 2 GKG). Hinzu
  zu addieren ist ggf. der Betrag, den Sie gleichzeitig als tatsächlich
  rückständige Miete einklagen;

- **was** Sie beantragen. Die präzise Formulierung des Antrags ist
  wichtig. Es genügt nicht, zu schreiben „Herr Müller soll verurteilt werden, endlich seine Schulden zurückzuzahlen" oder „Herr
  Müller soll seine Wohnung räumen", sondern Sie müssen die
  Schulden dem Betrag nach und die Wohnung genau beschreiben. Denn der Antrag muss notfalls „vollstreckungsfähig" sein.
  Das heißt, der Gerichtsvollzieher muss in der Lage sein, aufgrund des dem Antrag entsprechenden Urteilstenors ohne weiteres gegen Ihren Schuldner vorzugehen. Im ersten Beispiel muss
  er also wissen, welchen Betrag er bei Herrn Müller pfänden soll,

im zweiten Beispiel, welche Wohnung in einem Mehrfamilien-haus er räumen lassen soll.

■ Ist Ihr Antrag nicht vollstreckungsfähig, ist Ihre Klage erfolglos (Kostenrisiko!). Allerdings wird der Richter Ihnen als Laienpartei bei der Formulierung eines zulässigen Antrags notfalls helfen, wenn aus Ihrer Klageschrift ansonsten ersichtlich ist, was Sie beantragen wollen.

■ Der Antrag einer Räumungsklage lautet, den Mieter zu verurteilen, die Wohnung (genau beschreiben wo, welche Etage usw.; dabei auch Nebenräume nicht vergessen, z. B. „nebst Kellerraum Nr. 5") sofort zu räumen und geräumt samt Schlüsseln herauszugeben.

■ Wurde Wohnraum gekündigt, weil der zahlungsunfähige Mieter über mehrere Monate hinweg keine Miete gezahlt hat, kann der Vermieter zusammen mit der Räumungsklage (und ggf. Zahlungsklage für die bereits aufgelaufenen Rückstände) auch Klage auf die künftig fällig werdende Nutzungsentschädigung (deren Höhe im Klageantrag bezeichnet werden muss) bis zur Herausgabe der Wohnung erheben.[626]

Damit spart sich der Vermieter den Folgeprozess für das Einklagen derjenigen weiteren Rückstände, die zwischen Klageerhebung und Auszug oder Zwangsräumung des Mieters noch anfallen;

■ **warum** Sie Klage erheben (Grund des Anspruchs);

■ ggf. **welche Beweismittel** Sie haben.

550 Eine – jedenfalls rechtlich – schnelle Möglichkeit für den Vermieter, an sein Geld zu kommen, stellt der Urkundenprozess dar, in dem auch rückständige Wohnraummietegeltend gemacht werden kann.[627] Die Räumung einer Wohnung kann allerdings nicht im Urkundenprozess erreicht werden. Im Urkundenprozess sind als Beweismittel nur die Vorlage von Urkunden und die Parteivernehmung möglich. Kann der Vermieter mit der Vorlage des Mietvertrags bzw. zusätzlich von Mieterhöhungsschreiben seinen Zahlungsanspruch belegen, führt allein das in der Regel zur Verurteilung des Mieters. Soweit der Mieter Einwände hat, z. B. eine Mietminderung oder die Einrede des nicht erfüllten Vertrags (§ 320 BGB) wegen an-

geblicher Mängel der Wohnung geltend machen will, muss er dies in einem so genannten Nachverfahren vorbringen. Dies gilt jedenfalls für Mängel, die bei anfänglich mangelfrei überlassener Mietsache erst später entstanden sind.[628] Ob etwas anderes gilt, wenn der Mieter geltend macht, er habe die Sache überhaupt nicht erhalten oder sie sei von Anfang an mit Mängeln behaftet gewesen, ist streitig. Die Klage des Vermieters im Urkundenprozess muss ausdrücklich als solche bezeichnet werden.

Im Zivilverfahren gilt die so genannte Parteimaxime.[629] Das bedeutet, dass das Gericht nicht von sich aus den Sachverhalt aufklärt, Zeugen ermittelt und nach eigenem Ermessen Beweis erhebt. Denn den Sach- und Streitstand des Zivilverfahrens bestimmen die Parteien. Der Richter darf im Regelfall nur die Beweise erheben, die ihm angeboten worden sind. Wenn sich zum Beispiel in einem Prozess für den Richter aus der Akte ergibt, dass ein bestimmter Herr Z zur Sache etwas beweiserhebliches aussagen könnte, jedoch keine der Parteien Herrn Z als Zeugen benennt, so wird Herr Z auch nicht als Zeuge geladen werden! Ausreichende Beweisangebote sind auch deswegen wichtig, weil im Fall eines nicht aufklärbaren Sachverhalts bzw. nicht ausreichender Beweise das Gericht eine so genannte Beweislastentscheidung fällen kann. Das heißt, dass diejenige Partei den Prozess verliert, die beweispflichtig gewesen wäre. Wenn der Vermieter vertragswidriges Verhalten des Mieters behauptet, ist der Vermieter insoweit beweispflichtig.

551

Wenn Sie eine schriftliche Klage einreichen, sollten Sie aus Zeit- und Kostenersparnisgründen zwei Abschriften beifügen (eine für die Gegenseite = Beklagte(r) und eine für einen möglichen Anwalt der Gegenseite). Vergessen Sie nicht, alle drei Exemplare zu unterschreiben.

552

Schließlich bezahlen Sie den Gerichtskostenvorschuss mit elektronischen Kostenmarken[630], damit das Verfahren schnellstmöglich in Gang kommt. Sie können auch einen Verrechnungsscheck beifügen;[631] allerdings wird die Klage erst nach dessen Einlösung zugestellt. Wenn Sie eine Klage ohne gleichzeitige Begleichung des Kostenvorschusses einreichen, wird dieser zunächst vom Gericht ausgerechnet und dann von Ihnen angefordert. Erst wenn Ihre Über-

553

weisung bei der Gerichtskasse eingegangen ist, wird die Klage zugestellt.

554 Auch für Räumungsklagen besteht bei der Wohnraummiete eine ausschließliche erstinstanzliche Zuständigkeit des Amtsgerichts, in dessen Bezirk das Mietobjekt liegt, unabhängig von der Höhe des Streitwerts.[632] Da vor dem Amtsgericht kein Anwaltszwang besteht, kann der Vermieter hier also Kosten sparen, wenn er sich die Klageerhebung und Prozessführung selber zutraut.[633]

c) Prozesskostenhilfe

555 Insbesondere „kleine" Vermieter, die persönlich wenig verdienen und ggf. nur eine einzige Eigentumswohnung vermieten, (die möglicherweise noch hoch belastet ist,) sollten darüber hinaus auch an die Möglichkeit des Erhalts von Prozesskostenhilfe (§§ 114 ff. ZPO) denken. Diese wird auf Antrag gewährt und befreit von den Gerichtsgebühren und den Kosten eines vom Gericht beigeordneten Anwalts. Allerdings kann das Gericht je nach Einkommen Raten festsetzen, mit denen diese Kosten ganz oder teilweise abgestottert werden müssen. Zur Erlangung von Prozesskostenhilfe muss man einen Antrag beim Prozessgericht stellen. Das Ziel des Rechtsstreits (Antrag), der Streit und eventuelle Beweismittel sind darzulegen. Außerdem muss man eine formularmäßige „Erklärung über die persönlichen und wirtschaftlichen Verhältnisse" mit Belegen beifügen. Das Formular erhält man bei jedem Gericht oder im Internet.[634]

d) Räumungsfristen und Vollstreckungsschutz

556 Denn Auch wenn der Mieter vom Gericht zur Räumung seiner Wohnung verurteilt worden ist oder sich in einem so genannten gerichtlichen „Räumungsvergleich" verpflichtet hat, seine Wohnung bis zu einem bestimmten Termin zu räumen, kann der Richter trotzdem noch (weitere) Räumungsfristen gewähren bzw. verlängern, was letztlich einen weiteren, ggf. bis zu zwölfmonatiger Mietausfall für den Vermieter bedeutet. Die beiden entsprechenden gesetzlichen Bestimmungen der Zivilprozessordnung lauten:

§ 721 ZPO:

(1) Wird auf Räumung von Wohnraum erkannt, so kann das Gericht auf Antrag oder von Amts wegen dem Schuldner eine den Umständen nach angemessene Räumungsfrist gewähren. Der Antrag ist vor dem Schluss der mündlichen Verhandlung zu stellen, auf die das Urteil ergeht. Ist der Antrag bei der Entscheidung übergangen, so gilt § 321; bis zur Entscheidung kann das Gericht auf Antrag die Zwangsvollstreckung wegen des Räumungsanspruchs einstweilen einstellen.

(2) Ist auf künftige Räumung erkannt und über eine Räumungsfrist noch nicht entschieden, so kann dem Schuldner eine den Umständen nach angemessene Räumungsfrist gewährt werden, wenn er spätestens zwei Wochen vor dem Tage, an dem nach dem Urteil zu räumen ist, einen Antrag stellt. §§ 233 bis 238 gelten sinngemäß.

(3) Die Räumungsfrist kann auf Antrag verlängert oder verkürzt werden. Der Antrag auf Verlängerung ist spätestens zwei Wochen vor Ablauf der Räumungsfrist zu stellen. §§ 233 bis 238 gelten sinngemäß.

(4) Über Anträge nach den Absätzen 2 oder 3 entscheidet das Gericht erster Instanz, solange die Sache in der Berufungsinstanz anhängig ist, das Berufungsgericht. Die Entscheidung ergeht durch Beschluss. Vor der Entscheidung ist der Gegner zu hören. Das Gericht ist befugt, die im § 732 Abs. 2 bezeichneten Anordnungen zu erlassen.

(5) Die Räumungsfrist darf insgesamt nicht mehr als ein Jahr betragen. Die Jahresfrist rechnet vom Tage der Rechtskraft des Urteils oder, wenn nach einem Urteil auf künftige Räumung an einem späteren Tage zu räumen ist, von diesem Tage an.

(6) Die sofortige Beschwerde findet statt

    1. gegen Urteile, durch die auf Räumung von Wohnraum erkannt ist, wenn sich das Rechtsmittel lediglich gegen die Versagung, Gewährung oder Bemessung einer Räumungsfrist richtet;

    2. gegen Beschlüsse über Anträge nach den Absätzen 2 oder 3.

(7) Die Absätze 1 bis 6 gelten nicht für Mietverhältnisse über Wohnraum im Sinne des § 549 Abs. 2 Nr. 3 sowie in den Fällen des § 575 des Bürgerlichen Gesetzbuchs. Endet ein Mietverhältnis im Sinne des § 575 des Bürgerlichen Gesetzbuchs durch außerordentliche Kündigung, kann eine Räumungsfrist höchstens bis zum vertraglich bestimmten Zeitpunkt der Beendigung gewährt werden.

§ 794a ZPO:

(1) Hat sich der Schuldner in einem Vergleich, aus dem die Zwangsvollstreckung stattfindet, zur Räumung von Wohnraum verpflichtet, so kann ihm das Amtsgericht, in dessen Bezirk der Wohnraum gelegen ist, auf Antrag eine den Umständen nach angemessene Räumungsfrist bewilligen. Der Antrag ist spätestens zwei Wochen vor dem Tage, an dem nach dem Vergleich zu räumen ist, zu stellen; §§ 233 bis 238 gelten sinngemäß. Die Entscheidung ergeht durch Beschluss. Vor der Entscheidung ist der Gläubiger zu hören. Das Gericht ist befugt, die im § 732 Abs. 2 bezeichneten Anordnungen zu erlassen.

(2) Die Räumungsfrist kann auf Antrag verlängert oder verkürzt werden. Absatz 1 Sätze 2 bis 5 gilt entsprechend.

(3) Die Räumungsfrist darf insgesamt nicht mehr als ein Jahr, gerechnet vom Tage des Abschlusses des Vergleichs, betragen. Ist nach dem Vergleich an einem späteren Tage zu räumen, so rechnet die Frist von diesem Tage an.

(4) Gegen die Entscheidung des Amtsgerichts findet die sofortige Beschwerde statt.

(5) Die Absätze 1 bis 4 gelten nicht für Mietverhältnisse über Wohnraum im Sinne des § 549 Abs. 2 Nr. 3 sowie in den Fällen des § 575 des Bürgerlichen Gesetzbuchs. Endet ein Mietverhältnis im Sinne des § 575 des Bürgerlichen Gesetzbuchs durch außerordentliche Kündigung, kann eine Räumungsfrist höchstens bis zum vertraglich bestimmten Zeitpunkt der Beendigung gewährt werden.

557   Das Gericht nimmt hier also eine umfassende Interessenabwägung vor. Bei seiner Entscheidung hat das Gericht einen Ermessensspielraum. Argumente, die abzuwägen sind, können z. B. sein

- die Dauer und Höhe des bereits aufgelaufenen Mietrückstands,

- die Schwere des Grunds, der zur Kündigung geführt hat,

- immer noch fortgesetzte Störungen des Hausfriedens, insbesondere auch weiterhin Beleidigungen oder Belästigungen anderer Mieter oder des Vermieters,

- Eigenbedarf des Vermieters,

- die Frage, ob und mit welcher Intensität sich der Mieter um Ersatzwohnraum bemüht,

- ob Ersatzwohnraum in absehbarer Zeit bezogen werden kann und deshalb ein „doppelter Umzug" droht,

- das Angebot an Wohnungen auf dem Markt,

- in welchem Zustand ist die Wohnung, die der Mieter an den Vermieter zurückgibt (guter Zustand spricht für eine Verlängerung, alles „kaputtgemacht" dagegen),

- Krankheit des Mieters usw.

Leider hat man in der Praxis oftmals den Eindruck, dass Räumungsfristen allzu schnell und allzu großzügig gewährt werden. Dabei mag eine Scheu des Gerichts mitspielen, den Mieter „auf die Straße" zu setzen. Legt der Mieter dann z. B. einen neuen Mietvertrag vor, nach dem er in absehbarer Zeit eine neue Wohnung beziehen kann, genießt er die Milde des Gerichts. Dabei muss der Vermieter dann weitere Wochen oder Monate den Mieter kostenlos in der Wohnung wohnen lassen, denn der wegen Zahlungsrückständen gekündigte und zur Räumung verurteilte Mieter wird nach aller Lebenserfahrung auch bis zum Ablauf der Räumungsfrist keine Miete bzw. Nutzungsentschädigung bezahlen. Besonders ärgerlich für den Vermieter ist das dann, wenn sich der neue Mietvertrag als – aus welchen Gründen auch immer – inhaltsleer entpuppt und der Mieter dann auch nach Ablauf der Räumungsfrist keine Anstalten macht, auszuziehen. In selten klaren Worten hat demgegenüber das OLG Stuttgart[635] ausgeführt, dass die Gewährung einer Räumungsfrist für den Vermieter grundsätzlich unzumutbar ist, wenn die Zahlung der laufenden Miete/Nutzungsentschädigung für die Dauer der Räumungsfrist nicht gewährleistet ist. Der Beschlusstext enthält eine Reihe von Argumenten für den Vermieter in einer vergleichbaren Situation und wird daher hier auszugsweise wiedergegeben:

558

> „Eine Räumungsfrist gem. § 721 ZPO ist der Beklagten nicht zu gewähren.
> Zwar ist eine entsprechende Bewilligung auch im Fall einer Kündigung wegen rückständigen Mietzinses grundsätzlich möglich. Dabei sind jedoch die Interessen des Mieters und des Vermieters gegeneinander abzuwägen. Dies führt zur Versagung der Räumungsfrist.
> Grundsätzlich ist es dem Vermieter nicht zuzumuten, eine Räumungsfrist hinnehmen zu müssen, wenn nicht gewährleistet ist, dass wenigstens für die

Dauer der Räumungsfrist die laufende Miete/Nutzungsentschädigung gezahlt wird.

Die Beklagte hat zu keiner Zeit die Zahlung von Miete/Nutzungsentschädigung für die Zeit der begehrten Räumungsfrist angeboten. Zwar hat sie darauf hingewiesen, dass sie in absehbarer Zeit mit… zahlungen rechne. Die Beklagte hat jedoch bereits mit Schreiben vom… die Begleichung von Mietrückständen durch erwartete Zahlungseingänge… angekündigt, ohne dass letztlich Zahlungen erfolgt sind. Angesichts dieser Umstände bietet die jetzige Ankündigung von Zahlungseingängen durch die Beklagte keine ausreichende Gewähr, dass sie die anfallenden Mietzinsen/Nutzungsentschädigung wird aufbringen können, zumal sie die behaupteten… zahlungen nicht näher darlegt.

Ein gegenüber dem Interesse des Klägers vorrangiges Interesse der Beklagten hat diese nicht dargetan. Dabei kann dahingestellt bleiben, … welche Härte eine Räumung für sie bedeuten würde. Sie wusste selbst, dass sie seit Mai 2005 keine Miete mehr bezahlt und damit die Gefahr einer fristlosen Kündigung heraufbeschwört. Sie konnte und musste sich daher frühzeitig darauf einstellen, dass sie bei Eintritt der Kündigungsvoraussetzungen mit Kündigung und alsbaldiger Räumung zu rechnen hat. Darüber hinaus hat der Kläger nach mehrfacher Mahnung mit Schreiben vom 16.11.2005 die fristlose Kündigung mit einer Räumungsfrist zum 23.11.2005 erklärt und schließlich am 9.2.2006 Räumungsklage eingereicht. Im Termin zur mündlichen Verhandlung vom 28.4.2006 hat die Beklagte ihre Räumungsverpflichtung anerkannt. Angesichts dieses Zeitablaufs hatte die Beklagte bis heute ausreichend Zeit, sich auf die anstehende Räumung vorzubereiten. Die Gewährung einer Räumungsfrist kann unter diesen Umständen nicht in Betracht kommen.

Zu Unrecht hebt die Beklagte darauf ab, dass die Räumung für sie und ihre Familie eine unbillige Härte bedeute… Die Beklagte hat… nicht dargelegt, dass sie Anstrengungen unternommen hat, um Ersatzraum zu beschaffen. Dabei kann sich die Beklagte nicht auf die Lage auf dem Wohnungsmarkt berufen. Der Wohnungsmarkt ist gerichtsbekannt entspannt. Soweit die Anmietung einer Ersatzwohnung lediglich an der Zahlungsfähigkeit scheitert, kann dies bei der Gewährung einer Räumungsfrist nicht berücksichtigt werden."

559   Bei der gerichtlichen Entscheidung im Anschluss an einen Räumungsvergleich kommt es in der Regel zusätzlich darauf an, ob die Gründe für die Gewährung einer Räumungsfrist auf Seiten des Mieters **nach dem Vergleich** entstanden sind. Denn in Kenntnis der bereits bei Vergleichsschluss vorhandenen Gründe

hat der Mieter schließlich freiwillig sich auf einen bestimmten, vergleichsweisen Räumungstermin mit dem **Vermieter geeinigt**.

Welcher Wohnraum mit den in § 721 Abs. 7 und § 794a Abs. 5 ZPO genannten Ausnahmen (bei denen das Gericht also keine Räumungsfrist bewilligen kann) gemeint ist, ergibt sich durch die Verweisung auf § 549 Abs. 2 Nr. 3 BGB und § 575 BGB. Die erste Verweisung (auf § 549 Abs. 2 Nr. 3 BGB) ist für den privaten Vermieter von eher untergeordneter Bedeutung. Sie betrifft Wohnraum, den eine juristische Person des öffentlichen Rechts oder ein anerkannter Träger der Wohlfahrtspflege angemietet hat, um ihn Personen mit dringendem Wohnungsbedarf zu überlassen, wenn sie den Mieter bei Vertragsschluss auf die Zweckbestimmung des Wohnraums und die Ausnahme von in § 549 BGB im Einzelnen aufgelisteten Mietschutzbestimmungen hingewiesen hat. Wichtiger ist die zweite Verweisung (auf § 575 BGB). Damit kommt zum Ausdruck, dass Zeitmietverträge definitiv zum vereinbarten Zeitpunkt enden sollen. Eine Räumungsfrist über diesen Zeitpunkt hinaus ist nicht möglich. Das stellen auch § 721 Abs. 7 ZPO und § 794a Abs. 5 ZPO in den jeweiligen Sätzen 2 klar, wenn es dort heißt, dass eine während des Laufs des Zeitmietvertrags gewährte Räumungsfrist auf jeden Fall mit dem vertraglich bestimmten Zeitpunkt der Beendigung des Zeitmietvertrags enden muss.

560

Daneben gilt auch der allgemeine Vollstreckungsschutz der §§ 707 ff. ZPO, auch die „Härteklausel" des § 765a ZPO.

561

e) Zwangsräumung

Wenn dann – endlich – alle rechtlichen Hürden genommen sind und der Mieter definitiv räumen muss, darf der Vermieter erneut mit einem Kostenvorschuss antreten, wenn der Mieter seiner Räumungsverpflichtung nicht freiwillig nachkommt. Der Vermieter muss nun einen Gerichtsvollzieher mit der Räumung der Wohnung beauftragen. Der Vermieter darf also nicht, auch nicht mit dem rechtskräftigen Räumungsurteil in der Tasche, die Wohnung selber räumen. Wenn der Vermieter nicht weiß, wer der jeweils zuständige Gerichtsvollzieher ist, wendet er sich an die Gerichtsvollzieherverteilungsstellen, die bei den Amtsgerichten eingerichtet sind. Der Ge-

562

richtsvollzieher kann natürlich nicht die Möbel des Mieters selber heraustragen und bei sich zu Hause einlagern. Daher wird er sich einer Spedition bedienen. Diese muss auch zunächst der Vermieter bezahlen. Bei der Räumung pfändet dann der Gerichtsvollzieher die der Pfändung unterworfenen Sachen des Mieters, wodurch neben dem gesetzlichen Vermieterpfandrecht ein so genanntes Pfändungspfandrecht entsteht.[636] Dann werden die Sachen des Mieters durch den Gerichtsvollzieher versteigert, wobei sie regelmäßig nur einen Bruchteil des tatsächlichen Wertes erbringen.

563 Dem Vermeiden oder zumindest Vermindern dieser – vor allem durch die hohen Kosten der vom Gerichtsvollzieher mit Heraustragen und Einlagerung von Gegenständen des Mieters beauftragten Spedition bedingten – Kostenlast des Vermieters brachte die Rechtsprechung in der Vergangenheit zunehmend Verständnis entgegen und versuchte, mit verschiedenen rechtlichen Konstruktionen hier eine Lösung zu finden.[637] Seit dem 1.5.2013 sind für den Vermieter, teilweise in Umsetzung der von der Rechtsprechung entwickelten Grundsätze, einige wesentliche Erleichterungen in die ZPO aufgenommen worden (z. B. auf die Besitzverschaffung beschränkter Vollstreckungsauftrag, erleichterte Verwertungs- und Vernichtungsmöglichkeiten der beim Räumungstermin vorgefundenen Sachen). Die Darstellung im Einzelnen würde die Möglichkeiten dieses Ratgebers sprengen, so dass nachfolgend die – bei langsamem Lesen recht gut verständlichen – entsprechenden Bestimmungen widergegeben werden:

§ 885 ZPO – Herausgabe von Grundstücken und Schiffen

(1) [1]Hat der Schuldner eine unbewegliche Sache oder ein eingetragenes Schiff oder Schiffsbauwerk herauszugeben, zu überlassen oder zu räumen, so hat der Gerichtsvollzieher den Schuldner aus dem Besitz zu setzen und den Gläubiger in den Besitz einzuweisen. [2]Der Gerichtsvollzieher hat den Schuldner aufzufordern, eine Anschrift zum Zweck von Zustellungen oder einen Zustellungsbevollmächtigten zu benennen.

(2) Bewegliche Sachen, die nicht Gegenstand der Zwangsvollstreckung sind, werden von dem Gerichtsvollzieher weggeschafft und dem Schuldner oder, wenn dieser abwesend ist, einem Bevollmächtigten des Schuldners, einem erwachsenen Familienangehörigen, einer in

der Familie beschäftigten Person oder einem erwachsenen ständigen Mitbewohner übergeben oder zur Verfügung gestellt.

(3) [1]Ist weder der Schuldner noch eine der bezeichneten Personen anwesend oder wird die Entgegennahme verweigert, hat der Gerichtsvollzieher die in Absatz 2 bezeichneten Sachen auf Kosten des Schuldners in die Pfandkammer zu schaffen oder anderweitig in Verwahrung zu bringen. [2]Bewegliche Sachen, an deren Aufbewahrung offensichtlich kein Interesse besteht, sollen unverzüglich vernichtet werden.

(4) [1]Fordert der Schuldner die Sachen nicht binnen einer Frist von einem Monat nach der Räumung ab, veräußert der Gerichtsvollzieher die Sachen und hinterlegt den Erlös. [2]Der Gerichtsvollzieher veräußert die Sachen und hinterlegt den Erlös auch dann, wenn der Schuldner die Sachen binnen einer Frist von einem Monat abfordert, ohne binnen einer Frist von zwei Monaten nach der Räumung die Kosten zu zahlen. [3]Die §§ 806, 814 und 817 sind entsprechend anzuwenden. [4]Sachen, die nicht verwertet werden können, sollen vernichtet werden.

(5) Unpfändbare Sachen und solche Sachen, bei denen ein Verwertungserlös nicht zu erwarten ist, sind auf Verlangen des Schuldners jederzeit ohne Weiteres herauszugeben.

§ 885a ZPO – Beschränkter Vollstreckungsauftrag

(1) Der Vollstreckungsauftrag kann auf die Maßnahmen nach § 885 Absatz 1 beschränkt werden.

(2) [1]Der Gerichtsvollzieher hat in dem Protokoll (§ 762) die frei ersichtlichen beweglichen Sachen zu dokumentieren, die er bei der Vornahme der Vollstreckungshandlung vorfindet. [2]Er kann bei der Dokumentation Bildaufnahmen in elektronischer Form herstellen.

(3) [1]Der Gläubiger kann bewegliche Sachen, die nicht Gegenstand der Zwangsvollstreckung sind, jederzeit wegschaffen und hat sie zu verwahren. [2]Bewegliche Sachen, an deren Aufbewahrung offensichtlich kein Interesse besteht, kann er jederzeit vernichten. [3]Der Gläubiger hat hinsichtlich der Maßnahmen nach den Sätzen 1 und 2 nur Vorsatz und grobe Fahrlässigkeit zu vertreten.

(4) [1]Fordert der Schuldner die Sachen beim Gläubiger nicht binnen einer Frist von einem Monat nach der Einweisung des Gläubigers in den Besitz ab, kann der Gläubiger die Sachen verwerten. [2]Die §§ 372 bis

380, 382, 383 und 385 des Bürgerlichen Gesetzbuchs sind entsprechend anzuwenden. [3]Eine Androhung der Versteigerung findet nicht statt. [4]Sachen, die nicht verwertet werden können, können vernichtet werden.

(5) Unpfändbare Sachen und solche Sachen, bei denen ein Verwertungserlös nicht zu erwarten ist, sind auf Verlangen des Schuldners jederzeit ohne weiteres herauszugeben.

(6) Mit der Mitteilung des Räumungstermins weist der Gerichtsvollzieher den Gläubiger und den Schuldner auf die Bestimmungen der Absätze 2 bis 5 hin.

(7) Die Kosten nach den Absätzen 3 und 4 gelten als Kosten der Zwangsvollstreckung.

f) Verjährung titulierter Forderungen

564　Der Vermieter muss also bis zu einer Zwangsräumung einen mehrmonatigen Mietausfall verkraften und die ggf. hohen Kosten für Gericht, Gerichtsvollzieher und ggf. einen Anwalt. Gegenrechnen kann der Vermieter im günstigsten Fall eine Mietkaution und – wenn er Glück hat – einen Versteigerungserlös. Regelmäßig aber wird er selbst dann mit einem Verlust abschließen. Zwar kann der Vermieter all dies theoretisch vom Mieter ersetzt verlangen, aber da ist in der Regel nichts mehr zu holen. Wenn ein Mieter seine Mietzahlungen einstellt, ist das oftmals ein sehr deutliches Indiz für sein finanzielles Nichtmehrkönnen, denn freiwillig verliert niemand seine Wohnung.

565　**Immerhin:** Sind Forderungen des Vermieters erst einmal tituliert (d. h. in einem rechtskräftigen Urteil, einem Kostenfestsetzungsbeschluss oder in einem gerichtlichen Vergleich festgeschrieben), verjähren sie gem. § 197 Abs. 1 Nr. 3 und 4 BGB erst in 30 Jahren. D. h., so lange kann der Vermieter – ggf. in größeren Abständen – versuchen, seine Forderung gegen den Mieter aus dem Titel z. B. durch Pfändung von Gegenständen, Pfändung von Gehalts- oder sonstigen Forderungen des Mieters gegen Dritte oder auch Pfändung des Rentenanspruchs des Mieters beizutreiben.

9. Verjährung von Mietrückständen

Solange Ansprüche noch nicht tituliert sind, gilt die soeben genann-   **566**
te 30-jährige Verjährungsfrist nicht. Ansprüche auf rückständige
von Miete (dazu zählen auch die Betriebskosten) verjähren dann in
3 Jahren (§ 195 BGB). Zu beachten ist, dass diese Verjährungsfrist
gem. § 199 Abs. 1 BGB erst mit dem **Schluss des Jahres** beginnt, in
dem der Anspruch entstanden ist. Wenn also die Betriebskostenabrechnung für das Jahr 2012 im Januar 2013 zuging, beginnt die Verjährungsfrist mit dem 31.12.2013, 24.00 Uhr zu laufen, Verjährung
tritt am 1.1.2016, 0.00 Uhr ein. Will der Vermieter den Eintritt der
Verjährung verhindern, muss er vorher z. B. Klage erheben oder einen Mahnbescheid beantragen, vgl. im Einzelnen §§ 203 ff. BGB
(dort auch zum Unterschied zwischen „Hemmung" und „Neube-
ginn" der Verjährung). Nach § 203 BGB können Verhandlungen die
Verjährung hemmen:

> Schweben zwischen dem Schuldner und dem Gläubiger Verhandlungen über
> den Anspruch oder die den Anspruch begründenden Umstände, so ist die Ver-
> jährung gehemmt, bis der eine oder der andere Teil die Fortsetzung der Verhand-
> lungen verweigert. Die Verjährung tritt frühestens drei Monate nach dem Ende
> der Hemmung ein.

Der Begriff „Verhandlungen" ist zwar weit auszulegen, erfordert   **567**
aber auch ein tatsächliches aufeinander Eingehen, einen Austausch
von Argumenten. Verhandlungen liegen daher z. B. nicht vor, wenn
eine Seite lediglich eine Forderung stellt, und die andere Seite diese
sofort zurückweist; oder wenn eine Seite immer wieder Vorschläge
unterbreitet, aber nie eine Antwort erhält.

10. Verjährung von Ersatzansprüchen

Im Mietrecht gibt es für einige Ansprüche, so auch für Ersatzan-   **568**
sprüche, eine spezielle Verjährungsregelung. Grund ist, dass bei Beendigung des Mietverhältnisses eine möglichst schnelle Gesamtab-
wicklung erfolgen soll. Dies dient letztlich beiden Vertragspartnern.
Die im Gesetz genannten Fristen können nicht vertraglich verlän-

gert werden. Eine vertragliche Verkürzung ist möglich, jedoch ist bei Formularverträgen § 307 Abs. 2 Nr. 1 BGB zu beachten, wonach eine solche Verkürzung – dies ist Frage des Einzelfalls – eine unangemessene Benachteiligung sein kann, wenn die Verkürzung „mit wesentlichen Grundgedanken der gesetzlichen Regelung, von der abgewichen wird, nicht zu vereinbaren ist". Die speziellen Verjährungsfristen betragen gemäß § 548 BGB:

(1) Die Ersatzansprüche des Vermieters wegen Veränderungen oder Verschlechterungen der Mietsache verjähren in sechs Monaten. Die Verjährung beginnt mit dem Zeitpunkt, in dem er die Mietsache zurückerhält. Mit der Verjährung des Anspruchs des Vermieters auf Rückgabe der Mietsache verjähren auch seine Ersatzansprüche.

(2) Ansprüche des Mieters auf Ersatz von Aufwendungen oder auf Gestattung der Wegnahme einer Einrichtung verjähren in sechs Monaten nach der Beendigung des Mietverhältnisses.

Mit „Beendigung des Mietverhältnisses" in Abs. 2 ist nicht die tatsächliche, sondern die rechtliche Beendigung gemeint.

11. Mietschuldenfreiheitsbescheinigung

568a   Schließlich ist noch auf die Frage einzugehen, ob der Vermieter verpflichtet ist, dem Mieter für seine Bewerbungen um eine neue Wohnung eine „Mietschuldenfreiheitsbescheinigung" auszustellen. Vor allem größere Vermietungsgesellschaften erbitten solche Erklärungen vom Mietinteressenten auf eigenen Formularen. Der bisherige Vermieter ist zur Abgabe einer solchen Erklärung aber nicht verpflichtet,[638] und daher erst recht nicht auf bestimmten Formularen eines anderen Vermieters. Dies gilt auch dann, wenn der Mieter tatsächlich nie Mietschulden hat entstehen lassen. Allerdings kann der Mieter gem. § 368 BGB für die von ihm geleisteten Mietzahlungen vom Vermieter eine – einfache – Quittung verlangen.[639]

V. Besondere Regelungen für bestimmte Mietverhältnisse

1. Wohnraum zum vorübergehenden Gebrauch, als Teil der Vermieterwohnung, bei dringendem Wohnbedarf oder in einem Studenten- oder Jugendwohnheim

Bei bestimmten Arten von Wohnraum sieht der Gesetzgeber den Mieter als weniger schutzwürdig an. Die insoweit in § 549 BGB getroffene Regelung trifft für unterschiedliche besondere Wohnnutzungen unterschiedliche Ausnahmen von Mieterschutzbestimmungen. **569**

a) Wohnraum zum vorübergehenden Gebrauch, als Teil der Vermieterwohnung, bei dringendem Wohnbedarf

Für Mietverhältnisse über **570**

(1) Wohnraum, der nur zum vorübergehenden Gebrauch vermietet ist,

(2) Wohnraum, der Teil der vom Vermieter selbst bewohnten Wohnung ist und den der Vermieter überwiegend mit Einrichtungsgegenständen auszustatten hat, sofern der Wohnraum dem Mieter nicht zum dauernden Gebrauch mit seiner Familie oder mit Personen überlassen ist, mit denen er einen auf Dauer angelegten gemeinsamen Haushalt führt,

(3) Wohnraum, den eine juristische Person des öffentlichen Rechts oder ein anerkannter privater Träger der Wohlfahrtspflege angemietet hat, um ihn Personen mit dringendem Wohnungsbedarf zu überlassen, wenn sie den Mieter bei Vertragsschluss auf die Zweckbestimmung des Wohnraums und die Ausnahme von den unten genannten Vorschriften hingewiesen hat,

(4) gelten folgende Bestimmungen nicht:

(5) die Vorschriften über Mieterhöhungen (§§ 557 bis 561 BGB)

(6) die Vorschriften über den Mieterschutz bei Beendigung des Mietverhältnisses (§§ 568 Abs. 2, 573, 573a, 573d Abs. 1, 574 bis 575, 575a Abs. 1 BGB)

(7) die Vorschriften über die Begründung von Wohnungseigentum (§§ 577 und 577a BGB).

571   Das bedeutet z. B., dass der Vermieter bei den genannten Mietverhältnissen bei einer Mieterhöhung nicht an die ortsübliche Vergleichsmiete gebunden ist. Bei Mieterhöhungen kann der Vermieter kündigen, wenn der Mieter die Mieterhöhung nicht akzeptiert („Änderungskündigung"). Auch sonst kann der Vermieter ordentlich fristgemäß kündigen, auch wenn er keinen wichtigen Grund für die Kündigung vorweisen kann. Der Mieter hat auch kein Widerspruchsrecht nach der „Sozialklausel" des § 574 BGB. Außerdem hat bei den genannten Mietverhältnissen der Mieter im Fall der Umwandlung der Wohnung in eine Eigentumswohnung auch kein Vorkaufsrecht. Abgrenzungsprobleme können bei der Frage auftreten, wann Wohnraum noch zum vorübergehenden Gebrauch vermietet ist (oben Nr. 1) und ab wann demgegenüber bereits eine langfristige Vermietung vorliegt. Das Problem kann insbesondere auftauchen, wenn eine Ferienwohnung über einen längeren Zeitraum an ein und denselben Mieter vermietet wird, auch wenn er die Wohnung z. B. nur an Wochenenden nutzt. Hier kommt es auf die Umstände des Einzelfalls an.

b) Wohnraum in einem Studenten- oder Jugendwohnheim

572   Für Mietverhältnisse über Wohnraum in einem Studenten- oder Jugendwohnheim[640] gelten folgende Bestimmungen nicht:

- die Vorschriften über Mieterhöhungen (§§ 557 bis 561 BGB),

- einige Vorschriften über den Mieterschutz bei Beendigung des Mietverhältnisses (§§ 574, 573a, 573d Abs. 1, 575, und 575a Abs. 1 BGB),

- die Vorschriften über die Begründung von Wohnungseigentum (§§ 577 und 577a BGB).

Die Einschränkungen des Mieterschutzes sind also bei Wohnraum in einem Studenten- oder Jugendwohnheim geringer als bei den oben unter a) genannten Mietverhältnissen. Der Mieter in einem Studenten- oder Jugendwohnheim kann der Kündigung unter Berufung auf die Sozialklausel des § 574 BGB widersprechen, und der Vermieter soll den Mieter gem. § 568 Abs. 2 BGB auf die Möglichkeit, Form und Frist dieses Widerspruchs rechtzeitig hinweisen.

2. Sonderregelungen für behinderte Mieter[641]

Mit den besonderen Wohnbedürfnissen behinderter Menschen, dem barrierefreien Wohnen, befasst sich § 554a „**Barrierefreiheit**". 573

Ausgangspunkt des § 554a Abs. 1 BGB ist, dass der Mieter vom Vermieter die Zustimmung zu baulichen Veränderungen oder sonstigen Einrichtungen verlangen kann, die für eine behindertengerechte Nutzung der Mietsache oder den Zugang zu ihr erforderlich sind. Es hat allerdings eine mehrstufige Interessenabwägung stattzufinden.

Dabei umfasst zunächst der Begriff behindert jede erhebliche und dauerhafte Einschränkung der Bewegungsfähigkeit, unabhängig davon, ob sie bereits bei Mietbeginn vorhanden ist oder erst im Laufe des Mietverhältnisses, z. B. aufgrund eines Unfalls oder des Alterungsprozesses entsteht. Die Formulierung behindertengerechte Nutzung stellt klar, dass der Anspruch auf Zustimmung des Vermieters zu baulichen Veränderungen auch Behinderungen etwa von in der Wohnung des Mieters lebenden Angehörigen oder des Lebensgefährten erfasst. Anspruchsinhaber ist aber auch in diesem Fall der Mieter. Der vorstehend genannte erweiterte Personenkreis hat also keine eigene Anspruchsberechtigung dem Vermieter gegenüber. 574

BEISPIEL: Bauliche Veränderungen für eine behindertengerechte Nutzung der Mietsache sind zum Beispiel der Einbau einer behindertengerechten Nasszelle, die Verbreiterung von Türen, das Versetzen zu hoch angebrachter Schalter und Armaturen, die Schaffung eines schwellenfreien Übergangs zum Balkon oder zur Terrasse. Sonstige Einrichtungen für eine behindertengerechte Nutzung bezeichnen kleinere Maßnahmen wie etwa die Anbringung besonderer Griffe an der Badewanne. Erfasst sind außerdem nicht nur Maßnahmen innerhalb der Wohnung, sondern auch Balkone, Terrassen oder mitvermietete Nebenräume wie zum Beispiel Kellerräume. Bauliche Veränderungen mit dem Ziel eines 575 behindertengerechten Zugangs zur Mietsache betreffen z. B. den Eingangsbereich des Hauses (etwa Bau einer Rampe), die Haustür (etwa eine Verbreiterung) oder den Hausflur.

576 Die baulichen Veränderungen oder sonstigen Einrichtungen müssen für eine behindertengerechte Nutzung der Wohnung oder des Zugangs zu ihr erforderlich sein. Aus dem Begriff der Erforderlichkeit wird zu folgern sein, dass es sich um eine Veränderung handeln muss, ohne die eine behindertengerechte Nutzung der Wohnung oder des Zugangs zu ihr nicht erfolgen kann, die also insoweit unerlässlich ist. Auf der anderen Seite folgt aus der „Erforderlichkeit" nicht, dass dem behinderten Mieter das größtmögliche Opfer an Anstrengung abverlangt werden darf, bevor er einen Anspruch auf barrierefreies Wohnen umsetzen kann.

577 Die einzelnen Schritte der anschließenden Interessenabwägung ergeben sich aus dem Gesetzestext des § 554a Abs. 1 BGB.[642] Daneben ist auch zu berücksichtigen, ob durch Auflagen an den Mieter (etwa Abschluss einer Haftpflichtversicherung) mögliche Nachteile für den Vermieter gemildert werden können, so dass dies insgesamt zur Zulässigkeit der Umbaumaßnahme führt.

578 Sind alle der vorgenannten Voraussetzungen im Sinne des Mieters zu bejahen, kann er vom Vermieter die Zustimmung zu baulichen Veränderungen für eine behindertengerechte Nutzung der Wohnung oder ihres Zugangs verlangen. Die Vornahme der Arbeiten oder eine Kostentragung durch den Vermieter kann er dagegen nicht verlangen.

579 Wenn der Mieter die Arbeiten selbst oder in Verwandtschaftshilfe ausführen möchte, wird man entsprechend der Rechtsprechung zur Anbringung von Satellitenschüsseln durch den Mieter[643] dem Vermieter das Recht zuzubilligen haben, dass er auf die Ausführung durch einen anerkannten Fachbetrieb bestehen kann. Bei Streit um die zweckmäßigste von mehreren möglichen Maßnahmen (z. B. zur Schaffung eines behindertengerechten Zugangs) wird man hier diejenige Maßnahme zu wählen haben, die für die übrigen Bewohner am wenigsten störend ist. Wenn von mehreren technischen Möglichkeiten eine deutlich teurer bzw. preiswerter ist, kann die Abwä-

gung auch zugunsten der teureren Maßnahme ausfallen, da § 554a BGB dem Mieter keinen Anspruch auf den jeweils preiswertesten Weg zum barrierefreien Wohnen gibt. All dies hängt aber von den konkreten Umständen des Einzelfalls ab, in den eine Vielzahl von Abwägungskriterien einzustellen sind.

Nach § 554a Abs. 2 BGB kann der Vermieter seine Zustimmung von der Leistung einer angemessenen zusätzlichen Sicherheit für die Wiederherstellung des ursprünglichen Zustands abhängig machen. Da die Kosten eines **späteren** Rückbaus gesichert werden sollen, wird der Vermieter aber einen großzügigen Aufschlag auf die etwa durch einen Kostenvoranschlag ermittelten gegenwärtigen Kosten vornehmen dürfen. Fraglich ist, ob der Vermieter eine Erhöhung der Sicherheit verlangen kann, wenn nach geschehenem Umbau bei entsprechend langer Fortdauer des Mietverhältnisses absehbar wird, dass der ursprüngliche Kautionsbetrag ggf. trotz eines „Zukunftsaufschlags" angesichts gestiegener Baukosten für einen Rückbau nicht mehr ausreichend sein wird. Zwar lässt der Wortlaut des Gesetzes für eine nachträgliche Aufstockung der Sicherheit keinen Raum. Jedoch läuft dies dem Zweck der Kautionsregelung zuwider, den Vermieter bzgl. der späteren Rückbaukosten abzusichern und ihm die Befürchtung zu nehmen, dass ein Umbau nach dem Auszug oder dem Tod des Mieters vom Vermieter bezahlt werden muss.[644] Vor diesem Hintergrund erscheint es vertretbar, jedenfalls in Fällen eines extremen Abweichens der zu erwartenden Rückbaukosten von der ursprünglich vereinbarten Kaution dem Vermieter gem. § 554a Abs. 2 i. V. m. § 242 BGB einen Anspruch auf Aufstockung der Kaution zuzubilligen. 580

Da nach dem Gesetz den Vermieter insgesamt keine Kosten aus der behindertengerechten Umgestaltung der Wohnung treffen sollen, ist davon auszugehen, dass der Mieter etwaige Kosten für die Ermittlung der späteren Rückbaukosten (etwa wenn dies durch Einholung eines Sachverständigengutachtens erfolgt) tragen muss. 581

Die Kaution kann in unterschiedlicher Form geleistet werden (z. B. als Barkaution, Bürgschaft, Abtretung einer Sparbuchforderung oder Verpflichtung eines öffentlichen Trägers zur Kostenübernahme). Ohne ausdrückliche Vereinbarung wird von einer Barkaution 582 auszugehen sein. Wenn die Parteien keine Fälligkeitsvereinbarung treffen, ist die Kaution in einer Summe vor Beginn der Baumaßnahmen zu leisten. Eine Barkaution ist bei einem Kreditinstitut zu dem für Spareinlagen mit dreimonatiger Kündigungsfrist üblichen Zinssatz anzulegen. Die Anlage hat vom Vermögen des Vermieters getrennt zu erfolgen. Die bei der Geldanlage erwirtschafteten Erträge werden der Kaution zugeschlagen.

583   Die Kaution für die spätere Wiederherstellung des ursprünglichen Zustands kann neben der Mietkaution des § 551 BGB verlangt werden und ist auch nicht auf die dortige Höhe von drei Nettomieten begrenzt.

584   Nicht speziell geregelt ist der Fall, dass der Vermieter bei Ende der Mietzeit die vom Mieter vorgenommenen baulichen Maßnahmen übernehmen will. Die behindertengerechte Ausstattung einer Wohnung kann für zukünftige Vermietungen durchaus ein Marktvorteil sein. Hier gelten dann die allgemeinen Grundsätze über das Wegnahmerecht des Mieters und die Übernahme von mieterseitigen Einbauten durch den Vermieter gem. §§ 539 und 552 BGB.[645]

3. Sonderregelungen für Werkwohnungen

585   Das Gesetz (§ 576 Abs. 1 BGB) definiert Werkwohnungen als Wohnraum, der mit Rücksicht auf das Bestehen eines Dienstverhältnisses vermietet worden ist. Für Werkmietwohnungen und Werkdienstwohnungen gelten in §§ 576 bis 576b BGB einige Besonderheiten, die das allgemeine Wohnraummietrecht ergänzen bzw. modifizieren. Im Recht der Werkwohnungen sind auch eventuelle Mitbestimmungsrechte des Betriebsrats zu beachten, z. B. bei Zuweisung der Wohnung oder Kündigung des Mietverhältnisses.

586   Eine Werkmietwohnung (§ 576 Abs. 1 BGB) liegt vor, wenn neben dem Dienst-(Arbeits-)vertrag der Arbeitgeber (oder ein ihm zuzuordnender Dritter) mit dem Mieter einen separaten Mietvertrag abgeschlossen hat. §§ 576 und 576a BGB regeln Besonderheiten der – ordentlichen – Kündigung (u. a. kürzere Kündigungsfristen für den Vermieter) dieser Wohnungen, wenn die Wohnung für einen anderen Dienstberechtigten gebraucht wird. Die Bestimmung des

§ 576 BGB befasst sich nur mit den verkürzten Fristen, gibt aber keinen eigenständigen Kündigungsgrund. Das heißt, auch bei einer ordentlichen fristgemäßen Kündigung einer Werkmietwohnung bedarf der Vermieter eines berechtigten Interesses (§§ 573, 564b BGB). Das Recht zur außerordentlichen fristlosen und zur außerordentlichen fristgemäßen Kündigung besteht daneben unverändert.

Eine Werkdienstwohnung (§ 576b) BGB liegt vor, wenn die Vermietung der Wohnung ein Bestandteil des Dienst-(Arbeits-)vertrags ist, also keine zwei separaten Verträge existieren. Typisch für diese Art Vertrag ist, dass die Wohnungsüberlassung Vergütungscharakter hat. Der Lohn des Arbeitnehmers besteht also aus Geld plus freies Wohnen.

587

> **BEISPIEL:** Hausmeisterwohnung: Für solche Wohnungen erklärt § 576b BGB für den Fall der Beendigung des Rechtsverhältnisses die allgemeinen mietrechtlichen Vorschriften für entsprechend anwendbar, wenn der zur Dienstleistung Verpflichtete (Mieter) den Wohnraum ganz oder überwiegend mit Einrichtungsgegenständen ausgestattet hat oder in dem Wohnraum mit seiner Familie oder Personen lebt, mit denen er einen auf Dauer angelegten gemeinsamen Haushalt führt. Als Familie im Sinne des § 576b BGB gilt dabei auch ein Ehepaar ohne Kinder.

Die Besonderheiten, die bei diesen Wohnungen gegenüber dem allgemeinen Mietrecht gelten, ergeben sich aus dem recht gut verständlichen Gesetzestext der §§ 576 bis 576b BGB.

4. Sonderregelungen für preisgebundenen Wohnraum

Unter Begriffen wie „preisgebundener Wohnraum", „sozialer Wohnungsbau", „öffentlich geförderter Wohnraum" versteht man Wohnraum, der vom Vermieter nur zu einer bestimmten – preiswerten – Miete vermietet werden darf, da der Vermieter von der öffentlichen Hand Leistungen und Zuschüsse erhalten hat bzw. erhält. Dies können auch Zinsverbilligungen, Darlehen ganz ohne Zinsen (nur Tilgung) oder laufende Aufwendungen sein, um die Miete niedrig zu halten. Das Recht des sozialen Wohnungsbaus ergänzt das allgemeine Mietrecht und geht diesem teilweise vor. Eine

588

umfassende Darstellung wäre ein Ratgeber für sich und kann daher hier nicht erfolgen.

5. Sonderregelungen für die neuen Bundesländer

589   Im Mietrecht der neuen Bundesländer gab es eine ganze Reihe von Sonderregelungen, die überwiegend mittlerweile ausgelaufen sind. Seit dem 3.10.1990 gilt auch dort das BGB für alle nach diesem Datum abgeschlossenen Mietverträge. Vor dem 3.10.1990 abgeschlossene Mietverträge richten sich hinsichtlich Zustandekommen und Gültigkeit nach dem vor diesem Datum geltenden Recht, d. h. vor allem nach dem Zivilgesetzbuch (ZGB) der ehemaligen DDR. Der Inhalt dieser Mietverträge richtet sich aber jetzt nach dem BGB. Etwas anderes gilt nur, wenn im Mietvertrag Regelungen des ZGB wiederholt oder in Bezug genommen werden und so zum Vertragsbestandteil geworden sind.

Für vor dem 3.10.1990 geschlossene Mietverträge ist nach Artikel 232 § 2 Abs. 2 EGBGB die so genannte Verwertungskündigung gemäß § 573 Abs. 2 Nr. 3 BGB für die Dauer des Mietverhältnisses ausgeschlossen. Besonderheiten bei grundstücksbezogenen Nutzungsverhältnissen der ehemaligen DDR werden im Schuldrechtsanpassungsgesetz und Sachenrechtsbereinigungsgesetz geregelt. Die Sonderregelungen für preisgebundenen Wohnraum (Sozialwohnungen) gelten in den neuen Bundesländern nur für neu geschaffene Wohnungen, für die die öffentlichen Mittel erstmals nach dem 2.10.1990 bewilligt worden sind.

6. Mietverhältnisse über Grundstücke und Räume

590   In §§ 578 bis 580a BGB sind Regelungen für Mietverhältnisse über andere Sachen enthalten, darunter auch über Grundstücke und Räume. Für diese gelten zunächst die allgemeinen Vorschriften für Mietverhältnisse (§§ 535 bis 548 BGB). Mietverhältnisse über Grundstücke und Räume sind im BGB darüber hinaus in einer Verweisungsnorm und einigen ergänzenden Bestimmungen behandelt. Die Verweisungsnorm, § 578 BGB, erklärt bestimmte Bestimmun-

gen über die Wohnraummiete auch für die Miete von Grundstücken und Nicht-Wohnräumen für entsprechend anwendbar. Dies entspricht dem Gesetzesaufbau, bei dem die Bestimmungen über die Wohnraummiete als die für die Praxis wichtigeren Regelungen vorangestellt worden sind. Die ergänzenden Bestimmungen treffen Regelungen, die den Besonderheiten der jeweiligen Mietsache Rechnung tragen. Sowohl bei der Verweisung als auch bei den ergänzenden Bestimmungen werden je nach Zweckbestimmung der Räume unterschiedliche Regelungen getroffen, vgl. im einzelnen den Gesetzestext. Die Bestimmungen gelten nur, wenn die Parteien – etwa über die Kündigungsfrist für eine Garage – keine vertragliche Vereinbarung getroffen haben.

3. Kapitel

Muster

I. Briefmuster zur Vermietung

1. Antwort auf Wohnungsgesuch

1   Betr.: Wohnungsgesuch Chiffre Nr................. in der...........

Sehr geehrte Dame, sehr geehrter Herr,

am.............. haben Sie in der...................... unter Chiffre ....
ein Wohnungsgesuch aufgegeben.

Gerne biete ich Ihnen folgende Wohnung an, die diesem Gesuch entspricht:

....

Falls Sie interessiert sind, rufen Sie mich bitte an, damit wir einen Besichtigungstermin vereinbaren können. / Sie erreichen mich am besten
ab .... Uhr.

Mit freundlichen Grüßen

2. Annoncenauftrag für Rubrik Vermietungen

2   Betr.: Zeitungsannonce / Chiffre

Sehr geehrte Damen und Herren,

bitte setzen Sie in Ihrer Ausgabe am........................ folgende Annonce
in die Rubrik „Vermietungen":

Den Rechnungsbetrag können Sie von meinem
Kto. Nr................ bei...........................
BIC.............. abbuchen.

Mit freundlichen Grüßen

3. Genehmigung zur Untervermietung

Betr.: Mietverhältnis................. straße, Erdgeschoss /.............. Ober- **3**
geschoss

Bezug: Ihr Schreiben vom………

hier: Untervermietung

Sehr geehrte…………….

gerne erteile ich Ihnen die erbetene Genehmigung zur Untervermietung /
an Herrn / Frau…

Ich weise darauf hin, dass auch der Untermieter sich an die Hausordnung
halten muss.

/…………………

Mit freundlichen Grüßen

4. Genehmigung zur Haustierhaltung

Betr.: Mietverhältnis…………… straße, Erdgeschoss /…………. Ober- **4**
geschoss

Bezug: Ihr Schreiben vom……………

hier: Haustierhaltung

Sehr geehrte…………………,

gerne erteile ich Ihnen die erbetene Genehmigung zur Haltung eines / einer
…………………

Ich weise darauf hin, dass von dem Tier keine Belästigungen für die anderen
Hausbewohner ausgehen dürfen. Auch sind Sie für eventuelle von dem Tier
verursachte Schäden haftbar. Für diese oder ähnliche Fälle behalte ich mir
im Übrigen den Widerruf der Genehmigung vor.

Ich wünsche Ihnen viel Freude mit Ihrer / Ihrem………………..

und verbleibe

mit freundlichen Grüßen

5. Versagung der Untervermietung

5   Herrn

Ernst Mieter

Mietstr. 12

44225 Dortmund

Betr.: Mietverhältnis Mietstraße 12, Erdgeschoss

Bezug: Ihr Schreiben vom 12.3.03

hier: Untervermietung

Sehr geehrter Herr Mieter,

Ihrem Wunsch nach einer mietvertraglichen Genehmigung zur Untervermietung kann ich leider nicht entsprechen.

Begründung:

Herr Müller, an den Sie ein Zimmer untervermieten wollen, ist im ganzen Viertel als notorischer Trinker bekannt. Vom Vermieter des Hauses Mietstraße 8 habe ich erfahren, dass Herr Müller dort gerade erst fristlos gekündigt wurde, weil er im letzten Monat fast jeden Tag in den Hausflur erbrochen und im betrunkenen Zustand die anderen Mieter beleidigt und bedroht hat. Unter diesen Umständen ist Herr Müller in meinem Haus – auch im Interesse der Mieter – unzumutbar.

Ich hoffe insoweit auf Ihr Verständnis und verbleibe

mit freundlichen Grüßen

6. Versagung der Haustierhaltung

Herrn
Franz Tiernarr
Mietstr. 34

44225 Dortmund

Betr.: Mietverhältnis Mietstraße 34, Erdgeschoss links
Bezug: Ihr Schreiben vom 12.8.13
hier: Haustierhaltung

Sehr geehrter Herr Tiernarr,

Ihrem Wunsch nach einer Genehmigung zur Haltung einer Anakonda kann ich leider nicht entsprechen.

Sie haben bereits einen Leguan und eine Sandviper in einem Terrarium, dazu einen Papagei auf dem Balkon, der die in den oberen Stockwerken wohnenden Mieter allmorgendlich mit „Du dumme Sau" begrüßt. Die Sandviper hatte sich letztlich im Hausflur selbständig gemacht und konnte erst nach Stunden wieder von Ihnen eingefangen werden. Ich habe diese Tierhaltung in Unkenntnis der nun eingetretenen Formen damals genehmigt und bis heute – obwohl reichlich Grund vorliegt – die Genehmigung nicht widerrufen.

Mit den genannten Tieren muss es aber genug sein. Von einer Anakonda gehen in einer Etagenwohnung nicht mehr tolerierbare Gefahren aus. Ich möchte nur darauf hinweisen, dass in dem Haus auch vier kleine Kinder wohnen.

Ich hoffe insoweit auf Ihr Verständnis und verbleibe

mit freundlichen Grüßen

7. Mietquittung des Vermieters

7   Betr.: Quittung

Sehr geehrte.......................,

Sie haben mir mit Schreiben vom 5.3.13 mitgeteilt, dass Sie die Garagenmiete von der Steuer absetzen können und um eine Quittung gebeten.
Daher bestätige ich Ihnen hiermit, dass Sie im Jahr 2012 insgesamt

12 × 50,– EUR = 600,– (sechshundert) EUR

an Garagenmiete an mich bezahlt haben.

Mit freundlichen Grüßen

8. Vermieterbescheinigung über Größe des Arbeits-zimmers

8   Betr.: Bescheinigung

Sehr geehrte.......................,

gerne bestätige ich Ihnen, dass der nach Ihren Angaben von Ihnen als Ar-
beitszimmer genutzte Raum ca. 30% der Gesamtwohnfläche Ihrer Wohnung ausmacht.

Ich hoffe, Ihnen mit diesen Angaben gedient zu haben und verbleibe

mit freundlichen Grüßen

9. Vermieterrundschreiben Ermahnung Flurreinigung

Flurreinigung 9

Sehr geehrte Damen und Herren,

mit der Flurreinigung hat es in der letzten Zeit – vorsichtig formuliert – nicht mehr so ganz funktioniert. Jeder beschwert sich über den schmutzigen Hausflur, weil – immer – die anderen ihn nicht putzen. Einige erklären, dass sie nicht mehr putzen, weil sie es nicht immer allein machen möchten.

Ich denke, diese wechselseitigen Schuldzuweisungen führen nur zu Streit, nicht aber zu einem sauberen Hausflur.

Ich möchte daher mit diesem Rundschreiben alle Mieter bitten, insoweit unter die Vergangenheit einen Schlussstrich zu ziehen und ab dem 1. Januar 2013 gemäß dem nachstehenden Plan „bei null" anzufangen.

Ich schlage vor:

Die Mieter der linken Hausseite (Dr. Maier, Gabriel, Müller) putzen ihren jeweiligen Etagenflur in den ungeraden Monaten (Januar, März, Mai, Juli, September, November).
Alle 14 Tage reicht, also ganze zweimal im Monat.
Die Mieter der rechten Hausseite (Schmitz, Schulz, Neumann) sind entsprechend in den geraden Monaten (Februar, April, Juni, August, Oktober, Dezember) dran.

Nur der Vollständigkeit halber: Die Mieter Bauer und Schneider, die eine ganze Etage bewohnen, besitzen für ihre Flurteile eine ganzjährige „Zuständigkeit".
Wenn Sie – z. B. wegen Urlaubs – verhindert sind, sorgen Sie bitte für eine Vertretung.
Bitte machen Sie alle mit. Wenn nur einer ausschert, haben alle anderen das Gefühl, für den, der sich drückt, die Arbeit zu tun. Und am Ende macht dann (wieder) keiner mehr etwas.

Mit freundlichen Grüßen

10. Abmahnung

10 Betr.: Mietverhältnis....................... straße, Erdgeschoss /........ Obergeschoss

hier: Abmahnung

Sehr geehrte....................,

ich bedauere, Ihnen heute einen unfreundlichen Brief schreiben zu müssen, sehe mich aber durch Ihr Verhalten gezwungen, Sie in dieser Form zur Vertragstreue anzuhalten.

Sie haben – wiederholt – gegen den Mietvertrag verstoßen, indem Sie.....
....
und zwar am..
sowie am..
Mir liegen die Beschwerden eines Hausbewohners / mehrerer Hausbewohner vor, wonach Sie..

Es ist im Interesse aller Hausbewohner, wenn im Haus Ruhe und Frieden herrschen. Gemeinsames Zusammenleben erfordert gegenseitige Rücksichtnahme. Ich habe Sie daher aufzufordern, Ihr vertragswidriges Verhalten sofort einzustellen.

Vorsorglich weise ich Sie darauf hin, dass Sie sich im Wiederholungsfalle der Gefahr einer fristlosen Kündigung aussetzen. Ich hoffe jedoch, dass es so weit nicht zu kommen braucht.

Mit freundlichen Grüßen

11. Abmahnung wegen Vertragsverstößen mit Androhung Kündigung

Betr.: Ihr Mietvertrag
hier: Abmahnung

11

Sehr geehrte........................,

aufgrund Ihres vertragswidrigen Verhaltens sehe ich mich zu einer

ABMAHNUNG

gezwungen.

Sie halten ohne Genehmigung drei Kampfhunde in Ihrer Wohnung. Letzte Woche hat einer der Hunde sein Geschäft im Hausflur gemacht. Gestern hat der braunschwarze Hund im Hausflur die sechsjährige Tochter der Parterremieterin in den Oberschenkel gebissen, das Kind ist seitdem im Krankenhaus.

Ich fordere Sie daher auf, die Hunde binnen einer Woche, also bis zum............ abzuschaffen.

Ich muss Sie darauf hinweisen, dass die vorliegenden Vertragsverstöße im Wiederholungsfalle eine fristlose Kündigung des Mietvertrags nach sich ziehen können. Auch für eventuelle, auf Ihrem Verhalten beruhende Mietminderungen anderer Mieter wären Sie haftbar.

Abschließend möchte ich Sie nochmals nachdrücklich zu einem Einlenken und vertragskonformen Verhalten auffordern.

Hochachtungsvoll

12. Mahnung an Garagenmieter zur Vertragstreue, Kündigungsandrohung

12 – Zustellung durch Boten zum Nachweis des Zugangs –

Betr.: Ihr Mietverhältnis Garage Nr. 5, Schnellstr.3

Sehr geehrte.....................,

Ihr Mietverhältnis ist nicht ganz unproblematisch; sei es, dass Sie Ihre Miete meist erst nach Mahnung bezahlen; sei es, dass sich spätabends Ihr Garagennachbar bei mir beschwert, weil Sie seit zwei Tagen Ihr Fahrzeug vor seiner Garage abgestellt haben, so dass er nicht herein kann.

Zuletzt hatten Sie Anfang vorletzter Woche meine Frau angerufen, weil Sie Ihre Schlüssel verloren hätten. Sie haben es sehr dringend gemacht und meine Frau aufgefordert, Ihnen sofort den lt. Mietvertrag beim Vermieter verbleibenden Garagen-Notschlüssel zu bringen, da Sie unbedingt an Ihr Auto müssten. Meine Frau hat sich gutmütig dazu bereit erklärt und ist zu dem Garagenhof gefahren. Sie haben „hoch und heilig" versprochen, den Notschlüssel am nächsten Tag zurückzubringen. Danach haben Sie nichts mehr von sich hören oder sehen lassen.

Das ist jetzt zwei Wochen her. Auf eine telefonische Mahnung auf Ihrem Anrufbeantworter haben Sie auch nicht reagiert.
Ich fordere Sie daher auf, bis zum 25.1.13 den Notschlüssel wieder herauszugeben.

Andernfalls sähe ich mich gezwungen, das Garagenmietverhältnis mit der vertraglich vereinbarten Kündigungsfrist von 2 Monaten zu kündigen. Ich weise darauf hin, dass es bei Garagenmietverhältnissen für eine fristgemäße Kündigung noch nicht einmal eines Kündigungsgrunds bedarf (obwohl Sie ständig welche liefern).

Hochachtungsvoll

13. Schreiben des Vermieters an Anwalt wegen Satellitenschüsselanbringung (I)

Betr.: Mietverhältnis Ihrer Mandanten im Haus Breistr.4 / Satellitenschüssel   **13**

Bezug: Ihr Schreiben vom 9.9.13, Ihr Zeichen 123/6701H

Sehr geehrter Herr Rechtsanwalt,

zunächst möchte ich darauf hinweisen, dass über das Thema „Satellitenmontage" bei Vertragsschluss lang und breit mit ihren Mandanten gesprochen worden ist. Ihre Mandanten hatten damals geäußert, dass der vorhandene Kabelanschluss für sie völlig ausreichend sei. Daraufhin ist der Mietvertrag abgeschlossen worden.

Zu Recht weisen Sie allerdings darauf hin, dass nach der Rechtsprechung der Gerichte ausländische Mitbürger selbst bei bestehender Verkabelung des Hauses einen Anspruch auf Zustimmung des Vermieters zur Anbringung einer Satellitenschüssel haben, wenn nur so ihrem Informationsbedürfnis Rechnung getragen werden kann.

Die Rechtsprechung (z. B. OLG Frankfurt/Main, NJW 92, 2490) hat allerdings nicht erlaubt, dass Ihre Mandanten nach ihrem Gutdünken an einer ihnen genehmen Stelle – hier am Balkongeländer – ohne weiteres und selbst eine Schüssel montieren dürfen. Die Rechtsauffassung der Gerichte ist nicht nur von mir, sondern auch von Ihren Mandanten zu beachten. Demgemäß können wir wie nachstehend geschildert verfahren:

1. Bitte legen Sie zunächst dar, welcher ausländische Sender über welchen Satelliten angepeilt werden soll. Ihr Vortrag ist insoweit nicht spezifiziert und kann daher nicht von mir überprüft werden. Diese Möglichkeit der Überprüfung muss ich aber als Vermieter haben. Die Rechtsprechung gibt Ihren Mandanten kein Recht, bei bestehender Verkabelung des Hauses allgemein eine Schüssel auf jedweden Satelliten installieren zu können, sondern es muss sich um einen Satelliten handeln, der die speziellen Informationsbedürfnisse Ihrer Mandantschaft, die…… Nationalität ist, befriedigt.

2. Sodann werde ich grundsätzlich gegen die Installation keine Einwände erheben. Allerdings ist nach der Rechtsprechung das „wilde" Aufhängen einer Schüssel irgendwo am Haus unzulässig. Ihre Mandanten haben einen Fachbetrieb zu beauftragen, der einen sicheren und wenig störenden Platz mit mir abstimmen kann, wozu ich mich schon hier ausdrücklich bereit er-

kläre. Hilfsweise kann ich auch einen Platz benennen, wenn Sie Wert darauf legen. Die Abstimmung vor Ort mit dem Fachbetrieb dient allerdings der Sache und führt möglicherweise auch zu einer für Ihre Mandanten preiswerteren Lösung, als wenn ich aufgrund eigener Sachkunde einen Platz aussuche.

3. Die Montage hat dann ebenfalls fachgerecht durch den Fachbetrieb und nicht durch Ihre Mandanten zu erfolgen, was ich nach Durchführung nachzuweisen bitte.

4. Darüber hinaus müssten Ihre Mandanten für die Satellitenanlage und von ihr ausgehende Gefahren eine entsprechende Versicherung abschließen und mir nachweisen.

5. Außerdem möchte ich Sie bitten, mir vorsorglich und insbesondere zum Ausschluss eines späteren Streits vorab zu bestätigen,

a) dass auch die Demontage der Satellitenantenne bei Auszug durch einen Fachbetrieb erfolgen und der ursprüngliche Zustand des Hauses wiederhergestellt werden wird,

b) dass die Vereinbarung über den Kabelanschluss im Mietvertrag durch die von mir unter o. g. Auflagen erteilte Genehmigung zum Anbringen einer Satellitenschüssel nicht berührt, d. h. nicht hinfällig wird.

6. Schließlich hat Ihr Mandant im Hinblick auf die Wiederherstellung des ursprünglichen Zustands noch eine Kaution von 500,– EUR zu bezahlen. Diese Kaution ist unabhängig von der bereits bestehenden Mietkaution zu leisten.

So könnten wir die Angelegenheit ohne Einschaltung der Gerichte regeln.

Hochachtungsvoll

14. Schreiben des Vermieters an Anwalt wegen Satellitenschüsselanbringung (II)

Betr.: Mietverhältnis Ihrer Mandanten Eheleute Müller im Haus Hübsch-str.34 / Satellitenschüssel

14

Bezug: Ihr Schreiben vom 9.9.13, Ihr Zeichen 124/6701H

Sehr geehrter Herr Rechtsanwalt,

dem Wunsch Ihrer Mandantschaft, an der Hausfassade eine Satellitenschüssel anzubringen, kann ich nicht entsprechen.

Im Mietvertrag ist ausdrücklich festgehalten, dass die Anlage von Außenantennen oder Satellitenschüsseln der Zustimmung des Vermieters bedarf.

Diese Zustimmung kann ich nicht erteilen, da die Satellitenschüssel zu einer Verschandelung des äußeren Erscheinungsbildes des Hauses führen würde.

Ihrer Ansicht, man würde diese Schüssel kaum sehen, kann ich mich nicht anschließen. Außerdem stünde in diesem Zusammenhang zu befürchten, dass von „nur" einer Schüssel eine Signalwirkung ausgehen würde. Andere Mieter könnten nachziehen.

Zwar besteht für Ihre Mandanten das von Ihnen zitierte, grundgesetzlich gewährleistete Informationsrecht. Dies besagt allerdings nicht, dass jeder nur irgendwie erreichbare Sender vom Vermieter erreichbar gemacht werden müsste. Vielmehr reicht es aus, wenn das Haus bereits über einen Kabelanschluss oder eine Haussatellitenanlage verfügt.

Wie Ihnen bekannt ist, verfügt das Haus über Kabel. Ihre Mandanten können sich anschließen. Dass der Satellitenempfang möglicherweise preiswerter ist, hat mit der Informationsfreiheit nichts zu tun.

Mit freundlichen Grüßen

15. Erinnerung an neue Miethöhe bei Staffelmietvertrag

15 Betr.: Ihr Mietverhältnis.....................
hier: Miethöhe

Sehr geehrte......................,

gemäß §............ Abs............... Ihres Mietvertrags ist eine so genannte Staffelmiete vereinbart. Das heißt, dass sich die Miete in bestimmten Zeiträumen um bereits bei Vertragsschluss festgelegte Beträge erhöht.

Dementsprechend beträgt die monatliche Miete inkl. Betriebskostenvorauszahlung ab dem................... EUR............

Sie haben versehentlich noch die alte Miete überwiesen. Bitte überweisen Sie noch EUR............ Bitte ändern Sie auch ab nächsten Monat Ihren Dauerauftrag.

Mit freundlichen Grüßen

16. Mieterhöhung aufgrund des Mietspiegels (I)

16 Betr.: Ihr Mietvertrag...
hier: Mieterhöhung

Sehr geehrte......................,

die Kaltmiete für Ihre Wohnung ist seit dem......................, also seit....... Jahren unverändert. Seitdem sind die dem Vermieter durch das Haus verursachten Kosten und auch die Mieten allgemein gestiegen. Ihre Miete entspricht nicht mehr dem, was für vergleichbaren Wohnraum am Markt bezahlt wird.

Gegenwärtig beträgt Ihre Kaltmiete............ EUR, das entspricht bei einer Wohnungsgröße von .... qm einer Quadratmeterkaltmiete von............ EUR. Dazu kommen noch............ EUR als Betriebskostenvorauszahlung.

Dies entspricht nicht mehr der im qualifizierten Mietspiegel der Stadt.................. vom......... genannten Kaltmiete. Der Mietspiegel, auf den ich Bezug nehme, ist zu Ihrer Information in Kopie beigefügt.

Ihre Wohnung hat folgende Lage und Ausstattungsmerkmale:

....

....

....

....

....

Damit fällt sie in Ausstattungsklasse........... und Lageklasse.......... sowie Altersklasse............ des Mietspiegels. Das ergibt eine Kaltmiete von......... bis............ EUR.

Aufgrund der besonders verkehrsgünstigen Lage / des schlechten Wohnungszuschnitts / der Nähe zum Park / der Tatsache, dass der Mietspiegel bereits....... Jahre alt ist und die Mieten sich seit seiner Aufstellung stetig nach oben entwickelt haben /..................... ist Ihre Wohnung mit............ EUR pro Quadratmeter im unteren / mittleren / oberen Feld der vorgenannten Bandbreite einzuordnen.

Die neue monatliche Kaltmiete beträgt daher (........ qm x....... EUR =) .... EUR. Zuzüglich......... EUR Betriebskostenvorauszahlung beträgt Ihre neue monatliche Miete insgesamt also......... EUR, zahlbar erstmalig ab dem...............

Ich bitte um Zustimmung zu dieser Mieterhöhung bis zum.................

Sie können die Zustimmung unter anderem durch Rücksendung des von Ihnen unterschriebenen Durchschlags dieses Schreibens erklären. / Im Fall der Nichtzustimmung müsste ich Klage gegen Sie erheben. Ich hoffe jedoch, dass wir uns auch so einig werden.

Mit freundlichen Grüßen

....
(Ort, Datum, Unterschrift des Vermieters)

Mit der im obigen Schreiben genannten Mieterhöhung bin ich / sind wir einverstanden.

....
(Ort, Datum, Unterschrift des Mieters)

17. Mieterhöhung aufgrund des Mietspiegels (II)

17 Betr.: Mieterhöhung

Sehr geehrte....................,

per 31.12.2012 ist Ihre Kaltmiete (375,– EUR bzw. bei einer Wohnungsgröße von 93 qm 4,03 EUR/qm), wie seinerzeit vertraglich vereinbart, seit
mehr als sechs Jahren unverändert.

Seither ist alles teurer geworden, auch die Kosten für die Unterhaltung des
Hauses, also Reparaturen in den einzelnen Wohnungen, aber auch Instandhaltungen in Flur und Keller (Rohrsystem); wobei der einzelne Mieter meist
nicht mitbekommt, wofür und an welcher Stelle ich Geld – in der Regel vier-
stellige Summen – in das Haus hineinstecke. Sichtbar jedenfalls ist der neue
Fassadenanstrich, der Mitte letzten Jahres vorgenommen wurde. Daneben
muss ich aus den Mieteinnahmen auch noch die Hypothekenbank bedienen. Und Zeit kostet das Haus auch.[1]

Ich möchte Sie um Ihre Zustimmung zu einer Erhöhung Ihrer Kaltmiete von
375,– um 66,75 EUR (= 17,8%[2]) auf (441,75) EUR (= 4,75 EUR/qm) bitten,
zahlbar erstmalig am 1. Januar 2013.

Zur Begründung beziehe ich mich auf den qualifizierten Mietspiegel der
Stadt Treustadt vom 1.1.2012, den ich in der Anlage beifüge. Die Einordnung Ihrer Wohnung erfolgt in der Spalte „1950–1969 modernisiert", Ausstattungsklasse 2.

Aufgrund der besonders verkehrsgünstigen Lage, der Nähe zum Park, des
erst vor fünf Monaten erfolgten Anstrichs der Fassade des Hauses und der
vor sechs Monaten erfolgten Neuverfliesung Ihres Badezimmers ist Ihre
Wohnung mit 4,75 EUR pro Quadratmeter im oberen Feld der vorgenannten Bandbreite einzuordnen.[3]

Der erbetene Mehrbetrag von 66,75 EUR ist absolut gesehen natürlich viel
Geld, aber bitte bedenken Sie auch die Größe Ihrer Wohnung, die dazu
führt, dass er auf den Quadratmeter gerechnet immer noch moderat ist,
besonders im Wassergrabenviertel.[4]

/ Außerdem: Die nächste Erhöhung der Kaltmiete wird im Fall Ihrer Zustimmung frühestens zum.................. erfolgen.

Ihre Zustimmung, um die ich Sie nochmals freundlich bitten möchte, können Sie u. a. durch Rücksendung der von Ihnen gegengezeichneten Kopie dieses Schreibens erklären.

Mit freundlichen Grüßen

………………………………………………

(Ort, Datum, Unterschrift des Vermieters)

Mit der im obigen Schreiben genannten Mieterhöhung bin ich einverstanden.

………………………, den………………………………

(Ort, Datum, Unterschrift des Mieters)

18. Mieterhöhung aufgrund von Vergleichsmieten (I)

Betr.: Ihr Mietvertrag………………
hier: Mieterhöhung

18

Sehr geehrte…………………,

die Kaltmiete für Ihre Wohnung ist seit dem……………, also seit…… Jahren unverändert. Seitdem sind die dem Vermieter durch das Haus verursachten Kosten und auch die Mieten allgemein gestiegen. Ihre Miete entspricht nicht mehr dem, was für vergleichbaren Wohnraum am Markt bezahlt wird.

Gegenwärtig beträgt Ihre Kaltmiete…….. EUR, das entspricht bei einer Wohnungsgröße von …… qm einer Quadratmeterkaltmiete von…….. EUR. Dazu kommen noch…….. EUR als Betriebskostenvorauszahlung.

Dies entspricht nicht mehr der für vergleichbaren Wohnraum in………… gezahlten Kaltmiete. Gem. § 558a Abs. 2 Nr. 4 BGB benenne ich insoweit folgende drei[5] Vergleichsmieten:
1. Wohnung ……………………, Größe …………,
   Kaltmiete …………… EUR/qm
2. Wohnung ……………………, Größe …………,
   [Kaltmiete…………… EUR/qm
3. Wohnung……………………, Größe…………,
   [Kaltmiete…………… EUR/qm

/ Obwohl nach dem Gesetz zur Begründung eines Mieterhöhungsbegehrens die Benennung von drei Vergleichsmieten genügt, nenne ich Ihnen rein vorsorglich weiterhin

4. Wohnung........................, Größe.............,
   [Kaltmiete............... EUR/qm
5. ....

Diese Wohnungen sind nach Lage, Größe, Ausstattung, Baujahr und Renovierungsstand Ihrer Wohnung vergleichbar, denn ihre Wohnung hat folgende Merkmale:

....

....

Die Vergleichswohnungen haben folgende – ähnliche – Merkmale:

1. ....
2. / Zwar hat Wohnung 2 keine so verkehrsgünstige Lage wie Ihre Wohnung, dies wird aber durch den unmittelbar hinter dem Haus beginnenden Park ausgeglichen, so dass auch insoweit von Vergleichbarkeit auszugehen ist.
3. ....

Unter Berücksichtigung der Vergleichsmieten bitte ich Sie um Zustimmung zu einer Kaltmieterhöhung um......... EUR/qm auf......... EUR/qm.

Die neue monatliche Kaltmiete beträgt also (........... qm x......... EUR =) .... EUR. Zuzüglich......... EUR unveränderte Betriebskostenvorauszahlung beträgt Ihre neue monatliche Miete insgesamt also......... EUR, zahlbar erstmalig ab dem...................

Ich bitte um Zustimmung zu dieser Mieterhöhung bis zum................

Sie können die Zustimmung unter anderem durch Rücksendung des von Ihnen unterschriebenen Durchschlags dieses Schreibens erklären.

/ Im Fall der Nichtzustimmung müsste ich Klage gegen Sie erheben. Ich hoffe jedoch, dass wir uns auch so einig werden.

/ Schließlich habe ich Sie gem. §558a Abs. 3 BGB darauf hinzuweisen, dass der qualifizierte Mietspiegel der Stadt......... für Ihre Wohnung folgende Angaben enthält...................

Mit freundlichen Grüßen

....

(Ort, Datum, Unterschrift des Vermieters)

Mit oben genannter Mieterhöhung bin ich / sind wir einverstanden.

....

(Ort, Datum, Unterschrift des Mieters)

19. Mieterhöhung aufgrund von Vergleichsmieten (II)

Betr.: Ihr Mietvertrag betr. eine Wohnung im Hause Fritzstr. 37   **19**
hier: Mieterhöhung

Sehr geehrte ....,

hiermit bitte ich Sie um Zustimmung zu einer Mieterhöhung der Kaltmiete um 20%[6] (von 160,– EUR um 32,00 EUR auf 192,00 EUR (= 4,17 EUR/qm); zahlbar erstmals für den Monat Mai 2012.

Begründung:

Ihre Kaltmiete ist seit Beginn Ihres Mietverhältnisses am 1.5.2009 nicht erhöht worden, also per 1.5.2012 seit drei Jahren unverändert.

Ihre Kaltmiete entspricht nicht mehr der Miete, die für vergleichbaren Wohnraum am Markt gezahlt wird.

Zur Begründung benenne ich gem. § 558a Abs. 2 Nr. 4 BGB folgende drei[7] Vergleichsmieten:

Im Hause Fritzstr. 37 die Wohnungen Frau Maier (4,50 EUR/qm) und Frau Müller (4,18 EUR/qm). Zur Vergleichbarkeit erübrigen sich Ausführungen, da diese im Haus über Ihrer Wohnung gelegenen Wohnungen bau- und ausstattungsgleich zu Ihrer Wohnung sind.

Im Hause Hannibalstr. 22 Wohnung I. OG rechts (4,21 EUR/qm), 35 qm. Die Wohnung hat wie Ihre Wohnung, allerdings bei einer deutlich **schlechteren**, nämlich schlauchförmigen Raumaufteilung, einen kleinen Flur, 2 Zimmer, (kleine) Küche und Bad (Badewanne und Toilette), wie Ihre Wohnung teilweise Holz- und teilweise Kunststoffenster, wird wie Ihre Wohnung durch Gastherme beheizt, besitzt die gleichen Fußböden und gleiche weißlackierte Holztüren wie Ihre Wohnung; schließlich ist das Baujahr des Hauses identisch, Vergleichbarkeit mithin gegeben. Ihre Wohnung hat dazu noch einen Balkon, den die Vergleichswohnung nicht hat.

Ihre Zustimmung können Sie – unter anderem – durch Rücksendung des von Ihnen unterschriebenen Durchschlags dieses Schreibens erklären.

Mit freundlichen Grüßen

....
(Ort, Datum, Unterschrift des Vermieters)

Der im obigen Schreiben genannten Mieterhöhung stimme ich zu.

..................., den.....................................
(Ort) (Datum, Unterschrift des Mieters)

20. Vermieterrundschreiben Ankündigung Renovierungsarbeiten (I)

20   Betr.: Renovierung

Sehr geehrte Damen und Herren,

zur Erhaltung eines ordentlichen Zustands des Hauses sollen in der nächsten Zeit / vom.......... bis.......... folgende Renovierungsarbeiten ausgeführt werden:

....
....

/ Den genauen Umfang der Arbeiten können Sie aus dem beigefügten Kostenvoranschlag ersehen.

/ Den genauen Zeitpunkt teile ich Ihnen noch mit.

Durch die Arbeiten kann es ggf. zu Behinderungen kommen, und zwar.....................................

Ich bitte insoweit um Verständnis. Bitte bedenken Sie, dass dadurch der Gesamteindruck des Hauses verbessert wird, wovon schließlich auch alle Mieter einen Vorteil haben.

/ Sollte es im Einzelfall während der Arbeiten zu Problemen kommen, sprechen Sie mich bitte umgehend an, damit ich mich der Sache annehmen kann.

Mit freundlichen Grüßen

21. Vermieterrundschreiben Ankündigung Renovierungsarbeiten (II)

Betr.: Renovierung des Hausflur   21

Sehr geehrte Damen und Herren,

der Hausflur kann frische Farben sicher gut vertragen. Ich habe daher den Malermeisterbetrieb Maltschön mit der Renovierung des Hausflurs beauftragt. Was im Einzelnen gemacht werden soll, können Sie dem anliegenden Kostenvoranschlag entnehmen.

Die Arbeiten sollen, je nach Terminslage des Handwerkers, in der Zeit zwischen Ende Dezember und Mitte Februar ausgeführt werden und ca. 4 Tage dauern. Den genauen Termin teile ich Ihnen noch durch Aushang im Hausflur mit.

Ich schreibe Ihnen dies so frühzeitig, da ich Sie bitten möchte, alles, was Sie möglicherweise in der nächsten Zeit noch an sperrigen Gegenständen in den Keller, aus dem Keller oder überhaupt durch den Flur transportieren möchten, **vor** Renovierung des Hausflurs an seinen neuen Bestimmungsort zu bringen. Die Maßnahme ist mit 3.900,– EUR nicht gerade preiswert, und es wäre schade, wenn schnell wieder „Macken" im Hausflur sind. Bitte achten Sie auch darauf, dass der Flur während der Arbeiten frei ist.

Ansonsten denke ich, dass der neue Flur sicher sehr schön wird.

Mit freundlichen Grüßen

22. Ankündigung Fensterreparatur

22   An die

Damen und Herren Mieter

des Hauses

Betr.: Ausbesserung des Fensteranstrichs

Sehr geehrte Dame,

Sehr geehrter Herr,

bei einigen Fensterrahmen ist der Anstrich vor allem unten („Wasserschenkel") abgeplatzt. Bevor das Holz angegriffen wird, soll hier – bzw. wo es sonst noch nötig ist – eine Ausbesserung erfolgen.

Zu diesem Zweck würde ich gerne am

Dienstagnachmittag, 22.9.13

mit einem Handwerker mir Fenster für Fenster ansehen, um zu entscheiden, an welchem Fenster etwas zu machen ist. Wenn das Wetter es zuläßt, soll nach Möglichkeit dann gleich am Dienstagnachmittag der Voranstrich aufgetragen werden, damit er bis zum Hauptanstrich am Mittwoch über Nacht abtrocknen kann.

Ich bitte Sie daher, am Dienstagnachmittag wie folgt zu Hause zu sein:

Herr............., Familie............., Frau............., ab 14.00 Uhr

Frau............., Herr............., Herr............., ab 15.30 Uhr

Falls jemand zu dieser Zeit noch nicht zu Hause sein sollte, bitte ich, den Schlüssel bei jemand anderem im Haus (oder bei mir) abzugeben.

Mit freundlichen Grüßen

23. Schornsteinfeger-Terminschreiben

Betr.: Ihr Mietverhältnis   **23**
hier: Immissionsschutzmessung des Schornsteinfegers

Sehr geehrte…………………,

der Schornsteinfeger hat mir mitgeteilt, dass er / trotz wiederholter Ankündigung Ihre Wohnung nicht zur Durchführung der Immissionsschutzmessung der Gastherme betreten konnte.

Ich möchte Sie bitten, mit dem Schornsteinfeger einen Termin zu vereinbaren und ihn in Zukunft in die Wohnung zu lassen.

Die Messung ist gesetzlich vorgeschrieben.

/ Ich weise auch darauf hin, dass der Schornsteinfeger eine höhere Gebühr bzw. eine zusätzliche Wegegebühr berechnet, wenn er mehrmals kommen muss. Diese zusätzlichen Gebühren finden sich dann auf Ihrer Betriebskostenabrechnung wieder.

Mit freundlichen Grüßen

24. Mitteilung des Vermieters an Mieter bzgl. eines Handwerkertermins

Betr.: Ihr Mietverhältnis…   **24**
hier: Handwerkertermin

Sehr geehrte…………………,

/ wie bereits besprochen
/ wie bereits angekündigt
/ auf Ihren Wunsch hin
soll in Ihrer Wohnung folgende Maßnahme durchgeführt werden:………

………………………………………………………………………………………………
………………………………………………………………………………………………

Der / Die Handwerker hat / haben mir nun als Termin den................ ab............. Uhr genannt.

Bitte seien Sie an diesem Tag zu Hause oder geben Sie den Schlüssel bei einem Nachbarn im Haus ab. Bitte teilen Sie mir dann kurz mit, wo sich der Schlüssel befindet. Wenn es überhaupt nicht möglich ist, an diesem Tag den Handwerkertermin durchzuführen, bitte ich Sie, mir das baldmöglichst mitzuteilen! Handwerker, die vor verschlossenen Türen stehen, schreiben auch dafür Rechnungen.

Mit freundlichen Grüßen

25. Mitteilung des Vermieters über bevorstehende bauliche Maßnahmen und Ankündigung einer deswegen erfolgenden Mieterhöhung

25   Betr.: Ihr Mietverhältnis

hier: bauliche Maßnahmen (Modernisierungsmaßnahmen), Mieterhöhung

Sehr geehrte.....................,

ich beabsichtige, in Ihrer Wohnung / im Haus folgende bauliche Maßnahme vorzunehmen:

....

....

Dies ist auch für Sie von Vorteil, denn

....

....

Leider ist dies sehr kostenintensiv, und zwar in Höhe von............. EUR

Davon entfallen auf Ihre Wohnung voraussichtlich..........., berechnet wie folgt:................./ entsprechend dem anliegenden Kostenvoranschlag.

Der Gesetzgeber sieht vor, dass 11% dieser Kosten pro Jahr als Mieterhöhung auf die Kaltmiete (Grundmiete) aufgeschlagen werden können. In Ihrem Fall führt das zu einer Mieterhöhung um voraussichtlich......... EUR pro Monat. Ich bitte nochmals zu bedenken, dass die Maßnahme letztlich auch Ihnen zugute kommt.

Den genauen Erhöhungsbetrag werde ich Ihnen mitteilen, wenn die endgültigen Kosten bekannt sind.

Der / voraussichtliche Baubeginn wird am………./ im……….. sein.

Die Arbeiten sollen ca. ………… dauern, / wobei ich schon jetzt darauf hinweise, dass sich dieser Zeitraum, z. B. durch Unvorhergesehenes, verlängern kann.

Mit freundlichen Grüßen

26. Beispiel zu Brief Nr. 30: „Einbau neuer Fenster, Musterberechnung einer Modernisierungs- mieterhöhung"

Betr.: Ihr Mietverhältnis………………..   26

hier: bauliche Maßnahmen (Modernisierungsmaßnahmen), Mieterhöhung

Sehr geehrte…………………,

ich beabsichtige, im Haus folgende bauliche Maßnahme vorzunehmen:

Einbau von Kunststoff-Iso-Fenstern anstelle der bisherigen alten einfachverglasten Holzfenster.

Dies ist auch für Sie von Vorteil, denn die neuen isolierverglasten Fenster schließen sehr dicht. Dadurch, und durch die bessere Dämmstärke (sog. „k-Wert") der doppelt verglasten Isofenster können Sie Heizkosten einsparen. Außerdem bewirken die neuen Fenster einen verbesserten Schallschutz. Und schließlich sind die Kunststoffrahmen wartungsfreundlicher und pflegeleichter als die alten Holzrahmen; u. a. entfällt der lt. Mietvertrag von Ihnen als Teil der Schönheitsreparaturen übernommene Innenanstrich der Holzfensterrahmen.

Leider ist dies sehr kostenintensiv, und zwar wird sich der Betrag auf voraussichtlich rund 17.000,– EUR belaufen.

Davon entfallen auf Ihre Wohnung voraussichtlich 1.572,50 EUR entsprechend dem anliegenden Kostenvoranschlag, in dem die Material- und Lohnkosten nach Wohnungen getrennt aufgeführt sind.

Da sowieso eine Renovierung der alten Fenster (Neuanstrich und Neuer-kittung) erforderlich geworden wäre, die laut Kostenvoranschlag für Ihre Wohnung 250,– EUR gekostet hätte, verbleibt ein Betrag von 1.322,50 EUR.

Der Gesetzgeber sieht vor, dass 11% dieser Kosten pro Jahr als Mieterhö-hung auf die Kaltmiete (Grundmiete) aufgeschlagen werden können. In Ihrem Fall führt das zu einer Mieterhöhung von voraussichtlich 12,12 EUR pro Monat (11% von 1.322,50 EUR, geteilt durch 12 Monate). Ich bitte nochmals zu bedenken, dass die Maßnahme letztlich auch Ihnen zugute kommt.

Den genauen Erhöhungsbetrag werde ich Ihnen mitteilen, wenn die end-gültigen Kosten bekannt sind.

Der voraussichtliche Baubeginn wird am 15. Juli dieses Jahres sein.

Die Arbeiten sollen ca. 2 Wochen dauern, wobei ich schon jetzt darauf hin-weise, dass sich dieser Zeitraum, z. B. durch Unvorhergesehenes, verlängern kann.

Mit freundlichen Grüßen

27. Schreiben des Vermieters mit Mieterhöhungs-berechnung nach Fertigstellung der Modernisie-rungsmaßnahmen

27   Betr.: Ihr Mietverhältnis…………………..

Bezug: Mein Schreiben vom…………………..

hier: Mieterhöhung

Sehr geehrte…………………,

mit Schreiben vom………. hatte ich folgende Modernisierungsmaßnahmen angekündigt:………………………………………..

Diese Maßnahmen haben bewirkt, dass…………………………

Nach nunmehr erfolgter Fertigstellung der Baumaßnahmen teile ich Ihnen die endgültigen Kosten und die Mieterhöhung wie folgt mit:

Kosten insgesamt laut anliegender Rechnung: ……………

Davon entfallen auf Ihre Wohnung: …………………

/ entsprechend anliegender Rechnung: …………..

/ berechnet wie folgt: ……………………

11% davon werden gemäß § 559 BGB auf die Jahreskaltmiete (Jahres-grundmiete) aufgeschlagen,

das sind pro Monat:…

so dass Ihre neue monatliche Miete (bisherige monatliche Miete……….. EUR plus monatlicher Erhöhungsbetrag………. EUR plus unveränderte Be-triebskostenvorauszahlung/Betriebskostenpauschale……….. EUR) =………. EUR beträgt, zahlbar erstmals ab dem Monat…

/ Bitte ändern Sie Ihren Dauerauftrag entsprechend.

Abschließend möchte ich nochmals darauf hinweisen, dass die durch-geführten Maßnahmen Ihnen unmittelbar zugute kommen./ insbesondere durch / weil Sie nun……………………

Mit freundlichen Grüßen

28. Hinweis auf Lüftungsverhalten und Pflege nach Einbau neuer Fenster

Betr.: Lüftung der Wohnung und Pflege der neuen Kunststoff-Iso-Fenster   **28**

Sehr geehrte…………………,

die neu eingebauten Kunststoff-Iso-Fenster bedürfen gelegentlich der Pfle-ge (Säubern der Scharniere, Tropfen Öl). Sie werden sehen, dass sich die Fenster danach viel leichter und besser schließen lassen.

Außerdem waren die neuen Fenster sehr teuer, so dass sie auch eine lange Lebensdauer haben sollten.

Auf der anderen Seite kann aber beim Reinigen der Fenster zu viel des Guten schädlich sein. Die Kunststoffrahmen vertragen nicht jedes Mittel, insbesondere keine aggressiven Scheuermittel. Anliegend füge ich daher ein Merkblatt der Herstellerfirma bei mit der Bitte, diese Pflegeanleitung zu beachten.

Ganz wichtig ist, dass die neuen Fenster wesentlich dichter schließen als die alten. Deshalb ist ein stärkeres Lüften als vorher erforderlich. Um die natürliche Feuchtigkeit, die sich in jeder bewohnten Wohnung bildet, abzuführen (und damit ein gesundes Raumklima zu erhalten) ist es erforderlich, mindestens dreimal am Tag für einige Minuten eine Querlüftung (Stoßlüftung) der Wohnung durchzuführen.[8] / Außerdem füge ich – mit der Bitte um Beachtung – ein Merkblatt mit Tipps zum Heiz- und Lüftungsverhalten für Wohnungen mit dichtschließenden Isolierglasfenstern bei.[9]

So ist gewährleistet, dass Sie lange Freude an den neu eingebauten Fenstern haben werden.

Mit freundlichen Grüßen

29. Eingehen auf Mietminderungsschreiben / Mangelbesichtigungstermin

29 Betr.: Mietverhältnis..................... straße, Erdgeschoss /....... Obergeschoss

Bezug: Ihr Schreiben vom.................. bzgl. Mietmängeln
hier: AbhilfeSehr geehrte....................,

vielen Dank für Ihr Schreiben vom..................

Ich möchte mir die Sache zunächst einmal selbst ansehen, um zu entscheiden, ob ich die Reparatur selbst durchführen kann / selbst für Abhilfe sorgen kann oder ob ich einen Handwerker beauftragen muss.

Als Termin schlage ich den.............., um........ Uhr vor.

Bitte teilen Sie mir rechtzeitig mit, falls Ihnen der Termin nicht zusagen sollte, damit wir einen anderen Termin vereinbaren.

Mit freundlichen Grüßen

30. Eingehen auf Mietminderungsschreiben / Handwerkertermin

Betr.: Mietverhältnis........................ straße, Erdgeschoss /...... Obergeschoss **30**

Bezug: Ihr Schreiben vom… bzgl. Mietmängeln
hier: Abhilfe

Sehr geehrte....................,

vielen Dank für Ihr Schreiben vom…

Ich habe einen Handwerker, und zwar Herrn / die Firma.................. beauftragt, sich die Sache einmal anzusehen und einen gegebenenfalls vorhandenen Mangel abzustellen.

/ Der / Die Handwerker will / wollen am............,........ Uhr zu Ihnen kommen. Bitte teilen Sie mir rechtzeitig mit, falls Ihnen der Termin nicht zusagen sollte, damit ich mit den Handwerkern einen anderen vereinbaren kann (vergebliche Wege kosten unnütz Geld!).

/ Ich habe den / die Handwerker gebeten, direkt mit Ihnen einen Termin auszumachen. Falls sich binnen einer Woche kein Handwerker bei Ihnen gemeldet hat, rufen Sie mich bitte an, damit ich dort nachhaken kann.

Der / Die Handwerker ist / sind informiert, die Rechnung an mich zu senden.

Mit freundlichen Grüßen

31. Zurückweisung der Mietminderung als unbegründet

31   Betr.: Mietverhältnis........................ straße, Erdgeschoss /...... Obergeschoss

Bezug: Ihr Schreiben vom… bzgl. Mietmängeln
hier: Zurückweisung

Sehr geehrte....................,

die in Ihrem oben genannten Schreiben angedrohte Mietminderung / die von Ihnen vorgenommene Mietminderung ist unberechtigt, denn es liegt kein Mangel der Mietsache vor.

Davon konnte ich mich selbst überzeugen./ Dies hat mir der von mir beauftragte Handwerker / Bausachverständige mitgeteilt.

Sie sind der Ansicht,...

Tatsächlich ist es aber so,..

Sollten Sie die Mietminderung tatsächlich vornehmen, / Sollten Sie den Minderungsbetrag nicht bis zum............. nachüberweisen, müsste ich Zahlungsklage gegen Sie erheben.

Mit freundlichen Grüßen

32. Beispiel zu Brief Nr. 36: „Feuchtigkeit aufgrund unzureichender Lüftung"

Frau

Erna Mieterin

Mietstr.12

44225 Dortmund

Betr.: Mietverhältnis Mietstraße 12, II. Obergeschoss

Bezug: Ihr Schreiben vom 12.02.13 bzgl. Mietmängeln

hier: Zurückweisung

Sehr geehrte Frau Mieterin,

die in Ihrem oben genannten Schreiben angedrohte Mietminderung ist unberechtigt, denn es liegt kein Mangel der Mietsache vor. Davon konnte ich mich selbst überzeugen. Dies hat mir im Übrigen auch der von mir beauftragte Bausachverständige mitgeteilt.

Sie sind der Auffassung, dass die Außenwand des Schlafzimmers Wasser durchlässt, weil sich in den Fensterlaibungen schwarzer Schimmel gebildet hat.

Tatsächlich ist es aber so, dass ich auf Ihren ausdrücklichen Wunsch im letzten Jahr neue Kunststoff-Isolierverglasungsfenster eingebaut habe. Offenbar haben Sie danach Ihr Lüftungsverhalten nicht geändert. Während die alten Holz-Einfachverglasungsfenster von sich aus immer einen gewissen Luftaustausch in der Wohnung gewährleisteten, sind die neuen Fenster absolut luftdicht. Das stand auch in dem Merkblatt, das ich Ihnen nach Einbau der neuen Fenster ausgehändigt habe. Wenn man dann nicht genug lüftet, schlägt sich in kalten Räumen mit hoher Luftfeuchtigkeit – typischerweise ist das das Schlafzimmer – dann an manchen Stellen – typischerweise in den Fensterlaibungen und in den Zimmerecken – Feuchtigkeit nieder, auf der sich die in der Raumluft befindlichen Schimmelpilzsporen ansiedeln. Dies ist ein mittlerweile vielfach aufgetretenes und auch gerichtsbekanntes Phänomen beim Einbau neuer wärme- und schalldämmender Fenster.

Sie selbst können auf ganz einfache Art Abhilfe schaffen: mehr und regelmäßig lüften und ggf. höher heizen. Dazu ist beim Lüften ein mindestens dreimaliges Querlüften (Stoßlüften) über eine Dauer von jeweils einigen Minuten erforderlich. Eine permanente Lüftung mit Fenstern in Kippstellung ist dagegen eher kontraproduktiv, da dadurch die Fensterlaibung (der Baukörper) stark auskühlt, und sich dann nach dem Schließen der Fenster Feuchtigkeit an dieser dann kältesten Stelle des Raumes niederschlagen kann.

Das seinerzeit bereits übergebene Merkblatt füge ich nochmals mit der Bitte um Beachtung bei.

Sollten Sie die Mietminderung tatsächlich vornehmen, müsste ich Zahlungsklage gegen Sie erheben.

Mit freundlichen Grüßen

33. Begleitschreiben zur Betriebskostenabrechnung

33 Betr.: Betriebskostenabrechnung für das Jahr.........

Sehr geehrte....................,

anliegend erhalten Sie die Betriebskostenabrechnung für das Jahr.........

Die von Ihnen geleistete Überzahlung habe ich auf Ihr Konto überwiesen./ Bzgl. der von Ihnen geleisteten Überzahlung ist ein Verrechnungsscheck beigefügt.

/ Bitte leisten Sie die errechnete Nachzahlung bis zum.......... auf mein Konto IBAN.......... bei.......... BIC..............

Sie können die Abrechnungsunterlagen (Rechnungen der Versorgungsträger, Gebührenbescheide usw.) binnen 14 Tagen nach Zugang dieser Mitteilung nach vorheriger Terminabsprache bei mir einsehen.

/ Auch in diesem Jahr ist wieder einiges teurer geworden, angeführt von.......... mit einer Kostensteigerung von.........%. Ich bedaure diese auch weiter nach oben gerichtete Entwicklung, bitte Sie aber zu bedenken, dass ich daran nichts ändern kann. Im Gegenteil muss ich diesen Betrag über das Jahr gesehen zunächst einmal vorfinanzieren.

Mit freundlichen Grüßen

34. Erhöhung der Betriebskostenvorauszahlung; Inhalt: Nachzahlungsbetrag geteilt durch zwölf

Betr.: Erhöhung der Betriebskostenvorauszahlung ab dem 01.......... **34**

Sehr geehrte....................,

wie Sie aus der anliegenden Betriebskostenabrechnung, die mit einer Nachforderung geendet hat, ersehen konnten, reichen die monatlichen Vorauszahlungen nicht mehr aus, die Betriebskosten abzudecken.

Ich bitte Sie daher, die Betriebskostenvorauszahlung ab dem 1. des auf den Zugang dieses Briefes folgenden übernächsten Monats von.......... um.......... auf.......... EUR anzuheben.

Der monatliche Mehrbetrag errechnet sich aus der Nachforderung für das letzte Jahr geteilt durch zwölf.

Ich bedaure diese Kostensteigerung bei den Betriebskosten, bitte Sie aber zu bedenken, dass ich daran nichts ändern kann. Im Gegenteil muss ich diesen Betrag über das Jahr gesehen zunächst einmal vorfinanzieren.

Mit freundlichen Grüßen

35. Erhöhung der Betriebskostenvorauszahlung aufgrund einzeln berechneter Kostenerhöhungen einzelner Betriebskostenpositionen

Betr.: Erhöhung der Betriebskostenvorauszahlung ab dem 1. Januar...... **35**

Sehr geehrte....................,

wie Sie vielleicht schon aus der Presse entnehmen konnten,

/ haben die Versorgungsträger für das nächste Jahr Preiserhöhungen angekündigt

/ wird sich ab dem 1. Januar des nächsten Jahres die Mehrwertsteuer um......... Prozent erhöhen, was Auswirkungen auf die der Mehrwertsteuer unterliegenden Betriebskostenpositionen hat

/ wird sich ab dem.......... die Versicherungssteuer von.......... auf..........
Prozent erhöhen

/ wird sich ab dem.......... die Grundsteuer um.......... Prozent erhöhen

/..........

/ wird sich im nächsten Jahr die Gebäudeversicherung / Gebäudehaftpflicht
um.......... Prozent erhöhen.

/..........

Wenn man die Zahlen / und den Verbrauch des letzten Jahres zugrunde legt
und die angekündigten Preissteigerungen damit hochrechnet, ergibt sich –
gleich bleibenden Verbrauch unterstellt – folgende für das nächste Jahr zu
erwartende Mehrbelastung:

Wasser in diesem Jahr EUR..........

darauf angekündigte Preissteigerung von.......... Prozent

= voraussichtlich EUR.......... an Mehrkosten für Wasser

Grundsteuer in diesem Jahr EUR...

darauf angekündigte Gebührenerhöhung von.......... Prozent

= EUR.......... Mehrkosten bei der Grundsteuer im nächsten Jahr

....

Insgesamt ergibt sich aus der vorstehenden Berechnung für das nächste
Jahr ein Mehrbetrag von voraussichtlich.......... EUR, der durch die Betriebskostenvorauszahlungen zusätzlich abgedeckt werden muss.

Nach dem im Haus geltenden Umlageschlüssel für die Betriebskosten, und
zwar..........,
entfallen auf Ihre Wohnung von diesem Mehrbetrag EUR..........
pro Jahr bzw........... EUR pro Monat.

Ich bitte Sie daher, die Betriebskostenvorauszahlung ab dem ....
von.......... um.......... auf.......... EUR anzuheben.

Ich bedauere diese Kostensteigerung bei den Betriebskosten, bitte Sie aber
zu bedenken, dass ich daran nichts ändern kann.

Mit freundlichen Grüßen

36. Freundliche Erinnerung bei Mietrückstand

Betr.: Ihr Mietverhältnis..................... **36**
hier: Erinnerung

Sehr geehrte...................,

Ihre Miete für den Monat............ ist hier noch nicht eingegangen. Möglicherweise handelt es sich um ein Versehen; daher möchte ich Sie freundlich bitten, den Sachverhalt zu überprüfen und die Miete zu überweisen.

Mit freundlichen Grüßen

37. Erste Mahnung

Betr.: Ihr Mietverhältnis..................... **37**
hier: Mahnung

Sehr geehrte...................,

Ihre Miete für den Monat............. ist hier noch nicht eingegangen. Ich möchte Sie bitten, die Miete jetzt umgehend zu überweisen.

Für diese Mahnung ist ferner ein Unkostenersatz von.......... EUR zu zahlen.

Mit freundlichen Grüßen

38. Zweite Mahnung

38 Betr.: Ihr Mietverhältnis…………………..
Bezug: meine 1. Mahnung vom…………
hier: 2. Mahnung

Sehr geehrte…………………,

Ihre Miete für den Monat / die Monate………… ist hier immer noch nicht eingegangen.

Der Rückstand beträgt EUR………./ zuzügl. bisherige Mahnkosten EUR……….

Falls bis zum………… keine Zahlung erfolgt sein sollte, werde ich gerichtliche Schritte einleiten. Ich hoffe, dass dies nicht nötig sein wird.

Für diese 2. Mahnung wird ein Unkostenersatz von………. EUR erhoben, den Sie bitte mitüberweisen wollen.

Mit freundlichen Grüßen

39. Dritte Mahnung

39 Betr.: Ihr Mietverhältnis…………………..
Bezug: meine 1. Mahnung vom……….
meine 2. Mahnung vom……….
hier: 3. Mahnung

Sehr geehrte…………………,

Ihre Miete für den Monat / die Monate…………… ist hier immer noch nicht eingegangen.

Der Rückstand beträgt EUR………./ zuzügl. bisherige Mahnkosten EUR……….

Falls bis zum… keine Zahlung erfolgt sein sollte, werde ich Ihr Mietverhältnis gemäß den gesetzlichen Bestimmungen fristlos kündigen und vor Gericht die Zwangsräumung Ihrer Wohnung durchsetzen. Sie erhalten mit dieser Mahnung die endgültig letzte Gelegenheit, dies abzuwenden.

/ Für diese 3. Mahnung wird ein Unkostenersatz von.......... EUR erhoben, den Sie bitte mitüberweisen wollen.

Mit freundlichen Grüßen

40. Fristlose Kündigung wegen Zahlungsverzugs

Einschreiben mit Rückschein   40

Betr.: Ihr Mietverhältnis.......................

Bezug: meine Mahnung(en) vom.............

hier: fristlose Kündigung

Sehr geehrte…,

Sie sind – trotz Mahnung(en) – mit – insgesamt –...... Mieten, und zwar für die Monate............... im Rückstand.

Der Mietrückstand beträgt EUR..........

Daher kündige ich Ihnen das Mietverhältnis fristlos gem. §§ 543 Abs. 2 Nr. 3. a), 569 Abs. 3 Nr. 1. BGB mit sofortiger Wirkung.

Ich fordere Sie auf, die Wohnung binnen drei Tagen, also bis zum.......... zu räumen und die Schlüssel herauszugeben. Andernfalls würde ich sofort gerichtliche Hilfe in Anspruch nehmen, wodurch weitere Kosten auf Sie zukämen.

Vorsorglich widerspreche ich bereits jetzt einer stillschweigenden Verlängerung des Mietverhältnisses gem. § 545 BGB.

Hochachtungsvoll

41. Fristlose Kündigung wegen ständig schleppender Mietzahlung

41   Einschreiben mit Rückschein

Betr.: Ihr Mietverhältnis.......................
Bezug: meine Mahnung(en) vom.............
hier: fristlose Kündigung

Sehr geehrte.....................,

seit Monaten zahlen Sie ihre Miete nicht pünktlich. Laut Mietvertrag ist die Miete bis zum 3. Werktag eines jeden Monats (Eingang beim Vermieter) zu begleichen. Tatsächlich haben Sie die Mieten der letzten Monate wie folgt bezahlt:

Monat:	Zahlungseingang am:
05/2011	10.05.2011
06/2011	16.06.2011
08/2011	16.07.2011
09/2011	09.09.2011
10/2011	20.10.2011
11/2011	21.11.2011
12/2011	30.12.2011
01/2012	02.02.2012
02/2012	08.02.2012
03/2012	02.04.2012
04/2012	20.04.2012
05/2012	30.05.2012
06/2012	22.06.2012
07/2012	17.07.2012
08/2012	01.09.2012
09/2012	23.09.2012

Zudem haben Sie in jedem Fall die Miete erst gezahlt, nachdem Sie von mir mit Schreiben vom 6. eines jeden Monats gemahnt worden sind. In den

Monaten Januar, März und Mai 2012 erfolgte zusätzlich eine zweite Mahnung, jeweils am 20. des Monats.

Schließlich sind Sie mit Schreiben vom 10.7.2012 von mir darauf hingewiesen worden, dass Sie bei weiterhin schleppenden Mietzahlungen mit der fristlosen Kündigung des Mietverhältnisses rechnen müssen. Nachdem dennoch auch die nächsten beiden Mietzahlungen unpünktlich und erst nach Mahnung erfolgt sind, kündige ich Ihnen nunmehr das Mietverhältnis fristlos wegen ständig schleppender Mietzahlungen.

Vorsichtshalber kündige ich das Mietverhältnis außerdem aus den oben genannten Gründen hilfsweise fristgemäß zum.............

Ich fordere Sie aufgrund der fristlosen Kündigung auf, die Wohnung binnen drei Tagen, also bis zum............. zu räumen und die Schlüssel herauszugeben. Andernfalls würde ich sofort gerichtliche Hilfe in Anspruch nehmen, wodurch weitere Kosten auf Sie zukämen.

Vorsorglich widerspreche ich bereits jetzt einer stillschweigenden Verlängerung des Mietverhältnisses gem. § 545 BGB.

Hochachtungsvoll

42. Fristlose Kündigung aus wichtigem Grund

Einschreiben mit Rückschein   42

Betr.: Ihr Mietverhältnis.....................
hier: fristlose Kündigung

Sehr geehrte....................,

hiermit kündige ich Ihnen das Mietverhältnis fristlos aus wichtigem Grund gem. §§ 543, 569 BGB mit sofortiger Wirkung.

Am gestrigen Tage sprach ich nach Terminsankündigung zusammen mit den Mieterinnen Meier und Müller, die über und unter Ihnen im Haus wohnen, bei Ihnen vor. Ziel war es, in einem sachlichen Gespräch den in letzter Zeit durch Ihre bis spät in die Nacht reichenden Partys im Haus aufgekommenen Unfrieden einvernehmlich beizulegen. Sofort nach dem Klingeln haben Sie die Wohnungstür aufgerissen und mir ohne Vorwarnung mit der

319

Faust ins Gesicht geschlagen. Als ich daraufhin zu Boden fiel und Frau Meier mir zu Hilfe kommen wollte, haben Sie sie in den Unterleib getreten. Dazu haben Sie die beiden Damen als „Dirnen" und „Ziegen" beschimpft und mir gewünscht, dass ich „verrecken" möge.

Den anschließend herbeigerufenen Sanitätern haben Sie ins Gesicht gespuckt, bevor die Polizei Sie schließlich abgeführt hat.

Dieses Verhalten stellt eine so schwerwiegende schuldhafte Verletzung des Mietvertrags und eine so nachhaltige Störung des Hausfriedens dar, dass ein wichtiger Grund zur fristlosen Kündigung gegeben ist.

Ich fordere Sie auf, die Wohnung binnen drei Tagen, also bis zum.......... zu räumen und die Schlüssel herauszugeben. Andernfalls würde ich sofort gerichtliche Hilfe in Anspruch nehmen, wodurch weitere Kosten auf Sie zukämen.

Vorsorglich widerspreche ich bereits jetzt einer stillschweigenden Verlängerung des Mietverhältnisses gem. § 545 BGB.

Hochachtungsvoll

43. Fristlose Kündigung wegen vertragswidrigen Gebrauchs

43   Einschreiben mit Rückschein

Betr.: Ihr Mietverhältnis.....................
Bezug: meine Abmahnungen vom.............
hier:

Sehr geehrte.....................,

trotz Abmahnungen vom............. und vom............., wobei ich in der letzten Abmahnung auch bereits auf die Möglichkeit einer fristlosen Kündigung hingewiesen habe, setzen Sie den vertragswidrigen Gebrauch Ihrer Mietwohnung fort.

Am............. hatten Sie die aus vier Zimmern bestehende Wohnung für sich angemietet. Bereits einen Monat später haben Sie die Wohnung zimmerweise in der Zeitung annonciert und anschließend entsprechend an vier mir unbekannte Personen weitervermietet, um so durch die pro Zimmer eingenommene Miete einen kräftigen Schnitt gegenüber der von Ihnen an mich gezahlten Miete zu erzielen.

/ Nur vorsorglich darf ich darauf hinweisen, dass ich zu einer Zustimmung zur Untervermietung auch nicht verpflichtet gewesen wäre (wenn Sie mich denn, was nicht geschehen ist, überhaupt gefragt hätten). Nachvollziehbare Gründe für die Notwendigkeit einer Untervermietung sind von Ihnen weder vorgetragen noch ersichtlich.

Daher kündige ich Ihnen das Mietverhältnis fristlos gem. § 553 BGB mit sofortiger Wirkung.

Ich fordere Sie auf, die Wohnung binnen drei Tagen, also bis zum.............. zu räumen und die Schlüssel herauszugeben. Andernfalls würde ich sofort gerichtliche Hilfe in Anspruch nehmen, wodurch weitere Kosten auf Sie zukämen.

Vorsorglich widerspreche ich bereits jetzt einer stillschweigenden Verlängerung des Mietverhältnisses gem. § 545 BGB.

Hochachtungsvoll

44. Kündigung wegen Eigenbedarfs

Einschreiben mit Rückschein   **44**

Betr.: Ihr Mietverhältnis........................
hier: Kündigung

Sehr geehrte....................,

hiermit kündige ich das zwischen uns bestehende Mietverhältnis mit gesetzlicher Kündigungsfrist zum............. wegen Eigenbedarfs.

Wie Sie wissen, wohnt mein Sohn noch bei mir im Haushalt. Am............. wird er heiraten. Seine zukünftige Frau wohnt ebenfalls gegenwärtig noch im Haushalt ihrer Eltern. Außerdem ist bereits Nachwuchs unterwegs. Das Ehepaar benötigt sodann für sich und das Baby eine eigene Wohnung, die ich zur Verfügung stellen möchte.

Der Ordnung halber weise ich Sie darauf hin, dass Sie bei Vorliegen der in § 574 BGB genannten Voraussetzungen dieser Kündigung schriftlich bis zum.............(= *zwei Monate vor der Beendigung des Mietverhältnisses*) widersprechen können. Bis zu diesem Zeitpunkt muss Ihr Widerspruch bei mir eingegangen sein. Den Text der genannten Bestimmung füge ich in Ablichtung bei.

Vorsorglich weise ich außerdem darauf hin, dass ich mit einer stillschweigenden Verlängerung des Mietverhältnisses gem. § 545 BGB nicht einverstanden bin.

Mit freundlichen Grüßen

45. Fristgemäße Kündigung einer Einliegerwohnung

45 Einschreiben mit Rückschein

Betr.: Ihr Mietverhältnis.....................
hier: Kündigung

Sehr geehrte....................,

hiermit kündige ich das zwischen uns bestehende Mietverhältnis gem. § 573a BGB fristgemäß zum.............(*gesetzliche Kündigungsfrist plus weitere 3 Monate*).

Vorsorglich weise ich darauf hin, dass es gem. der o. g. Bestimmung vorliegend nicht der Darlegung eines berechtigten Interesses an der Kündigung bedarf, da Sie eine Einliegerwohnung in dem von mir selbst genutzten Haus bewohnen. Dieses Haus hat nur diese beiden Wohnungen.

Der Ordnung halber mache ich Sie darauf aufmerksam, dass Sie bei Vorliegen der in § 574 BGB genannten Voraussetzungen dieser Kündigung schriftlich bis zum.............(= *zwei Monate vor Beendigung des Mietverhältnisses*) widersprechen können. Bis zu diesem Zeitpunkt muss Ihr Widerspruch bei mir eingegangen sein. Den Text der genannten Bestimmung füge ich in Ablichtung bei.

Vorsorglich weise ich außerdem darauf hin, dass ich mit einer stillschweigenden Verlängerung des Mietverhältnisses gem. § 545 BGB nicht einverstanden bin.

Mit freundlichen Grüßen

46. Fristgemäße Kündigung von Nebenräumen

Einschreiben mit Rückschein   **46**

Betr.: Ihr Mietverhältnis......................
hier: Kündigung von Nebenräumen

Sehr geehrte....................,

hiermit kündige ich das zwischen uns bestehende Mietverhältnis lediglich wegen des Kellerraumes. Das heißt, die Kündigung erstreckt sich nur auf diesen Kellerraum. Die Kündigung erfolgt mit der in § 573b Abs. 2 BGB genannten Kündigungsfrist zum............

Die Kündigung ist gestützt auf § 573b Abs. 1 BGB. Der Keller des Hauses bietet aufgrund der Hanglage die Möglichkeit, darin eine Souterrainwohnung zu schaffen. Der Keller soll entsprechend ausgebaut und die neu geschaffene Wohnung sodann vermietet werden. Für diesen Fall ist nach der genannten gesetzlichen Bestimmung die Kündigung von nicht zum Wohnen bestimmten Nebenräumen zulässig. Ich bitte insoweit um Verständnis, da letztlich eine neue Wohnung geschaffen wird.

/Wegen des Wegfalls des Kellers ermäßigt sich Ihre Kaltmiete um............. EUR.[10]

Der Ordnung halber weise ich Sie darauf hin, dass Sie bei Vorliegen der in § 574 BGB genannten Voraussetzungen dieser Nebenraum-Kündigung schriftlich bis zum.............(= *zwei Monate vor Beendigung des Mietverhältnisses*) widersprechen können. Bis zu diesem Zeitpunkt muss Ihr Widerspruch bei mir eingegangen sein. Den Text der genannten Bestimmung füge ich in Ablichtung bei.

Vorsorglich weise ich außerdem darauf hin, dass ich mit einer stillschweigenden Verlängerung des Mietverhältnisses gem. § 545 BGB bzgl. des gekündigten Kellerraums nicht einverstanden bin.

Mit freundlichen Grüßen

47. Hinweis des Vermieters auf Kündigungsfristen

47 Betr.: Mietverhältnis Schönstr. 3, I. OG links
hier: Ihre Kündigung vom…………

Sehr geehrte…………………,

Ihre o. g. Kündigung zum Ende der Woche habe ich erhalten.

Ich darf Sie darauf hinweisen, dass gemäß den gesetzlichen Bestimmungen
für Ihre Wohnung eine Kündigungsfrist bis zum………… besteht.

Ich weise der Ordnung halber darauf hin, dass Ihre Kündigung, auch wenn
Sie einen früheren Termin nennt, daher erst zum………… wirksam wird.

/ Unabhängig davon werde ich mich – ohne Anerkennung einer dahin geh-
enden Rechtspflicht – darum bemühen, so schnell wie möglich einen anderen Mieter zu finden, damit das Mietverhältnis mit Ihnen dann einvernehmlich früher beendet werden kann. Die Chancen darauf steigen, wenn auch
Sie sich Ihrerseits um einen Nachmieter bemühen, wobei ich mir allerdings
die Prüfung der Geeignetheit des Nachmieters vorbehalten muss.

Mit freundlichen Grüßen

48. Garagenkündigung durch Vermieter

48 Betr.: Mietverhältnis Garage………… straße
hier: Kündigung

Sehr geehrte…………………,

hiermit kündige ich das Garagenmietverhältnis mit der im Mietvertrag genannten Frist zum…………

Bitte geben Sie den / die Schlüssel rechtzeitig zurück.

Mit freundlichen Grüßen

49. Nichteinverständnis mit stillschweigender Verlängerung

Betr.: Mietvertrag vom.............

Bezug: Mein Kündigungsschreiben vom...........

Sehr geehrte....................,

da Sie Ihre Wohnung trotz Kündigung nicht pünktlich geräumt haben, muss ich Ihnen – vorsichtshalber – der Ordnung wegen gem. § 545 BGB mitteilen, dass ich mit einer Verlängerung des Mietverhältnisses nicht einverstanden bin.

Sollten Sie die Wohnung nicht bis zum............. geräumt haben, werde ich unverzüglich Räumungsklage gegen Sie erheben.

Hochachtungsvoll

50. Zurückweisung des Mieterwiderspruchs durch den Vermieter, da Recht zur fristlosen Kündigung; Androhung der Räumungsklage

Betr.: Mietvertrag vom...

Bezug: Mein Kündigungsschreiben vom.............

Ihr Widerspruch vom...

Sehr geehrte....................,

Ihr Widerspruch gegen die Kündigung vom............. zum............. ist unbeachtlich, da für die Kündigung ein Grund vorlag, der mich zur Kündigung ohne Einhaltung einer Kündigungsfrist, also zu einer fristlosen Kündigung berechtigt hat.

Denn die Kündigung war gestützt auf

/ einen zweimonatigen Mietrückstand

/ wiederholt unpünktliche, schleppende Mietzahlung, wie im Einzelnen im Kündigungsschreiben aufgeführt

/.............................

Falls Sie die Wohnung nicht bis zum............. geräumt und die Schlüssel zurückgegeben haben sollten, werde ich Räumungsklage erheben.

Vorsorglich widerspreche ich auch nochmals einer stillschweigenden Verlängerung des Mietverhältnisses gem. § 545 BGB.

Mit freundlichen Grüßen

51. Zurückweisung des Mieterwiderspruchs bei Eigenbedarfskündigung aufgrund Interessenabwägung

51 Betr.: Mietvertrag vom.............

Bezug: Mein Kündigungsschreiben vom.............

Ihr Widerspruch vom.............

Sehr geehrte....................,

Auch Ihr Widerspruch gegen die Kündigung vom............. zum............. vermag die Kündigung nicht unwirksam zu machen. Denn bei einer Abwägung der von Ihnen vorgebrachten Widerspruchsgründe – höhere Miete einer neuen Wohnung, weiterer Weg zur Arbeit – mit meinen berechtigten Interessen ergibt sich ein Überwiegen der Letzteren.

Wie bereits im Kündigungsschreiben ausgeführt, wohne ich selber noch zur Miete. Das Haus wird im August abgerissen. Dann würden meine Frau und ich auf der Straße stehen. Wir brauchen Ihre Wohnung für uns selbst. Auch muss es gerade Ihre Wohnung sein, da meine Frau wegen ihrer Gehbehinderung nur in eine Parterre-Wohnung ziehen kann. Ergänzend und zur Vermeidung von Wiederholungen nehme ich auf die ausführliche Begründung in dem Kündigungsschreiben Bezug.

Ich bedaure diesen Interessenkonflikt, muss Sie aber bei allem Verständnis für Ihre Situation zur pünktlichen Räumung der Wohnung auffordern. Ansonsten müsste ich Räumungsklage erheben.

Vorsorglich widerspreche ich auch nochmals einer stillschweigenden Verlängerung des Mietverhältnisses gem. § 545 BGB.

Mit freundlichen Grüßen

52. Schlüsselquittung

Schlüsselquittung: **52**

Hiermit wird bestätigt, dass Herr Fritz Maier sämtliche das Mietverhältnis Franz Vermieter – Fritz Maier betreffende Schlüssel der Wohnung Dornhauser Str. 12, Treustadt, zurückgegeben hat, und zwar:
– zwei Haustürschlüssel
– zwei Wohnungsschlüssel
– zwei Briefkastenschlüssel
– einen Kellerschlüssel.

Treustadt, den.............

Franz Vermieter

53. Protokoll Wohnungsübergabe (I: Mieter an Vermieter, mangelfreie Übergabe)

Protokoll über die Übergabe der Wohnung: **53**
Traustr. 33, Treustadt

Datum der Wohnungsübergabe und der Erstellung dieses Protokolls:
....

Die Wohnung wurde vom Mieter an den Vermieter übergeben.

Der Vermieter hat die Wohnung besichtigt und bestätigt mangelfreie Übergabe.

Der Vermieter quittiert mit seiner Unterschrift außerdem den Erhalt sämtlicher Schlüssel.

/ Die Zählerstände wurden gemeinsam wie folgt abgelesen:

....

Treustadt, den.............

....
(Vermieter)   *(Mieter)*

327

54. Protokoll Wohnungsübergabe (II: Mieter an Vermieter, mit Mängelfeststellungen)

54 Protokoll über die Übergabe der Wohnung:

Traustr. 33, Treustadt

Datum der Wohnungsübergabe und der Erstellung dieses Protokolls: 30.1.2013

Die Wohnung wurde vom Mieter an den Vermieter übergeben.

Es wurden folgende Mängel einvernehmlich festgestellt:

1) Im Badezimmer ist oberhalb des Waschbeckens eine Fliese zersplittert.

2) Die Kinderzimmertür ist mit Folienbildern beklebt.

Ansonsten ist die Wohnung mangelfrei.

Es wurden folgende Vereinbarungen getroffen:

zu 1) Der Mieter erklärt sich damit einverstanden, dass zum Ausgleich der Beschädigung von der Kaution 20,– EUR durch den Vermieter einbehalten werden.

zu 2) Der Mieter wird die Folienbilder am 31.1.2013 rückstandslos entfernen.

Die Schlüsselrückgabe soll am 31.1.2013 nach Ausführung von 2) erfolgen.

/ Die Zählerstände wurden gemeinsam wie folgt abgelesen:

....

Treustadt, den 31.1.2013

....

(Vermieter)   *(Mieter)*

55. Protokoll Wohnungsübergabe (III: Vermieter an Mieter, mangelfreie Übergabe)

Protokoll über die Übergabe der Wohnung: **55**

Traustr. 33, Treustadt

Datum der Wohnungsübergabe und der Erstellung dieses Protokolls: 31.1.2013

Die Wohnung wurde vom Vermieter an den Mieter übergeben.

Der Mieter hat die Wohnung besichtigt und bestätigt mangelfreie Übergabe, / auch hinsichtlich der im Mietvertrag im Einzelnen aufgeführten Möblierung.

Der Mieter quittiert mit seiner Unterschrift außerdem den Erhalt sämtlicher im Mietvertrag aufgeführten Schlüssel.

/ Die Zählerstände wurden gemeinsam wie folgt abgelesen:

....

Treustadt, den 31.1.2013

....
(Vermieter) *(Mieter)*

56. Protokoll Wohnungsübergabe (IV: Vermieter an Mieter, mit Mängelfeststellungen)

Protokoll über die Übergabe der Wohnung: **56**

Traustr. 33, Treustadt

Datum der Wohnungsübergabe und der Erstellung dieses Protokolls: 30.1.2013

Die Wohnung wurde vom Vermieter an den Mieter übergeben.

Es wurden folgende Mängel einvernehmlich festgestellt:

1) Im Badezimmer ist oberhalb des Waschbeckens eine Fliese zersplittert.

2) Die Kinderzimmertür schließt nicht, sie schrappt über den Boden.

Ansonsten ist die Wohnung mangelfrei.

Es wurden folgende Vereinbarungen getroffen:

Der Vermieter wird die Mängel bis zum… beseitigen lassen./ Sollte der Vermieter die Frist nicht einhalten, einigen die Parteien sich schon jetzt wegen der festgestellten Mängel auf eine Mietminderung von 20,– EUR für jeden angefangenen Monat, in dem die Mängel noch bestehen.

/ Der Mieter wird die Mängel in Eigenregie beseitigen.

/ Der Vermieter gewährt dafür für die erste Miete einen Nachlass von............. EUR.

Der Mieter quittiert mit seiner Unterschrift außerdem den Erhalt sämtlicher im Mietvertrag aufgeführten Schlüssel.

/ Die Zählerstände wurden gemeinsam wie folgt abgelesen:

....

Treustadt, den 31.1.2013

....

(Vermieter)   *(Mieter)*

57. Abrechnungsschreiben Mietkaution mit Teileinbehalt für Betriebskostennachforderung

57   Betr.: Mietverhältnis Schönstr. 3, I. OG links
Bezug: Telefongespräch vom 12.12.2012
hier: Kaution

Sehr geehrte.....................,

anliegend übersende ich Ihnen einen Verrechnungsscheck über die Kaution (samt Zinsen). Wie telefonisch einvernehmlich besprochen, habe ich zunächst 25,– EUR bis zur Erstellung der Jahresbetriebskostenabrechnung einbehalten, da dieses Jahr wegen gestiegener Müllabfuhrgebühren voraussichtlich mit einer Nachzahlung durch die Mieter gerechnet werden muss.

Die 25,– EUR werde ich daher wie besprochen als weitere Betriebskostenvorauszahlung in der Jahresbetriebskostenabrechnung gutschreiben. Einen eventuell verbleibenden Betrag erhalten Sie dann zusammen mit der Abrechnung zurück.

Eine Kopie des entwerteten Kautionssparbuchs habe ich zu Ihrer Kenntnisnahme beigefügt.

Ich bedanke mich für das stets angenehme Mietverhältnis. In Ihrer neuen Wohnung wünsche ich Ihnen alles Gute.

Mit freundlichen Grüßen

58. Abrechnungsschreiben Mietkaution mit Teileinbehalt für Beschädigungen in der Wohnung

Betr.: Mietverhältnis Schönstr. 3, I. OG links   **58**
Bezug: Wohnungsübergabe vom 29.11.2012
hier: Kaution

Sehr geehrte…………………,

anliegend übersende ich Ihnen einen Verrechnungsscheck über die Kaution (samt Zinsen). Ich habe 20,– EUR einbehalten.

Wie wir bei der Wohnungsrückgabe festgestellt hatten, war der linke Spiegel des Badezimmerschranks, der zur Mietwohnung gehört, gesprungen. Ich habe für 20,– EUR einen neuen gekauft und eingesetzt.

Die Rechnung für den Spiegel und eine Kopie des entwerteten Kautionssparbuchs füge ich zu Ihrer Kenntnisnahme bei.

Mit freundlichen Grüßen

59. Abrechnungsschreiben Mietkaution

Betr.: Mietverhältnis Schönstr. 3, I. OG links   **59**
hier: Kaution

Sehr geehrte…………………,

anliegend übersende ich Ihnen einen Verrechnungsscheck über die Kaution nebst Kautionszinsen in Höhe von insgesamt 1.034,56 EUR.

Eine Kopie des entwerteten Kautionssparbuchs habe ich zu Ihrer Kenntnisnahme beigefügt.

Mit freundlichen Grüßen

60. Ablehnung der Zinszahlung auf Kaution bei Garagenmiete

60   Betr.: Mietverhältnis Schönstr. 3, Garage Nr. 12

Bezug: Ihr Schreiben vom 5.9.2012

hier: Kaution

Sehr geehrte.....................,

mit Schreiben vom 5.9.2012 monieren Sie, dass Ihnen die Kaution ohne Zinsen überwiesen worden ist.

Ein Fehler liegt jedoch nicht vor.

Die von Ihnen genannte gesetzliche Verpflichtung zur Verzinsung von Kautionen besteht gem. § 551 BGB nur für Wohnraummietverhältnisse. Vorliegend handelte es sich jedoch um eine Kaution für eine von Ihnen gemietete Garage.

Im Garagenmietvertrag (§ 4) ist die Verzinsung der Kaution ausdrücklich ausgeschlossen worden. Diese Bestimmung im Formularmietvertrag begegnet bei Garagenmietverhältnissen auch keinen Bedenken.

Ihrer Forderung zur Zahlung von Zinsen auf die Kaution kann ich daher nicht entsprechen.

Mit freundlichen Grüßen

II. Formulare und Checklisten

In diesem Teil finden Sie Hilfen für den Vermietungsalltag. Sie können die nachstehenden Beispielformulare ggf. auch als Anregung für die Erstellung eigener Formulare verwenden. Erläuterungen und Anmerkungen zu den Formularen und Checklisten finden Sie jeweils in den Fußnoten.

1. Datenblatt Erreichbarkeit Wohnungsmieter[11]

61   Objekt (Mietshaus)

Nachname	Vor-name	Tel. priv.	Arbeit-geber	Tel. dienstl.	Handy	Fax	E-mail	Schlüssel notfalls bei

2. Datenblatt Wohnungen (I)[12]

62   Objekt (Wohnungen):

Lage	qm	Zimmerzahl	Küche	Bad	Balkon
EG links					
EG rechts					
1. OG links					
1. OG rechts					
2. OG links					
2. OG rechts					
3. OG links					
3. OG rechts					
DG links					
DG rechts					

3. Datenblatt Wohnungen (II)[13]

Objekt (Wohnungen): 63

Lage	qm	Zimmer-zahl	Küche	Bad	Balkon	Kabel-/Sat-TV	Heizungs-art	Keller

4. Datenblatt Wohnungen (III)[14]

Objekt (Wohnungen): 64

Lage	Mieter	qm	Kalt-miete	EUR/qm kalt	Betriebskosten-vorauszahlung	Sonstiges	Gesamt

5. Datenblatt Garagenmieter[15]

Objekt (Garagenhof): 65

Nachname	Vorname	Anschrift/Tel.	Garage Nr.	Pkw	Amtl. Kenn-zeichen

6. Mietkontrollblatt[16]

66   **Objekt:**

Jahr:

Name	Betrag	Ab	Jan.	Feb.	März	Apr.	Mai	Juni

Name	Betrag	Ab	Juli	Aug.	Sept.	Okt.	Nov.	Dez.

7. Belegungsdiagramm eines Hauses (I)[17]

67   **Objekt:**

Jahr:

Wohnung links	Wohnung rechts

8. Belegungsdiagramm eines Hauses (II)[18]

Objekt: 68

Jahr:

Wohnung links	Wohnung Mitte	Wohnung rechts

9. Datenblatt Gebäudeverträge und -bescheide[19]

Objekt (Mietshaus): 69

Ver-trag	Vertragspartner	Vertragsnummer/Kassenzeichen	Tele-fon Nr.	Persönl. Ansprechpartner	Beitrag/Abschlag

10. Datenblatt Belastungen (I)[20]

Objekt (Mietshaus): 70

Stand:

Bank	Valuta	Zinssatz	Tilgung	Monatl. Rate	Prolongation am

11. Datenblatt Belastungen (II)[21]

71 **Objekte:**

Stand:

Straße	Stadt	Anzahl Wohnungen	Darlehens-belastung	Kaltmiete-einnahme	Nebenkos-tenvoraus-zahlung

12. Datenblatt Handwerker[22]

72 **Objekt (Mietshaus):**

Fa.	für	Anschrift	Tel.	pers. An-sprechpartner

13. Datenblatt Objektdaten[23]

73	Objekt	☐ Mehrfahmilienhaus ☐ Einfamilienhaus ☐ Doppelhaushälfte ☐ Ferienhaus ☐ Eigentumswohnung ☐ Garagenhof ☐ Einzelgarage ☐ (TG-) Stellplatz
	Anschrift	

Grundbuchbezeichnung	
Eigentumsverhältnisse	☐ Eigentum ☐ Teileigentum ☐ Erbpacht
Eigentümer/Erbpachtberechtigter	
Grundstücksgröße	m²
Gebäudegröße	m²
Umbauter Raum	m³
Garagen/Stellplätze	☐ ja, Anzahl: ☐ nein
Umbauter Raum	m³
Baujahr	
Renovierungsjahr	
Art der Renovierung	
Bauart	☐ Mauerwerk ☐ Fertigbauweise ☐ Fachwerkhaus ☐ Holzhaus ☐ Sonstiges:
Dach	☐ Ziegel ☐ Betondachsteine ☐ Schiefer ☐ Reetdach ☐ Sonstiges:
Etagenzahl	
Dachgeschoss ausgebaut	☐ ja ☐ nein
Anzahl Wohnungen (unmöbliert)	
Anzahl Wohnungen (möbliert)	
Balkone	☐ ja, Anzahl: ☐ nein.
Keller	☐ ja ☐ nein

Heizung	☐ Zentralheizung Gas ☐ Zentralheizung Öl ☐ Gasthermen in jeder Wohnung ☐ Nachtspeicher ☐ Kohleöfen ☐ Fernwärme ☐ Wärmecontracting ☐ Sonstige:
Fenster	☐ Holz ☐ Kunststoff ☐ Alumnium ☐ Isolierverglasung ☐ Einfachverglasung
Geschossdecken	☐ Beton ☐ Kappendecken ☐ Holz ☐ Sonstiges:
Hausflur	☐ Steintreppenhaus ☐ Holztreppenhaus
Elektroinstallation	☐ Drehsicherungen ☐ Sicherungsautomaten ☐ Sonstiges:
Wasserinstallation	☐ Eisenleitungen ☐ Kupferleitungen
Bäder	☐ gefliest ☐ Sonstiges:
Fernsehen	☐ Haus verkabelt ☐ Haus-Satellitenanlage ☐ Hausantenne ☐ Sonstiges:
Garten	☐ ja: m^2 ☐ nein
Sonstige Ausstattungsmerkmale	

Umgebung	☐ Haltestelle Nahverkehr, Entfernung:
	☐ Parkmöglichkeiten, Entfernung:
	☐ Einkaufsmöglichkeiten, Entfernung:
	☐ Schule: _____ , Entfernung:
	☐ Sonstiges

14. Ermittlung der eigenen monatlichen Belastbarkeit[24]

		74
Einnahmen:		
ausgezahltes Gehalt[25]		
ausgezahltes Gehalt Ehepartner		
Zinseinnahmen[26]		
Einnahmen aus Vermietung und Verpachtung		
Sonstige Einnahme aus		
Ausgaben:		

15. Angebotsvergleich Hausfinanzierung[27]

Bank	Laufzeit	Kurs	Zinssatz	Tilgung	Einmalige Gebühren	Kontoführungsgebühren	Mögliche Sondertilgung	75

16. Mehrzweckformular Kurzbrief[28]

76   Betr.: Vertragsnr/Versichergsnr/Kundennr/Aktenzeichen

Bezug:
- ☐ Ihr/Mein Schreiben vom
- ☐ Ihr/Mein Anruf vom
- ☐ Ihr Zeichen

hier:

Kurzbrief

Sehr geehrte Dame, Sehr geehrter Herr,

das/die beiliegende(n) Schriftstück(e) übersende ich
- ☐ mit der Bitte um Kenntnisnahme
- ☐ mit der Bitte um Stellungnahme
- ☐ mit der Bitte um Erledigung
- ☐ mit der Bitte um Zahlung
- ☐ mit der Bitte um Weiterleitung
- ☐ mit der Bitte um Unterzeichnung
- ☐ mit der Bitte um Rückgabe
- ☐ mit der Bitte um Rückruf bis zum..........
- ☐ zum Verbleib
- ☐ nach Erledigung zurück
- ☐ mit Dank zurück
- ☐ ergänzende Bemerkungen:

Mit freundlichen Grüßen

Kto IBAN................. Bank................. BIC.................

17. Mahnformular[29]

Betr.: Ihr Mietverhältnis…   77
hier:
☐ 1. Mahnung
☐ 2. Mahnung
☐ 3. Mahnung

Sehr geehrte…………………,

gemäß dem zwischen uns geschlossenen Mietvertrag ist Ihre Miete bis zum
3. Werktag eines jeden Monats an mich zu zahlen. Ihre Miete für

☐ den Monat……………..
☐ die Monate……………..

ist hier noch nicht eingegangen.

Der Rückstand beträgt EUR……….

☐ zuzügl. bisherige Mahnkosten EUR……….
☐ Für diese Mahnung ist ferner ein Unkostenersatz von………. EUR zu
   zahlen.

Insgesamt überweisen Sie daher bitte umgehend………. EUR.

☐ Falls bis zum………. keine Zahlung erfolgt sein sollte, werde ich gerichtliche Schritte einleiten. Ich hoffe, dass dies nicht nötig sein wird.
☐ Falls bis zum………. keine Zahlung erfolgt sein sollte, werde ich Ihr
   Mietverhältnis gemäß den gesetzlichen Bestimmungen fristlos kündigen
   und vor Gericht die Zwangsräumung Ihrer Wohnung durchsetzen. Sie
   erhalten mit dieser Mahnung die endgültig letzte Gelegenheit, dies abzuwenden.

Mit freundlichen Grüßen

18. Quittungsformular[30]

78 QUITTUNG

– ZUTREFFENDES ANKREUZEN, NICHTZUTREFFENDES STREICHEN! –

EUR...............(in Worten:........................)

☐ als Kaution
☐ als Anzahlung auf die Kaution
☐ als Miete für den Monat.................
☐ als Betriebskostenvorauszahlung
☐ als Betriebskostennachzahlung für das Jahr.........
☐ als (Schadens)ersatz für.............................
☐ ....

dankend erhalten.

.... den.................
(Ort)   *(Datum)*

....
(Unterschrift)

19. Checkliste: Voraussetzungen einer Mieterhöhung nach §§ 558 ff. BGB (ortsübliche Vergleichsmiete)

Negative Voraussetzungen: 79

- ☐ Kein Staffelmietvertrag
- ☐ Kein Zeitmietvertrag mit fester Miete
- ☐ Kein Ausschluss der Mieterhöhung durch Vereinbarung
- ☐ Kein preisgebundener (sozialer) Wohnungsbau
- ☐ Kein Wohnraum, der zu nur vorübergehendem Gebrauch vermietet ist
- ☐ Kein Wohnraum, der Teil der vom Vermieter selbst bewohnten Wohnung ist und den der Vermieter überwiegend mit Einrichtungsgegenständen auszustatten hat, sofern der Wohnraum dem Mieter nicht zum dauernden Gebrauch mit seiner Familie oder mit Personen überlassen ist, mit denen er einen auf Dauer angelegten gemeinsamen Haushalt führt
- ☐ Kein Wohnraum, der Teil eines Studenten- oder Jugendwohnheims ist

Positive Voraussetzungen:

- ☐ Mietverhältnis über Wohnraum
- ☐ Textform der Mieterhöhungserklärung
- ☐ Zugang beim Mieter
- ☐ Begründung durch
    - ☐ einfacher Mietspiegel oder
    - ☐ qualifizierter Mietspiegel oder
    - ☐ Auskunft aus einer Mietdatenbank oder
    - ☐ mit Gründen versehenes Gutachten eines öffentlich bestellten und vereidigten Sachverständigen oder
    - ☐ mindestens drei Vergleichsmieten
- ☐ Geltendmachung frühestens ein Jahr nach der letzten Mieterhöhung
- ☐ Überlegungsfrist des Mieters (ab Zugang des Erhöhungsverlangens bis zum Beginn des dritten Kalendermonats nach Zugang) gewahrt
- ☐ Miete muss in dem Zeitpunkt, zu dem die Erhöhung eintreten soll, seit mindestens 15 Monaten unverändert sein
- ☐ Mieterhöhung vom Eintritt der jetzigen Mieterhöhung an zurückgerechnet nicht mehr als 20% bzw. in durch Rechtsverordnung bestimmten Gebieten 15% über der Miete vor drei Jahren

20. Checkliste: Voraussetzungen einer Mieterhöhung nach §§ 559 ff. BGB (wegen Modernisierung)

80 **Negative Voraussetzungen:**

☐ Kein Staffelmietvertrag
☐ Kein Zeitmietvertrag mit fester Miete
☐ Kein Ausschluss der Mieterhöhung durch Vereinbarung
☐ Kein preisgebundener (sozialer) Wohnungsbau
☐ Kein Wohnraum, der zu nur vorübergehendem Gebrauch vermietet ist
☐ Kein Wohnraum, der Teil der vom Vermieter selbst bewohnten Wohnung ist und den der Vermieter überwiegend mit Einrichtungsgegenständen auszustatten hat, sofern der Wohnraum dem Mieter nicht zum dauernden Gebrauch mit seiner Familie oder mit Personen überlassen ist, mit denen er einen auf Dauer angelegten gemeinsamen Haushalt führt
☐ Kein Wohnraum, der Teil eines Studenten- oder Jugendwohnheims ist
☐ Keine Durchführung reiner Instandhaltungen oder Instandserzungsetzungen (Erhaltungsmaßnahmen)
☐ Keine Härte für den Mieter nach § 559 Abs. 3 BGB

Positive Voraussetzungen:

☐ Mietverhältnis über Wohnraum
☐ Durchführung von Modernisierungsmaßnahmen
☐ „bauliche" Maßnahmen
☐ Gegenstand der Maßnahmen:
    ☐ Nachhaltige Einsparung von Endenergie in Bezug auf die Mietsache oder
    ☐ Nachhaltige Reduzierung des Wasserverbrauchs
    ☐ Nachhaltige Erhöhung des Gebrauchswerts der Mietsache oder
    ☐ Dauerhafte Verbesserung der allgemeinen Wohnverhältnisse oder
    ☐ Andere bauliche Maßnahmen aufgrund von Umständen, die der Vermieter nicht zu vertreten hat, und die keine Erhaltungsmaßnahmen sind
    ☐ Vorherige Ankündigung der Maßnahmen nach § 555c BGB (sonst ggf. späterer Eintritt der Mieterhöhung nach Maßgabe des § 559b Abs. 3 BGB)
☐ Textform der Mieterhöhungserklärung

☐ Zugang beim Mieter
☐ Nachvollziehbare Erläuterung der Maßnahmen und der Voraussetzungen ihrer Umlegbarkeit
☐ Nachvollziehbare Berechnung und Aufteilung der Kosten auf die einzelnen Mietwohnungen
☐ Mieterhöhung um 11% der Aufwendungen pro Jahr
☐ Ggf. Abzug ohnehin anstehender Renovierungen
☐ Ggf. Abzug von Zuschüssen (z. B. der öffentlichen Hand, von Mieterdarlehen, vgl. § 559a BGB)
☐ Fristen des § 559b Abs. 2 BGB gewahrt

21. Checkliste für das Ausfüllen eines Mietvertragsformulars

☐ Formular vollständig ausgefüllt 81
 ☐ insbesondere Höhe der Kaltmiete eingesetzt
 ☐ insbesondere Höhe der Betriebskostenvorauszahlung eingesetzt
 ☐ insbesondere (falls das vereinbart werden soll) Staffelmietvereinbarung ausgefüllt
 ☐ insbesondere Höhe der Kaution eingesetzt
 ☐ insbesondere Konto des Vermieters für Überweisungen eingesetzt
 ☐ insbesondere Beginn des Mietverhältnisses eingesetzt
☐ Nichtzutreffendes gestrichen
☐ Besonderheiten der Wohnung berücksichtigt
☐ Auf eventuelle Mängel der Wohnung und des Hauses hingewiesen, verbunden mit Erklärung des Mieters, dass er diesen Zustand als vertragsgemäß akzeptiert
☐ Daten des Mieters vollständig erfasst
 ☐ insbesondere bisherige Wohnanschrift
 ☐ insbesondere Erreichbarkeit für Notfälle
 ☐ insbesondere Kontoverbindung des Mieters
 ☐ insbesondere Arbeitgeber des Mieters
☐ Ggf. mündliche Erklärungen, Zusatzabsprachen anlässlich der Vertragsverhandlungen auch im schriftlichen Vertrag erfasst
☐ Datum und Unterschriften unter Mietvertrag
☐ Ggf. Datum und Unterschriften unter Zusatzblatt

22. Checkliste Wohnungsrückgabe

82 ☐ Wohnung gemeinsam gründlich auf evtl. Schäden durchgegangen
☐ Nebenräume (Keller, Dach, Garage) leergeräumt
☐ Ggf. Mängelprotokoll gefertigt
☐ Datum und Unterschriften unter Mängelprotokoll
☐ Zählerstände abgelesen
☐ Alle Schlüssel zurückerhalten
☐ Neue Anschrift des Mieters erfasst
☐ Bankverbindung des Mieters für Rücküberweisung Kaution erfasst
☐ Ggf. bereits anlässlich der Wohnungsübergabe erfolgte Kautions(teil)rückzahlung quittieren lassen

III. Vertragsmuster

In diesem Teil finden Sie jeweils kurze inhaltliche Beschreibungen der einzelnen Musterverträge, die Ihnen die Auswahl erleichtern sollen, sowie anschließend den Text der Musterverträge.

1. Wohnraummietvertrag auf unbestimmte Zeit

Ein sehr ausführlicher Vertrag, den Sie besonders sorgfältig selbst 83 durchdenken sollten. Ein Mietverhältnis ist – anders als z. B. ein einmaliger Kaufvertrag – ein auf lange Dauer angelegtes Vertragsverhältnis, bei dem man sich jedes Wort im Vertrag überlegen sollte. Im Mietrecht ist außerdem vieles in Bewegung. Immer wieder werden hier Vertragsbestandteile, in erster Linie in Formularverträgen, von den Gerichten als ungültig angesehen.

Dies ist ein Vertragsmuster für einen Mietvertrag mit unbestimmter Laufzeit (also kein Zeitmietvertrag), der durch Kündigung beendet wird. Die im Vertrag vorgesehene Staffelmietvereinbarung muss nicht vereinbart werden. Wenn Sie eine Staffelmietvereinbarung treffen, so muss jede Staffel mindestens ein Jahr dauern.

Als Ergänzung zum Mietvertrag kann (sollte!) auch eine Hausordnung[31] zum Vertragsbestandteil gemacht werden.

Wohnraummietvertrag auf unbestimmte Zeit

zwischen ....
als Vermieter

und ....
als Mieter

§ 1
Vermietet wird folgende Wohnung:

Straße und Hausnummer:	....
Ort:	....
Geschoss:	....
Quadratmeter:	(ca.) ....
(wobei Balkone, Loggien, Terrassen mit der Hälfte ihrer Grundfläche in die Wohnflächenberechnung einbezogen sind)	
bestehend aus	
Anzahl Zimmer:	....
Küche:	....

Bad mit Toilette: ....

separates Bad: ....

separate Toilette: ....

Diele: ....

Abstellkammer: ....

Kellerraum: ....

Bodenraum: ....

Balkon: ....

und zwar vom............   bis......................

Das Mietverhältnis beginnt am _____

und läuft auf unbestimmte Zeit. Eine Kündigung des Mietverhältnisses ist bereits vor seinem Beginn möglich, jedoch beginnt der Lauf der Kündigungsfrist erst mit dem Beginn des Mietverhältnisses. Im übrigen gilt für die Kündigung, insbesondere für die Kündigungsfristen, das Gesetz. Die Kündigung erfordert Schriftlichkeit. Eine stillschweigende Verlängerung des Mietverhältnisses nach Ablauf der Mietzeit gem. § 545 BGB ist ausgeschlossen.

§ 2

Die Miete (= Kaltmiete plus Betriebskostenvorauszahlung) ist im Voraus und kostenfrei bis zum 3. Werktag eines jeden Monats zu zahlen auf das Konto des Vermieters:

IBAN:...............

Bank oder Sparkasse:...............

BIC:...............

Die Vertragsparteien vereinbaren folgende monatliche Miete:

Kaltmiete (Grundmiete): .... (in Worten:) .... EUR

Betriebskostenvorauszahlung: .... (in Worten:) .... EUR

Insgesamt Miete: .... (in Worten:) .... EUR

Für die Kaltmiete wird folgende Staffelmietvereinbarung getroffen:

ab dem .... bis zum .... (in Worten:)............... EUR

ab dem .... bis zum .... (in Worten:) .... EUR

ab dem .... bis zum .... (in Worten:) .... EUR

ab dem .... bis zum .... (in Worten:) .... EUR ab dem ……….. bis zum ……….. (in Worten:) …………… EUR

ab dem ……….. bis zum ……….. (in Worten:) …………… EUR

ab dem ……….. bis zum ……….. (in Worten:) …………… EUR

ab dem ……….. bis zum ……….. (in Worten:) …………… EUR

ab dem ……….. bis zum ……….. (in Worten:) …………… EUR

ab dem ……….. bis zum ……….. (in Worten:) …………… EUR

(Die Vereinbarung von weiteren Staffeln ist möglich. Jede Staffel muss mindestens ein Jahr betragen.)

Die Betriebskostenvorauszahlung betrifft derzeit die folgenden Betriebskosten gemäß § 2 der Betriebskostenverordnung:

Betriebskostenart	Umlage-schlüssel	Vorauszahlung pro Monat
Wasser	………….	…………. EUR
Abwasser	………….	…………. EUR
Müllabfuhr	………….	…………. EUR
Straßenreinigung	………….	…………. EUR
Allgemeinstrom	………….	…………. EUR
Schornsteinfeger	………….	…………. EUR
Versicherung (= Gebäudeversicherung und Gebäudehaftpflicht)	………….	…………. EUR
Grundsteuer	………….	…………. EUR
Gartenpflege	………….	…………. EUR
Sonstige Betriebskosten (*etwa: Regenrinnenreinigung*)	………….	…………. EUR
……………………..	………….	…………. EUR
……………………..	………….	…………. EUR
Stromkosten für Kabelanschlusstrafo	………….	…………. EUR
Heizkosten	vgl. § 12	…………. EUR
Immissionsmessungen der Gastherme durch den Schornsteinfeger lt. Rechnung des Schornsteinfegers	………….	…………. EUR
Wartung der Gastherme lt. Rechnung der Wartungsfirma		
Anschluss an Hausantenne (vgl. § 22)	………….	…………. EUR

Betriebskostenart	Umlage-schlüssel	Vorauszahlung pro Monat
Anschluss an Haussatellitenanlage (vgl. § 22)	....	.... EUR
Anschluss an Hauskabelfernsehanlage (vgl. § 22)	....	.... EUR
Insgesamt Betriebskostenvorauszahlung		.... **EUR**

Soweit die Abrechnung einzelner Betriebskosten einen Bezug zur Fläche der Wohnung im Verhältnis zur Gesamtfläche aller Wohnugn hat, ist der Vermieter berechtigt, bei einer Veränderung der Gesamtfläche – etwa im Fall eines Anbaus – den Abrechnungsschlüssel entsprechend zu ändern.

Auch im übrigen ist der Vermieter bei Vorliegen eines sachlichen Grunds zu einer Änderung des Umlageschlüssels berechtigt.

Es wird klargestellt, dass der Stromverbrauch des Mieters in seiner Wohnung / und in seinem Kellerraum über einen eigenen Zähler erfasst wird. / Zu den Stromkosten gehören auch die Kosten für den Betrieb der Nachtspeicherheizung / und für die Warmwasserbereitung durch den Durchlauferhitzer. Die durch den vorgenannten **Eigenstromverbrauch** des Mieters entstehenden Kosten sind vom Mieter direkt mit dem Versorgungsunternehmen abzurechnen. Sie sind **nicht in der Betriebskostenvorauszahlung enthalten**.

/ Es wird außerdem klargestellt, dass der Gasverbrauch des Mieters in seiner Wohnung / und in seinem Kellerraum für Heizen, Warmwasserbereitung, Kochen und welche Zwecke auch immer über einen eigenen Zähler erfasst wird. Die durch den vorgenannten **Gasverbrauch** des Mieters entstehenden Kosten sind vom Mieter direkt mit dem Versorgungsunternehmen abzurechnen. Sie sind **nicht in der Betriebskostenvorauszahlung enthalten**.

Es wird klargestellt und ausdrücklich vereinbart: Auch die Kosten der Regenrinnenreinigung gelten als sonstige Betriebskosten im Sinne des § 2 Nr. 17 der Betriebskostenverordnung.

Der Vermieter erteilt dem Mieter über die Betriebskosten einmal pro Jahr (in der Regel zu jedem Jahresanfang für das vorangegangene Jahr) eine Betriebskostenabrechnung. Zuvielzahlungen hat der Vermieter an den Mieter zurückzuerstatten, Zuwenigzahlungen hat der Mieter nachzuentrichten.

Jede Vertragspartei kann nach einer Abrechnung durch Erklärung in Textform eine Anpassung der Betriebskostenvorauszahlung auf eine angemessene Höhe vornehmen. Eine Anpassung ist ferner auch dann möglich, wenn öffentliche Lasten oder andere Betriebskosten im Sinne des § 2 Betriebskostenverordnung, die bei Abschluss dieses Vertrags noch nicht vorhanden waren, neu entstehen. Für die Abrechnung gilt der für die übrigen Betriebskosten vereinbarte Umlageschlüssel, wenn dieser nicht für die neu geschaffene Betriebskostenart aufgrund deren sachlichen Gehalts grob unbillig ist. In diesem Fall gilt ein angemessener Abrechnungsschlüssel, den der Vermieter bestimmen wird.

Wenn es im Abrechnungsjahr im Haus zu Wohnungsleerständen kommen sollte, werden die jeweiligen Wohnungen für die Zeit des Leerstands bzgl. derjenigen Betriebskostenpositionen, die nach Köpfen abgerechnet werden, bei der Jahresbetriebskostenabrechnung mit „Null" gerechnet.

Der Mieter hat Änderungen der Anzahl der Nutzer der vermieteten Wohnung unaufgefordert und unverzüglich dem Vermieter mitzuteilen.

Der Mieter ist damit einverstanden, dass die Betriebskostenabrechnung für das Jahr der Beendigung des Mietverhältnisses nicht sogleich nach Beendigung, sondern erst zusammen mit der Gesamtjahresbetriebskostenabrechnung für das Haus erstellt wird.

Die Abrechnungsunterlagen (das heißt die einzelnen Rechnungen z. B. für Wasser, Strom und die Gebührenbescheide, z. B. für die Straßenreinigung usw.) können binnen zwei Wochen nach Zugang der Jahresbetriebskostenabrechnung beim Vermieter nach vorheriger Terminabsprache zur Prüfung eingesehen werden.

/ Bei der Wohnung handelt es sich um eine vermietete Eigentumswohnung. Die Umlage der Betriebskosten erfolgt nach dem Abrechnungsschlüssel der Wohnungseigentümergemeinschaft. Ändert sich der Abrechnungsschlüssel oder die umgelegten Positionen aufgrund eines Beschlusses der Wohnungseigentümergemeinschaft, kann der Vermieter die Umlage der Betriebskosten entsprechend gegenüber dem Mieter zum Beginn des nächsten Abrechnungszeitraums ändern.

§ 3

Nur für öffentlich geförderten Wohnungsbau: für das Wohnen des Mieters in der öffentlich geförderten Wohnung erforderliche Genehmigungen und Bescheinigungen hat der Mieter zu besorgen. Ab Beginn der Mietzeit gilt die jeweils gesetzlich zulässige Miete, ggf. plus Zuschlägen und Umlagen, soweit diese zulässig sind. Falls sich daraus ein anderer als der in § 2 genannte Betrag ergibt, so gilt dieser andere Betrag. Die Parteien sind sich schon jetzt darüber einig, dass jede gesetzlich zulässige Mieterhöhung ab dem ersten Tag der Zulässigkeit als zwischen Mieter und Vermieter vereinbart gilt.

§ 4

Bei Mahnungen erhebt der Vermieter eine Mahngebühr von 2,50 EUR, jedoch pro Anlass zur Mahnung nur für maximal 2 diesbezügliche Mahnungen. Das Recht des Mieters zum Nachweis eines geringeren Betrags bleibt unberührt.

Daneben kann der Vermieter Verzugszinsen fordern.

Der Mieter kann aus – ggf. mehrfach – verspäteter Mietzahlung oder unterlassenen Mahnungen des Vermieters keine Rechte herleiten.

§ 5

Der Mieter zahlt bei Abschluss des Mietvertrags eine Kaution in Höhe von............. (in Worten:..........) EUR. Der Vermieter wird die Kaution von seinem Vermögen getrennt auf einem Sparbuch mit dreimonatiger Kündigungsfrist anlegen. Die Zinsen werden nicht ausbezahlt, sondern erhöhen den Kautionsbetrag.

§ 6

Der Mieter erhält vom Vermieter folgende Schlüssel (jeweils Anzahl):

Haustürschlüssel: ....

Wohnungsschlüssel: ....

Zimmerschlüssel: ....

Briefkastenschlüssel: ....

Kellerschlüssel: ....

.... -schlüssel: ....

Der Mieter darf sich Kopien von Schlüsseln

/ mit Ausnahme des Haustürschlüssels

auf seine Kosten anfertigen, muss diese aber bei Auszug sämtlich dem Vermieter übergeben. Eine Ausgleichung durch den Vermieter findet dafür nicht statt.

/ Der Mieter darf Schlüsselkopien nur mit schriftlicher Genehmigung durch den Vermieter anfertigen.

/ Der Mieter muss die Anfertigung von Schlüsselkopien dem Vermieter schriftlich mitteilen.

Der Mieter hat sicherzustellen, dass ihm übergebene Schlüssel nur an zu seinem Haushalt gehörende oder sonst vertrauenswürdige Personen ausgehändigt werden. Bei Verlust eines Haustürschlüssels, auch wenn es sich um einen vom Mieter selber nachgemachten bzw. selbst beschafften Schlüssel handelt, hat der Mieter den Vermieter unverzüglich zu benachrichtigen. In diesem Fall ist der Vermieter im Interesse der Sicherheit der übrigen Mieter und des Hauses berechtigt, auf Kosten des Mieters ein neues Haustürschloss nebst der erforderlichen Anzahl Schlüssel anbringen zu lassen.

§ 7

Der Mieter erklärt,
- dass er sich in geordneten wirtschaftlichen Verhältnissen befindet,
- dass er noch keine eidesstattliche Versicherung (Offenbarungseid) abgelegt hat,
- und dass bzgl. seiner Person kein Verbraucherinsolvenzverfahren anhängig ist.

Er ist in ungekündigter Stellung beschäftigt bei:

....
....
....
....

§ 8

Der Vermieter haftet dem Mieter im Fall der nicht rechtzeitigen Freimachung der Wohnung durch den Vormieter nicht auf Schadensersatz, es sei denn, der Schaden beruht auf Vorsatz oder grob fahrlässigem Verschulden des Vermieters oder eines gesetzlichen Vertreters oder eines Erfüllungsgehilfen des Vermieters.

§ 9

Dem Mieter ist der Zustand der Wohnung, die er zusammen mit dem Vermieter ausführlich besichtigt hat, bekannt. Er ist darüber informiert, ...

(Schreiben Sie hier alles offen und ehrlich herein, was ein Mangel der Wohnung sein könnte, auch wenn Ihnen das persönlich nicht als Mangel erscheinen sollte. So vermeiden Sie hinterher Streit!)

BEISPIEL: Dass der Putz möglicherweise bröseliger ist als in Häusern neueren Datums und dies beim Dübeln und Tapezieren usw. zu beachten ist. Der Mieter ist insbesondere darüber informiert, dass die Wohnung auf der zum Garten gewandten Seite Holzfenster mit Einfachverglasung hat; und dass insbesondere an dieser Seite die Wärmeisolierung der Wohnung möglicherweise nicht heutigem Standard entspricht. Der Mieter weiß auch, dass die Wohnung keine Badewanne, sondern nur eine Dusche hat. Der Mieter weiß, dass eines der Zimmer „gefangen" ist, also nicht vom Flur aus, sondern nur durch ein anderes Zimmer betreten werden kann. Der Mieter ist vom Vermieter ausdrücklich darauf hingewiesen worden, dass immer wieder Tauben vor dem zum Garten gewandten Fenster sitzen, dort gurren und koten, und dass der Briefkasten kleiner als DIN-A4-Format ist.

Der Mieter akzeptiert diese ihm bei Vertragsschluss bekannten Beschaffenheit bzw. Ausstattung der Wohnung und des Hauses als vertragsgemäß.

Maßgeblich für den vertragsgemäßen Zustand der Wohnung ist im übrigen der Standard von Wohngebäuden zum Zeitpunkt der Errichtung des Gebäudes und bezüglich sanierter Teile der Standard zum Zeipunkt der Sanierung.

§ 10

Die Wohnung hat in allen Zimmern / in einigen Zimmern isolierverglaste Fenster in Kunststoffrahmen / in Holzrahmen / in Aluminiumrahmen. Der Vermieter weist den Mieter darauf hin, dass diese modernen und dicht schließenden Fenster ein regelmäßiges Lüften erforderlich machen; d. h. mindestens dreimal am Tag ein Querlüften bzw. Stoßlüften für jeweils mehrere Minuten. Die von alten Holzfenstern mit Einfachverglasung bekannte „Ritzenlüftung bei geschlossenem Fenster" findet in der Regel nicht mehr statt. Unzureichendes Lüften und unzureichendes Heizen kann insbesondere in Räumen mit hoher Luftfeuchtigkeit (z. B. Schlafzimmer und Bad) zur Bildung von Schimmel führen, da sich die Feuchtigkeit dann an den Wänden niederschlägt. Dieser durch unzureichende Lüftung und Heizung entstehende Schimmel tritt erfahrungsgemäß zuerst in den Zimmerecken und in den Fensterlaibungen auf. Für dadurch entstehende Schäden ist der Mieter haftbar.

Bei der Aufstellung von Möbeln an Außenwänden ist auf genügenden Wandabstand – in der Regel mindestens 3 cm – zu achten, um eine Hinterlüftung der Möbel zu ermöglichen. Dies gilt besonders bei Möbeln, die nicht auf Füßen stehen, sondern auf ihrer gesamten Breite bündig mit dem Fußboden abschließen. Bei Nichtbeachtung besteht auch hier eine Haftung des Mieters für daraus resultierende Schäden.

/ Der Vermieter händigt dem Mieter ein Merkblatt mit Tipps zum Heiz- und Lüftungsverhalten aus. Der Mieter verpflichtet sich, die in diesem Merkblatt gegebenen Hinweise zu beachten.[32]

§ 11

Der Mieter wird sich spätestens bei Einzug bei……………… *(hier Elektrizitätswerk oder sonstigen Stromanbieter bezeichnen)* (Strom), den……………… *(hier Gasanbieter bezeichnen, z. B. Stadtwerke)* (Gas) anmelden. Dem Mieter steht es frei, für die Strom- und/oder Gasversorgung auch einen anderen Anbieter zu wählen. Der Mieter ist verpflichtet, die Verträge mit den Energieversorgungsunternehmen zur Versorgung der Wohnung mit Strom und Heizenergie bis zur Beendigung des Mietverhältnisses aufrecht zu erhalten.

Der Mieter wird sich spätestens bei Einzug bei dem Einwohnermeldeamt (gesetzliche Meldepflicht) anmelden.

§ 12

Die Vermietung erfolgt zu Wohnzwecken. Eine andere, insbesondere gewerbliche Nutzung ist nicht gestattet.

§ 13

Die Wohnung ist an eine Hauszentralheizung / mit zentraler Warmwasserversorgung angeschlossen. Die Hauszentralheizung ist vom Vermieter ganzjährig / von…………. bis…………. in Betrieb zu halten und hat die Räume mit einer Temperatur von mindestens………. Grad Celsius zu beheizen.

Die vom Mieter zu leistende Heizkostenvorauszahlung betrifft nicht nur den reinen Verbrauch an Heizenergie, sondern sämtliche Kosten des Betriebs der zentralen Heizungsanlage, einschließlich u. a. des Betriebsstroms, der Wartung, des Schornsteinfegers, der Ableseeinrichtungen, der Nutzerwechselgebühr, der Ablesung und der Abrechnung durch einen externen Dienstleister. Die Abrechnung erfolgt nach den Bestimmungen der Heizkostenverordnung (in der Regel mit einer Aufteilung der Gesamtkosten zu 30% nach Grundfläche und zu 70% nach Verbrauch).

Der Mieter wird die Heizung bei Frost auch während seiner Abwesenheit in einer Weise in Betrieb halten, die ein Einfrieren von Leitungen und Heizkörpern in der Wohnung verhindert („Frostwacht").

§ 14

Der Mieter bedarf der schriftlichen Zustimmung des Vermieters:

– zur Untervermietung
– zur sonstigen Überlassung, auch Mitüberlassung, an Dritte; es sei denn, es handelt sich um Besucher im üblichen Rahmen eines Besuchs des Mieters.
– zu baulichen Veränderungen jedweder Art
– zur Anbringung von Antennen, Satellitenschüsseln oder Kabelfernsehanschluss
– zum Anschluss von Elektrogeräten von mehr als……….. Watt

Der Vermieter darf bei Erteilung der Zustimmung einen angemessenen Geldausgleich (z. B. Untermietzuschlag) und/oder soweit durch Gesetz oder Rechtsprechung zugelassen eine zusätzliche Kaution fordern.

§ 15

Der Mieter darf Haustiere mit Ausnahme von Kleintieren (Ziervögel etc.) nur mit Zustimmung des Vermieters halten. Die Zustimmung hat nach billigem Ermessen zu erfolgen. Sie ist zu versagen bzw. kann widerrufen werden, wenn durch die Tiere andere Hausbewohner oder Nachbarn gefährdet oder belästigt werden oder eine Beeinträchtigung der Mieter oder des Grundstücks zu befürchten ist.

§ 16

Der Mieter hat die Mietwohnung sowie den von ihm mitgenutzten Teil des Hauses (z. B. Treppenhaus) pfleglich zu behandeln.

Für von ihm (dazu gehören auch von ihm betriebene Geräte, z. B. Elektrogeräte) oder einer in seinen Haushalt aufgenommenen oder einer ihn besuchenden Person verursachte Schäden ist er haftbar. Dies gilt auch für von einem Untermieter verursachte Schäden.Der Vermieter tritt schon jetzt seine Ansprüche gegen den Schädiger in dem Umfang an den Mieter ab, in dem der Mieter dem Vermieter Ersatz leistet.

§ 17

Der Mieter beteiligt sich an der Hausreinigung wie folgt:

Reinigen der Geschosstreppe	1 × wöchentlich im Wechsel mit dem Etagennachbarn
Treppenhausfenster	1 × monatlich im Wechsel mit dem Etagennachbarn
Reinigung des Kellerflurs	....
Reinigung des Dachbodens (Trockenbodens)	....
Reinigung der Waschküche	....

Kommt der Mieter trotz einer vorangegangenen Abmahnung des Vermieters seiner Reinigungspflicht nicht nach, behält sich der Vermieter vor, die Reinigung auf Kosten des Mieters durch einen Dritten ausführen zu lassen.

§ 18

Der Mieter übernimmt auf seine Kosten den Winterdienst auf dem Bürgersteig vor dem Haus. Falls Streuen gegen Glatteis erforderlich ist, wird der Mieter möglichst umweltschonende Streumittel einsetzen.

§ 19

Die Kosten für Bagatellreparaturen an solchen Sachen, die dem regelmäßigen Zugriff durch den Mieter unterliegen (z. B. : tropfender Wasserhahn, verstopfter Abfluss, zerbrochener Toilettendeckel, defektes Heizkörperventil, abgebrochene Türklinke, verklemmter Fenstergriff, defekte Klingel usw.) bis zu einem Betrag von jeweils 55,– (fünfundfünfzig) EUR, jedoch insgesamt nicht mehr als 150,– (einhundertundfünfzig) EUR im Jahr und insgesamt auch nicht mehr als 8% der Jahreskaltmiete, trägt der Mieter. Der Mieter kann sich nicht darauf berufen, dass er die Reparatur nicht verursacht bzw. verschuldet hat.

§ 20

Der Mieter übernimmt die Wohnung renoviert.

/wie folgt beschrieben -/und durch dem Mietvertrag als Anlage beigeheftete Fotos dokumentiert-renoviert (*hier ggf. genaue Beschreibung einfügen, die den renovierten Zustand der Wohnung bei Übergabe festhält, ggf. auch dem Mietvertrag Fotos beifügen*).

/Der Mieter übernimmt die Wohnung unrenoviert. Im Hinblick auf die von ihm im nachstehenden Absatz übernommene Verpflichtung zur Durchführung von Schönheitsreparaturen erhält er vom Vermieter folgenden Ausgleich: (*etwa Mietnachlässe, mietfreie Monate, ggf. zzgl. Materialstellung durch den Vermieter*). Der Mieter erklärt, dass er diesen Ausgleich als aureichend und angemessen zur Kompensation der von ihm übernommenen Verpflichtung zur Durchführung von Schönheitsreparaturen akzeptiert.

Schönheitsreparaturen (je nach Bedarf z. B. Tapezieren der Wände und Anstreichen der Decken, Innentüren, Wohnungseingangstür von innen, (nur!) hölzerne Fensterrahmen von innen, Heizkörper) hat der Mieter auf seine Kosten im Allgemeinen wie folgt durchzuführen: im Allgemeinen in Küchen, Bädern und Duschen alle drei Jahre, in Wohn- und Schlafräumen, Fluren, Dielen und Toiletten alle fünf Jahre und in anderen Nebenräumen alle sieben Jahre. Lässt der Fristenplan nach dem Grad der Abnutzung eine Verlängerung oder Verkürzung der Fristen zu, ist der Vermieter berechtigt, diese nach billigem Ermessen anzupassen.

Die Fristen beginnen erstmals mit Übergabe der Wohnung.

Wenn der Mieter Schönheitsreparaturen ausführt, hat er außerdem zu beachten: Während der Mietzeit ist der Mieter in der Gestaltung und Farbgebung der Innenflächen der Wohnung frei. Er sollte jedoch insbesondere bei Holzoberflächen nach Möglichkeit von vornherein nur in Holzfarbtönen oder weiß streichen, da ein Entfernen von Lackfarbe vielfach mit Substanzbeschädigungen der Holzoberflächen verbunden ist. Nur bei Auszug muss die Rückgabe der Wohnung im Hinblick auf das Interesse des Vermieters an einer Weitervermietbarkeit in einer Farbgebung erfolgen, die dem üblichem Geschmack entspricht; das heißt in der Regel in weiß oder hellen Farbtönen.

Im übrigen ist die Wohnung besenrein und mit geputzten Fenstern zurückzugeben, Dübellöcher sind zu verschließen.

/oder § 20

Der Mieter übernimmt die Wohnung unrenoviert. Er übernimmt auf freiwilliger Basis die Schönheitsreparaturen, aber ob überhaupt, wann, in welchem Umfang und in welchen Farben er sie ausführt, steht völlig in seinem Belieben. Er kann die Wohnung auch unrenoviert zurückgeben.

Den Mieter trifft nur folgende Verpflichtung: bei Auszug muss die Rückgabe der Wohnung im Hinblick auf das Interesse des Vermieters an einer Weitervermietbarkeit in einer Farbgebung erfolgen, die dem üblichem Geschmack entspricht; das heißt in der Regel in weiß oder hellen Farbtönen..

Im übrigen ist die Wohnung besenrein und mit geputzten Fenstern zurückzugeben, Dübellöcher sind zu verschließen.

§ 21

Der Vermieter weist ausdrücklich darauf hin, dass der Mieter nicht berechtigt ist, von sich aus ohne Rücksprache mit dem Vermieter Handwerker mit Reparaturen der Mietsache zu beauftragen. Solche Handwerkerrechnungen braucht der Vermieter nicht zu bezahlen. Das Gleiche gilt, wenn der Mieter ohne Rücksprache mit dem Vermieter zur Mangelbeseitigung Eigenleistungen erbringt für die vom Mieter dafür eingesetzte eigene Arbeitskraft und die vom Mieter eingesetzten eigenen oder beschafften Materialien.

Mängel der Mietsache sind dem Vermieter unverzüglich mitzuteilen. Unterlässt der Mieter die Mitteilung, so ist er im Übrigen zum Ersatz des daraus entstehenden Schadens verpflichtet.

§ 22

Ist an mehrere Mieter vermietet, so haften diese als Gesamtschuldner.

Die Mieter bevollmächtigen sich gegenseitig zur Entgegennahme von Erklärungen des Vermieters.

Auch muss sich bei Vermietung an mehrere Mieter ein Mieter einen von einem anderen Mieter gesetzten Kündigungsgrund oder andere Handlungen, Tatsachen oder Erklärungen eines anderen Mieters ebenfalls zurechnen lassen.

Erklärungen eines von mehreren Mietern oder eines von mehreren Vermietern gelten auch für die übrigen Mieter bzw. Vermieter. Dies gilt nicht für den Abschluss eines Mietaufhebungsvertrags, für diesen müssen sämtliche Mieter und Vermieter zustimmen.

§ 23

Der Vermieter darf die Mietwohnung in bereits eingetretenen Notfällen oder bei drohender Gefahr jederzeit, im Übrigen nur nach vorheriger Terminabsprache mit dem Mieter betreten.

Zum Zwecke der Weitervermietung der Wohnung oder des Verkaufs des Hauses oder der Wohnung ist der Mieter verpflichtet, dem Vermieter und den Interessenten mindestens zwei Besichtigungstermine pro Woche zur Verfügung zu stellen, wobei einer der Termine, wenn der Vermieter dies mit Rücksicht auf die Berufstätigkeit der Interessenten wünscht, auch in den Abendstunden liegen muss. Dies gilt jedoch nicht für die Zeit von 22.00 Uhr bis 7.00 Uhr. Es wird klargestellt, dass die Besichtigungstermine auch eine Zeitspanne umfassen können, damit der Vermieter Gelegenheit hat, an einem Termin die Wohnung mehreren Interessenten zeigen zu können.

§ 24

Der Vermieter hat das Recht,.......... EUR pro Monat zu fordern, falls der Mieter sich an eine Hausantenne anschließt. Die Abrechnung erfolgt mit der Jahres-Betriebskostenabrechnung.

Der Vermieter ist jedoch nicht verpflichtet, eine solche Hausantenne zur Verfügung zu stellen.

Der Vermieter hat das Recht,.......... EUR pro Monat zu fordern, falls der Mieter sich an eine Haussatellitenanlage anschließt.

Der Vermieter hat in diesem Fall dem Mieter einen Receiver zur Verfügung zu stellen, den der Mieter pfleglich behandeln, auf seine Kosten reparieren und bei Auszug zurückgeben muss.

Die Abrechnung des Monatsbetrags für den Anschluss an die Haussatellitenanlage erfolgt mit der Jahres-Betriebskostenabrechnung.

Der Vermieter ist jedoch nicht verpflichtet, eine solche Satellitenanlage zur Verfügung zu stellen.

Der Vermieter hat das Recht,.......... EUR pro Monat zu fordern, falls der Mieter sich an eine Hauskabelfernsehanlage anschließt.

Der Vermieter hat in diesem Fall dem Mieter einen Übergabepunkt (Antennenstecker) in der Wohnung zum Anschluss an die Kabelfernsehanlage zur Verfügung zu stellen. Die Abrechnung des Monatsbetrags für den Anschluss an die Hauskabelfernsehanlage erfolgt mit der Jahres-Betriebskostenabrechnung.

Der Vermieter ist jedoch nicht verpflichtet, eine solche Kabelfernsehanlage zur Verfügung zu stellen.

Da eine Haussatellitenanlage / Hauskabelfernsehanlage vorhanden ist, darf der Mieter keine Antenne, Satellitenschüssel oder andere Empfangseinrichtung außerhalb der Wohnung anbringen, insbesondere auch nicht an oder auf dem Balkon oder auf oder unter dem Dach.

Es wird klargestellt: Im Zusammenhang mit Rundfunk- und Fernsehempfang bestehende Pflichten des Mieters gegenüber Dritten werden durch die in diesem Paragraphen getroffenen Regelungen nicht berührt und müssen vom Mieter selber erfüllt werden. Insbesondere sind evtl. Rundfunk- und Fernsehgebühren (z. B. die GEZ -Gebühr) nicht in dem in diesem Paragraphen genannten Entgelt enthalten.

§ 25

Wurde vom Vermieter zu einem früheren Zeitpunkt bereits eine Garage, ein Stellplatz oder ein Carport vermietet oder wird zeitgleich mit dem Abschluss dieses Vertrags oder zu einem späteren Zeitpunkt an den Mieter auch eine Garage, ein Stellplatz oder ein Carport vermietet, gelten für das Garagen-, Stellplatz- oder Carportmietverhältnis ausschließlich die Bestimmungen des Garagen-, Stellplatz oder Carportmietvertrags. Der vorliegende Wohnungsmietvertrag und der Garagen-, Stellplatz oder Carportmietvertrag sind rechtlich selbständig und können insbesondere unabhängig voneinander gekündigt werden.

§ 26

Falls der Mieter während seiner Mietzeit die Wohnung mit Einrichtungen versehen oder bauliche Veränderungen durchgeführt hat, so hat er – wenn sich die Vertragspartner nicht bereits zuvor schriftlich anderweitig geeinigt haben – bei seinem Auszug den ursprünglichen Zustand wiederherzustellen. Alternativ können sich Mieter und Vermieter auch auf einen vom Vermieter zu zahlenden Ausgleichsbetrag dafür einigen, dass der Mieter die Einrichtungen usw. in der Wohnung belässt. Der Mieter ist zu einer solchen Einigung nicht verpflichtet. Auch der Vermieter ist zu einer solchen Einigung nicht verpflichtet; vielmehr kann er die Wiederherstellung des ursprünglichen Zustands verlangen.

§ 27

Der Mieter verpflichtet sich, bei Beendigung des Mietverhältnisses dem Vermieter seine neue Anschrift – z. B. zum Zweck der Zusendung der Betriebskostenabrechnung – unverzüglich mitzuteilen. Kommt der Mieter dieser Verpflichtung nicht nach, entstehen dem Vermieter hierdurch keine Rechtsnachteile; etwa wenn die Betriebskostenabrechnung nicht fristgerecht zugestellt werden kann.

§ 28

Ferner wird Folgendes vereinbart:

....

§ 29

Die beigeheftete Hausordnung ist Bestandteil dieses Mietvertrags, soweit ihre Bestimmungen den Bestimmungen dieses Mietvertrags nicht entgegenstehen. Der Vermieter ist – etwa im Interesse der Hausgemeinschaft – bei Vorliegen sachlicher Gründe berechtigt, die Hausordnung zu ändern oder zu ergänzen.

§ 30

Bei einer vermieteten Eigentumswohnung verpflichtet sich der Mieter, den Beschlüssen der Wohnungseigentümergemeinschaft, soweit sie inhaltlich den Mietgebrauch betreffen, Folge zu leisten.

§ 31

Änderungen oder Ergänzungen dieses Vertrags bedürfen zu ihrer Gültigkeit der Schriftform.

Der Mieter erklärt, dass er diesen Vertrag gelesen hat und dass ihm der Vermieter dafür genügend Zeit gegeben hat. Der Mieter erklärt weiter, dass er diesen Vertrag verstanden hat.

…………………………… ,   den………………..

(Ort)   *(Datum)*

……………………………   …………………………..

(Unterschrift Vermieter)   (Unterschrift Mieter)

2. Mietvertrag über Wohnung in Zweifamilienhaus

84 Wie Nr. 1, jedoch liegt die Mietwohnung in einem vom Vermieter selbst bewohnten Gebäude mit nicht mehr als zwei Wohnungen. (Ob es daneben in dem Gebäude noch Gewerbeeinheiten gibt, ist also egal.)

In diesem Fall hat der Mieter nur einen sehr schwachen Kündigungsschutz, z. B. braucht der Vermieter keinen Eigenbedarf anzumelden (vgl. Rn. 2. 469 ff.).

Anstelle dieses Mietvertragsmusters kann auch das Muster Nr. 1 verwandt werden, da der Vermieter bei Vertragsschluss nicht auf die erleichterten Kündigungsmöglichkeiten hinweisen muss. Der Vermieter sollte aber der Fairness halber einen entsprechenden Hinweis in den Vertrag aufnehmen.

Mietvertrag über eine Wohnung in einem Zweifamilienhaus

zwischen.............................
als Vermieter

und..............................
als Mieter

§ 1
Vermietet wird folgende Wohnung:

Straße und Hausnummer:	....
Ort:	....
Geschoss:	....
Quadratmeter:	(ca.) ....
bestehend aus	
Anzahl Zimmer:	....
Küche:	....
Bad mit Toilette:	....
separates Bad:	....
separate Toilette:	....
Diele:	....
Abstellkammer:	....
Kellerraum:	....
Bodenraum:	....
Balkon:	....

und zwar vom............   bis........................

auf unbestimmte Zeit.

Für die Kündigung, insbesondere für die Kündigungsfristen, gilt das Gesetz. Die Kündigung erfordert Schriftlichkeit. Eine stillschweigende Verlängerung des Mietverhältnisses nach Ablauf der Mietzeit gem. § 545 BGB ist ausgeschlossen.

Der Vermieter weist den Mieter darauf hin, dass der Mieter nur einen verminderten Kündigungsschutz genießt, da die Wohnung des Mieters in einem vom Vermieter selbst bewohnten Zweifamilienhaus liegt.

Eine Kündigung des Mietvertrags ist in diesem Fall auch möglich, wenn die Voraussetzungen des § 573 BGB (berechtigtes Interesse des Vermieters an der Beendigung des Mietverhältnisses) nicht vorliegen.

Hinweis: Die folgenden §§ 2 bis 31 entsprechen den jeweiligen Paragraphen im Wohnraummietvertrag auf unbestimmte Zeit (Nr. 1). Sie sind daher hier nicht nochmals abgedruckt.

3. Staffelmietvereinbarung

85 Eine Staffelmietvereinbarung wird regelmäßig zusammen mit dem Abschluss des Mietvertrags getroffen. Zwingend ist dies aber nicht. So kann auch eine Staffelmietvereinbarung während des Laufs des Mietvertrags abgeschlossen werden. Auch kann eine neue Staffelmietvereinbarung abgeschlossen werden, wenn die Staffelmietvereinbarung des Mietvertrags ausgelaufen ist. Vgl. dazu Rn. 2. 146 ff.

Staffelmietvereinbarung

zwischen………………………………..
als Vermieter

und………………………………..
als Mieter

§ 1

Die Parteien haben am…………… einen Mietvertrag über eine Wohnung in……………….. geschlossen. In Ergänzung dieses Mietvertrags treffen die Parteien hinsichtlich der Höhe der Kaltmiete die nachstehende Staffelmietvereinbarung.

ab dem ……….. bis zum ……….. (in Worten:) ……………… EUR
ab dem ……….. bis zum ……….. (in Worten:) ……………… EUR
ab dem ……….. bis zum ……….. (in Worten:) ……………… EUR
ab dem ……….. bis zum ……….. (in Worten:) ……………… EUR

ab dem ……….. bis zum ……….. (in Worten:) ……………… EUR

ab dem ……….. bis zum ……….. (in Worten:) ……………… EUR

ab dem ……….. bis zum ……….. (in Worten:) ……………… EUR

ab dem ……….. bis zum ……….. (in Worten:) ……………… EUR

ab dem ……….. bis zum ……….. (in Worten:) ……………… EUR

ab dem ……….. bis zum ……….. (in Worten:) ……………… EUR

(Die Vereinbarung von weiteren Staffeln ist möglich. Jede Staffel muss mindestens ein Jahr betragen.)

§ 2

Im Übrigen bleibt es bei den Vereinbarungen des in § 1 S. 1 genannten Mietvertrags.

………………………………. ,   den………………..
(Ort)   *(Datum)*

…………………………….   ………………………….
(Unterschrift Vermieter)   (Unterschrift Mieter)

4. Zeitmietvertrag[33]

Zeitmietvertrag   86

zwischen……………………………..
als Vermieter

und……………………………..
als Mieter

§ 1

Vermietet wird folgende Wohnung:

Straße und Hausnummer:	………………………
Ort:	………………………
Geschoss:	………………………
Quadratmeter:	(ca.) …………………

bestehend aus

Anzahl Zimmer:	....
Küche:	....
Bad mit Toilette:	....
separates Bad:	....
separate Toilette:	....
Diele:	....
Abstellkammer:	....
Kellerraum:	....
Bodenraum:	....
Balkon:	....

und zwar vom............   bis....................

Der Vermieter weist den Mieter schon jetzt darauf hin, dass nach Ablauf der vorgenannten Zeit die Mietwohnung aus folgenden Gründen vom Mieter zurückzugeben ist:

....

(Das Gesetz [§ 575 BGB] lässt bei diesen Verträgen nur u. a. beabsichtigte wesentliche bauliche Veränderungen oder Eigenbedarf gelten. Die Gründe müssen Sie hier im Einzelnen so genau wie möglich beschreiben, z. B. dass Ihr Kind dann-und-dann mit dem auswärtigen Studium fertig sein wird, zurückkommen und heiraten will und dazu die Wohnung braucht [siehe hierzu Rn. 2. 480 ff.]).

Der Mieter kann vom Vermieter frühestens vier Monate vor Ablauf der Befristung verlangen, dass dieser ihm binnen eines Monats mitteilt, ob der Befristungsgrund noch besteht. Erfolgt die Mitteilung später, so kann der Mieter eine Verlängerung des Mietverhältnisses um den Zeitraum der Verspätung verlangen.

Tritt der Grund der Befristung des Mietverhältnisses erst später ein, so kann der Mieter eine Verlängerung des Mietverhältnisses um einen entsprechenden Zeitraum verlangen. Entfällt der Grund, so kann der Mieter eine Verlängerung auf unbestimmte Zeit verlangen.

Das Recht zur ordentlichen, d. h. fristgemäßen Kündigung ist für die gesamte Laufzeit des Zeitmietvertrags für beide Vertragspartner ausgeschlossen.

(Zur Besonderheit bei gleichzeitiger Vereinbarung einer Staffelmiete siehe unten § 2.)

/ Der Mieter hat das Recht, auch innerhalb der oben bestimmten Zeit das Mietverhältnis mit gesetzlicher Kündigungsfrist zu kündigen.

Wird das Mietverhältnis auf unbestimmte Zeit fortgesetzt, gilt für die Kündigung, insbesondere für die Kündigungsfristen, dann das Gesetz. Die Kündigung erfordert Schriftlichkeit. Eine stillschweigende Verlängerung des Mietverhältnisses nach Ablauf der Mietzeit gem. § 545 BGB ist ausgeschlossen.

§ 2

Die Miete (= Kaltmiete plus Betriebskostenvorauszahlung) ist im Voraus und kostenfrei bis zum 3. Werktag eines jeden Monats zu zahlen auf das Konto des Vermieters:

Konto IBAN:.......................

Bank oder Sparkasse:.......................

BIC:.......................

Die Vertragsparteien vereinbaren folgende monatliche Miete:

Kaltmiete (Grundmiete): .... (in Worten: ....) EUR

Betriebskostenvorauszahlung: .... (in Worten: ....) EUR

Insgesamt Miete: .... (in Worten: ....) EUR

Es wird klargestellt, dass der Vermieter trotz der Befristung des Mietvertrags gesetzlich zulässige Mieterhöhungen vornehmen darf.

Hinweis: Der weitere Text des § 2 und die folgenden §§ 3 bis 31 entsprechen den jeweiligen Paragraphen im Wohnraummietvertrag auf unbestimmte Zeit (Nr. 1).

5. Hausordnung

Dies ist ein Vorschlag für eine Hausordnung. Es können auch andere Punkte geregelt werden, z. B. hinsichtlich des Musizierens, der Benutzung der Waschküche usw.   87

Hausordnung

Diese Hausordnung ist Bestandteil des Mietvertrags zwischen .... und...................

Falls Bestimmungen des Mietvertrags eine von den Bestimmungen der Hausordnung abweichende Regelung treffen, so geht die jeweilige Bestimmung des Mietvertrags vor.

§ 1

Die Hausbewohner sind zu einem rücksichtsvollen, wohlwollenden und friedlichen Zusammenleben verpflichtet.

§ 2

Jeder Mieter hat mindestens 1 × pro Woche sein Treppenpodest und den – von der nächstunteren Etage gesehen – zu seiner Wohnung führenden Teil des Flures, mindestens einmal pro Monat das bei diesem Teil des Flures befindliche Flurfenster zu reinigen.

Der Mieter des Erdgeschosses hat auch den Weg vom Bürgersteig bis zur Haustür bzw. evtl. zur Haustür führende Treppenstufen mit zu reinigen.

Wohnen auf einer Etage mehrere Mietparteien, so erfolgt die Reinigung im Wechsel.

Nur bei nicht ausgebautem Dachgeschoss bzw. Trockenboden: Die Reinigung des Trockenbodens und des dorthin führenden Teils des Flures einschließlich der Trockenbodenfenster und eines bei diesem Teil des Flures befindlichen Flurfensters findet einmal im Monat im Wechsel sämtlicher Mietparteien des Hauses statt.

/ findet statt nach Maßgabe eines vom Vermieter aufgestellten und im Hausflur aufgehängten Reinigungsplans.

Die Reinigung des Kellerflurs findet einmal im Monat im Wechsel sämtlicher Mietparteien des Hauses statt.

/ findet statt nach Maßgabe eines vom Vermieter aufgestellten und im Hausflur aufgehängten Reinigungsplans.

Die Reinigung des Hofraumes findet einmal im Monat im Wechsel sämtlicher Mietparteien des Hauses statt.

/ findet statt nach Maßgabe eines vom Vermieter aufgestellten und im Hausflur aufgehängten Reinigungsplans.

/ findet statt zwischen den Mietern der Wohnungen.............. im Wechsel, da nur diese Mieter den Hofraum (be)nutzen.

Es sind möglichst umweltschonende Reinigungsmittel zu verwenden, auf jeden Fall Reinigungsmittel, die Böden, Fensterrahmen usw. nicht angreifen.

§ 3

Der Mieter, dem jeweils die Reinigungspflicht obliegt, muss darauf achten, dass die jeweiligen Flur-, Keller- oder Dachbodenfenster bei Regen, Sturm oder Frost geschlossen sind.

§ 4

Der Vermieter ist berechtigt, die in § 2 genannten Reinigungsarbeiten (und im Zusammenhang damit auch die in § 3 genannten Überwachungsaufgaben) Dritten (z. B. einer Gebäudereinigungsfirma) zu übertragen und die Kosten entsprechend der in § 2 genannten Reinigungspflicht auf die Mieter umzulegen, wenn alle Mieter ihrer Reinigungspflicht nicht nachkommen. Der Vermieter hat dies allen Mietern einen Monat vorher schriftlich anzukündigen und ihnen Gelegenheit zu geben, zur Vermeidung dieser Maßnahme die ihnen obliegenden Reinigungsarbeiten wiederaufzunehmen.

Der Vermieter kann die Übertragung der Arbeiten auf Dritte und die Belastung mit den dadurch entstehenden Kosten auf diejenigen Flurteile oder sonstige zu reinigende Orte und auf diejenigen Mieter beschränken, die ihrer Reinigungspflicht nicht nachkommen. Der Vermieter hat dies den jeweiligen Mietern einen Monat vorher schriftlich anzukündigen und ihnen Gelegenheit zu geben, zur Vermeidung dieser Maßnahme die ihnen obliegenden Reinigungsarbeiten wiederaufzunehmen.

§ 5

Im Flur dürfen keine Gegenstände abgestellt werden. / Dies gilt auch / nicht für Kinderwagen / und Fahrräder.

/ Kinderwagen / und Fahrräder dürfen im Flur abgestellt werden / jedoch nur vorübergehend für eine Dauer von jeweils nicht mehr als…. Stunde(n).

§ 6

Auf Balkonen oder Terrassen darf nicht gegrillt werden. Offenes Feuer ist verboten. Von oder auf Balkonen oder Terrassen oder sonst aus Wohnungen heraus dürfen keine Vögel, insb. keine Tauben, oder andere Tiere gefüttert werden.

§ 7

Außentüren des Hauses sind ordnungsgemäß zu verschließen, in der Zeit von 19.00 bis 7.00 Uhr durch Umschließen des Schlosses.

§ 8

Alle Mieter sollen im Interesse eines sauberen Hausflurs, insbesondere des Eingangsbereichs, dort abgelegte Reklamestapel, Vorortzeitungen usw. gelegentlich entfernen und entsorgen.

§ 9

Müll darf im Hausflur, im Keller oder auf dem Dachboden nicht gelagert, auch nicht zwischengelagert werden. Er ist auf kürzestem Wege vom Mülleimer der Mietwohnung zur Mülltonne zu bringen. Zur Kostensenkung der Betriebskostenposition Müllabfuhr soll Müll möglichst vermieden werden. Von der Möglichkeit der kostenlosen Entsorgung im Rahmen der gelben Tonne oder gelben Säcke und öffentlicher Container für Glas und Papier ist Gebrauch zu machen.

§ 10

Jeder Mieter wird den Vermieter über Vermutungen oder Beobachtungen, die auf mögliche dem Haus und seinen Bewohnern drohende Gefahren hinweisen, unverzüglich informieren (z. B. Geruch schmorender Kabel im Keller, aus einer Wohnung dringender Brandgeruch, Ungezieferbefall, insbesondere Holzwurmlöcher usw.).

Die allgemeinen Hilfspflichten des Mieters im Gefahrenfall (z. B. Feuerwehr bei Brand rufen usw.) werden durch Satz 1 nicht berührt.

§ 11

a) Jeder Mieter hat Scharniere und Schlösser an Fenstern und Türen seiner Wohnung und ggf. mitvermieteter Räume, z. B. Kellerräume, durch gelegentliches Ölen und Fetten gangbar zu halten.

b) Buchst. a) gilt sinngemäß auch für vom Mieter mitgenutzte Räume.

c) Fällt eine Glühbirne der Flurbeleuchtung aus, hat sie derjenige Mieter auf seine Kosten zu ersetzen, dem die Reinigung des betreffenden Flurteils obliegt.

§ 12

Die Benutzung der Waschküche darf durch alle Mieter erfolgen. / erfolgt nach Maßgabe eines vom Vermieter aufgestellten Benutzungsplans.

Geräte oder Maschinen dürfen in der Waschküche nur aufgestellt werden, wenn der Vermieter dies ausdrücklich genehmigt hat. Der Mieter hat in diesem Fall die durch seine Maschine verursachten Kosten, insbesondere Strom- und Wasserverbrauch sowie Abwassergebühren zu bezahlen. / Verfügt die Waschküche über keine Einrichtungen zur gesonderten Erfassung der vorgenannten Kosten, zahlt der Mieter hierfür pauschal.... EUR pro Monat für den Stromverbrauch, / pauschal.... EUR pro Monat für den Wasserverbrauch, / pauschal.... EUR pro Monat für die Abwassergebühren, /..... Diesen Betrag / Diese Beträge wird der Vermieter bei der Jahresbetriebskostenabrechnung für alle Mieter von den entsprechenden Kostenpositionen vorab abziehen.

Der jeweilige Nutzer ist während seiner Benutzungszeit zur Reinigung des Raumes und eventueller Gemeinschaftsgeräte und Gemeinschaftseinrichtungen verpflichtet; auf jeden Fall hat er Raum, Geräte und Einrichtungen dem nächsten Nutzer sauber zu hinterlassen.

§ 13

Bei Frost hat der Mieter Wasserzähler, Wasserleitungen, die frei und ungeschützt sind, in seinem Keller oder sonstigen, ihm zugänglichen Räumen, und auf dem Dachboden, zu isolieren, z. B. durch Einwickeln. Ggf. muss er die Leitungen ordnungsgemäß entleeren und absperren, z. B. bei Wasseranschlüssen im Garten.

§ 14

Störende Geräusche sind zu vermeiden, insbesondere:
- ist beim Fernsehen oder Audiohören sowie beim Musizieren und Singen Zimmerlautstärke einzuhalten
- ist das Musizieren oder Singen von 22.00 bis 7.00 Uhr zu unterlassen
- ist das Duschen oder Baden von 22.00 bis 6.00 Uhr zu unterlassen (gilt nicht für Schichtarbeiter; diese haben aber in dieser Zeit Duschen oder Baden so kurz und geräuscharm wie möglich zu halten)
- ist Müll nicht in der Zeit von 22.00 bis 7.00 Uhr in die Mülltonnen zu bringen
- sind geräuschträchtige Bastel- oder Hobbyarbeiten in der Zeit von 22.00 bis 7.00 Uhr zu unterlassen. Dies gilt auch für im Keller ausgeführte Hobbys.
- sind Kinder im Hausflur zur Ruhe anzuhalten.

§ 15

Der Mieter darf Haustiere mit Ausnahme von Kleintieren (Ziervögel etc.) nur mit Zustimmung des Vermieters halten. Die Zustimmung ist zu versagen bzw. kann widerrufen werden, wenn durch die Tiere andere Hausbewohner oder Nachbarn belästigt werden oder eine Beeinträchtigung der Mieter oder des Grundstücks zu befürchten ist.

§ 16

In die Toilette und in Abflüsse dürfen keine Gegenstände geworfen werden, da dies zu Verstopfungen der Rohre führen kann.

§ 17

Blumenkästen und Blumentöpfe dürfen von außen nur vor die Fenster gestellt oder an Balkonen angebracht werden, wenn geeignete Vorrichtungen vorhanden sind, die ein Herunterfallen verhindern.

§ 18

Im Interesse aller Mieter (Vermeidung von Kosten für Wasser, Abwassergebühren und Allgemeinstrom) ist mit Wasser sparsam und verantwortungsbewusst umzugehen. Der Verbrauch von Allgemeinstrom ist auf das notwendige Maß zu beschränken.

§ 19

Antennen oder Satellitenschüsseln oder sonstige Empfangseinrichtungen dürfen nur mit ausdrücklicher schriftlicher Genehmigung des Vermieters angebracht werden.

§ 20

Der Vermieter behält sich eine Änderung oder Ergänzung dieser Hausordnung vor, wenn und soweit sachliche Gründe dies erfordern.

6. Mieterwechselvertrag

88   Das Ausfüllen von meist seitenlangen Wohnraummietvertragsformularen ist oft sehr zeitaufwendig. Wenn „nur" der Mieter wechselt, aber sonst die gleichen vertraglichen Regelungen wie mit dem bisherigen Mieter gelten sollen, geht es mit einem „Mieterwechselvertrag" schneller. Das nachstehende Muster berücksichtigt dabei auch die Abwicklung der Kautionszahlung über den Vermieter.

> **Achtung!**
>
> Dieser Vertrag muss drei Unterschriften tragen. Die ergänzend in Nr. 6 vorgesehenen Quittungen brauchen unterschiedliche Unterschriften, vgl. im Einzelnen den Vertragstext.

Vertrag:

zwischen...............................

als Vermieter

und................................

als bisheriger Mieter

und................................

als neuer Mieter

1.

Mit Wirkung zum......... tritt anstelle des bisherigen Mieters der neue Mieter in das Mietverhältnis zu den Bestimmungen des Mietvertrags vom......... ein. Das heißt, das Mietverhältnis endet für den bisherigen Mieter einvernehmlich am......... und beginnt für den neuen Mieter am.........

2.

Der neue Mieter erklärt, dass er den Mietvertrag vom... vor Unterschrift unter diese Vereinbarung gelesen und verstanden hat und dass ihm der Vermieter hierfür genügend Zeit gelassen hat.

Der bisherige Mieter händigt sein Vertragsexemplar des Mietvertrags an den neuen Mieter aus.

3.

Der bisherige Mieter erhält vom Vermieter bei ordnungsgemäßem Auszug die von ihm gezahlte Kaution nebst Zinsen zurück.

/......... (in Worten:....................) EUR von der Kaution werden vom Vermieter als Verrechnungsbetrag für die Betriebskostenabrechnung zunächst einbehalten.

4.

Der neue Mieter zahlt an den Vermieter heute eine Kaution in Höhe von......... (in Worten:....................) EUR, die der Vermieter auf einem Sparbuch mit dreimonatiger Kündigungsfrist anlegen wird.

.... ,   den...................
(Ort)   *(Datum)*

(drei Unterschriften: des Vermieters, des bisherigen Mieters und des neuen Mieters)

Quittung:

.... (in Worten:....................) EUR Kaution heute dankend von Herrn / Frau....................... erhalten.

.... ,   den.....................

(Unterschrift des Vermieters)   (Datum)

Quittung:

Herr / Frau....................... hat mir heute sein Exemplar des Mietvertrags vom......... ausgehändigt.

.... , den....................

(Unterschrift des neuen Mieters)   (Datum)

Quittung:

.... (in Worten:....................) EUR Kautionsrückzahlung / als Abschlag auf die Kaution heute dankend von Herrn / Frau....................... erhalten.

.... , den....................

(Unterschrift des bisherigen Mieters) (Datum)

7. Mietaufhebungsvertrag

89 Auf diese Art sind Mieter und Vermieter nicht an die gesetzlichen Kündigungsfristen bei Mietverhältnissen gebunden.

Vertrag

zwischen..............................

als Mieter

und...............................

als Vermieter

Der Mietvertrag vom......... über eine Wohnung im Haus............... wird einvernehmlich zum......... aufgehoben.

.... ,   den.........................

(Unterschrift des Vermieters)   (Datum)

....

(Unterschrift Vermieter)   (Unterschrift Mieter)

8. Vertrag über Baumaßnahmen durch den Mieter

Vertrag über Baumaßnahmen, z. B. Einbau von Kunststoff-Iso-Fens- **90**
tern oder einer Gasthermenheizung, auf Kosten des Mieters. Der
Vertrag sieht hierfür verschiedene Ausgleichsmöglichkeiten des Vermieters vor: Herabsetzung der Miete, Verzicht auf Mieterhöhungen
für die Zukunft, Kostenzuschuss.

Vertrag

zwischen…………………………
als Vermieter

und……………………………
als Mieter

§ 1

Der Mieter lässt auf seine Kosten bis zum……… folgende Baumaßnahmen
an bzw. in der Mietwohnung ausführen:

*(z. B. Einbau von Kunststoff-Iso-Fenstern, Einbau eines Wannenbades, Er-
neuerung und Modernisierung der elektrischen Anlagen, und zwar im Einzelnen … [also alles so genau und detailliert wie möglich beschreiben,
evtl. Pläne, Zeichnungen beifügen und darauf Bezug nehmen]).*

Der Vermieter erklärt hierzu seine Zustimmung.

/ Der Mieter hat die Arbeiten durch eine Fachfirma ausführen zu lassen.

§ 2

Im Gegenzug für die gem. § 1 auf Kosten des Mieters durchzuführende
Baumaßnahme

/ ermäßigt sich die Kaltmiete (Grundmiete) für die Zeit vom…………
bis………… um……….. (in Worten:…………………) EUR auf……… (in
Worten:…………………) EUR.

/ verzichtet der Vermieter bis zum……… auf jede weitere Erhöhung der
Kaltmiete (Grundmiete).

/ verzichtet der Vermieter bis zum……… auf Erhöhungen der Kaltmiete
(Grundmiete), / es sei denn, diese sind gem. §§ 559 ff. BGB gesetzlich zulässig.

/ zahlt der Vermieter dem Mieter einen einmaligen Zuschuss in Höhe von......... (in Worten:....................) EUR. Der Zuschuss ist bei Abschluss der Arbeiten fällig. / Der Zuschuss ist wie folgt fällig:......... (in Worten:....................) EUR sofort mit der Maßgabe, dass dieses Geld für den Materialeinkauf zu verwenden ist, weitere......... (in Worten: ....) EUR am......... , sowie restliche......... (in Worten: ....) EUR bei Abschluss der Arbeiten.

§ 3

Die Vertragspartner sind sich darüber einig, dass sämtliche Materialien und Einrichtungen, die im Zuge der in § 1 beschriebenen Arbeiten in die Wohnung eingebaut werden, in das Eigentum des Vermieters übergehen. Eine Ausgleichung dafür findet nur im Rahmen des § 2 statt. Eine weitere Ausgleichung als in § 2 genannt findet nicht statt, insbesondere keine weitere Ausgleichung in Geld, weder für Material, noch für vom Mieter an Dritte gezahlten Arbeitslohn, noch für Eigenleistungen des Mieters. Der Mieter hat während des Mietverhältnisses oder bei Beendigung des Mietverhältnisses auch kein Wegnahmerecht hinsichtlich der im Zuge der in § 1 beschriebenen Arbeiten in die Wohnung eingebauten Materialien und Einrichtungen.

.... ,   den..................
(Ort) (Datum)

....
(Unterschrift Vermieter)   (Unterschrift Mieter)

9. Vertrag über Genehmigung der Untervermietung

91 Mieter und Vermieter sollten sich nicht lange darüber streiten, ob der Mieter ein Zimmer untervermieten darf. Das Vertragsmuster sieht vor, dass der Mieter die Genehmigung erhält und von den Untermieteinnahmen einen geringen Teil als Untermietzuschlag dem Vermieter abgibt. Damit ist beiden gedient.

Vertrag

zwischen..............................
als Vermieter

und................................
als Mieter

§ 1

Der Vermieter erteilt dem Mieter die Genehmigung, ein Zimmer der Miet-wohnung an Herrn/Frau................... unterzuvermieten.

/ Die Genehmigung ist zeitlich befristet bis zum.........

§ 2

Der Mieter zahlt dem Vermieter für die Dauer der Untervermietung zusätz-lich zur vereinbarten Miete einen Untermietzuschlag in Höhe von......... (in Worten:....................) EUR pro Monat, zahlbar bis zum dritten Werktag eines jeden Monats.

§ 3

(für den Fall, dass die Betriebskosten des Hauses – oder ein Teil der Betriebs-kosten, zum Beispiel das Wasser- und Abwassergeld – nach Personen ab-gerechnet werden:)

Neben dem in § 2 genannten Untermietzuschlag erhöht der Mieter sei-ne monatliche Betriebskostenvorauszahlung um.............. (in Worten: ....) EUR und ist damit einverstanden, dass der Vermieter in die jährliche Betriebskostenabrechnung für die Wohnung des Mieters wäh-rend der Zeit der Untervermietung eine weitere Person einrechnet.

§ 4

Der Mieter verpflichtet sich, für Schäden, die der Untermieter am Eigentum des Vermieters verursacht, einzustehen.

.... , den.................
(Ort)   *(Datum)*

....
(Unterschrift des Vermieters)   (Unterschrift des Mieters)

10. Einbautenübernahmevertrag

92 Vertrag, mit dem der Vermieter bei Beendigung des Mietverhältnisses Einrichtungen, die der Mieter auf seine Kosten eingebaut hat (z. B. eine Gasthermenheizung, ein Bad), gegen Geldausgleich übernimmt.

Vertrag

zwischen.............................
als Vermieter

und................................
als Mieter

§ 1

Der Mieter hat während des Mietverhältnisses auf seine Kosten die Wohnung mit folgenden Einrichtungen versehen:

....

(z. B. Einbau einer Gasthermenheizung anstelle einer Ofenheizung. Bezeichnen Sie hier den Vertragsgegenstand so genau und umfassend wie möglich, damit es hinterher keinen Streit gibt, welche Gegenstände übernommen wurden. Also z. B. : Gasthermenheizung. Diese besteht aus der Therme in der Küche, dem Raumthermostaten im Wohnzimmer, je einem Heizkörper nebst Thermostatventil je Zimmer und dem zugehörigen Kabel- und Rohrsystem).

Der Mieter verzichtet anlässlich der Beendigung des Mietverhältnisses auf Wegnahme der Einrichtungen, der Vermieter nimmt diesen Verzicht an. Die Einrichtungen werden vom Vermieter übernommen und gehen in sein Eigentum über.

§ 2

Die Übernahme der in § 1 genannten Einrichtungen erfolgt wie sie stehen und liegen im Zustand bei Abschluss dieses Vertrags. Der Mieter trägt keinerlei Gewährleistung.

§ 3

Zum Ausgleich für die Übernahme der in § 1 genannten Einrichtungen zahlt der Vermieter an den Mieter bei Auszug aus der Wohnung einen Betrag von........... (in Worten:....................) EUR.

.... , den ....
(Ort)   *(Datum)*

....
(Unterschrift des Vermieters)   (Unterschrift des Mieters)

11. Vergleich Kaution und Wohnungsübergabe

Durch einen Vergleich können im Wege einer gütlichen Einigung eine Vielzahl streitiger Punkte einvernehmlich beigelegt werden. Ein Vergleich ist durch gegenseitiges Nachgeben gekennzeichnet. Man sollte in einem Vergleich festhalten, welche Ansprüche mit dem Vergleich abgegolten sind. Der Vermieter muss insoweit vorsichtig sein. Die Formulierung: „Damit sind alle wechselseitigen Ansprüche der Parteien erledigt" schließt z. B. aus, dass der Vermieter noch eine Betriebskostennachforderung erheben kann. Es müsste in solchen Fällen also heißen: „Damit sind alle wechselseitigen Ansprüche erledigt mit Ausnahme einer etwaigen Betriebskostennachforderung des Vermieters für das Jahr........ "   93

Vergleichsvertrag

zwischen...............................
als Vermieter

und...............................
als Mieter

Präambel:

Der Mieter hat am 30.12.12 die Wohnung............ geräumt. Zwischen den Parteien besteht Streit darüber, ob
– der Mieter wegen Nichteinhaltung der Kündigungsfrist noch für einen Monat Miete bezahlen muss oder ob der Vermieter verpflichtet war, einen vom Mieter gestellten Nachmieter zu akzeptieren,

– ob und in welcher Höhe dem Vermieter Forderungen für verkratzte Türen und verschmutzten Teppichboden zustehen,
– ob dem Mieter noch Forderungen gegen den Vermieter wegen evtl. fehlerhafter Betriebskostenabrechnung zustehen,
– bzgl. der Abrechnung der Kaution.

Zur Beilegung des Streits schließen die Parteien folgenden Vergleich:

§ 1

Der Vermieter löst das Kautionssparbuch des Mieters unverzüglich auf. Sodann überweist der Vermieter spätestens am 12.3.2013 einen Betrag von 400,– EUR an den Mieter.

§ 2

Der Mieter verzichtet auf den Rest der Kautionsrückzahlung, der Vermieter nimmt diesen Verzicht an. Der den Betrag von 400,– EUR übersteigende Rest steht damit dem Vermieter zu.

§ 3

Die Parteien sind sich einig darüber, dass für den Monat Januar 2013 keine Abrechnung der Betriebskosten mehr stattfindet. Die für diesen Monat geleistete Vorauszahlung wird als Pauschale vereinbart.

§ 4

Damit sind sämtliche wechselseitigen Ansprüche der Parteien aus dem Mietverhältnis, seien sie bekannt oder unbekannt, erledigt.

.... , den ....
(Ort)　　　　　　　　　　*(Datum)*

....　................................
(Unterschrift des Vermieters)　(Unterschrift des Mieters)

12. Garagenmietvertrag

Garagenmietvertrag   **94**

zwischen.............................
als Vermieter

und................................
als Mieter

§ 1

Vermietet wird die Garage Nr........., ... str
.... in...........................

§ 2

Das Mietverhältnis beginnt am......... Der Mietvertrag wird auf unbestimmte Zeit geschlossen. Er kann schriftlich mit einer Frist von 2 Monaten zum
Monatsletzten gekündigt werden. Bei Zahlungsverzug oder schwerwiegen-
dem Vertragsverstoß kann die Kündigung auch fristlos (= mit sofortiger Wirkung) erfolgen.

Die Anwendung des § 545 BGB – stillschweigende Verlängerung des Mietverhältnisses durch Gebrauchsfortsetzung nach Ablauf der Mietzeit – wird
ausgeschlossen.

§ 3

Die Miete beträgt monatlich............. (in Worten:.......................)
EUR. Die erste Miete (= für den Monat...............) ist unmittelbar bei Vertragsschluss vom Mieter an den Vermieter zu zahlen. Die weiteren Mieten
(= ab Monat...............) sind bis zum 3. Werktag eines jeden Monats zu
zahlen auf das Konto:

Konto IBAN:.......................

Bank oder Sparkasse:.......................

BIC:.......................

§ 4

Der Mieter erhält vom Vermieter folgende Schlüssel:

.... Garagenschlüssel

.... Dreikantschlüssel für den Pfosten in der Hofeinfahrt

.... Schlüssel für das Haupttor zum Garagenhof

....

§ 5

Der Mieter verpflichtet sich, auf seine Kosten durch gelegentliches Ölen oder Einfetten der Scharniere, Rollen und Schienen das Garagentor leichtgängig zu halten.

§ 6

Die Garage ist zum Unterstellen eines Pkw vermietet. Andere Nutzungen oder eine Untervermietung bedürfen der schriftlichen Genehmigung des Vermieters. Gewerbliche Nutzung oder größere Reparaturarbeiten sind nicht erlaubt. Der Mieter verpflichtet sich, die polizeilichen, insbesondere feuerpolizeilichen Vorschriften zu beachten, d. h. insbesondere keinen Treibstoff oder andere feuergefährliche Gegenstände in der Garage zu lagern. Falls das Fahrzeug des Mieters einen „tropfenden Motor" hat, muss der Mieter unter den Motor eine Pappe oder Plane legen, damit keine Ölflecken auf dem Fußboden entstehen. Die Sauberkeit der Garage sowie der Zufahrt einschließlich Schnee-Räumung obliegt dem Mieter. Der Mieter haftet für alle Schäden, die aus einer Vertragsverletzung und bzw. oder aus einer nicht ordnungsgemäßen Benutzung der Garage oder des Grundstücks durch ihn oder die von ihm ermächtigten Personen entstehen.

§ 7

Das Fahren auf dem Grundstück und das Unterstellen des Fahrzeugs in der Garage erfolgt auf eigenes Risiko des Mieters. Der Vermieter haftet nicht für Beschädigungen oder Verlust (Feuer, Diebstahl oder Ähnliches), es sei denn, dem Vermieter fällt bei der Schadensentstehung grobe Fahrlässigkeit oder Vorsatz zur Last.

Der Vermieter haftet auch nicht für die rechtzeitige Freimachung der Garage durch den Vormieter.

§ 8

Der Vermieter darf die Garage in Notfällen, bei drohender Gefahr, für Bauereparaturarbeiten oder zur Weitervermietung jederzeit, ansonsten nur nach vorheriger Absprache mit dem Mieter betreten. Sollte die Garage aus wichtigem Grund, z. B. wegen Ausbesserungsarbeiten am Gebäude oder im Hof (z. B. an der Teerdecke) zeitweilig nicht benutzbar sein, wird der Mieter die Miete deswegen nicht mindern. Der Mieter kann die Miete jedoch zeitanteilig mindern, wenn die Verhinderung der Benutzung länger als 7 Tage andauert.

§ 9

Der Mieter zahlt bei Vertragsschluss eine Kaution in Höhe von........... (in Worten:....................) EUR. Die Kaution wird nicht verzinst.

§ 10

Die Vermietung der Garage erfolgt unabhängig von der Vermietung einer Wohnung an den Mieter. Die Vertragsparteien sind sich darüber einig, dass insbesondere für Mieterhöhungen und Kündigung bzgl. der Wohnung und der Garage eigenständige Vertragsverhältnisse vorliegen.[34]

.... , den ....
(Ort)   *(Datum)*

....
(Unterschrift des Vermieters)   (Unterschrift des Mieters)

13. Stellplatzmietvertrag

Stellplatzmietvertrag   95

zwischen

.... als Vermieter

und

.... als Mieter

§ 1

Vermietet wird der Außenstellplatz

....

in ....

§ 2

Das Mietverhältnis beginnt am.........

Der Mietvertrag wird auf unbestimmte Zeit geschlossen. Er ist schriftlich mit einer Frist von 2 Monaten zum Monatsletzten kündbar.

Die Anwendung des § 545 BGB – stillschweigende Verlängerung des Mietverhältnisses durch Gebrauchsfortsetzung nach Ablauf der Mietzeit – wird ausgeschlossen.

§ 3

Die Miete beträgt monatlich........ (i. W. ....) EUR.

Die erste Miete (= für den Monat.................) ist unmittelbar bei Vertragsschluss vom Mieter an den Vermieter zu zahlen. Die weiteren Mieten sind bis zum 3. Werktag eines jeden Monats zu zahlen auf das Konto IBAN........... bei der........................ , BIC.................

§ 4

Der Mieter zahlt bei Vertragsschluss eine Kaution in Höhe von........
(i. W. ....) EUR. Die Kaution wird nicht verzinst.

§ 5

Der Stellplatz ist zum Abstellen eines Pkw vermietet. Andere Nutzungen oder eine Untervermietung bedürfen der schriftlichen Genehmigung des Vermieters. Gewerbliche Nutzung oder größere Reparaturarbeiten sind nicht erlaubt.

Der Mieter verpflichtet sich, die polizeilichen, insbesondere feuerpolizeilichen Vorschriften zu beachten. Falls das Fahrzeug des Mieters einen „tropfenden Motor" hat, muss der Mieter unter den Motor eine Pappe oder Plane legen, damit keine Ölflecken auf dem Boden entstehen. Die Sauberkeit des Stellplatzes sowie der Zufahrt einschließlich Schneeräumung obliegt dem Mieter.

Der Mieter haftet für alle Schäden, die aus einer Vertragsverletzung und/ oder aus einer nicht ordnungsgemäßen Benutzung des Stellplatzes und der Zufahrt durch ihn oder die von ihm ermächtigten Personen entstehen.

§ 6

Das Fahren auf dem Grundstück und Abstellen des Fahrzeugs auf dem Stellplatz erfolgt auf eigenes Risiko des Mieters. Der Vermieter haftet nicht für

Beschädigungen oder Verlust (Feuer, Diebstahl oder Ähnliches), es sei denn, dem Vermieter fällt bei der Schadensentstehung grobe Fahrlässigkeit oder Vorsatz zur Last.

Der Vermieter haftet auch nicht für die rechtzeitige Freimachung des Stellplatzes durch den Vormieter.

§ 7

Sollte der Stellplatz aus wichtigem Grund, z. B. wegen Ausbesserungsarbeiten am Gebäude oder im Hof zeitweilig nicht benutzbar sein, wird der Mieter die Miete deswegen nicht mindern. Der Mieter kann die Miete jedoch zeitanteilig mindern, wenn die Verhinderung der Benutzung länger als 7 Tage andauert.

§ 8

Die Vermietung des Stellplatzes erfolgt unabhängig von der Vermietung einer Wohnung an den Mieter. Die Vertragsparteien sind sich darüber einig, dass insbesondere für Mieterhöhungen und Kündigung bzgl. der Wohnung und des Stellplatzes eigenständige Vertragsverhältnisse voliegen.[35]

.... , den ....
(Ort) *(Datum)*

....
(Unterschrift des Vermieters) (Unterschrift des Mieters)

14. Vereinbarung über Winterdienst

Meistens wird der Winterdienst nicht in einer besonderen Verein- **96** barung, sondern im Mietvertrag mit geregelt.

Vereinbarung über Winterdienst

zwischen............................
als Vermieter

und................................
als Mieter

Der Mieter.................. übernimmt für das Haus.................. den Winterdienst; das heißt, er ist für das Freihalten des Bürgersteigs von Eis und Schnee verantwortlich. Sollte der Einsatz von Streumitteln erforderlich werden, so bezahlt sie der Mieter

/ so wird der Vermieter die vom Mieter verauslagten Kosten gegen Vorlage der Rechnung erstatten.

Der Mieter wird sich, wenn dies möglich ist, um den Einsatz umweltschonender Streumittel bemühen.

/ Der Mieter wird sich auch der Gemeinde gegenüber zur Einhaltung des Winterdienstes verpflichten.

.... , den..................
(Ort)   (Datum)

....
(Unterschrift des Vermieters)   (Unterschrift des Mieters)

IV. Musterklagen

In diesem Teil finden Sie Hilfen für die Inanspruchnahme der Gerichte. Dem Verzeichnis der Musterklagen folgen vier Klagetexte, jeweils mit Erläuterungen und Hinweisen in Klammern im Text.

Klagen und alle an das Gericht gerichteten Schriftstücke sollten Sie immer gleich dreifach einreichen. Vergessen Sie nicht, alle drei Exemplare zu unterschreiben.

1. Klage auf Zustimmung zur Mieterhöhung

Die Klage ist gerichtet auf Zustimmung des Mieters zu einer vom 97
Vermieter unter Berufung auf einen Mietspiegel begehrten Mieterhöhung.

Amtsgericht

[den.............

*(Für Klagen auf Zustimmung zur Mieterhöhung ist gem. § 29a ZPO, § 23
Nr. 2a GVG das Amtsgericht der belegenen Sache ausschließlich zuständig. Vor dem Amtsgericht besteht kein Anwaltszwang)*

Klage

.... – Kläger –

gegen

.... – Beklagter –

*(Die Klage ist gegen alle Mieter des betroffenen Wohnraums zu richten. Dies
gilt auch dann, wenn sich die Mieter im Vertrag gegenseitig zur Empfangnahme der Mieterhöhung bevollmächtigen; das Rechtsverhältnis kann nur
einheitlich entschieden werden).*

Prozessbevollmächtigte voraussichtlich:................

*(Falls in einer vorgerichtlichen Korrespondenz der Mieter bereits durch An-
wälte vertreten wurde, können Sie hier die voraussichtlichen Prozessbevoll-
mächtigten des Rechtsstreits angeben. Diese Angabe können Sie aber auch
genauso gut weglassen.)*

wegen: Abgabe einer Willenserklärung (Mieterhöhung)

Streitwert:............ EUR *(= 12 x Erhöhungsbetrag)*

Im Termin werde ich beantragen:

Der Beklagte wird verurteilt, für die Wohnung..... *(genaue Beschreibung
der Lage innerhalb des Hauses, z. B. Erdgeschoss rechts)* im Haus..... *(Anschrift)* ab................ einer Erhöhung der monatlichen Kaltmiete
von......... EUR um....... EUR auf......... EUR zuzustimmen.

Begründung:

Der Kläger ist Vermieter, der Beklagte Mieter der im Klageantrag bezeichneten Wohnung. Die Wohnung hat eine Größe von….. qm.

Beweis: Mietvertrag vom……….. , Kopie Anlage 1

(Solange der Mieter [= der Beklagte] Ihre Angaben nicht bestreitet, ist die Überreichung des Mietvertrags genau genommen entbehrlich. Sie könnten hier auch formulieren: „Beweis im Bestreitensfalle: Mietvertrag vom…… "
Zur Sicherheit kann der Mietvertrag aber auch gleich mit der Klageschrift dem Gericht präsentiert werden).

Die vom Beklagten derzeit gezahlte Kaltmiete von………. EUR/Monat bzw………… EUR /qm ist seit…… Jahren unverändert.
(Oder, wenn innerhalb der letzten drei Jahre bereits eine Mieterhöhung stattgefunden hat:)
Die Kaltmiete ist zuletzt am………. von………. EUR um………. EUR auf………. EUR bzw………… EUR/qm erhöht worden.

(In diesem Fall müssen zwischen dem letzten Erhöhungszeitpunkt und dem Zeitpunkt, in dem die jetzige Erhöhung eintreten soll, mindestens 15 Monate liegen. Außerdem ist bei der jetzigen Mieterhöhung die so genannte Kappungsgrenze von 20 % bzw. in durch Rechtsverordnung bezeichneten Gebieten 15% zu beachten.)

Mit Schreiben vom………. begehrte der Kläger vom Beklagten unter Bezugnahme auf den / qualifizierten / Mietspiegel der Stadt….. vom….. gem. § 558 BGB die Zustimmung zu einer….. %igen Mieterhöhung (von………. EUR um………. EUR auf………. EUR bzw………… EUR/qm).

Beweis: Schreiben vom……….. , Kopie Anlage 2

Dieses Schreiben ist dem Mieter am………. zugegangen.

Beweis: Rückschein vom……….. , Kopie Anlage 3

Die Wohnung hat………..

(Kurze Beschreibung bzgl. Baujahr, Ausstattungsmerkmale usw., d.h. bzgl. derjenigen Kriterien, nach denen Sie die Einordnung in den Mietspie-

gel vorgenommen haben. Sie können das ggf. aus Ihrem Mieterhöhungs-schreiben übernehmen).

Damit ist die Wohnung wie folgt in den Mietspiegel einzuordnen: Baual-tersklasse……….. , Ausstattungsklasse……….. ,………..

Der Mietspiegel sieht hier eine Spanne von………. EUR bis………. EUR/qm vor. Die vom Kläger hier geltend gemachte Mieterhöhung liegt innerhalb dieser Spanne.

Aufgrund der besonders verkehrsgünstigen Lage / des schlechten Woh-nungszuschnitts / der Nähe zum Park / der Tatsache, dass der Mietspiegel bereits….. Jahre alt ist und die Mieten sich seit seiner Aufstellung stetig nach oben entwickelt haben /………. ist die Wohnung mit………. EUR pro Quadratmeter im unteren / mittleren / oberen Feld der vorgenannten Band-breite einzuordnen; unter Berücksichtigung aller genannten Faktoren bei………. *(= die von Ihnen oben geltend gemachte neue Quadratmeter-miete)* EUR/qm.

/ Der Beklagte hat der Mieterhöhung innerhalb der Zustimmungsfrist des § 558b Abs. 1 BGB nicht zugestimmt.

/ Der Beklagte hat die Zustimmung mit Schreiben vom……… verweigert.

Beweis: Schreiben des Beklagten vom…………., Kopie Anlage 4

…………………………………

(Unterschrift)

2. Klage auf Mietzahlung

Diese Klage können Sie verwenden, wenn Sie (nur) einen Mietrück- 98
stand geltend machen, das Mietverhältnis aber fortsetzen wollen.

Amtsgericht

44135 Dortmund den 2.5.07

Klage

des Gerhard Maier,
Prozessmussseinstr. 53, 44 226 Dortmund – Kläger –

gegen

die Ilse Sauer

Zahltnichtstr. 37, 44226 Dortmund – Beklagte –

(Die Anschrift der Beklagten muss genau angegeben werden. Das Gericht ermittelt die Anschrift nicht von Amts wegen. Wenn unter der angegebenen Anschrift die Klage nicht zugestellt werden kann, wird das Gericht den Kläger auffordern, die richtige [= „zustellungsfähige"] Anschrift mitzuteilen.)

wegen: Zahlung

Streitwert: 1.100,– EUR

(Die Angabe des Streitwerts ist für die Berechnung des vom Kläger zu zahlenden Vorschusses erforderlich. Ohne diesen Vorschuss wird das Gericht die Klage nicht zustellen.)

Im Termin werde ich beantragen:

Die Beklagte wird verurteilt, an den Kläger 1.100,– (eintausendeinhundert) EUR nebst Zinsen in Höhe von 5 Prozentpunkten über dem Basiszinssatz seit dem 4.3.13 zu zahlen.

(Der Klageantrag ist das Kernstück Ihrer Klage.

Bei dem Zinsantrag müssen Sie Folgendes beachten: Wenn die Miete laut Mietvertrag bis zum 3. Werktag zahlbar ist, heißt das nur dann, dass ab dem 4. Zinsen geschuldet werden, wenn der 3. Tag ein Werktag war. Wenn der 3. ein Samstag, Sonntag oder allgemeiner Feiertag war, werden Zinsen erst ab dem nächsten Werktag geschuldet, also möglicherweise erst ab dem 5. oder 6.) Die Zinshöhe richtet sich mit 5 % Zinsen über dem Basiszinssatz nach § 288 Abs. 1 Satz 2 BGB.

Wenn Sie selber in Höhe mindestens der Klageforderung während der Zeit, während der Sie vom Beklagten Zinsen verlangen, höhere Zinsen an einen Dritten (z. B. eine Bank) zahlen mussten, dann können Sie stattdessen nach § 288 Abs. 4 BGB diesen höheren Zinssatz verlangen. Das müssen Sie aber im Klageantrag beantragen und in der Klagebegründung unter Hinweis darauf, dass Sie anderswo selber diesen höheren Zinssatz bezahlen und in dieser Höhe bei rechtzeitigem Erhalt der Zahlung selber ihre Schuld hätten tilgen können, begründen und – falls der Beklagte es bestreiten sollte – dann auch durch eine Bankbescheinigung belegen. Das könnte etwa am

Ende der Klagebegründung wie folgt formuliert werden: „Der Kläger nimmt laufend Bankkredit in den Klageantrag übersteigender Höhe in Anspruch, den er mit mindestens ….. % verzinsen muss und den er in Höhe der Klageforderung bei rechtzeitiger Zahlung durch den Beklagten hätte zurückführen können. Beweis: Bankbescheinigung der ….. bank vom…..".)

Prozessual wird die Durchführung eines schriftlichen Vorverfahrens und darin ggf. Erlass eines Versäumnisurteils beantragt.

(Beim schriftlichen Vorverfahren setzt das Gericht dem Beklagten Fristen zur Anzeige seiner Verteidigungsabsicht und zur Klageerwiderung. Reagiert der Beklagte nicht, ergeht ein so genanntes Versäumnisurteil gegen ihn. Das Gericht prüft dann vorher nur, ob die Klage schlüssig ist. Gegen das Versäumnisurteil kann der Beklagte dann allerdings noch innerhalb einer Zweiwochenfrist Einspruch einlegen. Sie können die Durchführung eines schriftlichen Vorverfahrens lediglich anregen. Der Richter entscheidet, ob er so vorgeht oder ob er einen Termin anberaumt.)

Begründung:

Der Kläger ist Vermieter, die Beklagte ist Mieterin der Wohnung im Erdgeschoss links des Hauses Zahltnichtstr. 37.

Die Miete inkl. Betriebskostenvorauszahlung beträgt 550,– EUR, zahlbar jeweils bis zum 3. Werktag eines jeden Monats.

Beweis: Mietvertrag vom 12.8.09, Kopie Anlage 1

(Solange der Mieter [= die Beklagte] Ihre Angaben nicht bestreitet, ist die Überreichung des Mietvertrags genau genommen entbehrlich. Sie könnten hier auch formulieren: „Beweis im Bestreitensfalle: Mietvertrag vom….."
Zur Sicherheit kann der Mietvertrag aber auch gleich mit der Klageschrift dem Gericht präsentiert werden.)

Die Beklagte hat die Miete für den Monat März und April 2013 nicht gezahlt. Sie wurde unter dem 14.3. und 14.4.13 gemahnt.

Beweis: Mahnschreiben vom 14.3. und 14.4.13, Kopien Anlagen 2 und 3

(Da beim Mietvertrag die Fälligkeit der Miete kalendermäßig im Vertrag bestimmt ist, kommt der Mieter bei Nichtzahlung auch ohne Mahnung in Ver-

zug. Dies kommt auch darin zum Ausdruck, dass Zinsen schon ab dem Tag nach der im Vertrag genannten Fälligkeit verlangt werden können [siehe oben]. Das Mahnschreiben ist also hier keine Voraussetzung für die Schlüssigkeit der Klage.)

Auch hierauf erfolgte keine Reaktion der Beklagten.

....
(Unterschrift)

3. Räumungs- (und Zahlungs)klage (I)

99   Diese Klage ist das Beispiel einer Standard-Räumungsklage für Mietwohnungen, gestützt auf den mit weitem Abstand häufigsten Fall des Zahlungsrückstands des Mieters mit mehr als einer Monatsmiete. Genau genommen handelt es sich hier um zwei Klagen, die in einer zusammengefasst sind.

Amtsgericht

44135 Dortmund den 2 5.13

Klage
des Gerhard Maier,
Prozessmussseinstr. 53, 44226 Dortmund – Kläger –

gegen
die Ilse Sauer und
den Fritz Müller
beide Zahltnichtstr. 37, 44226 Dortmund – Beklagte –

wegen: Räumung und Zahlung
Streitwert: 4.130,– EUR

(Der Streitwert berechnet sich im vorliegenden Fall aus der monatlichen Kaltmiete mal 12 plus den Mietrückstand mit zwei Mieten inkl. Betriebskostenvorauszahlung.)

Im Termin zur mündlichen Verhandlung werde ich beantragen:

1. Die Beklagten werden verurteilt, die im Hause Zahltnichtstr. 37 in 44226 Dortmund, I. OG links gelegene Wohnung, bestehend aus 2 Zimmern, Küche, Diele, Bad, Balkon nebst Kellerraum Nr. 7 sofort zu räumen und an den Kläger herauszugeben.

(Die Wohnung muss im Klageantrag so genau wie möglich angegeben werden. Es genügt also nicht, die Räumung „der von den Beklagten gemieteten Wohnung" zu beantragen. Der Klageantrag muss einen vollstreckungsfähigen Inhalt haben, d. h. , ein Gerichtsvollzieher muss daraus ersehen können, was zu geschehen hat.)

2. Die Beklagten werden verurteilt, als Gesamtschuldner an den Kläger 790,– EUR nebst Zinsen in Höhe von 5 Prozentpunkten über dem Basiszinssatz ab Rechtshängigkeit zu bezahlen.

(Ob es geschickt ist, den Zahlungsrückstand mit einzuklagen, ist eine andere Frage. Wenn absehbar ist, dass der Mieter absolut zahlungsunfähig ist und das voraussichtlich in Zukunft auch bleiben wird, sollte man auf den Antrag zu 2. lieber verzichten. Denn dadurch erhöht sich der Streitwert, nach dem der Vermieter Gerichtskostenvorschuss leisten muss, und ein entsprechendes Urteil wäre – faktisch – ohnehin wertlos.

Auf der anderen Seite ist zu bedenken, dass ein rechtskräftig festgestellter Anspruch gem. § 197 Abs. 1 Nr. 3 BGB erst in dreißig Jahren verjährt. Das heißt, so lange kann der Vermieter versuchen, aus dem Urteil gegen den Mieter zu vollstrecken. Wenn also die Chance besteht, dass der Mieter in diesem langen Zeitraum doch wieder zu Geld kommt, sollte der Zahlungsrückstand mit eingeklagt werden.

Die Vollstreckung aus dem Zahlungstitel sollte dann später aber nur versucht werden, wenn Anhaltspunkte vorliegen, dass sie z. B. aufgrund verbesserter wirtschaftlicher Verhältnisse des Mieters auch wirklich erfolgreich sein könnte. Denn jeder erfolglose Vollstreckungsversuch kostet den Vermieter nur zusätzliches Geld.

Zum Zinsantrag: 5% Zinsen über dem Basiszinssatz ab Rechtshängigkeit [= Zustellung der Klage bei den Beklagten] können immer verlangt werden, §§ 288 Abs. 1 Satz 2, 291 BGB. Der Vermieter braucht dann nicht groß zu rechnen. Es wäre hier allerdings auch möglich gewesen, zu beantragen: „… nebst Zinsen in Höhe von 5 Prozentpunkten über dem Basiszinssatz von 395,– EUR seit dem 4.3.13 und von weiteren 395,– EUR seit dem 4.4.13", siehe dazu auch die Anmerkungen zum Zinsantrag bei der Klage auf Zahlung von Mietrückständen Nr. 2.)

Prozessual wird die Durchführung eines schriftlichen Vorverfahrens und darin ggf. Erlass eines Versäumnisurteils beantragt.

Begründung:

Der Kläger ist Vermieter, die Beklagten sind Mieter der im Hause Zahltnichtstr. 37 in Dortmund im I. Obergeschoss links gelegenen Wohnung zu 55 qm, bestehend aus 3 Zimmern, Küche, Diele, Bad, Balkon zuzüglich 1 Kellerraum.

Die monatliche Miete beträgt aufgrund Erhöhungsvereinbarung vom 14.10.11 ab 1.1.12 350,– EUR kalt plus 45,– EUR Betriebskostenvorauszahlung, fällig jeweils zum 3. des Monats.

Beweis: Mietvertrag vom 1.6.01 (Kopie Anlage 1)
Vereinbarung vom 14.10.11 (Kopie Anlage 2)

Mit Schreiben vom 23.4.13 – per Einschreiben mit Rückschein – hat der Kläger das Mietverhältnis fristlos gekündigt, da die Beklagten mit zwei Monatsmieten (März und April 13) im Rückstand sind.

Die Beklagten wurden zur Räumung der Wohnung bis zum 30.4.13 aufgefordert.

Beweis: Schreiben vom 23.4.13 (Kopie Anlage 3)
Rückschein vom 24.4.13 (Kopie Anlage 4)

Da die Beklagten weder geräumt noch gezahlt haben, war Klage geboten.

....
(Unterschrift)

4. Räumungs- (und Zahlungs)klage (II)

Die Klage enthält eine auf Unzumutbarkeit der Fortsetzung des **100** Mietverhältnisses gestützte Räumungsklage, verbunden mit einem Zahlungsanspruch. Da Sie nicht wissen, ob und mit welchen Gründen Sie bei einer solchen Räumungsklage im Endeffekt durchdringen werden, ist es ratsam, alles Vorgefallene im Einzelnen ganz genau vorzutragen. Prozesse wie diese können sehr lange dauern, wenn sich der Beklagte im Einzelnen gegen die Kündigungsgründe wehrt und eine lange Beweisaufnahme durchgeführt werden muss. Die Klage ist gestützt auf eine fristlose Kündigung. In Fällen, in denen eine Vielzahl von Vertragsverstößen des Mieters vorliegt, von denen einzelne für sich möglicherweise nicht für eine Kündigung ausreichen, jedenfalls aber die Gesamtheit aller Vertragsverstöße zur Begründetheit der Kündigung führt, kann es sich auch empfehlen, nicht nur fristlos zu kündigen. Vielmehr kann hier fristlos und hilfsweise fristgemäß gekündigt werden. Dementsprechend fügt man dann nach dem auf sofortige Räumung gerichteten Klageantrag ein: „Hilfsweise wird beantragt, den Beklagten zur Räumung der vorgenannten Räumlichkeiten zum……… zu verurteilen." In der Klagebegründung muss dann entsprechend ergänzend vorgetragen werden, dass das Mietverhältnis nicht nur fristlos, sondern auch hilfsweise fristgemäß gekündigt worden ist.

Amtsgericht
44135 Dortmund den 7.11.13

Klage
des Ralf Hatdienasevoll,
Hilflosstr. 12, 44228 Dortmund – Kläger –

gegen
Frau Amanda Unzumutbar
Wohnungsstr. 23, 44138 Dortmund – Beklagte –

wegen: Räumung und Zahlung
Streitwert: 5.464,65 EUR

Im Termin zur mündlichen Verhandlung werde ich beantragen:

1. Die Beklagte wird verurteilt, die im Hause Wohnungsstraße 23, in 44138 Dortmund, III. OG links gelegene Wohnung, bestehend aus 3 Zimmern, Küche, Diele, Bad, nebst Kellerraum Nr. 7 sofort zu räumen und an den Kläger herauszugeben.

(Der Vermieter hätte hier auch zusätzlich hilfsweise beantragen können, den Mieter zur Räumung am .... zu verurteilen. Vorher hätte er entsprechend hilfsweise zum .... kündigen müssen. Wann sich ein solches Vorgehen empfiehlt, ist bei Rn. 2. 418 beschrieben.)

2. Die Beklagte wird verurteilt, an den Kläger 138,99 EUR nebst Zinsen in Höhe von 5 Prozentpunkten über dem Basiszinssatz ab Rechtshängigkeit zu bezahlen.

Prozessual wird die Durchführung eines schriftlichen Vorverfahrens und darin ggf. Erlass eines Versäumnisurteils beantragt.

Begründung:

Der Kläger ist Vermieter, die Beklagte ist Mieterin der im Hause Wohnungsstr. 23 in Dortmund im III. Obergeschoss links gelegenen Wohnung zu 67 qm, bestehend aus 3 Zimmern, Küche, Diele, Bad, zuzüglich 1 Kellerraum (im Keller mit der Zahl 7 gekennzeichnet).

Die monatliche Miete beträgt 387,81 EUR kalt plus 56,– EUR Betriebskostenvorauszahlung, fällig jeweils zum 3. des Monats.

Beweis: Mietvertrag vom 20.7.08, Kopie Anlage 1

Mit Schreiben vom 20.10.13 hat der Kläger das Mietverhältnis unter Angabe von Gründen fristlos gekündigt und Räumung der Wohnung bis spätestens 6.11.13 gefordert.

Die fristlose Kündigung wurde im Beisein der Zeugin Frau Braun in den Hausbriefkasten der Beklagten eingeworfen.

Beweis: Kündigungsschreiben vom 20.10.13, Kopie Anlage 2
Zeugnis Frau Gitte Braun, Wohnungsstr. 23, 44138 Dortmund

Die Kündigung erfolgte aus folgenden Gründen, wobei jedenfalls alle Gründe zusammengenommen für eine fristlose Kündigung ausreichend sind.

Die Beklagte hat schuldhaft in solchem Maße ihre Verpflichtungen aus dem Mietvertrag verletzt, dass dem Kläger (und im Übrigen auch den Hausbewohnern) die Fortsetzung des Mietverhältnisses nicht mehr zugemutet werden kann, so dass eine fristlose Kündigung gem. §§ 543 Abs. 1, 569 Abs. 2 BGB begründet ist:

a) Im Keller des Hauses ist ein – vom Kläger selber zufällig bemerktes – undichtes Gasrohr. Es muss dringend repariert werden. Die vom Kläger alarmierten Stadtwerke haben dem Kläger hierfür eine Frist bis zum 16.10.13 gesetzt.

Beweis: Zeugnis Herr Ratzeputz, zu laden über die Dortmunder Stadtwerke AG, Deggerstr. 10, 44141 Dortmund.

Die Reparatur kann nur dann durchgeführt werden, wenn alle Hausbewohner gleichzeitig die Handwerker in ihre Wohnungen lassen, da zum Zwecke der Reparatur die Hauptgaszufuhr des Hauses unterbrochen werden muss. Beim Wiederanfahren müssen sämtliche Thermen bei allen Mietern kontrolliert werden, da sonst Gas unkontrolliert über die Zündgasleitungen ausströmen könnte.

Beweis: Zeugnis Herr Ratzeputz, b. b. , Zeugnis Herr Zettler, zu laden über die Fa. Schnellschweiß Sanitär & Heizung, Reparaturstr. 27, 44138 Dortmund

Der Kläger hat mit der Durchführung der Reparatur die Fa. Schnellschweiß beauftragt. Alle Hausbewohner, also auch die Beklagte, waren durch einen deutlich sichtbaren Aushang im Hausflur über den Tag der Reparatur – den 11.10. – und die Notwendigkeit derselben informiert worden. Außerdem hat der nachbenannte Zeuge Zettler eine Kopie des Aushangs in jeden Hausbriefkasten, also auch in den der Beklagten eingeworfen.

Beweis: Zeugnis Herr Zettler, b. b.

Für die Mieter des Hauses, die bis auf die Beklagte sämtlich berufstätig sind, bedeutete dies einige Unbill, da sie sich entsprechend frei nehmen mussten.

Als der Reparaturtrupp zum vereinbarten Termin am 11.10.13 erschien, haben alle Hausbewohner, bis auf die Beklagte, die Türen geöffnet und die Handwerker hereingelassen. Die Beklagte hat die Tür nicht aufgemacht.

Beweis: Zeugnis Herr Zettler, b. b.

Und das, obwohl die Beklagte sich zu diesem Zeitpunkt in der Wohnung aufhielt. Nachdem der Reparaturtrupp verrichtungslos wieder abgezogen war, wurde sie von Hausbewohnern beim Verlassen der Wohnung beobachtet und zur Rede gestellt.

Beweis: Frau Gitte Braun, b. b.

Herr Hans Wütend, Wohnungsstr. 23, 44138 Dortmund

Die Beklagte hat den Zeugen erklärt, sie würde freiwillig überhaupt niemanden in ihre Wohnung lassen.

Beweis: Frau Gitte Braun, b. b.

Herr Hans Wütend, b. b.

Das Gasleck ist nun immer noch im Keller, und den vergeblichen Einsatz der Handwerker muss der Kläger zunächst bezahlen. Auch alle übrigen Mieter haben sich vergebens einen Tag frei genommen. Im Moment besteht zwar keine akute Gefahr, da durch Dauerlüften im Keller das in glücklicherweise noch geringen Mengen ausströmende Gas abtransportiert wird, aber mit sinkenden Temperaturen müssen die Fenster geschlossen werden, da sonst die Wasserleitungen einfrieren würden. Es ist also abzusehen, dass die Hausbewohner entweder kein Gas oder kein Wasser mehr haben werden.

Beweis: Zeugnis Herr Zettler, b. b.

Die Beklagte verhindert hier mithin eine dringend erforderliche Reparatur der Hauptgasleitung (die sie mit nur ein paar Minuten Zeitaufwand belasten würde), indem sie die Handwerker nicht in die Wohnung lässt. Der Kläger hatte gehofft, dass wenigstens in so einem Fall die Beklagte die Tür aufmacht. Die Handwerker sind sinnlos gekommen. Die übrigen Hausbewohner haben sich sinnlos die Zeit frei gemacht. Der Kläger müsste nun, um die im Interesse aller Hausbewohner liegende Reparatur der Gasleitung ausführen zu können, die Beklagte auf Zutritt zur Wohnung verklagen, um dann die Tür für die Handwerker durch einen Gerichtsvollzieher öffnen lassen zu können. Dieses völlig grundlose Verhalten der Beklagten ist schikanös und stellt einen Grund dar, der die Fortsetzung des Mietverhältnisses dem Kläger nicht länger zumutbar erscheinen lässt.

b) In der Wohnung der Beklagten ist nach Einbau von Kunststoff-Iso-Fenstern der Raumlüftungsverbund aufgrund einer Sicherheitsauflage für Feuerstätten des Schornsteinfegers seit drei Jahren noch herzustellen.

Beweis: Zeugnis Bezirksschornsteinfegermeister Hans-Peter Friedlich, Kehrstr. 12, 44136 Dortmund

Der Kläger hat die Beklagte mehrfach, zuletzt mit Schreiben vom 5.7.07, dazu aufgefordert, sich diesbzgl. zur Verabredung eines Termins mit ihm in Verbindung zu setzen.

Beweis: Schreiben vom 5.7.07, Kopie Anlage 3

Auch in diesem Fall dauert die Sache (Schlitz in die Tür zwischen Küche und Diele schneiden und zwei Lüftungsgitter einbauen), die im Übrigen auch der Sicherheit der Beklagten selber dient, höchstens eine halbe Stunde.

Eine Kontaktaufnahme ist bis heute nicht erfolgt.

c) Die Beklagte ist alleinige Unterzeichnerin des Mietvertrags, die Wohnung ist lt. Vertragstext an sie und ihren minderjährigen Sohn Wilhelm vermietet. An weitere Personen ist die Wohnung nicht vermietet. Tatsächlich gehen lt. Aussagen der Hausbewohner in der Wohnung eine unbestimmte Vielzahl von Personen ein und aus, die auch dort schlafen und nach der Beobachtung der Hausbewohner auch Haustürschlüssel haben. Es handelt sich dabei nicht nur um gelegentlichen, im Rahmen eines Mietverhältnisses üblichen Besuch der Beklagten, sondern um eine ständige Überbelegung der Wohnung mit einer Vielzahl dem Kläger unbekannter Personen. Dies dauert seit mehr als einem halben Jahr an. Dabei stellt insbesondere die Tatsache, dass diese dem Kläger unbekannten Personen nach Beobachtungen der Hausbewohner mit „eigenen" Schlüsseln, also Schlüsselkopien die Haustür aufschließen, ein erhebliches Sicherheitsrisiko für die Hausbewohner dar.

Beweis: Zeugnis

Frau Gitte Braun

Herr Hans Wütend

Herr Dr. Ralf Wiegand

Frau Marta Wiegand

Herr Rolf Nachtschicht

Frau Erna Nachtschicht

Herr Arnold Klein

Herr Erwin Groß

Frau Marta Bergmann

Frau Marta Seewald

sämtlich Wohnungsstr. 23, 44138 Dortmund

d) Der Hausflur der Beklagten starrt vor Dreck. Sie hält sich nicht an die Flurputzordnung. Der zur Wohnung der Beklagten gehörende Flurteil von der zweiten zur dritten Etage ist lt. der im Mietvertrag enthaltenen Hausordnung mindestens alle zwei Wochen einmal zu reinigen. Die Beklagte hat dies seit mindestens sechs Monaten nicht mehr getan.

Beweis: Zeugnis

Frau Gitte Braun

Herr Hans Wütend

Herr Dr. Ralf Wiegand

Frau Marta Wiegand

Herr Rolf Nachtschicht

Frau Erna Nachtschicht

Herr Arnold Klein

Herr Erwin Groß

Frau Marta Bergmann

Frau Marta Seewald

b.b.

Die Mieter beschweren sich ständig beim Kläger darüber. Die Beklagte ist wegen dieser und weiterer Gründe mehrfach schriftlich abgemahnt worden, siehe im Einzelnen unten.

e) Die Beklagte schuldet dem Kläger seit über einem Jahr noch 138,99 EUR aus folgenden Vorfällen:

aa) In der Wohnung der Beklagten waren vor über einem Jahr sämtliche Abflüsse verstopft. Auf Wunsch der Beklagten hat der Kläger die Verstopfung der Wohnungsabflüsse durch Handwerker beseitigen lassen. Diese haben dem Kläger danach berichtet, dass die Verstopfung durch Unmengen von Zigarettenkippen und Kondomen hervorgerufen worden war (Kosten: 74,– EUR.)

Beweis: Zeugnis Herr Zettler, b. b.
Rechnung der Firma Schnellschweiß Sanitär und Heizung vom 13.6.12, Kopie Anlage 4

Der Kläger hat der Beklagten diesen Betrag mit Schreiben vom 1.7.12 unter Beifügung einer Rechnungskopie weiterbelastet.

Beweis: Schreiben des Klägers vom 1.7.12, Kopie Anlage 5

Eine Zahlung ist bis heute nicht erfolgt.

bb) Die Beklagte hatte, trotz mehrfacher schriftlicher Abmahnung (dazu im Einzelnen unten), stinkenden Unrat auf dem Treppenpodest abgelagert. Es handelte sich um Küchenabfälle, die sich schließlich auf ca. 30 löchrige Müllbeutel addierten.

Beweis: Zeugnis
Frau Gitte Braun
Herr Hans Wütend
Herr Dr. Ralf Wiegand
Frau Marta Wiegand
Herr Rolf Nachtschicht
Frau Erna Nachtschicht
Herr Arnold Klein
Herr Erwin Groß
Frau Marta Bergmann
Frau Marta Seewald
b.b.

Da dadurch ein Fluchtweg versperrt wurde, hat der Kläger der Beklagten mit Schreiben vom 12.4.13 Frist zur Beseitigung bis zum 22.4.13 gesetzt, verbunden mit dem Hinweis, dass er die Beseitigung danach auf Kosten der Beklagten vornehmen lassen werde.

Beweis: Schreiben vom 12.4.13

Nach Fristablauf hat der Kläger durch den Hausmeisterdienst Räumtallesweg den Unrat für 25,– EUR heruntertragen und beseitigen lassen.

Beweis: Rechnung des Hausmeisterdienstes Räumtallesweg vom 24.4.13, Kopie Anlage 6

Die Beklagte hat anschließend weiterhin ihre Müllbeutel auf das wieder freigeräumte Treppenpodest gelegt. Da die übrigen Hausbewohner den Gestank nicht mehr ertragen konnten, haben sie (oder der Kläger) den Müll dann immer in die Tonnen gebracht.

Beweis: Zeugnis
Frau Gitte Braun
Herr Hans Wütend
Herr Dr. Ralf Wiegand
Frau Marta Wiegand
Herr Rolf Nachtschicht
Frau Erna Nachtschicht
Herr Arnold Klein
Herr Erwin Groß
Frau Marta Bergmann
Frau Marta Seewald,
b. b.

cc) Unterhalb der Wohnung der Beklagten befindet sich auf einem Zwischenpodest ein Feuerlöscher. Dieser wurde „aus Spaß" vom Sohn der Beklagten am Abend des 16.9.13 bei einer „rauschenden Fete", bei der mindestens 20 betrunkene Personen grölend im Flur tanzten, im Flur versprüht.

Beweis: Zeugnis

Frau Gitte Braun

Herr Hans Wütend

Herr Dr. Ralf Wiegand

Frau Marta Wiegand

Herr Rolf Nachtschicht

Frau Erna Nachtschicht

Herr Arnold Klein

Herr Erwin Groß

Frau Marta Bergmann

Frau Marta Seewald

b.b.

sowie **Beweis:** Zeugnis Polizeiobermeister Hatschonvieleserlebt, zu laden über den Polizeipräsidenten Dortmund, Schutzbereich Mitte

Der Zeuge Hatschonvieleserlebt war von den Hausbewohnern zur Hilfe gerufen worden, da die „Fete" bei der Beklagten in der beschriebenen Weise außer Kontrolle geraten war.

Der vom Kläger als Ersatz gekaufte Feuerlöscher hat 39,99 EUR gekostet. Ein Wiederbefüllen wäre teurer gewesen als ein Neukauf.

Beweis: Kaufrechnung vom 17.9.13, Kopie Anlage 7

Im Übrigen ist dieses Verhalten ein weiterer Beleg dafür, dass eine Fortsetzung des Mietverhältnisses mit der Beklagten unzumutbar ist.

Die Beklagte ist mit Schreiben vom

5.2.13,

23.3.13,

9.5.13

1.6.13

1.10.13

aus den vorgenannten Gründen gemahnt bzw. abgemahnt worden.

In den letzten beiden Abmahnschreiben ist die Beklagte ausdrücklich darauf hingewiesen worden, dass im Fall der Fortsetzung ihres Verhaltens eine fristlose Kündigung des Mietverhältnisses erfolgen wird.

Von einer Vorlage der Abmahnschreiben wird zunächst abgesehen, da dies unstreitig bleiben dürfte. Sollte das Gericht dennoch eine Vorlage für erforderlich halten, wird um einen kurzen Hinweis gebeten.

Die Vielzahl der Vertragsverstöße lässt eine weitere Fortsetzung des Mietverhältnisses als nicht mehr zumutbar erscheinen, so dass darin ein Grund für eine fristlose Kündigung gegeben ist.

Da die Beklagte die Wohnung nicht geräumt hat, war Klage geboten.

....
(Unterschrift)

V. Abrechnungsmuster

Die Betriebskostenabrechnungen 1 bis 3 verwenden so genannte Mischschlüssel. Diese Schlüssel bemühen sich um eine größere Abrechnungsgerechtigkeit als einfache Schlüssel, die z. B. nur nach Quadratmetern Wohnfläche (Nr. 4) oder nur nach Köpfen (Nr. 5) abrechnen. Eine Abrechnung nach Mischschlüsseln ist allerdings regelmäßig aufwendiger als eine Abrechnung nach nur einem Kriterium.

Die Abrechnungen sind als Beispiele abgedruckt; weitere Erläuterungen finden Sie jeweils in den Fußnoten.

Zur Klarstellung: Jede Abrechnung setzt eine entsprechende vertragliche Vereinbarung voraus! In Ermangelung einer solchen Vereinbarung sind die Betriebskosten nach § 556a Abs. 1 Satz 1 BGB nach dem Anteil der Wohnfläche umzulegen (vgl. Rn. 2. 67). Wenn Heizkosten mit zu den an den Vermieter zu zahlenden Betriebskosten gehören, müssen diese nach der Heizkostenverordnung umgelegt werden (vgl. Rn. 2. 299).

1. Betriebskostenabrechnung Mischschlüssel (I)[36]

Betriebskostenabrechnung Annastr. 14 für das Jahr ....

Wasser	Ab-wasser	Müll-abfuhr	Flur-licht	Gesamtpersonen-kosten
1643,99	1848,37	1475,40	125,67	5093,43
Straßen-reinigung	Grund-steuer	Ge-bäude-vers.	Haft-pflicht-vers.	Gesamtflächen-kosten
300,80	592,20	1265,20	290,60	2448,80

Name	I	II	III	IV	V	VI	VII	VIII	IX	X
Krause	1,00	2,00	12,00	12,00	24,00	463,04	326,51	0,00	840,00	−50,45
Schmalz	2,00	3,00	12,00	24,00	36,00	926,08	489,76	0,00	1500,00	−84,16
Ludwig	1,00	1,00	12,00	12,00	12,00	463,04	163,25	0,00	940,00	−113,71
Darmstadt	1,00	3,00	12,00	12,00	36,00	463,04	489,76	0,00	740,00	12,80
Luv	1,00	1,00	3,00	3,00	3,00	115,76	40,81	0,00	210,00	−53,43
Meier	1,00	1,00	12,00	12,00	12,00	463,04	163,25	0,00	740,00	−113,71
Müller	4,00	4,00	12,00	48,00	48,00	1852,16	653,01	0,00	2500,00	5,17
Fritz	1,00	1,00	9,00	9,00	9,00	347,28	122,44	0,00	530,00	−60,28

NN					0,00	0,00	0,00	0,00	0,00	0,00	0,00	0,00
NN					0,00	0,00	0,00	0,00	0,00	0,00	0,00	0,00
NN					0,00	0,00	0,00	0,00	0,00	0,00	0,00	0,00
Summenfeld	12,00	16,00	28,00	132,00	180,00	0,00	5093,43	0,00	2448,80	0,00	8000,00	−457,77
Kontrollfeld												−457,77

Erläuterungen zu den Spalten der Abrechnung:

I = Personen

II = Zimmer

III = Monate (Dauer des Mietverhältnisses im Jahr)

IV = I mal III

V = II mal III   IIIX = VI + VII + VII − IX ergibt Guthaben oder Nachzahlungsbetrag

VI = Gesamt Personenkosten geteilt durch Summe Spalte IV mal IV

VII = Gesamt Flächenkosten geteilt durch Summe Spalte V mal Spalte V

VIII = O (hier können ggf. weitere Ausgleichspositionen eingesetzt werden)

IX = im Jahr geleistete Vorauszahlungen

Ein Minuszeichen in der letzten Spalte (X) bedeutet (negative Nachforderung =) ein Guthaben!

Kein Vorzeichen in der letzten Spalte (X) bedeutet eine Nachforderung!

Nachzahlungen bitte überweisen auf das Konto: IBAN .... , ... bank, BIC ....

Die Abrechnungsunterlagen (Rechnungen, Gebührenbescheide usw.) können innerhalb der nächsten 2 Wochen nach vorheriger Terminabsprache bei mir eingesehen werden.

2. Betriebskostenabrechnung Mischschlüssel (II)[37]

Betriebskostenabrechnung Friedenstr. 3 für das Jahr ….											
Garten-pflege	Straßen-reini-gung	Müll-abfuhr	Grund-steuer	Allg. Strom	Gebäude-versiche-rung	Haft-pflicht-versiche-rung	Schorn-stein-feger	Gesamt I	Wasser	Ab-wasser	Gesamt II
480,00	370,24	1475,40	949,17	128,92	2578,40	532,60	93,84	6608,57	1535,80	1701,01	3236,81
	I	II	III	IV	V	VI	VII	VIII	IX	X	=
Name											
Meier	12,00	2,00	12,00	24,00	144,00	793,03	539,47	48,76	1200,00	181,26	
Müller	7,70	1,00	2,00	2,00	15,40	84,81	44,96	8,13	200,00	–62,10	
Schulz	13,10	1,00	4,00	4,00	52,40	288,57	89,91	16,25	400,00	–5,26	
Schmidt	8,30	1,00	11,00	11,00	91,30	502,80	247,26	44,70	800,00	–5,24	
Franz	13,00	2,00	12,00	24,00	156,00	859,11	539,47	48,76	1400,00	47,34	
Grünspan	8,30	1,00	5,00	5,00	41,50	228,55	112,39	20,32	500,00	–138,74	
Rotholz	12,30	2,00	5,00	10,00	61,50	338,69	224,78	20,32	500,00	83,79	
Westenfeld	7,30	1,00	12,00	12,00	87,60	482,43	269,73	48,76	800,00	–0,92	
Ewald	18,00	1,00	3,00	3,00	54,00	297,39	67,43	12,19	300,00	77,01	
Kunz	7,70	1,00	9,00	9,00	69,30	381,64	202,30	36,57	700,00	–79,48	

Hinz	7,70	1,00	1,00	7,70	42,40	22,48	4,06	100,00	–31,06
Dr. Könner	13,10	1,00	8,00	104,80	577,15	179,82	35,51	800,00	–7,52
Naseweis	8,30	1,00	1,00	8,30	45,71	22,48	4,06	100,00	–27,75
von Chaos	8,30	1,00	7,00	58,10	319,96	157,34	28,44	600,00	–94,25
Gallig	12,30	2,00	7,00	86,10	474,16	314,69	28,44	700,00	117,29
Freundlich	18,00	1,00	9,00	162,00	892,16	202,30	36,57	1100,00	31,03
Summenfeld			144,00	1200,00	6608,57	3236,81	441,84	10200,00	–87,22
Kontrollfeld									–87,22

Erläuterungen der Spalten in der Abrechnung:

I = %-Schlüssel (wie im jeweiligen Mietvertrag angegeben)
II = Personen-Schlüssel (nur für Wasser-/Abwassergeld)
III = Monate (Dauer des Mietverhältnisses im Abrechnungsjahr)
IV = II X III (= Anteile Wasser u. Abwasser nach Monaten)
V = I X III (= Anteile Grundfläche nach Monaten)

VI = Gesamt I / (Summe aller V) x V
VII = Gesamt II / (Summe aller IV) x IV
VIII = Gasimmissionsmessung für Therme lt. Schornstein-
fegerrechnung
IX = Im Abrechnungsjahr geleistete Vorauszahlung
X = VI + VII + VIII – IX = Guthaben oder Nachforderung

Ein Minuszeichen in der letzten Spalte (X) bedeutet (negative Nachforderung=) ein Guthaben!

Kein Vorzeichen in der letzten Spalte (X) bedeutet eine Nachforderung!

Nachzahlungen bitte überweisen auf das Konto: IBAN ...... , ... bank, BIC ....
Die Abrechnungsunterlagen (Rechnungen, Gebührenbescheide usw.) können innerhalb der nächsten 2 Wochen
nach vorheriger Terminabsprache bei mir eingesehen werden.

3. Betriebskostenabrechnung Mischschlüssel (III)[38]

Betriebskostenabrechnung Hausstr. 123 für das Jahr ....

	Abwasser	Straßen-reinigung	Müll-abfuhr	Grund-steuer	Allg. Strom	Gebäude-versicherung	Haft-pflicht-versicherung	Schorn-steinf.	Wasser	Gesamt
	1519,81	254,54	1229,50	1192,63	140,62	2206,60	395,60	74,65	1417,04	8430,99
		I	II	III	IV	V	VI	VII	VIII	IX
Name										
Fritz		1,00	4,00	12,00	60,00	1173,69	0,00	48,76	1200,00	22,45
Ekel		1,00	4,00	0,00	0,00	0,00	0,00	0,00	0,00	0,00
Freundlich		1,00	3,00	5,00	20,00	391,23	0,00	20,32	500,00	−88,45
Reklame		1,00	4,00	12,00	60,00	1173,69	0,00	48,76	1200,00	22,45
Spalt		1,00	3,00	11,00	44,00	860,70	0,00	44,70	1000,00	−94,60
Rupf		1,00	4,00	12,00	60,00	1173,69	0,00	48,76	1200,00	22,45
Gral		1,00	6,00	12,00	84,00	1643,16	0,00	48,76	1700,00	8,08
Schulte		1,00	4,00	1,00	5,00	97,81	0,00	20,32	100,00	18,13
Witzig		2,00	4,00	11,00	66,00	1291,06	0,00	44,70	1300,00	35,76
Ernst		1,00	3,00	7,00	28,00	547,72	0,00	28,44	600,00	−23,84
Rewald		1,00	3,00	1,00	4,00	78,25	0,00	4,06	100,00	−17,69

| Summenfeld | 431,00 | 8430,99 | 0,00 | 357,58 | 8900,00 | 111,42 |
| Kontrollfeld | | | | | | 111,42 |

Erläuterung der Spalten der Abrechnung:

I = Anzahl Personen

II = Anzahl Räume

III = Monate (Dauer des Mietverhältnisses im Abrechnungsjahr)

IV = (I + II) x III = Punkte pro Wohnung

V = Gesamtbetriebskosten / Gesamtpunkte des Hauses Punkte pro Wohnung

VI = 0 (*hier können ggf. weitere Ausgleichspositionen eingesetzt werden*)

VII = Gasimissionsmessung für Therme lt. Schornsteinfegerrechnung

VIII = Im Abrechnungsjahr geleistete Vorauszahlung

IX = V + VI + VII – VIII = Guthaben oder Nachforderung

Berechnungsmodus: Zugrunde gelegt ist ein Mischschlüssel, also ein Schlüssel, der sowohl die unterschiedliche Größe der einzelnen Wohnungen als auch die unterschiedliche Personenzahl der einzelnen Haushalte berücksichtigt. Zugrunde gelegt wurde für jede Person ein Punkt, für jeden Raum ein Punkt (die Räume im Haus sind sämtlich annähernd gleich groß) und dann noch für jede Wohnung ein weiterer Punkt für Bad/Toilette. Die kleinen Dielen und Flure werden nicht extra gerechnet.

Ein Minuszeichen in der letzten Spalte (IX) bedeutet (negative Nachforderung=) ein Guthaben!

Kein Vorzeichen in der letzten Spalte (IX) bedeutet eine Nachforderung!

Nachzahlungen bitte überweisen auf das Konto: IBAN ...... , ... bank, BIC ....
Die Abrechnungsunterlagen (Rechnungen, Gebührenbescheide usw.) können innerhalb der nächsten 2 Wochen nach vorheriger Terminabsprache bei mir eingesehen werden.

413

4. Betriebskostenabrechnung nach Quadratmetern Wohnfläche[39]

Betriebskostenabrechnung Dollarstr. 10 für das Jahr ....

Name	Abwasser	Straßen-reinigung	Müll-abfuhr	Grund-steuer	Allg. Strom	Gebäude-versiche-rung	Haftpflicht-versiche-rung	Wasser	Gesamt
	1000,00	300,00	1200,00	800,00	120,00	600,00	250,00	900,00	5170,00
		I	II	III	IV	V	VI	VII	
Müller		50,00	16,67	12,00	200,00	861,67	880,00	–18,33	
Meier		50,00	16,67	12,00	200,00	861,67	880,00	–18,33	
Schulz		100,00	33,33	12,00	400,00	1723,33	1800,00	–76,67	
Fritz		70,00	23,33	12,00	280,00	1206,33	1200,00	6,33	
Franz		30,00	10,00	12,00	120,00	517,00	500,00	17,00	
NN		0,00	0,00	0,00	0,00	0,00	0,00	0,00	
NN		0,00	0,00	0,00	0,00	0,00	0,00	0,00	
NN		0,00	0,00	0,00	0,00	0,00	0,00	0,00	
Summenfeld		300,00	100,00	60,00	1200,00	5170,00	5260,00	–90,00	
Kontrollfeld								–90,00	

Erläuterungen der Spalten in der Abrechnung:

I = qm Wohnfläche
II = Prozentualer Anteil an den Betriebskosten gem. der Wohnfläche
III = Monate (Dauer des Mietverhältnisses im Abrechnungsjahr)

IV = II * III
V = Gesamtbetriebskosten / (Summe aller IV) * IV
VI = Im Abrechnungsjahr geleistete Vorauszahlungen
VII = V – VI = Guthaben oder Nachforderung

Ein Minuszeichen in der letzten Spalte (VII) bedeutet (negative Nachforderung=) ein Guthaben!

Kein Vorzeichen in der letzten Spalte (VII) bedeutet eine Nachforderung!

Nachzahlungen bitte überweisen auf das Konto: IBAN ......, ... bank, BIC ....
Die Abrechnungsunterlagen (Rechnungen, Gebührenbescheide usw.) können innerhalb der nächsten 2 Wochen nach vorheriger Terminabsprache bei mir eingesehen werden.

5. Betriebskostenabrechnung nach Köpfen[40]

Betriebskostenabrechnung Mietweg 67 für das Jahr ....

Abwasser	Straßen-reinigung	Müll-abfuhr	Grund-steuer	Allg. Strom	Gebäude-versicherung	Haft-pflicht-versicherung	Wasser	Schorn-steinf.	Gesamt
1000,00	300,00	1200,00	800,00	120,00	600,00	250,00	900,00	200,00	5370,00
	I	II	III	IV	V	VI	VII		
Name									
Müller	1,00	12,00	12,00	503,44	48,00	500,00	51,44		
Meier	1,00	12,00	12,00	503,44	48,00	500,00	51,44		
Schulz	4,00	12,00	48,00	2013,75	48,00	2100,00	−38,25		
Fritz	3,00	12,00	36,00	1510,31	48,00	1500,00	58,31		
Franz	2,00	8,00	16,00	671,25	32,00	700,00	3,25		
Schneider	1,00	4,00	4,00	167,81	16,00	200,00	−16,19		
NN			0,00	0,00	0,00	0,00	0,00		
NN			0,00	0,00	0,00	0,00	0,00		
Summenfeld			128,00	5370,00	240,00	5500,00	110,00		
Kontrollfeld							110,00		

Erläuterungen der Spalten in der Abrechnung:

I = Anzahl Personen

II = Monate (Dauer des Mietverhältnisses im Abrechnungsjahr)

III = I x II

IV = Gesamt / (Summe aller III) * III

V = Gasimissionsmessung lt. Schornsteinfegerrechnung

VI = Im Abrechnungsjahr geleistete Vorauszahlung

VII = IV + V – VI = Guthaben oder Nachforderung

Ein Minuszeichen in der letzten Spalte (VII) bedeutet (negative Nachforderung=) ein Guthaben!

Kein Vorzeichen in der letzten Spalte (VII) bedeutet eine Nachforderung!

Nachzahlungen bitte überweisen auf das Konto: IBAN ...... , ... bank, BIC ....

Die Abrechnungsunterlagen (Rechnungen, Gebührenbescheide usw.) können innerhalb der nächsten 2 Wochen nach vorheriger Terminabsprache bei mir eingesehen werden.

Anhang

Gesetzestexte

Gesetzestexte

1. Auszug aus dem Bürgerlichen Gesetzbuch (BGB)

a) Formvorschriften (§§ 126 bis 129 BGB)

1 **§ 126 Schriftform**. (1) Ist durch Gesetz schriftliche Form vorgeschrieben, so muss die Urkunde von dem Aussteller eigenhändig durch Namensunterschrift oder mittels notariell beglaubigten Handzeichens unterzeichnet werden.

(2) [1]Bei einem Vertrag muss die Unterzeichnung der Parteien auf derselben Urkunde erfolgen. [2]Werden über den Vertrag mehrere gleichlautende Urkunden aufgenommen, so genügt es, wenn jede Partei die für die andere Partei bestimmte Urkunde unterzeichnet.

(3) Die schriftliche Form kann durch die elektronische Form ersetzt werden, wenn sich nicht aus dem Gesetz ein anderes ergibt.

(4) Die schriftliche Form wird durch die notarielle Beurkundung ersetzt.

§ 126a Elektronische Form. (1) Soll die gesetzlich vorgeschriebene schriftliche Form durch die elektronische Form ersetzt werden, so muss der Aussteller der Erklärung dieser seinen Namen hinzufügen und das elektronische Dokument mit einer qualifizierten elektronischen Signatur nach dem Signaturgesetz versehen.

(2) Bei einem Vertrag müssen die Parteien jeweils ein gleichlautendes Dokument in der in Absatz 1 bezeichneten Weise elektronisch signieren.

§ 126b Textform. [1]Ist durch Gesetz Textform vorgeschrieben, so muss eine lesbare Erklärung, in der die Person des Erklärenden genannt ist, auf einem dauerhaften Datenträger abgegeben werden. [2]Ein dauerhafter Datenträger ist jedes Medium, das

1. es dem Empfänger ermöglicht, eine auf dem Datenträger befindliche, an ihn persönlich gerichtete Erklärung so aufzubewahren oder zu speichern, dass sie ihm während eines für ihren Zweck angemessenen Zeitraums zugänglich ist, und

2. geeignet ist, die Erklärung unverändert wiederzugeben.

§ 127 Vereinbarte Form. (1) Die Vorschriften des § 126, des § 126a oder des § 126b gelten im Zweifel auch für die durch Rechtsgeschäft bestimmte Form.

(2) [1]Zur Wahrung der durch Rechtsgeschäft bestimmten schriftlichen Form genügt, soweit nicht ein anderer Wille anzunehmen ist, die telekommunikative Übermittlung und bei einem Vertrag der Briefwechsel. [2]Wird eine solche Form gewählt, so kann nachträglich eine dem § 126 entsprechende Beurkundung verlangt werden.

(3) [1]Zur Wahrung der durch Rechtsgeschäft bestimmten elektronischen Form genügt, soweit nicht ein anderer Wille anzunehmen ist, auch eine andere als die in § 126a bestimmte elektronische Signatur und bei einem Vertrag der Austausch von Angebots- und Annahmeerklärung, die jeweils mit einer elektronischen Signatur versehen sind. [2]Wird eine solche Form gewählt, so kann nachträglich eine dem § 126a entsprechende elektronische Signierung oder, wenn diese einer der Parteien nicht möglich ist, eine dem § 126 entsprechende Beurkundung verlangt werden.

§ 127a Gerichtlicher Vergleich. Die notarielle Beurkundung wird bei einem gerichtlichen Vergleich durch die Aufnahme der Erklärungen in ein nach den Vorschriften der Zivilprozessordnung errichtetes Protokoll ersetzt.

§ 128 Notarielle Beurkundung. Ist durch Gesetz notarielle Beurkundung eines Vertrags vorgeschrieben, so genügt es, wenn zunächst der Antrag und sodann die Annahme des Antrags von einem Notar beurkundet wird.

§ 129 Öffentliche Beglaubigung. (1) [1]Ist durch Gesetz für eine Erklärung öffentliche Beglaubigung vorgeschrieben, so muss die Erklärung schriftlich abgefasst und die Unterschrift des Erklärenden von einem Notar beglaubigt werden. [2]Wird die Erklärung von dem Aussteller mittels Handzeichens unterzeichnet, so ist die im § 126 Abs. 1 vorgeschriebene Beglaubigung des Handzeichens erforderlich und genügend.

(2) Die öffentliche Beglaubigung wird durch die notarielle Beurkundung der Erklärung ersetzt.

b) Störung der Geschäftsgrundlage (§ 313 BGB)

§ 313 Störung der Geschäftsgrundlage. (1) Haben sich Umstände, die zur Grundlage des Vertags geworden sind, nach Vertragsschluss schwerwiegend verändert und hätten die Parteien den Vertrag nicht oder mit anderem Inhalt geschlossen, wenn sie diese Veränderung vorausgesehen hätten, so kann Anpassung des Vertrags verlangt werden, soweit einem Teil unter Berücksichtigung aller Umstände des Einzelfalls, insbesondere der vertraglichen oder gesetzlichen Risikoverteilung, das Festhalten am unveränderten Vertrag nicht zugemutet werden kann.

2

(2) Einer Veränderung der Umstände steht es gleich, wenn wesentliche Vorstellungen, die zur Grundlage des Vertrags geworden sind, sich als falsch herausstellen.

(3) [1]Ist eine Anpassung des Vertrags nicht möglich oder einem Teil nicht zumutbar, so kann der benachteiligte Teil vom Vertrag zurücktreten. [2]An die Stelle des Rücktrittsrechts tritt für Dauerschuldverhältnisse das Recht zur Kündigung.

c) Mietvertrag (§§ 535 bis 580a BGB)

3   **§ 535 Inhalt und Hauptpflichten des Mietvertrags.** (1) [1]Durch den Mietvertrag wird der Vermieter verpflichtet, dem Mieter den Gebrauch der Mietsache während der Mietzeit zu gewähren. [2]Der Vermieter hat die Mietsache dem Mieter in einem zum vertragsgemäßen Gebrauch geeigneten Zustand zu überlassen und sie während der Mietzeit in diesem Zustand zu erhalten. [3]Er hat die auf der Mietsache ruhenden Lasten zu tragen.

(2) Der Mieter ist verpflichtet, dem Vermieter die vereinbarte Miete zu entrichten.

§ 536 Mietminderung bei Sach- und Rechtsmängeln. (1) [1]Hat die Mietsache zur Zeit der Überlassung an den Mieter einen Mangel, der ihre Tauglichkeit zum vertragsgemäßen Gebrauch aufhebt, oder entsteht während der Mietzeit ein solcher Mangel, so ist der Mieter für die Zeit, in der die Tauglichkeit aufgehoben ist, von der Entrichtung der Miete befreit. [2]Für die Zeit, während der die Tauglichkeit gemindert ist, hat er nur eine angemessen herabgesetzte Miete zu entrichten. [3]Eine unerhebliche Minderung der Tauglichkeit bleibt außer Betracht.

(1a) Für die Dauer von drei Monaten bleibt eine Minderung der Tauglichkeit außer Betracht, soweit diese auf Grund einer Maßnahme eintritt, die einer energetischen Modernisierung nach § 555b Nummer 1 dient.

(2) Absatz 1 Satz 1 und 2 gilt auch, wenn eine zugesicherte Eigenschaft fehlt oder später wegfällt.

(3) Wird dem Mieter der vertragsgemäße Gebrauch der Mietsache durch das Recht eines Dritten ganz oder zum Teil entzogen, so gelten die Absätze 1 und 2 entsprechend.

(4) Bei einem Mietverhältnis über Wohnraum ist eine zum Nachteil des Mieters abweichende Vereinbarung unwirksam.

§ 536a Schadens- und Aufwendungsersatzanspruch des Mieters wegen eines Mangels. (1) Ist ein Mangel im Sinne des § 536 bei Vertragsschluss vorhanden oder entsteht ein solcher Mangel später wegen eines Umstands, den der Vermieter zu vertreten hat, oder kommt der Vermieter mit der Beseitigung eines Mangels in Verzug, so kann der Mieter unbeschadet der Rechte aus § 536 Schadensersatz verlangen.

(2) Der Mieter kann den Mangel selbst beseitigen und Ersatz der erforderlichen Aufwendungen verlangen, wenn

1. der Vermieter mit der Beseitigung des Mangels in Verzug ist oder
2. die umgehende Beseitigung des Mangels zur Erhaltung oder Wiederherstellung des Bestands der Mietsache notwendig ist.

§ 536b Kenntnis des Mieters vom Mangel bei Vertragsschluss oder Annahme. [1]Kennt der Mieter bei Vertragsschluss den Mangel der Mietsache, so stehen ihm die Rechte aus den §§ 536 und 536a nicht zu. [2]Ist ihm der Mangel infolge grober Fahrlässigkeit unbekannt geblieben, so stehen ihm diese Rechte nur zu, wenn der Vermieter den Mangel arglistig verschwiegen hat. [3]Nimmt der Mieter eine mangelhafte Sache an, obwohl er den Mangel kennt, so kann er die Rechte aus den §§ 536 und 536a nur geltend machen, wenn er sich seine Rechte bei der Annahme vorbehält.

§ 536c Während der Mietzeit auftretende Mängel; Mängelanzeige durch den Mieter. (1) [1]Zeigt sich im Laufe der Mietzeit ein Mangel der Mietsache oder wird eine Maßnahme zum Schutz der Mietsache gegen eine nicht vorhergesehene Gefahr erforderlich, so hat der Mieter dies dem Vermieter unverzüglich anzuzeigen. [2]Das Gleiche gilt, wenn ein Dritter sich ein Recht an der Sache anmaßt.

(2) [1]Unterlässt der Mieter die Anzeige, so ist er dem Vermieter zum Ersatz des daraus entstehenden Schadens verpflichtet. [2]Soweit der Vermieter infolge der Unterlassung der Anzeige nicht Abhilfe schaffen konnte, ist der Mieter nicht berechtigt,

1. die in § 536 bestimmten Rechte geltend zu machen,
2. nach § 536a Abs. 1 Schadensersatz zu verlangen oder
3. ohne Bestimmung einer angemessenen Frist zur Abhilfe nach § 543 Abs. 3 Satz 1 zu kündigen.

§ 536d Vertraglicher Ausschluss von Rechten des Mieters wegen eines Mangels. Auf eine Vereinbarung, durch die die Rechte des Mieters wegen eines Mangels der Mietsache ausgeschlossen oder beschränkt werden, kann sich der Vermieter nicht berufen, wenn er den Mangel arglistig verschwiegen hat.

§ 537 Entrichtung der Miete bei persönlicher Verhinderung des Mieters. (1) [1]Der Mieter wird von der Entrichtung der Miete nicht dadurch befreit, dass er durch einen in seiner Person liegenden Grund an der Ausübung seines Gebrauchsrechts gehindert wird. [2]Der Vermieter muss sich jedoch den Wert der ersparten Aufwendungen sowie derjenigen Vorteile anrechnen lassen, die er aus einer anderweitigen Verwertung des Gebrauchs erlangt.

(2) Solange der Vermieter infolge der Überlassung des Gebrauchs an einen Dritten außerstande ist, dem Mieter den Gebrauch zu gewähren, ist der Mieter zur Entrichtung der Miete nicht verpflichtet.

§ 538 Abnutzung der Mietsache durch vertragsgemäßen Gebrauch. Veränderungen oder Verschlechterungen der Mietsache, die durch den vertragsgemäßen Gebrauch herbeigeführt werden, hat der Mieter nicht zu vertreten.

§ 539 Ersatz sonstiger Aufwendungen und Wegnahmerecht des Mieters. (1) Der Mieter kann vom Vermieter Aufwendungen auf die Mietsache, die der Vermieter ihm nicht nach § 536a Abs. 2 zu ersetzen hat, nach den Vorschriften über die Geschäftsführung ohne Auftrag ersetzt verlangen.

(2) Der Mieter ist berechtigt, eine Einrichtung wegzunehmen, mit der er die Mietsache versehen hat.

§ 540 Gebrauchsüberlassung an Dritte. (1) [1]Der Mieter ist ohne die Erlaubnis des Vermieters nicht berechtigt, den Gebrauch der Mietsache einem Dritten zu überlassen, insbesondere sie weiter zu vermieten. [2]Verweigert der Vermieter die Erlaubnis, so kann der Mieter das Mietverhältnis außerordentlich mit der gesetzlichen Frist kündigen, sofern nicht in der Person des Dritten ein wichtiger Grund vorliegt.

(2) Überlässt der Mieter den Gebrauch einem Dritten, so hat er ein dem Dritten bei dem Gebrauch zur Last fallendes Verschulden zu vertreten, auch wenn der Vermieter die Erlaubnis zur Überlassung erteilt hat.

§ 541 Unterlassungsklage bei vertragswidrigem Gebrauch. Setzt der Mieter einen vertragswidrigen Gebrauch der Mietsache trotz einer Abmahnung des Vermieters fort, so kann dieser auf Unterlassung klagen.

§ 542 Ende des Mietverhältnisses. (1) Ist die Mietzeit nicht bestimmt, so kann jede Vertragspartei das Mietverhältnis nach den gesetzlichen Vorschriften kündigen.

(2) Ein Mietverhältnis, das auf bestimmte Zeit eingegangen ist, endet mit dem Ablauf dieser Zeit, sofern es nicht

1. in den gesetzlich zugelassenen Fällen außerordentlich gekündigt oder
2. verlängert wird.

§ 543 Außerordentliche fristlose Kündigung aus wichtigem Grund.

(1) [1]Jede Vertragspartei kann das Mietverhältnis aus wichtigem Grund außerordentlich fristlos kündigen. [2]Ein wichtiger Grund liegt vor, wenn dem Kündigenden unter Berücksichtigung aller Umstände des Einzelfalls, insbesondere eines Verschuldens der Vertragsparteien, und unter Abwägung der beiderseitigen Interessen die Fortsetzung des Mietverhältnisses bis zum Ablauf der Kündigungsfrist oder bis zur sonstigen Beendigung des Mietverhältnisses nicht zugemutet werden kann.

(2) [1]Ein wichtiger Grund liegt insbesondere vor, wenn

1. dem Mieter der vertragsgemäße Gebrauch der Mietsache ganz oder zum Teil nicht rechtzeitig gewährt oder wieder entzogen wird,
2. der Mieter die Rechte des Vermieters dadurch in erheblichem Maße verletzt, dass er die Mietsache durch Vernachlässigung der ihm obliegenden Sorgfalt erheblich gefährdet oder sie unbefugt einem Dritten überlässt oder
3. der Mieter
   a) für zwei aufeinander folgende Termine mit der Entrichtung der Miete oder eines nicht unerheblichen Teils der Miete in Verzug ist oder
   b) in einem Zeitraum, der sich über mehr als zwei Termine erstreckt, mit der Entrichtung der Miete in Höhe eines Betrags in Verzug ist, der die Miete für zwei Monate erreicht.

[2]Im Falle des Satzes 1 Nr. 3 ist die Kündigung ausgeschlossen, wenn der Vermieter vorher befriedigt wird. [3]Sie wird unwirksam, wenn sich der Mieter von seiner Schuld durch Aufrechnung befreien konnte und unverzüglich nach der Kündigung die Aufrechnung erklärt.

(3) [1]Besteht der wichtige Grund in der Verletzung einer Pflicht aus dem Mietvertrag, so ist die Kündigung erst nach erfolglosem Ablauf einer zur Abhilfe bestimmten angemessenen Frist oder nach erfolgloser Abmahnung zulässig. [2]Dies gilt nicht, wenn

1. eine Frist oder Abmahnung offensichtlich keinen Erfolg verspricht,
2. die sofortige Kündigung aus besonderen Gründen unter Abwägung der beiderseitigen Interessen gerechtfertigt ist oder
3. der Mieter mit der Entrichtung der Miete im Sinne des Absatzes 2 Nr. 3 in Verzug ist.

(4) [1]Auf das dem Mieter nach Absatz 2 Nr. 1 zustehende Kündigungsrecht sind die §§ 536b und 536d entsprechend anzuwenden. [2]Ist streitig, ob der Vermieter den Gebrauch der Mietsache rechtzeitig gewährt oder die Abhilfe vor Ablauf der hierzu bestimmten Frist bewirkt hat, so trifft ihn die Beweislast.

§ 544 Vertrag über mehr als 30 Jahre. [1]Wird ein Mietvertrag für eine längere Zeit als 30 Jahre geschlossen, so kann jede Vertragspartei nach Ablauf von 30 Jahren nach Überlassung der Mietsache das Mietverhältnis außerordentlich mit der gesetzlichen Frist kündigen. [2]Die Kündigung ist unzulässig, wenn der Vertrag für die Lebenszeit des Vermieters oder des Mieters geschlossen worden ist.

§ 545 Stillschweigende Verlängerung des Mietverhältnisses. [1]Setzt der Mieter nach Ablauf der Mietzeit den Gebrauch der Mietsache fort, so verlängert sich das Mietverhältnis auf unbestimmte Zeit, sofern nicht eine Vertragspartei ihren entgegenstehenden Willen innerhalb von zwei Wochen dem anderen Teil erklärt. [2]Die Frist beginnt
1. für den Mieter mit der Fortsetzung des Gebrauchs,
2. für den Vermieter mit dem Zeitpunkt, in dem er von der Fortsetzung Kenntnis erhält.

§ 546 Rückgabepflicht des Mieters. (1) Der Mieter ist verpflichtet, die Mietsache nach Beendigung des Mietverhältnisses zurückzugeben.

(2) Hat der Mieter den Gebrauch der Mietsache einem Dritten überlassen, so kann der Vermieter die Sache nach Beendigung des Mietverhältnisses auch von dem Dritten zurückfordern.

§ 546a Entschädigung des Vermieters bei verspäteter Rückgabe. (1) Gibt der Mieter die Mietsache nach Beendigung des Mietverhältnisses nicht zurück, so kann der Vermieter für die Dauer der Vorenthaltung als Entschädigung die vereinbarte Miete oder die Miete verlangen, die für vergleichbare Sachen ortsüblich ist.

(2) Die Geltendmachung eines weiteren Schadens ist nicht ausgeschlossen.

§ 547 Erstattung von im Voraus entrichteter Miete. (1) [1]Ist die Miete für die Zeit nach Beendigung des Mietverhältnisses im Voraus entrichtet worden, so hat der Vermieter sie zurückzuerstatten und ab Empfang zu verzinsen. [2]Hat der Vermieter die Beendigung des Mietverhältnisses nicht zu vertreten, so hat er das Erlangte nach den Vorschriften über die Herausgabe einer ungerechtfertigten Bereicherung zurückzuerstatten.

(2) Bei einem Mietverhältnis über Wohnraum ist eine zum Nachteil des Mieters abweichende Vereinbarung unwirksam.

§ 548 Verjährung der Ersatzansprüche und des Wegnahmerechts. (1) [1]Die Ersatzansprüche des Vermieters wegen Veränderungen oder Verschlechterungen der Mietsache verjähren in sechs Monaten. [2]Die Verjährung beginnt mit dem Zeitpunkt, in dem er die Mietsache zurückerhält. [3]Mit der Verjährung des Anspruchs des Vermieters auf Rückgabe der Mietsache verjähren auch seine Ersatzansprüche.

(2) Ansprüche des Mieters auf Ersatz von Aufwendungen oder auf Gestattung der Wegnahme einer Einrichtung verjähren in sechs Monaten nach der Beendigung des Mietverhältnisses.

Untertitel 2. Mietverhältnisse über Wohnraum

Kapitel 1. Allgemeine Vorschriften

§ 549 Auf Wohnraummietverhältnisse anwendbare Vorschriften.

(1) Für Mietverhältnisse über Wohnraum gelten die §§ 535 bis 548, soweit sich nicht aus den §§ 549 bis 577a etwas anderes ergibt.

(2) Die Vorschriften über die Miethöhe bei Mietbeginn in Gebieten mit angespannten Wohnungsmärkten (§§ 556d bis 556g), über die Mieterhöhung (§§ 557 bis 561) und über den Mieterschutz bei Beendigung des Mietverhältnisses sowie bei der Begründung von Wohnungseigentum § 568 Abs. 2, §§ 573, 573a, 573d Abs. 1, §§ 574 bis 575, 575a Abs. 1 und §§ 577, 577a) gelten nicht für Mietverhältnisse über

1. Wohnraum, der nur zum vorübergehenden Gebrauch vermietet ist,
2. Wohnraum, der Teil der vom Vermieter selbst bewohnten Wohnung ist und den der Vermieter überwiegend mit Einrichtungsgegenständen auszustatten hat, sofern der Wohnraum dem Mieter nicht zum dauernden Gebrauch mit seiner Familie oder mit Personen überlassen ist, mit denen er einen auf Dauer angelegten gemeinsamen Haushalt führt,
3. Wohnraum, den eine juristische Person des öffentlichen Rechts oder ein anerkannter privater Träger der Wohlfahrtspflege angemietet hat, um ihn Personen mit dringendem Wohnungsbedarf zu überlassen, wenn sie den Mieter bei Vertragsschluss auf die Zweckbestimmung des Wohnraums und die Ausnahme von den genannten Vorschriften hingewiesen hat.

(3) Für Wohnraum in einem Studenten- oder Jugendwohnheim gelten die §§ 556d bis 561 sowie die §§ 573, 573a, 573d Abs. 1 und §§ 575, 575a Abs. 1, §§ 577, 577a nicht.

§ 550 Form des Mietvertrags. [1]Wird der Mietvertrag für längere Zeit als ein Jahr nicht in schriftlicher Form geschlossen, so gilt er für unbestimmte Zeit. [2]Die Kündigung ist jedoch frühestens zum Ablauf eines Jahres nach Überlassung des Wohnraums zulässig.

§ 551 Begrenzung und Anlage von Mietsicherheiten. (1) Hat der Mieter dem Vermieter für die Erfüllung seiner Pflichten Sicherheit zu leisten, so darf diese vorbehaltlich des Absatzes 3 Satz 4 höchstens das Dreifache der auf einen Monat entfallenden Miete ohne die als Pauschale oder als Vorauszahlung ausgewiesenen Betriebskosten betragen.

(2) [1]Ist als Sicherheit eine Geldsumme bereitzustellen, so ist der Mieter zu drei gleichen monatlichen Teilzahlungen berechtigt. [2]Die erste Teilzahlung ist zu Beginn des Mietverhältnisses fällig.

(3) [1]Der Vermieter hat eine ihm als Sicherheit überlassene Geldsumme bei einem Kreditinstitut zu dem für Spareinlagen mit dreimonatiger Kündigungsfrist üblichen Zinssatz anzulegen. [2]Die Vertragsparteien können eine andere Anlageform vereinbaren. [3]In beiden Fällen muss die Anlage vom Vermögen des Vermieters getrennt erfolgen und stehen die Erträge dem Mieter zu. [4]Sie erhöhen die Sicherheit. [5]Bei Wohnraum in einem Studenten- oder Jugendwohnheim besteht für den Vermieter keine Pflicht, die Sicherheitsleistung zu verzinsen.

(4) Eine zum Nachteil des Mieters abweichende Vereinbarung ist unwirksam.

§ 552 Abwendung des Wegnahmerechts des Mieters. (1) Der Vermieter kann die Ausübung des Wegnahmerechts (§ 539 Abs. 2) durch Zahlung einer angemessenen Entschädigung abwenden, wenn nicht der Mieter ein berechtigtes Interesse an der Wegnahme hat.

(2) Eine Vereinbarung, durch die das Wegnahmerecht ausgeschlossen wird, ist nur wirksam, wenn ein angemessener Ausgleich vorgesehen ist.

§ 553 Gestattung der Gebrauchsüberlassung an Dritte. (1) [1]Entsteht für den Mieter nach Abschluss des Mietvertrags ein berechtigtes Interesse, einen Teil des Wohnraums einem Dritten zum Gebrauch zu überlassen, so kann er von dem Vermieter die Erlaubnis hierzu verlangen. [2]Dies gilt nicht, wenn in der Person des Dritten ein wichtiger Grund vorliegt, der Wohnraum übermäßig belegt würde oder dem Vermieter die Überlassung aus sonstigen Gründen nicht zugemutet werden kann.

(2) Ist dem Vermieter die Überlassung nur bei einer angemessenen Erhöhung der Miete zuzumuten, so kann er die Erlaubnis davon abhängig

machen, dass der Mieter sich mit einer solchen Erhöhung einverstanden erklärt.

(3) Eine zum Nachteil des Mieters abweichende Vereinbarung ist unwirksam.

§ 554 Duldung von Erhaltungs- und Modernisierungsmaßnahmen. [aufgehoben]

§ 554a Barrierefreiheit. (1) [1]Der Mieter kann vom Vermieter die Zustimmung zu baulichen Veränderungen oder sonstigen Einrichtungen verlangen, die für eine behindertengerechte Nutzung der Mietsache oder den Zugang zu ihr erforderlich sind, wenn er ein berechtigtes Interesse daran hat. [2]Der Vermieter kann seine Zustimmung verweigern, wenn sein Interesse an der unveränderten Erhaltung der Mietsache oder des Gebäudes das Interesse des Mieters an einer behindertengerechten Nutzung der Mietsache überwiegt. [3]Dabei sind auch die berechtigten Interessen anderer Mieter in dem Gebäude zu berücksichtigen.

(2) [1]Der Vermieter kann seine Zustimmung von der Leistung einer angemessenen zusätzlichen Sicherheit für die Wiederherstellung des ursprünglichen Zustands abhängig machen. [2]§ 551 Abs. 3 und 4 gilt entsprechend.

(3) Eine zum Nachteil des Mieters von Absatz 1 abweichende Vereinbarung ist unwirksam.

§ 555 Unwirksamkeit einer Vertragsstrafe. Eine Vereinbarung, durch die sich der Vermieter eine Vertragsstrafe vom Mieter versprechen lässt, ist unwirksam.

§ 555a Erhaltungsmaßnahmen. (1) Der Mieter hat Maßnahmen zu dulden, die zur Instandhaltung oder Instandsetzung der Mietsache erforderlich sind (Erhaltungsmaßnahmen).

(2) Erhaltungsmaßnahmen sind dem Mieter rechtzeitig anzukündigen, es sei denn, sie sind nur mit einer unerheblichen Einwirkung auf die Mietsache verbunden oder ihre sofortige Durchführung ist zwingend erforderlich.

(3) [1]Aufwendungen, die der Mieter infolge einer Erhaltungsmaßnahme machen muss, hat der Vermieter in angemessenem Umfang zu ersetzen. [2]Auf Verlangen hat er Vorschuss zu leisten.

(4) Eine zum Nachteil des Mieters von Absatz 2 oder 3 abweichende Vereinbarung ist unwirksam.

§ 555b   Modernisierungsmaßnahmen. Modernisierungsmaßnahmen
sind bauliche Veränderungen,

1. durch die in Bezug auf die Mietsache Endenergie nachhaltig eingespart
   wird (energetische Modernisierung),
2. durch die nicht erneuerbare Primärenergie nachhaltig eingespart oder
   das Klima nachhaltig geschützt wird, sofern nicht bereits eine energetische Modernisierung nach Nummer 1 vorliegt,
3. durch die der Wasserverbrauch nachhaltig reduziert wird,
4. durch die der Gebrauchswert der Mietsache nachhaltig erhöht wird,
5. durch die die allgemeinen Wohnverhältnisse auf Dauer verbessert werden,
6. die auf Grund von Umständen durchgeführt werden, die der Vermieter
   nicht zu vertreten hat, und die keine Erhaltungsmaßnahmen nach
   § 555a sind, oder
7. durch die neuer Wohnraum geschaffen wird.

§ 555c Ankündigung von Modernisierungsmaßnahmen. (1) [1]Der Vermieter hat dem Mieter eine Modernisierungsmaßnahme spätestens drei Monate vor ihrem Beginn in Textform anzukündigen (Modernisierungsankündigung). [2]Die Modernisierungsankündigung muss Angaben enthalten über:

1. die Art und den voraussichtlichen Umfang der Modernisierungsmaßnahme in wesentlichen Zügen,
2. den voraussichtlichen Beginn und die voraussichtliche Dauer der Modernisierungsmaßnahme,
3. den Betrag der zu erwartenden Mieterhöhung, sofern eine Erhöhung
   nach § 559 verlangt werden soll, sowie die voraussichtlichen künftigen
   Betriebskosten.

(2) Der Vermieter soll den Mieter in der Modernisierungsankündigung auf
die Form und die Frist des Härteeinwands nach § 555d Absatz 3 Satz 1 hinweisen.

(3) In der Modernisierungsankündigung für eine Modernisierungsmaßnahme nach § 555b Nummer 1 und 2 kann der Vermieter insbesondere hinsichtlich der energetischen Qualität von Bauteilen auf allgemein anerkannte
Pauschalwerte Bezug nehmen.

(4) Die Absätze 1 bis 3 gelten nicht für Modernisierungsmaßnahmen, die
nur mit einer unerheblichen Einwirkung auf die Mietsache verbunden sind
und nur zu einer unerheblichen Mieterhöhung führen.

(5) Eine zum Nachteil des Mieters abweichende Vereinbarung ist unwirksam.

§ 555d Duldung von Modernisierungsmaßnahmen, Ausschlussfrist.
(1) Der Mieter hat eine Modernisierungsmaßnahme zu dulden.

(2) [1]Eine Duldungspflicht nach Absatz 1 besteht nicht, wenn die Modernisierungsmaßnahme für den Mieter, seine Familie oder einen Angehörigen seines Haushalts eine Härte bedeuten würde, die auch unter Würdigung der berechtigten Interessen sowohl des Vermieters als auch anderer Mieter in dem Gebäude sowie von Belangen der Energieeinsparung und des Klimaschutzes nicht zu rechtfertigen ist. [2]Die zu erwartende Mieterhöhung sowie die voraussichtlichen künftigen Betriebskosten bleiben bei der Abwägung im Rahmen der Duldungspflicht außer Betracht; sie sind nur nach § 559 Absatz 4 und 5 bei einer Mieterhöhung zu berücksichtigen.

(3) [1]Der Mieter hat dem Vermieter Umstände, die eine Härte im Hinblick auf die Duldung oder die Mieterhöhung begründen, bis zum Ablauf des Monats, der auf den Zugang der Modernisierungsankündigung folgt, in Textform mitzuteilen. [2]Der Lauf der Frist beginnt nur, wenn die Modernisierungsankündigung den Vorschriften des § 555c entspricht.

(4) [1]Nach Ablauf der Frist sind Umstände, die eine Härte im Hinblick auf die Duldung oder die Mieterhöhung begründen, noch zu berücksichtigen, wenn der Mieter ohne Verschulden an der Einhaltung der Frist gehindert war und er dem Vermieter die Umstände sowie die Gründe der Verzögerung unverzüglich in Textform mitteilt. [2]Umstände, die eine Härte im Hinblick auf die Mieterhöhung begründen, sind nur zu berücksichtigen, wenn sie spätestens bis zum Beginn der Modernisierungsmaßnahme mitgeteilt werden.

(5) [1]Hat der Vermieter in der Modernisierungsankündigung nicht auf die Form und die Frist des Härteeinwands hingewiesen (§ 555c Absatz 2), so bedarf die Mitteilung des Mieters nach Absatz 3 Satz 1 nicht der dort bestimmten Form und Frist. [2]Absatz 4 Satz 2 gilt entsprechend.

(6) § 555a Absatz 3 gilt entsprechend.

(7) Eine zum Nachteil des Mieters abweichende Vereinbarung ist unwirksam.

§ 555e Sonderkündigungsrecht des Mieters bei Modernisierungsmaßnahmen. (1) [1]Nach Zugang der Modernisierungsankündigung kann der Mieter das Mietverhältnis außerordentlich zum Ablauf des übernächsten Monats kündigen. [2]Die Kündigung muss bis zum Ablauf des Monats erfolgen, der auf den Zugang der Modernisierungsankündigung folgt.

(2) § 555c Absatz 4 gilt entsprechend.

(3) Eine zum Nachteil des Mieters abweichende Vereinbarung ist unwirksam.

§ 555f Vereinbarungen über Erhaltungs- oder Modernisierungsmaßnahmen. Die Vertragsparteien können nach Abschluss des Mietvertrags aus Anlass von Erhaltungs- oder Modernisierungsmaßnahmen Vereinbarungen treffen, insbesondere über die

1. zeitliche und technische Durchführung der Maßnahmen,
2. Gewährleistungsrechte und Aufwendungsersatzansprüche des Mieters,
3. künftige Höhe der Miete.

Kapitel 2. Die Miete

Unterkapitel 1. Vereinbarungen über die Miete

§ 556 Vereinbarungen über Betriebskosten. (1) [1]Die Vertragsparteien können vereinbaren, dass der Mieter Betriebskosten trägt. [2]Betriebskosten sind die Kosten, die dem Eigentümer oder Erbbauberechtigten durch das Eigentum oder Erbbaurecht am Grundstück oder durch den bestimmungsmäßigen Gebrauch des Gebäudes, der Nebengebäude, Anlagen, Einrichtungen und des Grundstücks laufend entstehen. Für die Aufstellung der Betriebskosten gilt die Betriebskostenverordnung vom 25. November 2003 (BGBl I S. 2346, 2347) fort. Die Bundesregierung wird ermächtigt, durch Rechtsverordnung ohne Zustimmung des Bundesrates Vorschriften über die Aufstellung der Betriebskosten zu erlassen.

(2) [1]Die Vertragsparteien können vorbehaltlich anderweitiger Vorschriften vereinbaren, dass Betriebskosten als Pauschale oder als Vorauszahlung ausgewiesen werden. [2]Vorauszahlungen für Betriebskosten dürfen nur in angemessener Höhe vereinbart werden.

(3) [1]Über die Vorauszahlungen für Betriebskosten ist jährlich abzurechnen; dabei ist der Grundsatz der Wirtschaftlichkeit zu beachten. [2]Die Abrechnung ist dem Mieter spätestens bis zum Ablauf des zwölften Monats nach Ende des Abrechnungszeitraums mitzuteilen. [3]Nach Ablauf dieser Frist ist die Geltendmachung einer Nachforderung durch den Vermieter ausgeschlossen, es sei denn, der Vermieter hat die verspätete Geltendmachung nicht zu vertreten. [4]Der Vermieter ist zu Teilabrechnungen nicht verpflichtet. [5]Einwendungen gegen die Abrechnung hat der Mieter dem Vermieter spätestens bis zum Ablauf des zwölften Monats nach Zugang der Abrechnung mitzuteilen. [6]Nach Ablauf dieser Frist kann der Mieter Einwendungen nicht mehr geltend machen, es sei denn, der Mieter hat die verspätete Geltendmachung nicht zu vertreten.

(4) Eine zum Nachteil des Mieters von Absatz 1, Absatz 2 Satz 2 oder Absatz 3 abweichende Vereinbarung ist unwirksam.

§ 556a Abrechnungsmaßstab für Betriebskosten. (1) [1]Haben die Vertragsparteien nichts anderes vereinbart, sind die Betriebskosten vorbehaltlich anderweitiger Vorschriften nach dem Anteil der Wohnfläche umzulegen. [2]Betriebskosten, die von einem erfassten Verbrauch oder einer erfassten Verursachung durch die Mieter abhängen, sind nach einem Maßstab umzulegen, der dem unterschiedlichen Verbrauch oder der unterschiedlichen Verursachung Rechnung trägt.

(2) [1]Haben die Vertragsparteien etwas anderes vereinbart, kann der Vermieter durch Erklärung in Textform bestimmen, dass die Betriebskosten zukünftig abweichend von der getroffenen Vereinbarung ganz oder teilweise nach einem Maßstab umgelegt werden dürfen, der dem erfassten unterschiedlichen Verbrauch oder der erfassten unterschiedlichen Verursachung Rechnung trägt. [2]Die Erklärung ist nur vor Beginn eines Abrechnungszeitraums zulässig. [3]Sind die Kosten bislang in der Miete enthalten, so ist diese entsprechend herabzusetzen.

(3) Eine zum Nachteil des Mieters von Absatz 2 abweichende Vereinbarung ist unwirksam.

§ 556b Fälligkeit der Miete, Aufrechnungs- und Zurückbehaltungsrecht. (1) Die Miete ist zu Beginn, spätestens bis zum dritten Werktag der einzelnen Zeitabschnitte zu entrichten, nach denen sie bemessen ist.

(2) [1]Der Mieter kann entgegen einer vertraglichen Bestimmung gegen eine Mietforderung mit einer Forderung aufgrund der §§ 536a, 539 oder aus ungerechtfertigter Bereicherung wegen zu viel gezahlter Miete aufrechnen oder wegen einer solchen Forderung ein Zurückbehaltungsrecht ausüben, wenn er seine Absicht dem Vermieter mindestens einen Monat vor der Fälligkeit der Miete in Textform angezeigt hat. [2]Eine zum Nachteil des Mieters abweichende Vereinbarung ist unwirksam.

§ 556c Kosten der Wärmelieferung als Betriebskosten, Verordnungsermächtigung (1) [1]Hat der Mieter die Betriebskosten für Wärme oder Warmwasser zu tragen und stellt der Vermieter die Versorgung von der Eigenversorgung auf die eigenständig gewerbliche Lieferung durch einen Wärmelieferanten (Wärmelieferung) um, so hat der Mieter die Kosten der Wärmelieferung als Betriebskosten zu tragen, wenn

1. die Wärme mit verbesserter Effizienz entweder aus einer vom Wärmelieferanten errichteten neuen Anlage oder aus einem Wärmenetz geliefert wird und
2. die Kosten der Wärmelieferung die Betriebskosten für die bisherige Eigenversorgung mit Wärme oder Warmwasser nicht übersteigen.

[2]Beträgt der Jahresnutzungsgrad der bestehenden Anlage vor der Umstellung mindestens 80 Prozent, kann sich der Wärmelieferant anstelle der Maßnahmen nach Nummer 1 auf die Verbesserung der Betriebsführung der Anlage beschränken.

(2) Der Vermieter hat die Umstellung spätestens drei Monate zuvor in Textform anzukündigen (Umstellungsankündigung).

(3) [1]Die Bundesregierung wird ermächtigt, durch Rechtsverordnung ohne Zustimmung des Bundesrates Vorschriften für Wärmelieferverträge, die bei einer Umstellung nach Absatz 1 geschlossen werden, sowie für die Anforderungen nach den Absätzen 1 und 2 zu erlassen. [2]Hierbei sind die Belange von Vermietern, Mietern und Wärmelieferanten angemessen zu berücksichtigen.

(4) Eine zum Nachteil des Mieters abweichende Vereinbarung ist unwirksam.

Unterkapitel 1a. Vereinbarungen über die Miethöhe bei Mietbeginn in Gebieten mit angespannten Wohnungsmärkten

§ 556d Zulässige Miethöhe bei Mietbeginn; Verordnungsermächtigung. (1) Wird ein Mietvertrag über Wohnraum abgeschlossen, der in einem durch Rechtsverordnung nach Absatz 2 bestimmten Gebiet mit einem angespannten Wohnungsmarkt liegt, so darf die Miete zu Beginn des Mietverhältnisses die ortsübliche Vergleichsmiete (§ 558 Absatz 2) höchstens um 10 Prozent übersteigen.

(2) [1]Die Landesregierungen werden ermächtigt, Gebiete mit angespannten Wohungsmärkten durch Rechtsverordnung für die Dauer von höchstens fünf Jahren zu bestimmen. [2]Gebiete mit angepannten Wohnungsmärkten liegen vor, wenn die ausreichende Versorgung der Bevölkerung mit Mietwohnungen in einer Gemeinde oder einem Teil der Gemeinde zu angemessenen Bedingungen besonders gefährdet ist. [3]Dies kann insbesondere dann der Fall sein, wenn

1. die Mieten deutlich stärker steigen als im bundesweiten Durchschnitt,
2. die durchschnittliche Mietbelastung der haushalte den bundesweiten Durchschnitt deutlich übersteigt,
3. die Wohnbevölkerung wächst, ohne dass durch Neubautätigkeit insoweit erforderlicher Wohnraum geschaffen wird, oder
4. geringer Leerstand bei großer Nachfrage besteht.

[4]Eine Rechtsverordnung nach Satz 1 muss spätestens am 31. Dezember 2020 in Kraft treten. [5]Sie muss begründet werden. [6]Aus der Begründung muss sich ergeben, auf Grund welcher Tatsachen ein Gebiet mit einem an-

gespannten Wohnungsmarkt im Einzelfall vorliegt. [7]Ferner muss sich aus der Begründung ergeben, welche Maßnahmen die Landesregierung in dem nach Satz 1 durch die Rechtsverordnung jeweils bestimmten Gebiet und Zeitraum ergreifen wird, um Abhilfe zu schaffen.

§ 556e Berücksichtigung der Vormiete oder einer durchgeführten Modernisierung. (1) [1]Ist die Miete, die der vorherige Mieter zuletzt schuldete (Vormiete), höher als die nach § 556d Absatz 1 zulässige Miete, so darf eine Miete bis zur Höhe der Vormiete vereinbart werden. [2]Bei der Ermittlung der Vormiete unberücksichtigt bleiben Mietminderungen sowie solche Mieterhöhungen, die mit dem vorherigen Mieter innerhalb des letzten Jahres vor Beendigung des Mietverhältnisses vereinbart worden sind.

(2) [1]Hat der Vermieter in den letzten drei Jahren vor Beginn des Mietverhältnisses Modernisierungsmaßnahmen im Sinne des § 555b durchgeführt, so darf die nach § 556d Absatz 1 zulässige Miete um den Betrag überschritten werden, der sich bei einer Mieterhöhung nach § 559 Absatz 1 bis 3 und § 559a Absatz 1 bis 4 ergäbe. [2]Bei der Berechnung nach Satz 1 ist von der ortsüblichen Vergleichsmiete (§ 558 Absatz 2) auszugehen, die bei Beginn des Mietverhältnisses ohne Berücksichtigung der Modernisierung anzusetzen wäre.

§ 556f Ausnahmen. [1]§ 556d ist nicht anzuwenden auf eine Wohnung, die nach dem 1. Oktober 2014 erstmals genutzt und vermietet wird. [2]Die §§ 556d und 556e sind nicht anzuwenden auf die erste Vermietung nach umfassender Modernisierung.

§ 556g Rechtsfolgen; Auskunft über die Miete. (1) [1]Eine zum Nachteil des Mieters von den Vorschriften dieses Unterkapitels abweichende Vereinbarung ist unwirksam. [2]Für Vereinbraungen über die Miethöhe bei Mietbeginn gilt dies nur, soweit die zulässige Miete überschritten wird. [3]Der Vermieter hat dem mieter zu viel gezahlte Miete nach den Vorschriften über die Herausgabe einer ungerechtfertigten Bereicherung herauszugeben. [4]Die §§ 814 und 817 Satz 2 sind nicht anzuwenden.

(2) [1]Der Mieter kann von dem Vermieter eine nach den §§ 556d und 556e nicht geschuldete Miete nur zurückverlangen, wenn er einen Verstoß gegen die Vorschriften dieses Unterkapitels gerügt hat und die zurückverlangte Miete nach Zugang der Rüge fällig geworden ist. [2]Die Rüge muss die Tatsachen enthalten, auf denen die Beanstandung der vereinbarten Miete beruht.

(3) [1]Der Vermieter ist auf Verlangen des Mieters verpflichtet, Auskunft über diejenigen Tatsachen zu erteilen, die für die Zulässigkeit der vereinbarten

Miete nach den Vorschriften dieses Unterkapitels maßgeblich sind, soweit diese Tatsachen nicht allgemein zugänglich sind und der Vermieter hierüber unschwer Auskunft geben kann. [2]Für die Auskunft über Modernisierungsmaßnahmen (§ 556e Absatz 2) gilt § 559b Absatz 1 Satz 2 und 3 entsprechend.

(4) Sämtliche Erklärungen nach den Absätzen 2 und 3 bedürfen der Textform.

Unterkapitel 2. Regelungen über die Miethöhe

§ 557 Mieterhöhungen nach Vereinbarung oder Gesetz. (1) Während des Mietverhältnisses können die Parteien eine Erhöhung der Miete vereinbaren.

(2) Künftige Änderungen der Miethöhe können die Vertragsparteien als Staffelmiete nach § 557a oder als Indexmiete nach § 557b vereinbaren.

(3) Im Übrigen kann der Vermieter Mieterhöhungen nur nach Maßgabe der §§ 558 bis 560 verlangen, soweit nicht eine Erhöhung durch Vereinbarung ausgeschlossen ist oder sich der Ausschluss aus den Umständen ergibt.

(4) [1]Die §§ 556d bis 556g sind auf jede Mietstaffel anzuwenden. [2]Maßgeblich für die Berechnung der nach § 556d Absatz 1 zulässigen Höhe der zweiten und aller weiteren Mietstaffeln ist statt des Beginns des Mietverhältnisses der Zeitpunkt, zu dem die erste Miete der jeweiligen Mietstaffel fällig wird. [3]Die in einer vorangegangenen Mietstaffel wirksam begründete Miethöhe bleibt erhalten.

(5) Eine zum Nachteil des Mieters abweichende Vereinbarung ist unwirksam.

§ 557a Staffelmiete. (1) Die Miete kann für bestimmte Zeiträume in unterschiedlicher Höhe schriftlich vereinbart werden; in der Vereinbarung ist die jeweilige Miete oder die jeweilige Erhöhung in einem Geldbetrag auszuweisen (Staffelmiete).

(2) [1]Die Miete muss jeweils mindestens ein Jahr unverändert bleiben. [2]Während der Laufzeit einer Staffelmiete ist eine Erhöhung nach den §§ 558 bis 559 b ausgeschlossen.

(3) [1]Das Kündigungsrecht des Mieters kann für höchstens vier Jahre seit Abschluss der Staffelmietvereinbarung ausgeschlossen werden. [2]Die Kündigung ist frühestens zum Ablauf dieses Zeitraums zulässig.

(4) Eine zum Nachteil des Mieters abweichende Vereinbarung ist unwirksam.

§ 557b Indexmiete. (1) Die Vertragsparteien können schriftlich vereinbaren, dass die Miete durch den vom Statistischen Bundesamt ermittelten Preisindex für die Lebenshaltung aller privaten Haushalte in Deutschland bestimmt wird (Indexmiete).

(2) [1]Während der Geltung einer Indexmiete muss die Miete, von Erhöhungen nach den §§ 559 bis 560 abgesehen, jeweils mindestens ein Jahr unverändert bleiben. [2]Eine Erhöhung nach § 559 kann nur verlangt werden, soweit der Vermieter bauliche Maßnahmen aufgrund von Umständen durchgeführt hat, die er nicht zu vertreten hat. [3]Eine Erhöhung nach § 558 ist ausgeschlossen.

(3) [1]Eine Änderung der Miete nach Absatz 1 muss durch Erklärung in Textform geltend gemacht werden. [2]Dabei sind die eingetretene Änderung des Preisindexes sowie die jeweilige Miete oder die Erhöhung in einem Geldbetrag anzugeben. [3]Die geänderte Miete ist mit Beginn des übernächsten Monats nach dem Zugang der Erklärung zu entrichten.

(4) Die §§ 556d bis 556g sind nur auf die Ausgangsmiete einer Indexmietvereinbarung anzuwenden.

(5) Eine zum Nachteil des Mieters abweichende Vereinbarung ist unwirksam.

§ 558 Mieterhöhung bis zur ortsüblichen Vergleichsmiete. (1) [1]Der Vermieter kann die Zustimmung zu einer Erhöhung der Miete bis zur ortsüblichen Vergleichsmiete verlangen, wenn die Miete in dem Zeitpunkt, zu dem die Erhöhung eintreten soll, seit 15 Monaten unverändert ist. [2]Das Mieterhöhungsverlangen kann frühestens ein Jahr nach der letzten Mieterhöhung geltend gemacht werden. [3]Erhöhungen nach den §§ 559 bis 560 werden nicht berücksichtigt.

(2) [1]Die ortsübliche Vergleichsmiete wird gebildet aus den üblichen Entgelten, die in der Gemeinde oder einer vergleichbaren Gemeinde für Wohnraum vergleichbarer Art, Größe, Ausstattung, Beschaffenheit und Lage einschließlich der energetischen Ausstattung und Beschaffenheit in den letzten vier Jahren vereinbart oder, von Erhöhungen nach § 560 abgesehen, geändert worden sind. [2]Ausgenommen ist Wohnraum, bei dem die Miethöhe durch Gesetz oder im Zusammenhang mit einer Förderzusage festgelegt worden ist.

(3) [1]Bei Erhöhungen nach Absatz 1 darf sich die Miete innerhalb von drei Jahren, von Erhöhungen nach den §§ 559 bis 560 abgesehen, nicht um mehr als 20 vom Hundert erhöhen (Kappungsgrenze). [2]Der Prozentsatz nach Satz 1 beträgt 15 vom Hundert, wenn die ausreichende Versorgung der Bevölkerung mit Mietwohnungen zu angemessenen Bedingungen in ei-

ner Gemeinde oder einem Teil einer Gemeinde besonders gefährdet ist und diese Gebiete nach Satz 3 bestimmt sind. [3]Die Landesregierungen werden ermächtigt, diese Gebiete durch Rechtsverordnung für die Dauer von jeweils höchstens fünf Jahren zu bestimmen.

(4) [1]Die Kappungsgrenze gilt nicht,

1. wenn eine Verpflichtung des Mieters zur Ausgleichszahlung nach den Vorschriften über den Abbau der Fehlsubventionierung im Wohnungswesen wegen des Wegfalls der öffentlichen Bindung erloschen ist und

2. soweit die Erhöhung den Betrag der zuletzt zu entrichtenden Ausgleichszahlung nicht übersteigt.

[2]Der Vermieter kann vom Mieter frühestens vier Monate vor dem Wegfall der öffentlichen Bindung verlangen, ihm innerhalb eines Monats über die Verpflichtung zur Ausgleichszahlung und über deren Höhe Auskunft zu erteilen. [3]Satz 1 gilt entsprechend, wenn die Verpflichtung des Mieters zur Leistung einer Ausgleichszahlung nach den §§ 34 bis 37 des Wohnraumförderungsgesetzes und den hierzu ergangenen landesrechtlichen Vorschriften wegen Wegfalls der Mietbindung erloschen ist.

(5) Von dem Jahresbetrag, der sich bei einer Erhöhung auf die ortsübliche Vergleichsmiete ergäbe, sind Drittmittel im Sinne des § 559a abzuziehen, im Falle des § 559a Abs. 1 mit 11 vom Hundert des Zuschusses.

(6) Eine zum Nachteil des Mieters abweichende Vereinbarung ist unwirksam.

§ 558a Form und Begründung der Mieterhöhung. (1) Das Mieterhöhungsverlangen nach § 558 ist dem Mieter in Textform zu erklären und zu begründen.

(2) Zur Begründung kann insbesondere Bezug genommen werden auf

1. einen Mietspiegel (§§ 558c, 558d),

2. eine Auskunft aus einer Mietdatenbank (§ 558e),

3. ein mit Gründen versehenes Gutachten eines öffentlich bestellten und vereidigten Sachverständigen,

4. entsprechende Entgelte für einzelne vergleichbare Wohnungen; hierbei genügt die Benennung von drei Wohnungen.

(3) Enthält ein qualifizierter Mietspiegel (§ 558d Abs. 1), bei dem die Vorschrift des § 558d Abs. 2 eingehalten ist, Angaben für die Wohnung, so hat der Vermieter in seinem Mieterhöhungsverlangen diese Angaben auch dann mitzuteilen, wenn er die Mieterhöhung auf ein anderes Begründungsmittel nach Absatz 2 stützt.

(4) [1]Bei der Bezugnahme auf einen Mietspiegel, der Spannen enthält, reicht es aus, wenn die verlangte Miete innerhalb der Spanne liegt. [2]Ist in dem Zeitpunkt, in dem der Vermieter seine Erklärung abgibt, kein Mietspiegel vorhanden, bei dem § 558c Abs. 3 oder § 558d Abs. 2 eingehalten ist, so kann auch ein anderer, insbesondere ein veralteter Mietspiegel oder ein Mietspiegel einer vergleichbaren Gemeinde verwendet werden.

(5) Eine zum Nachteil des Mieters abweichende Vereinbarung ist unwirksam.

§ 558b Zustimmung zur Mieterhöhung. (1) Soweit der Mieter der Mieterhöhung zustimmt, schuldet er die erhöhte Miete mit Beginn des dritten Kalendermonats nach dem Zugang des Erhöhungsverlangens.

(2) [1]Soweit der Mieter der Mieterhöhung nicht bis zum Ablauf des zweiten Kalendermonats nach dem Zugang des Verlangens zustimmt, kann der Vermieter auf Erteilung der Zustimmung klagen. [2]Die Klage muss innerhalb von drei weiteren Monaten erhoben werden.

(3) [1]Ist der Klage ein Erhöhungsverlangen vorausgegangen, das den Anforderungen des § 558a nicht entspricht, so kann es der Vermieter im Rechtsstreit nachholen oder die Mängel des Erhöhungsverlangens beheben. [2]Dem Mieter steht auch in diesem Fall die Zustimmungsfrist nach Absatz 2 Satz 1 zu.

(4) Eine zum Nachteil des Mieters abweichende Vereinbarung ist unwirksam.

§ 558c Mietspiegel. (1) Ein Mietspiegel ist eine Übersicht über die ortsübliche Vergleichsmiete, soweit die Übersicht von der Gemeinde oder von Interessenvertretern der Vermieter und der Mieter gemeinsam erstellt oder anerkannt worden ist.

(2) Mietspiegel können für das Gebiet einer Gemeinde oder mehrerer Gemeinden oder für Teile von Gemeinden erstellt werden.

(3) Mietspiegel sollen im Abstand von zwei Jahren der Marktentwicklung angepasst werden.

(4) [1]Gemeinden sollen Mietspiegel erstellen, wenn hierfür ein Bedürfnis besteht und dies mit einem vertretbaren Aufwand möglich ist. [2]Die Mietspiegel und ihre Änderungen sollen veröffentlicht werden.

(5) Die Bundesregierung wird ermächtigt, durch Rechtsverordnung mit Zustimmung des Bundesrates Vorschriften über den näheren Inhalt und das Verfahren zur Aufstellung und Anpassung von Mietspiegeln zu erlassen.

§ 558d Qualifizierter Mietspiegel. (1) Ein qualifizierter Mietspiegel ist ein Mietspiegel, der nach anerkannten wissenschaftlichen Grundsätzen erstellt und von der Gemeinde oder von Interessenvertretern der Vermieter und der Mieter anerkannt worden ist.

(2) [1]Der qualifizierte Mietspiegel ist im Abstand von zwei Jahren der Marktentwicklung anzupassen. [2]Dabei kann eine Stichprobe oder die Entwicklung des vom Statistischen Bundesamt ermittelten Preisindexes für die Lebenshaltung aller privaten Haushalte in Deutschland zugrunde gelegt werden. [3]Nach vier Jahren ist der qualifizierte Mietspiegel neu zu erstellen.

(3) Ist die Vorschrift des Absatzes 2 eingehalten, so wird vermutet, dass die im qualifizierten Mietspiegel bezeichneten Entgelte die ortsübliche Vergleichsmiete wiedergeben.

§ 558e Mietdatenbank. Eine Mietdatenbank ist eine zur Ermittlung der ortsüblichen Vergleichsmiete fortlaufend geführte Sammlung von Mieten, die von der Gemeinde oder von Interessenvertretern der Vermieter und der Mieter gemeinsam geführt oder anerkannt wird und aus der Auskünfte gegeben werden, die für einzelne Wohnungen einen Schluss auf die ortsübliche Vergleichsmiete zulassen.

§ 559 Mieterhöhung bei Modernisierung. (1) Hat der Vermieter Modernisierungsmaßnahmen im Sinne des § 555b Nummer 1, 3, 4, 5 oder 6 durchgeführt, so kann er die jährliche Miete um 11 Prozent der für die Wohnung aufgewendeten Kosten erhöhen.

(2) Kosten, die für Erhaltungsmaßnahmen erforderlich gewesen wären, gehören nicht zu den aufgewendeten Kosten nach Absatz 1; sie sind, soweit erforderlich, durch Schätzung zu ermitteln.

(3) Werden Modernisierungsmaßnahmen für mehrere Wohnungen durchgeführt, so sind die Kosten angemessen auf die einzelnen Wohnungen aufzuteilen.

(4) [1]Die Mieterhöhung ist ausgeschlossen, soweit sie auch unter Berücksichtigung der voraussichtlichen künftigen Betriebskosten für den Mieter eine Härte bedeuten würde, die auch unter Würdigung der berechtigten Interessen des Vermieters nicht zu rechtfertigen ist. [2]Eine Abwägung nach Satz 1 findet nicht statt, wenn

1. die Mietsache lediglich in einen Zustand versetzt wurde, der allgemein üblich ist, oder
2. die Modernisierungsmaßnahme auf Grund von Umständen durchgeführt wurde, die der Vermieter nicht zu vertreten hatte.

(5) [1]Umstände, die eine Härte nach Absatz 4 Satz 1 begründen, sind nur zu berücksichtigen, wenn sie nach § 555d Absatz 3 bis 5 rechtzeitig mitgeteilt worden sind. [2]Die Bestimmungen über die Ausschlussfrist nach Satz 1 sind nicht anzuwenden, wenn die tatsächliche Mieterhöhung die angekündigte um mehr als 10 Prozent übersteigt.

(6) Eine zum Nachteil des Mieters abweichende Vereinbarung ist unwirksam.

§ 559a Anrechnung von Drittmitteln. (1) Kosten, die vom Mieter oder für diesen von einem Dritten übernommen oder die mit Zuschüssen aus öffentlichen Haushalten gedeckt werden, gehören nicht zu den aufgewendeten Kosten im Sinne des § 559.

(2) [1]Werden die Kosten für die Modernisierungsmaßnahmen ganz oder teilweise durch zinsverbilligte oder zinslose Darlehen aus öffentlichen Haushalten gedeckt, so verringert sich der Erhöhungsbetrag nach § 559 um den Jahresbetrag der Zinsermäßigung. [2]Dieser wird errechnet aus dem Unterschied zwischen dem ermäßigten Zinssatz und dem marktüblichen Zinssatz für den Ursprungsbetrag des Darlehens. [3]Maßgebend ist der marktübliche Zinssatz für erstrangige Hypotheken zum Zeitpunkt der Beendigung der Modernisierungsmaßnahmen. [4]Werden Zuschüsse oder Darlehen zur Deckung von laufenden Aufwendungen gewährt, so verringert sich der Erhöhungsbetrag um den Jahresbetrag des Zuschusses oder Darlehens.

(3) [1]Ein Mieterdarlehen, eine Mietvorauszahlung oder eine von einem Dritten für den Mieter erbrachte Leistung für die Modernisierungsmaßnahmen stehen einem Darlehen aus öffentlichen Haushalten gleich. [2]Mittel der Finanzierungsinstitute des Bundes oder eines Landes gelten als Mittel aus öffentlichen Haushalten.

(4) Kann nicht festgestellt werden, in welcher Höhe Zuschüsse oder Darlehen für die einzelnen Wohnungen gewährt worden sind, so sind sie nach dem Verhältnis der für die einzelnen Wohnungen aufgewendeten Kosten aufzuteilen.

(5) Eine zum Nachteil des Mieters abweichende Vereinbarung ist unwirksam.

§ 559b Geltendmachung der Erhöhung, Wirkung der Erhöhungserklärung. (1) [1]Die Mieterhöhung nach § 559 ist dem Mieter in Textform zu erklären. [2]Die Erklärung ist nur wirksam, wenn in ihr die Erhöhung auf Grund der entstandenen Kosten berechnet und entsprechend den Voraussetzungen der §§ 559 und 559a erläutert wird. [3]§ 555c Absatz 3 gilt entsprechend.

(2) [1]Der Mieter schuldet die erhöhte Miete mit Beginn des dritten Monats nach dem Zugang der Erklärung. [2]Die Frist verlängert sich um sechs Monate, wenn

1. der Vermieter dem Mieter die Modernisierungsmaßnahme nicht nach den Vorschriften des § 555c Absatz 1 und 3 bis 5 angekündigt hat oder

2. die tatsächliche Mieterhöhung die angekündigte um mehr als 10 Prozent übersteigt.

(3) Eine zum Nachteil des Mieters abweichende Vereinbarung ist unwirksam.

§ 560 Veränderungen von Betriebskosten. (1) [1]Bei einer Betriebskostenpauschale ist der Vermieter berechtigt, Erhöhungen der Betriebskosten durch Erklärung in Textform anteilig auf den Mieter umzulegen, soweit dies im Mietvertrag vereinbart ist. [2]Die Erklärung ist nur wirksam, wenn in ihr der Grund für die Umlage bezeichnet und erläutert wird.

(2) [1]Der Mieter schuldet den auf ihn entfallenden Teil der Umlage mit Beginn des auf die Erklärung folgenden übernächsten Monats. [2]Soweit die Erklärung darauf beruht, dass sich die Betriebskosten rückwirkend erhöht haben, wirkt sie auf den Zeitpunkt der Erhöhung der Betriebskosten, höchstens jedoch auf den Beginn des der Erklärung vorausgehenden Kalenderjahres zurück, sofern der Vermieter die Erklärung innerhalb von drei Monaten nach Kenntnis von der Erhöhung abgibt.

(3) [1]Ermäßigen sich die Betriebskosten, so ist eine Betriebskostenpauschale vom Zeitpunkt der Ermäßigung an entsprechend herabzusetzen. [2]Die Ermäßigung ist dem Mieter unverzüglich mitzuteilen.

(4) Sind Betriebskostenvorauszahlungen vereinbart worden, so kann jede Vertragspartei nach einer Abrechnung durch Erklärung in Textform eine Anpassung auf eine angemessene Höhe vornehmen.

(5) Bei Veränderungen von Betriebskosten ist der Grundsatz der Wirtschaftlichkeit zu beachten.

(6) Eine zum Nachteil des Mieters abweichende Vereinbarung ist unwirksam.

§ 561 Sonderkündigungsrecht des Mieters nach Mieterhöhung.

(1) [1]Macht der Vermieter eine Mieterhöhung nach § 558 oder § 559 geltend, so kann der Mieter bis zum Ablauf des zweiten Monats nach dem Zugang der Erklärung des Vermieters das Mietverhältnis außerordentlich zum Ablauf des übernächsten Monats kündigen. [2]Kündigt der Mieter, so tritt die Mieterhöhung nicht ein.

(2) Eine zum Nachteil des Mieters abweichende Vereinbarung ist unwirksam.

Kapitel 3. Pfandrecht des Vermieters

§ 562 Umfang des Vermieterpfandrechts. (1) [1]Der Vermieter hat für seine Forderungen aus dem Mietverhältnis ein Pfandrecht an den eingebrachten Sachen des Mieters. [2]Es erstreckt sich nicht auf die Sachen, die der Pfändung nicht unterliegen.

(2) Für künftige Entschädigungsforderungen und für die Miete für eine spätere Zeit als das laufende und das folgende Mietjahr kann das Pfandrecht nicht geltend gemacht werden.

§ 562a Erlöschen des Vermieterpfandrechts. [1]Das Pfandrecht des Vermieters erlischt mit der Entfernung der Sachen von dem Grundstück, außer wenn diese ohne Wissen oder unter Widerspruch des Vermieters erfolgt. [2]Der Vermieter kann nicht widersprechen, wenn sie den gewöhnlichen Lebensverhältnissen entspricht oder wenn die zurückbleibenden Sachen zur Sicherung des Vermieters offenbar ausreichen.

§ 562b Selbsthilferecht, Herausgabeanspruch. (1) [1]Der Vermieter darf die Entfernung der Sachen, die seinem Pfandrecht unterliegen, auch ohne Anrufen des Gerichts verhindern, soweit er berechtigt ist, der Entfernung zu widersprechen. [2]Wenn der Mieter auszieht, darf der Vermieter diese Sachen in seinen Besitz nehmen.

(2) [1]Sind die Sachen ohne Wissen oder unter Widerspruch des Vermieters entfernt worden, so kann er die Herausgabe zum Zwecke der Zurückschaffung auf das Grundstück und, wenn der Mieter ausgezogen ist, die Überlassung des Besitzes verlangen. [2]Das Pfandrecht erlischt mit dem Ablauf eines Monats, nachdem der Vermieter von der Entfernung der Sachen Kenntnis erlangt hat, wenn er diesen Anspruch nicht vorher gerichtlich geltend gemacht hat.

§ 562c Abwendung des Pfandrechts durch Sicherheitsleistung. [1]Der Mieter kann die Geltendmachung des Pfandrechts des Vermieters durch Sicherheitsleistung abwenden. [2]Er kann jede einzelne Sache dadurch von dem Pfandrecht befreien, dass er in Höhe ihres Wertes Sicherheit leistet.

§ 562d Pfändung durch Dritte. Wird eine Sache, die dem Pfandrecht des Vermieters unterliegt, für einen anderen Gläubiger gepfändet, so kann diesem gegenüber das Pfandrecht nicht wegen der Miete für eine frühere Zeit als das letzte Jahr vor der Pfändung geltend gemacht werden.

Kapitel 4. Wechsel der Vertragsparteien

§ 563 Eintrittsrecht bei Tod des Mieters. (1) [1]Der Ehegatte, der mit dem Mieter einen gemeinsamen Haushalt führt, tritt mit dem Tod des Mieters in das Mietverhältnis ein. [2]Dasselbe gilt für den Lebenspartner.

(2) [1]Leben in dem gemeinsamen Haushalt Kinder des Mieters, treten diese mit dem Tod des Mieters in das Mietverhältnis ein, wenn nicht der Ehegatte eintritt. [2]Der Eintritt des Lebenspartners bleibt vom Eintritt der Kinder des Mieters unberührt. [3]Andere Familienangehörige, die mit dem Mieter einen gemeinsamen Haushalt führen, treten mit dem Tod des Mieters in das Mietverhältnis ein, wenn nicht der Ehegatte oder der Lebenspartner eintritt. [4]Dasselbe gilt für Personen, die mit dem Mieter einen auf Dauer angelegten gemeinsamen Haushalt führen.

(3) [1]Erklären eingetretene Personen im Sinne des Absatzes 1 oder 2 innerhalb eines Monats, nachdem sie vom Tod des Mieters Kenntnis erlangt haben, dem Vermieter, dass sie das Mietverhältnis nicht fortsetzen wollen, gilt der Eintritt als nicht erfolgt. [2]Für geschäftsunfähige oder in der Geschäftsfähigkeit beschränkte Personen gilt § 210 entsprechend. [3]Sind mehrere Personen in das Mietverhältnis eingetreten, so kann jeder die Erklärung für sich abgeben.

(4) Der Vermieter kann das Mietverhältnis innerhalb eines Monats, nachdem er von dem endgültigen Eintritt in das Mietverhältnis Kenntnis erlangt hat, außerordentlich mit der gesetzlichen Frist kündigen, wenn in der Person des Eingetretenen ein wichtiger Grund vorliegt.

(5) Eine abweichende Vereinbarung zum Nachteil des Mieters oder solcher Personen, die nach Absatz 1 oder 2 eintrittsberechtigt sind, ist unwirksam.

§ 563a Fortsetzung mit überlebenden Mietern. (1) Sind mehrere Personen im Sinne des § 563 gemeinsam Mieter, so wird das Mietverhältnis beim Tod eines Mieters mit den überlebenden Mietern fortgesetzt.

(2) Die überlebenden Mieter können das Mietverhältnis innerhalb eines Monats, nachdem sie vom Tod des Mieters Kenntnis erlangt haben, außerordentlich mit der gesetzlichen Frist kündigen.

(3) Eine abweichende Vereinbarung zum Nachteil der Mieter ist unwirksam.

§ 563b Haftung bei Eintritt oder Fortsetzung. (1) [1]Die Personen, die nach § 563 in das Mietverhältnis eingetreten sind oder mit denen es nach § 563a fortgesetzt wird, haften neben dem Erben für die bis zum Tod des Mieters entstandenen Verbindlichkeiten als Gesamtschuldner. [2]Im Verhältnis zu diesen Personen haftet der Erbe allein, soweit nichts anderes bestimmt ist.

(2) Hat der Mieter die Miete für einen nach seinem Tod liegenden Zeitraum im Voraus entrichtet, sind die Personen, die nach § 563 in das Mietverhältnis eingetreten sind oder mit denen es nach § 563a fortgesetzt wird, verpflichtet, dem Erben dasjenige herauszugeben, was sie infolge der Vorausentrichtung der Miete ersparen oder erlangen.

(3) Der Vermieter kann, falls der verstorbene Mieter keine Sicherheit geleistet hat, von den Personen, die nach § 563 in das Mietverhältnis eingetreten sind oder mit denen es nach § 563a fortgesetzt wird, nach Maßgabe des § 551 eine Sicherheitsleistung verlangen.

§ 564 Fortsetzung des Mietverhältnisses mit dem Erben, außerordentliche Kündigung. [1]Treten beim Tod des Mieters keine Personen im Sinne des § 563 in das Mietverhältnis ein oder wird es nicht mit ihnen nach § 563a fortgesetzt, so wird es mit dem Erben fortgesetzt. [2]In diesem Fall ist sowohl der Erbe als auch der Vermieter berechtigt, das Mietverhältnis innerhalb eines Monats außerordentlich mit der gesetzlichen Frist zu kündigen, nachdem sie vom Tod des Mieters und davon Kenntnis erlangt haben, dass ein Eintritt in das Mietverhältnis oder dessen Fortsetzung nicht erfolgt sind.

§ 565 Gewerbliche Weitervermietung. (1) [1]Soll der Mieter nach dem Mietvertrag den gemieteten Wohnraum gewerblich einem Dritten zu Wohnzwecken weitervermieten, so tritt der Vermieter bei der Beendigung des Mietverhältnisses in die Rechte und Pflichten aus dem Mietverhältnis zwischen dem Mieter und dem Dritten ein. [2]Schließt der Vermieter erneut einen Mietvertrag zur gewerblichen Weitervermietung ab, so tritt der Mieter anstelle der bisherigen Vertragspartei in die Rechte und Pflichten aus dem Mietverhältnis mit dem Dritten ein.

(2) Die §§ 566a bis 566e gelten entsprechend.

(3) Eine zum Nachteil des Dritten abweichende Vereinbarung ist unwirksam.

§ 566 Kauf bricht nicht Miete. (1) Wird der vermietete Wohnraum nach der Überlassung an den Mieter von dem Vermieter an einen Dritten veräußert, so tritt der Erwerber anstelle des Vermieters in die sich während der Dauer seines Eigentums aus dem Mietverhältnis ergebenden Rechte und Pflichten ein.

(2) [1]Erfüllt der Erwerber die Pflichten nicht, so haftet der Vermieter für den von dem Erwerber zu ersetzenden Schaden wie ein Bürge, der auf die Ein-

rede der Vorausklage verzichtet hat. [2]Erlangt der Mieter von dem Übergang des Eigentums durch Mitteilung des Vermieters Kenntnis, so wird der Vermieter von der Haftung befreit, wenn nicht der Mieter das Mietverhältnis zum ersten Termin kündigt, zu dem die Kündigung zulässig ist.

§ 566a Mietsicherheit. [1]Hat der Mieter des veräußerten Wohnraums dem Vermieter für die Erfüllung seiner Pflichten Sicherheit geleistet, so tritt der Erwerber in die dadurch begründeten Rechte und Pflichten ein. [2]Kann bei Beendigung des Mietverhältnisses der Mieter die Sicherheit von dem Erwerber nicht erlangen, so ist der Vermieter weiterhin zur Rückgewähr verpflichtet.

§ 566b Vorausverfügung über die Miete. (1) [1]Hat der Vermieter vor dem Übergang des Eigentums über die Miete verfügt, die auf die Zeit der Berechtigung des Erwerbers entfällt, so ist die Verfügung wirksam, soweit sie sich auf die Miete für den zur Zeit des Eigentumsübergangs laufenden Kalendermonat bezieht. [2]Geht das Eigentum nach dem 15. Tag des Monats über, so ist die Verfügung auch wirksam, soweit sie sich auf die Miete für den folgenden Kalendermonat bezieht.

(2) Eine Verfügung über die Miete für eine spätere Zeit muss der Erwerber gegen sich gelten lassen, wenn er sie zur Zeit des Übergangs des Eigentums kennt.

§ 566c Vereinbarung zwischen Mieter und Vermieter über die Miete. [1]Ein Rechtsgeschäft, das zwischen dem Mieter und dem Vermieter über die Mietforderung vorgenommen wird, insbesondere die Entrichtung der Miete, ist dem Erwerber gegenüber wirksam, soweit es sich nicht auf die Miete für eine spätere Zeit als den Kalendermonat bezieht, in welchem der Mieter von dem Übergang des Eigentums Kenntnis erlangt. [2]Erlangt der Mieter die Kenntnis nach dem 15. Tag des Monats, so ist das Rechtsgeschäft auch wirksam, soweit es sich auf die Miete für den folgenden Kalendermonat bezieht. [3]Ein Rechtsgeschäft, das nach dem Übergang des Eigentums vorgenommen wird, ist jedoch unwirksam, wenn der Mieter bei der Vornahme des Rechtsgeschäfts von dem Übergang des Eigentums Kenntnis hat.

§ 566d Aufrechnung durch den Mieter. [1]Soweit die Entrichtung der Miete an den Vermieter nach § 566c dem Erwerber gegenüber wirksam ist, kann der Mieter gegen die Mietforderung des Erwerbers eine ihm gegen den Vermieter zustehende Forderung aufrechnen. [2]Die Aufrechnung ist ausgeschlossen, wenn der Mieter die Gegenforderung erworben hat, nachdem er von dem Übergang des Eigentums Kenntnis erlangt hat, oder wenn die Gegenforderung erst nach der Erlangung der Kenntnis und später als die Miete fällig geworden ist.

§ 566e Mitteilung des Eigentumsübergangs durch den Vermieter.

(1) Teilt der Vermieter dem Mieter mit, dass er das Eigentum an dem vermieteten Wohnraum auf einen Dritten übertragen hat, so muss er in Ansehung der Mietforderung dem Mieter gegenüber die mitgeteilte Übertragung gegen sich gelten lassen, auch wenn sie nicht erfolgt oder nicht wirksam ist.

(2) Die Mitteilung kann nur mit Zustimmung desjenigen zurückgenommen werden, der als der neue Eigentümer bezeichnet worden ist.

§ 567 Belastung des Wohnraums durch den Vermieter. [1]Wird der vermietete Wohnraum nach der Überlassung an den Mieter von dem Vermieter mit dem Recht eines Dritten belastet, so sind die §§ 566 bis 566e entsprechend anzuwenden, wenn durch die Ausübung des Rechts dem Mieter der vertragsgemäße Gebrauch entzogen wird. [2]Wird der Mieter durch die Ausübung des Rechts in dem vertragsgemäßen Gebrauch beschränkt, so ist der Dritte dem Mieter gegenüber verpflichtet, die Ausübung zu unterlassen, soweit sie den vertragsgemäßen Gebrauch beeinträchtigen würde.

§ 567a Veräußerung oder Belastung vor der Überlassung des Wohnraums. Hat vor der Überlassung des vermieteten Wohnraums an den Mieter der Vermieter den Wohnraum an einen Dritten veräußert oder mit einem Recht belastet, durch dessen Ausübung der vertragsgemäße Gebrauch dem Mieter entzogen oder beschränkt wird, so gilt das Gleiche wie in den Fällen des § 566 Abs. 1 und des § 567, wenn der Erwerber dem Vermieter gegenüber die Erfüllung der sich aus dem Mietverhältnis ergebenden Pflichten übernommen hat.

§ 567b Weiterveräußerung oder Belastung durch Erwerber. [1]Wird der vermietete Wohnraum von dem Erwerber weiterveräußert oder belastet, so sind § 566 Abs. 1 und die §§ 566a bis 567a entsprechend anzuwenden. [2]Erfüllt der neue Erwerber die sich aus dem Mietverhältnis ergebenden Pflichten nicht, so haftet der Vermieter dem Mieter nach § 566 Abs. 2.

Kapitel 5. Beendigung des Mietverhältnisses

Unterkapitel 1. Allgemeine Vorschriften

§ 568 Form und Inhalt der Kündigung. (1) Die Kündigung des Mietverhältnisses bedarf der schriftlichen Form.

(2) Der Vermieter soll den Mieter auf die Möglichkeit, die Form und die Frist des Widerspruchs nach den §§ 574 bis 574b rechtzeitig hinweisen.

§ 569 Außerordentliche fristlose Kündigung aus wichtigem Grund. (1) [1]Ein wichtiger Grund im Sinne des § 543 Abs. 1 liegt für den Mieter auch vor, wenn der gemietete Wohnraum so beschaffen ist, dass seine Benutzung mit einer erheblichen Gefährdung der Gesundheit verbunden ist. [2]Dies gilt auch, wenn der Mieter die Gefahr bringende Beschaffenheit bei Vertragsschluss gekannt oder darauf verzichtet hat, die ihm wegen dieser Beschaffenheit zustehenden Rechte geltend zu machen.

(2) Ein wichtiger Grund im Sinne des § 543 Abs. 1 liegt ferner vor, wenn eine Vertragspartei den Hausfrieden nachhaltig stört, sodass dem Kündigenden unter Berücksichtigung aller Umstände des Einzelfalls, insbesondere eines Verschuldens der Vertragsparteien, und unter Abwägung der beiderseitigen Interessen die Fortsetzung des Mietverhältnisses bis zum Ablauf der Kündigungsfrist oder bis zur sonstigen Beendigung des Mietverhältnisses nicht zugemutet werden kann.

(2a) [1]Ein wichtiger Grund im Sinne des § 543 Absatz 1 liegt ferner vor, wenn der Mieter mit einer Sicherheitsleistung nach § 551 in Höhe eines Betrages im Verzug ist, der der zweifachen Monatsmiete entspricht. [2]Die als Pauschale oder als Vorauszahlung ausgewiesenen Betriebskosten sind bei der Berechnung der Monatsmiete nach Satz 1 nicht zu berücksichtigen. [3]Einer Abhilfefrist oder einer Abmahnung nach § 543 Absatz 3 Satz 1 bedarf es nicht. [4]Absatz 3 Nummer 2 Satz 1 sowie § 543 Absatz 2 Satz 2 sind entsprechend anzuwenden

(3) Ergänzend zu § 543 Abs. 2 Satz 1 Nr. 3 gilt:

1. Im Falle des § 543 Abs. 2 Satz 1 Nr. 3 Buchstabe a ist der rückständige Teil der Miete nur dann als nicht unerheblich anzusehen, wenn er die Miete für einen Monat übersteigt.2Dies gilt nicht, wenn der Wohnraum nur zum vorübergehenden Gebrauch vermietet ist.

2. Die Kündigung wird auch dann unwirksam, wenn der Vermieter spätestens bis zum Ablauf von zwei Monaten nach Eintritt der Rechtshängigkeit des Räumungsanspruchs hinsichtlich der fälligen Miete und der fälligen Entschädigung nach § 546a Abs. 1 befriedigt wird oder sich eine

öffentliche Stelle zur Befriedigung verpflichtet. [2]Dies gilt nicht, wenn der Kündigung vor nicht länger als zwei Jahren bereits eine nach Satz 1 unwirksam gewordene Kündigung vorausgegangen ist.

3. Ist der Mieter rechtskräftig zur Zahlung einer erhöhten Miete nach den §§ 558 bis 560 verurteilt worden, so kann der Vermieter das Mietverhältnis wegen Zahlungsverzugs des Mieters nicht vor Ablauf von zwei Monaten nach rechtskräftiger Verurteilung kündigen, wenn nicht die Voraussetzungen der außerordentlichen fristlosen Kündigung schon wegen der bisher geschuldeten Miete erfüllt sind.

(4) Der zur Kündigung führende wichtige Grund ist in dem Kündigungsschreiben anzugeben.

(5) [1]Eine Vereinbarung, die zum Nachteil des Mieters von den Absätzen 1 bis 3 dieser Vorschrift oder von § 543 abweicht, ist unwirksam. [2]Ferner ist eine Vereinbarung unwirksam, nach der der Vermieter berechtigt sein soll, aus anderen als den im Gesetz zugelassenen Gründen außerordentlich fristlos zu kündigen.

§ 570 Ausschluss des Zurückbehaltungsrechts. Dem Mieter steht kein Zurückbehaltungsrecht gegen den Rückgabeanspruch des Vermieters zu.

§ 571 Weiterer Schadensersatz bei verspäteter Rückgabe von Wohnraum. (1) [1]Gibt der Mieter den gemieteten Wohnraum nach Beendigung des Mietverhältnisses nicht zurück, so kann der Vermieter einen weiteren Schaden im Sinne des § 546a Abs. 2 nur geltend machen, wenn die Rückgabe infolge von Umständen unterblieben ist, die der Mieter zu vertreten hat. [2]Der Schaden ist nur insoweit zu ersetzen, als die Billigkeit eine Schadloshaltung erfordert. [3]Dies gilt nicht, wenn der Mieter gekündigt hat.

(2) Wird dem Mieter nach § 721 oder § 794a der Zivilprozessordnung eine Räumungsfrist gewährt, so ist er für die Zeit von der Beendigung des Mietverhältnisses bis zum Ablauf der Räumungsfrist zum Ersatz eines weiteren Schadens nicht verpflichtet.

(3) Eine zum Nachteil des Mieters abweichende Vereinbarung ist unwirksam.

§ 572 Vereinbartes Rücktrittsrecht; Mietverhältnis unter auflösender Bedingung. (1) Auf eine Vereinbarung, nach der der Vermieter berechtigt sein soll, nach Überlassung des Wohnraums an den Mieter vom Vertrag zurückzutreten, kann der Vermieter sich nicht berufen.

(2) Ferner kann der Vermieter sich nicht auf eine Vereinbarung berufen, nach der das Mietverhältnis zum Nachteil des Mieters auflösend bedingt ist.

Unterkapitel 2. Mietverhältnisse auf unbestimmte Zeit

§ 573 Ordentliche Kündigung des Vermieters. (1) [1]Der Vermieter kann nur kündigen, wenn er ein berechtigtes Interesse an der Beendigung des Mietverhältnisses hat. [2]Die Kündigung zum Zwecke der Mieterhöhung ist ausgeschlossen.

(2) Ein berechtigtes Interesse des Vermieters an der Beendigung des Mietverhältnisses liegt insbesondere vor, wenn

1. der Mieter seine vertraglichen Pflichten schuldhaft nicht unerheblich verletzt hat,

2. der Vermieter die Räume als Wohnung für sich, seine Familienangehörigen oder Angehörige seines Haushalts benötigt oder

(3) der Vermieter durch die Fortsetzung des Mietverhältnisses an einer angemessenen wirtschaftlichen Verwertung des Grundstücks gehindert und dadurch erhebliche Nachteile erleiden würde; die Möglichkeit, durch eine anderweitige Vermietung als Wohnraum eine höhere Miete zu erzielen, bleibt außer Betracht; der Vermieter kann sich auch nicht darauf berufen, dass er die Mieträume im Zusammenhang mit einer beabsichtigten oder nach Überlassung an den Mieter erfolgten Begründung von Wohnungseigentum veräußern will.[1]

(4) [1]Die Gründe für ein berechtigtes Interesse des Vermieters sind in dem Kündigungsschreiben anzugeben. [2]Andere Gründe werden nur berücksichtigt, soweit sie nachträglich entstanden sind.

(5) Eine zum Nachteil des Mieters abweichende Vereinbarung ist unwirksam.

§ 573a Erleichterte Kündigung des Vermieters. (1) [1]Ein Mietverhältnis über eine Wohnung in einem vom Vermieter selbst bewohnten Gebäude mit nicht mehr als zwei Wohnungen kann der Vermieter auch kündigen, ohne dass es eines berechtigten Interesses im Sinne des § 573 bedarf. [2]Die Kündigungsfrist verlängert sich in diesem Fall um drei Monate.

(2) Absatz 1 gilt entsprechend für Wohnraum innerhalb der vom Vermieter selbst bewohnten Wohnung, sofern der Wohnraum nicht nach § 549 Abs. 2 Nr. 2 vom Mieterschutz ausgenommen ist.

(3) In dem Kündigungsschreiben ist anzugeben, dass die Kündigung auf die Voraussetzungen des Absatzes 1 oder 2 gestützt wird.

(4) Eine zum Nachteil des Mieters abweichende Vereinbarung ist unwirksam.

§ 573b Teilkündigung des Vermieters. (1) Der Vermieter kann nicht zum Wohnen bestimmte Nebenräume oder Teile eines Grundstücks ohne ein berechtigtes Interesse im Sinne des § 573 kündigen, wenn er die Kündigung auf diese Räume oder Grundstücksteile beschränkt und sie dazu verwenden will,

1. Wohnraum zum Zwecke der Vermietung zu schaffen oder
2. den neu zu schaffenden und den vorhandenen Wohnraum mit Nebenräumen oder Grundstücksteilen auszustatten.

(2) Die Kündigung ist spätestens am dritten Werktag eines Kalendermonats zum Ablauf des übernächsten Monats zulässig.

(3) Verzögert sich der Beginn der Bauarbeiten, so kann der Mieter eine Verlängerung des Mietverhältnisses um einen entsprechenden Zeitraum verlangen.

(4) Der Mieter kann eine angemessene Senkung der Miete verlangen.

(5) Eine zum Nachteil des Mieters abweichende Vereinbarung ist unwirksam.

§ 573c Fristen der ordentlichen Kündigung. (1) [1]Die Kündigung ist spätestens am dritten Werktag eines Kalendermonats zum Ablauf des übernächsten Monats zulässig. [2]Die Kündigungsfrist für den Vermieter verlängert sich nach fünf und acht Jahren seit der Überlassung des Wohnraums um jeweils drei Monate.

(2) Bei Wohnraum, der nur zum vorübergehenden Gebrauch vermietet worden ist, kann eine kürzere Kündigungsfrist vereinbart werden.

(3) Bei Wohnraum nach § 549 Abs. 2 Nr. 2 ist die Kündigung spätestens am 15. eines Monats zum Ablauf dieses Monats zulässig.

(4) Eine zum Nachteil des Mieters von Absatz 1 oder 3 abweichende Vereinbarung ist unwirksam.

§ 573d Außerordentliche Kündigung mit gesetzlicher Frist.

(1) Kann ein Mietverhältnis außerordentlich mit der gesetzlichen Frist gekündigt werden, so gelten mit Ausnahme der Kündigung gegenüber Erben des Mieters nach § 564 die §§ 573 und 573a entsprechend.

(2) [1]Die Kündigung ist spätestens am dritten Werktag eines Kalendermonats zum Ablauf des übernächsten Monats zulässig, bei Wohnraum nach § 549 Abs. 2 Nr. 2 spätestens am 15. eines Monats zum Ablauf dieses Monats (gesetzliche Frist). [2]§ 573a Abs. 1 Satz 2 findet keine Anwendung.

(3) Eine zum Nachteil des Mieters abweichende Vereinbarung ist unwirksam.

§ 574 Widerspruch des Mieters gegen die Kündigung. (1) [1]Der Mieter kann der Kündigung des Vermieters widersprechen und von ihm die Fortsetzung des Mietverhältnisses verlangen, wenn die Beendigung des Mietverhältnisses für den Mieter, seine Familie oder einen anderen Angehörigen seines Haushalts eine Härte bedeuten würde, die auch unter Würdigung der berechtigten Interessen des Vermieters nicht zu rechtfertigen ist. [2]Dies gilt nicht, wenn ein Grund vorliegt, der den Vermieter zur außerordentlichen fristlosen Kündigung berechtigt.

(2) Eine Härte liegt auch vor, wenn angemessener Ersatzwohnraum zu zumutbaren Bedingungen nicht beschafft werden kann.

(3) Bei der Würdigung der berechtigten Interessen des Vermieters werden nur die in dem Kündigungsschreiben nach § 573 Abs. 3 angegebenen Gründe berücksichtigt, außer wenn die Gründe nachträglich entstanden sind.

(4) Eine zum Nachteil des Mieters abweichende Vereinbarung ist unwirksam.

§ 574a Fortsetzung des Mietverhältnisses nach Widerspruch. (1) [1]Im Falle des § 574 kann der Mieter verlangen, dass das Mietverhältnis so lange fortgesetzt wird, wie dies unter Berücksichtigung aller Umstände angemessen ist. [2]Ist dem Vermieter nicht zuzumuten, das Mietverhältnis zu den bisherigen Vertragsbedingungen fortzusetzen, so kann der Mieter nur verlangen, dass es unter einer angemessenen Änderung der Bedingungen fortgesetzt wird.

(2) [1]Kommt keine Einigung zustande, so werden die Fortsetzung des Mietverhältnisses, deren Dauer sowie die Bedingungen, zu denen es fortgesetzt wird, durch Urteil bestimmt. [2]Ist ungewiss, wann voraussichtlich die Umstände wegfallen, aufgrund deren die Beendigung des Mietverhältnisses eine Härte bedeutet, so kann bestimmt werden, dass das Mietverhältnis auf unbestimmte Zeit fortgesetzt wird.

(3) Eine zum Nachteil des Mieters abweichende Vereinbarung ist unwirksam.

§ 574b Form und Frist des Widerspruchs. (1) [1]Der Widerspruch des Mieters gegen die Kündigung ist schriftlich zu erklären. [2]Auf Verlangen des Vermieters soll der Mieter über die Gründe des Widerspruchs unverzüglich Auskunft erteilen.

(2) [1]Der Vermieter kann die Fortsetzung des Mietverhältnisses ablehnen, wenn der Mieter ihm den Widerspruch nicht spätestens zwei Monate vor der Beendigung des Mietverhältnisses erklärt hat. [2]Hat der Vermieter nicht recht-

zeitig vor Ablauf der Widerspruchsfrist auf die Möglichkeit des Widerspruchs sowie auf dessen Form und Frist hingewiesen, so kann der Mieter den Widerspruch noch im ersten Termin des Räumungsrechtsstreits erklären.

(3) Eine zum Nachteil des Mieters abweichende Vereinbarung ist unwirksam.

§ 574c Weitere Fortsetzung des Mietverhältnisses bei unvorhergesehenen Umständen. (1) Ist aufgrund der §§ 574 bis 574b durch Einigung oder Urteil bestimmt worden, dass das Mietverhältnis auf bestimmte Zeit fortgesetzt wird, so kann der Mieter dessen weitere Fortsetzung nur verlangen, wenn dies durch eine wesentliche Änderung der Umstände gerechtfertigt ist oder wenn Umstände nicht eingetreten sind, deren vorgesehener Eintritt für die Zeitdauer der Fortsetzung bestimmend gewesen war.

(2) [1]Kündigt der Vermieter ein Mietverhältnis, dessen Fortsetzung auf unbestimmte Zeit durch Urteil bestimmt worden ist, so kann der Mieter der Kündigung widersprechen und vom Vermieter verlangen, das Mietverhältnis auf unbestimmte Zeit fortzusetzen. [2]Haben sich die Umstände verändert, die für die Fortsetzung bestimmend gewesen waren, so kann der Mieter eine Fortsetzung des Mietverhältnisses nur nach § 574 verlangen; unerhebliche Veränderungen bleiben außer Betracht.

(3) Eine zum Nachteil des Mieters abweichende Vereinbarung ist unwirksam.

Unterkapitel 3. Mietverhältnisse auf bestimmte Zeit

§ 575 Zeitmietvertrag. (1) [1]Ein Mietverhältnis kann auf bestimmte Zeit eingegangen werden, wenn der Vermieter nach Ablauf der Mietzeit
1. die Räume als Wohnung für sich, seine Familienangehörigen oder Angehörige seines Haushalts nutzen will,
2. in zulässiger Weise die Räume beseitigen oder so wesentlich verändern oder instand setzen will, dass die Maßnahmen durch eine Fortsetzung des Mietverhältnisses erheblich erschwert würden, oder
3. die Räume an einen zur Dienstleistung Verpflichteten vermieten will

und er dem Mieter den Grund der Befristung bei Vertragsschluss schriftlich mitteilt. [2]Anderenfalls gilt das Mietverhältnis als auf unbestimmte Zeit abgeschlossen.

(2) [1]Der Mieter kann vom Vermieter frühestens vier Monate vor Ablauf der Befristung verlangen, dass dieser ihm binnen eines Monats mitteilt, ob der Befristungsgrund noch besteht. [2]Erfolgt die Mitteilung später, so kann der

Mieter eine Verlängerung des Mietverhältnisses um den Zeitraum der Verspätung verlangen.

(3) ¹Tritt der Grund der Befristung erst später ein, so kann der Mieter eine Verlängerung des Mietverhältnisses um einen entsprechenden Zeitraum verlangen. ²Entfällt der Grund, so kann der Mieter eine Verlängerung auf unbestimmte Zeit verlangen. ³Die Beweislast für den Eintritt des Befristungsgrunds und die Dauer der Verzögerung trifft den Vermieter.

(4) Eine zum Nachteil des Mieters abweichende Vereinbarung ist unwirksam.

§ 575a Außerordentliche Kündigung mit gesetzlicher Frist. (1) Kann ein Mietverhältnis, das auf bestimmte Zeit eingegangen ist, außerordentlich mit der gesetzlichen Frist gekündigt werden, so gelten mit Ausnahme der Kündigung gegenüber Erben des Mieters nach § 564 die §§ 573 und 573a entsprechend.

(2) Die §§ 574 bis 574c gelten entsprechend mit der Maßgabe, dass die Fortsetzung des Mietverhältnisses höchstens bis zum vertraglich bestimmten Zeitpunkt der Beendigung verlangt werden kann.

(3) ¹Die Kündigung ist spätestens am dritten Werktag eines Kalendermonats zum Ablauf des übernächsten Monats zulässig, bei Wohnraum nach § 549 Abs. 2 Nr. 2 spätestens am 15. eines Monats zum Ablauf dieses Monats (gesetzliche Frist). ²§ 573a Abs. 1 Satz 2 findet keine Anwendung.

(4) Eine zum Nachteil des Mieters abweichende Vereinbarung ist unwirksam.

Unterkapitel 4. Werkwohnungen

§ 576 Fristen der ordentlichen Kündigung bei Werkmietwohnungen.
(1) Ist Wohnraum mit Rücksicht auf das Bestehen eines Dienstverhältnisses vermietet, so kann der Vermieter nach Beendigung des Dienstverhältnisses abweichend von § 573c Abs. 1 Satz 2 mit folgenden Fristen kündigen:

1. bei Wohnraum, der dem Mieter weniger als zehn Jahre überlassen war, spätestens am dritten Werktag eines Kalendermonats zum Ablauf des übernächsten Monats, wenn der Wohnraum für einen anderen zur Dienstleistung Verpflichteten benötigt wird;
2. spätestens am dritten Werktag eines Kalendermonats zum Ablauf dieses Monats, wenn das Dienstverhältnis seiner Art nach die Überlassung von Wohnraum erfordert hat, der in unmittelbarer Beziehung oder Nähe zur Arbeitsstätte steht, und der Wohnraum aus dem gleichen Grund für einen anderen zur Dienstleistung Verpflichteten benötigt wird.

(2) Eine zum Nachteil des Mieters abweichende Vereinbarung ist unwirksam.

§ 576a Besonderheiten des Widerspruchsrechts bei Werkmietwohnungen. (1) Bei der Anwendung der §§ 574 bis 574c auf Werkmietwohnungen sind auch die Belange des Dienstberechtigten zu berücksichtigen.

(2) Die §§ 574 bis 574c gelten nicht, wenn

1. der Vermieter nach § 576 Abs. 1 Nr. 2 gekündigt hat;
2. der Mieter das Dienstverhältnis gelöst hat, ohne dass ihm von dem Dienstberechtigten gesetzlich begründeter Anlass dazu gegeben war, oder der Mieter durch sein Verhalten dem Dienstberechtigten gesetzlich begründeten Anlass zur Auflösung des Dienstverhältnisses gegeben hat.

(3) Eine zum Nachteil des Mieters abweichende Vereinbarung ist unwirksam.

§ 576b Entsprechende Geltung des Mietrechts bei Werkdienstwohnungen. (1) Ist Wohnraum im Rahmen eines Dienstverhältnisses überlassen, so gelten für die Beendigung des Rechtsverhältnisses hinsichtlich des Wohnraums die Vorschriften über Mietverhältnisse entsprechend, wenn der zur Dienstleistung Verpflichtete den Wohnraum überwiegend mit Einrichtungsgegenständen ausgestattet hat oder in dem Wohnraum mit seiner Familie oder Personen lebt, mit denen er einen auf Dauer angelegten gemeinsamen Haushalt führt.

(2) Eine zum Nachteil des Mieters abweichende Vereinbarung ist unwirksam.

Kapitel 6. Besonderheiten bei der Bildung von Wohnungseigentum an vermieteten Wohnungen

§ 577 Vorkaufsrecht des Mieters. (1) [1]Werden vermietete Wohnräume, an denen nach der Überlassung an den Mieter Wohnungseigentum begründet worden ist oder begründet werden soll, an einen Dritten verkauft, so ist der Mieter zum Vorkauf berechtigt. [2]Dies gilt nicht, wenn der Vermieter die Wohnräume an einen Familienangehörigen oder an einen Angehörigen seines Haushalts verkauft. [3]Soweit sich nicht aus den nachfolgenden Absätzen etwas anderes ergibt, finden auf das Vorkaufsrecht die Vorschriften über den Vorkauf Anwendung.

(2) Die Mitteilung des Verkäufers oder des Dritten über den Inhalt des Kaufvertrags ist mit einer Unterrichtung des Mieters über sein Vorkaufsrecht zu verbinden.

(3) Die Ausübung des Vorkaufsrechts erfolgt durch schriftliche Erklärung des Mieters gegenüber dem Verkäufer.

(4) Stirbt der Mieter, so geht das Vorkaufsrecht auf diejenigen über, die in das Mietverhältnis nach § 563 Abs. 1 oder 2 eintreten.

(5) Eine zum Nachteil des Mieters abweichende Vereinbarung ist unwirksam.

§ 577a Kündigungsbeschränkung bei Wohnungsumwandlung. (1) Ist an vermieteten Wohnräumen nach der Überlassung an den Mieter Wohnungseigentum begründet und das Wohnungseigentum veräußert worden, so kann sich ein Erwerber auf berechtigte Interessen im Sinne des § 573 Abs. 2 Nr. 2 oder 3 erst nach Ablauf von drei Jahren seit der Veräußerung berufen.

(1a) [1]Die Kündigungsbeschränkung nach Absatz 1 gilt entsprechend, wenn vermieteter Wohnraum nach der Überlassung an den Mieter

1. an eine Personengesellschaft oder an mehrere Erwerber veräußert worden ist oder

2. zu Gunsten einer Personengesellschaft oder mehrerer Erwerber mit einem Recht belastet worden ist, durch dessen Ausübung dem Mieter der vertragsgemäße Gebrauch entzogen wird.

[2]Satz 1 ist nicht anzuwenden, wenn die Gesellschafter oder Erwerber derselben Familie oder demselben Haushalt angehören oder vor Überlassung des Wohnraums an den Mieter Wohnungseigentum begründet worden ist.

(2) [1]Die Frist nach Absatz 1 oder nach Absatz 1a beträgt bis zu zehn Jahre, wenn die ausreichende Versorgung der Bevölkerung mit Mietwohnungen zu angemessenen Bedingungen in einer Gemeinde oder einem Teil einer Gemeinde besonders gefährdet ist und diese Gebiete nach Satz 2 bestimmt sind. [2]Die Landesregierungen werden ermächtigt, diese Gebiete und die Frist nach Satz 1 durch Rechtsverordnung für die Dauer von jeweils höchstens zehn Jahren zu bestimmen.

(2a) Wird nach einer Veräußerung oder Belastung im Sinne des Absatzes 1a Wohnungseigentum begründet, so beginnt die Frist, innerhalb der eine Kündigung nach § 573 Absatz 2 Nummer 2 oder 3 ausgeschlossen ist, bereits mit der Veräußerung oder Belastung nach Absatz 1a.

(3) Eine zum Nachteil des Mieters abweichende Vereinbarung ist unwirksam.

Untertitel 3. Mietverhältnisse über andere Sachen

§ 578 Mietverhältnisse über Grundstücke und Räume. (1) Auf Mietverhältnisse über Grundstücke sind die Vorschriften der §§ 550, 562 bis 562d, 566 bis 567b sowie 570 entsprechend anzuwenden.

(2) [1]Auf Mietverhältnisse über Räume, die keine Wohnräume sind, sind die in Absatz 1 genannten Vorschriften sowie § 552 Abs. 1, § 555a Absatz 1 bis 3, §§ 555b, 555c Absatz 1 bis 4, § 555d Absatz 1 bis 6, § 555e Absatz 1 und 2, § 555f und § 569 Abs. 2 entsprechend anzuwenden. [2]§ 556c Absatz 1 und 2 sowie die auf Grund des § 556c Absatz 3 erlassene Rechtsverordnung sind entsprechend anzuwenden, abweichende Vereinbarungen sind zulässig. [3]Sind die Räume zum Aufenthalt von Menschen bestimmt, so gilt außerdem § 569 Abs. 1 entsprechend.

§ 578a Mietverhältnisse über eingetragene Schiffe. (1) Die Vorschriften der §§ 566, 566a, 566e bis 567b gelten im Falle der Veräußerung oder Belastung eines im Schiffsregister eingetragenen Schiffs entsprechend.

(2) [1]Eine Verfügung, die der Vermieter vor dem Übergang des Eigentums über die Miete getroffen hat, die auf die Zeit der Berechtigung des Erwerbers entfällt, ist dem Erwerber gegenüber wirksam. [2]Das Gleiche gilt für ein Rechtsgeschäft, das zwischen dem Mieter und dem Vermieter über die Mietforderung vorgenommen wird, insbesondere die Entrichtung der Miete; ein Rechtsgeschäft, das nach dem Übergang des Eigentums vorgenommen wird, ist jedoch unwirksam, wenn der Mieter bei der Vornahme des Rechtsgeschäfts von dem Übergang des Eigentums Kenntnis hat. [3]§ 566d gilt entsprechend.

§ 579 Fälligkeit der Miete. (1) [1]Die Miete für ein Grundstück und für bewegliche Sachen ist am Ende der Mietzeit zu entrichten. [2]Ist die Miete nach Zeitabschnitten bemessen, so ist sie nach Ablauf der einzelnen Zeitabschnitte zu entrichten. [3]Die Miete für ein Grundstück ist, sofern sie nicht nach kürzeren Zeitabschnitten bemessen ist, jeweils nach Ablauf eines Kalendervierteljahres am ersten Werktag des folgenden Monats zu entrichten.

(2) Für Mietverhältnisse über Räume gilt § 556b Abs. 1 entsprechend.

§ 580 Außerordentliche Kündigung bei Tod des Mieters. Stirbt der Mieter, so ist sowohl der Erbe als auch der Vermieter berechtigt, das Mietverhältnis innerhalb eines Monats, nachdem sie vom Tod des Mieters Kenntnis erlangt haben, außerordentlich mit der gesetzlichen Frist zu kündigen.

§ 580a Kündigungsfristen. (1) Bei einem Mietverhältnis über Grundstücke, über Räume, die keine Geschäftsräume sind, ist die ordentliche Kündigung zulässig,

1. wenn die Miete nach Tagen bemessen ist, an jedem Tag zum Ablauf des folgenden Tages;

2. wenn die Miete nach Wochen bemessen ist, spätestens am ersten Werktag einer Woche zum Ablauf des folgenden Sonnabends;

3. wenn die Miete nach Monaten oder längeren Zeitabschnitten bemessen ist, spätestens am dritten Werktag eines Kalendermonats zum Ablauf des übernächsten Monats, bei einem Mietverhältnis über gewerblich genutzte unbebaute Grundstücke oder im Schiffsregister eingetragene Schiffe jedoch nur zum Ablauf eines Kalendervierteljahres.

(2) Bei einem Mietverhältnis über Geschäftsräume ist die ordentliche Kündigung spätestens am dritten Werktag eines Kalendervierteljahres zum Ablauf des nächsten Kalendervierteljahrs zulässig.

(3) Bei einem Mietverhältnis über bewegliche Sachen ist die ordentliche Kündigung zulässig,

1. wenn die Miete nach Tagen bemessen ist, an jedem Tag zum Ablauf des folgenden Tages;

2. wenn die Miete nach längeren Zeitabschnitten bemessen ist, spätestens am dritten Tag vor dem Tag, mit dessen Ablauf das Mietverhältnis enden soll.

(4) Absatz 1 Nr. 3, Absatz 2 und 3 Nr. 2 sind auch anzuwenden, wenn ein Mietverhältnis außerordentlich mit der gesetzlichen Frist gekündigt werden kann.

d) Ungerechtfertigte Bereicherung (§§ 812 bis 822 BGB)

4 Titel 26. Ungerechtfertigte Bereicherung

§ 812 Herausgabeanspruch. (1) [1]Wer durch die Leistung eines anderen oder in sonstiger Weise auf dessen Kosten etwas ohne rechtlichen Grund erlangt, ist ihm zur Herausgabe verpflichtet. [2]Diese Verpflichtung besteht auch dann, wenn der rechtliche Grund später wegfällt oder der mit einer Leistung nach dem Inhalt des Rechtsgeschäfts bezweckte Erfolg nicht eintritt.

(2) Als Leistung gilt auch die durch Vertrag erfolgte Anerkennung des Bestehens oder des Nichtbestehens eines Schuldverhältnisses.

§ 813 Erfüllung trotz Einrede. (1) [1]Das zum Zwecke der Erfüllung einer Verbindlichkeit Geleistete kann auch dann zurückgefordert werden, wenn dem Anspruch eine Einrede entgegenstand, durch welche die Geltendmachung des Anspruchs dauernd ausgeschlossen wurde. [2]Die Vorschrift des § 214 Abs. 2 bleibt unberührt.

(2) Wird eine betagte Verbindlichkeit vorzeitig erfüllt, so ist die Rückforderung ausgeschlossen; die Erstattung von Zwischenzinsen kann nicht verlangt werden.

§ 814 Kenntnis der Nichtschuld. Das zum Zwecke der Erfüllung einer Verbindlichkeit Geleistete kann nicht zurückgefordert werden, wenn der Leistende gewusst hat, dass er zur Leistung nicht verpflichtet war, oder wenn die Leistung einer sittlichen Pflicht oder einer auf den Anstand zu nehmenden Rücksicht entsprach.

§ 815 Nichteintritt des Erfolgs. Die Rückforderung wegen Nichteintritts des mit einer Leistung bezweckten Erfolgs ist ausgeschlossen, wenn der Eintritt des Erfolgs von Anfang an unmöglich war und der Leistende dies gewusst hat oder wenn der Leistende den Eintritt des Erfolgs wider Treu und Glauben verhindert hat.

§ 816 Verfügung eines Nichtberechtigten. (1) [1]Trifft ein Nichtberechtigter über einen Gegenstand eine Verfügung, die dem Berechtigten gegenüber wirksam ist, so ist er dem Berechtigten zur Herausgabe des durch die Verfügung Erlangten verpflichtet. [2]Erfolgt die Verfügung unentgeltlich, so trifft die gleiche Verpflichtung denjenigen, welcher auf Grund der Verfügung unmittelbar einen rechtlichen Vorteil erlangt.

(2) Wird an einen Nichtberechtigten eine Leistung bewirkt, die dem Berechtigten gegenüber wirksam ist, so ist der Nichtberechtigte dem Berechtigten zur Herausgabe des Geleisteten verpflichtet.

§ 817 Verstoß gegen Gesetz oder gute Sitten. [1]War der Zweck einer Leistung in der Art bestimmt, dass der Empfänger durch die Annahme gegen ein gesetzliches Verbot oder gegen die guten Sitten verstoßen hat, so ist der Empfänger zur Herausgabe verpflichtet. [2]Die Rückforderung ist ausgeschlossen, wenn dem Leistenden gleichfalls ein solcher Verstoß zur Last fällt, es sei denn, dass die Leistung in der Eingehung einer Verbindlichkeit bestand; das zur Erfüllung einer solchen Verbindlichkeit Geleistete kann nicht zurückgefordert werden.

§ 818 Umfang des Bereicherungsanspruchs. (1) Die Verpflichtung zur Herausgabe erstreckt sich auf die gezogenen Nutzungen sowie auf dasjenige, was der Empfänger auf Grund eines erlangten Rechts oder als Ersatz für die Zerstörung, Beschädigung oder Entziehung des erlangten Gegenstands erwirbt.

(2) Ist die Herausgabe wegen der Beschaffenheit des Erlangten nicht möglich oder ist der Empfänger aus einem anderen Grunde zur Herausgabe außerstande, so hat er den Wert zu ersetzen.

(3) Die Verpflichtung zur Herausgabe oder zum Ersatz des Wertes ist ausgeschlossen, soweit der Empfänger nicht mehr bereichert ist.

(4) Von dem Eintritt der Rechtshängigkeit an haftet der Empfänger nach den allgemeinen Vorschriften.

§ 819 Verschärfte Haftung bei Kenntnis und bei Gesetzes- oder Sittenverstoß. (1) Kennt der Empfänger den Mangel des rechtlichen Grundes bei dem Empfang oder erfährt er ihn später, so ist er von dem Empfang oder der Erlangung der Kenntnis an zur Herausgabe verpflichtet, wie wenn der Anspruch auf Herausgabe zu dieser Zeit rechtshängig geworden wäre.

(2) Verstößt der Empfänger durch die Annahme der Leistung gegen ein gesetzliches Verbot oder gegen die guten Sitten, so ist er von dem Empfang der Leistung an in der gleichen Weise verpflichtet.

§ 820 Verschärfte Haftung bei ungewissem Erfolgseintritt. (1) [1]War mit der Leistung ein Erfolg bezweckt, dessen Eintritt nach dem Inhalt des Rechtsgeschäfts als ungewiss angesehen wurde, so ist der Empfänger, falls der Erfolg nicht eintritt, zur Herausgabe so verpflichtet, wie wenn der Anspruch auf Herausgabe zur Zeit des Empfangs rechtshängig geworden wäre. [2]Das Gleiche gilt, wenn die Leistung aus einem Rechtsgrund, dessen Wegfall nach dem Inhalt des Rechtsgeschäfts als möglich angesehen wurde, erfolgt ist und der Rechtsgrund wegfällt.

(2) Zinsen hat der Empfänger erst von dem Zeitpunkt an zu entrichten, in welchem er erfährt, dass der Erfolg nicht eingetreten oder dass der Rechtsgrund weggefallen ist; zur Herausgabe von Nutzungen ist er insoweit nicht verpflichtet, als er zu dieser Zeit nicht mehr bereichert ist.

§ 821 Einrede der Bereicherung. Wer ohne rechtlichen Grund eine Verbindlichkeit eingeht, kann die Erfüllung auch dann verweigern, wenn der Anspruch auf Befreiung von der Verbindlichkeit verjährt ist.

§ 822 Herausgabepflicht Dritter. Wendet der Empfänger das Erlangte unentgeltlich einem Dritten zu, so ist, soweit infolgedessen die Verpflichtung des Empfängers zur Herausgabe der Bereicherung ausgeschlossen ist, der Dritte zur Herausgabe verpflichtet, wie wenn er die Zuwendung von dem Gläubiger ohne rechtlichen Grund erhalten hätte.

2. Auszug aus dem Gesetz zur Regelung der Wohnungsvermittlung

§ 1 [Begriff des Wohnungsvermittlers] (1) Wohnungsvermittler im Sinne   5
dieses Gesetzes ist, wer den Abschluss von Mietverträgen über Wohnräume vermittelt oder die Gelegenheit zum Abschluss von Mietverträgen über Wohnräume nachweist.

(2) Zu den Wohnräumen im Sinne dieses Gesetzes gehören auch solche Geschäftsräume, die wegen ihres räumlichen oder wirtschaftlichen Zusammenhangs mit Wohnräumen mit diesen zusammen vermietet werden.

(3) Die Vorschriften dieses Gesetzes gelten nicht für die Vermittlung oder den Nachweis der Gelegenheit zum Abschluss von Mietverträgen über Wohnräume im Fremdenverkehr.

§ 2 [Anspruch auf Entgelt] (1) [1]Ein Anspruch auf Entgelt für die Vermittlung oder den Nachweis der Gelegenheit zum Abschluss von Mietverträgen über Wohnräume steht dem Wohnungsvermittler nur zu, wenn infolge seiner Vermittlung oder infolge seines Nachweises ein Mietvertrag zustande kommt. [2]Der Vermittlungsvertrag bedarf der Textform.

(1a) Der Wohnungsvermittler darf vom Wohnungssuchenden für die Vermittlung oder den Nachweis der Gelegenheit zum Abschluss von Mietverträgen über Wohnraum kein Entgelt fordern, sich versprechen lassen oder annehmen, es sei denn, der Wohnungsvermittler holt ausschließlich wegen des Vermittlungsvertrags mit dem Wohnungssuchenden vom Vermieter oder von einem anderen Berechtigten den Auftrag ein, die Wohnung anzubieten (§ 6 Absatz 1).

(2) [1]Ein Anspruch nach Absatz 1 Satz 1 steht dem Wohnungsvermittler nicht zu, wenn

1. durch den Mietvertrag ein Mietverhältnis über dieselben Wohnräume fortgesetzt, verlängert oder erneuert wird,
2. der Mietvertrag über Wohnräume abgeschlossen wird, deren Eigentümer, Verwalter, Mieter oder Vermieter der Wohnungsvermittler ist, oder

461

3. der Mietvertrag über Wohnräume abgeschlossen wird, deren Eigentümer, Verwalter oder Vermieter eine juristische Person ist, an der der Wohnungsvermittler rechtlich oder wirtschaftlich beteiligt ist.

²Das gleiche gilt, wenn eine natürliche oder juristische Person Eigentümer, Verwalter oder Vermieter von Wohnräumen ist und ihrerseits an einer juristischen Person, die sich als Wohnungsvermittler betätigt, rechtlich oder wirtschaftlich beteiligt ist.

(3) ¹Ein Anspruch nach Absatz 1 Satz 1 steht dem Wohnungsvermittler gegenüber dem Wohnungssuchenden nicht zu, wenn der Mietvertrag über öffentlich geförderte Wohnungen oder über sonstige preisgebundene Wohnungen abgeschlossen wird, die nach dem 20. Juni 1948 bezugsfertig geworden sind oder bezugsfertig werden. ²Satz 1 gilt auch für die Wohnungen, die nach den §§ 88d und 88e des Zweiten Wohnungsbaugesetzes, nach dem Wohnraumförderungsgesetz oder nach entsprechenden landesrechtlichen Vorschriften gefördert werden, solange das Belegungsrecht besteht. ³Das gleiche gilt für die Vermittlung einzelner Wohnräume der in den Sätzen 1 und 2 genannten Wohnungen.

(4) Vorschüsse dürfen nicht gefordert, vereinbart oder angenommen werden.

(5) Eine Vereinbarung ist unwirksam, wenn
1. sie von den Absätzen 1 bis 4 abweicht oder
2. durch sie der Wohnungssuchende verpflichtet wied, ein vom Vermieter oder einem Dritten gschuldetes Vermittlungsentgelt zu zahlen.

§ 3 [Entgelt; Auslagen] (1) Das Entgelt nach § 2 Abs. 1 Satz 1 ist in einem Bruchteil oder Vielfachen der Monatsmiete anzugeben.

(2) ¹Der Wohnungsvermittler darf vom Wohnungssuchenden für die Vermittlung oder den Nachweis der Gelegenheit zum Abschluss von Mietverträgen über Wohnräume kein Entgelt fordern, sich versprechen lassen oder annehmen, das zwei Monatsmieten zuzüglich der gesetzlichen Umsatzsteuer übersteigt. ²Nebenkosten, über die gesondert abzurechnen ist, bleiben bei der Berechnung der Monatsmiete unberücksichtigt.

(3) ¹Außer dem Entgelt nach § 2 Abs. 1 Satz 1 dürfen für Tätigkeiten, die mit der Vermittlung oder dem Nachweis der Gelegenheit zum Abschluss von Mietverträgen über Wohnräume zusammenhängen, sowie für etwaige Nebenleistungen keine Vergütungen irgendwelcher Art, insbesondere keine Einschreibgebühren, Schreibgebühren oder Auslagenerstattungen, vereinbart oder angenommen werden. ²Dies gilt nicht, soweit die nachgewiesenen Auslagen eine Monatsmiete übersteigen. ³Es kann jedoch verein-

bart werden, dass bei Nichtzustandekommen eines Mietvertrags die in Erfüllung des Auftrages nachweisbar entstandenen Auslagen zu erstatten sind.

(4) [1]Eine Vereinbarung, durch die der Auftraggeber sich im Zusammenhang mit dem Auftrag verpflichtet, Waren zu beziehen oder Dienst- oder Werkleistungen in Anspruch zu nehmen, ist unwirksam. [2]Die Wirksamkeit des Vermittlungsvertrags bleibt unberührt. [3]Satz 1 gilt nicht, wenn die Verpflichtung die Übernahme von Einrichtungs- oder Ausstattungsgegenständen des bisherigen Inhabers der Wohnräume zum Gegenstand hat.

§ 4 [Vertragsstrafe] [1]Der Wohnungsvermittler und der Auftraggeber können vereinbaren, dass bei Nichterfüllung von vertraglichen Verpflichtungen eine Vertragsstrafe zu zahlen ist. [2]Die Vertragsstrafe darf 10 Prozent des gemäß § 2 Abs. 1 Satz 1 vereinbarten Entgelts, höchstens jedoch 25 Euro nicht übersteigen.

§ 4a [Unwirksame Vereinbarungen] (1) [1]Eine Vereinbarung, die den Wohnungssuchenden oder für ihn einen Dritten verpflichtet, ein Entgelt dafür zu leisten, dass der bisherige Mieter die gemieteten Wohnräume räumt, ist unwirksam. [2]Die Erstattung von Kosten, die dem bisherigen Mieter nachweislich für den Umzug entstehen, ist davon ausgenommen.

(2) [1]Ein Vertrag, durch den der Wohnungssuchende sich im Zusammenhang mit dem Abschluss eines Mietvertrags über Wohnräume verpflichtet, von dem Vermieter oder dem bisherigen Mieter eine Einrichtung oder ein Inventarstück zu erwerben, ist im Zweifel unter der aufschiebenden Bedingung geschlossen, dass der Mietvertrag zustande kommt. [2]Die Vereinbarung über das Entgelt ist unwirksam, soweit dieses in einem auffälligen Mißverhältnis zum Wert der Einrichtung oder des Inventarstücks steht.

§ 5 [Rückforderung von Leistungen] (1) [1]Soweit an den Wohnungsvermittler ein ihm nach diesem Gesetz nicht zustehendes Entgelt, eine Vergütung anderer Art, eine Auslagenerstattung, ein Vorschuß oder eine Vertragsstrafe, die den in § 4 genannten Satz übersteigt, geleistet worden ist, kann die Leistung nach den allgemeinen Vorschriften des bürgerlichen Rechts zurückgefordert werden; die Vorschrift des § 817 Satz 2 des Bürgerlichen Gesetzbuchs ist nicht anzuwenden.

(2) Soweit Leistungen auf Grund von Vereinbarungen erbracht worden sind, die nach § 2 Absatz 5 Nummer 2 oder § 4a unwirksam oder nicht wirksam geworden sind, ist Absatz 1 entsprechend anzuwenden.

§6 [Angebote; Anforderungen an Anzeigen] (1) Der Wohnungsvermittler darf Wohnräume nur anbieten, wenn er dazu einen Auftrag von dem Vermieter oder einem anderen Berechtigten hat.

(2) Der Wohnungsvermittler darf öffentlich, insbesondere in Zeitungsanzeigen, auf Aushängetafeln und dergleichen, nur unter Angabe seines Namens und der Bezeichnung als Wohnungsvermittler Wohnräume anbieten oder suchen; bietet er Wohnräume an, so hat er auch den Mietpreis der Wohnräume anzugeben und darauf hinzuweisen, ob Nebenleistungen besonders zu vergüten sind.

§7 [Ausnahmen von §3 Abs. 1 und §6] Die Vorschriften des §3 Abs. 1 und des §6 gelten nur, soweit der Wohnungsvermittler die in §1 Abs. 1 bezeichnete Tätigkeit gewerbsmäßig ausübt.

§8 [Ordnungswidrigkeiten] (1) Ordnungswidrig handelt, wer als Wohnungsvermittler vorsätzlich oder fahrlässig

1. entgegen §2 Absatz 1a vom Wohnungssuchenden ein Entgelt fordert, sich versprechen lässt oder annimmt,

1a. entgegen §3 Abs. 1 das Entgelt nicht in einem Bruchteil oder Vielfachen der Monatsmiete angibt,

2. entgegen §3 Abs. 2 ein Entgelt fordert, sich versprechen läßt oder annimmt, das den dort genannten Betrag übersteigt,

3. entgegen §6 Abs. 1 ohne Auftrag Wohnräume anbietet oder

4. entgegen §6 Abs. 2 seinen Namen, die Bezeichnung als Wohnungsvermittler oder den Mietpreis nicht angibt oder auf Nebenkosten nicht hinweist.

(2) Die Ordnungswidrigkeit nach Absatz 1 Nummern 1 und 2 kann mit einer Geldbuße bis zu 25.000 Euro, die Ordnungswidrigkeit nach Absatz 1 Nummer 1a, 3 und 4 mit einer Geldbuße bis zu 2.500 Euro geahndet werden.

3. Auszug aus dem Allgemeinen Gleichbehandlungsgesetz (AGG)

6   Abschnitt 1. Allgemeiner Teil

§1 Ziel des Gesetzes. Ziel des Gesetzes ist, Benachteiligungen aus Gründen der Rasse oder wegen der ethnischen Herkunft, des Geschlechts, der Religion oder Weltanschauung, einer Behinderung, des Alters oder der sexuellen Identität zu verhindern oder zu beseitigen.

§ 2 Anwendungsbereich. (1) Benachteiligungen aus einem in § 1 genannten Grund sind nach Maßgabe dieses Gesetzes unzulässig in Bezug auf:

…

den Zugang zu und die Versorgung mit Gütern und Dienstleistungen, die
der Öffentlichkeit zur Verfügung stehen, einschließlich von Wohnraum.

…

(3) Die Geltung sonstiger Benachteiligungsverbote oder Gebote der Gleichbehandlung wird durch dieses Gesetz nicht berührt. Dies gilt auch für öf-
fentlich-rechtliche Vorschriften, die dem Schutz bestimmter Personengrup-
pen dienen.

(4) Für Kündigungen gelten ausschließlich die Bestimmungen zum allgemeinen und besonderen Kündigungsschutz.

§ 3 Begriffsbestimmungen. (1) Eine unmittelbare Benachteiligung liegt
vor, wenn eine Person wegen eines in § 1 genannten Grunds eine weniger
günstige Behandlung erfährt, als eine andere Person in einer vergleichbaren
Situation erfährt, erfahren hat oder erfahren würde. Eine unmittelbare Benachteiligung wegen des Geschlechts liegt in Bezug auf § 2 Abs. 1 Nr. 1 bis
4 auch im Falle einer ungünstigeren Behandlung einer Frau wegen Schwangerschaft oder Mutterschaft vor.

(2) Eine mittelbare Benachteiligung liegt vor, wenn dem Anschein nach
neutrale Vorschriften, Kriterien oder Verfahren Personen wegen eines in
§ 1 genannten Grunds gegenüber anderen Personen in besonderer Weise
benachteiligen können, es sei denn, die betreffenden Vorschriften, Kriterien oder Verfahren sind durch ein rechtmäßiges Ziel sachlich gerechtfertigt
und die Mittel sind zur Erreichung dieses Ziels angemessen und erforderlich.

…

(5) Die Anweisung zur Benachteiligung einer Person aus einem in § 1 genannten Grund gilt als Benachteiligung.

…

§ 4 Unterschiedliche Behandlung wegen mehrerer Gründe. Erfolgt
eine unterschiedliche Behandlung wegen mehrerer der in § 1 genannten
Gründe, so kann diese unterschiedliche Behandlung nach den §§ 8 bis 10
und 20 nur gerechtfertigt werden, wenn sich die Rechtfertigung auf alle
diese Gründe erstreckt, derentwegen die unterschiedliche Behandlung erfolgt.

§ 5 Positive Maßnahmen. Ungeachtet der in den §§ 8 bis 10 sowie in § 20 benannten Gründe ist eine unterschiedliche Behandlung auch zulässig, wenn durch geeignete und angemessene Maßnahmen bestehende Nachteile wegen eines in § 1 genannten Grunds verhindert oder ausgeglichen werden sollen.

Abschnitt 3. Schutz vor Benachteiligung im Zivilrechtsverkehr

§ 19 Zivilrechtliches Benachteiligungsverbot. (1) Eine Benachteiligung aus Gründen der Rasse oder wegen der ethnischen Herkunft, wegen des Geschlechts, der Religion, einer Behinderung, des Alters oder der sexuellen Identität bei der Begründung, Durchführung und Beendigung zivilrechtlicher Schuldverhältnisse, die

1. typischerweise ohne Ansehen der Person zu vergleichbaren Bedingungen in einer Vielzahl von Fällen zustande kommen (Massengeschäfte) oder bei denen das Ansehen der Person nach der Art des Schuldverhältnisses eine nachrangige Bedeutung hat und die zu vergleichbaren Bedingungen in einer Vielzahl von Fällen zustande kommen oder
2. eine privatrechtliche Versicherung zum Gegenstand haben, ist unzulässig.

(2) Eine Benachteiligung aus Gründen der Rasse oder wegen der ethnischen Herkunft ist darüber hinaus auch bei der Begründung, Durchführung und Beendigung sonstiger zivilrechtlicher Schuldverhältnisse im Sinne des § 2 Abs. 1 Nr. 5 bis 8 unzulässig.

(3) Bei der Vermietung von Wohnraum ist eine unterschiedliche Behandlung im Hinblick auf die Schaffung und Erhaltung sozial stabiler Bewohnerstrukturen und ausgewogener Siedlungsstrukturen sowie ausgeglichener wirtschaftlicher, sozialer und kultureller Verhältnisse zulässig.

(4) Die Vorschriften dieses Abschnitts finden keine Anwendung auf familien- und erbrechtliche Schuldverhältnisse.

(5) Die Vorschriften dieses Abschnitts finden keine Anwendung auf zivilrechtliche Schuldverhältnisse, bei denen ein besonderes Nähe- oder Vertrauensverhältnis der Parteien oder ihrer Angehörigen begründet wird. Bei Mietverhältnissen kann dies insbesondere der Fall sein, wenn die Parteien oder ihre Angehörigen Wohnraum auf demselben Grundstück nutzen. Die Vermietung von Wohnraum zum nicht nur vorübergehenden Gebrauch ist in der Regel kein Geschäft im Sinne des Absatzes 1 Nr. 1, wenn der Vermieter insgesamt nicht mehr als 50 Wohnungen vermietet.

§ 20 Zulässige unterschiedliche Behandlung. (1) Eine Verletzung des Benachteiligungsverbots ist nicht gegeben, wenn für eine unterschiedliche Behandlung wegen der Religion, einer Behinderung, des Alters, der sexuellen Identität oder des Geschlechts ein sachlicher Grund vorliegt. Das kann insbesondere der Fall sein, wenn die unterschiedliche Behandlung

der Vermeidung von Gefahren, der Verhütung von Schäden oder anderen Zwecken vergleichbarer Art dient,

1. dem Bedürfnis nach Schutz der Intimsphäre oder der persönlichen Sicherheit Rechnung trägt,

2. besondere Vorteile gewährt und ein Interesse an der Durchsetzung der Gleichbehandlung fehlt,

3. an die Religion eines Menschen anknüpft und im Hinblick auf die Ausübung der Religionsfreiheit oder auf das Selbstbestimmungsrecht der Religionsgemeinschaften, der ihnen zugeordneten Einrichtungen ohne Rücksicht auf ihre Rechtsform sowie der Vereinigungen, die sich die gemeinschaftliche Pflege einer Religion zur Aufgabe machen, unter Beachtung des jeweiligen Selbstverständnisses gerechtfertigt ist.

…

§ 21 Ansprüche. (1) Der Benachteiligte kann bei einem Verstoß gegen das Benachteiligungsverbot unbeschadet weiterer Ansprüche die Beseitigung der Beeinträchtigung verlangen. Sind weitere Beeinträchtigungen zu besorgen, so kann er auf Unterlassung klagen.

(2) Bei einer Verletzung des Benachteiligungsverbots ist der Benachteiligende verpflichtet, den hierdurch entstandenen Schaden zu ersetzen. Dies gilt nicht, wenn der Benachteiligende die Pflichtverletzung nicht zu vertreten hat. Wegen eines Schadens, der nicht Vermögensschaden ist, kann der Benachteiligte eine angemessene Entschädigung in Geld verlangen.

(3) Ansprüche aus unerlaubter Handlung bleiben unberührt.

(4) Auf eine Vereinbarung, die von dem Benachteiligungsverbot abweicht, kann sich der Benachteiligende nicht berufen.

(5) Ein Anspruch nach den Absätzen 1 und 2 muss innerhalb einer Frist von zwei Monaten geltend gemacht werden. Nach Ablauf der Frist kann der Anspruch nur geltend gemacht werden, wenn der Benachteiligte ohne Verschulden an der Einhaltung der Frist verhindert war.

Abschnitt 4. Rechtsschutz

§ 22 Beweislast. Wenn im Streitfall die eine Partei Indizien beweist, die eine Benachteiligung wegen eines in § 1 genannten Grunds vermuten lassen, trägt die andere Partei die Beweislast dafür, dass kein Verstoß gegen die Bestimmungen zum Schutz vor Benachteiligung vorgelegen hat.

Abschnitt 7. Schlussvorschriften

§ 31 Unabdingbarkeit. Von den Vorschriften dieses Gesetzes kann nicht zu Ungunsten der geschützten Personen abgewichen werden.

4. Verordnung über wohnungswirtschaftliche Berechnungen (Zweite Berechnungsverordnung – II. BV)[2]

7 Anlage 3 (zu § 27 Abs. 1)

Aufstellung der Betriebskosten

Betriebskosten sind nachstehende Kosten, die dem Eigentümer (Erbbauberechtigten) durch das Eigentum (Erbbaurecht) am Grundstück oder durch den bestimmungsmäßigen Gebrauch des Gebäudes oder der Wirtschaftseinheit, der Nebengebäude, Anlagen, Einrichtungen und des Grundstücks laufend entstehen, es sei denn, dass sie üblicherweise vom Mieter außerhalb der Miete unmittelbar getragen werden:

1. Die laufenden öffentlichen Lasten des Grundstücks
   Hierzu gehört namentlich die Grundsteuer, jedoch nicht die Hypothekengewinnabgabe.
2. Die Kosten der Wasserversorgung
   Hierzu gehören die Kosten des Wasserverbrauchs, die Grundgebühren, die Kosten der Anmietung oder anderer Arten der Gebrauchsüberlassung von Wasserzählern sowie die Kosten ihrer Verwendung einschließlich der Kosten der Berechnung und Aufteilung, die Kosten des Betriebs einer hauseigenen Wasserversorgungsanlage und einer Wasseraufbereitungsanlage einschließlich der Aufbereitungsstoffe.
3. Die Kosten der EntwässerungJHierzu gehören die Gebühren für die Haus- und Grundstücksentwässerung, die Kosten des Betriebs einer entsprechenden nicht öffentlichen Anlage und die Kosten des Betriebs einer Entwässerungspumpe.
4. Die Kosten
   a) des Betriebs der zentralen Heizungsanlage einschließlich der Abgasanlage; hierzu gehören die Kosten der verbrauchten Brennstoffe und ihrer Lieferung, die Kosten des Betriebsstroms, die Kosten der Bedienung, Überwachung und Pflege der Anlage, der regelmäßigen Prüfung ihrer Betriebsbereitschaft und Betriebssicherheit einschließlich

der Einstellung durch einen Fachmann, der Reinigung der Anlage und des Betriebsraums, die Kosten der Messungen nach dem Bundes-Immissionsschutzgesetz, die Kosten der Anmietung oder anderer Arten der Gebrauchsüberlassung einer Ausstattung zur Verbrauchserfassung sowie die Kosten der Verwendung einer Ausstattung zur Verbrauchserfassung einschließlich der Kosten der Berechnung und Aufteilung; oder

b) des Betriebs der zentralen Brennstoffversorgungsanlage; hierzu gehören die Kosten der verbrauchten Brennstoffe und ihrer Lieferung, die Kosten des Betriebsstroms und die Kosten der Überwachung sowie die Kosten der Reinigung der Anlage und des Betriebsraums; oder

c) der eigenständig gewerblichen Lieferung von Wärme, auch aus Anlagen im Sinne des Buchstabens a; hierzu gehören das Entgelt für die Wärmelieferung und die Kosten des Betriebs der zugehörigen Hausanlagen entsprechend Buchstabe a; oder

d) der Reinigung und Wartung von Etagenheizungen; hierzu gehören die Kosten der Beseitigung von Wasserablagerungen und Verbrennungsrückständen in der Anlage, die Kosten der regelmäßigen Prüfung der Betriebsbereitschaft und Betriebssicherheit und der damit zusammenhängenden Einstellung durch einen Fachmann sowie die Kosten der Messungen nach dem Bundes-Immissionsschutzgesetz.

5. Die Kosten

a) des Betriebs der zentralen Warmwasserversorgungsanlage; hierzu gehören die Kosten der Wasserversorgung entsprechend Nummer 2, soweit sie nicht dort bereits berücksichtigt sind, und die Kosten der Wassererwärmung entsprechend Nummer 4 Buchstabe a; oder

b) der eigenständig gewerblichen Lieferung von Warmwasser, auch aus Anlagen im Sinne des Buchstabens a; hierzu gehören das Entgelt für die Lieferung des Warmwassers und die Kosten des Betriebs der zugehörigen Hausanlagen entsprechend Nummer 4 Buchstabe a; oder

c) der Reinigung und Wartung von Warmwassergeräten; hierzu gehören die Kosten der Beseitigung von Wasserablagerungen und Verbrennungsrückständen im Innern der Geräte sowie die Kosten der regelmäßigen Prüfung der Betriebsbereitschaft und Betriebssicherheit und der damit zusammenhängenden Einstellung durch einen Fachmann.

6. Die Kosten verbundener Heizungs- und Warmwasserversorgungsanlagen
    a) bei zentralen Heizungsanlagen entsprechend Nummer 4 Buchstabe a und entsprechend Nummer 2, soweit sie nicht dort bereits berücksichtigt sind;

    oder

    b) bei der eigenständig gewerblichen Lieferung von Wärme entsprechend Nummer 4 Buchstabe c und entsprechend Nummer 2, soweit sie nicht dort bereits berücksichtigt sind;

    oder

    c) bei verbundenen Etagenheizungen und Warmwasserversorgungsanlagen entsprechend Nummer 4 Buchstabe d und entsprechend Nummer 2, soweit sie nicht dort bereits berücksichtigt sind.

7. Die Kosten des Betriebs des maschinellen Personen- oder Lastenaufzuges

    Hierzu gehören die Kosten des Betriebsstroms, die Kosten der Beaufsichtigung, der Bedienung, Überwachung und Pflege der Anlage, der regelmäßigen Prüfung ihrer Betriebsbereitschaft und Betriebssicherheit einschließlich der Einstellung durch einen Fachmann sowie die Kosten der Reinigung der Anlage.

8. Die Kosten der Straßenreinigung und Müllabfuhr

    Hierzu gehören die für die öffentliche Straßenreinigung und Müllabfuhr zu entrichtenden Gebühren oder die Kosten entsprechender nicht öffentlicher Maßnahmen.

9. Die Kosten der Hausreinigung und Ungezieferbekämpfung

    Zu den Kosten der Hausreinigung gehören die Kosten für die Säuberung der von den Bewohnern gemeinsam benutzten Gebäudeteile, wie Zugänge, Flure, Treppen, Keller, Bodenräume, Waschküchen, Fahrkorb des Aufzuges.

10. Die Kosten der Gartenpflege

    Hierzu gehören die Kosten der Pflege gärtnerisch angelegter Flächen einschließlich der Erneuerung von Pflanzen und Gehölzen, der Pflege von Spielplätzen einschließlich der Erneuerung von Sand und der Pflege von Plätzen, Zugängen und Zufahrten, die dem nicht öffentlichen Verkehr dienen.

11. Die Kosten der Beleuchtung

    Hierzu gehören die Kosten des Stroms für die Außenbeleuchtung und die Beleuchtung der von den Bewohnern gemeinsam benutzten Gebäudeteile, wie Zugänge, Flure, Treppen, Keller, Bodenräume, Waschküchen.

12. Die Kosten der Schornsteinreinigung

    Hierzu gehören die Kehrgebühren nach der maßgebenden Gebührenordnung, soweit sie nicht bereits als Kosten nach Nummer 4 Buchstabe a berücksichtigt sind.

13. Die Kosten der Sach- und Haftpflichtversicherung

Hierzu gehören namentlich die Kosten der Versicherung des Gebäudes gegen Feuer-, Sturm- und Wasserschäden, der Glasversicherung, der Haftpflichtversicherung für das Gebäude, den Öltank und den Aufzug.

14. Die Kosten für den Hauswart

Hierzu gehören die Vergütung, die Sozialbeiträge und alle geldwerten Leistungen, die der Eigentümer (Erbbauberechtigte) dem Hauswart für seine Arbeit gewährt, soweit diese nicht die Instandhaltung, Instandsetzung, Erneuerung, Schönheitsreparaturen oder die Hausverwaltung betrifft.

Soweit Arbeiten vom Hauswart ausgeführt werden, dürfen Kosten für Arbeitsleistungen nach den Nummern 2 bis 10 nicht angesetzt werden.

15. Die Kosten

a) des Betriebs der Gemeinschafts-Antennenanlage; hierzu gehören die Kosten des Betriebsstroms und die Kosten der regelmäßigen Prüfung ihrer Betriebsbereitschaft einschließlich der Einstellung durch einen Fachmann oder das Nutzungsentgelt für eine nicht zur Wirtschaftseinheit gehörende Antennenanlage;

oder

b) des Betriebs der mit einem Breitbandkabelnetz verbundenen privaten Verteilanlage; hierzu gehören die Kosten entsprechend Buchstabe a, ferner die laufenden monatlichen Grundgebühren für Breitbandanschlüsse.

16. Die Kosten des Betriebs der maschinellen Wascheinrichtung

Hierzu gehören die Kosten des Betriebsstroms, die Kosten der Überwachung, Pflege und Reinigung der maschinellen Einrichtung, der regelmäßigen Prüfung ihrer Betriebsbereitschaft und Betriebssicherheit sowie die Kosten der Wasserversorgung entsprechend Nummer 2, soweit sie nicht dort bereits berücksichtigt sind.

17. Sonstige Betriebskosten

Das sind die in den Nummern 1 bis 16 nicht genannten Betriebskosten, namentlich die Betriebskosten von Nebengebäuden, Anlagen und Einrichtungen.

5. Verordnung über die Aufstellung von Betriebskosten (Betriebskostenverordnung – BetrKV)

8 **§ 1 Betriebskosten.** (1) [1]Betriebskosten sind die Kosten, die dem Eigentümer oder Erbbauberechtigten durch das Eigentum oder Erbbaurecht am Grundstück oder durch den bestimmungsmäßigen Gebrauch des Gebäudes, der Nebengebäude, Anlagen, Einrichtungen und des Grundstücks laufend entstehen. [2]Sach- und Arbeitsleistungen des Eigentümers oder Erbbauberechtigten dürfen mit dem Betrag angesetzt werden, der für eine gleichwertige Leistung eines Dritten, insbesondere eines Unternehmers, angesetzt werden könnte; die Umsatzsteuer des Dritten darf nicht angesetzt werden.

(2) Zu den Betriebskosten gehören nicht:

1. die Kosten der zur Verwaltung des Gebäudes erforderlichen Arbeitskräfte und Einrichtungen, die Kosten der Aufsicht, der Wert der vom Vermieter persönlich geleisteten Verwaltungsarbeit, die Kosten für die gesetzlichen oder freiwilligen Prüfungen des Jahresabschlusses und die Kosten für die Geschäftsführung (Verwaltungskosten),

2. die Kosten, die während der Nutzungsdauer zur Erhaltung des bestimmungsmäßigen Gebrauchs aufgewendet werden müssen, um die durch Abnutzung, Alterung und Witterungseinwirkung entstehenden baulichen oder sonstigen Mängel ordnungsgemäß zu beseitigen (Instandhaltungs- und Instandsetzungskosten).

§ 2 Aufstellung der Betriebskosten. Betriebskosten im Sinne von § 1 sind:

1. die laufenden öffentlichen Lasten des Grundstücks,
   hierzu gehören namentlich die Grundsteuer;

2. die Kosten der Wasserversorgung,
   hierzu gehören die Kosten des Wasserverbrauchs, die Grundgebühren, die Kosten der Anmietung oder anderer Arten der Gebrauchsüberlassung von Wasserzählern sowie die Kosten ihrer Verwendung einschließlich der Kosten der Eichung sowie der Kosten der Berechnung und Aufteilung, die Kosten der Wartung von Wassermengenreglern, die Kosten des Betriebs einer hauseigenen Wasserversorgungsanlage und einer Wasseraufbereitungsanlage einschließlich der Aufbereitungsstoffe;

3. die Kosten der Entwässerung,
   hierzu gehören die Gebühren für die Haus- und Grundstücksentwässerung, die Kosten des Betriebs einer entsprechenden nicht öffentlichen Anlage und die Kosten des Betriebs einer Entwässerungspumpe;

4. die Kosten

   a) des Betriebs der zentralen Heizungsanlage einschließlich der Abgas-anlage,

      hierzu gehören, die Kosten der verbrauchten Brennstoffe und ihrer Lieferung, die Kosten des Betriebsstroms, die Kosten der Bedienung, die Überwachung und Pflege der Anlage, der regelmäßigen Prüfung ihrer Betriebsbereitschaft und Betriebssicherheit einschließlich der Einstellung durch eine Fachkraft, der Reinigung der Anlage und des Betriebsraums, die Kosten der Messungen nach dem Bundes-Immissionsschutzgesetz, die Kosten der Anmietung oder anderer Arten der Gebrauchsüberlassung einer Ausstattung zur Verbrauchserfassung sowie die Kosten der Verwendung einer Ausstattung zur Verbrauchserfassung einschließlich der Kosten der Eichung sowie der Kosten der Berechnung und Aufteilung

   oder

   b) des Betriebs der zentralen Brennstoffversorgungsanlage,

      hierzu gehören die Kosten der verbrauchten Brennstoffe und ihrer Lieferung, die Kosten des Betriebsstroms und die Kosten der Überwachung sowie die Kosten der Reinigung der Anlage und des Betriebsraums

   oder

   c) der eigenständig gewerblichen Lieferung von Wärme, auch aus Anlagen im Sinne des Buchstabens a,

      hierzu gehören das Entgelt für die Wärmelieferung und die Kosten des Betriebs der zugehörigen Hausanlagen entsprechend Buchstabe a

   oder

   d) der Reinigung und Wartung von Etagenheizungen und Gaseinzelfeuerstätten,

      hierzu gehören die Kosten der Beseitigung von Wasserablagerungen und Verbrennungsrückständen in der Anlage, die Kosten der regelmäßigen Prüfung der Betriebsbereitschaft und Betriebssicherheit und der damit zusammenhängenden Einstellung durch eine Fachkraft sowie die Kosten der Messungen nach dem Bundes-Immissionsschutzgesetz;

5. die Kosten

   a) des Betriebs der zentralen Wasserversorgungsanlage,

      hierzu gehören die Kosten der Wasserversorgung entsprechend Nummer 2, soweit sie nicht dort bereits berücksichtigt sind, und die Kosten der Wassererwärmung entsprechend Nummer 4 Buchstabe a oder

b) der eigenständig gewerblichen Lieferung von Warmwasser, auch aus Anlagen im Sinne des Buchstabens a,

hierzu gehören das Entgelt für die Lieferung des Warmwassers und die Kosten des Betriebs der zugehörigen Hausanlagen entsprechend Nummer 4 Buchstabe a

oder

c) der Reinigung und Wartung von Warmwassergeräten,

hierzu gehören die Kosten der Beseitigung von Wasserablagerungen und Verbrennungsrückständen im Innern der Geräte sowie die Kosten der regelmäßigen Prüfung der Betriebsbereitschaft und Betriebssicherheit und der damit zusammenhängenden Einstellung durch eine Fachkraft;

6. die Kosten verbundener Heizungs- und Warmwasserversorgungsanlagen

a) bei zentralen Heizungsanlagen entsprechend Nummer 4 Buchstabe a und entsprechend Nummer 2, soweit sie nicht dort bereits berücksichtigt sind,

oder

b) bei der eigenständig gewerblichen Lieferung von Wärme entsprechend Nummer 4 Buchstabe c und entsprechend Nummer 2, soweit sie nicht dort bereits berücksichtigt sind,

oder

c) bei verbundenen Etagenheizungen und Warmwasserversorgungsanlagen entsprechend Nummer 4 Buchstabe d und entsprechend Nummer 2, soweit sie nicht dort bereits berücksichtigt sind;

7. die Kosten des Betriebs des Personen- oder Lastenaufzugs,

hierzu gehören die Kosten des Betriebsstroms, die Kosten der Beaufsichtigung, der Bedienung, Überwachung und Pflege der Anlage, der regelmäßigen Prüfung ihrer Betriebsbereitschaft und Betriebssicherheit einschließlich der Einstellung durch eine Fachkraft sowie die Kosten der Reinigung der Anlage;

8. die Kosten der Straßenreinigung und Müllbeseitigung,

zu den Kosten der Straßenreinigung gehören die für die öffentliche Straßenreinigung zu entrichtenden Gebühren und die Kosten entsprechender nicht öffentlicher Maßnahmen; zu den Kosten der Müllbeseitigung gehören namentlich die für die Müllabfuhr zu entrichtenden Gebühren, die Kosten entsprechender nicht öffentlicher Maßnahmen, die Kosten des Betriebs von Müllkompressoren, Müllschluckern, Müllabsauganlagen sowie des Betriebs von Müllmengenerfassungsanlagen einschließlich die Kosten der Berechnung und Aufteilung;

9. die Kosten der Gebäudereinigung und Ungezieferbekämpfung,

zu den Kosten der Gebäudereinigung gehören die Kosten für die Säuberung der von den Bewohnern gemeinsam genutzten Gebäudeteile, wie Zugänge, Flure, Treppen, Keller, Bodenräume, Waschküchen, Fahrkorb des Aufzugs;

10. die Kosten der Gartenpflege,

hierzu gehören die Kosten der Pflege gärtnerisch angelegter Flächen einschließlich der Erneuerung von Pflanzen und Gehölzen, der Pflege von Spielplätzen einschließlich der Erneuerung von Sand und der Pflege Plätzen, Zugängen und Zufahrten, die dem nicht öffentlichen Verkehr dienen;

11. die Kosten der Beleuchtung,

hierzu gehören die Kosten des Stroms für die Außenbeleuchtung und die Beleuchtung der von den Bewohnern gemeinsam genutzten Gebäudeteile, wie Zugänge, Flure, Treppen, Keller, Bodenräume, Waschküchen;

12. die Kosten der Schornsteinreinigung,

hierzu gehören die Kehrgebühren nach der maßgebenden Gebührenordnung, soweit sie nicht bereits als Kosten nach Nummer 4 Buchstabe a berücksichtigt sind;

13. die Kosten der Sach- und Haftpflichtversicherung,

hierzu gehören namentlich die Kosten der Versicherung des Gebäudes gegen Feuer-, Sturm-, Wasser- sowie sonstige Elementarschäden, der Glasversicherung, der Haftpflichtversicherung für das Gebäude, den Öltank und den Aufzug;

14. die Kosten für den Hauswart,

hierzu gehören die Vergütung, die Sozialbeiträge und alle geldwerten Leistungen, die der Eigentümer oder Erbbauberechtigte dem Hauswart für seine Arbeit gewährt, soweit diese nicht die Instandsetzung, Erneuerung, Schönheitsreparaturen oder die Hausverwaltung betrifft; soweit Arbeiten vom Hauswart ausgeführt werden, dürfen Kosten für Arbeitsleistungen nach den Nummern 2 bis 10 und 16 nicht angesetzt werden;

15. die Kosten

a) des Betriebs der Gemeinschafts-Antennenanlage,

hierzu gehören die Kosten des Betriebsstroms und die Kosten der regelmäßigen Prüfung ihrer Betriebsbereitschaft einschließlich der Einstellung durch eine Fachkraft oder das Nutzungsentgelt für eine nicht zu dem Gebäude gehörende Antennenanlage sowie die Gebühren, die nach dem Urheberrechtsgesetz für die Kabelweitersendung entstehen,

oder

b) des Betriebs der mit einem Breitbandkabelnetz verbundenen privaten Verteilanlage,
hierzu gehören die Kosten entsprechend Buchstabe a, ferner die laufenden monatlichen Grundgebühren für Breitbandkabelanschlüsse;

16. die Kosten des Betriebs der Einrichtungen für die Wäschepflege,
hierzu gehören die Kosten des Betriebsstroms, die Kosten der Überwachung, Pflege und Reinigung der Einrichtungen, der regelmäßigen Prüfung ihrer Betriebsbereitschaft und Betriebssicherheit sowie die Kosten der Wasserversorgung entsprechend Nummer 2, soweit sie nicht dort bereits berücksichtigt sind;

17. sonstige Betriebskosen,
hierzu gehören Betriebskosten im Sinne des § 1, die von den Nummern 1 bis 16 nicht erfasst sind.

6. Verordnung zur Berechnung der Wohnfläche (Wohnflächenverordnung – WoFlV)

9 **§ 1 Anwendungsbereich, Berechnung der Wohnfläche.** (1) Wird nach dem Wohnraumförderungsgesetz die Wohnfläche berechnet, sind die Vorschriften dieser Verordnung anzuwenden.

(2) Zur Berechnung der Wohnfläche sind die nach § 2 zur Wohnfläche gehörenden Grundflächen nach § 3 zu ermitteln und nach § 4 auf die Wohnfläche anzurechnen.

§ 2 Zur Wohnfläche gehörende Grundflächen. (1) [1]Die Wohnfläche einer Wohnung umfasst die Grundflächen der Räume, die ausschließlich zu dieser Wohnung gehören. [2]Die Wohnfläche eines Wohnheims umfasst die Grundflächen der Räume, die zur alleinigen und gemeinschaftlichen Nutzung durch die Bewohner bestimmt sind.

(2) Zur Wohnfläche gehören auch die Grundflächen von

1. Wintergärten, Schwimmbädern und ähnlichen nach allen Seiten geschlossenen Räumen sowie

2. Balkonen, Loggien, Dachgärten und Terrassen,

wenn sie ausschließlich zu der Wohnung oder dem Wohnheim gehören.

(3) Zur Wohnfläche gehören nicht die Grundflächen folgender Räume:

1. Zubehörräume, insbesondere:
   a) Kellerräume,
   b) Abstellräume und Kellerersatzräume außerhalb der Wohnung,
   c) Waschküchen,

d) Bodenräume,

e) Trockenräume,

f) Heizungsräume und

g) Garagen,

2. Räume, die nicht den an ihre Nutzung zu stellenden Anforderungen des Bauordnungsrechts der Länder genügen, sowie

3. Geschäftsräume.

§ 3 Ermittlung der Grundflächen. (1) [1]Die Grundfläche ist nach den lichten Maßen zwischen den Bauteilen zu ermitteln; dabei ist von der Vorderkante der Bekleidung der Bauteile auszugehen. [2]Bei fehlenden begrenzenden Bauteilen ist der bauliche Abschluss zu Grunde zu legen.

(2) Bei der Ermittlung der Grundfläche sind namentlich einzubeziehen die Grundflächen von

1. Tür- und Fensterbekleidungen sowie Tür- und Fensterumrahmungen,

2. Fuß-, Sockel- und Schrammleisten,

3. fest eingebauten Gegenständen, wie z. B. Öfen, Heiz- und Klimageräten, Herden, Bade- oder Duschwannen,

4. freiliegenden Installationen,

5. Einbaumöbeln und

6. nicht ortsgebundenen, versetzbaren Raumteilern.

(3) Bei der Ermittlung der Grundflächen bleiben außer Betracht die Grundflächen von

1. Schornsteinen, Vormauerungen, Bekleidungen, freistehenden Pfeilern und Säulen, wenn sie eine Höhe von mehr als 1,50 Meter aufweisen und ihre Grundfläche mehr als 0,1 Quadratmeter beträgt,

2. Treppen mit über drei Steigungen und deren Treppenabsätze,

3. Türnischen und

4. Fenster- und offenen Wandnischen, die nicht bis zum Fußboden herunterreichen und 0,13 Meter oder weniger tief sind.

(4) [1]Die Grundfläche ist durch Ausmessung im fertig gestellten Wohnraum oder auf Grund einer Bauzeichnung zu ermitteln. [2]Wird die Grundfläche auf Grund einer Bauzeichnung ermittelt, muss diese

1. für ein Genehmigungs-, Anzeige-, Genehmigungsfreistellungs- oder ähnliches Verfahren nach dem Bauordnungsrecht der Länder gefertigt oder, wenn ein bauordnungsrechtliches Verfahren nicht erforderlich ist, für ein solches geeignet sein und

2. die Ermittlung der lichten Maße zwischen den Bauteilen im Sinne des Absatzes 1 ermöglichen.

[3]Ist die Grundfläche nach einer Bauzeichnung ermittelt worden und ist abweichend von dieser Bauzeichnung gebaut worden, ist die Grundfläche durch Ausmessung im fertig gestellten Wohnraum oder auf Grund einer berichtigten Bauzeichnung neu zu ermitteln.

§ 4 Anrechnung der Grundflächen. Die Grundflächen

1. von Räumen und Raumteilen mit einer lichten Höhe von mindestens zwei Metern sind vollständig,
2. von Räumen und Raumteilern mit einer lichten Höhe von mindestens einem Meter und weniger als zwei Metern sind zur Hälfte,
3. von unbeheizbaren Wintergärten, Schwimmbädern und ähnlichen nach allen Seiten geschlossenen Räumen sind zur Hälfte,
4. von Balkonen, Loggien, Dachgärten und Terrassen sind in der Regel zu einem Viertel, höchstens jedoch zur Hälfte

anzurechnen.

§ 5 Überleitungsvorschrift. [1]Ist die Wohnfläche bis zum 31. Dezember 2003 nach der Zweiten Berechnungsverordnung in der Fassung der Bekanntmachung vom 12. Oktober 1990 (BGBl. I S. 2178), zuletzt geändert durch Artikel 3 der Verordnung vom 25. November 2003 (BGBl. I S. 2346), in der jeweils geltenden Fassung berechnet worden, bleibt es bei dieser Berechnung. [2]Soweit in den in Satz 1 genannten Fällen nach dem 31. Dezember 2003 bauliche Änderungen an dem Wohnraum vorgenommen werden, die eine Neuberechnung der Wohnfläche erforderlich machen, sind die Vorschriften dieser Verordnung anzuwenden.

7. § 5 Wirtschaftsstrafgesetz (WiStG)

10 **§ 5 Mietpreisüberhöhung.** (1) Ordnungswidrig handelt, wer vorsätzlich oder leichtfertig für die Vermietung von Räumen zum Wohnen oder damit verbundene Nebenleistungen unangemessen hohe Entgelte[3] fordert, sich versprechen lässt oder annimmt.

(2) [1]Unangemessen hoch sind Entgelte, die infolge der Ausnutzung eines geringen Angebots an vergleichbaren Räumen die üblichen Entgelte um mehr als 20 vom Hundert übersteigen, die in der Gemeinde oder in vergleichbaren Gemeinden für die Vermietung von Räumen vergleichbarer Art, Größe, Ausstattung, Beschaffenheit und Lage oder damit verbundene Nebenleistungen in den letzten vier Jahren vereinbart oder, von Erhöhungen der Betriebskosten abgesehen, geändert worden sind. [2]Nicht unangemes-

sen hoch sind Entgelte, die zur Deckung der laufenden Aufwendungen des Vermieters erforderlich sind, sofern sie unter Zugrundelegung der nach Satz 1 maßgeblichen Entgelte nicht in einem auffälligen Missverhältnis zu der Leistung des Vermieters stehen.

(3) Die Ordnungswidrigkeit kann mit einer Geldbuße bis zu fünfzigtausend Euro geahndet werden.

8. § 291 Strafgesetzbuch (StGB)

§ 291 Wucher. (1) [1]Wer die Zwangslage, die Unerfahrenheit, den Mangel **11**
an Urteilsvermögen oder die erhebliche Willensschwäche eines anderen dadurch ausbeutet, daß er sich oder einem Dritten

1. für die Vermietung von Räumen zum Wohnen oder damit verbundene Nebenleistungen,
2. für die Gewährung eines Kredits,
3. für eine sonstige Leistung oder
4. für die Vermittlung einer der vorbezeichneten Leistungen

Vermögensvorteile versprechen oder gewähren läßt, die in einem auffälligen Mißverhältnis zu der Leistung oder deren Vermittlung stehen, wird mit Freiheitsstrafe bis zu drei Jahren oder mit Geldstrafe bestraft. [2]Wirken mehrere Personen als Leistende, Vermittler oder in anderer Weise mit und ergibt sich dadurch ein auffälliges Mißverhältnis zwischen sämtlichen Vermögensvorteilen und sämtlichen Gegenleistungen, so gilt Satz 1 für jeden, der die Zwangslage oder sonstige Schwäche des anderen für sich oder einen Dritten zur Erzielung eines übermäßigen Vermögensvorteils ausnutzt.

(2) [1]In besonders schweren Fällen ist die Strafe Freiheitsstrafe von sechs Monaten bis zu zehn Jahren. [2]Ein besonders schwerer Fall liegt in der Regel vor, wenn der Täter

1. durch die Tat den anderen in wirtschaftliche Not bringt,
2. die Tat gewerbsmäßig begeht,
3. sich durch Wechsel wucherische Vermögensvorteile versprechen läßt.

9. Auszug aus der Energieeinsparverordnung (§§ 16, 16a, 29 EnEV)

12 **§ 16 Ausstellung und Verwendung von Energieausweisen.** (1) [1]Wird ein Gebäude errichtet, hat der Bauherr sicherzustellen, dass ihm, wenn er zugleich Eigentümer des Gebäudes ist, oder dem Eigentümer des Gebäudes ein Energieausweis nach dem Muster der Anlage 6 oder 7 unter Zugrundelegung der energetischen Eigenschaften des fertig gestellten Gebäudes ausgestellt und der Energieausweis oder eine Kopie hiervon übergeben wird. [2]Die Ausstellung und die Übergabe müssen unverzüglich nach Fertigstellung des Gebäudes erfolgen. [3]Die Sätze 1 und 2 sind entsprechend anzuwenden, wenn unter Anwendung des § 9 Absatz 1 Satz 2 für das gesamte Gebäude Berechnungen nach § 9 Absatz 2 durchgeführt werden. [4]Der Eigentümer hat den Energieausweis der nach Landesrecht zuständigen Behörde auf Verlangen vorzulegen.

(2) [1]Soll ein mit einem Gebäude bebautes Grundstück, ein grundstücksgleiches Recht an einem bebauten Grundstück oder Wohnungs- oder Teileigentum verkauft werden, hat der Verkäufer dem potenziellen Käufer spätestens bei der Besichtigung einen Energieausweis oder eine Kopie hiervon mit dem Inhalt nach dem Muster der Anlage 6 oder 7 vorzulegen; die Vorlagepflicht wird auch durch einen deutlich sichtbaren Aushang oder ein deutlich sichtbares Auslegen während der Besichtigung erfüllt. [2]Findet keine Besichtigung statt, hat der Verkäufer den Energieausweis oder eine Kopie hiervon mit dem Inhalt nach dem Muster der Anlage 6 oder 7 dem potenziellen Käufer unverzüglich vorzulegen; der Verkäufer muss den Energieausweis oder eine Kopie hiervon spätestens unverzüglich dann vorlegen, wenn der potenzielle Käufer ihn hierzu auffordert. [3]Unverzüglich nach Abschluss des Kaufvertrages hat der Verkäufer dem Käufer den Energieausweis oder eine Kopie hiervon zu übergeben. [4]Die Sätze 1 bis 3 sind entsprechend anzuwenden auf den Vermieter, Verpächter und Leasinggeber bei der Vermietung, der Verpachtung oder dem Leasing eines Gebäudes, einer Wohnung oder einer sonstigen selbständigen Nutzungseinheit.

(3) [1]Der Eigentümer eines Gebäudes, in dem sich mehr als 500 Quadratmeter oder nach dem 8. Juli 2015 mehr als 250 Quadratmeter Nutzfläche mit starkem Publikumsverkehr befinden, der auf behördlicher Nutzung beruht, hat dafür Sorge zu tragen, dass für das Gebäude ein Energieausweis nach dem Muster der Anlage 6 oder 7 ausgestellt wird. [2]Der Eigentümer hat den nach Satz 1 ausgestellten Energieausweis an einer für die Öffentlichkeit gut

sichtbaren Stelle auszuhängen. [3]Wird die in Satz 1 genannte Nutzfläche nicht oder nicht überwiegend vom Eigentümer selbst genutzt, so trifft die Pflicht zum Aushang des Energieausweises den Nutzer. [4]Der Eigentümer hat ihm zu diesem Zweck den Energieausweis oder eine Kopie hiervon zu übergeben. [5]Zur Erfüllung der Pflicht nach Satz 1 ist es ausreichend, von einem Energiebedarfsausweis nur die Seiten 1 und 2 nach dem Muster der Anlage 6 oder 7 und von einem Energieverbrauchsausweis nur die Seiten 1 und 3 nach dem Muster der Anlage 6 oder 7 auszuhängen; anstelle des Aushangs eines Energieausweises nach dem Muster der Anlage 7 kann der Aushang auch nach dem Muster der Anlage 8 oder 9 vorgenommen werden.

(4) [1]Der Eigentümer eines Gebäudes, in dem sich mehr als 500 Quadratmeter Nutzfläche mit starkem Publikumsverkehr befinden, der nicht auf behördlicher Nutzung beruht, hat einen Energieausweis an einer für die Öffentlichkeit gut sichtbaren Stelle auszuhängen, sobald für das Gebäude ein Energieausweis vorliegt. [2]Absatz 3 Satz 3 bis 5 ist entsprechend anzuwenden.

(5) [1]Auf kleine Gebäude sind die Vorschriften dieses Abschnitts nicht anzuwenden. [2]Auf Baudenkmäler sind die Absätze 2 bis 4 nicht anzuwenden.

§ 16a Pflichtangaben in Immobilienanzeigen. (1) [1]Wird in Fällen des § 16 Absatz 2 Satz 1 vor dem Verkauf eine Immobilienanzeige in kommerziellen Medien aufgegeben und liegt zu diesem Zeitpunkt ein Energieausweis vor, so hat der Verkäufer sicherzustellen, dass die Immobilienanzeige folgende Pflichtangaben enthält:

1. die Art des Energieausweises: Energiebedarfsausweis oder Energieverbrauchsausweis im Sinne des § 17 Absatz 1 Satz 1,
2. den im Energieausweis genannten Wert des Endenergiebedarfs oder Endenergieverbrauchs für das Gebäude,
3. die im Energieausweis genannten wesentlichen Energieträger für die Heizung des Gebäudes,
4. bei Wohngebäuden das im Energieausweis genannte Baujahr und
5. bei Wohngebäuden die im Energieausweis genannte Energieeffizienzklasse.

[2]Bei Nichtwohngebäuden ist bei Energiebedarfs- und bei Energieverbrauchsausweisen als Pflichtangabe nach Satz 1 Nummer 2 der Endenergiebedarf oder Endenergieverbrauch sowohl für Wärme als auch für Strom jeweils getrennt aufzuführen.

(2) Absatz 1 ist entsprechend anzuwenden auf den Vermieter, Verpächter und Leasinggeber bei Immobilienanzeigen zur Vermietung, Verpachtung

oder zum Leasing eines Gebäudes, einer Wohnung oder einer sonstigen selbständigen Nutzungseinheit.

(3) Bei Energieausweisen, die nach dem 30. September 2007 und vor dem 1. Mai 2014 ausgestellt worden sind, und bei Energieausweisen nach § 29 Absatz 1 sind die Pflichten der Absätze 1 und 2 nach Maßgabe des § 29 Absatz 2 und 3 zu erfüllen.

§ 29 Übergangsvorschriften für Energieausweise und Aussteller. (1) [1]Energiebedarfsausweise für Wohngebäude, die nach Fassungen der Energieeinsparverordnung, die vor dem 1. Oktober 2007 gegolten haben, ausgestellt worden sind, gelten als Energieausweise im Sinne des § 16 Absatz 1 Satz 4 und Absatz 2 bis 4 sowie des § 16a; sie sind ab dem Tag der Ausstellung zehn Jahre gültig. [2]Satz 1 ist entsprechend anzuwenden auf Energieausweise, die vor dem 1. Oktober 2007 ausgestellt worden sind

1. von Gebietskörperschaften oder auf deren Veranlassung von Dritten nach einheitlichen Regeln, wenn sie Angaben zum Endenergiebedarf oder -verbrauch enthalten, die auch die Warmwasserbereitung und bei Nichtwohngebäuden darüber hinaus die Kühlung und eingebaute Beleuchtung berücksichtigen, und wenn die wesentlichen Energieträger für die Heizung des Gebäudes angegeben sind, oder

in Anwendung der in dem von der Bundesregierung am 25. April 2007 beschlossenen Entwurf dieser Verordnung (Bundesrats-Drucksache 282/07) enthaltenen Bestimmungen.

[3]Energieausweise, die vor dem 1. Oktober 2007 ausgestellt worden sind und nicht von Satz 1 oder Satz 2 erfasst werden, sind von der Fortgeltung im Sinne des Satzes 1 ausgeschlossen; sie können bis zu sechs Monate nach dem 30. April 2014 für Zwecke des § 16 Absatz 1 Satz 4 und Absatz 2 bis 4 verwendet werden.

(2) [1]§ 16a ist auf Energieausweise, die nach dem 30. September 2007 und vor dem 1. Mai 2014 ausgestellt worden sind, mit den folgenden Maßgaben anzuwenden. [2]Als Pflichtangabe nach § 16a Absatz 1 Satz 1 Nummer 2 ist in Immobilienanzeigen anzugeben:

1. bei Energiebedarfsausweisen für Wohngebäude der Wert des Endenergiebedarfs, der auf Seite 2 des Energieausweises gemäß dem Muster nach Anlage 6 angegeben ist;

2. bei Energieverbrauchsausweisen für Wohngebäude der Energieverbrauchskennwert, der auf Seite 3 des Energieausweises gemäß dem Muster nach Anlage 6 angegeben ist; ist im Energieverbrauchskennwert der Energieverbrauch für Warmwasser nicht enthalten, so ist der Ener-

gieverbrauchskennwert um eine Pauschale von 20 Kilowattstunden pro Jahr und Quadratmeter Gebäudenutzfläche zu erhöhen;

3. bei Energiebedarfsausweisen für Nichtwohngebäude der Gesamtwert des Endenergiebedarfs, der Seite 2 des Energieausweises gemäß dem Muster nach Anlage 7 zu entnehmen ist;

4. bei Energieverbrauchsausweisen für Nichtwohngebäude sowohl der Heizenergieverbrauchs- als auch der Stromverbrauchskennwert, die Seite 3 des Energieausweises gemäß dem Muster nach Anlage 7 zu entnehmen sind.

[3]Die Sätze 1 und 2 sind entsprechend auf Energieausweise nach Absatz 1 Satz 2 Nummer 2 anzuwenden. [4]Bei Energieausweisen für Wohngebäude nach Satz 1 und nach Absatz 1 Satz 2 Nummer 2, bei denen noch keine Energieeffizienzklasse angegeben ist, darf diese freiwillig angegeben werden, wobei sich die Klasseneinteilung gemäß Anlage 10 aus dem Endenergiebedarf oder dem Endenergieverbrauch des Gebäudes ergibt. [5]Das Bundesministerium für Verkehr, Bau und Stadtentwicklung kann im Einvernehmen mit dem Bundesministerium für Wirtschaft und Technologie für Energieausweise nach Satz 1 und nach Absatz 1 Satz 2 Nummer 2 Arbeitshilfen zu den Pflichtangaben in Immobilienanzeigen im Bundesanzeiger bekannt machen.

(3) [1]§ 16a ist auf Energieausweise nach Absatz 1 Satz 1 und 2 Nummer 1 mit folgenden Maßgaben anzuwenden. [2]Als Pflichtangaben nach § 16a Absatz 1 Satz 1 Nummer 2 und 3 sind in Immobilienanzeigen anzugeben:

1. bei Energiebedarfsausweisen für Wohngebäude nach Absatz 1 Satz 1, jeweils gemäß dem Muster A des Anhangs der Allgemeinen Verwaltungsvorschrift zu § 13 der Energieeinsparverordnung in der Fassung vom 7. März 2002 (BAnz. S. 4865), geändert durch Allgemeine Verwaltungsvorschrift vom 2. Dezember 2004 (BAnz. S. 23 804),
   a) der Wert des Endenergiebedarfs, der sich aus der Addition der Werte des Endenergiebedarfs für die einzelnen Energieträger ergibt, und
   b) die Art der Beheizung;

2. bei Energieausweisen nach Absatz 1 Satz 2 Nummer 1 der im Energieausweis angegebene Endenergiebedarf oder Endenergieverbrauch und die dort angegebenen wesentlichen Energieträger für die Heizung des Gebäudes.

[3]Bei Energieausweisen für Wohngebäude nach Satz 1 und Absatz 1 Satz 2 Nummer 2, bei denen noch keine Energieeffizienzklasse angegeben ist, darf diese freiwillig angegeben werden, wobei sich die Klasseneinteilung gemäß Anlage 10 aus dem Endenergiebedarf oder dem Endenergieverbrauch des Gebäudes ergibt. [4]Absatz 2 Satz 5 ist entsprechend anzuwenden.

(3a) In den Fällen des § 16 Absatz 2 sind begleitende Modernisierungsempfehlungen zu noch geltenden Energieausweisen, die nach Maßgabe der am 1. Oktober 2007 oder am 1. Oktober 2009 in Kraft getretenen Fassung der Energieeinsparverordnung ausgestellt worden sind, dem potenziellen Käufer oder Mieter zusammen mit dem Energieausweis vorzulegen und dem Käufer oder neuen Mieter mit dem Energieausweis zu übergeben; für die Vorlage und die Übergabe sind im Übrigen die Vorgaben des § 16 Absatz 2 entsprechend anzuwenden.

(4) Zur Ausstellung von Energieausweisen für bestehende Wohngebäude nach § 16 Abs. 2 sind ergänzend zu § 21 auch Personen berechtigt, die vor dem 25. April 2007 nach Maßgabe der Richtlinie des Bundesministeriums für Wirtschaft und Technologie über die Förderung der Beratung zur sparsamen und rationellen Energieverwendung in Wohngebäuden vor Ort vom 7. September 2006 (BAnz. S. 6379) als Antragsberechtigte beim Bundesamt für Wirtschaft und Ausfuhrkontrolle registriert worden sind.

(5) [1]Zur Ausstellung von Energieausweisen für bestehende Wohngebäude nach § 16 Abs. 2 sind ergänzend zu § 21 auch Personen berechtigt, die am 25. April 2007 über eine abgeschlossene Berufsausbildung im Baustoff-Fachhandel oder in der Baustoffindustrie und eine erfolgreich abgeschlossene Weiterbildung zum Energiefachberater im Baustoff-Fachhandel oder in der Baustoffindustrie verfügt haben. [2]Satz 1 gilt entsprechend für Personen, die eine solche Weiterbildung vor dem 25. April 2007 begonnen haben, nach erfolgreichem Abschluss der Weiterbildung.

(6) [1]Zur Ausstellung von Energieausweisen für bestehende Wohngebäude nach § 16 Abs. 2 sind ergänzend zu § 21 auch Personen berechtigt, die am 25. April 2007 über eine abgeschlossene Weiterbildung zum Energieberater des Handwerks verfügt haben. [2]Satz 1 gilt entsprechend für Personen, die eine solche Weiterbildung vor dem 25. April 2007 begonnen haben, nach erfolgreichem Abschluss der Weiterbildung.

Anmerkungen

1. Kapitel

[1] Soweit sich dies auch zum Vorteil des Vermieters auswirken kann, vgl. Rn. 2. 141.
[2] Vgl. Rn. 2. 545 ff.
[3] Vgl. Rn. 2. 546, Rn. 2. 548.

2. Kapitel

[1] Vgl.Rn. 3. 2
[2] Vgl. Rn. 3. 2 und Rn. 3. 1.
[3] Vgl. den Gesetzestext Rn. Anh. 5.
[4] Rn. Anh. 5.
[5] Vgl. Rn. 2. 43.
[6] BGH, NZM 2014, S. 429.
[7] LG München I, NZM 2009, S. 782.
[8] BGH, NZM 2014, S. 429.
[9] AG Kaufbeuren, NZM 2013, S. 577.
[10] OLG Koblenz, NZM 2008, S. 800.
[11] LG Bonn, NZM 2006, S. 177 = WuM 2006, S. 24.
[12] Vgl. den Gesetzestext Rn. Anh. . 6.
[13] BGH, NZM 2010, S. 319; BGH, NZM 2010, S. 704.
[14] BGH, NZM 2008, S. 362.
[15] BGH, MDR 2004, S. 325; BGH, MDR 2003, S. 1283.
[16] BGH, NJW 2004, S. 2962 = MDR 2004, S. 1347.
[17] BGH, NJW 2004, S. 2962 = MDR 2004, S. 1347.
[18] BGH, NJW 1998, S. 58.
[19] BGH, MDR 1999, S. 473.
[20] BGH, ZMR 2003, S. 337.
[21] OLG Düsseldorf, JMBl NW 2001, S. 80.
[22] Vgl. Rn. 3. 83.
[23] Vgl. Rn. 2. 469.
[24] Vgl. Rn. 3. 84.
[25] Vgl. Rn. 2. .121 ff.
[26] Vgl. im Einzelnen Rn. 2. 480.
[27] Vgl. Rn. 3. 94.
[28] Vgl. Rn. 3. 95.
[29] Vgl. Rn. 3. 87.
[30] Vgl. Rn. Anh. 10, Rn. Anh. 11.
[31] Vgl. Rn. 2. 189.
[32] Die Darstellung des Rechts der ungerechtfertigten Bereicherung würde den mietrechtlichen Rahmen dieses Leitfadens sprengen; insofern wird auf den im Anhang – dort Rn. 4 – abgedruckten Gesetzestext verwiesen.
[33] Vgl. den Verordnungstext Rn. Anh. 9.
[34] Vgl. dazu auch das BGH-Zitat weiter unten in diesem Absatz.
[35] Vgl. ebenso das BGH-Zitat weiter unten in diesem Absatz.
[36] BGH, NZM 2009, S. 477.
[37] BGH, NZM 2004, S. 454.
[38] BGH, NZM 2007, S. 595.

[39] BGH, MDR 2006, S. 861.

[40] BGH, NZM 2010, S. 80.

[41] BGH, NZM 2009, S. 613.

[42] BGH, NZM 2010, S. 313; BGH, NZM 2009, S. 659; BGH, NZM 2004, S. 456.

[43] BGH, NZM 2004, S. 453.

[44] BGH, NZM 2011, S. 70 – die der Entscheidung zugrunde liegende Klausel lautete: „Vermietet werden… folgende Räume: Die Wohnung… bestehend aus 2 Zimmern, … zur Benutzung als Wohnraum, deren Größe ca. 54,78 m² beträgt. Diese Angabe dient wegen möglicher Messfehler nicht zur Festlegung des Mietgegenstands. Der räumliche Umfang der gemieteten Sache ergibt sich vielmehr aus der Anzahl der vermieteten Räume."

[45] BGH, NZM 2011, S. 309.

[46] BGH, NZM 2010, S. 36.

[47] Zur Mietminderung vgl. Rn. 2. 341.

[48] BGH, NZM 2007, S. 594; BGH, NZM 2004, S. 453.

[49] BGH, NZM 2004, S. 453.

[50] BGH, NZM 2004, S. 453; BGH, NZM 2004, S. 456.

[51] BGH, NZM 2010, S. 313.

[52] BGH, NZM 2010, S. 614.

[53] BGH, NZM 2011, S. 309.

[54] Zur Mieterhöhung vgl. Rn. 2. 157.

[55] BGH, NZM 2004, S. 699.

[56] BGH, NZM 2009, S. 613.

[57] BGH, NZM 2007, S. 594.

[58] BGH, NZM 2009, S. 613; BGH, NZM 2007, S. 594.

[59] AG Pinneberg, ZMR 2004, S. 123.

[60] BGH, NZM 2010, S. 36.

[61] BGH, NJW 2004, S. 3115 = NZM 2004, S. 699 = MDR 2004, S. 1232.

[62] Verneinend LG Berlin, NZM 2002, S. 753.

[63] Zur Betriebskostenabrechnung vgl. Rn. 2. 280.

[64] BGH, NZM 2008, S. 35.

[65] BGH, NZM 2010, S. 661 = NJW 2010, S. 2879.

[66] AG Kassel, NZM 2011, S. 856.

[67] LG Oldenburg, WuM 1996, S. 471; OLG Naumburg, WuM 1999, S. 160; LG Heilbronn, ZMR 1991, S. 388.

[68] Klausel nach BGH, NZM 2010, S. 644.

[69] LG Berlin, NJW-RR 1993, S. 144.

[70] Vgl. Rn. 2. 280.

[71] BGH, NZM 2015, S. 130.

[72] Vgl. Rn. 3. 101 bis Rn. 3. 105.

[73] Selbst wenn die Gesamtpersonenzahl mit einem Bruchteil angegeben wird, BGH, NZM 2010, S. 859.

[74] BGH, NZM 2007, S. 769 – Kabelfernsehen.

[75] BGH, NZM 2006, S. 11; vgl. auch Rn. 74.

[76] BGH, NZM 2012, S. 96; BGH, NZM 2013, S. 457.

[77] BGH, NZM 2006, S. 655.

[78] BGH, NZM 2013, S. 264; vgl. auch BGH, NZM 2010, S. 855 – Grenzen der Umlegung von Fixkosten wie Grundgebühren oder Zählermiete in gleichem Umfang wie der erfaßte Verbrauch bei erheblichem Wohnungsleerstand.

[79] Vgl. den Verordnungstext Rn. Anh. 8.

[80] Vgl. den Verordnungstext Rn. Anh. 7.

[81] BayObLG, NJW 1984, S. 1761.

[82] OLG Hamm, NZM 1998, S. 186.

[83] OLG Frankfurt/M., DWW 2000, S. 193.

[84] BGH, NZM 2004, S. 418.
[85] LG Mannheim, ZMR 1994, S. 22.
[86] BGH, NZM 2004, S. 418. Nach Ansicht des LG Heilbronn (NZM 2004, S. 459) ist zumindest nach der dritten Bezahlung einer in Abweichung vom Mietvertrag aufgestellten Betriebskostenabrechnung davon auszugehen, dass der Mieter mit der Einstellung weiterer Betriebskostenpositionen einverstanden ist und nicht nur eine versehentliche Überzahlung vorliegt.
[87] BGH, NZM 2014, S. 748.
[88] BGH, NZM 2014, S. 748.
[89] BGH, NZM 2014, S. 748.
[90] Vgl. Rn. 2. 299.
[91] AG Lörrach, WuM 2005, S. 579.
[92] Zu deren Bestimmtheit vgl. Rn. 2. 73.
[93] Vgl. den Gesetzestext Rn. Anh. 3.
[94] BGH, NZM 2004, S. 251.
[95] OLG Dresden, NZM 2004, S. 68; LG Düsseldorf, NZM 2002, S. 604; a. A. LG Frankfurt/M., NZM 2002, S. 485.
[96] Vgl. Rn. 2. 154, Rn. 2. 146.
[97] BGH, NZM 2004, S. 217.
[98] BGH, NJW 2004, S. 3045.
[99] BGH, BGHZ 107, S. 210.
[100] BGH, BGHZ 111, S. 361.
[101] BGH, NZM 2013, S. 756.
[102] BGH, NJW 2004, S. 3045 = NZM 2004, S. 613 = MDR 2004, S. 1107; BGH, NZM 2004, S. 217; BGH, ZMR 2003, S. 729.
[103] LG Bonn, ZMR 2009, S. 529.
[104] Vgl. Rn. 2. 93.
[105] BGH, NZM 2011, S. 28.
[106] Zum Begriff des Studentenwohnheims vgl. BGH, NZM 2012, S. 606.
[107] BGH, NJW 1994, S. 3287.
[108] BGH, VIII ZR 242/13.
[109] BGH, VIII ZR 185/14 und VIII 242/13.
[110] BGH, VIII ZR 185/14 und VIII 242/13.
[111] BGH, NJW 2004, S. 2961.
[112] BGH, NZM 2005, S. 450.
[113] BGH, NJW 2004, S. 2961.
[114] BGH, NJW 2004, S. 2586; LG Frankfurt/M., NZM 2004, S. 62.
[115] BGH, NZM 2005, S. 860.
[116] BGH, NZM 2007, S. 879; BGH, NZM 2012,S. 527.
[117] AG Titisee-Neustadt, NZM 2007, S. 328.
[118] BGH, NZM 2006, S. 459.
[119] BGH, NZM 2005, S. 58.
[120] BGH, NZM 2005, S. 299.
[121] BGH, NZM 2006, S. 620.
[122] LG Gießen, NZM 2013, S. 122.
[123] BGH, NZM 2007, S. 921.
[124] BGH, NZM 2009, S. 313.
[125] OLG Hamm, ZMR 2002, S. 822.
[126] BGH, NJW 2003, S. 2234.
[127] BGH, NZM 2006, S. 623.
[128] BGH, NZM 2009, S. 233.
[129] Vgl. Rn. 2. 106.
[130] BGH, NZM 2009, S. 197; BGH, NZM 2009, S. 233.
[131] BGH, NZM 2009, S. 313.

[132] BGH, NZM 2010; S. 236.
[133] BGH, NZM 2012, S. 338.
[134] BGH, NZM 2008, S. 605.
[135] BGH, NZM 2009, S. 903.
[136] BGH, NZM 2010, S. 236.
[137] BGH, NZM 2007, S. 398.
[138] BGH, NZM 2008, S. 926.
[139] BGH, NZM 2008, S. 605.
[140] BGH, NZM 2012, S. 338.
[141] BGH, NZM 2011, S. 150.
[142] BGH, NZM 2008, S. 926; BGH, NZM 2011, S. 150.
[143] BGH, NZM 2006, S. 621.
[144] BGH, NZM 2008, S. 605; BGH, NZM 2006, S. 691.
[145] BGH, NZM 2005, S. 450 = WuM 2005, S. 583.
[146] BGH, VIII ZR 242/13, unter Aufgabe seiner bisherigen Rechtsprechung.
[147] BGH, NZM 2009, S. 541.
[148] BGH, NZM 2012, S. 557.
[149] LG Essen, WuM 2011, S. 256; KG, NZM 2005, S. 663.
[150] BGH, VIII ZR 416/12; AG Burgwedel, WuM 2005, S. 771.
[151] KG, NZM 2005, S, 663.
[152] BGH, NZM 2010, S. 157.
[153] BGH, NZM 2010, S. 157.
[154] BGH, NZM 2009, S. 233.
[155] BGH, BGHZ 108, S. 1, 9.
[156] BGH, BGHZ 118, S. 194, 197.
[157] LG Dortmund, NZM 2007, S. 245, nennt als Höchstgrenze (75,– bis) 100,– EUR.
[158] BGH, NJW 1991, S. 1750, 1752.
[159] BGH, BGHZ 108, S. 1.
[160] BGH, BGHZ 108, S. 1.
[161] BGH, BGHZ 118, S. 194.
[162] So etwa BGH, NJW 1995, S. 254.
[163] BGH, NZM 2012, S. 22; BGH, NZM 2011, S. 579.
[164] Vgl. Rn. 2. 146.
[165] BGH, NZM 2006, S. 256; BGH, NZM 2009, S. 80.
[166] BGH, NZM 2006, S. 254.
[167] BGH, NZM 2006, S. 653.
[168] BGH, NZM 2006, S. 579.
[169] BGH, NZM 2009, S. 153.
[170] BGH, NZM 2005, S. 419.
[171] BGH, NZM 2005, S. 419.
[172] BGH, NZM 2011, S. 150.
[173] BGH, NZM 2011, S. 150.
[174] BGH, NZM 2009, S. 779.
[175] BGH, NZM 2004, S. 216.
[176] BGH, NZM 2011, S. 150.
[177] BGH, NZM 2007, S. 399.
[178] BGH, NJW 1993, S. 1061.
[179] BGH, NZM 2008, S. 78.
[180] BGH, NZM 2013, S. 378.
[181] Allerdings soll nach BGH, NZM 2013, S. 380 eine Klausel, wonach die Zustimmung im „freien" Ermessen des Vermieters liegt, unzulässig sein. Für eine vom BGH in der genannten Entscheidung als zulässig bezeichnete Klausel vgl. den Mietvertrag Rn. 3. . 83 § 15; im übrigen vgl. Rn. 3. 4, Rn. 3. 6.
[182] LG Berlin, GE 1993, S. 97.

[183] BGH, NZM 2008, S. 78.
[184] BGH, NZM 2013, S. 378; BGH, NZM 2008, S. 78.
[185] OLG Karlsruhe, NZM 2004, S. 551 (zum WEG).
[186] BGH, NZM 2013, S. 265.
[187] LG Hamburg, WuM 1999, S. 453; LG Berlin, GE 1993, S. 97.
[188] LG Hamburg, WuM 1999, S. 453.
[189] Vgl. dazu auch den Mustertext einer Hausordnung Rn. 3. 87.
[190] AG Hamburg-Wandsbek, WuM 2005, S. 47.
[191] LG Lüneburg, NZM 2000, S. 376 (Aufwendungen für Vertragsausfertigung und Wohnungsübergabe durch die Verwaltergesellschaft i. H. v. pauschal 287,50 DM einschließlich Mehrwertsteuer); a. A. AG Hamburg-Altona, NZM 2006, S. 928 (die im Formularvertrag enthaltene Gebühr betrug 180,00 €); AG Hamburg, NZM 1999, 839 (100 € zzgl. MwSt); LG Hamburg, WuM 1990, S. 62 (1 087,80 DM. Allerdings: „Selbst heute werden derartige "Gebühren" nur in Höhe von 100,- DM bis 150,- DM üblicherweise vereinbart.").
[192] Vgl. weiterführend zu diesem Thema Mersson, „Abgeltungsklauseln für Neuvermietungsaufwand von Wohnraum", NZM 2002, S. 773 ff.
[193] Vgl. Rn. 2. 135.
[194] OLG Karlsruhe, DWW 2000, S. 128.
[195] Vgl. Rn. 3. 81.
[196] LG Berlin, GE 2008, S. 1492.
[197] BGH, DWW 2005, S. 327 – dort hatte der Mieter 91/2 Jahre lang den Mehrbetrag vorbehaltlos gezahlt und wollte dann das Geld zurückfordern.
[198] BGH, NZM 2012, S. 416.
[199] Im vom LG Berlin, GE 2006, S. 453 entschiedenen Fall um 14 Tage, weil der vom Mieter gewünschte Teppichboden nicht rechtzeitig verlegt werden konnte; wobei dann die Anpassung der Staffelmietvereinbarung an die neuen Daten schlicht vergessen worden war.
[200] Vgl. Rn. 2. 121.
[201] BGH, NZM 2002, S. 659; BGH, NZM 2005, S. 63.
[202] Siehe auch Rn. 3. 79.
[203] BGH, NJW 2004, S. 2088; BGH, NZM 2008, S. 441.
[204] LG München I, WuM 1999, S. 575.
[205] Vgl. Rn. 2. 237..
[206] BGH, NZM 2011, S. 309; BGH, NZM 2011, S. 311.
[207] BGH, NJW 2004, S. 2088; BGH, NZM 2008, S. 441.
[208] LG Berlin, NZM 1998, S. 509.
[209] Vgl. Rn. 2. 119.
[210] LG Berlin, GE 2011, S. 341.
[211] BGH, NZM 2013, S. 612: BGH, NZM 2008, S. 164– „im Amtsblatt veröffentlicht".
[212] BGH, NZM 2009, S. 395.
[213] KG, GE 2009, S. 756.
[214] BGH, NZM 2009, S. 429.
[215] BGH, NZM 2010, S. 40.
[216] BGH, NZM 2011, S. 120.
[217] BGH, NZM 2011, S. 120.
[218] OLG Hamm, ZMR 1991, S. 22; AG Bitterfeld-Wolfen, WuM 2013, S. 45.
[219] AG Dortmund, ZMR 2003, S. 194; anderer Ansicht die „Hinweise des Bundesministeriums für Verkehr, Bau- und Wohnungswesen zur Erstellung von Mietspiegeln", NZM 2002, S. 811, 817.
[220] OLG Hamm, ZMR 1991, S. 22.
[221] BGH, NZM 2013, S. 138.
[222] LG Berlin, GE 2004, S. 180.
[223] BGH, NZM 2010, S. 665.

[224] BGH, NZM 2008, S. 164; BGH, NZM 2013, S. 612.

[225] BGH, ZMR 2009, S. 521 unter Aufgabe der bisherigen Rechtsprechung noch in BGH, NZM 2004, S. 219.

[226] LG Berlin, GE 2009, S. 843.

[227] BGH, NZM 2005, S. 498.

[228] LG München, WuM 1987, S. 110; LG München, NZM 2003, S. 974; für einen qualifizierten Mietspiegel AG Charlottenburg, GE 2004, S. 52.

[229] BGH, NZM 2005, S. 498; ebenso BGH, NZM 2011, S. 511.

[230] AG Dortmund, NZM 2005, S. 258 = WuM 2005, S. 254.

[231] BGH, NZM 2005, S. 498 = NJW 2005, S. 2074 = MDR 2005, S. 976 = WuM 2005, S. 394; LG Dortmund, WuM 2005, S. 723.

[232] BGH, NZM 2005, S. 498 = NJW 2005, S. 2074 = MDR 2005, S. 976 = WuM 2005, S. 394.

[233] BGH, NZM 2005, S. 498 = NJW 2005, S. 2074 = MDR 2005, S. 976 = WuM 2005, S. 394 – Orientierungshilfe zum Berliner Mietspiegel.

[234] LG Dortmund, WuM 2005, S. 723.

[235] LG Berlin, WuM 1991, S. 119; AG Dortmund, NZM 2005, S. 258 = WuM 2005, S. 254; LG Dortmund, WuM 2005, S. 723.

[236] BGH, NZM 2004, S. 219 = NJW 2004, S. 1379.

[237] BGH, NZM 2014, S. 349.

[238] BGH, NZM 2010, S. 735.

[239] BGH. NZM 2010, S. 735.

[240] LG Hamburg, WuM 1990, S. 441.

[241] BayObLG, NJW 1981, S. 2259.

[242] BGH, NZM 2010, S. 735.

[243] BVerwG, NJW 1996, S. 2046; VG Minden, ZMR 2004, S. 226.

[244] BGH, NZM 2013, S. 138.

[245] BGH, NZM 2010, S. 576.

[246] BverfG, WuM 1986, S. 239.

[247] BGH, NZM 2010, S. 576.

[248] BGH, NZM 2014, S. 747.

[249] BGH, MDR 2003, S. 451.

[250] BGH, NZM 2013, S. 138.

[251] Vgl. Rn. 3. 18 und Rn. 3. 19.

[252] BGH, NZM 2012, S. 112.

[253] Vgl. Rn. 3. 97.

[254] BGH, NZM 2005, S. 496.

[255] So wie BGH, NZM 2006. S. 101.

[256] BGH, NZM 2006, S. 101.

[257] BGH, NZM 2006, S. 864.

[258] BGH, NZM 2006, S. 101.

[259] BGH, NZM 2007, S. 594.

[260] AG Schöneberg, GE 2008, S. 1400.

[261] LG Berlin, GE 2010, S. 983.

[262] LG Berlin, GE 2006, S. 723.

[263] LG Berlin, GE 2010, S. 983.

[264] LG Berlin, GE 2010, S. 983.

[265] BGH, NZM 2004, S. 336.

[266] Vgl. Rn. 2. 243.

[267] LG Frankfurt, NJW-RR 2012, S. 1361.

[268] LG Paderborn, WuM 1993, S. 360. Zu nennen sind z. B. Einbau einer Toilette in der Wohnung statt bisher im Flur, erstmaliger Einbau eines Badezimmers, oder auch erstmaliger Einbau einer Badewanne in ein bereits vorhandenes Bad, Einbau eines offenen Kamins oder Kaminofens neben der bestehenden Heizungsanlage (BGH, NZM 2011,

S. 281 – zu § 22 Abs. 2 S. 1 WEG); Einbau von Rauchmeldern in der Wohnung (AG Lübeck, NZM 2008, S. 929, ZMR 2008, S. 302); Anschluss des Hauses und der Wohnungen an Breitbandkabel (BGH, NZM 2005, S. 697; AG Köln, WuM 1991, S. 159), Errichtung einer Satellitenanlage für das Haus und Anschluss der Wohnung daran. Für eine beispielhafte Aufzählung gebrauchswerterhöhender Maßnahmen kann auch auf § 4 Abs. 1 ModEnG zurückgegriffen werden.

[269] LG Hamburg, WuM 1984, S. 217.

[270] BGH, NZM 2013, S. 141.

[271] BGH, NZM 2012, S. 679.

[272] Dazu zählen z. B. die Anlage und der Ausbau von nicht öffentlichen Gemeinschaftsanlagen wie Kinderspielplätzen, Grünanlagen, Stellplätzen und anderen Verkehrsanlagen, Zugänge, Beleuchtung von Wegen, Hofbefestigungen, Bau von Müllboxen; aber auch Maßnahmen innerhalb des Gebäudes, wie Bau einer Waschküche, Anlage eines Fahrradkellers, Türschließanlagen für die Haustür, Einbau eines Fahrstuhls (zu letzterem vgl. BGH, NZM 2011, S. 359; BGH, NZM 2007, S. 882).

[273] Z. B. Einbau einer einbruchhemmenden Haustür (AG Köpenick, MM 2010, S. 75; LG Berlin, GE 2003, S. 122); Anbringen eines Vordachs über der Haustür (LG Berlin, GE 2003, S. 122) oder Anbringen von Rauchmeldern im Hausflur.

[274] BGH, NZM 2009, S. 150.

[275] Vgl. Rn. 2. 231.

[276] BGH, NZM 2011, S. 358.

[277] BGH, NZM 2011, S. 358.

[278] BayObLG, NJW 1981, S. 2259.

[279] BGH, NZM 2011, S. 358; BayObLG, NJW 1981, S. 2259.

[280] BGH, NZM 2009, S. 150. Der Entscheidung lag ein Sachverhalt zugrunde, bei dem der Vermieter, wie erst später im Prozess durch Sachverständigengutachten festgestellt, bei der Ausführung der Arbeiten zum Einbau eines Wasserzählers einen überflüssigen Arbeitsschritt (Ausbau der Küchenarbeitsplatte anstelle nur des Ausbaus eines Unterschranks, des Geschirrspülers und der Abschlussleiste der Arbeitsplatte) durchgeführt hatte.

[281] Z. B. eine längere Lebensdauer aufweist oder keiner ständigen Wartung bedarf, LG Wiesbaden, WuM 1982, S. 77.

[282] LG Hamburg, WuM 1986, S. 344.

[283] LG Hamburg, WuM 1986, S. 344.

[284] BGH, NZM 2011, S. 358.

[285] BGH, NZM 2015, S. 198.

[286] Vgl. Rn. 2. 253.

[287] BGH,, NZM 2012, S. 832.

[288] OLG Hamburg, NJW 1981, S. 2820.

[289] LG Potsdam, WuM 2000, S. 553.

[290] Vgl. Rn. 2. 218.

[291] Vgl. Rn. 2. 163.

[292] BGH, NZM 2011, S. 359; BGH, NZM 2008, S. 883.

[293] BGH, NZM 2014, S. 193.

[294] Gesetzentwurf der Bundesregierung vom 15. August 2012 (Drucksache 17/10485, S. 36).

[295] BGH, NJW 1992, S. 1386.

[296] BGH, NZM 2013, S. 141.

[297] BGH, NZM 2008, S. 124; zur Ausnahme im Rahmen der Kappungsgrenze vgl. Rn. 2. 166, Rn. 2. 167.

[298] Vgl. Rn. 3. 25 bis Rn. 3. 27, Rn. 3. 80).

[299] BGH, ZMR 2002, S. 503; BGH, MDR 2004, S. 625.

[300] BGH, NZM 2006, S. 221. Dagegen geringere Anforderungen an den Inhalt einer Mieterhöhungserklärung für den Fall des Einbaus von Isolierglasfenstern in BGH, NZM

2004, S. 252: „Dabei genügt es, wenn der Mieter den Grund der Mieterhöhung anhand der Erläuterung als plausibel nachvollziehen kann. Für bauliche Maßnahmen zur Einsparung von Heizenergie ergibt sich daraus, dass der Vermieter in der Mieterhöhungserklärung neben einer schlagwortartigen Bezeichnung der Maßnahme und einer Zuordnung zu den Positionen der Berechnung diejenigen Tatsachen darlegen muss, anhand derer überschlägig beurteilt werden kann, ob die bauliche Anlage eine nachhaltige Einsparung von Heizenergie bewirkt; die Vorlage einer Wärmebedarfsberechnung ist nicht erforderlich."

[301] Hier kommt z. B. die Bekanntmachung der Regeln der Datenaufnahme und Datenverwertung durch das Bundesministerium für Verkehr, Bau und Stadtentwicklung vom 30. Juli 2009 (BAnz Nr. 133 vom 8. September 2009, S. 3139) in Betracht, denen Wärmedurchgangskoeffizienten für Bauteile entnommen werden können, geordnet nach Baualtersklassen.

[302] BGH, NZM 2006, S. 221.

[303] Gesetzentwurf der Bundesregierung vom 15. 8. 2012 (Drucksache 17/10485, S. 35)

[304] Vgl. Rn. 2. 250.

[305] Zu Modernisierungsmaßnahmen, die nur mit einer unerheblichen Einwirkung auf die Mietsache verbunden sind, zählen z. B. der Einbau von Rauchmeldern oder Thermostatventilen. Bei der Höhe kann bis zu einer Erhöhung um 5% noch von einer Bagatelle gesprochen werden (AG Rheine, WuM 2008, S. 491; LG Detmold, WuM 1990, S. 121; LG Berlin, WuM 1991, S. 482). Die Grenze sollte nicht allzu starr gehandhabt werden, Besonderheiten des Mietvertrags oder der Wohnung (etwa Schlichtwohnung oder Luxuswohnung) können ggf. eine Abweichung nach oben oder unten begründen.

[306] BGH, NZM 2012, S. 455.

[307] BGH, NZM 2010, S, 736 = NJW 2011, S. 735.

[308] BGH, NZM 2011, S. 544.

[309] BGH, NZM 2010, 895; BGH, NZM 2010, S. 736 = NJW 2011, S. 735.

[310] Vgl. Rn. 2. 119.

[311] BGH, NZM 2013, S. 357.

[312] BGH, NZM 2011, S. 544.

[313] BGH, NZM 2011, S. 880.

[314] BGH, NZM 2011, S. 880.

[315] Vgl. Rn. 3. 34, Rn. 3. 35.

[316] BGH, NZM 2011, S. 880.

[317] Vgl. Rn. 2. 119.

[318] BGH, NZM 2012, S. 20.

[319] OLG Stuttgart, NJW 1983, S. 2329.

[320] LG Frankfurt/M., WuM 1985, S. 315; LG Karlsruhe, DWW 1988, S. 146.

[321] AG Hamburg, ZMR 2005, S. 54.

[322] BGH, NZM 2006, S. 101, vgl. Rn. 2. 216.

[323] § 556a Abs. 2 BGB ist zwar erst durch das am 1. 9. 2001 in Kraft getretene Mietrechtsreformgesetz in das BGB eingefügt worden, aber auch auf vor diesem Datum begründete Mietverhältnisse anwendbar (BGH, NZM 2012, S. 152).

[324] BGH, NZM 2006, S. 896.

[325] BGH, NZM 2004, S. 418.

[326] Vgl. Rn. 2. 268.

[327] Vgl. Rn. 3. 33, Rn. 3. 101 bis Rn. 3. 105.

[328] BGH, NZM 2001, S. 158.

[329] BGH, NZM 2001, S. 158.

[330] BGH, NZM 2004, S. 188; BGH, NZM 2007, S. 441.

[331] BGH, NZM 2012, S. 416; BGH, NZM 2005, S. 13; BGH, NJW 1982, S. 573.

[332] BGH, NZM 2014, S. 384 – für die Ermittlung der auf das Abrechnungsjahr entfallenden Beträge aus kalenderübergreifenden Rechnungen der Versorger.

[333] BGH, NZM 2007, S. 244 = MDR 2007, S. 706. Hier steht allerdings möglicherweise eine Rechtsprechungsänderung bevor: „Im Übrigen hat der Senat bereits angedeutet, dass an der … Rechtsprechung zur Erforderlichkeit auch der Angabe nicht umlagefähiger Kosten möglicherweise nicht festzuhalten sein wird." (BGH, NZM 2014, S. 384; BGH, NZM 2014, S. 26).

[334] BGH, NZM 2010, S. 864.

[335] BGH, NZM 2013, S. 120.

[336] BGH, NZM 2013, S. 120.

[337] LG Hannover, WuM 2003, S. 450; BGH, NZM 2008, S. 78.

[338] Etwa einer vorhandenen alten, die Wärmeversorgung der Wohnung jedoch sicherstellenden Heizungsanlage (BGH, NZM, 2008, S. 35 = NJW 2008, S. 142); ebensowenig eine Verpflichtung zur Umstellung der bei Vertragsschluss vorhandenen auf eine andere Beheizungsart (BGH, NZM 2007, S. 563).

[339] So z. B. der gebotene Hinweis auf Überkapazitäten (Lehrabfuhren) bei den Müllbehältern, wenn der Vermieter nicht selbst im Objekt wohnt und auch kein Hausmeister bestellt ist (AG Köln, WuM 2012, S. 57).

[340] BGH, NZM 2013, S. 84 – Gasthermenwartungskosten.

[341] Vgl. Rn. 2. 298.

[342] OLG Düsseldorf, ZMR 2006, S. 285 = GE 2006, S. 647 = MDR 2006, S. 1164.

[343] AG Berlin-Lichtenberg, NZM 2012, S. 236.

[344] Hat ein Mieter eine Wohnung in einer Wohnungseigentumsanlage gemietet, bezieht sich das Recht zur Belegeinsicht nicht auf die Beschlüsse der Eigentümergemeinschaft (BGH, NZM 2012, S. 96).

[345] AG Jena, DWW 2000, S. 336.

[346] AG München, NZM 2010, S. 81.

[347] BGH, NZM 2006, S. 340; BGH, NZM 2006, S. 926.

[348] BGH, NZM 2006, S. 340; BGH, NZM 2006, S. 926.

[349] LG Berlin, NZM 2014, S. 514: 0,25 €; AG Mainz, WuM 2006, S. 619: 0,25 EUR; AG Pankow/Weißensee, NZM 2002, S. 655: 0,05 EUR; AG Hamburg-Wandsbek, WuM 2001, S. 362: 0,25 EUR; AG Bremen, WuM 2005, S. 129 und AG Neuruppin, WuM 2000, S. 437: 0,50 EUR; AG Oldenburg, WuM 1993, S. 412: 0,05 EUR plus Portoerstattung für die Übersendung.

[350] AG Itzehoe, NZM 2012, S. 860.

[351] OLG Düsseldorf, NZM 2001, S. 48.

[352] Etwa im Fall eines Eigentumswechsels (AG Wetzlar WuM 2001, 30) oder einer einzelfallbezogenen Verständigung der Mietvertragsparteien über eine Verlängerung der jährlichen Abrechnungsperiode, die den Interessen beider Mietvertragsparteien dient, weil mit ihr eine Umstellung des Abrechnungszeitraums auf eine andere jährliche Abrechnungsperiode – etwa auf das Kalenderjahr – bezweckt wird (BGH, NZM 2011, S. 624 = NJW 2011, S. 2878).

[353] BGH, NZM 2009, S. 274.

[354] BGH, NZM 2013, S. 84.

[355] AG Bad Neuenahr-Ahrweiler, NZM 2008, S. 205.

[356] BGH, NZM 2006, S. 740; BGH, NZM 2013, S. 84.

[357] Die Abgrenzung zwischen formeller und inhaltlicher Unrichtigkeit ist nicht immer einfach; so ist eine Abrechnung, die einen unverständlichen Verteilerschlüssel enthält, formell unwirksam (BGH, NZM 2008, S. 477); nicht jedoch eine Abrechnung, bei der der Verteilerschlüssel von dem im Mietvertrag vereinbarten abweicht (BGH, NZM 2005, S. 13 = NJW 2005, S. 219). Auch zu hoch oder zu niedrig angesetzte Vorauszahlungen oder der Ansatz der Soll- statt der Ist-Vorauszahlungen sind nur inhaltliche Fehler (BGH, NZM 2011, S. 627; BGH, NZM 2009, S. 906); ebenso die Nichtberücksichtigung vom Mieter geleisteter Vorauszahlungen (BGH, WuM 2012, S. 98), gleichviel, ob überhaupt keine Angaben zu Vorauszahlungen enthalten oder diese genannt aber betragsmäßig mit „0" angesetzt sind (BGH, NZM 2012, S. 416). Für die formelle Ordnungsge-

mäßheit einer Betriebskostenabrechnung ist es auch ohne Bedeutung, ob die dort für den jeweiligen Mieter angesetzten Kosten auf abgelesenen Messwerten oder einer Schätzung beruhen und ob eine eventuell vom Vermieter vorgenommene Schätzung den Anforderungen des § 9a HeizkostenVO entspricht (BGH, NZM 2015, S. 129). Gründe, die bei der Abrechnung der Betriebskosten eines Mehrfamilienhauses zur formellen Unwirksamkeit führen (BGH, NZM 2011, S. 401, Entscheidung zu einem unverständlichen Verteilerschlüssel) können bei der Betriebskostenabrechnung für eine Doppelhaushälfte anders zu beurteilen sein (BGH, NZM 2011, S. 581). In einer Abrechnung enthaltene Änderungen gegenüber dem Vorjahr – etwa bei der Art der Berechnung des Personenanteils bei einem Verteilerschlüssel nach Köpfen – führen, soweit die neue Art der Berechnung rechnerisch nachvollziehbar ist, nicht bereits zur formellen Unwirksamkeit der Abrechnung; darin kann allenfalls ein inhaltlicher Fehler liegen (BGH, NZM 2011, S. 546).

[358] BGH, NZM 2005, S. 13.

[359] BGH, NZM 2008, S. 204.

[360] BGH, NZM 2011, S. 478; BGH, GE 2011, S. 1013.

[361] BGH, NZM 2011, S. 478.

[362] BGH, NZM 2006, S. 533.

[363] BGH, NZM 2006, S. 533.

[364] BGH, NZM 2005, S. 373.

[365] BGH, NZM 2005, S. 373; BGH, NZM 2010, S. 783; BGH, NZM 2010, S. 858.

[366] BGH, NZM 2006, S. 222.

[367] OLG Düsseldorf, DWW 2001, S. 210, 211.

[368] AG Hamburg-Bergedorf, ZMR 2004, S. 826.

[369] BGH, MDR 2006, S. 257.

[370] BGH, NZM 2012, S. 153.

[371] OLG Düsseldorf, ZMR 1998, S. 159; LG Kiel, NZM 2013, S. 231.

[372] LG Berlin, GE 2007, S. 1633; OLG Düsseldorf, ZMR 1998, S. 159; LG Nürnberg-Fürth, NJW-RR 1992, S. 335.

[373] LG Berlin, GE 2011, S. 268.

[374] LG Berlin, NZM 2015, S. 249.

[375] BGH, NZM 2014, S. 551.

[376] Vgl. Rn. 3. 20 bis Rn. 3. 22, Rn. 3. 24.

[377] BGH, NZM 2005, S. 697.

[378] Vgl. Rn. 2. 415 ff.

[379] Vgl. Rn. 3. 9 bis Rn. 3. 11.

[380] BGH, MDR 2004, S. 141.

[381] BGH, MDR 2004, S. 141.

[382] Vgl. Rn. 2. 423.

[383] Vgl. Rn. 2. 510 ff.

[384] BGH, MDR 2006, S. 84.

[385] BGH, NZM 2010, S. 120.

[386] Vgl. Rn. 3. 3, Rn. 3. 5, Rn. 3. 91.

[387] BGH, NZM 1998, S. 955.

[388] OLG Karlsruhe, NJW-RR 1989, S. 1179; siehe auch Rn. 2. 134, Rn. 3. 9 bis Rn. 3. 11.

[389] LG Frankfurt/M., NZM 2002, S. 696.

[390] Vgl. Rn. 2. 306.

[391] Vgl. Rn. 3. 24.

[392] Vgl. Rn. 3. 23.

[393] BGH, NZM 2014, S. 635.

[394] AG Hamburg, NZM 2007, S. 211.

[395] BGH, NZM 2014, S. 635: Formularklausel, wonach der Vermieter berechtigt ist, das Mietobjekt nach vorheriger Ankündigung zur „Überprüfung des Wohnungszustands" zu besichtigen.

[396] BGH, NZM 2005, S. 340 = DWW 2005, S. 151.
[397] OLG Düsseldorf, DWW 2006, S. 158; BGH, NZM 2005, S. 340 = DWW 2005, S. 151. Zu einer möglichen zeitlichen Begrenzung des Schadensersatzanspruchs vgl. Rn. 2. 531.
[398] BverfG, WuM 2007, S. 379.
[399] OLG Frankfurt, NJW 1992, S. 2490, 2492.
[400] LG Karlsruhe, DWW 2000, S. 201.
[401] OLG Frankfurt, NJW 1992, S. 2490.
[402] BGH, NZM 2010, S. 119.
[403] BGH, NZM 2007, S. 597.
[404] OLG Frankfurt, NJW 1992, S. 2490, 2491.
[405] Vgl. Rn. 3. 13, Rn. 3. 14.
[406] LG Düsseldorf, NZM 2005, S. 861.
[407] BGH, NZM 2005, S. 335.
[408] LG Düsseldorf, NZM 2005, S. 861.
[409] BGH, ZMR 2007, S. 676.
[410] BGH, NZM 2013, S. 647.
[411] BGH, ZMR 2007, S. 676; BGH, NZM 2013, S. 647.
[412] LG Wuppertal, NZM 2012, S. 725.
[413] BverfG, NZM 2013, S. 376.
[414] LG Krefeld, NZM 2007, S. 246
[415] BGH, MDR 2006, S. 741.
[416] BayObLG, MDR 1995, S. 467.
[417] LG Karlsruhe, DWW 2000, S. 201.
[418] OLG Düsseldorf, ZMR 1991, S. 24.
[419] OLG Düsseldorf, ZMR 1991, S. 24.
[420] OLG Düsseldorf, MDR 2006, S. 1276.
[421] Speziell unter dem Gesichtspunkt von Schimmel- und Feuchtigkeitserscheinungen befasst sich mit den bei Sachmängeln vorliegenden Rechten und Pflichten der Mietvertragsparteien der Verfasser in dem Buch Isenmann/Mersson, „Feuchtigkeitserscheinungen in bewohnten Gebäuden – Ursachen, Folgen, Sanierung, Gutachten, Minderung", 4. Aufl. 2007, Verlag Hubert Wingen, Essen.
[422] BGH, NZM 2013, S. 184 –Lärm durch Straßenverkehr; BGH, NZM 2006, S. 582 –Plattenbauten.
[423] BGH, NZM 2006, S. 582.
[424] BGH, NZM 2010, S. 356; BGH, NZM 2004, S. 736 –Elektrizitätsversorgung, die zumindest den Betrieb eines größeren Haushaltsgeräts und gleichzeitig weiterer haushaltsüblicher Geräte ermöglicht; BGH, NZM 2004, S. 736 –Stromversorgung im Badezimmer, die nicht nur eine Beleuchtung, sondern auch den Betrieb von kleineren elektrischen Geräten über eine Steckdose ermöglicht.
[425] BGH, NZM 2010, S. 356.
[426] BGH, NZM 2010, S. 618; BGH, NZM 2005, S. 60.
[427] BGH, NZM 2004, S. 736 – Knarrgeräusche bei einem Parkettboden im Altbau. Nimmt der Vermieter allerdings bauliche Veränderungen vor, so kann der Mieter erwarten, dass Lärmschutzmaßnahmen getroffen werden, die den Anforderungen der zur Zeit des Umbaus geltenden DIN-Normen genügen. Wird z. B. ein älteres Wohnhaus um ein weiteres Wohngeschoß aufgestockt, so entsteht an der Wohnung, die vor der Aufstockung im obersten Geschoß gelegen war, ein Mangel, wenn die Trittschalldämmung der darüber errichteten Wohnung – von ganz geringfügigen Unterschreitungen des Schallschutzes abgesehen (BGH, NZM 2013, S. 575) – nicht den Anforderungen der im Zeitpunkt der Aufstockung geltenden DIN-Norm an normalen Trittschallschutz genügt (BGH, NZM 2005, S. 60). Das gilt aber nicht bei bloßem Austausch des Fußbodenbelags in der Oberwohnung (BGH, NZM, 2009, S. 580). Nimmt der Vermieter bauliche Veränderungen an einem älteren Gebäude vor, kann der Mieter, sofern nicht etwas an-

deres vereinbart ist, nur dann erwarten, dass der Tritt- und Luftschallschutz anschließend den höheren Anforderungen der zur Zeit der baulichen Veränderungen geltenden DIN-Normen genügt, wenn die Maßnahmen von der Intensität des Eingriffs in die Gebäudesubstanz her mit einem Neubau oder einer grundlegenden Veränderung des Gebäudes vergleichbar sind (BGH, NZM 2013, S. 575).

[428] LG Dresden, NZM 2015, S. 250; ähnlich AG Ansbach, ZMR 2013, S. 638.

[429] BGH, NZM 2011, S. 153 – jahreszeitabhängige Aufheizung der Räume.

[430] BGH, NZM 2010, S. 356 – defekte Gaskombitherme im Sommer – nur Warmwasser- und Winter – auch Heizung.

[431] BGH, NZM 2012, S. 109.

[432] Vgl. Rn. 2. 240.

[433] BGH, NZM 2005, S. 455.

[434] BGH. NZM 2011, S. 453.

[435] Vgl. zu einer anderen, rechnerisch zum gleichen Ergebnis führenden Berechnungsweise BGH, NZM 2011, S. 453.

[436] Vgl. Rn. 2. 213.

[437] In Anlehnung an BGHZ 63, S. 132.

[438] BGH, NZM 2010, S. 507.

[439] AG Köln, NZM 2007, S. 161.

[440] In Anlehnung an BGH, NZM 2008, S. 279.

[441] BGH, ZMR 2006, S. 680 = MDR 06, 1392.

[442] BGH, WuM 2006, S. 147 =NZM 2006, S. 258 = ZMR 2006, S. 356, = DWW 2006, S. 158, für einen Fall des sog. Foggings.

[443] LG Mannheim, WuM 1998, S. 663.

[444] LG Berlin, GE 2002, S. 55; LG Berlin, NZM 2013, S. 727.

[445] BGH, NZM 2011, S. 197.

[446] LG Berlin, GE 2002, S. 55.

[447] OLG Köln, DWW 2001, S. 275.

[448] KG, WuM 2006, S. 390.

[449] KG, WuM 2006, S. 390.

[450] BGH, NZM 2010, S. 438.

[451] AG Stuttgart-Bad Cannstadt, WuM 2008, S. 594 –Schikanierung der Handwerker, bis diese sich weigern, in Anwesenheit des Mieters Arbeiten auszuführen.

[452] AG Stuttgart-Bad Cannstadt, WuM 2008, S. 594.

[453] BGH, NZM 2012, S. 456 –Fensterschließen bei Baustellenlärm

[454] Siehe Wohnraummietvertrag Rn. 3. 83) § 9.

[455] Zur Klarstellung: Den Erfüllungsanspruch, also den Anspruch auf Herstellung des vertragsgemäßen Zustands aus § 535 Abs. 1 Satz 2 BGB, kann der Mieter auch dann noch geltend machen, wenn Gewährleistungsansprüche nach § 536b BGB ausgeschlossen sind. Auch der Erfüllungsanspruch ist jedoch ausgeschlossen, wenn die Mietvertragsparteien einen bestimmten, bei der Überlassung vorhandenen (schlechten) Zustand der Mietsache als vertragsgemäß vereinbart haben. Dieser Schluss wird allerdings häufig gerechtfertigt sein, wenn der Mieter den Mietvertrag in Kenntnis eines bestimmten Mangels abschließt, d. h. die Mietsache so, wie sie ist, akzeptiert; BGH, ZMR 2007, S. 605. Verweigert der Mieter Handwerkern wiederholt den Zutritt zur Wohnung, kann ggf auch der auf Mangelbeseitigung gerichtete Erfüllungsanspruch verwirkt sein; AG Münster NZM 2008, S. 481.

[456] Siehe Wohnraummietvertrag (Rn. 3. 83) § 8..

[457] BGH, NJW 1974, S. 2233; BGH, NJW 1997, S. 2674; BGH, NJW 1997, S. 2675; BGH, ZMR 2003, S. 341.

[458] BGH, MDR 2003, S. 1103 = ZMR 2003, S. 667.

[459] BGH, MDR 2003, S. 1103 = ZMR 2003, S. 667 = WuM 2003, S. 440 = DWW 2003, S. 258 = NZM 2003, S. 679.

[460] BGH, ZMR 2006, S. 107.

[461] BGH, ZMR 2006, S. 107.
[462] BGH, ZMR 2006, S. 107.
[463] Vgl. Rn. 2. 352.
[464] BGH, NZM 2007, S. 682 (für die Bepflanzung des Gartens nach den Vorstellungen des Mieters): „Denn es kann nicht ohne weiteres angenommen werden, dass der Vermieter, der dem Mieter erlaubt, die Mietsache nach dessen individuellen Wünschen und in dessen eigenem Interesse zu verändern, auch noch verpflichtet sein soll, dem Mieter die Aufwendungen hierfür zu ersetzen."
[465] Vgl. Rn. 2. 415.
[466] Vgl. Rn. 3. 43.
[467] Schon weil dadurch die Monatsfrist des § 562 b Abs. 2 Satz 2 BGB ablaufen würde (LG Mannheim, DWW 1977, S. 43).
[468] BGH, MDR 2007, S. 1181.
[469] Vgl. Rn. 2. 121 ff.
[470] Vgl. Rn. 2. 480.
[471] BGH, NJW 1979, S. 1288.
[472] Vgl. Rn. 2. 121 ff.
[473] BGH, NJW 1979, S. 1288.
[474] Vgl. Rn. 2. 585 ff.
[475] BGH, NZM 2010, S. 548; BGH, NZM 2004, S. 187 = NJW 2004, S. 850.
[476] BGH, NZM 2004, S. 699.
[477] AG Hamburg-Altona, NZM 2009, S. 700; LG Dortmund, NZM 2004, S. 189.
[478] BGH, NZM 2010, S. 548; -ähnlich BGH, NZM 2013, S. 422 –„Saldoklage".
[479] LG Berlin, NJW 2003, S. 3063.
[480] BGH, NZM 2010, S. 548; LG Berlin, NJW 2003, S. 3063.
[481] BGH, NJW 1987, S. 432.
[482] BGH, NZM 2011, S. 275.
[483] Vgl. Rn. 2. 490.
[484] Vgl. Rn. 2. 524; Rn. 3. 49.
[485] Nach aA genügt eine im Räumungsrechtsstreit durch Schriftsatz erklärte Kündigung der nach § 568 BGB geforderten Schriftform (LG Heidelberg, NZM 2011, S. 693).
[486] Vgl. Rn. 2. 408 ff.
[487] Zur Weitergeltung vertraglich vereinbarter Kündigungsfristen bei Mietverträgen, die am 1. 9. 2001 bereits bestanden haben; vgl. Art. 229 § 3 Abs. 10 EGBGB.
[488] Höchstrichterlich noch nicht geklärt ist die Frage, ob in diesem Zusammenhang der Samstag als Werktag anzusehen ist.
[489] BGH, NZM 2005, S. 532 = NJW 2005, S. 2154.
[490] OLG Hamm, MDR 1994, S. 56.
[491] Vgl. Rn. 2. 469.
[492] Vgl. Rn. 3. 42, Rn. 3. 100.
[493] BGH, NJW 1969, S. 1845.
[494] Vgl. Rn. 3. 100.
[495] Vgl. Rn. 2. 418.
[496] BGH, NZM 2010, S. 901.
[497] BGH, NZM 2007, S. 400 = NJW-RR 2007, S. 886.
[498] BGH, NZM 2015, S. 196.
[499] LG Frankfurt/M., NJW-RR 1993, S. 143.
[500] BGH, NZM 2015, S. 196.
[501] Vgl. Rn. 3. 36 bis Rn. 3. 40, Rn. 3. 98, Rn. 3. 99.
[502] BGH, NZM 2015, S. 196.
[503] BGH, NZM 2005, S. 538 = WuM 2005, S. 401.
[504] LG Düsseldorf, NJW-RR 1991, S. 1353 (Entscheidung betraf ein Gewerbegrundstück).
[505] BGH, NZM 2012, S. 637 = NJW 2012, S. 2882; zur Fälligkeit der Miete vgl. Rn. 2. 63.
[506] OLG Düsseldorf, NZM 2004, S. 768.

[507] BGH, NZM 2015, S. 196.

[508] Vgl. dazu Rn. 2. 437.

[509] LG Hannover, NJW-RR 1995, S. 331.

[510] BGH, NZM 2012, S. 637 = NJW 2012, S. 2882.

[511] BGH, NZM 2007, 35.

[512] BGH, NZM 2009, 314.

[513] Vgl. Rn. 2. 529 ff.

[514] AG Tiergarten GE 1987, S. 883; aA. LG Berlin NJW-RR 1993, S. 144 wonach es ausreichend sein soll, wenn der Mieter das Geld rechtzeitig bei der Bank oder Post eingezahlt bzw. überwiesen hat, auch wenn es noch nicht auf dem Konto des Vermieters angekommen ist

[515] Vgl. Rn A 449 ff.

[516] BGH, MDR 2005, S. 678.

[517] BGH, MDR 2005, S. 678.

[518] BGH, WuM 2007, S. 24 – Falschberatung hinsichtlich eines in Wahrheit nicht bestehenden Zurückbehaltungsrechts bzgl. der Betriebskostenvorauszahlung.

[519] BGH, NZM 2012, S. 637 = NJW 2012, S. 2882.

[520] Vgl. Rn. 2. 424.

[521] BGH, NZM 2012, S. 22; OLG Karlsruhe, NJW 2003, S. 2759; Rechtsgrundlage der fristlosen Kündigung ist in diesem Fall § 543 Abs. 1 BGB -fristlose Kündigung aus wichtigem Grund-, BGH, NZM 2006, S. 338.

[522] BGH, NZM 2008, S. 121.

[523] BGH, NZM 2006, S. 338.

[524] BGH, NZM 2011, S. 579.

[525] BGH, NZM 2012, S. 22.

[526] LG Heilbronn, ZMR 1991, S. 388. Im dortigen Fall erstreckte sich das Zuwarten der Vermieter über Jahre. Vgl. im Übrigen Rn. 3. 36 bis Rn. 3. 39, Rn. 3. 41.

[527] BGH, NZM 2007, S. 439 = WuM 2007, S. 319. Zur Entbehrlichkeit dieser Vorwarnung vgl. Rn. 2. 329.

[528] BGH, NZM 2004, S. 222.

[529] Vgl. Rn. 2. 424.

[530] BGH, NZM 2013, S. 20.

[531] Vgl. Rn. 2. 438.

[532] Vgl. Rn. 2. 431; BGH, NZM 2013, S. 20; LG Berlin, NZM 2014, S. 862.

[533] Vgl. Rn. 2. 448, Rn. 2. 418.

[534] LG Darmstadt, NJW 1983, S. 52.

[535] Im entschiedenen Fall hatte der vertragstreue Mieter sich selber nichts zuschulden kommen lassen, sondern im Gegenteil selbst unter dem vertragswidrigen Verhalten seines Mitmieters gelitten.

[536] Vgl. Rn. 2. 437.

[537] BVerfG, NJW 1989, S. 970 und NJW 1993, S. 1637.

[538] BVerfG, NZM 2014, S. 624.

[539] BayObLG, NJW 1982, S. 1159.

[540] BVerfG, NJW 1990, S. 309.

[541] BGH, MDR 2003, S. 1104.

[542] BGH, NZM 2008, S. 642.

[543] BVerfG, NJW 1993, S. 1637.

[544] BVerfG, NJW 1993, S. 1637.

[545] BGH, NZM 2005, S. 943.

[546] BGH, NZM 2013. S. 22.

[547] BGH, NZM 2005, S. 943.

[548] BGH, NZM 2013, S. 22.

[549] BGH, NZM 2013, S. 22; BGH, NZM 2005, S. 943.

[550] BVerfG, NJW 1994, S. 310.

[551] BGH, NZM 2011, S. 706.

[552] BGH, NZM 2014, S. 466.

[553] BVerfG, NJW 1992, S. 1379.

[554] BGH, NZM 2013, S. 419.

[555] BGH, NZM 2015, S. 296.

[556] BGH, NZM 2015, S. 296 – im entschiedenen Fall hatte das Berufungsgericht eine Vorhersehbarkeit des Eigenbedarfs bejaht, obwohl es angenommen hat, dass sich noch nicht einmal die Tochter des Vermieters zum Zeitpunkt des Vertragsabschlusses konkrete Vorstellungen über einen Auszug aus dem elterlichen Heim gemacht hatte; der Vermieter aber hätte voraussehen müssen, dass seine Tochter, deren Abitur rund ein Jahr nach Vertragsabschluss anstand, nach einem sich daran anschließenden einjährigen Auslandsaufenthalt einen Ausbildungsplatz annehmen würde und eine eigene Wohnung würde beziehen wollen.

[557] BGH, NZM 2006, S. 50.

[558] BGH, NZM 2006, S. 50; BVerfG, NZM 2006, S. 459.

[559] BGH, NJW 2010, S. 1290 = NZM 2010, S. 271.

[560] BGH, NZM 2009, S. 353.

[561] BGH, NZM 2011, S. 30.

[562] Vgl. Rn. 3. 44.

[563] BGH, NZM 2011, S. 30.

[564] BGH, NZM 2011, S. 706.

[565] LG Heidelberg, NZM 2013, S. 142.

[566] Vgl. Rn. 2. 490. Zur Interessenabwägung in einem solchen Fall vgl. LG Frankfurt/M., NZM 2011, S. 774; AG Dortmund, NZM 2004, S. 499; BGH; NZM 2013, S. 419.

[567] BGH, NZM 2011, S. 119.

[568] Vgl. den vorstehenden Absatz, OLG Frankfurt, ZMR 1995, S. 68 und LG Gießen, ZMR 1995, S. 540.

[569] BGH, MDR 2005, S. 1218.

[570] BVerfG, NJW 1997, S. 2377 = ZMR 1997, S. 399 = WuM 1997, S. 361.

[571] BGH, MDR 2005, S. 1218.

[572] BGH, MDR 2003, S. 1410.

[573] Vgl. Rn. 2. 570.

[574] BVerfG, NJW 1992, S. 494, vgl. auch Rn. 3. 46.

[575] LG Köln, WuM 1996, S. 266.

[576] BGH, NZM 2010, S. 815; OLG Frankfurt/M., ZMR 1991, S. 103; aA LG Frankfurt/M., NZM 2009, S. 858.

[577] Vgl. Rn. 3. 86.

[578] Vgl. Rn. 2. 560.

[579] Siehe Rn. 2. 480 ff. und 490.

[580] Vgl. Rn. 3. 50, Rn. 3. 51.

[581] BGH, NZM 2014, S. 626.

[582] BGH, NZM 2014, S. 626.

[583] BGH, NZM 2012, S. 78.

[584] BGH, NZM 2012, S. 78; LG Bonn, ZMR 2009, S. 529.

[585] BGH, NZM 2013, S. 726.

[586] BGH, NZM 2012, S. 78.

[587] BGH, NZM 2003, S. 277.

[588] Vgl. Rn. 2. 20 ff.

[589] Vgl. Rn. 3. 88, Rn. 3. 89.

[590] Vgl. Rn. 520.

[591] Vgl. Rn. 2. 520 ff.

[592] Vgl. Rn. 2. 511.

[593] Vgl. Rn. 2. 515.

[594] Vgl. RN. A 511,

[595] Vgl. Rn. 2. 515.

[596] BGH, NZM 2015, S. 207.

[597] Vgl. Rn. 2. 449 ff.

[598] Vgl. Rn. 2. 391.

[599] Vgl. Rn. 3. 49.

[600] BGH, NZM 2014, S. 580; nach dieser Entscheidung ist hier im übrigen § 167 ZPO anwendbar, so dass ein rechtzeitiger Widerspruch gegen die Verlängerung des Mietverhältnisses auch dadurch erfolgen kann, dass innerhalb der Widerspruchsfrist eine Räumungsklage eingereicht wird, deren Zustellung „demnächst" i. S. d. § 167 ZPO erfolgt.

[601] BGH, NJW 2010, S. 2124 = NZM 2010, S. 510; OLG Hamburg, NJW 1981, S. 2258.

[602] BGH, NJW-RR 1988, S. 76.

[603] LG Heilbronn, ZMR 1991, S. 388, 389.

[604] BGH, NJW 2010, S. 2124 = NZM 2010, S. 510.

[605] BGH, NJW 1991, S. 1750, 1751.

[606] OLG Schleswig, NJW 1995, S. 2858.

[607] Vgl. Rn. 3. 40, Rn. 3. 83, dort § 1.

[608] OLG München, DWW 1987, S. 124.

[609] Vgl. Rn. 2. 82 ff.

[610] Vgl. Rn. 3. 52 bis Rn. 3. 56, Rn. 3. 82.

[611] BGH, BGHZ 49, S. 56, 59.

[612] BGH, NZM 1998, S. 75; BGH, NJW 1984, S. 2687; BerlVerfGH, NZM 2007, S. 480.

[613] Vgl. Rn. 2. 111.

[614] BGH, NZM 2008, S. 318.

[615] AG Köpenick, GE 2012, S. 1639.

[616] LG Göttingen, ZMR 1990, S. 145.

[617] LG München I, NZM 2005, S. 912.

[618] BGH, NJW 1987, S. 2861.

[619] AG Neunkirchen, NZM 2000, S. 192, 193.

[620] BGH, NZM 2006, S. 343 = ZMR 2006, S. 431 = MDR 2006, S. 1100.

[621] Vgl. Rn. 3. 57 bis, Rn. 3. 60, Rn. 3. 93.

[622] Vgl. Rn. 3. 98.

[623] Vgl. Rn. 2. 424, Rn. 3. 40.

[624] Vgl. Rn. 3. 99, Rn. 3. 100prozess.

[625] BT-Drucksache 17/10485, S. 42.

[626] BGH, NJW 2003, S. 1395.

[627] BGH, NZM 2005, S. 651.

[628] BGH, NZM 2007, S. 161.

[629] Das Gegenteil der Parteimaxime ist der Amtsermittlungsgrundsatz, der z. B. im Straf- und Verwaltungsverfahren gilt. Hier klärt das Gericht den Sachverhalt von Amts wegen auf, kann also z. B. auch Zeugen laden, die niemand benannt hat, die das Gericht aber zur Sachaufklärung für erforderlich hält.

[630] Vgl. z. B. http://www.justiz.nrw.de/JM/online_verfahren_projekte/projekte_fuer_partner _der_justiz/elektronische_kostenmarke/

[631] Zur Sicherheit sollten Sie sich vorher beim AG erkundigen, ob diese Zahlungsweise dort akzeptiert wird.

[632] Vgl. Rn. 2. 208.

[633] Vgl. Rn. 3. 99, Rn. 3. 100.

[634] Z. B. http://www.justiz.de/formulare/zwi_bund/zp1a.pdf

[635] OLG Stuttgart, NZM 2006, S. 880.

[636] Vgl. Rn. 2. 386.

[637] Sog. Berliner, Frankfurter oder Hamburger Modell.

[638] BGH, NZM 2014, S. 429; BGH, NZM 2009, S. 853.

[639] BGH, NZM 2009, S. 853.

[640] Zum Begriff des Studentenwohnheims vgl. BGH, NZM 2012, S. 606.

[641] Vgl. zu diesem Thema auch die Aufsätze von Mersson, NZM 2002, S. 313, „Barrierefreiheit – doch nicht hindernisfrei!" und ZMR 2001, S. 956, „Behindertengerechtes Wohnen – die‚Barrierefreiheit' im BGB".

[642] In diese Abwägung sind alle erheblichen Umstände einzustellen, wie z. B. Art, Dauer, Schwere der Behinderung, Umfang und Erforderlichkeit der Maßnahme, Dauer der Bauzeit, Möglichkeit des Rückbaus, bauordnungsrechtliche Genehmigungsfähigkeit, Beeinträchtigung der Mitmieter während der Bauzeit, Einschränkungen durch die Maßnahme selbst sowie mögliche Haftungsrisiken des Vermieters etwa aufgrund der ihm obliegenden Verkehrssicherungspflicht.

[643] Vgl. Rn. 2. 329.

[644] BT-Drs. 4/5663 vom 27. 3. 2001, S. 78.

[645] Vgl. Rn. 2. 535.

3. Kapitel

[1] Die in diesem Absatz gegebene Begründung für die Mieterhöhung ist nach §§558 ff. BGB nicht erforderlich, gar überflüssig. Das ändert aber nichts daran, dass die meisten Mieter Nichtjuristen sind, und daher neben der rein juristischen Bezugnahme auf den Mietspiegel möglicherweise eine irgendwie geartete „inhaltliche" Begründung für eine Berechtigung zur Mieterhöhung vermissen werden. Die im Beispiel gegebenen Erläuterungen können daher helfen, das Mieterhöhungsverlangen für den Mieter nachvollziehbarer und akzeptierbar zu gestalten. Eine solche zusätzliche Begründung ist nach den §§ 558 ff. BGB jedenfalls unschädlich. Sie bietet sich insbesondere an, wenn der Vermieter – ggf. ohne dies z. B. nach § 559 BGB (soweit dies bei der jeweiligen Investitionsmaßnahme möglich gewesen wäre) auf die Mieter umgelegt zu haben – seit der letzten Mieterhöhung für den Mieter sichtbare Investitionen in das Haus (Fassadenanstrich, Renovierung des Hausflurs) oder die Wohnung (z. B. Einbau einer neuen Heiztherme) vorgenommen hat. Möglicherweise kann diese „unjuristische" Zusatzbegründung für den Mieter sogar das eigentliche Motiv sein, warum er der Mieterhöhung zustimmt.

[2] Zur „gespaltenen" Kappungsgrenze von 20 oder – dann wäre die Mieterhöhung in dieser Höhe im Beispielsfall nicht möglich – 15% vgl. Rn. 2. 163.

[3] Vgl. Rn. 2. 187. Hier sollte alles angeführt werden, was die Wohnung an Vorzügen bietet. Dabei ist nicht nur an wohnungsbezogene Vorteile – im Beispiel die Neuverfliesung des Bades – zu denken, sondern auch an das Haus insgesamt – im Beispiel der neue Fassadenanstrich –, an die Lage – im Beispiel verkehrsgünstig und nah an einem Park – usw.

[4] Auch diese Ausführungen sind gem. §§ 558 ff. BGB entbehrlich, können aber die Mieterhöhung für den Mieter erträglicher erscheinen lassen.

[5] Wenn Sie mehr als drei Vergleichsmieten benennen können, sollten Sie das vorsorglich machen (schon allein für den Fall, dass ein Gericht in einem späteren Verfahren eine der von Ihnen benannten Wohnungen als nicht vergleichbar ansieht).

[6] Zur „gespaltenen" Kappungsgrenze von 20 oder – dann wäre die Mieterhöhung in dieser Höhe im Beispielsfall nicht möglich – 15% vgl. Rn. 2. 163.

[7] Wenn Sie mehr als drei Vergleichsmieten benennen können, sollten Sie das vorsorglich machen (schon allein für den Fall, dass ein Gericht in einem späteren Verfahren eine der von Ihnen benannten Wohnungen als nicht vergleichbar ansieht).

[8] Ein solcher Hinweis ist jedem Vermieter nach Einbau neuer Fenster zu empfehlen. Macht der Einbau neuer Fenster ein geändertes Lüftungsverhalten erforderlich und kommt es zur Schimmelbildung, weil der Mieter dem nicht gerecht wird, soll nach Ansicht des LG Gießen (ZMR 2000, S. 537) der Mangel dennoch aus dem Gefahrenkreis des Vermieters stammen, wenn der Mieter nicht über die nach dem Einbau notwendigen zusätzlichen Lüftungsmaßnahmen unterrichtet hat. Dagegen muss nach Ansicht des AG Nürtingen (NZM 2011, S. 40) auf Notwendigkeit und Umfang des

Heizens und Lüftens nach dem Einbau der Fenster nicht hinweisen, da der Vermieter dieses Wissen als allgmein bekannt voraussetzen kann. Nach OLG Frankfurt/M. (NZM 2001, S. 39) liegt eine ordnungsgemäße Belüftung einer Wohnung regelmäßig dann vor, wenn dreimal am Tag quergelüftet wird. Eine derartige Verhaltensweise sei ein normales, alltägliches Wohnverhalten und könne daher von jedem Wohnungsnutzer verlangt werden.

[9] Solche Merkblätter erhält man z. B. von den Herstellern oder Lieferanten der neuen Fenster; Hinweise finden sich aber auch im Internet, etwa unter dem Suchwort „richtiges Heiz- und Lüftungsverhalten."

[10] Der Vermieter muss den Mieter nicht von sich aus auf das Recht hinweisen, ggf. eine angemessene Herabsetzung des Miete verlangen zu können. Bei der Höhe ist zu berücksichtigen, dass es sich hier (nur) um Nebenräume handelt.

[11] Das Formular hält fest, wie und wo die Mieter erreichbar sind und wo in Notfällen ggf. ein Wohnungsschlüssel ist. Viele Mieter deponieren einen Zweitschlüssel für Urlaubsabwesenheit z. B. beim Etagennachbarn, bei Verwandten usw.

[12] Dieses Formular gibt einen schnellen Überblick über die Größe und Zimmerzahl der Wohnungen.

[13] Das Formular gibt einen erweiterten Überblick über Größe und Ausstattung der Wohnungen. Es ist z. B. bei der Aufgabe von Zeitungsinseraten und beim Gespräch mit Mietinteressenten als Gedächtnisstütze hilfreich.

[14] Das Formular ordnet jeder Wohnung den Mieter zu und gibt einen Überblick über die Miethöhe.

[15] Das Formular dient der Erfassung der Namen und Anschriften der Garagenmieter. Diese wohnen oftmals nicht im bei den Garagen befindlichen Wohnhaus. Außerdem können der eingestellte Pkw und dessen amtliches Kennzeichen festgehalten werden.

[16] Das Formular dient der einfachen Kontrolle pünktlicher Mietzahlungen. In die erste Spalte ist der Name des Mieters einzusetzen, danach die Miethöhe. Falls gewünscht, kann zur schnellen Übersicht z. B. eine Aufschlüsselung mit vorangestellten Abkürzungen erfolgen, z. B. „M" für die Wohnungsmiete und „G" für Garagenmiete. Die Spalte „ab" dient dem evtl. Eintrag eines Monats, ab dem eine höhere Miete gilt, z. B. aufgrund einer Mieterhöhung oder einer bereits bei Vertragsschluss vereinbarten Staffelmiete. In der Spalte ist dann auch der höhere Mietbetrag einzutragen. In den Monatsspalten kann dann durch einfaches Abhaken festgehalten werden, ob der Betrag gezahlt wurde. Wurde nicht gezahlt, bleibt das Kästchen einfach offen. Wurde zu wenig gezahlt, ist der gezahlte Betrag einzutragen. Zum schnellen Auffinden von Fehlbeträgen kann man den nicht oder zu wenig gezahlten Betrag zusätzlich rot einzutragen. Bei ständig schleppender Zahlungsweise kann auch das Datum des jeweiligen Zahlungseingangs in dem Kästchen mit erfasst werden.

[17] Wer optische Hilfestellungen bevorzugt, kann in dieses Formular Mieter und Telefonnummern eintragen. Das Formular stellt ein fünfstöckiges Haus mit zwei Wohnungen pro Etage schematisch dar.

[18] Wie Formular Nr. 7. Das Formular stellt ein fünfstöckiges Haus mit drei Wohnungen pro Etage und einem mit zwei Wohnungen ausgebauten Dachgeschoss schematisch dar.

[19] Dieses Formular gibt einen schnellen Überblick über das Haus betreffende Verträge und Bescheide. Besonders bei telefonischen Schadensmeldungen oder Rückfragen hat man sofort die Telefonnummer, Vertragsnummer und ggf. den Namen eines persönlichen Ansprechpartners parat.

[20] Das Formular gibt einen Überblick über auf dem Haus lastende Darlehen, die monatliche Belastung und die Fälligkeits- bzw. Prolongationsdaten.

[21] Das Formular verschafft Vermietern, die mehrere Immobilien besitzen, einen Überblick über die Gesamtbelastung und die Gesamteinnahmen aus Vermietung und Verpachtung (ohne z. B. Reparaturkosten).

[22] Das Formular erfasst, welcher Handwerker für welche Arbeiten im Haus gerufen werden kann.

[23] Dieses Formular dient der Erfassung wichtiger Objektdaten. Es kann z. B. vor einer persönlichen Kaufentscheidung oder für Finanzierungsgespräche mit der Hausbank eingesetzt werden.

[24] Das Formular hilft, sich vor Augen zu führen, ob man sich eine gewünschte Immobilie auch leisten kann.

[25] Man sollte zur Sicherheit nur von dem tatsächlich ausgezahlten regelmäßigen Gehalt ausgehen. Eventuell erwartete Steuerrückerstattungen oder nur unregelmäßige Zahlungen (z. B. für Überstunden) sollten lieber als „stille Reserven" betrachtet werden.

[26] Auch hier zur Sicherheit: nach Steuern.

[27] Das Formular erleichtert die Auswahl unter mehreren Finanzierungsangeboten.

[28] Wenn es einmal schnell gehen soll, z. B. bei der Übersendung einer auszugleichenden Handwerkerrechnung an die Gebäudeversicherung, kann dieses Formular zum Einsatz kommen.

[29] Formular für die erste bis dritte Mahnung zum Ankreuzen und Ausfüllen. Selbst wenn es sich um die erste Mahnung handelt und die Felder mit der Androhung gerichtlicher Schritte noch nicht angekreuzt sind, sieht der Mieter, wohin weiterer Zahlungsverzug führen kann. Falls der ersten Mahnung die „Drohungen" noch nicht sichtbar sein sollen, kann man sich durch Kopieren der Musterbriefe 36 bis 39 auch einen Formularsatz anlegen, der eine abgestufte Reaktion auf das Zahlungsverhalten des Mieters zulässt.

[30] Dieses Formular kann für typische vom Vermieter vereinnahmte Zahlungen zum Einsatz kommen.

[31] Vgl. Rn. 3. 5.

[32] Solche Merkblätter erhält man z. B. von den Herstellern oder Lieferanten der neuen Fenster; Hinweise finden sich aber auch im Internet unter dem Suchwort „richtiges Heiz- und Lüftungsverhalten".

[33] Vgl. Rn. 2. 38, Rn. 2. 480.

[34] Diese Klarstellung empfiehlt sich, vgl. Rn. 2. 502.

[35] Diese Klarstellung empfiehlt sich, vgl. Rn. 2. 502.

[36] Bei dieser Betriebskostenabrechnung werden die eher sachbezogenen Kosten (Grundsteuer, Straßenreinigung, Gebäudeversicherung, Gebäudehaftpflicht) nach Wohnfläche (bzw. im vorliegenden Fall bei annähernd gleich großen Zimmern nach Zimmerzahl), die eher personenbezogenen (verbrauchsbezogenen) Kosten (Wasser, Abwasser, Allgemeinstrom und Müllabfuhr) nach Köpfen abgerechnet.

[37] Ähnlich wie Nr. 1, jedoch werden hier nur Wasser und Abwasser nach Köpfen, die übrigen Nebenkosten nach Quadratmetern Wohnfläche (im Beispiel als bereits im Mietvertrag genannte Prozentzahl) abgerechnet. Zusätzlich erfolgt die Abrechnung der Immissionsmessung der Gastherme pro Wohnung nach der Rechnung des Schornsteinfegers.

[38] Diese Abrechnung versucht der unterschiedlichen Personenzahl und Wohnungsgröße durch ein Punktesystem Rechnung zu tragen: pro Person ein Punkt, pro Zimmer ein Punkt, pro Bad/Toilette ein Punkt. Zusätzlich erfolgt die Abrechnung der Immissionsmessung der Gastherme pro Wohnung nach der Rechnung des Schornsteinfegers.

[39] Diese Abrechnung stellt allein auf die unterschiedlichen Wohnungsgrößen ab.

[40] Diese Abrechnung orientiert sich an der Anzahl der Personen in einer Wohnung; zusätzlich werden die Kosten der Immissionsmessung lt. Rechnung weiterbelastet.

Anhang

[1] Wegen des für das Gebiet der ehemaligen DDR geltenden Übergangsrechts zu § 573 Abs. 2 Nr. 3 beachte Art. 223 § 2 Abs. 2 EGBGB.

[2] Aufgehoben mit Wirkung vom 1. 1. 2004.

Sachverzeichnis

Die Zahlen verweisen auf die Seiten.

C

Z

Buchanzeigen

Wohnen

Informationen rund um Ihr Heim

Mieten

MietR · Mietrecht
BGB-Mietrecht mit wichtigen Nebengesetzen.
Textausgabe **Toptitel**
48. Aufl. 2015. 533 S.
€ 7,90. dtv 5013

Neu in der 48. Auflage: Zentraler Punkt der 48. Auflage ist das Mietrechtsnovellierungsgesetz 2015, das mit der sogenannten Mietpreisbremse und dem Bestellerprinzip bei der Maklerhonorierung wesentliche Neuerungen bringt.

Spreng
Das neue Mietrecht
Problemlösungen für Mieter, Vermieter und Verwalter.
Rechtsberater **Neu**
5. Aufl. 2015. Rd. 780 S.
Ca. € 19,90. dtv 50744
In Vorbereitung für 2015

Mit dem allgemeinen Gleichbehandlungsgesetz. Ein umfangreicher Anhang mit Gesetzestexten und Musterschreiben bietet Mietern und Vermietern viel Service.

Blank
Mietrecht von A–Z
Mehr als 400 Stichwörter zum aktuellen Recht.
Rechtsberater **Toptitel**
18. Aufl. 2014. 867 S.
€ 24,90. dtv 50751
Auch als ebook erhältlich.

Der Klassiker bietet übersichtlich und aktuell von A-Z alles Wissenswerte zum Mietrecht: praxisgerecht und verständlich erläutert.

Mersson
Vermieterleitfaden
Aktuelles Mietrecht · Mustertexte · Abrechnungsbeispiele · Checklisten.
Rechtsberater
6. Aufl. 2015. 546 S. **Neu**
€ 18,90. dtv 50791
Auch als ebook erhältlich.

Mit 130 Mustertexten (Briefe, Formulare, Verträge, Klagen), Checklisten sowie Beispielen für Nebenkostenabrechnungen.

Fröba

Ratgeber Wohngeld

Was Mieter und Eigentümer
wissen sollten.
Rechtsberater
1. Aufl. 2009. 254 S.
€ 12,90. dtv 50671

Lützenkirchen

Mietnebenkosten von A–Z

Begriffe · Musterformulierungen
· Berechnungsbeispiele · Check-
listen.
Rechtsberater
6. Aufl. 2014. 497 S.
€ 19,90. dtv 50758
Auch als ebook erhältlich.
Erläutert werden sämtliche
Begriffe aus dem Betriebs-
kostenwesen, die Vermieter,
Mieter, aber auch Makler und
Verwalter kennen sollten.

Lenßen

**Ihr Recht: Miete und
Nebenkosten**

Beck im dtv
1. Aufl. 2009. 108 S.
€ 6,90. dtv 50455

Kaufen

GrdstR · Grundstücksrecht

Textausgabe
7. Aufl. 2014. 632 S.
€ 14,90. dtv 5586
u.a. mit BGB (Auszug),
BeurkundungsG, ErbbauRG,
WEG, BauGB (Auszug), GBO,
ZPO (Auszug), Gesetz über
die Zwangsversteigerung und
Zwangsverwaltung, GrErwStG,
GrStG.

Fischl/Kirchhoff/Wolicki

Eigentumswohnung

Professionell kaufen, versichern,
verwalten, vererben, veräußern
etc.
Beck im dtv
2. Aufl. 2015. 616 S.
€ 26,90. dtv 50705
In Vorbereitung für Juli 2015
Auch als ebook erhältlich.
Alles Wichtige rund um die
Eigentumswohnung ver-
ständlich aufbereitet und
übersichtlich dargestellt. Mit
ausführlichen steuerrecht-
lichen Ausführungen.

Grziwotz
Immobilienkauf vom Bauträger
Risiken erkennen und vermeiden.
Rechtsberater
1. Aufl. 2007. 202 S.
€ 13,–. dtv 50645
Sicher zur eigenen Immobilie.

Herrling/Detzel/Gaisbauer
Immobilien aus zweiter Hand
Ihr Ratgeber für Erwerb und Besitz.
Wirtschaftsberater
3. Aufl. 2007. 313 S.
€ 10,–. dtv 5887
Bautechnische und rechtliche Aspekte, Kosten, Steuern, staatliche Förderung u.v.m.

Kirchhoff/Schneider
Steuern sparen für Immobilien-Eigentümer
So machen Sie alle Kosten und Aufwendungen richtig geltend.
Rechtsberater
1. Aufl. 2009. 206 S.
€ 12,90. dtv 50689
Mit zahlreichen Beispielen und Musterrechnungen.

Herrling/Federspiel
Wege zum Wohneigentum
Ihr Ratgeber für den Immobilienerwerb.
Wirtschaftsberater
8. Aufl. 2009. 387 S.
€ 12,90. dtv 5834
Von der Prüfung der Immobilie über die Finanzierungsplanung bis hin zur optimalen Vermietung.

Bub/von der Osten
Wohnungseigentum von A–Z
Antworten auf alle Fragen des Wohnungseigentums.
Rechtsberater
7. Aufl. 2004. Mit Nachtrag 2007.
1166 und 2 S.
€ 16,50. dtv 5054
Für Käufer und Inhaber ebenso wie für Verwalter, Richter, Rechtsanwälte und Notare.

Kirchhoff
Wohnungseigentum in Frage und Antwort
Erwerb · Finanzierung · Verwaltung · Verkauf.
Rechtsberater **Toptitel**
2. Aufl. 2013. 232 S.
€ 10,90. dtv 50733
Auch als ebook erhältlich.
Alle Fragen rund um die Eigentumswohnung kompetent beantwortet.

Seuß/Jennißen
Die Eigentumswohnung
Finanzierung · Erwerb · Nutzung ·
Verwaltung.
Rechtsberater
12. Aufl. 2008. 669 S.
€ 17,90. dtv 5096
Der umfassende Ratgeber zum
WEG.

Elzer
**Meine Rechte als
Wohnungseigentümer**
Gebrauch, Sondernutzung, Ver-
waltung, Versammlung, Bauen,
Information, usw.
Rechtsberater   `Toptitel`
2. Aufl. 2013. 281 S.
€ 12,90. dtv 50735
Auch als ebook erhältlich.
So setzen Sie sich durch in der
WE-Gemeinschaft!

Scheiff/Hoffmann
**Lexikon für Wohnungs-
eigentümer**
Rechte · Pflichten · Finanzen.
Rechtsberater   `Neu`
3. Aufl. 2015. Rd. 260 S.
Ca. € 14,90. dtv 50755
In Vorbereitung für Ende 2015
Das kompakte Nachschlage-
werk bietet fundierten Rat zu
den wesentlichen Fragen des
Wohnungseigentumsrechts.

NachbR · Nachbarrecht
Textausgabe
2. Aufl. 2011. 286 S.
€ 9,90. dtv 5771
U.a. mit BGB (Auszug), ZPO
(Auszug), Nachbarrechts- und
SchlichtungsG der einzelnen
Bundesländer.

Grziwotz/Saller
Ratgeber Nachbarrecht
Meine Rechten und Pflichten als
Nachbar.
Rechtsberater
1. Aufl. 2012. 256 S.
€ 14,90. dtv 50697
Auch als ebook erhältlich.
Orientierungshilfe und Rat-
geber für Rechtsfragen und
Streitpunkte unter Nachbarn.
Mit ausführlicher Darstellung
der rechtlichen Möglichkeiten
von außergerichtlicher Beile-
gung bis hin zum Prozess.

Alheit
Nachbarrecht von A–Z
490 Stichwörter zur aktuellen
Rechtslage.
Rechtsberater
12. Aufl. 2010. 413 S.
€ 12,90. dtv 5067
Das umfassende Lexikon zeigt,
welche Rechte und Pflichten
Nachbarn haben und wie typische Probleme zu lösen sind.

Bauen

BauGB · Baugesetzbuch

Textausgabe **Toptitel**
47. Aufl. 2015. 526 S. **Neu**
€ 8,90. dtv 5018
Neu im April 2015

Mit BaunutzungsVO, PlanzeichenVO, RaumordnungsG, RaumordnungsVO. Mit den Änderungen im Bauplanungsrecht zur Unterbringung von Flüchtlingen. Aktueller Rechtstand: Dezember 2014.

VOB/HOAI

Vergabe- und Vertragsordnung für Bauleistungen
Textausgabe **Toptitel**
31. Aufl. 2013. 390 S. **Neu**
€ 9,90. dtv 5596
Neu im April 2015

VOB Teil A und B (Ausgabe 2012), VOB C Übersicht, BGB (Auszug), UnterlassungsklagenG, Gesetz zur Regelung von Ingenieur- und Architektenleistungen, Honorarordnung für Architekten und Ingenieure (HOAI 2013), Gewerbeordnung (Auszug), Makler- und BauträgerVO, Verordnung über Abschlagszahlungen bei Bauträgerverträgen, Gesetz über die Sicherung von Bauforderungen, BaustellenVO, SGO Bau.

VgR · Vergaberecht

Textausgabe **Toptitel**
17. Aufl. 2015. 585 S. **Neu**
€ 17,90. dtv 5595

VOB Teil A und B (Ausgabe 2012), VOB C Übersicht, VOL Teil A und B, VOF, VergabeVO, SektVO, VSVgV, GWB 4. Teil, Vergabegesetze der Länder.

Hauth
Vom Bauleitplan zur Baugenehmigung

Bauplanungsrecht · Bauordnungsrecht · Baunachbarrecht.
Rechtsberater **Toptitel**
11. Aufl. 2014. 339 S.
€ 18,90. dtv 50748
Auch als ebook erhältlich.

Abstandsflächen, Baugenehmigung, Bebauungsplan, Bestandsschutz, Erschließungsvertrag, Innenbereich, Klage, Nachbarschutz, Nutzungsänderung, Rücksichtnahmegebot, Sofortvollzug, Vorbescheid, Widerspruch. Berücksichtigt die Gesetzesänderungen auf Bundes- und Länderebene, vor allem die Änderungen der Bayerischen Bauordnung und die neue Landesbauordnung Baden-Württemberg.

Blum-Engelke/Lepiorz
Ratgeber für Bauherren
Ohne Ärger planen und bauen.
Rechtsberater
2. Aufl. 2008. 156 S.
€ 12,50. dtv 50631
Dieser praxisbezogene Rechts-
berater bietet eine Fülle von
Entscheidungshilfen und
Problemlösungen in besonders
verständlicher Form.

Dankert/Engelhardt
**Bautechnische Fachbegriffe
von A–Z**
Über 600 technische und
juristische Stichwörter aus der
Baubranche.
Rechtsberater
2. Aufl. 2004. 241 S.
€ 14,50. dtv 5672
Das kompakte Nachschlage-
werk für Bauherren, Unternehmer und Berater.

Blomeyer/Budiner/Seemüller
Architektenrecht von A–Z
Rechtslexikon für Architekten,
Bauherren und Juristen.
Rechtsberater
2. Aufl. 2014. 268 S.
€ 19,90. dtv 50750
Auch als ebook erhältlich.
Ein praktisches und aktuelles
Arbeitsmittel.

Finanzieren

Herrling
**Die perfekte
Immobilienfinanzierung**
Wie Sie sich für sich für das pas-
sende Angebot entscheiden.
Wirtschaftsberater
1. Aufl. 2011. 227 S.
€ 14,90. dtv 50929
Auch als ebook erhältlich.
Grundlagen der gängigen
Finanzierungen und Methoden.
Mit Übersichten und Checklisten.

Schiebel
**So finanziere ich Haus und
Wohnung**
Finanzierungsplan · Kreditauf-
nahme · Steuerliche Gestaltung.
Rechtsberater
10. Aufl. 2004. 605 S.
€ 17,–. dtv 5222